ALLES

über die Technik

AQUARELLMALEREI

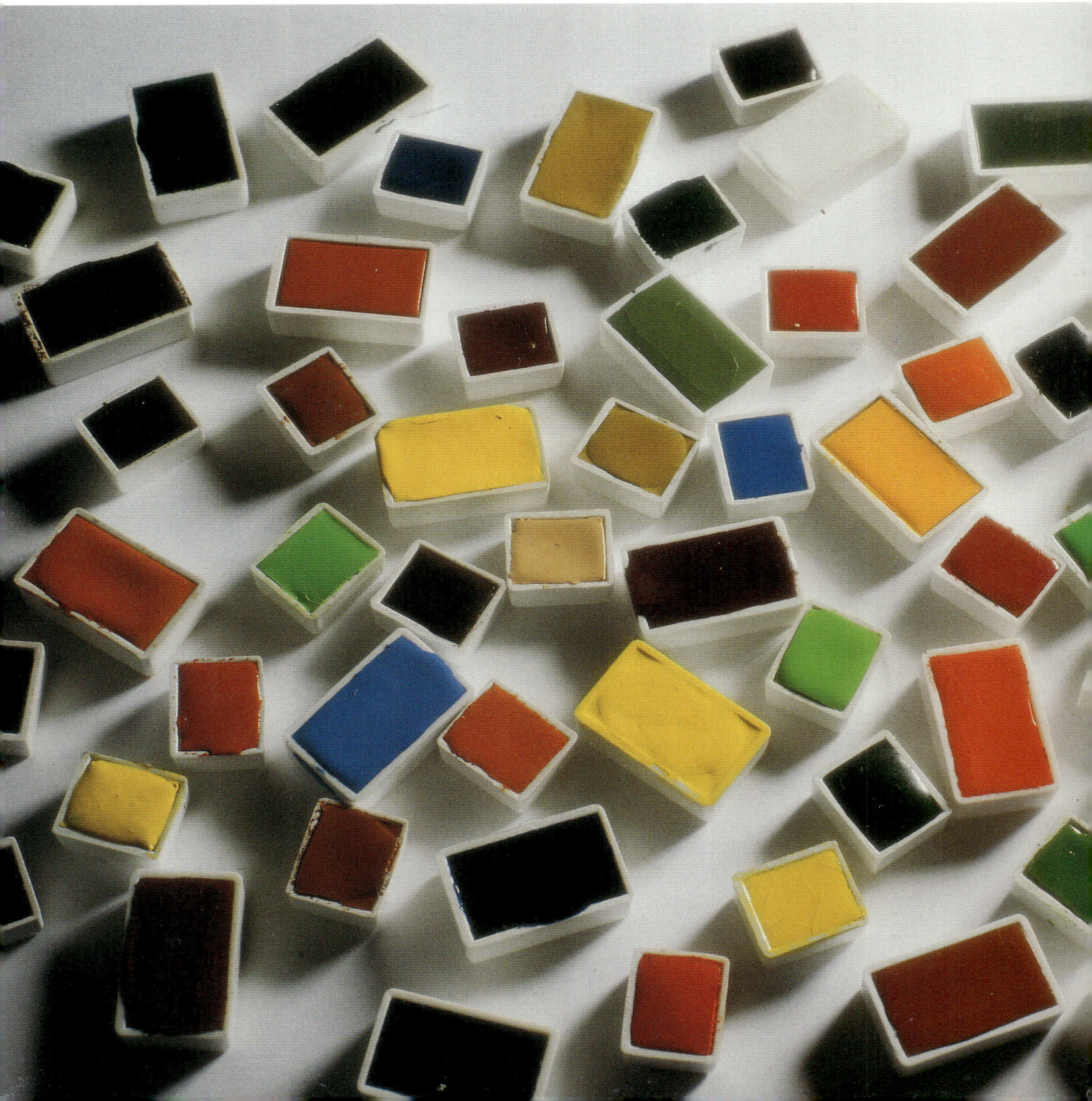

ALLES
über die Technik der
AQUARELL MALEREI

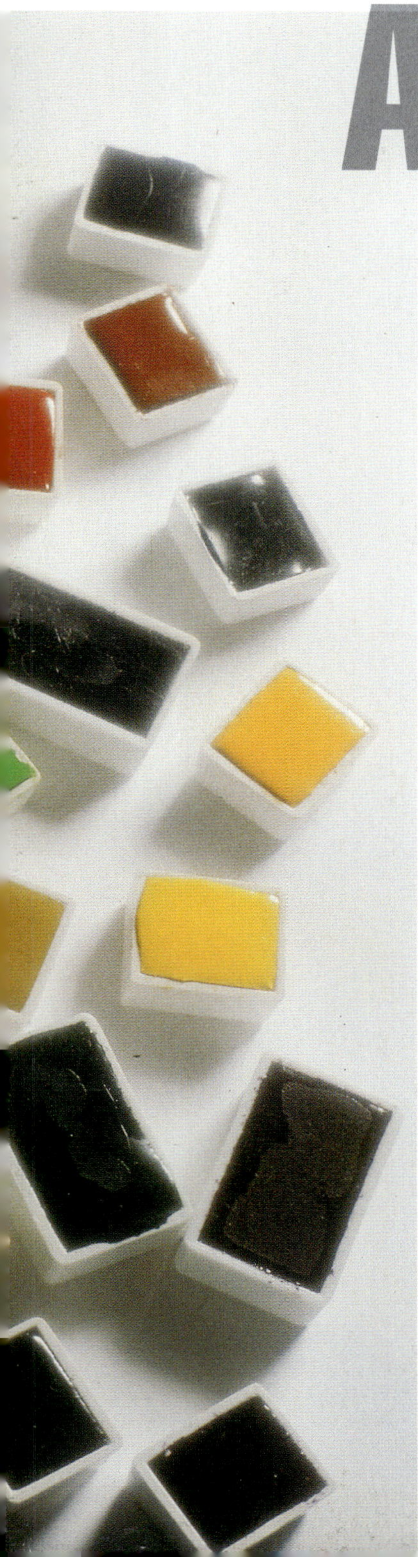

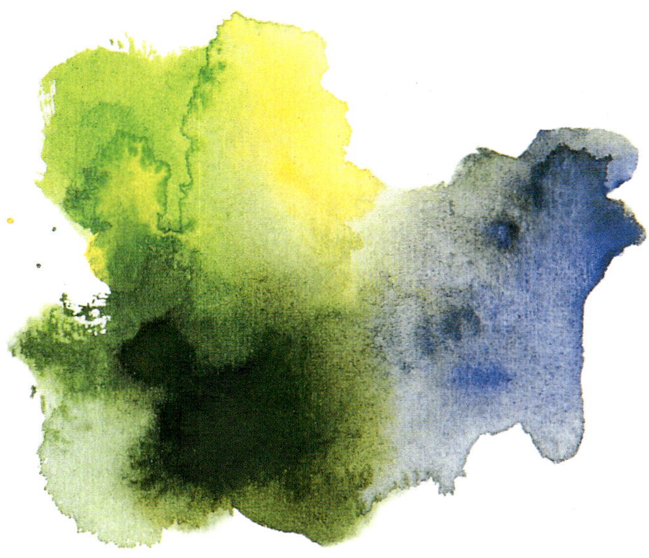

EDITION
MICHAEL FISCHER

Titel der Originalausgabe: „Todo sobre la técnica de la acuarela“
Aus dem Spanischen übertragen von Tina Göpfert

1. Auflage 2005

Herausgeberin: Maria Fernanda Canal
Text und Koordination: Ana Manrique
Layout der Reihe: Estudi Toni Inglès
Illustration: Maria Carmen Ramos
Fotografie: Estudio Nos & Soto

Herstellung und Satz:
Verlagsservice Henninger GmbH, Würzburg

Printed in Spain

ISBN: 3-933033-87-X

Obwohl die Vorläufer der Aquarellfarben schon in sehr frühen Epochen verwendet wurden, ist die Aquarellmalerei wie wir sie heute kennen eine vergleichsweise junge Technik und taucht im Abendland erst im 15. Jahrhundert auf. Doch trotz ihrer jungen Geschichte ist die Aquarellmalerei nach der Ölmalerei zweifellos die populärste künstlerische Technik geworden und beruht auf dem reizvollen Spiel zwischen dem Wasser und den Farbpigmenten, das die besondere Lichtwirkung, die Transparenz sowie die einzigartigen Nuancen der Aquarellfarben hervorruft.

Die Aquarellfarbe ist ein faszinierendes, erfrischend spontanes Medium, das sich für den Künstler durch seine Ungezwungenheit, Frische und Spontaneität wie kaum ein zweites lohnt. Mit ihren zarten, pastelligen Farben und durch ihre einfache Handhabung gelingen oft Werke von großer Schönheit und Ausdruckskraft.

Wie bei jeder anderen Technik ist der Weg zu meisterhaften Bildern auch in der Aquarellmalerei nicht immer leicht, doch der Künstler sollte unermüdlich an seiner Technik feilen und üben, denn nur die stetige Praxis kann zu vollendeten Bildern führen, die Inspiration beflügeln und den künstlerischen Entwicklungsprozess bis zur Perfektion fördern. Dies hängt allerdings ganz von der persönlichen Entscheidung des Künstlers ab, von seiner Begeisterung, seiner Produktivität und seiner Ausdauer.

Doch selbst für den begabtesten Maler ist ein bestimmtes Wissen um die Techniken und Feinheiten der Aquarellmalerei unerläßlich. Dieses Buch gibt Ihnen alles Wissenswerte aus Theorie und Praxis an die Hand, damit Ihrer Experimentierfreude keine Grenzen mehr gesetzt sind und bietet selbst dem Unerfahrensten eine solide Basis, um seine Kreativität auszuschöpfen. Neben den Erklärungen über die Technik, die Malgründe, die Materialien, das Zubehör und weitere nützliche Hilfsmittel finden Sie in diesem Buch eine Vielzahl an Tipps und Tricks, Übungen und lehrreichen Studien, die allesamt leicht verständlich erklärt und anschaulich illustriert sind. Verschiedenste Detailinformationen und Schritt-für-Schritt-Anleitungen runden dieses Buch sinnvoll ab und bieten eine gelungene Ergänzung zu den theoretischen Grundlagen.

Dieses Buch soll vor allem in der Praxis gute Dienste leisten, deshalb wurde bei der Konzeption besonders auf seinen praktischen Nutzen geachtet. Es behandelt jedes Thema und jede Einzelheit, damit Sie, ob Neuling oder Hobbymaler, anhand leicht verständlicher Anleitungen mühelos experimentieren können. In diesem Kompendium finden Sie alles, was Sie über die Technik der Aquarellmalerei wissen möchten, angefangen von der richtigen Antwort auf eine Frage, den entsprechenden Kniffen für bestimmte Effekte bis hin zu genauen Informationen über jedes Detail, das mit dieser Technik zusammenhängt. Dieses Buch ist sowohl dem Kunstprofessor gewidmet, dessen Ausführungen auf den weitreichenden Informationen im Inhalt beruhen, es soll aber auch den Schülern und Studenten als nützliches Nachschlagewerk dienen. Mit seinem übersichtlich gegliederten Text- und Bildinhalt, allen Neuigkeiten auf dem Gebiet der Aquarellmalerei sowie umfassenden Erklärungen wendet sich dieses Buch auch an alle, die beruflich mit der Aquarellmalerei zu tun haben. Zu guter Letzt möchte dieses Werk mit seiner großen Fülle an theoretischem und praktischem Wissen vor allem dem Hobbymaler ein nützlicher und inspirierender Begleiter sein.

Dieses Kompendium möchte ergänzend zu Ihren eigenen Erfahrungen vor allem die Faszination dieser einzigartigen Technik vermitteln und Ihr Wissen mit seinen zahlreichen Ratschlägen bereichern, damit Sie Ihr künstlerisches Talent bis hin zu wirklich meisterhaften Aquarellen voll ausschöpfen können.

Jordi Vigué

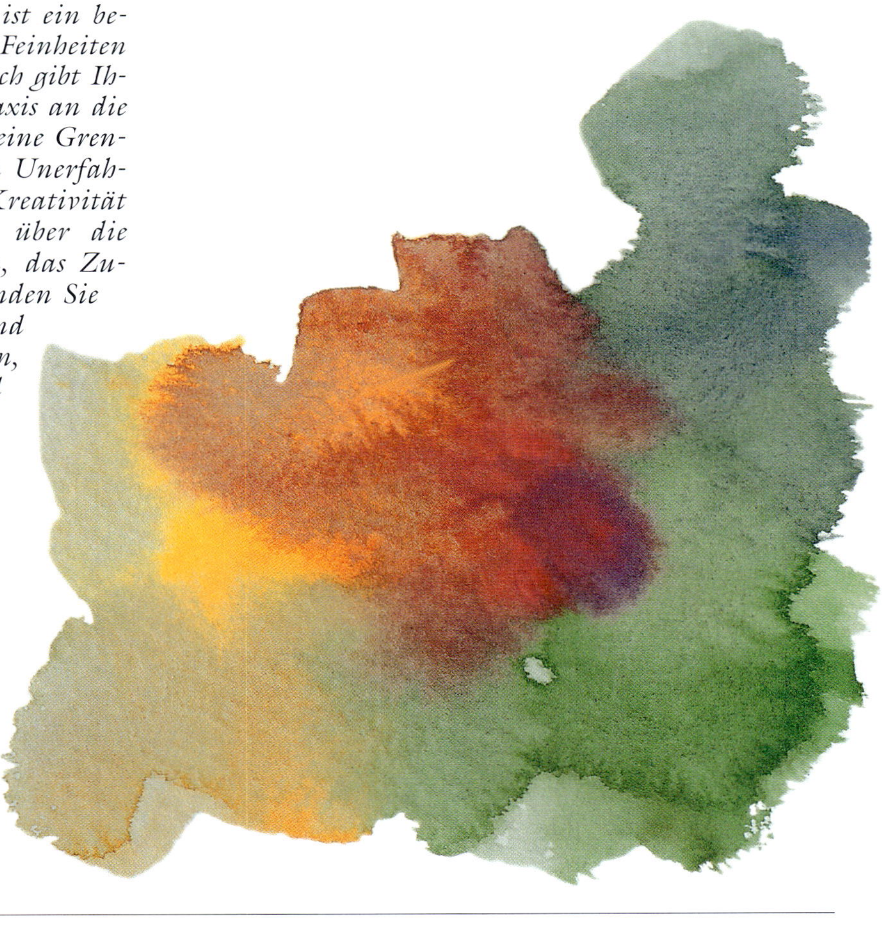

Die Farbe

Aquarelle sind Farben, die mit Wasser aufgetragen werden und die durch ihre einzigartige Transparenz bestechen. Sie trocknen schnell und werden in einer zügigen Malweise aufgetragen, immer von schwach nach stark. Dies bedeutet, dass die hellen Töne stets vor den dunklen gewählt werden müssen, da es bei transparenten Farben nicht möglich ist, einen hellen Ton über einen dunkleren zu legen. Aus diesem Grund lässt man für die Glanzlichter das Weiß des Papiers stehen.

Die Aquarellmalerei ist die einfachste und schwierigste Technik zugleich. Einfach, weil die Farben in kleinen Kästen transportiert und auf Papier vermalt werden, somit kein kompliziertes Zubehör von Nöten ist. Schwierig, weil ihre einzigartige Transparenz eine genaue Planung erfordert, da ein Bild kaum ausgebessert werden kann und das Ergebnis schlecht vorhersagbar ist.

Der Effekt von Aquarellfarbe erinnert eher an eine zarte Tönung als an eine deckende, durchgehende Farbschicht. Farbmischungen entstehen entweder auf der Palette, dem Papier oder durch die Überlagerung von Lasuren. Wenn man die Farbe nur wenig verdünnt oder direkt aus der Tube vermalt, erhält man auch dicke, pastosere Farbschichten. Das Papier saugt bei dieser Methode weniger Farbe auf, allerdings läuft man dabei Gefahr, dass sich das Papier wellt oder reißt, wenn es nicht robust genug ist.

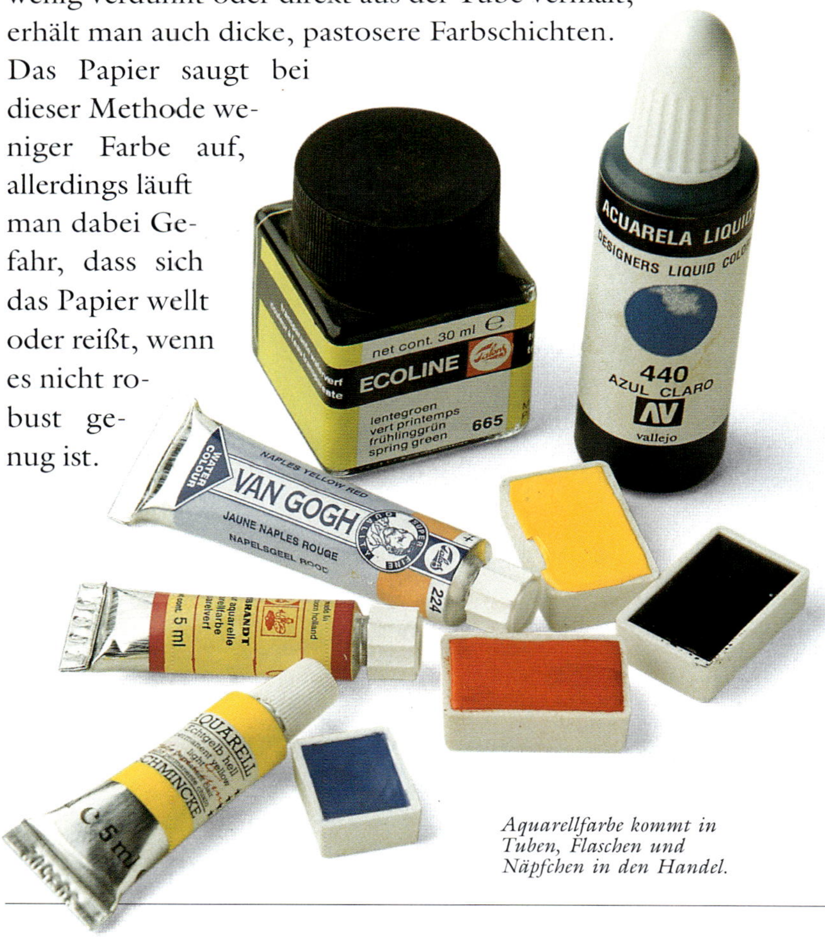

Aquarellfarbe kommt in Tuben, Flaschen und Näpfchen in den Handel.

ZUSAMMENSETZUNG

Die Aquarellfarbe besteht aus der Verbindung von Pigmenten, Feuchthalte- und Bindemitteln.

In erster Linie wird die Qualität einer Farbe direkt von der Qualität ihrer Pigmente und der anderen Komponenten bestimmt. Es gibt zwei Hauptkriterien, die die Qualität einer Farbe definieren: die Haltbarkeit und die Lichtechtheit.

Die Haltbarkeit der Farbe hängt von den Bindemitteln ab und zeigt an, ob die Farbe nach dem Auftragen bröckelt oder rissig wird.

Die Permanenz oder Lichtechtheit bezieht sich direkt auf die Farbe und charakterisiert die Pigmente, aus denen sie sich zusammensetzt; je lichtechter eine Farbe ist, desto weniger verblasst sie im Lauf der Zeit und erhält so die tonale Harmonie des Werkes.

PIGMENTE

Der Preis einer Aquarellfarbe hängt von der Qualität der Pigmente und ihrer Konzentration in der Farbe ab. Eine hochwertige Farbe mit einer Pigmentkonzentration von 50 % kann mit sehr viel Wasser verdünnt werden, ohne an Leuchtkraft zu verlieren.

Der Pigmentrohstoff wird sorgfältig zu feinstem Pulver vermahlen – je feiner es ist, desto gleichmäßiger lässt sich die Farbe auftragen. Jedes einzelne Pigment zeigt eine ganz charakteristische Reaktion auf das Wasser und das Papier.

Das Pigment ist die Komponente, die die Farbe der Aquarelle ausmacht.

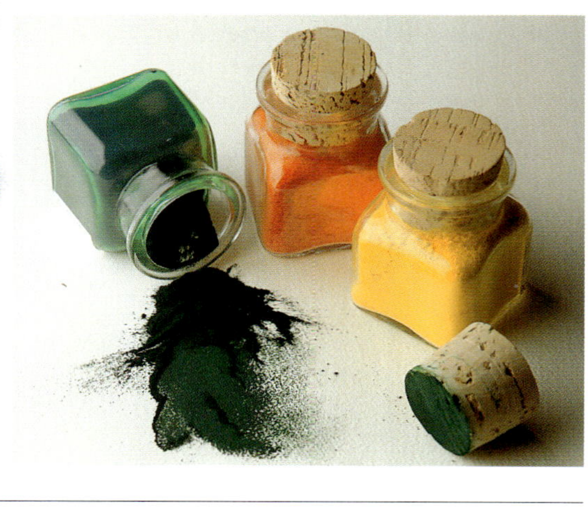

EIGENSCHAFTEN

Das Charakteristische an der Aquarellfarbe ist ihre Transparenz. Sie ist deshalb transparent, weil ihr Gummiarabikum als Bindemittel zugesetzt und die Farbe ausschließlich mit Wasser verdünnt wird.

Die Transparanz der Farbe legt auch die Vorgehensweise beim Malen von vornherein fest. Vor allem gibt es keine weiße Farbe, daher muss der Künstler durch Aussparungen auf das Weiß des Papiers zurückgreifen. Zudem ist Aquarellfarbe nicht deckend, sondern lässt darunterliegende Farben durchscheinen, somit ist es unmöglich, einen dunkleren Ton mit einem hellen zu überlagern. Dadurch erfordert die Aquarellmalerei bereits vor dem Malbeginn eine sehr sorgfältige Planung.

Die Pigmente von Siena gebrannt sammeln sich in kleinen Klümpchen in den Papiervertiefungen und rufen so einen Sprenkeleffekt hervor.

Ultramarinblau wirkt leicht gesprenkelt, weil sich die Pigmentpartikel stellenweise in kleinen Farbhäufchen ansammeln.

Für Gelb und Rot gibt es nur ein Pigment, das äußerst lichtecht ist: das Kadmium. Wegen seines hohen Preises findet man in hochwertigen Aquarellkästen entweder nur Kadmiumgelb oder -Rot.

Die Haftungsfähigkeit variiert von Pigment zu Pigment. Dies bedeutet, dass einige leicht wieder vom Papier gelöst werden können, während andere sichtbare Farbspuren hinterlassen.

Einige Pigmente sind von Natur aus transparent und eignen sich hervorragend für Überlagerungen, andere sind trotz eines hohen Glyzerinanteils opak, wie zum Beispiel Cöelinblau, Chromoxyd und Neapelgelb.

Obwohl Aquarellfarben in sehr dünnen Schichten aufgetragen werden, verblassen sie nicht schneller als andere Farben, wenn sie direktem Sonnenlicht ausgesetzt sind. Lediglich die transparenten und halbdeckenden Pigmente büßen auch in anderen Farben an Leuchtkraft ein.

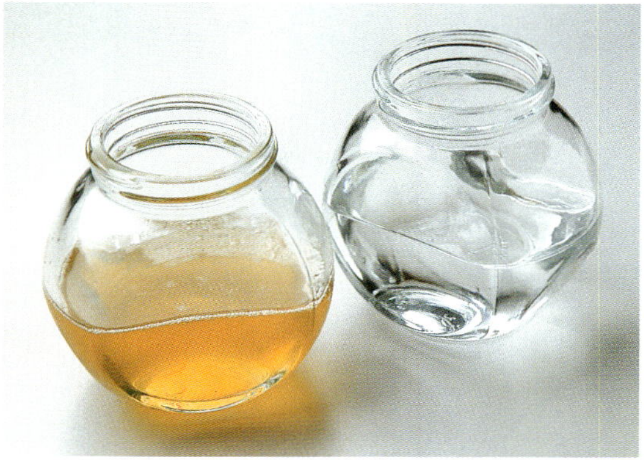

Gummiarabikum wird zugesetzt, um die Pigmente zu binden, Glyzerin hält die Farbe feucht.

Magenta und organische Rottöne sind nur bedingt lichtecht, während die Gelbtöne, Erdfarben und Ultramarin kaum ausbleichen.

BINDEMITTEL

Um eine zähflüssige Masse – die Farbe – zu erhalten, werden die Farbpigmente mit Bindemitteln versetzt.

Das wichtigste Bindemittel für Aquarellfarben ist natürliches Gummiarabikum in unterschiedlicher Reinheit, das mit Wasser verdünnt bewirkt, dass die Farbe sofort und gleichmäßig fließt.

Zusätzlich wird auch Glyzerin beigemischt, welches das Gemisch feucht hält. Es gibt auch Hersteller, die zu diesem Zweck Honig zusetzen, wie es in früheren Zeiten einmal üblich war.

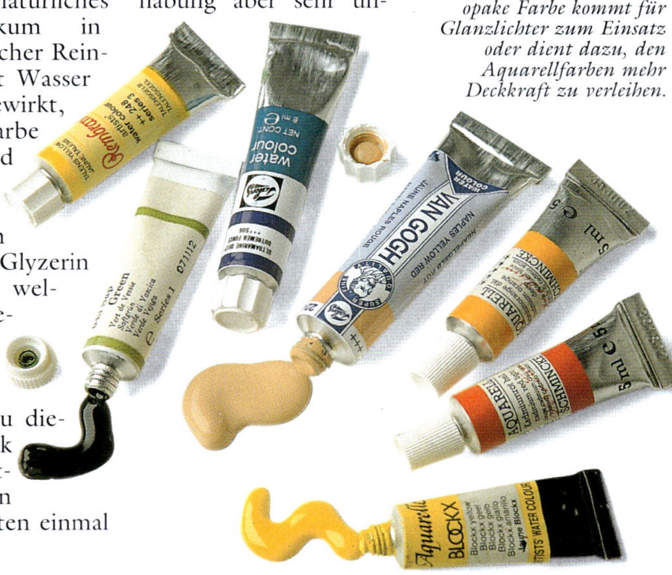

HANDELSFORMEN

Aquarellfarbe ist in drei verschiedenen Konsistenzen im Handel erhältlich: fest, cremig und flüssig.

Die flüssige Farbe wird in Flaschen angeboten, feste in Näpfchen oder kleinen Schälchen und cremige in Tuben.

TUBEN

Aus der Kombination von Pigmenten und Bindemitteln entsteht eine pastose Masse, die Aquarellfarbe. Diese Masse kann direkt in Tuben abgefüllt oder zu Näpfchenfarbe verarbeitet werden; zwar besitzen beide dieselbe Qualität, sind in ihrer Handhabung aber sehr unterschiedlich. Die Tubenfarbe ist von einer frischen, cremigen Konsistenz und enthält mehr Feuchthaltemittel wie beispielsweise Honig oder Glyzerin. Durch diese Eigenschaften empfiehlt sie sich besonders für großformatige Bilder, da sie weniger schnell trocknet. Zudem ermöglicht die Tubenfarbe ein zügiges und effektives Malen, ist aber auch bei zeitaufwändigen und feinen Detailarbeiten praktisch. Auch beim Mischen der Farben auf der Palette variiert Ihre Handhabung. Farben aus der Tube kann man direkt miteinander mischen und so neue Töne kreieren, ohne eine der beiden zu verschmutzen. So lassen sich aus zwei handelsüblichen Tubenfarben vielfältige Farbtöne mischen.

Tubenfarben werden einzeln oder in Kästen mit sechs Farben bis hin zur gesamten Palette des Herstellers angeboten (siehe Seite 28). Hier muss jeder Künstler selbst entscheiden, wie viele Farben er verwenden möchte.

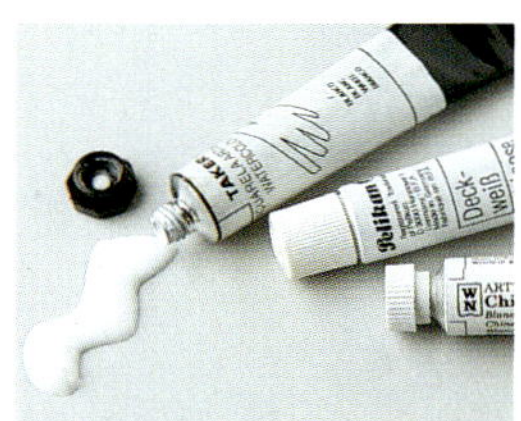

Eine Tube Deckweiß ergänzt die Farbpalette fast jeden Künstlers. Diese opake Farbe kommt für Glanzlichter zum Einsatz oder dient dazu, den Aquarellfarben mehr Deckkraft zu verleihen.

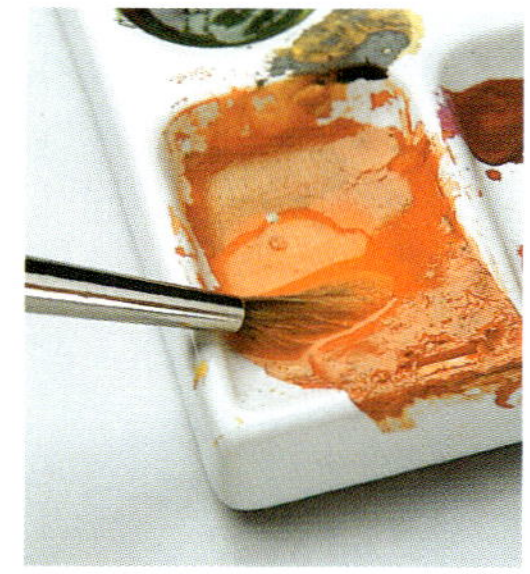

Ist die Tubenfarbe auf der Palette einmal angetrocknet, wird sie nicht entsorgt sondern wie Näpfchenfarbe wieder angefeuchtet.

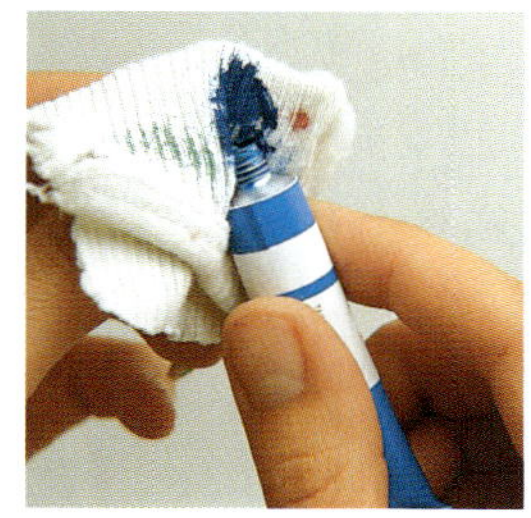

Der Schraubverschluss muss vor dem Verschließen stets gut gesäubert werden, denn wenn das Gummiarabikum eingetrocknet ist, könnten Sie die Tube beim späteren Öffnen beschädigen.

Vorteile: In der Tube können die Farben nicht verschmutzen und sie lassen sich direkt auf die Palette geben. Somit ist es einfacher, mehrere Farben mit Wasser zu verdünnen, weil keine Farbe am Pinsel haftet.

Nachteile: Wenn man sich nicht gleich zu Beginn entscheidet, welche Farben zum Einsatz kommen, muss man die Arbeit ständig unterbrechen, um die entsprechenden Farbmengen zu verdünnen. Dies bedeutet entweder, Farbe zu verschwenden oder sie zwischendurch auf der Palette zu lassen.

Aquarellfarbe in Näpfchen oder Godets.

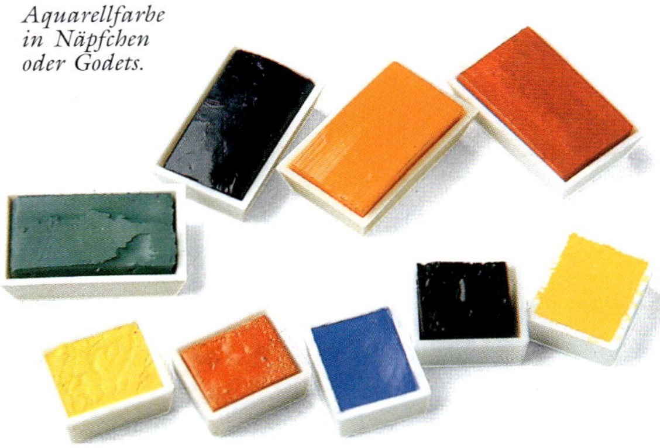

NÄPFE

Die Aquarellfarbe in Näpfchen, auch Godets genannt, besitzt die selbe Qualität wie Tubenfarbe, allerdings wird ihr mehr Gummiarabikum und weniger Glyzerin beigemischt, sie trocknet daher rascher. In einem Verdampfungsprozess wird der Farbe ein Großteil des Wassers entzogen, anschließend wird die feste Masse in Stücke geschnitten und kommt in Plastiknäpfen in den Handel.

Näpfchenfarbe ist besonders praktisch, weil man im Farbkasten stets alle Farben vor sich hat, dieser durch sein handliches Format gut zu transportieren ist und sich die Innenseite des Deckels als Mischpalette verwenden lässt.

Es ist ratsam, die Far-

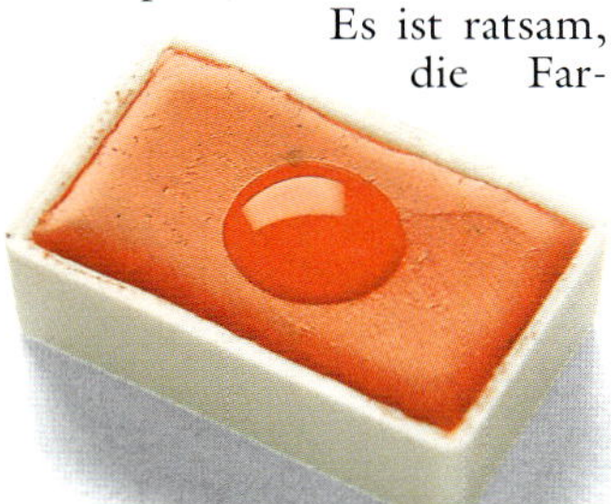

Wenn man eine Näpfchenfarbe zum ersten mal verwendet oder längere Zeit nicht benutzt hat, kann es vorkommen , dass sie nicht genügend Farbe abgibt. Die Lösung ist ganz einfach: Geben Sie einige Tropfen Wasser auf die Farbe und lassen Sie es einziehen, so wird die Farbe weicher und läßt sich besser anlösen.

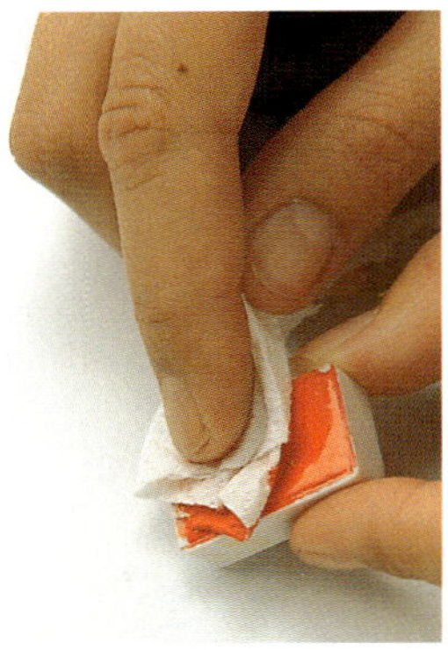

Damit die Näpfchenfarbe trocken ist und nicht verschmutzen kann, sollten Sie sie nach dem Gebrauch stets mit Saugpapier abtupfen.

ben nach dem Gebrauch mit Saugpapier abzutupfen, damit sie trocken sind und die Farben sich nicht vermischen können. Näpfchenfarbe gibt es in Normalgröße oder halben Näpfen für kleine Aquarellkästen. Das Format der Farbkästen variiert von der Größe eines Tabakbeutels bis hin zu einer Aktentasche, die die gesamte Farbpalette des Herstellers enthält. Solch großen Kästen liegt meist auch ein Pinsel bei (Siehe S.28).

Vorteile: Man hat alle Farben der Palette auf einen Blick vor sich und kann ohne Umschweife mit dem Malen beginnen. Fehler bei der Farbwahl sind praktisch ausgeschlossen.
Nachteile: Da die Kennzeichnung der Farben beim Öffnen verloren geht, sollte man die Farbnamen kennen. Für jeden Pinselstrich muss Farbe auf der Palette bleiben und es ist eher schwierig, die Farben direkt mit Wasser zu verdünnen.

FLÜSSIGE AQUARELLFARBEN

Sie werden in kleinen Plastik- oder Glasflaschen angeboten. Die Farben sind lebhafter und eignen sich besonders für Grafiken und Illustrationen. Flüssigfarben in Plastikfläschchen lassen sich beim Ausgießen hervorragend dosieren. Da sie auch verdünnt stets denselben Ton haben, eignen sie sich für Arbeiten mit gleichmäßigen Farben. Künstler, die mit Flüssigfarben arbeiten, besitzen meist viele verschiedene Farbtöne, da man sie kaum untereinander mischen kann.
Vorteile: Da die Farbe bereits flüssig ist, muss sie nicht mit Wasser verdünnt werden.
Nachteile: Mit unterschiedlichen Tonwerten zu spielen ist unmöglich, da sie immer gleich bleiben. Aufgrund der umständlichen Handhabung, sind sie für Farbmischungen relativ ungeeignet.

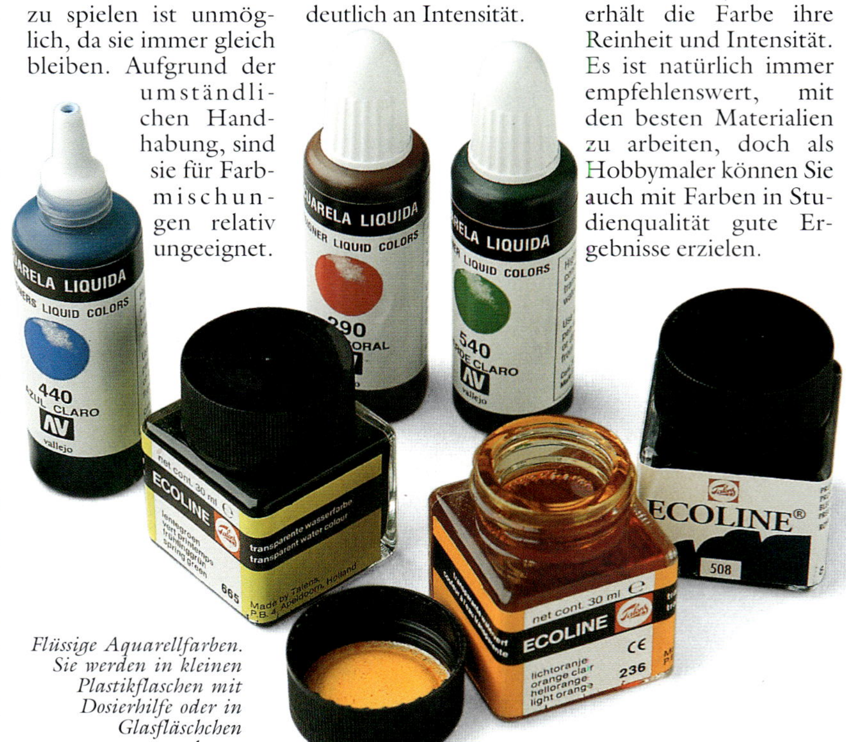

Flüssige Aquarellfarben. Sie werden in kleinen Plastikflaschen mit Dosierhilfe oder in Gläschen angeboten.

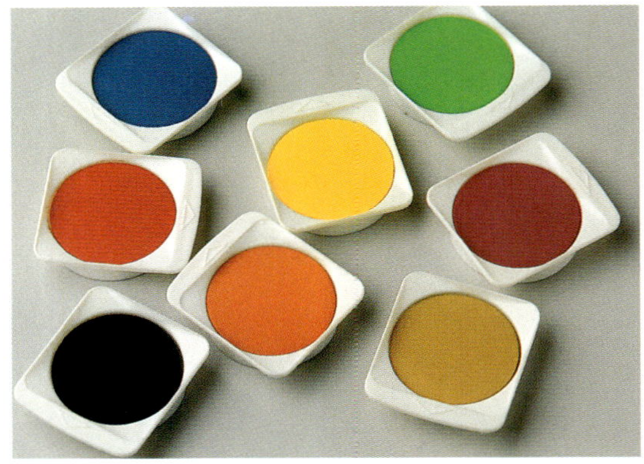

Trockene Wasserfarben für den Schulgebrauch. Da sich die Pigmente nicht gleichmäßig verteilen und die Bilder schnell verblassen, ist ihre Qualität für den künstlerischen Einsatz absolut ungeeignet.

WASSERMAL-FARBEN

Sie sind rund gepresst und werden hauptsächlich in der Schule verwendet. Ihr Glyzeringehalt ist sehr gering, daher löst sich die Farbe schlecht und muss oft mit dem Pinsel aufgerieben werden. Ihre mindere Qualität macht sie für künstlerische Arbeiten gänzlich uninteressant. Durch ihre Zusammensetzung – arm an Pigmenten, mit minderwertigen Substanzen gebunden – breitet sich die Farbe ungleichmäßig aus und verliert schon während des Trocknens deutlich an Intensität.

QUALITÄTEN

Aquarellfarben werden in Künstler- und in Studienqualität angeboten. Der Unterschied liegt im Pigmentanteil der Farben und darin, wie die Pigmente verarbeitet wurden. Die hochwertigsten Farben enthalten etwa 50% Pigmente, die hochfein vermahlen sind, dadurch erhält die Farbe ihre Reinheit und Intensität. Es ist natürlich immer empfehlenswert, mit den besten Materialien zu arbeiten, doch als Hobbymaler können Sie auch mit Farben in Studienqualität gute Ergebnisse erzielen.

FARBKARTEN

Auf einer Farbkarte bildet ein Hersteller seine gesamte Farbpalette ab. Sie dient dem Künstler als nützliche Referenz, denn alle erhältlichen Farbtöne werden quasi naturgetreu aufgelistet. So kann er jene Töne auswählen, die zu seinem Stil und seinen Bedürfnissen am besten passen. Allerdings arbeitet natürlich kein Künstler mit solch einer Vielzahl an Farbtönen, denn die permanente Farbwahl wäre eher hinderlich als vorteilhaft. Normalerweise greift man auf eine Palette von 15 bis 20 Farben zurück. Farben, die man zusätzlich zu den gebräuchlichen Tönen anschafft werden selten benutzt, nehmen nur unnötig Platz weg und lenken während der Farbauswahl von jenen Farbtönen ab, mit denen man gewöhnlich arbeitet. Bei der Zusammenstellung der Farbpalette wählt der Künstler normalerweise zwei oder drei verschiedene Rot, Gelb, Blau und Erdtöne. Diese sind mehr als ausreichend, um jeden anderen Farbton zu mischen (siehe Seiten 50–57).

Der Grund, weshalb die Hersteller eine solch große Auswahl an Farben anbieten liegt darin, dass jeder Künstler seine ganz persönlichen Favoriten auswählen kann.

Die Anzahl der Farben auf einer Karte variiert abhängig von der Marke und der Qualität. Auf der hier gezeigten sind 39 Farben plus Deckweiß aufgeführt. Es ist sinnvoll, eine Karte im Atelier parat zu haben – sowohl, um einen bestimmten Ton zu finden als auch für selbstgemischte Töne, die man häufig verwendet und die auf einer Karte zu finden sein könnten. Sehr anspruchsvolle Künstler, die die unterschiedlichen Nuancen eines einzigen Tones ausschöpfen möchten, arbeiten mit Farben verschiedener Hersteller und bereichern so ihre Palette.

Jede Farbkarte enthält auch Informationen über die Lichtechtheit der Farben. Wie bereits erwähnt, beschreibt sie die Fähigkeit der Pigmente, sich nach dem Auftragen der Farbe nicht zu verändern. Die Lichtechtheit einer Farbe wird generell mit kleinen Symbolen wie Sternchen, Kreuzen oder Kreisen angegeben. Je größer die Anzahl der Symbole für eine Farbe ist, desto widerstandsfähiger ist sie in Bezug auf die Zeit, die klimatischen Bedingungen und vor Allem das Sonnenlicht. Bedenken Sie allerdings, dass jede Farbe, die längere Zeit direkter Sonnenstrahlung oder sehr hellem Licht ausgesetzt ist, ganz oder teilweise verblassen wird.

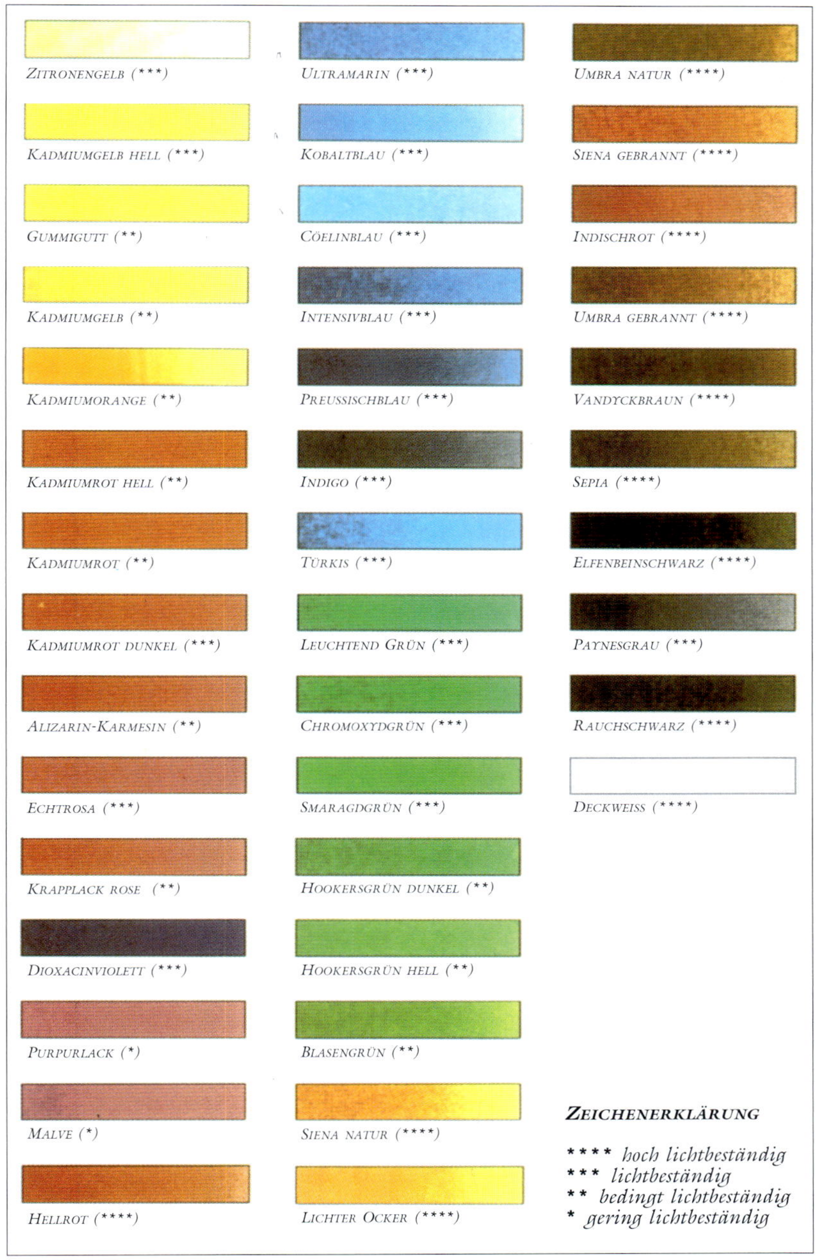

Farbkarte einer Marke mittlerer Qualität. Die Symbole geben Aufschluss über die Lichtechtheit der einzelnen Farben.

Einige Farben wie etwa Karmine, Krapplacke, Preußischblau, Olivgrün und Gelbtöne, die kein Kadium enthalten, reagieren empfindlicher auf Sonnenlicht.

In Bezug auf die Intensität der Farben sollte man noch vor dem Malen bedenken, dass eine Farbe beim Trocknen etwa 10 bis 20% ihrer Leuchtkraft verliert; dieses Wissen ist unerlässlich, wenn man etwa natürliche Motive realistisch malen möchte. Dem Verlust der Farbintensität kann man entgegenwirken, indem man eine dünne Schicht Gummiarabikum über das Bild legt oder ein Fixaktiv benutzt. Bezüglich der Farbkarten sollten Sie bedenken, dass es sich um Druckfarben handelt, die vom Originalton der Aquarellfarben leicht abweichen können.

TUBEN ODER NÄPFE?

Es liegt auf der Hand, dass man als Anfänger weder mit Flüssigfarben, die eher in der Grafik verwendet werden, noch mit einem Wassermalkasten für den Schulgebrauch in die Aquarellmalerei einsteigt. Daher bleibt nur noch die Wahl zwischen Tuben oder Näpfchenfarben.

Eine generelle Aussage darüber, welche Farbe sich besser eignet, ist an sich unmöglich, denn jeder Künstler hat seine eigenen Vorlieben. Beim Malen von großformatigen Bildern sind Tubenfarben empfehlenswert, da sie langsamer trocknen. Andererseits müssen sie erst aus der Tube gedrückt werden und nicht verbrauchte Reste trocknen dann ein.

Näpfchenfarbe hat den Vorteil, dass man die gesamte Farbpalette auf den ersten Blick vor sich hat, zudem ist sie leichter zu transportieren. Für jemanden, der noch nie mit Aquarellfarbe gearbeitet hat, ist ein Aquarellkasten mit Näpfchenfarbe wahrscheinlich der beste Einstieg, weil man die Farben bereits geordnet zur Hand hat und sofort mit dem Malen beginnen kann.

Das Papier

In der Aquarellmalerei stellt das Papier den wichtigsten und fast ausschließlichen Malgrund dar, denn es besitzt eine gewisse Beziehung zur Feuchtigkeit dieses wässrigen Mediums. Das Wasser und die Pigmente bestimmen das Charakteristische, mit dem das Aquarellpapier eine Einheit bilden soll.

Das Papier muß die Fähigkeit besitzen, das Wasser gleichzeitig zu absorbieren und ungehindert fließen zu lassen; das heißt die Fasern, die seine poröse Oberfläche bilden, müssen das Wasser aufnehmen, sich nach allen Seiten hin ausdehnen und während des Trocknens ihre ursprüngliche Form wieder annehmen.

Beim Farbauftrag selbst ist die Kapazität des Papiers, Farbe aufzunehmen als auch abzuweisen ebenso wichtig wie die Fähigkeit der Farbe, an der Oberfläche zu haften; so gesehen soll das Papier die Eigenschaften der Farbe ergänzen. Von großer Bedeutung ist auch die Oberflächenstruktur des Papiers, weil sich die Farbe in den kleinen Poren und Vertiefungen sammelt.

Was ein Aquarellpapier von normalem Zeichenpapier unterscheidet, ist vor allem seine feine Überzugsschicht. Direkt nach dem Pressen wird das Papier von beiden Seiten in ein Gelatinebad getaucht, damit die Farbe auf der Oberfläche verbleibt ohne in die tieferen Schichten des Papiers zu dringen. Würde diese Überzugsschicht fehlen, wären Aquarellbilder matt und würden ihren Glanz verlieren, der sie so einzigartig macht.

Früher wurde Aquarellpapier nur auf einer Seite beschichtet, man musste sich also vorsehen, dass man auf der richtigen Seite malte. Heute aber wird stets das ganze Papier behandelt und die Prägungen oder Wasserzeichen dienen nur noch dazu, den jeweiligen Hersteller zu erkennen.

Aquarellpapier ist heiß- und kaltgepresst erhältlich. Kaltgepresstes Papier eignet sich besser, da die Fasern ihre ursprüngliche poröse Struktur beibehalten. Das heißgepresste Papier ist feinkörnig und besitzt eine glatte, weniger saugfähige Oberfläche, weil sich die Fasern unter der Hitzeeinwirkung deformieren, daher bietet es sich eher für Zeichnungen und detaillierte, minutiöse Arbeiten an.

Im Handel werden viele verschiedene Papiersorten angeboten und jeder Hersteller verfügt über ein eigenes Sortiment. Die meisten Künstler sind geteilter Meinung darüber, ob sich ein Papier derselben Qualität und Körnung von Hersteller zu Hersteller unterscheidet. Um das herauszufinden ist es am besten, in der Praxis mit unterschiedlichen Aquarellpapieren zu experimentieren, bis man seine persönlichen Favoriten gefunden hat.

ZUSAMMENSETZUNG

Aquarellpapier setzt sich aus Holzfasern, Leimstoffen und Baumwollfasern zusammen.

Ein gutes Papier sollte einen Baumwollanteil von mindestens 50% aufweisen. Baumwolle ist eine elastische Naturfaser, die einem entsprechend hochwertigen Papier durch ihre Fähigkeit, Wasser aufzunehmen und sich auszudehnen, Elastizität und Stabilität verleiht. Das beste Papier besteht ganz aus Baumwolle.

Die Art des Leims, der die Baumwoll- und Holzfasern zusammenhält, bestimmt die Absorptionsfähigkeit des Papiers und seine Stabi-

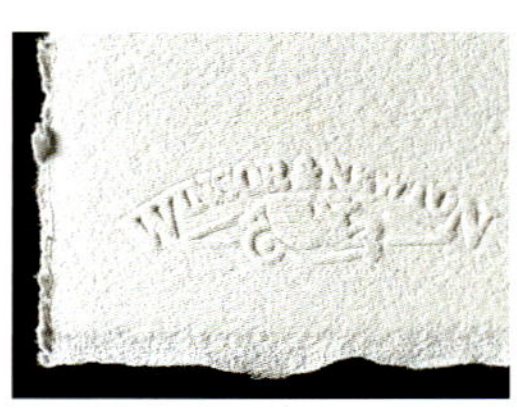

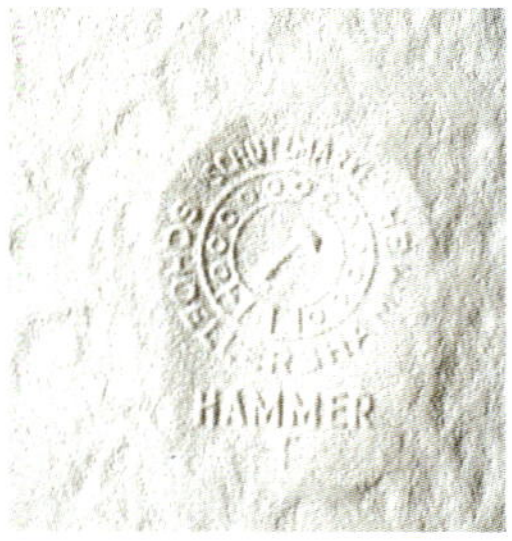

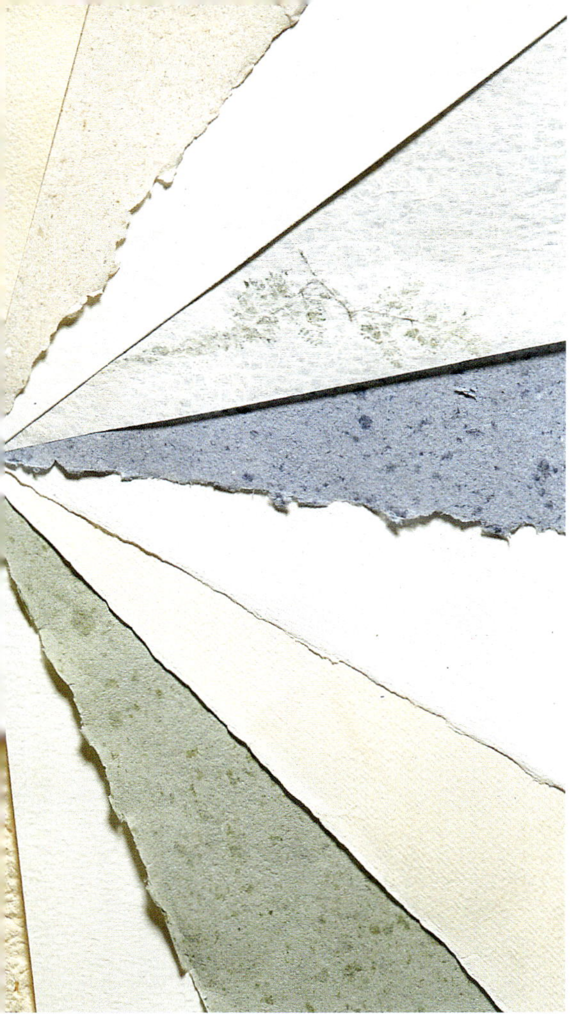

lität im feuchten Zustand. Das hochwertigste Papier wird sowohl insgesamt als auch auf der Oberfläche mit Gelatine geleimt. Minderwertige Aquarellpapiere sind mit synthetischen Leimen hergestellt. Bei schlecht geleimtem Papier reißt die Oberfläche bereits bei geringer Beanspruchung.

Da Aquarellpapiere aus Naturfasern bestehen, können sie oxydieren und eine dunklere oder gelbliche Farbe annehmen. Deshalb wird dem Papier eine alkalische Lösung zugesetzt, die seinen PH-Wert neutralisiert. Zudem erfolgt eine Behandlung gegen Pilzbefall, also jenen gelblichen Flecken, die von Jahr zu Jahr größer werden.

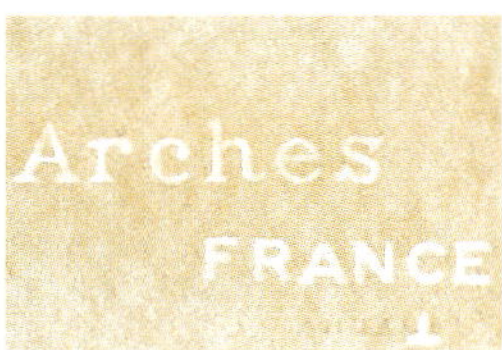

Bei einigen Herstellern wie Arches besitzt das Papier auf beiden Seiten dieselbe Körnung. Für Papier von Guarro trifft dies nicht zu und es kann für denn Künstler sehr reizvoll sein, zwei unterschiedliche Körnungen auf einem Blatt zu finden. Hier ist der Herstellername auf der Rückseite eingeprägt und gibt die spezifische Körnung an. Früher befand sich die Prägung immer auf der geleimten Seite; das im Künstlerbedarf erhältliche Papier wird heutzutage jedoch auf beiden Seiten behandelt.

GEWICHT

Die Grammangabe eines Papiers bezieht sich auf das Gewicht pro Quadratmeter, wobei schwerere Papiere meist auch grobkörniger sind. Das Gewicht von Aquarellpapier variiert von 190 g bis zu 800 g.

Diese Gewichtsunterschiede bedingen auch die jeweilige Handhabung des Papiers. Bei mehr als 300 g Gewicht braucht es zum Malen nicht gespannt zu werden, es sei denn man feuchtet es durch. Leichteres Papier muss gespannt werden, damit es sich nicht wellt und verzieht. Auch für Papiere derselben Sorte gilt: je schwerer das Papier ist, desto weniger wellt oder verzieht es sich und kann durch seine Dicke mehr Wasser aufnehmen.

Leichtes Papier mit weniger als 300 g/qm ist eher für kleinformatige Bilder geeignet, da es nicht so viel Feuchtigkeit absorbieren kann und sich leicht wellt. Generell nimmt mit dem Gewicht auch der Leimanteil zu. Das heißt, dass die Oberfläche des Papiers einer bestimmten Marke und Körnung mehr Leim aufweist, je schwerer das Papier ist.

QUALITÄTEN

Aquarellpapier wird in drei Qualitäten angeboten, die sich durch die Zusammensetzung des Papierbreis und die verwendeten Leimstoffe unterscheiden. Die Papierqualität erkennt man beim Aquarellieren daran, wie stabil es bei Lasuren und Ausbesserungen ist, ob man das Weiß öffnen kann und die Farbe auf der Oberfläche haftet.

STUDIENQUALITÄT

Sie eignet sich für Schüler, Studenten und Anfänger. Papier dieser Qualität wird meist aus Zellulose und synthetischen Leimen hergestellt. Es ist zwar das billigste, aber nicht unbedingt ein schlechtes Papier, und kann für Skizzen und Übungen von Nutzen sein. Üblicherweise enthält es keine Baumwolle und wird gänzlich aus Holzfasern und synthetischem Leim gepresst.

Im Gegenlicht kann man die Wasserzeichen der Hersteller erkennen; andere prägen ihre Namen als Relief auf das Papier.

MITTLERE QUALITÄT

Für Kunststudenten und passionierte Hobbymaler. Dieses Papier enthält mit über 50 % einen hohen Baumwollanteil und sowohl der Brei als auch die Oberfläche sind mit Leim behandelt. Es ist teurer als minderwertige Papiere, aber in Bezug auf Feuchtigkeit und Ausbesserungen viel widerstandsfähiger. Beim professionellen Arbeiten ist der Qualitätsunterschied beachtlich.

KÜNSTLERQUALITÄT

Dieses Papier benutzen Künstler und Berufsmaler. Es besteht ganz und gar aus Baumwollfasern und der Brei sowie die Oberfläche sind mit Gelatine geleimt. Dieses Papier ist außerordentlich stabil und reißfest, selbst beim wiederholten Wässern und Korrigieren. Es eignet sich für jede Aquarellmethode und die Ergebnisse sind in keinster Weise mit denen auf minderwertigem Papier vergleichbar. Es ist zwar teuer, durch seine Qualität aber lohnenswert.

ANDERES PAPIER

Manche Künstler verwenden auch Papier, das nicht speziell für die Aquarellmalerei hergestellt wurde. Dies ist prinzipiell möglich, man sollte aber bedenken, dass die Aquarellfarben auf einer unbehandelten Papieroberfläche immer matt und stumpf wirken.

EIGENSCHAFTEN

Die wichtigste Eigenschaft des Aquarellpapiers und das, was es von anderen Papieren unterscheidet, erkennt man an seiner Oberfläche.

Die Oberfläche dieses Papiers ist mit einer speziellen Leimschicht versehen; diese ist essentiell für das Malen in der Aquarelltechnik, denn sie sorgt dafür, dass die Farbe auf der Oberfläche bleibt und nicht in die tieferen Schichten einzieht. Dadurch gewinnen die Aquarellfarben ihre unvergleichliche Brillanz und Intensität. Zudem ist Aquarellpapier in verschiedenen Körnungen erhältlich, und zwar in fein, mittel und grob.

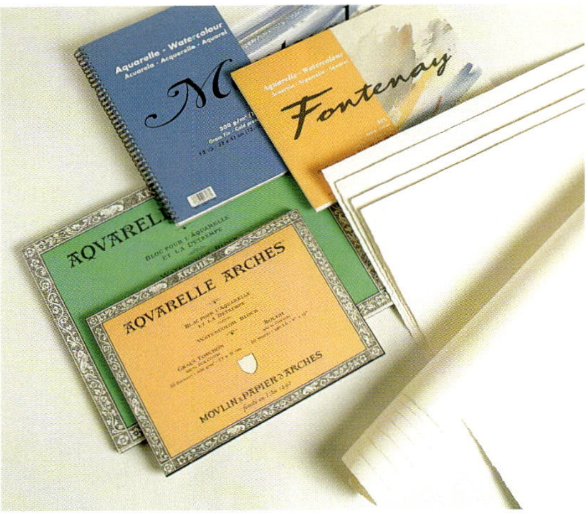

Aquarellpapier wird in Blöcken, Einzelblättern und Rollen angeboten.

HANDELSFORMEN

Aquarellpapier wird in verschiedenen Handelsformen angeboten:

ALS EINZELBLÄTTER

Loses Aquarellpapier ist einzeln oder im Paket zu 10 Stück erhältlich. Ihr Format variiert von 50 x 70 cm für kleine Blätter bis zu 100 x 150 cm für größere. Daneben gibt es verschiedene Zwischengrößen wie etwa 70 x 100 cm.

AUF ROLLEN

Kauft man Aquarellpapier von der Rolle, die meist 9 m lang und 1 m breit und auch im Ganzen erhältlich ist, hat man den großen Vorteil, dass man es selbst zuschneiden und stets das richtige Format wählen kann, was allerdings aufwändig ist.

IN BLÖCKEN

Aquarellblöcke sind mit einer Vielzahl an Formaten und Papiersorten im Handel. Meist variiert die Größe zwischen 18 x 26 cm und 50 x 70 cm. Es gibt auch kleinere für Skizzen und Miniaturbilder. Blöcke werden mit Spiralbindung, perforierten Blättern zum Abtrennen sowie in Buchform angeboten. Bei letzterer kann man sich die Doppelseiten zunutze machen.

MIT KLEBEBINDUNG

Der Fachhandel bietet auch Blöcke mit klebegebundenen Blättern an, die hauptsächlich Berufsmaler verwenden. Die Blätter können nur an einer oder allen vier Seiten verleimt sein. Letztere sind besonders praktisch, weil die Blätter durch die Klebebindung bereits gespannt sind und der Künstler sein Werk unmittelbar auf dem Block beginnen kann. Die Blätter trennt man behutsam mit einer Klinge, muss aber darauf achten, dass das Papier nicht beschädigt wird.

ALS POSTKARTEN

Neuerdings gibt es auch Postkarten-Sets aus Aquarellpapier. Die Rückseite ist versandfertig bedruckt, die Vorderseite kann man mit eigenen Motiven individuell gestalten und verschicken.

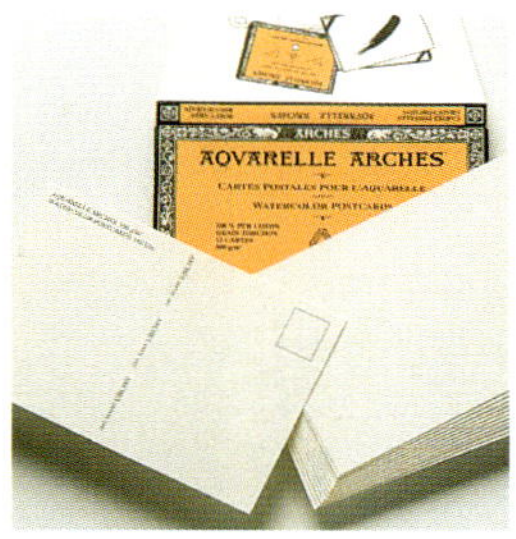

Postkarten aus Aquarellpapier.

Aquarellblöcke. Indem man einen flachen Gegenstand zwischen die Seiten schiebt, trennt man die Blätter.

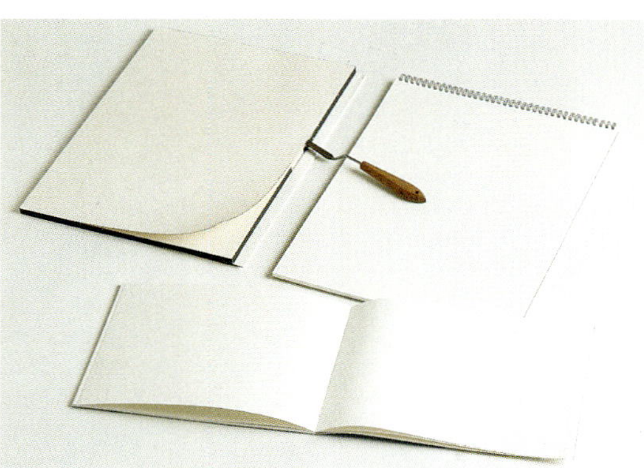

PAPIERSORTEN

Es gibt verschiedenste Sorten von Aquarellpapier. Bei satiniertem, fein-, mittel- und grobkörnigem Papier liegt der Unterschied in der Körnung, bei anderen im Herstellungsprozess (handgeschöpft), in der Zusammensetzung (Japanpapier) oder Farbe.

SATINIERTES PAPIER

Dies ist eigentlich kein Aquarellpapier, aber inzwischen experimentieren auch einige Künstler damit. Das Papier wurde heißgepresst (HP) und besitzt eine extrem glatte Oberfläche, weshalb es sich eher für Grafiken und Illustrationen eignet. Da die Oberfläche weder Poren noch Struktur aufweist, hält sie das Wasser nicht und trocknet sehr schnell, deshalb ist jeder einzelne Strich sofort erkennbar. Zudem kann es leicht passieren, dass die Struktur des Haarkörpers sichtbar bleibt und beim Verschmelzen Farbränder entstehen, weil eine der beiden Schichten zu schnell trocknet und sich die Farben auf dem Papier nicht vermischen. Es eignet sich nur für Präzisionsarbeiten.

Vorteile: Das Ergebnis ist sofort sichtbar.

Nachteile: Oft bleiben Farbränder stehen und Abstufungen sind schwer zu kreieren.

GELER SATINIERT (1)

Dies ist ein gutes Papier, wird aber bei Ausbesserungen leicht beschädigt und die Pigmente verteilen sich auf der Oberfläche schlecht.

ARCHES SATINIERT (2)

Hat fast die gleichen Eigenschaften wie obiges Papier, ist aber etwas widerstandsfähiger.

FORMATE

In der Regel hängt die Wahl der Papiersorte und Handelsform vom gewünschten Format eines Bildes ab.

Bei großformatigen Werken arbeitet man meist auf grobkörnigem Papier. Auf Rollen gezogenes Papier lässt sich Dank seiner Maße auf jedes gewünschte Format zuschneiden; es hat allerdings den Nachteil, dass sich das Papier rollt und vor dem Malen sorgfältig gespannt werden muss.

Für kleinformatige Arbeiten sind besonders die klebegebundenen Blöcke mit feinkörnigem Papier in der entsprechenden Größe zu empfehlen, die dem Künstler außerdem das Spannen des Papiers ersparen.

Für Bilder in mittleren Formaten kann man auf jede beliebige Papiersorte und Handelsform zurückgreifen.

PAPIER MIT FEINEM KORN

Aquarellpapier ist fast immer kaltgepresst, es gibt jedoch auch heißgepresstes, das eine feine Körnung besitzt, ohne die die Farbe nicht an der Oberfläche haften würde. Es erfordert viel handwerkliches Geschick für die Linien, Verschmelzungen, Abstufungen und feuchten Farbränder, da die Farbe auf der feinen Körnung leicht verfließt. Man benutzt es am besten für kleine Formate und Aquarelle, die auf Zeichnungen basieren.

Vorteile: Es lässt die Farben noch leuchtender und transparenter wirken und erlaubt saubere, präzise Striche.
Nachteile: Schwierige Handhabung, da kaum saugfähig, bei wässriger Farbe wellt es sich stark und die Konturen ver-

Struktur von feinkörnigem Papier in Orginalgröße.

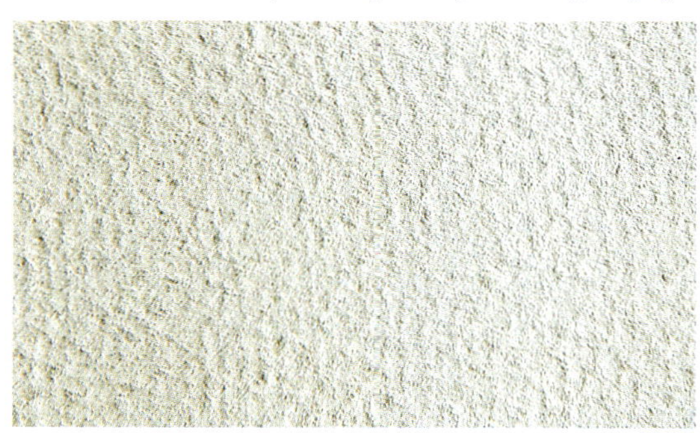

1
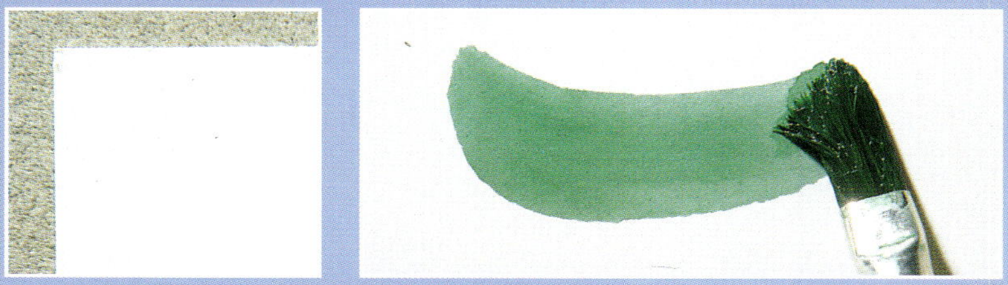
Satiniertes Papier: Geler mit 250 g/qm

2
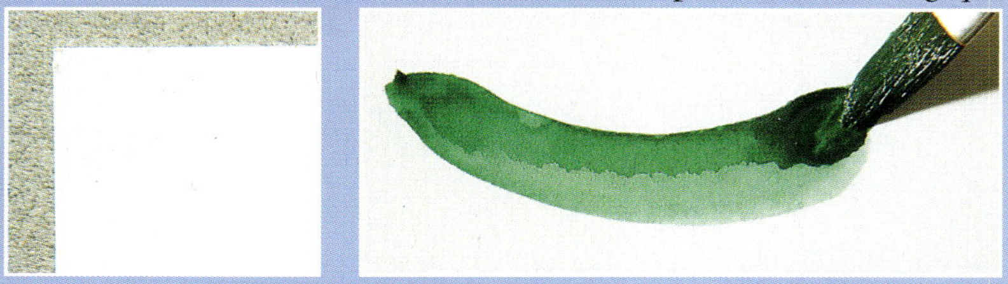
Satiniertes Papier: Arches

3
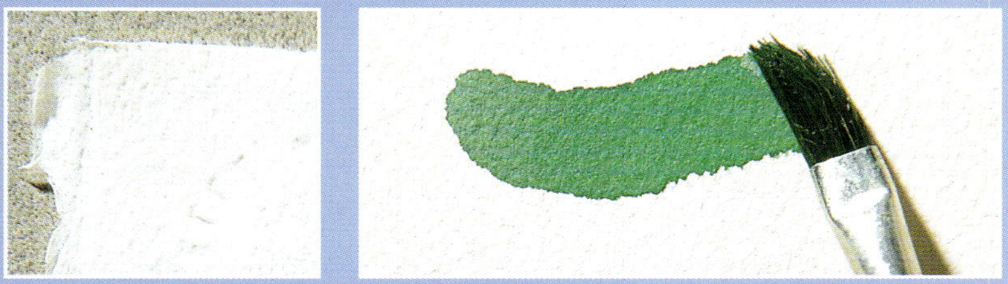
Papier mit feinem Korn: Arches mit 300 g/qm

4
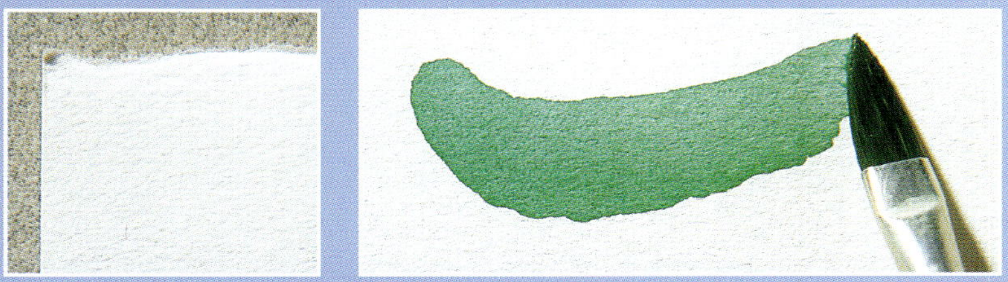
Papier mit feinem Korn: Fontenay(Canson) mit 350 g/qm

5
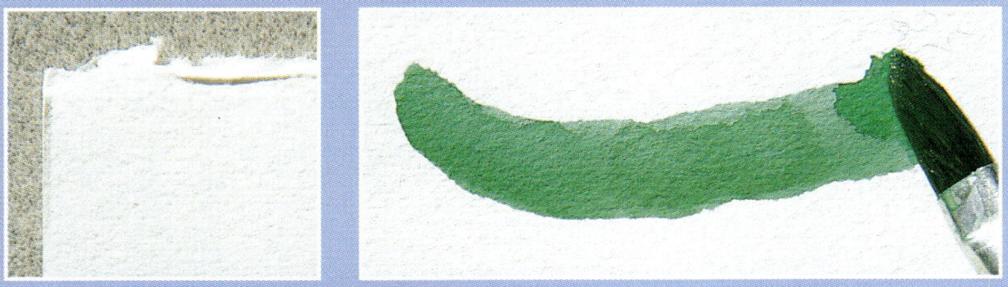
Papier mit feinem Korn: Guarro mit 350 g/qm

6
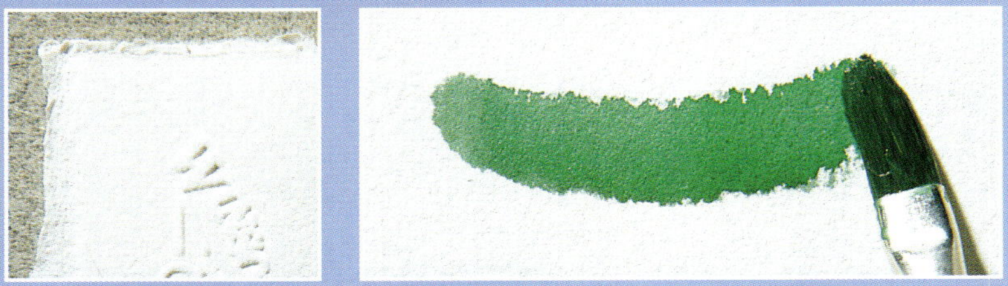
Papier mit feinem Korn: Artists' (Winsor&Newton) mit 350 g/qm

7
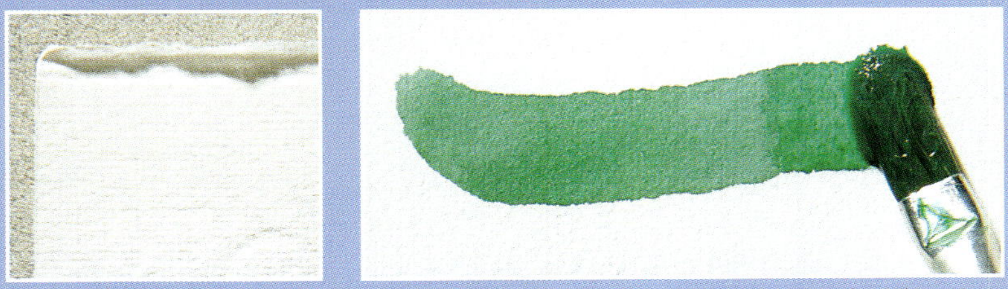
Papier mit feinem Korn: Fabriano mit 350 g/qm

DIE LEIMUNG DER OBERFLÄCHE

Die Oberfläche erhält ihre Beschichtung durch ein Bad in Leimstoffen, damit sie später die Feuchtigkeit abweist und die Farbe nicht zu tief eindringen kann. Dadurch bleibt die Leuchtkraft der Farbe völlig erhalten.

Bei manchen Qualitätspapieren kann die Oberflächenleimung so stark sein, dass sie beim Auftragen der Farbe hinderlich ist. Dies kann man beheben, indem man das Papier vor dem Malen wässert oder einige Schichten des Leims behutsam mit einem feuchten Schwamm von der Oberfläche reibt.

laufen. Feuchte Striche trocknen rapide und hinterlassen Ränder.

ARCHES (3)

Besteht zu 100% aus Baumwolle, ist mit Gelatine geleimt und luftgetrocknet. Es vergilbt nicht, ist ideal für Verschmelzungen direkt auf dem Papier, die Farbe verfließt gut. Robustes Papier, das die Intensität der Farben erhält. Seine Oberfläche ist stark behandelt, deshalb muss es vor dem Malen durchfeuchtet werden.

FONTENAY (CANSON) (4)

Aus 50% Baumwolle, mit Leim behandelt. Vorteilhafte, mittlere Saugfähigkeit. Die Farbe lässt sich sehr gut verteilen, und es reagiert unempfindlich auf Korrekturen. Vielleicht das beste seiner Klasse.

Die Abbildungen auf dieser und den folgenden Seiten zeigen die einzelnen Papiersorten in Originalgröße, damit Sie die Körnung und den jeweiligen charakteristischen Pinselstrich auf dem Papier deutlich erkennen können.

GUARRO (5)

60% Baumwollanteil, mit Gelatine behandelt, säurefrei. Erinnert beim Farbauftrag etwas an satiniertes Papier, erzeugt leichte Farbränder und eignet sich nicht besonders für Abstufungen. Im Sortenvergleich ein gutes Papier.

ARTISTS' (WINSOR & NEWTON) (6)

Baumwollanteil von 100%. Brei als auch Oberfläche mit Gelatine geleimt. Geschmeidiges Papier mit gutem Farbfluss, das saubersten Linien ermöglicht. Bei Korrekturen enorm reißfest, erhält es die Intensität der Farben und verschiedensten Nuancen. Stark beschichtete Oberfläche.

FABRIANO (7)

Aus 50% Baumwolle. Dieses Papier lässt die Farbe kaum verfließen und reißt bei Beanspruchung relativ schnell. Wenn man nicht zügig arbeitet, entstehen relativ schnell Farbränder. Dennoch ist es in seiner Klasse ein gutes Papier.

PAPIERKÖRNUNG

Aquarellpapier kann satiniert, also ohne Körnung, oder von feinem, mittlerem bzw. grobem Korn sein. Welche Körnung der Künstler für sein Bild wählt, hängt von seinen Vorlieben, seinem Stil, dem gewählten Format, seiner Erfahrung im Umgang mit der Farbe und nicht zuletzt vom Bildmotiv ab.

Fast jeder Hersteller bietet alle drei Papiersorten an, allerdings ist die Bezeichnung „fein", „mittel" und „grob" nicht standardisiert. Von daher ist es sehr interessant, die verschiedenen Sorten zu kennen und mit ihnen zu experimentieren.

EXPERTENTIPP

Um die Möglichkeiten eines Aquarellpapiers voll ausschöpfen zu können, sollte man die Körnung, das Format, das Gewicht und seine Zusammensetzung berücksichtigen.

Es empfiehlt sich, großformatiges Papier unabhängig von seinem Gewicht und Papier mit weniger als 300 g/qm stets zu spannen, da es sich leicht wellt und verzieht. Bis man einige Übung in der Aquarelltechnik hat, eignet sich Papier mit mittlerer Körnung am besten.

Whatman (8)

Baumwollanteil 100%. Ist äußerst saugfähig und hervorragend für Abstufungen geeignet, da die Farbe schön verfließt. Die Pigmente haften gut an der Oberfläche und sorgen für leuchtende Farben. Aufgrund seiner starken Oberflächenleimung muss man es vor dem Malen reichlich anfeuchten.

PAPIER MIT MITTLEREM KORN

Es wurde kaltgepresst und besitzt, wie sein Name schon sagt, eine mittlere Körnung. Diese Korngröße ist besonders für den Einsteiger ideal. Das glatte Papier erfordert kein allzu rasches und kontrolliertes Arbeiten, zudem hält die Oberfläche genügend Wasser, sodass keine Farbränder entstehen. Mit dieser Körnung lässt sich in jedem beliebigen Format arbeiten.

Vorteile: Dieses Papier eignet sich für jedes gewünschte Format. Seine Körnung erfordert kein sonderlich zügiges und kontrolliertes Malen.
Nachteile: Es hält weniger Wasser als grobkörniges Papier, und die Konturen sind nie so klar wie auf feiner Körnung.

Canson (9)

Aus Zellulose hergestellt. Niedriger Säuregehalt, mit Fungiziden behandelt. Ist vielleicht das beste seiner Klasse. Es eignet sich für große Formate mit dicken Pinselstrichen, da sich keine Farbränder bilden. Verteilt die Farbe gut, sorgt für präzise Linien und lebhafte Farben.

Guarro (10)

60% Baumwollanteil. Komplett mit Gelatine geleimt, säurefrei. Im Vergleich ein gutes Papier. Ist wenig strapazierfähig, die Klarheit der Linien und der Farbfluss sind aber zufriedenstellend.

Schoeller (11)

100% aus Baumwolle. Die Farbe verfließt gut, ergibt feine Linien und bleibt intensiv, dagegen hält es Korrekturen und Druck schlecht stand.

Papierstruktur mit mittlerem Korn in Originalgröße.

8

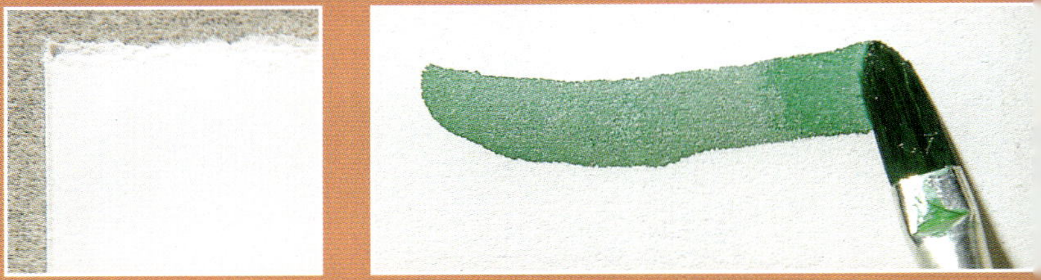

Papier mit feinem Korn: Whatman mit 290 g/qm

9

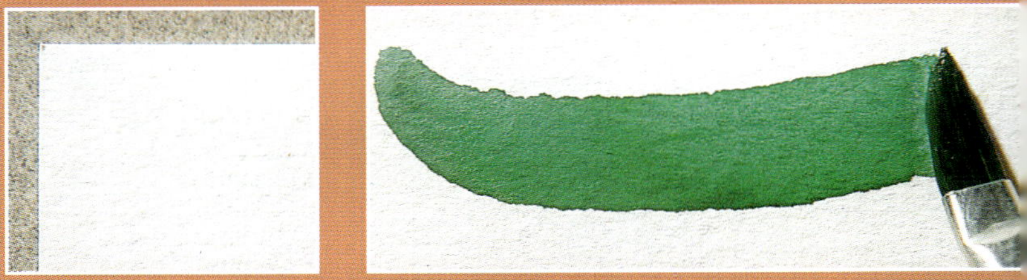

Papier mit mittlerem Korn: Canson (Montval) mit 300 g/qm

10

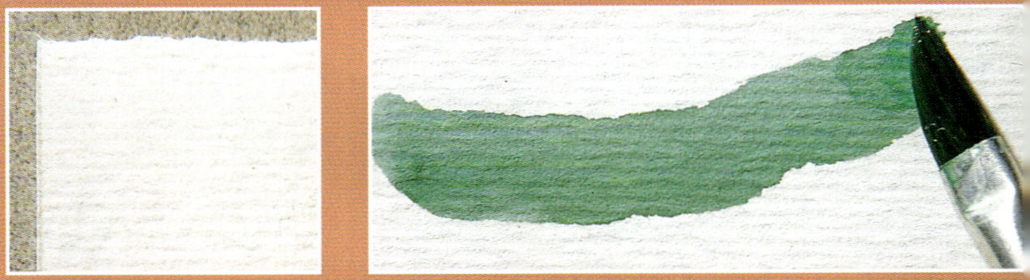

Papier mit mittlerem Korn: Guarro mit 350 g/qm

11

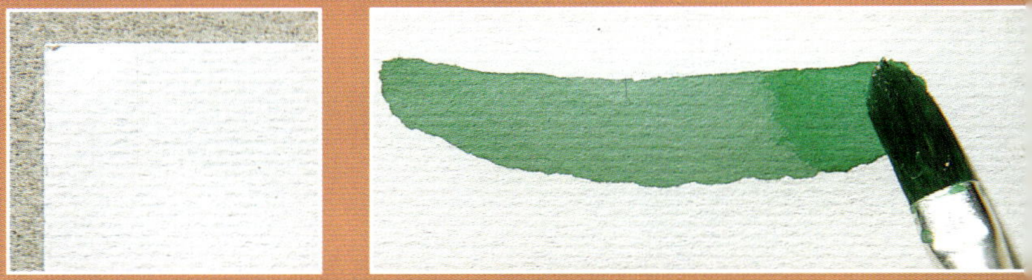

Papier mit mittlerem Korn: Schoeller mit 290 g/qm

12

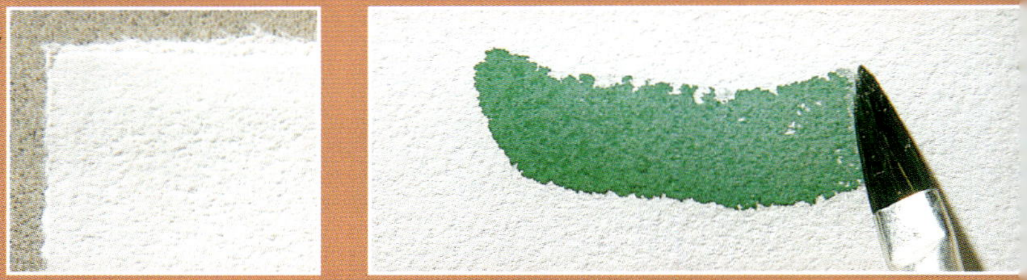

Papier mit mittlerem Korn: Whatman mit 185 g/qm

13

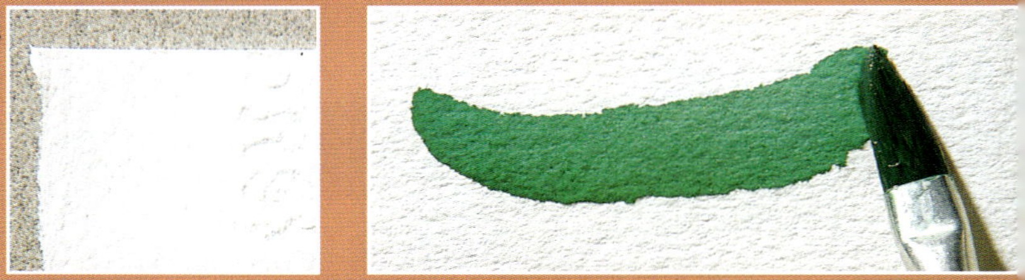

Papier mit grobem Korn: Arches mit 350 g/qm

14

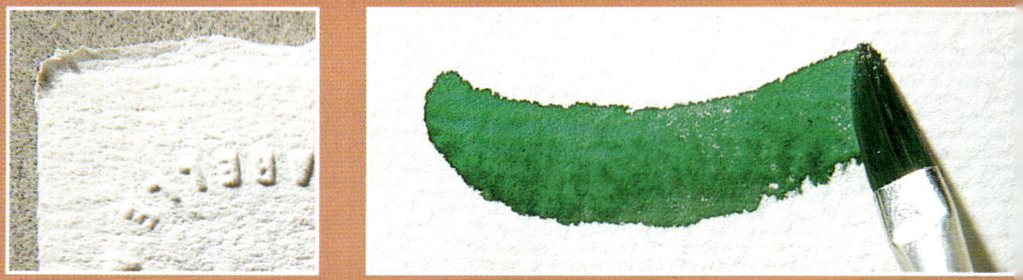

Papier mit grobem Korn: Fontenay (Canson) mit 300 g/qm

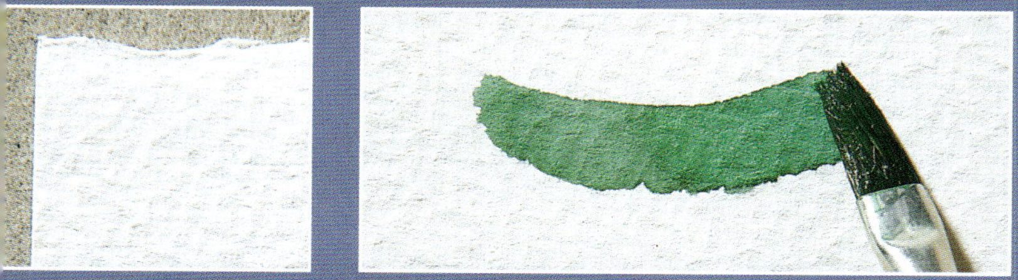

Papier mit grobem Korn: Guarro mit 350 g/qm

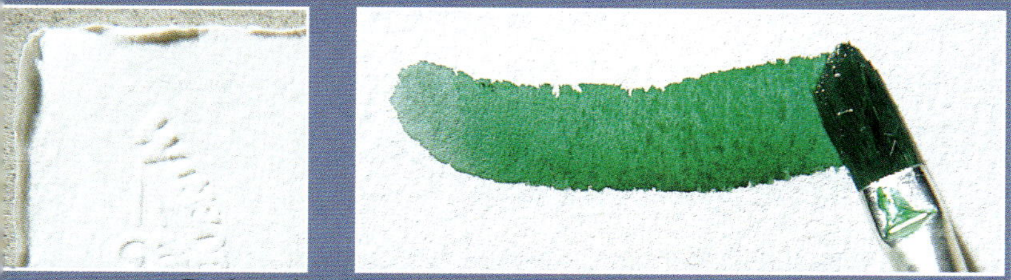

Papier mit grobem Korn: Artists' (Winsor & Newton) mit 300 g/qm

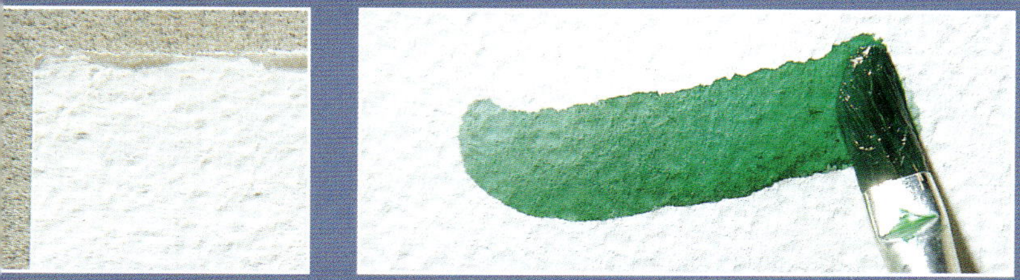

Papier mit grobem Korn: Fabriano

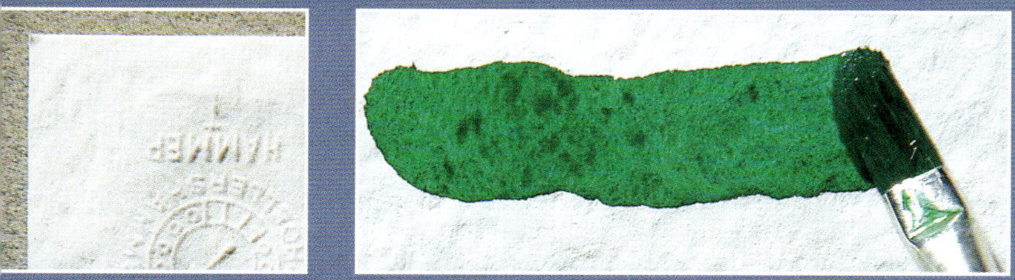

Papier mit grobem Korn: Schoeller mit 250 g/qm

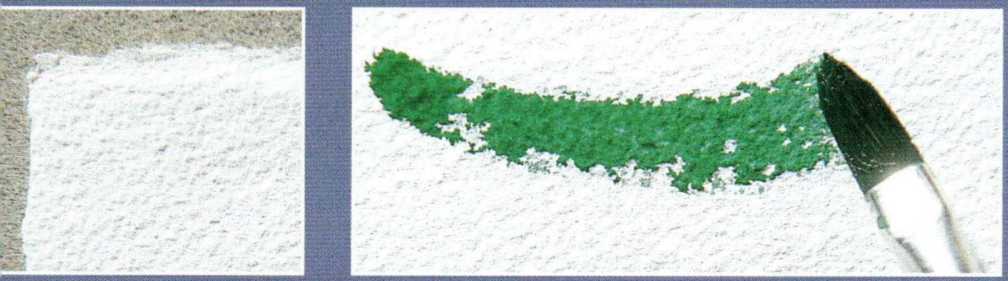

Papier mit grobem Korn: Whatman mit 290 g/qm

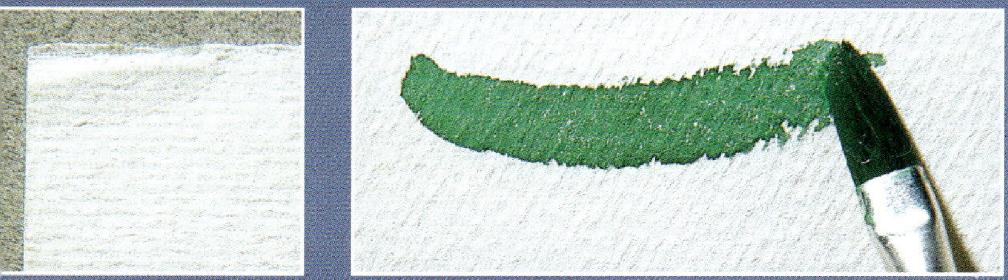

Handgeschöpftes Papier mit grobem Korn: 350 g/qm

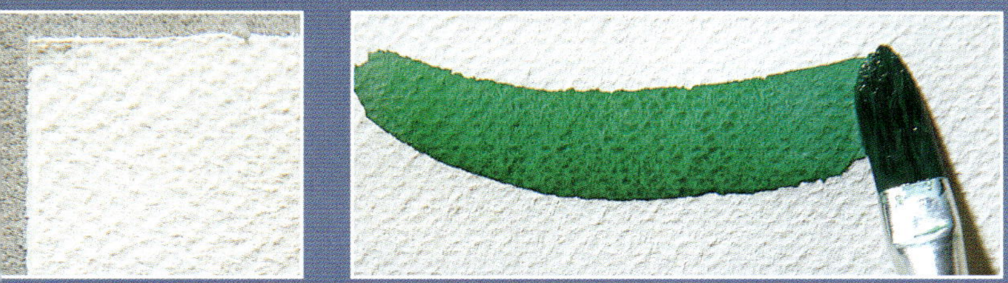

Cremefarbenes handgeschöpftes Papier: 130 g/qm

WHATMAN (12)
Aus 100% Baumwolle. Seine starke Oberflächenleimung erfordert gutes Anfeuchten. Es lässt die Farbe nicht eindringen, erzeugt brillante, saubere Linien, erleichtert Abstufungen und das Ausziehen der Farbe, ist sehr saugfähig.

PAPIER MIT GROBEM KORN

Charakteristisch ist seine Oberflächenstruktur, in deren Vertiefungen sich die Farbe sammelt – ideal für sehr wässrige Farbaufträge. Es wird speziell für die Aquarellmalerei hergestellt und empfiehlt sich besonders für großformatige Bilder.

Vorteile: Seine reliefartige Struktur lässt die einzelnen Körner erkennen und verzögert die Trocknungszeit, was Ausbesserungen erleichtert.

Nachteile: Die Pinselstriche lassen sich kaum kontrollieren und seine grobe Oberfläche macht es dem ungeübten Maler schwer, präzise Konturen zu ziehen. Die Farbe sammelt sich in den Papiervertiefungen und verliert so an Intensität und Brillanz.

ARCHES (13)
100% Baumwolle, mit Gelatine geleimt, luftgetrocknet, säurefrei, vergilbt nicht. Es ist ideal für Verschmelzungen direkt auf dem Papier, da die Farbe gut verfließt. Ein sehr haltbares Papier, zeigt die Leuchtkraft der Farben und scharfe Konturen, muss vor dem Malen gut gewässert werden (starke Leimung).

FONTENAY (CANSON) (14)
Besteht zu 50% aus Baumwolle und ist innen wie außen geleimt. Vorteilhaft ist seine mäßige Saugfähigkeit. Die Pigmente lassen sich gut verteilen, es toleriert Druck und Korrekturen und bietet sich für ziemlich feuchte Aquarelltechniken an.

GUARRO (15)
Mit 60% Baumwolle. Brei und Oberfläche gänzlich mit Gelatine geleimt, säurefrei. Von allen Papieren der Marke Guarro ist dieses mit grobem Korn das beste. Zwar reißt es bei Beanspruchung schnell, die Farbe verfließt aber gut und die Konturen bleiben sauber. Im Vergleich ein gutes Papier.

ARTISTS' (WINSOR & NEWTON) (16)
100% Baumwolle. Brei und Oberfläche mit Gelatine behandelt. Ein vielseitiges Papier, das die Farbe hervorragend gleiten lässt und für klar konturierte Linien sorgt. Es ist äußerst widerstandsfähig und lässt die Farben lange leuchten.

FABRIANO (17)
Baumwollanteil von 50%. Es ermöglicht einen guten Farbfluss, saubere Linien und gelungene Abstufungen. Auf Druck reagiert es äußerst unempfindlich.

Struktur von grobkörnigem Papier in Originalgröße.

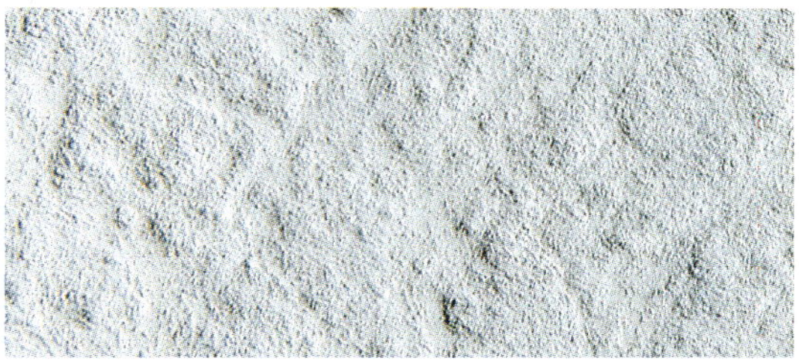

Schoeller (18)
Zu 100% aus Baumwolle, komplett geleimt. Die Rückseite ist nicht beschichtet und zum Malen ungeeignet. Die Farbe verteilt sich gut und leuchtet intensiv, die Linien sind klar konturiert; allerdings reißt es ziemlich schnell.

Whatman (19)
100% Baumwolle. Brei und Oberfläche sind hochwertig und stark geleimt, deshalb muss es vor dem Malen ausreichend feucht sein, damit es die Farbe nicht abweist. Besitzt gute Fließeigenschaften und ist damit ideal für Abstufungen. Die Farblinien sind sauber und lebhaft. Es ist ziemlich saugfähig.

HANDGESCHÖPFTES PAPIER

Dieses Papier ist durch seine Vielfalt an Strukturen, Formaten, Gewichtsklassen und Farben sehr reizvoll. Zwar gibt es sehr hübsches handgeschöpftes Papier, doch man sollte bedenken, dass die kleineren Manufakturen oft nicht über die notwendigen Mittel verfügen, um eine hohe und gleichbleibende Qualität garantieren zu können. Zudem ist es weniger haltbar, überdauert meist keine zehn Jahre und bleibt somit auch der Nachwelt nicht erhalten. Maschinell erzeugtes Papier durchläuft einen streng überwachten Herstellungsprozess, bei handgeschöpftem Papier gibt es dagegen keinerlei Qualitätskontrollen.

(20) Lässt die Farbe schön und ohne Ränder verfließen. Erlaubt Korrekturen, allerdings fransen die Farblinien etwas aus.

(21) Cremefarbenes handgeschöpftes Papier. Mit seiner Eigenfarbe lassen sich schöne Effekte kreieren. Sorgt für leuchtende Farben und perfekte Linien.

(22) Raues Papier mit einer stark geleimten Oberfläche, eignet sich für Abstufungen und saubere Linien, reißt aber schnell.

(23, 24, 25, 26) Handgeschöpftes Papier gibt es in unzähligen Farben und Tönen. Es kann viel Farbe absorbieren, ohne Schaden zu nehmen. Zwar lässt sich mit ihm kein Weiß öffnen, dafür bereichert es die Farben eines Aquarells mit hübschen Nuancen.

(27) Dieses hat eine besonders aparte Textur, nimmt viel Wasser auf, ist sehr widerstandsfähig und wie geschaffen, um reizvolle Effekte zu kreieren.

(28) Präzise Striche sind auf diesem groben Papier kaum möglich. Es eignet sich für abstrakte Malerei oder Arbeiten mit Farbflecken.

JAPANPAPIER

Ein kostbares Papier, hergestellt aus feinen Pflanzenfasern, die man im Gegenlicht erkennen kann. In einigen Sorten

ANDERE SORTEN

Die Papiersorten auf diesen Seiten wurden nicht speziell für die Aquarelltechnik entwickelt . Einige sind eher für die Tuschmalerei oder großflächige Lavierungen gedacht, andere haben eine Oberflächenstruktur, die sich gänzlich von dem unterscheidet, was man von einem Aquarellpapier erwarten würde.

22
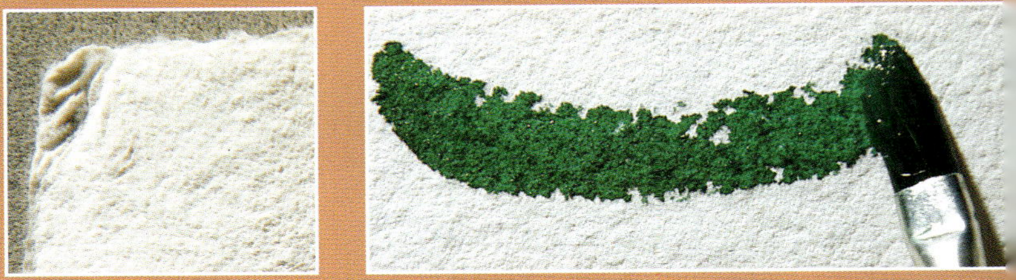
Handgeschöpftes Papie

23
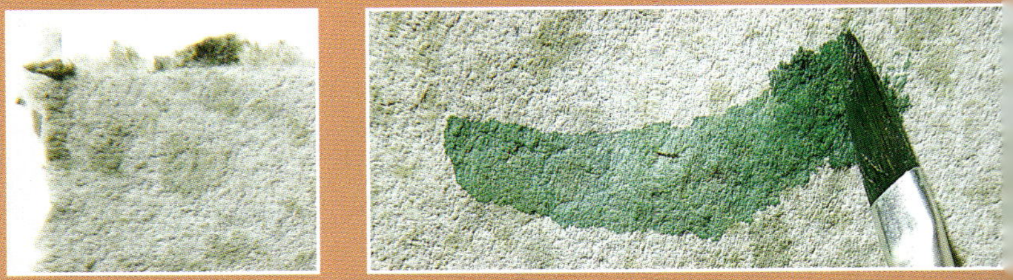
Handgeschöpftes Papie

24
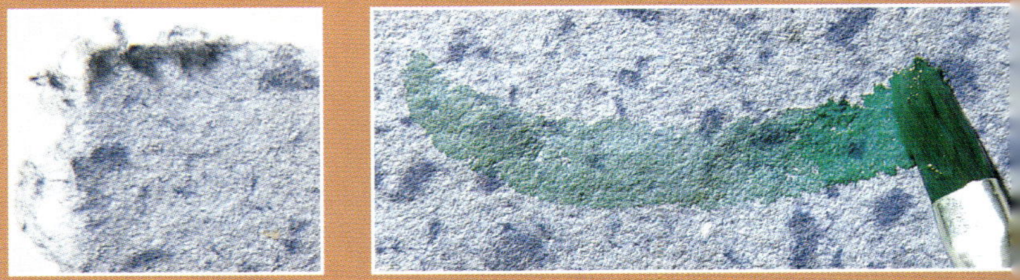
Handgeschöpftes Papie

25
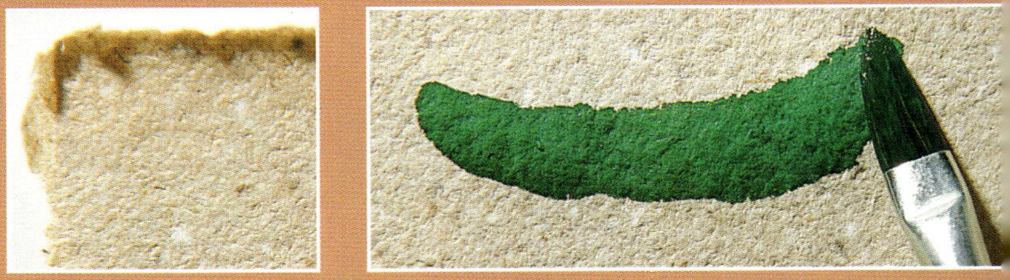
Handgeschöpftes Papie

26
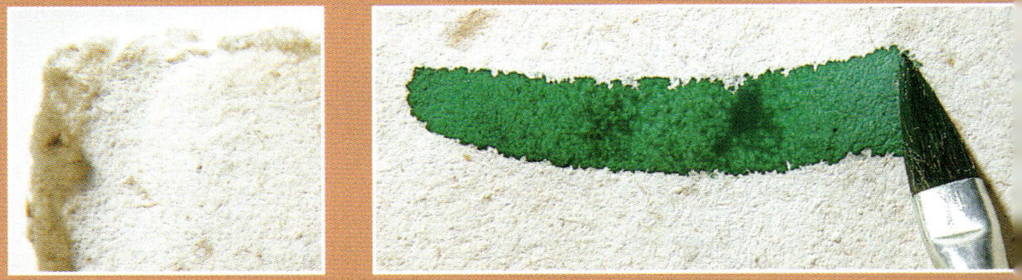
Handgeschöpftes Papie

27
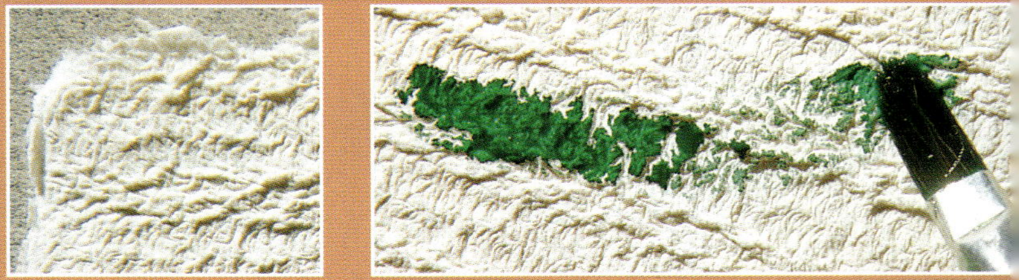
Handgeschöpftes Papie

28
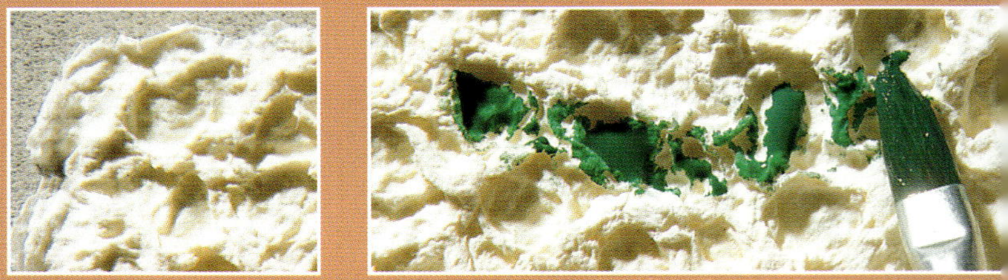
Handgeschöpftes Papie

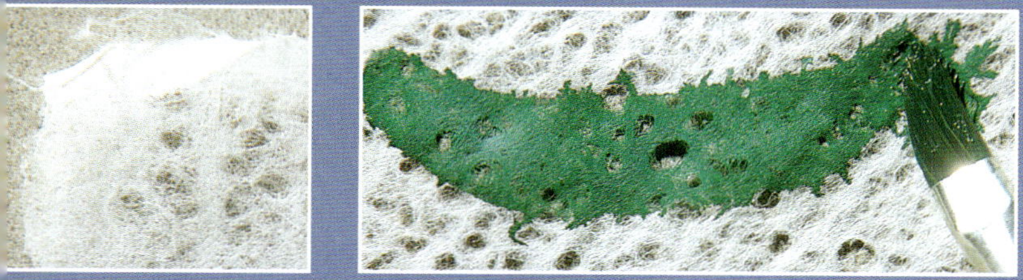
Japanpapier

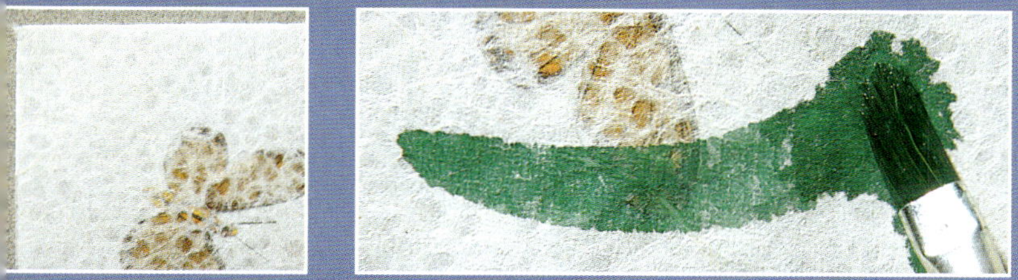
Japanpapier

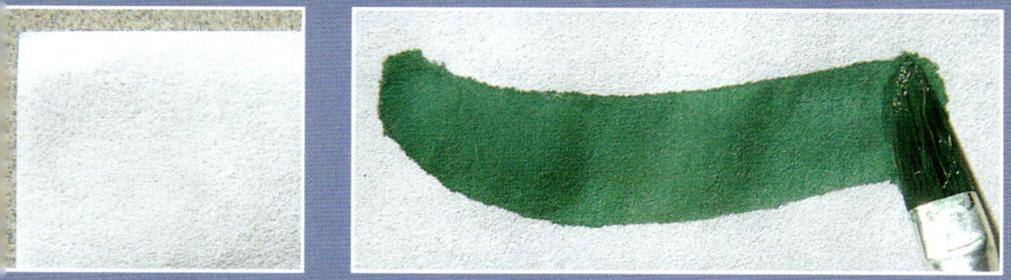
Japanpapier

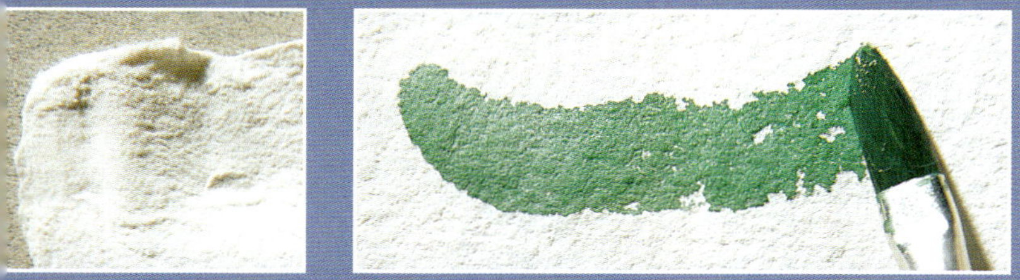
Papier ohne Oberflächenleimung

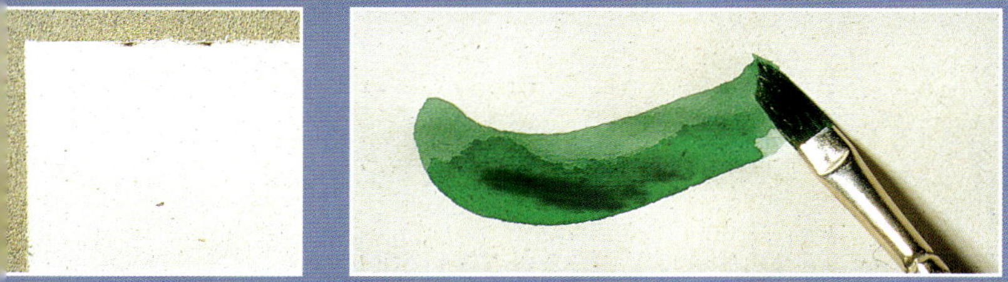
Recyclingpapier

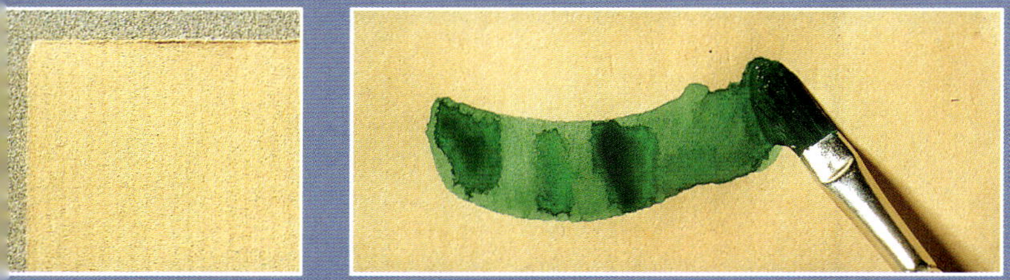
Packpapier

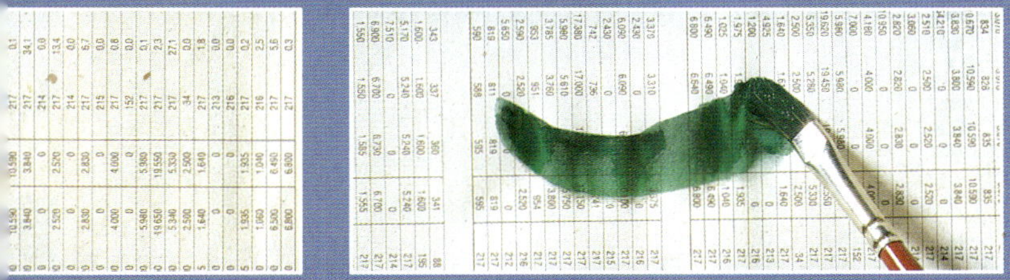
Zeitungspapier

sind auch gepresste Falter oder Blüten eingearbeitet. Aus Reis handgearbeitet und mit einer schwammähnlichen Textur reagieren sie auf Wasser ganz anders als Aquarellpapier. Die bekanntesten stammen von Kozo, Mutsumata und Gambi. Viele Japanpapiere sind extrem saugfähig und lassen keine Ausbesserungen zu, daher muss man die Pinselstriche genau planen. Dieses Papier kommt besonders bei Lavierungen, dem japanischen Malstil, und der Technik von Sumi-E. zur Geltung. Mit etwa 120 g ist es sehr leicht.

(29) Dieses besondere Papier saugt Wasser komplett auf. Korrekturen sind unmöglich; die Farbe verfließt leicht und bleibt matt.

(30) Die Farben lassen sich verschmelzen, abstufen und auflösen.

(31) Extrem saugfähiges Papier, doch sollte man nicht zuviel Wasser verwenden. Die Farbe verfließt schlecht, dringt sofort ein und ist nicht korrigierbar.

PAPIER OHNE OBERFLÄCHENLEIMUNG

(32) Auf diesem Papier wirken Aquarellfarben matt, weil die Leimschicht fehlt, die die Farbe an der Oberfläche hält und verhindert, dass Feuchtigkeit in das Papier einzieht. Es reißt schnell und trocknet langsamer als beschichtetes Papier.

RECYCLINGPAPIER (33)
Ein umweltfreundliches Papier, das für verschiedene Zwecke hergestellt wird. Da seine Oberfläche nicht geleimt ist, dringt das Wasser sofort ein, zudem reißt es leicht.

PACKPAPIER (34)
Es kann nur wenig Wasser aufnehmen, deshalb verbleibt die Farbe in kleinen Lachen auf der Oberfläche. Trotz dass es sich leicht wellt, experimentieren viele Künstler mit dieser Papiersorte.

ZEITUNGSPAPIER (35)
Dieses Papier saugt das Wasser sofort auf und reißt von allen Papieren am schnellsten. Es erlaubt nur spontane Striche und man darf mit dem Pinsel keinesfalls aufdrücken.

AQUARELLKARTON

Im Fachhandel auch als Cartolux bekannt, besteht dieser 2 mm dicke Karton aus leichter Pappe, die mit Aquarellpapier beklebt wurde. Das Papier ist dasselbe, das der Hersteller Guarro im Handel anbietet. Aquarellkarton hat den Vorteil, dass das Papier nicht erst auf einem Untergrund befestigt werden muss.

FARBIGES PAPIER

Ein Aquarell entsteht gewöhnlich auf weißem Papier, weil die Hintergrundfarbe mit den transparenten Farben interagiert und der Maler die hellsten Stellen stets durch das Weiß des Papiers kreiert. Deshalb wird im Handel bis auf die handgeschöpften Papiere auch kein farbiges Aquarellpapier angeboten. Wünscht der Künstler einen farbigen Malgrund, so muss er weißes Papier entweder mit einer Lasur kolorieren oder auf das Papier anderer Techniken, etwa der Pastellmalerei, zurückgreifen.

Die Pinsel

Der Pinsel ist das Utensil, mit dem die Farbe auf den Malgrund getragen wird. Er ist zweifellos der wichtigste Gegenstand für die Malerei und wäre er nicht erfunden worden, wäre die Geschichte der Kunst mit Sicherheit anders verlaufen. Trotz aller technischen Neuerungen und Stilentwicklungen hat der Pinsel im künstlerischen Schaffungsprozess stets die Hauptrolle gespielt. Auch heute noch werden Pinsel zu einem großen Teil in Handarbeit gefertigt. Die Büschel des Haarkörpers beispielsweise werden von Expertenhand verlesen und eingepasst.

Ein guter Pinsel zeichnet sich durch mehrere Eigenschaften aus, und zwar durch seine Vielseitigkeit, Stabilität, Präzision, die Elastizität und das Vermögen des Haarkörpers, seine ursprüngliche Form schnell wieder anzunehmen sowie die Fähigkeit, Farbe zu halten und abzugeben.

Die Beschaffenheit eines Pinsels ist eng mit der Qualität der verwendeten Materialien verknüpft. Gute Pinsel können bei richtiger Pflege viele Jahre halten und dem Künstler die Arbeit enorm erleichtern. Mit einem schlechten Pinsel kann es dagegen sein, dass man eine Idee gar nicht umsetzen kann.

Damit der Haarkörper seine Form behält, wird jeder Pinsel im letzten Produktionsschritt in Gummiarabikum getaucht. Um herauszufinden wie gut ein Pinsel ist, muss man ihn anfeuchten und prüfen, ob er eine präzise Spitze bzw. Kante zieht und wie viel Wasser er halten kann. Seine Stabilität und Elastizität kann man auch im trockenen Zustand erkennen.

Dies ist aber bei weitem nicht alles, denn das Gelingen eines Werkes hängt nicht zuletzt auch davon ab, welche Pinsel der Maler einsetzt. Es gibt die unterschiedlichsten Arten von Pinseln mit Tier- oder Kunsthaaren und in vielen Größen, und jeder erzeugt einen mehr oder weniger einzigartigen Strich. Um zu wissen, ob sich ein Pinsel für die gewünschte Technik eignet, sollte man möglichst alle Pinselarten kennen. Einen Pinsel zu kennen bedeutet, solange mit ihm zu experimentieren und zu arbeiten, bis man herausgefunden hat, ob er zum individuellen Malstil passt. Bleiben Sie neugierig und probieren Sie einfach viele Pinsel aus, bis Sie Ihre persönlichen Favoriten finden.

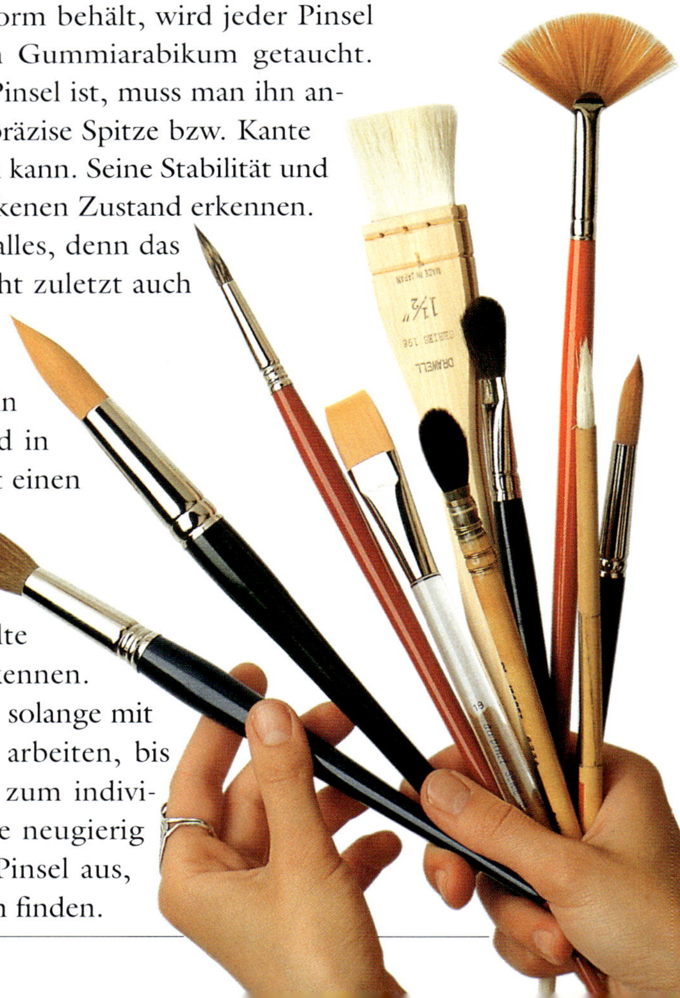

DIE FORM DES PINSELS

Jeder Pinsel setzt sich aus drei Teilen zusammen: dem Stiel, der Metallzwinge und dem Haarkörper. Jedes dieser Teile ist für die Beschaffenheit des Pinsels von Bedeutung, am wichtigsten ist jedoch der Haarkörper, genauer seine Form und die Haarsorte, da er die Qualität eines Pinsels bestimmt.

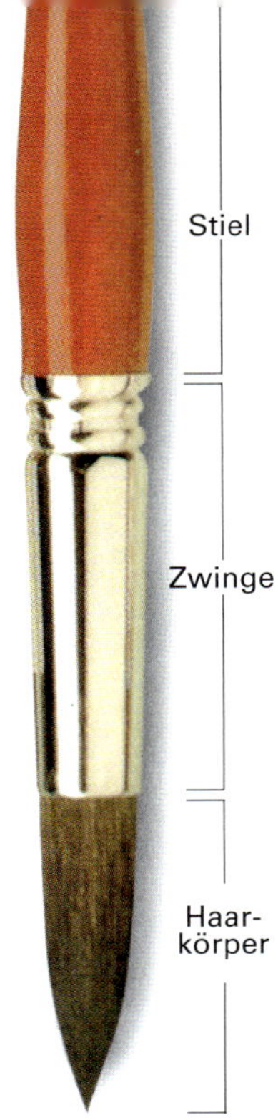

DER STIEL

Mit diesem Griffstück hält und führt der Maler den Pinsel. Hochwertige Pinsel sind aus leichtem Holz gefertigt, das sich nicht verbiegt oder bricht und weich genug ist, um den Hersteller, die Größennummer bis hin zum Fabrikationsort einzuprägen. Meist werden sie mehrfach lasiert und anschließend sorgfältig lackiert, damit sie gegen zu rasche Abnutzung und Feuchtigkeit geschützt sind. Daneben gibt es Stiele aus Materialien wie Acryl, Bambus oder Federkielen, mit denen die Künstler früher malten. Der Fachhandel bietet zudem ergonomisch geformte Pinsel an, die sich besser halten lassen.

Pinselstiele sind in langer und kurzer Form erhältlich; erstere eignen sich für Arbeiten, bei denen der Künstler einen gewissen Abstand zu sei-

WAS IST EIN PINSEL?

Der Pinsel ist ein Utensil, mit dem die Farbe auf den Malgrund getragen wird, und das aus drei Teilen besteht: Dem Haarkörper, der die Farbe hält und abgibt, dem Stiel, mit dem der Künstler den Pinsel führt, sowie der Zwinge, die den Haarkörper mit dem Stiel verbindet.

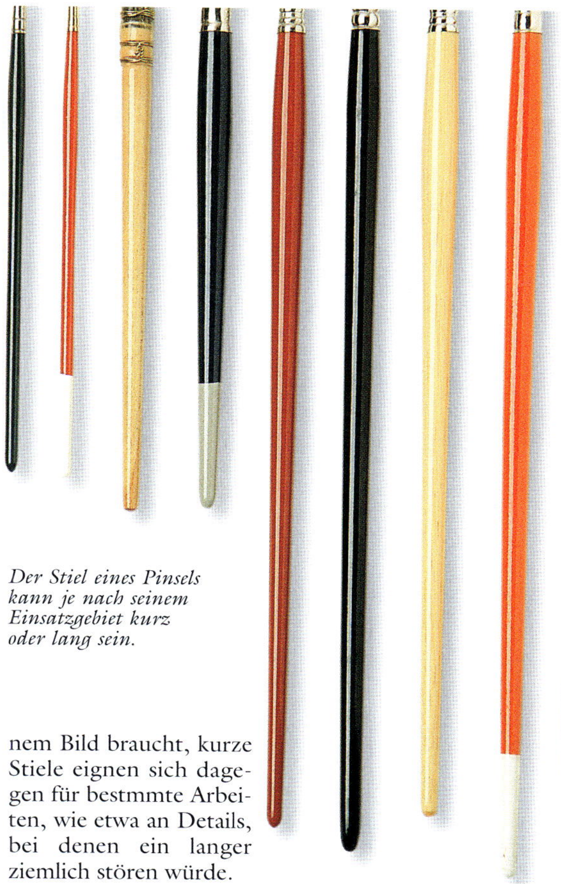

Der Stiel eines Pinsels kann je nach seinem Einsatzgebiet kurz oder lang sein.

nem Bild braucht, kurze Stiele eignen sich dagegen für bestmmte Arbeiten, wie etwa an Details, bei denen ein langer ziemlich stören würde.

A. *Ergonomisch geformte Stiele.*
B. *Pinselstiel aus Bambus.*
C. *Pinselstiel aus Acryl.*

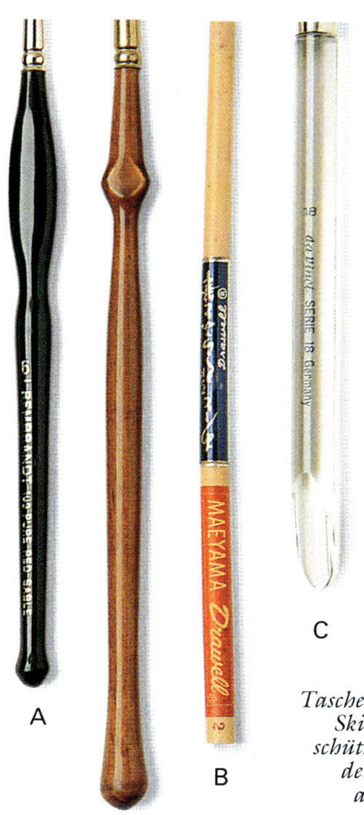

A

A

B

C

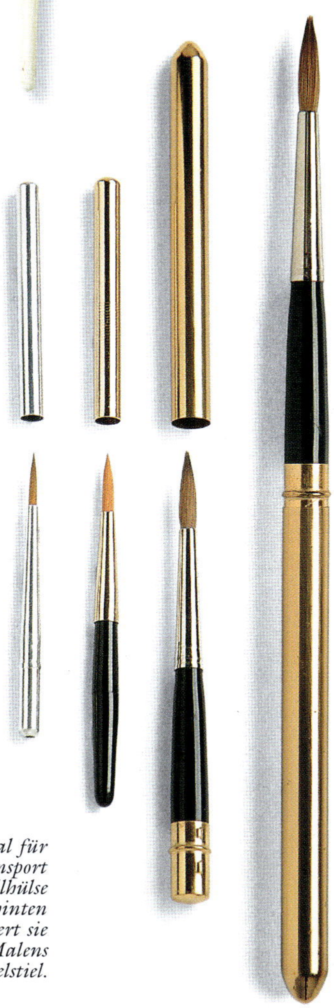

Taschenpinsel sind ideal für Skizzen. Beim Transport schützt die lose Metallhülse den Haarkörper, hinten aufgesteckt fungiert sie während des Malens als Pinselstiel.

WIE FUNKTIONIERT EIN PINSEL?

Der Haarkörper, mit dem die Farbe aufgetragen wird, besteht aus einer Vielzahl von Einzelhaaren. Taucht man ihn in Farbe, füllt diese die Zwischenräume zwischen den Härchen und wird durch den Druck, den die Haare aufeinander ausüben, im Haarkörper gehalten. Sobald der Pinsel auf einer Oberfläche abgesetzt wird, spreizen sich die Härchen und geben umso mehr Farbe ab, je größer der Druck des Haarkörpers auf das Papier ist. Tierhaare sind konisch und besitzen eine raue Struktur, daher können sie mehr Farbe halten als synthetische Fasern.

DIE ZWINGE

Sie ist das Verbindungsstück zwischen Haarkörper und Stiel. Sie wird aus verschiedenen Materialien hergestellt, am besten sind aber jene aus vernickeltem Messing, die aus einem Stück gefertigt sind. Ihr Vorteil liegt schlichtweg darin, dass sie nicht rosten und wegen der fehlenden Naht auch nicht aufgehen können. Für billigere Pinsel werden nahtlose Zwingen aus rostfreiem Aluminium verwendet. Wenn das Teil aus einem Stück gefertigt ist, wird es millimetergenau geprüft, damit es perfekt passt.

Die Form der Zwinge bestimmt zudem die Größe des Pinsels und seine spätere Form, also ob er rund bzw. flach ist.

KURZER GESCHICHTSABRISS

Man glaubt, dass der erste Pinsel schon vor ungefähr 25000 Jahren verwendet wurde und nicht mehr war als ein kleiner Zweig, an dessen Ende Fasern herausragten. Später wurden Pinsel aus pflanzlichen Faserbüscheln hergestellt und schließlich aus Tierhaaren.

Noch im vergangenen Jahrtausend mussten die Künstler ihre Pinsel selbst anfertigen. Dazu nahmen sie verschiedene Tierhaare und befestigten sie an einem Federkiel. Erst im 18. Jahrhundert tauchten in Europa die ersten Manufakturen auf, die Künstlerpinsel handwerklich herstellten.

Heutzutage wird man kaum noch einen Künstler finden, der seine Pinsel selbst fertigt, da das Angebot auf dem Markt wirklich keine Wünsche mehr offen lässt.

A. *Abgerundete flache Zwinge. Die Rundung hält den Haarkörper in der Form eines Fächers.*
B. *Flache Metallzwinge.*
C. *Breite, flache Zwinge eines Flächenstreichers.*
D. *Runde Metallzwinge.*
E. *Flache Zwinge.*
F. *Plastikzwinge mit Draht umwickelt. So befestigte man den Haarkörper früher.*

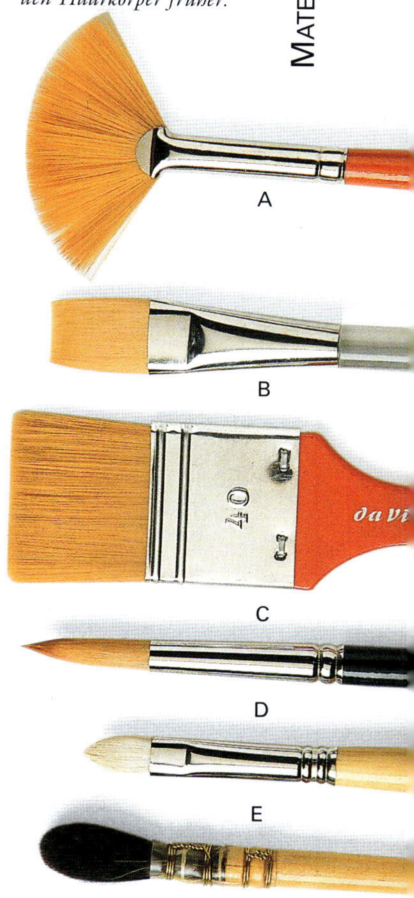

A

B

C

D

E

F

DER HAARKÖRPER

Dieser zweifellos wichtigste Teil begründet die großen Qualitätsunterschiede der Pinsel. Hochwertiges Haar wird nie mit minderwertigen Zwingen oder Stielen verarbeitet. Das konisch geformte Tierhaar verhält sich wie ein Kapillargefäß; seine raue Struktur weist kleine Vertiefungen auf, in denen sich die Farbe unter dem Druck der Härchen sammelt und bewirkt, dass der Haarkörper abhängig vom Druck auf das Papier eine bestimmte Farbmenge abgeben kann.

HAARSORTEN

Es gibt Pinsel aus Borsten, Natur- oder Kunsthaar. Die Haarsorten unterscheiden sich in ihrem Vermögen, Wasser aufzunehmen, ihrer Elastizität, Stabilität und Form der Spitze. Borsten und Naturhaare haben zwar ähnliche Eigenschaften, jedoch mündet die Naturhaarspitze in einem einzigen Punkt, während es bei Borstpinseln mehrere sind; letztere sind zudem steifer und robuster. Welche Haarsorte ein Künstler wählt, hängt von seiner Arbeitsweise und persönlichen Vorliebe ab.

MARDERHAAR

Das Haar des Marders wird in der Aquarellmalerei besonders geschätzt, weil es einfach das beste ist. Verglichen mit anderen Haaren hält es die größte Farbmenge, ist am flexibelsten und hat die präziseste Spitze, die so fein ist, dass man sie mit bloßem Auge nicht erkennen kann. Marderhaarpinsel sind extrem geschmeidig, sodass man mit ein und demselben Pinsel feinste, zarte Linien bis hin zu dicken Stichen ziehen kann, wenn man entsprechend aufdrückt. Bei sorgsamer Pflege halten sie viele Jahre lang. Aber Vorsicht: Marderhaar ist nicht gleich Marderhaar. Die Qualität der Haare hängt davon ab, aus welchem Gebiet die Marder stammen und ob es sich um wildlebende oder gezüchtete Tiere handelt. Je kälter und unwirtlicher der Lebensraum der Tiere ist, desto widerstandsfähiger ist auch ihr Haarkleid. Das hochwertigste und teuerste Haar stammt vom sogenannten Kolinsky-Marder, der in der gleichnamigen Region in Sibirien lebt. Da sich das Tier in Gefangenschaft nicht vermehrt, ist sein Fell äußerst selten und so kostbar wie Gold.

Zwei Marderhaarpinsel. Der rechte Pinsel ist mit Gummiarabikum überzogen, damit das Haar geordnet bleibt und sich vor dem ersten Einsatz nicht verformt.

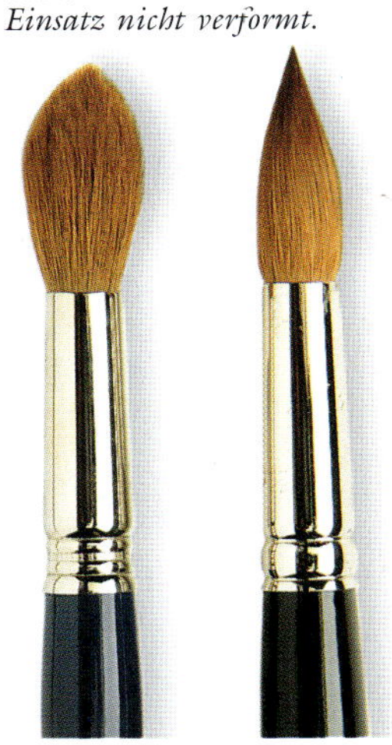

DIE WAHL DER HAARSORTE

Natürlich sollte man möglichst immer mit den hochwertigsten Materialien arbeiten, in diesem Fall also mit Marderhaar.

Da dieses Haar leider ziemlich kostspielig ist, greifen die meisten Künstler bei größeren Pinseln auf andere Haarsorten zurück.

Die beliebtesten Alternativen zum Marder sind Rindshaar und Kunsthaar. Eine andere Sorte mit dünner Spitze und hoher Elastizität ist Mangustenhaar, allerdings ist es nur sehr schwer erhältlich, weil diese Tierart unter Naturschutz steht.

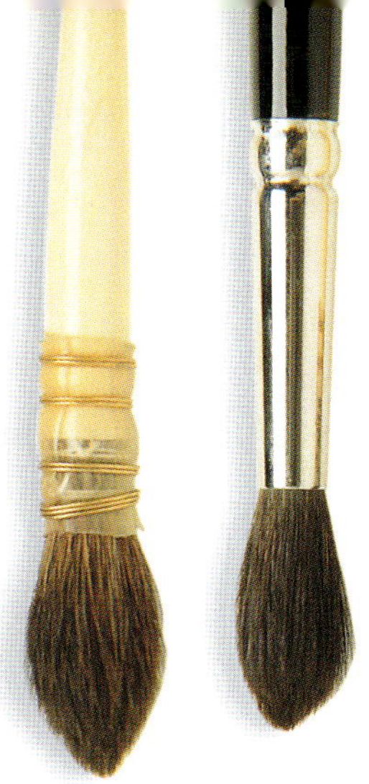

Fehhaarpinsel.

Andere Qualitätshaare werden zum Beispiel vom Harbin-Kolinsky-Marder und Rotmarder gewonnen.

FEHHAAR ODER PETIT GRIS

Fehhaar wird aus dem Schweif des kanadischen oder russischen Eichhörnchens gewonnen. Es ist weich, kann enorm viel Farbe halten und ist eine preisgünstige Alternative zu Marderhaar. Auch eignet es sich gut, die Farbe vom Papier zu lösen, kann beim Malen wegen seiner Weichheit und geringen Spannkraft aber unpraktisch sein. Diese Haarsorte wird selten verkauft und ist im Fachhandel daher kaum zu finden

MANGUSTENHAAR

Dieses Haar stammt von der Manguste, einer bedrohten Tierart. Wegen seiner Seltenheit wird es heute durch ein synthetisches Haar namens Teijin ersetzt. Ein stabiles, feines Haar mit hoher Elastizität und feiner Spitze, das viel Farbe halten kann.

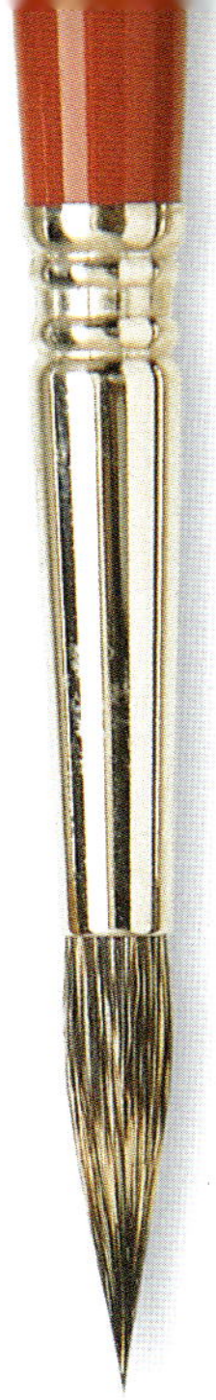

Mangustenhaarpinsel.

ZIEGENHAAR

Es erinnert an Fehhaar, ist aber minderwertiger und wird oft für Nachahmungen von Petit Gris verwendet. Der traditionelle Flachpinsel des Fernen Ostens, der hake, besteht aus diesem Naturhaar.

Die Pinsel sind hierzulande selten und werden im Künstlerbedarf höchstens in Ausnahmefällen angeboten.

RINDSHAAR

Rindshaar wird aus dem Ohr der Tiere gewonnen und ist von hellbrauner Farbe. Verglichen mit Marderhaar verformt es sich leichter und hat eine breitere Spitze. Allerdings ist es gerade bei häufigem Gebrauch sehr widerstandsfähig und bietet vor allem bei dickeren Pinseln eine gute Alternative zu teureren Haaren. Einige Künstler ziehen Rindshaar dem Marderhaar vor, weil es etwas robuster ist.

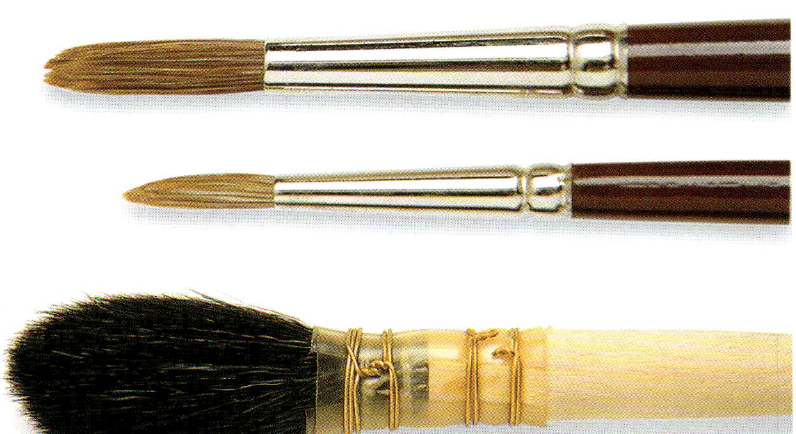

Rindshaarpinsel (oben) und Ziegenhaarpinsel mit handgearbeiteter Halterung (unten).

MARDER- ODER ZOBELHAAR-IMITATION

Dieser Pinsel wird meist aus Rindshaar hergestellt, das nach einer chemischen Behandlung die Farbe des Marderhaars annimmt.

Normalerweise geben die Hersteller auf dem Pinsel an, dass es sich um eine Imitation handelt, manche verkaufen es allerdings als echtes Marderhaar.

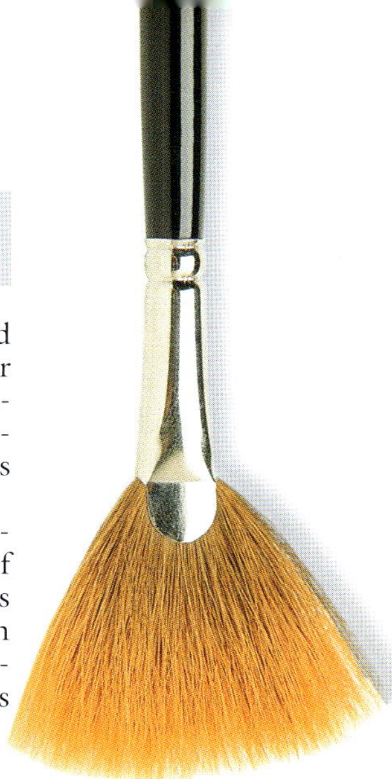

Fächerpinsel aus imitiertem Marderhaar.

MISCHHAAR

Um einen Pinsel mit den Vorteilen teurer Haarsorten günstiger anbieten zu können, hat man Mischhaar aus diversen Sorten entwickelt. Eines davon ist eine Kombination synthetischer Fasern und Naturhaar, etwa Marder- oder Fehhaar, wodurch die Kunstfasern mehr Farbe aufnehmen können. Mischhaarkörper sind also eine Kombination aus Naturhaar- und Synthetikpinseln.

Mischhaarpinsel; sie enthalten sowohl natürliches als auch künstliches Haar.

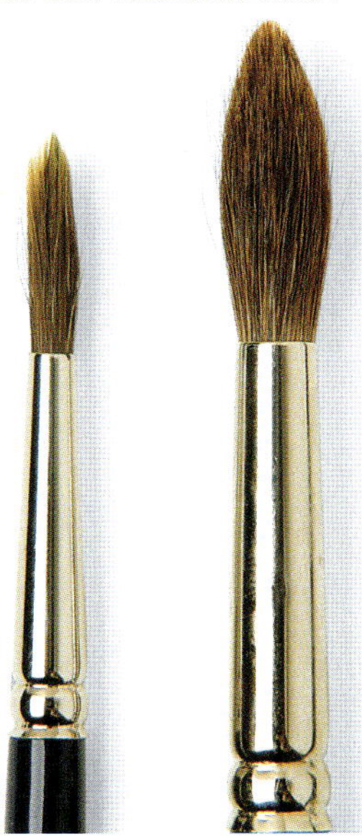

KUNSTHAAR

Mittlerweile werden sehr hochwertige Synthetikfasern hergestellt, die eine hohe Elastizität besitzen und durch spezielle Verfahren schnell wieder ihre ursprüngliche Form annehmen.

Ihr einziger Nachteil, der sich trotz der technischen Entwicklungen bis heute nicht beheben lässt liegt darin, dass sie aufgrund ihrer absolut glatten Oberflächenstuktur nicht so viel Farbe aufnehmen können wie Naturhaare.

Pinsel aus Qualitätskunstfasern leisten gute Dienste, sind elastisch und behalten ihre feine Spitze. Ihr gutes Preis-Leistungsverhältnis, die hochwertige Verarbeitung und das breite Sortiment machen sie sehr populär.

Kunsthaarpinsel.

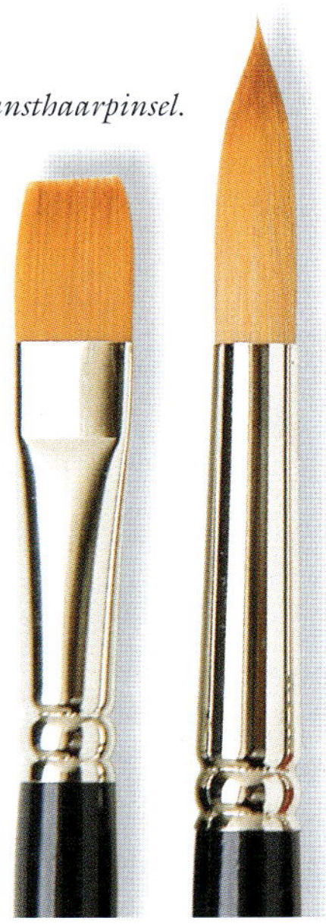

NATURHAAR UND KUNSTHAAR

Sobald man nach einer Alternative für die einzigartigen Marderhaarpinsel sucht, muss man sich zwangsläufig zwischen Kunst- oder Naturhaar entscheiden.

Rindshaar ist ebenfalls weich und kann eine beträchtliche Farbmenge halten, zudem ist es einfach in der Handhabung und für jeden Malstil geeignet. Im Gegensatz dazu nimmt Kunsthaar zwar weniger Wasser auf, hat aber eine feinere Spitze, ist elastischer und verformt sich nicht.

In der Aquarellmalerei lassen sich mit beiden Haarsorten gute Ergebnisse erzielen und die meisten Künstler greifen beim Malen auf jede Art von Haarkörper zurück.

PONYHAAR

Dieses Haar wird vom Bauch und den Fesseln der Tiere gewonnen; das beste stammt vom europäischen Pony. Es ist weich, aber unelastisch und verformt sich leicht. Ponyhaar wird hauptsächlich in der Kosmetikindustrie und im Kunstunterricht verwendet.

Solange man nicht zu sehr hochwertigen Pinseln greift, ist Ponyhaar für professionelles Arbeiten nicht zu empfehlen. Die Pinsel sind zwar sehr günstig, für die Aquarellmalerei aber relativ ungeeignet.

Ponyhaarpinsel. Man erkennt auf den ersten Blick, dass sie keine präzise Spitze haben und damit Probleme beim Malen bereiten.

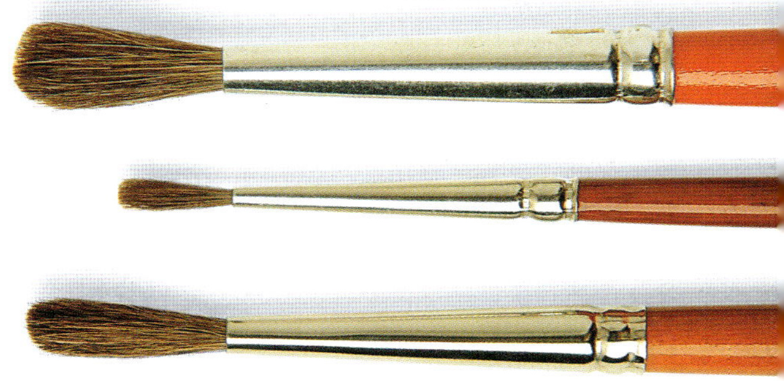

SCHWEINSBORSTEN

Sie stammen meist vom Rücken der Tiere und sind die günstigsten sowie strapazierfähigsten Naturhaare.

Der weltweit größte Produzent ist China. Chungking liefert die qualitativ besten. Es gibt auf dem Markt auch gebleichte Borsten von minderer Qualität.

Schweinsborstenpinsel lassen es kaum zu, viel Farbe aufzunehmen oder Experimente umzusetzen, deshalb sind sie für die Aquarellmalerei an sich untauglich.

Chinaborsten besitzen aufgrund der besonderen Schweinerasse, des Klimas und des Futters der Tiere exzellente Eigenschaften. Sie sind dick und robust, elastisch und gleichzeitig von einer unglaublichen Weichheit, da sich die Pinselspitze aus ein paar längeren Borsten bildet, was sie von allen anderen Naturhaarkörpern unterscheidet.

Breite Pinsel aus Chinaborsten, die speziell behandelt wurden, eignen sich hervorragend für Lasuren und die Gestaltung großer Flächen.

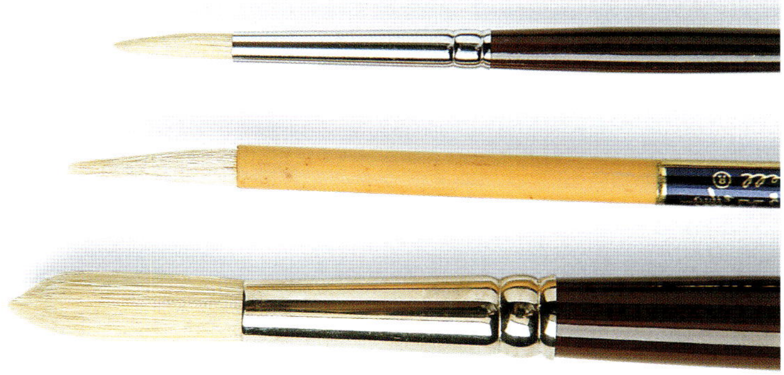

Schweinsborstenpinsel.

PINSELSORTEN

Zu welcher Sorte ein Pinsel zählt, wird von der Form der Zwinge und des Haarkörpers bestimmt. Die Zwinge ist entweder flach oder rund und der Haarkörper ordnet die Einzelhaare so, dass sie zum Beispiel eine Spitze bilden oder gleich lang gestutzt sind und eine saubere Kante formen.

Einige Pinselsorten wie etwa Rundpinsel sind universell einsetzbar, andere wie beispielsweise die Fächerpinsel sollen nur bestimmte Funktionen erfüllen. Ganz allgemein gesagt hat jeder Haarkörper die besondere Eigenschaft dass er die „Sprache" des Künstlers in Form von vielfältigsten Strichen auf das Papier überträgt.

RUNDPINSEL

Sie sind die klassischen Pinsel mit konischer Zwinge und einer mehr oder weniger feinen Spitze, die jede Strichrichtung und jede Art von Linie erlaubt. Drückt man nur leicht auf, gelingen feinste Linien; drückt man fester bis sich die Haare spreizen, kann man selbst dicke Striche ziehen.

Diese Vielseitigkeit macht den Rundpinsel für die Aquarellmalerei so nützlich (s. S. 41).

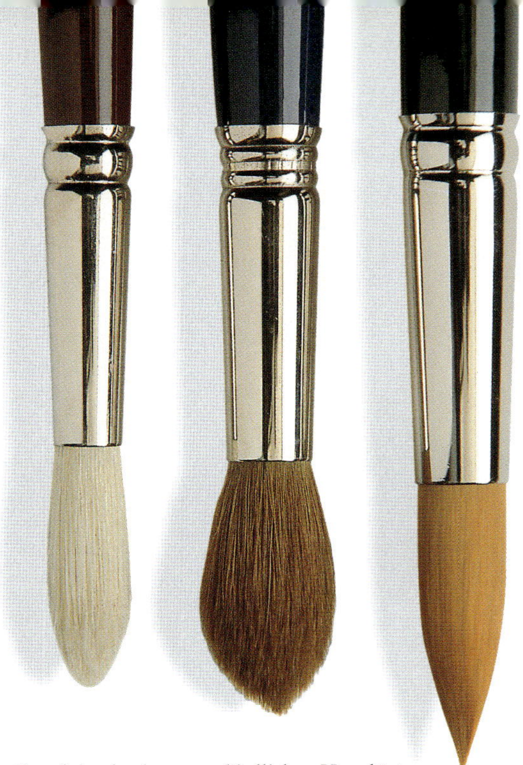

Rundpinsel mit unterschiedlichen Haarkörpern.

FLACHPINSEL

Flachpinsel können nicht so viel Farbe halten wie Rundpinsel, dafür erzeugen sie präzisere Konturen. Es gibt verschiedene Arten von Flachpinseln, die sich jeweils durch die Form des Haarkörpers unterscheiden: eckig, abgerundet oder in der Katzenzungenfaçon.

ECKIGE FLACHPINSEL

Sie werden deshalb so bezeichnet, weil sie eine flache Zwinge und einen Haarkörper aus absolut gleich langen, perfekt angeordneten Einzelhaaren besitzen.

Durch die Form des Haarkörpers sind eckige Flachpinsel leicht zu führen, zudem ist ihre Reaktion auf jede kleine Handbewegung genau vorhersehbar, was sie somit ideal für gerade Linien und sehr präzise Konturen macht.

Setzt man den rechteckigen Haarkörper nur mit der äußersten Kante auf, gelingen feinste Linien und Punkte; benutzt man ihn dagegen wie einen kleinen Flächenstreicher eignet er sich hervorragend, um größere Bildflächen zügig mit Farbe zu füllen.

Fast jeder professionelle Aquarellkünstler hält einen dieser eckigen Flachpinsel, zumeist aus Kunsthaar, in seinem Sortiment bereit, manche arbeiten auch ganz regulär mit dieser Art von Pinsel.

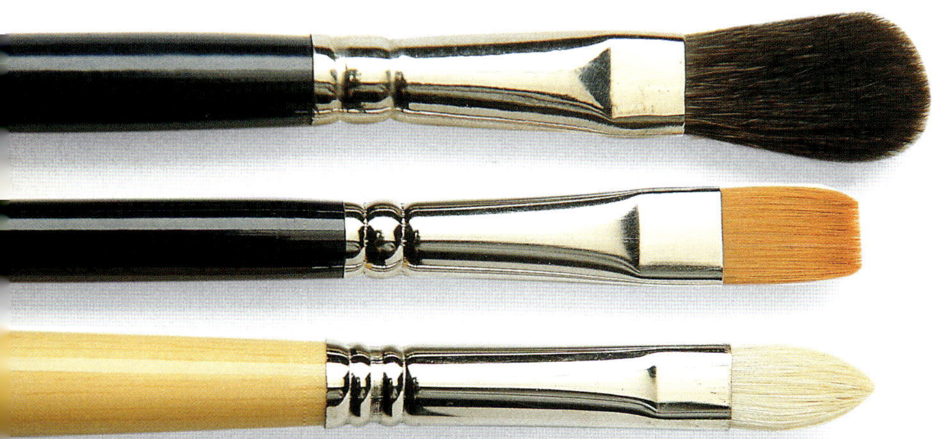

Flachpinsel mit abgerundetem (oben) und eckigem (mitte) Haarkörper sowie in der Katzenzungenfaçon (unten).

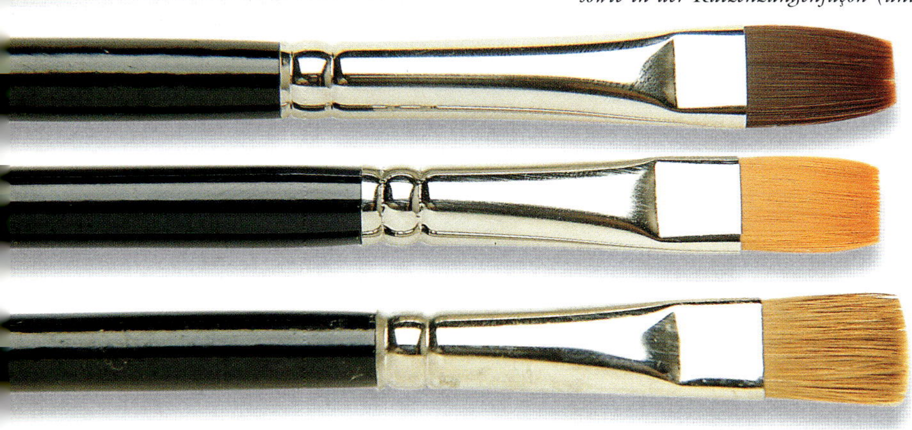

Eckige Flachpinsel mit verschiedenen Haarsorten.

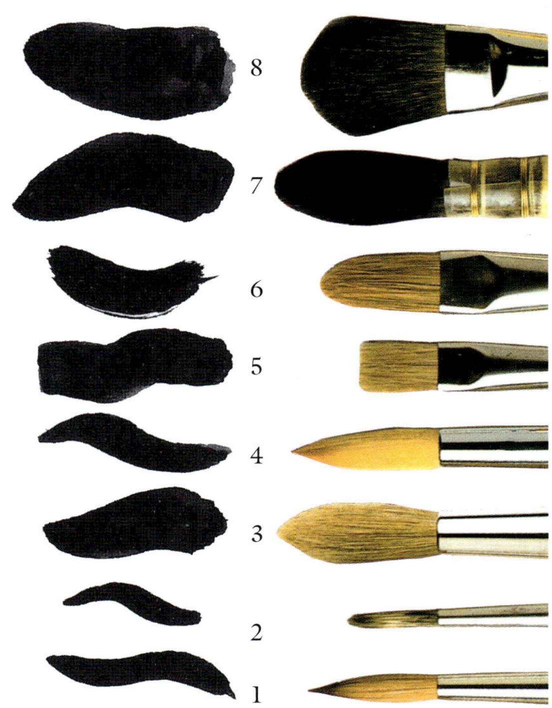

Diverse Pinsel für die Aquarellmalerei: 1, Marderhaarpinsel; 2, Mangustenhaarpinsel; 3, Rindshaarpinsel; 4, Kunsthaarpinsel; 5 und 6, eckiger und abgerundeter Rindshaarpinsel; 7 und 8 Putois-*Pinsel. Neben jedem Pinsel ist der jeweilige charakteristische Strich abgebildet.*

Fächerpinsel.

FÄCHERPINSEL

Die Zwinge dieses Pinsels hält die Haare in einer offenen, fächerartigen Form, daher auch sein Name.

Mit dem Fächerpinsel lassen sich auf bereits gemalten Lasuren gleichmäßige Farbübergänge kreieren. Nass eingesetzt erzeugt er einen ähnlichen Strich wie in der Trockentechnik und eignet sich bestens für gewisse Effekte.

FLÄCHENSTREICHER ODER LACKPINSEL

Sie sind ideal, um große Flächen mit Farbe zu füllen, das Weiß des Papiergrundes abzutönen oder um eine ausgedehnte Lasur aufzutragen, die etwa einen Himmel suggeriert. Zudem sind diese Flächenstreicher sehr nützlich beim Auftragen der Fixativa oder Firnisse, mit denen wir die Farben des fertigen Bildes versiegeln.

KATZENZUNGEN-FAÇON

Der Haarkörper dieses Pinsels, auch *Filbert* genannt, ist zur Spitze hin konisch abgerundet wie eine Katzenzunge – daher der Name. Er vereint die Eigenschaften des Flachpinsels mit denen des Rundpinsels: setzt man seine Spitze seitlich auf, ähneln die Linien sehr denen von Rundpinseln; führt man ihn dagegen parallel zum Papier, malt er wie ein Flachpinsel. Damit bietet er sich sowohl für Detailarbeiten als auch für flächige Farbaufträge an.

JAPANPINSEL

Der Pinselstiel ist aus Bambusrohr gefertigt, der weiche Haarkörper besteht aus Schweinsborsten, Rindshaar oder Damhirschhaar. Sie eignen sich hervorragend für Lavierungen und die Malerei im japanischen Stil. Es sind äußerst geschmeidige Pinsel.

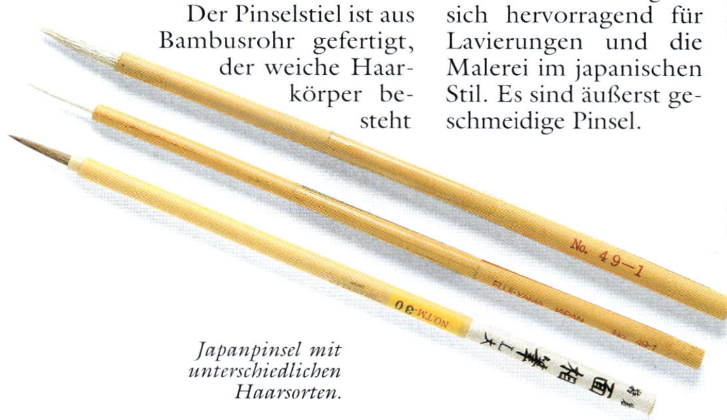

Japanpinsel mit unterschiedlichen Haarsorten.

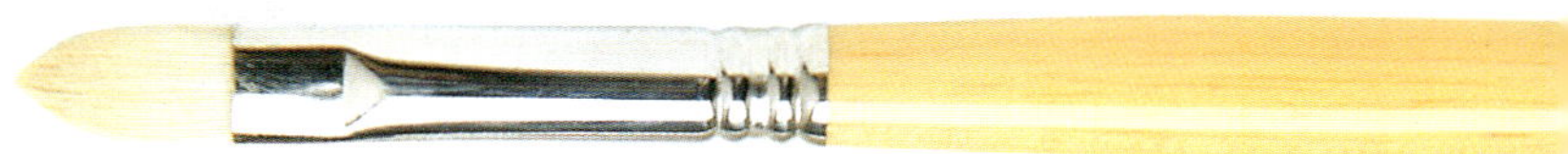

Pinsel in der Katzenzungenfaçon.

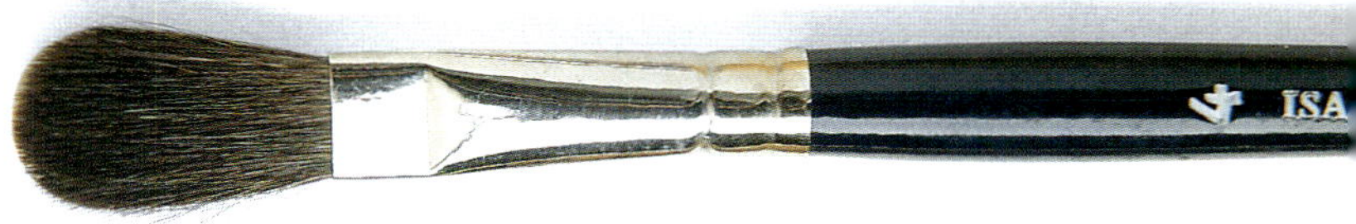

Abgerundeter Pinsel.

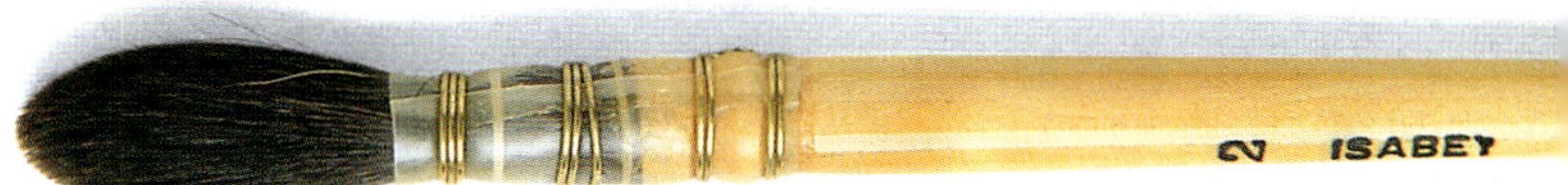

Verwaschpinsel.

Sortiment verschiedener Flachpinsel für großflächige Farbaufträge.

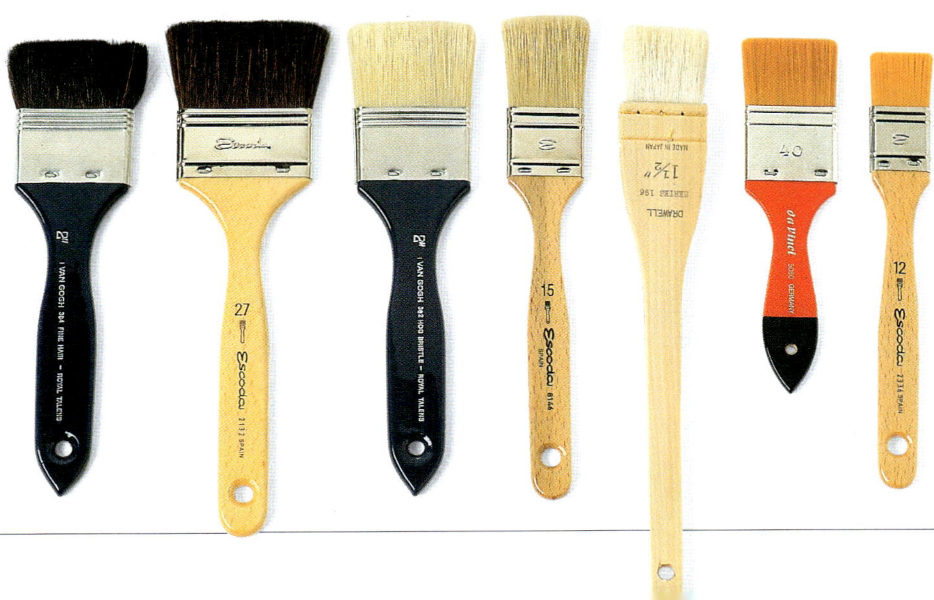

ABGERUNDETE PINSEL

Dies sind Flachpinsel, deren Haarkörper rundum gestutzt wurden, sodass sie keine Spitze formen.

Gewöhnlich werden sie aus ausgewählten Synthetikfasern hergestellt. Mit ihnen kann man Farbe vom Papier lösen und lasieren. Sie halten ziemlich viel Wasser und eignen sich damit für kräftige sowie großflächige Farbaufträge.

VERWASCHPINSEL

Meist besteht dieser abgerundete Pinsel aus Feh- oder Ziegenhaar, kann viel Wasser aufnehmen und ist somit ideal, um Farbe vom Papier zu lösen.

NUMMERIERUNG DER PINSEL

Alle Pinsel sind am Stiel mit einer Nummer bedruckt, die den Durchmesser der Zwinge und damit die Dicke bzw. Größe des Haarkörpers angibt. Diese Nummerierung ist international genormt.

Sie dient hauptsächlich dazu, alle verfügbaren Pinselgrößen einheitlich anzugeben, sodass der Künstler auf Anhieb erkennen kann, mit welchem Pinsel er arbeitet bzw. welchen er zusätzlich benötigt. Bei Marderhaarpinseln beginnt die Nummerierung normalerweise bei 000 für die feinsten bis hin zu 16 oder 18 für die dicken. Eine Ausnahme bildet das Sortiment der Marke Da Vinci, das Pinsel von 10/0 bis Größe 36 umfasst. Hohe Nummern werden bei Marderhaar aber nur relativ selten angeboten, weil solche Pinsel unwahrscheinlich teuer sind; sie müssen im Künstlerbedarf normalerweise extra bestellt werden. Aus diesem Grund greifen die meisten Künstler bei dicken Pinseln auf Rindshaar oder Kunstfasern zurück.

Die Nummerierung für Flachpinsel beginnt logischerweise bei etwas höheren Ziffern, Nr.18 und 22 werden gar nicht produziert.

Flächenstreicher werden in Zoll gemessen und hierzulande in Millimetergrößen übertragen, welche die Breite der Zwinge angeben. Sie kann von 30 mm bis 80 mm variieren. Einige sind auch mit Nummerierung erhältlich, diese ist allerdings nicht einheitlich und kann von Hersteller zu Hersteller variieren.

DÜNN ODER DICK

Die Vorliebe für eine bestimmte Art von Pinsel hängt ganz allein von der Malweise des Künstlers und dem Format ab, das er gewöhnlich verwendet. Bei einem lockeren Malstil und eher großformatigen Bildern wird der Maler natürlich einen dicken Pinsel bevorzugen, der viel Farbe halten und mit wenigen Strichen große Flächen mit Farbe füllen kann. Bei kleineren Bildbereichen oder zarten Details ist es hingegen angenehmer, mit einem feinen Pinsel zu arbeiten.

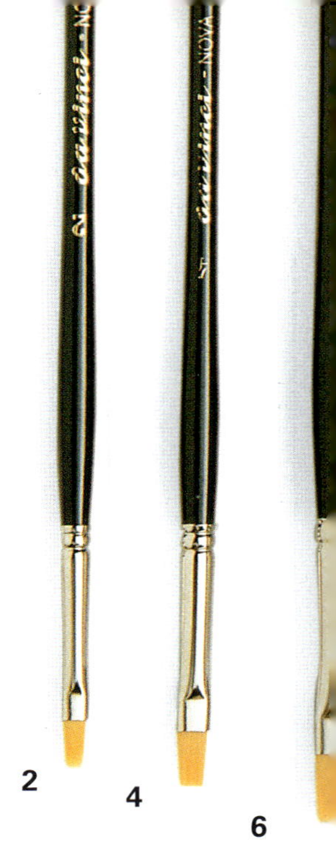

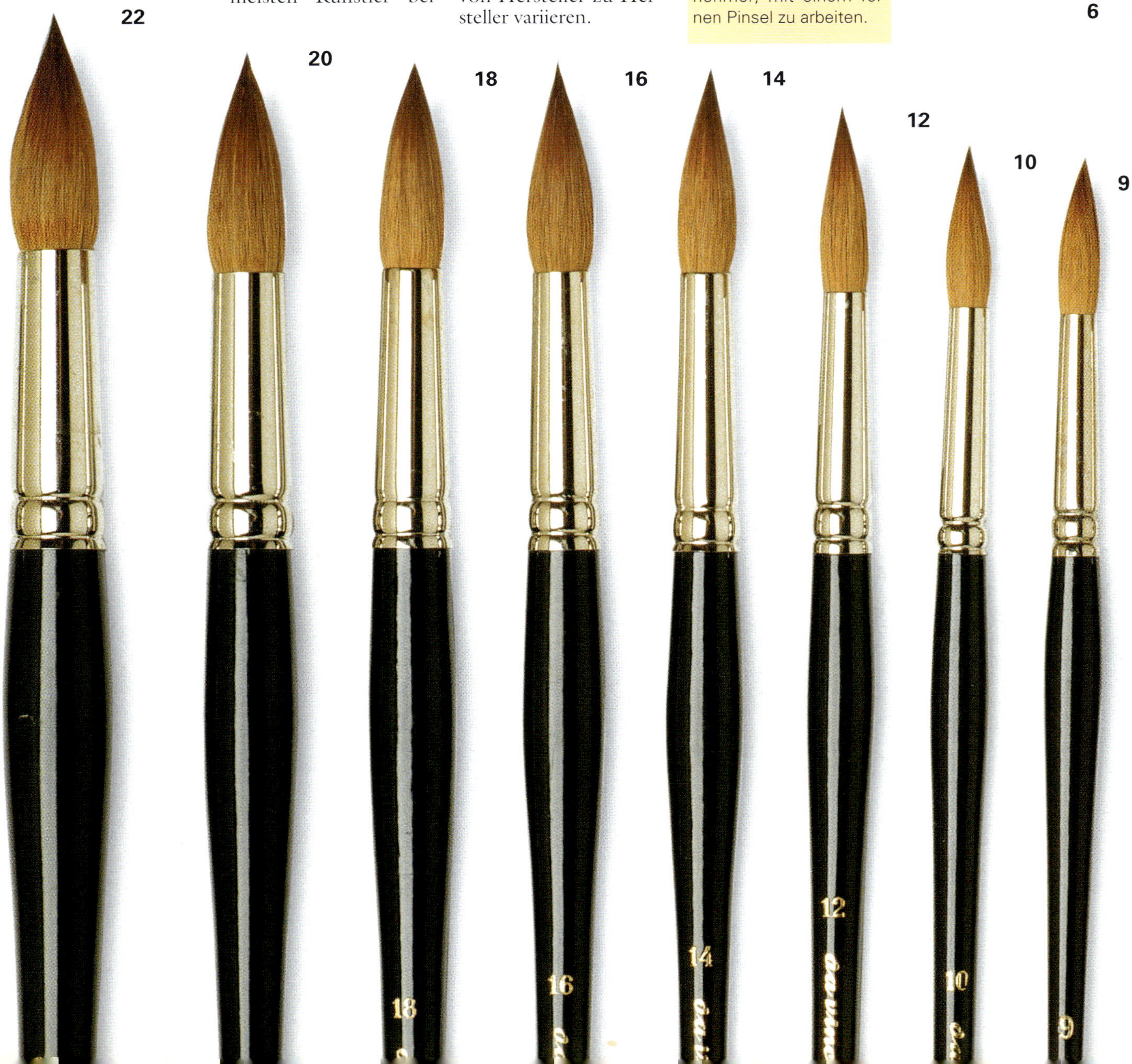

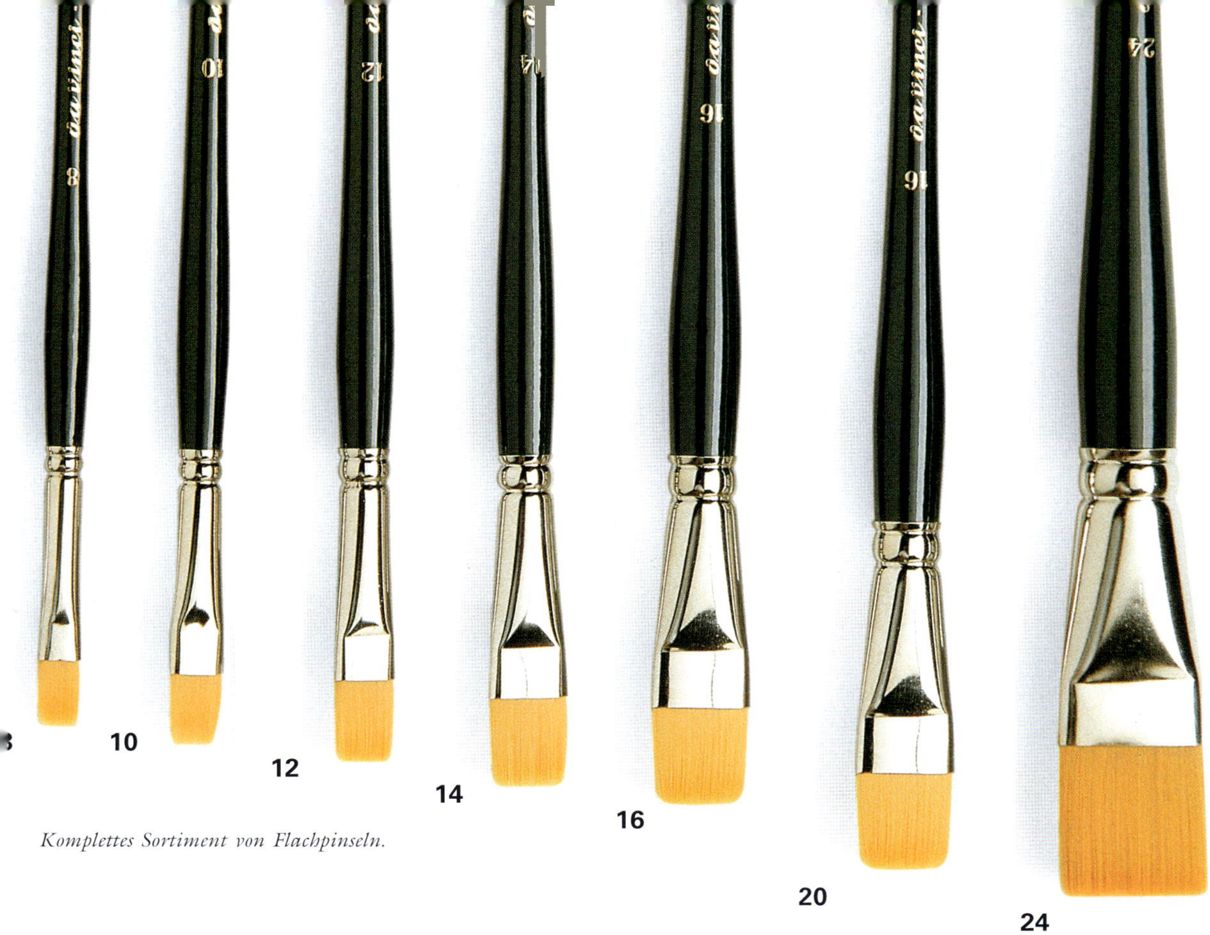

Komplettes Sortiment von Flachpinseln.

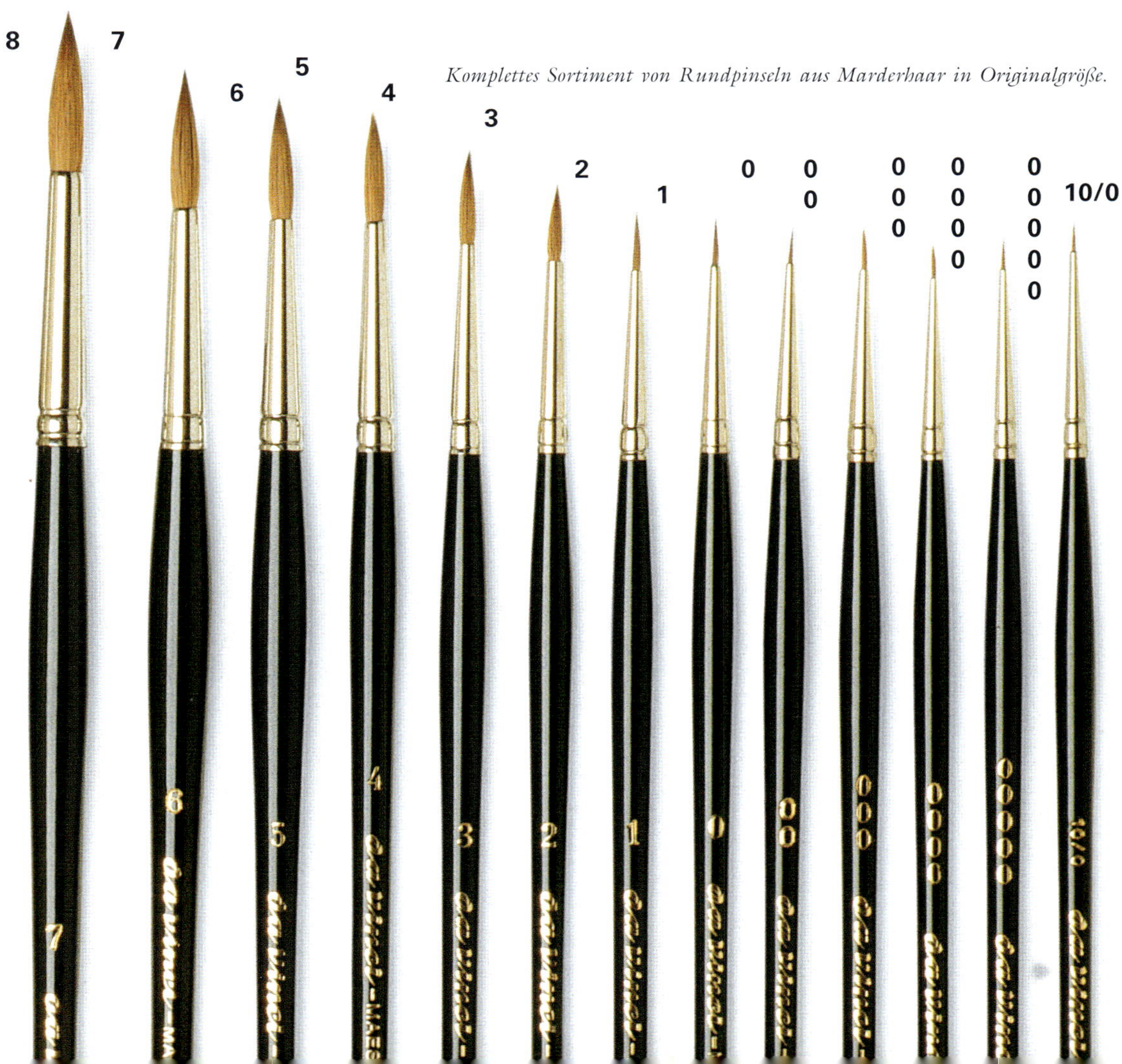

Komplettes Sortiment von Rundpinseln aus Marderhaar in Originalgröße.

WOZU SO VIELE PINSELGRÖSSEN?

Die Hersteller versuchen mit einem großem Angebot, auf die beinahe unbegrenzten Wünsche der Künstler einzugehen.

In der Praxis wird man wahrscheinlich zwischen Pinsel Nr. 8 und Nr. 9 kaum einen Unterschied feststellen können. Dessen ungeachtet gibt es Künstler, die beide Pinselgrößen besitzen, aber trotzdem stets den Pinsel Nr. 8 verwenden; andere wiederum würden trotz der Wahlmöglichkeit zielstrebig zu Nummer 9 greifen. Mit ihrem enorm breiten Sortiment versuchen die Hersteller schlichtweg, die Wünsche aller Künstler zufriedenzustellen.

Zeichenbretter, Staffeleien, Malkästen

Für die Aquarellmalerei braucht man nichts weiter als Papier, Farben, einen Pinsel und etwas Wasser. Dennoch gibt es eine Vielzahl an Zubehör zu kaufen, das dem Künstler die Arbeit erleichtern und manchmal unerlässlich sein kann.

ZEICHENBRETTER

Das Zeichenbrett ist der Untergrund, auf dem das Papier befestigt wird und aufliegt. Es macht Sinn, mehrere Zeichenbretter zu besitzen, weil man oft gleichzeitig an verschiedenen Werken arbeitet. Zudem hat es den Vorteil, dass man zur selben Zeit genug Aquarellpapier feucht spannen und trocknen lassen kann, um für den nächsten Tag gerüstet zu sein.

Ein Zeichenbrett sollte relativ solide sein, am besten aus Holz, damit es sich nicht verzieht und der beim Trocknen des Papiers entstehenden Spannung standhält.

Tablex oder kunststoffbeschichtete Pappe sind leicht und widerstandsfähig, sodass sie bei kleinen Formaten als Unterlage dienen können. Mit ihrer geringen Dicke lassen sie sich gut transportieren, haben aber durch die Kunststoffbeschichtung keine poröse Oberfläche, sodass die Feuchtigkeit auf dem Material verbleibt.

Aufgrund dieser Eigenschaft sind sie für die Nasstechnik nicht zu empfehlen, da sich die Trocknungszeit des Papiers auf einer solchen Oberfläche erheblich verlängert.

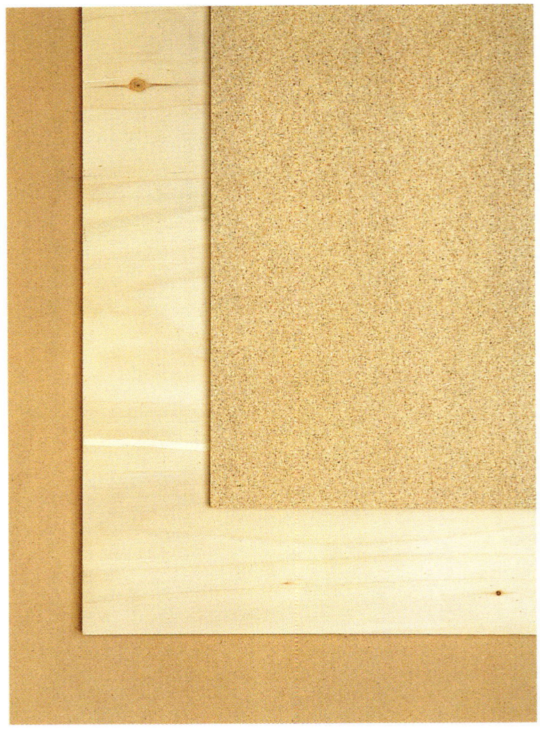

Am besten sind Zeichenbretter aus mindestens 6 mm starkem, schichtverleimtem Holz.

ZEICHENBRETT UND STAFFELEI

Zeichenbrett und Staffelei ergänzen sich auf perfekte Weise, denn das Zeichenbrett hält das Papier und wird selbst wiederum von der Staffelei getragen.

Die Staffelei ist vor allem bei der Freilichtmalerei oft unersetzlich. Im Atelier kann der Künstler das Brett zum Malen flach auf den Tisch legen oder einen Gegenstand darunter schieben, falls er eine geneigte Malfläche bevorzugt.

Wünscht er eine senkrechte Position für sein Bild, kann er das Zeichenbrett gegen die Wand lehnen.

Auf diese Weise kann der Künstler im Atelier gut auf eine Staffelei verzichten.

Die Größe eines Zeichenbretts hängt von dem jeweiligen Format ab, in dem ein Bild entstehen soll; in jedem Fall sollte es an allen vier Seiten etwa 5 cm länger sein als das Papier. So wie mehrere Bretter von Vorteil sind, empfiehlt es sich auch, Zeichenbretter in verschiedenen Größen zu haben: 65 × 85, 110 × 80 für große sowie 25 × 30 für die kleinsten Bretter sind beispielsweise nützliche Maße und entsprechen den Standardformaten. Ein Zeichenbrett muss stabil sein, doch will man im Freien malen, sollte es zudem transportabel und somit auch leicht sein.

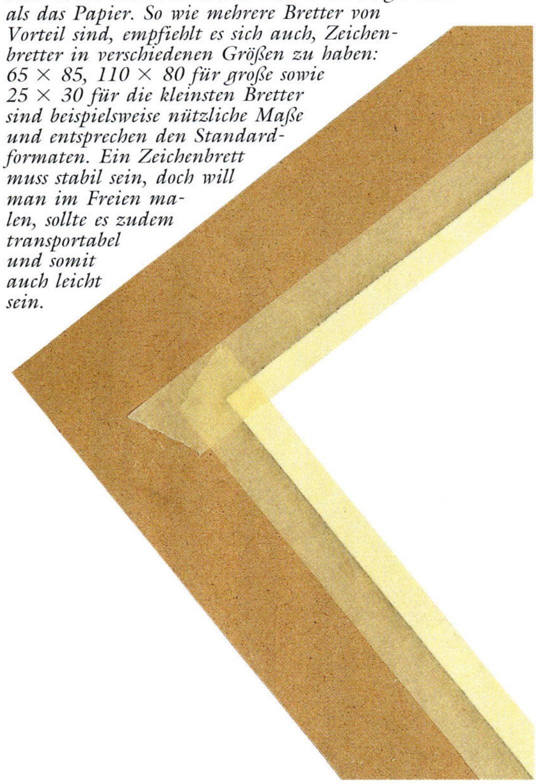

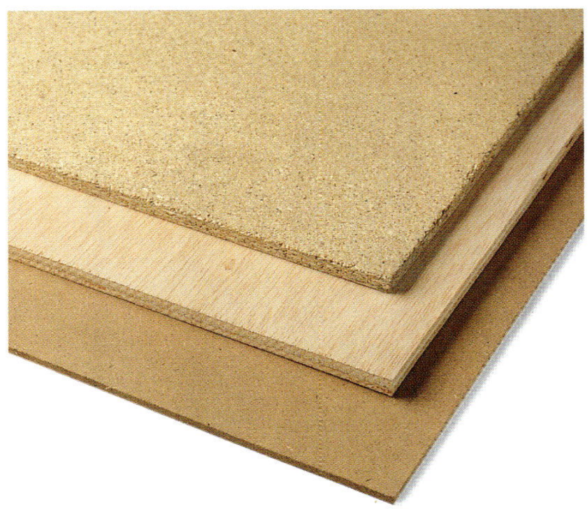

STAFFELEIEN

Die Staffelei bezeichnet ein Gestell aus Holz oder Metall, auf dem ein Zeichenbrett oder Bilderrahmen aufliegt. Fast alle Staffeleien aus der Ölmalerei sind für den Aquarellmaler, besonders bei der Arbeit im Atelier, genauso geeignet, da sie durch feststellbare Schrauben in der Höhe sowie dem Neigungsgrad individuell angepasst werden können. Ferner gibt es spezielle Staffeleien für die Aquarellmalerei, die in ihrer Neigung so justiert werden können, dass das Zeichenbrett senkrecht steht. Diese Aquarellstaffeleien sind gewöhnlich leichter als die der Ölmalerei und so konzipiert, dass sie einfacher transportiert werden können.

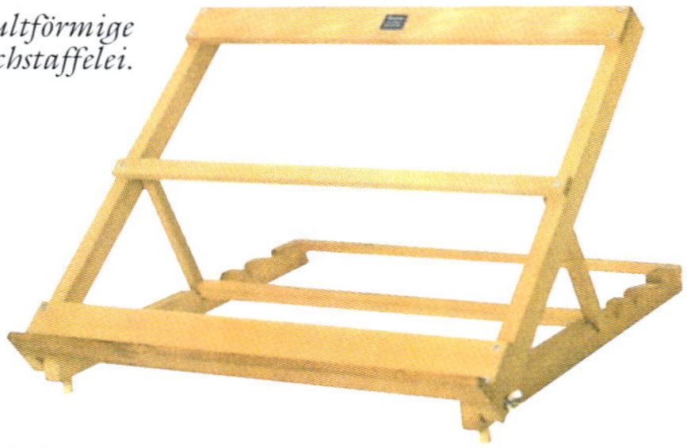

Pultförmige Tischstaffelei.

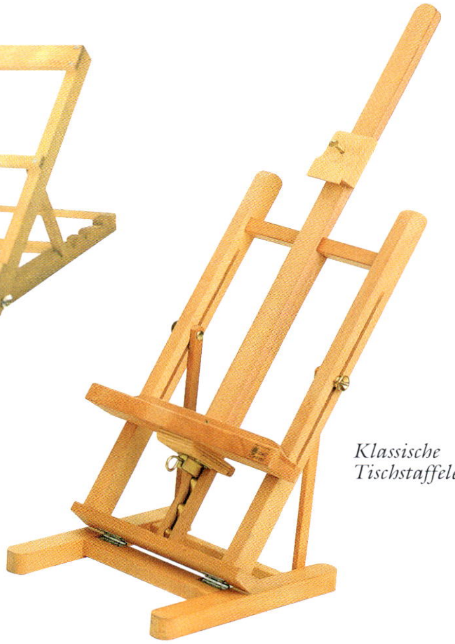

Klassische Tischstaffelei.

TISCHSTAFFELEI

Viele Künstler arbeiten am liebsten sitzend an einem Tisch: manche legen das Papier zum Malen flach auf die Oberfläche, aber die meisten bevorzugen ein leicht geneigtes Zeichenbrett und greifen deshalb auf diese Art von Staffelei zurück, die jeden gewünschten Neigungsgrad erlaubt.

Zum Malen benötigt man zwar keinen speziellen Tisch, allerdings sind Schubladen für die Aufbewahrung der Farben, Pinsel, Paletten usw. immer praktisch. Mit einem Zeichenbrett und zwei klappbaren Staffeleien kann man sich auch selbst einen guten Maltisch bauen.

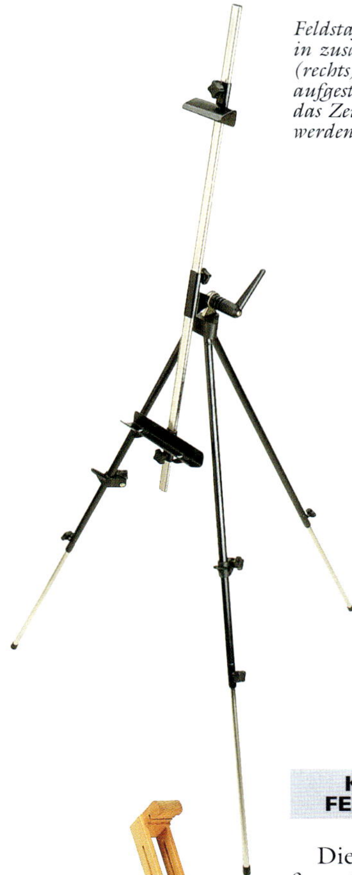

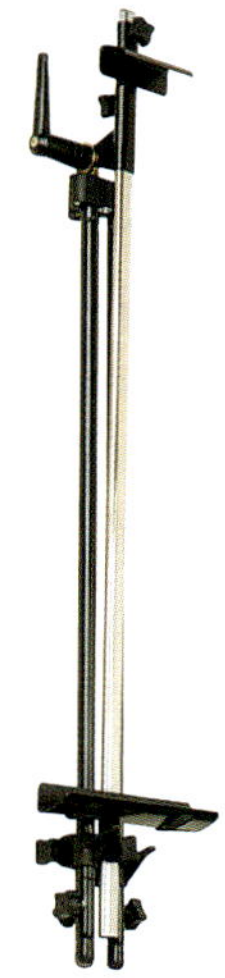

Feldstaffelei aus Metall in zusammengeklappter (rechts) bzw. komplett aufgestellter Form, auf der das Zeichenbrett abgestellt werden kann (links).

FELDSTAFFELEI AUS METALL

Staffeleien aus Metall sind genauso praktisch wie die aus Holz, aber weniger voluminös. Durch die verstellbaren Elemente kann sie jedem beliebigen Format eines Zeichenbretts angepasst werden. Sie ist robust, aus leichtem Material hergestellt und einfach zu transportieren.

Diese Eigenschaften können beim Arbeiten in unwegsamem Gelände oder bei starkem Wind aber auch ein großer Nachteil sein, weil sie dadurch nicht sehr stabil ist und leicht kippen kann.

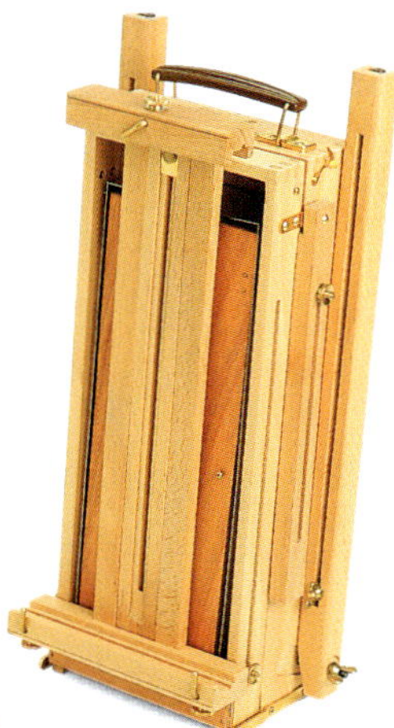

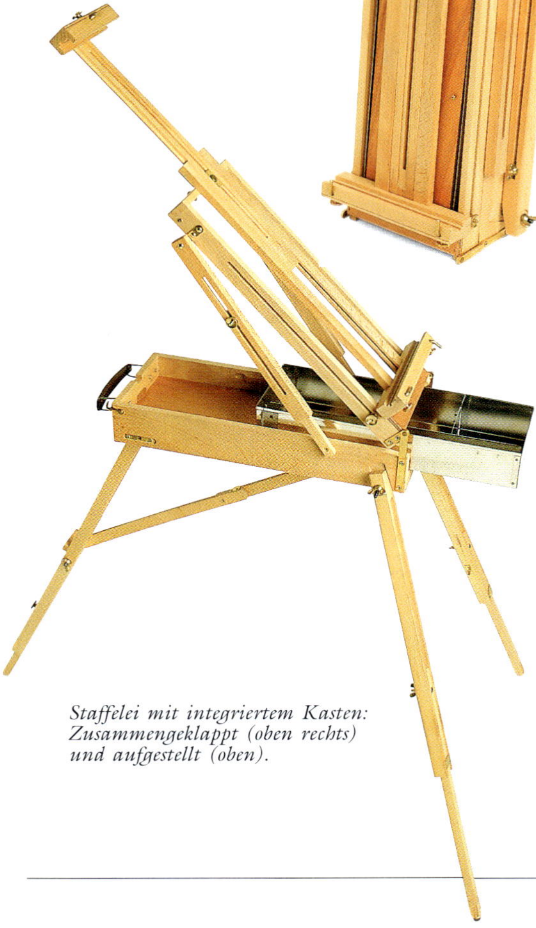

Staffelei mit integriertem Kasten: Zusammengeklappt (oben rechts) und aufgestellt (oben).

STAFFELEI MIT MALKASTEN

Bei dieser Staffelei ist bereits ein Kasten mit Palette integriert, in dem sich die gesamten Malutensilien verstauen lassen, was vor allem für Freilichtmalerei sehr nützlich ist. Die Staffeleien werden in diversen Größen angeboten, in der größten hat sogar ein Faltstuhl Platz. Zusammengeklappt können sie wie ein Koffer transportiert werden.

KLAPPBARE FELDSTAFFELEI

Diese Staffelei ist äußerst leicht, einfach zu transportieren und besitzt zwei kurze Holzarme, auf denen der Farbkasten abgestellt werden kann. Eine gute Feldstaffelei sollte wenig wiegen, solide sowie verstellbar sein und über eine Mechanik verfügen, mit der sich das Zeichenbrett gut festklemmen lässt.

Allerdings führt ihr geringes Gewicht oft dazu, dass sie bei Wind schnell kippen.

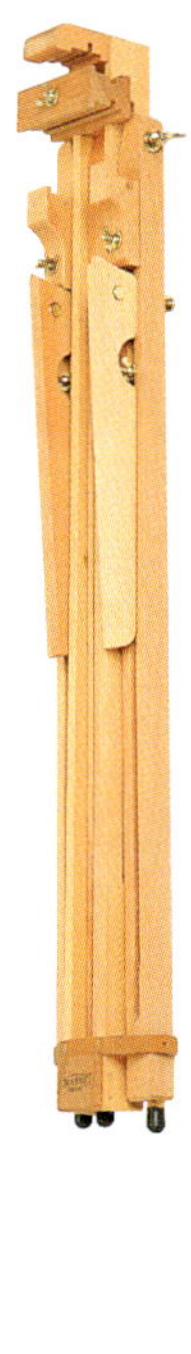

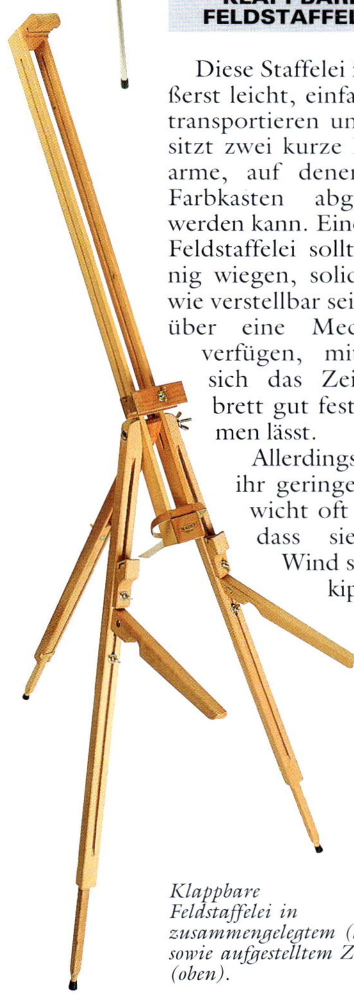

Klappbare Feldstaffelei in zusammengelegtem (links) sowie aufgestelltem Zustand (oben).

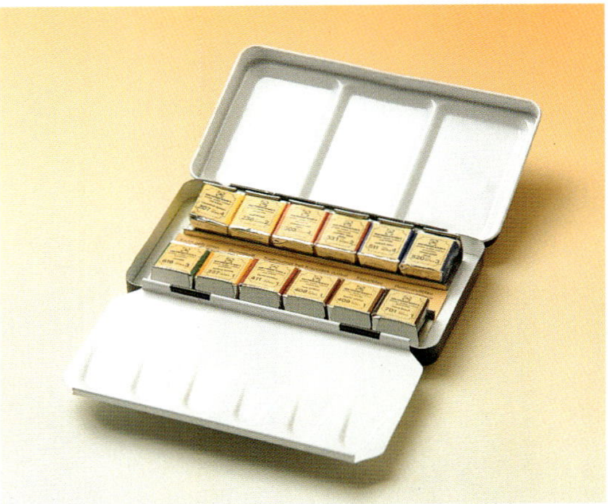

Dieser mittelgroße Malkasten enthält 12 Näpfe. Auf seinem Deckel lassen sich Mischungen kreieren, zudem besitzt er eine ausklappbare Palette für kleine Farbportionen.

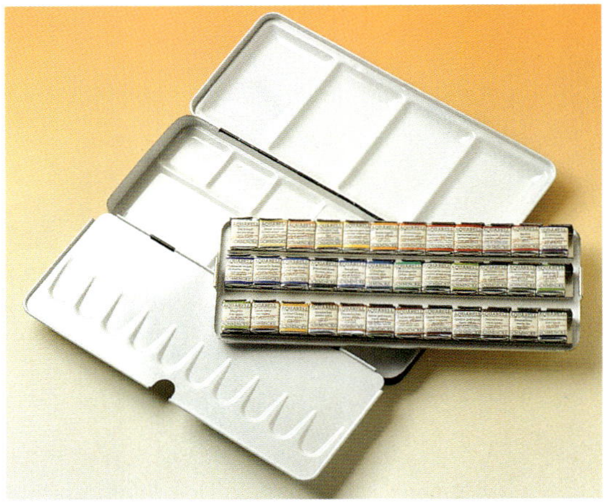

Kompletter Farbkasten mit 36 Näpfchenfarben und vielfachen Unterteilungen. Dieser Kasten bietet sowohl im Inneren als auch für die Palette enorm viel Platz, denn der Metallboden mit den Farben lässt sich komplett herausnehmen.

FARBKÄSTEN

Im Künstlerbedarf werden luxuriös verarbeitete Holzkästen für die Aufbewahrung von Farben und Pinseln angeboten. Leider stellen sie sich beim Malen im Freien aber als ziemlich unpraktisch heraus, weil sie weder für das Wasser noch für Lappen, Stifte usw. Platz bieten. Diesbezüglich gibt es mehrere Alternativen wie zum Beispiel die Staffelei mit integriertem Malkasten. Die beste Lösung ist zweifellos die der Berufsmaler: sie lassen ihre Kästen beim Schreiner maßanfertigen und können so Größe, Unterteilung und einzelne Fächer selbst festlegen.

Farbkästen aus Metall ähneln denen mit integrierter Palette, können aber sowohl mit Näpfchen- als auch Tubenfarbe bestückt werden. Diese Kästen sind von allen die nützlichsten, weil man die Farben und Palette zugleich in einer Hand halten und somit gut im Stehen oder in ungemütlichem Terrain arbeiten kann. Zusammen mit den Malkästen aus Plastik sind sie die billigsten sowie praktischsten Kästen, weil ihr Deckel zugleich als Palette dient. Sie werden in den verschiedensten Größen für 6 bis hin zu 36 Farben verkauft.

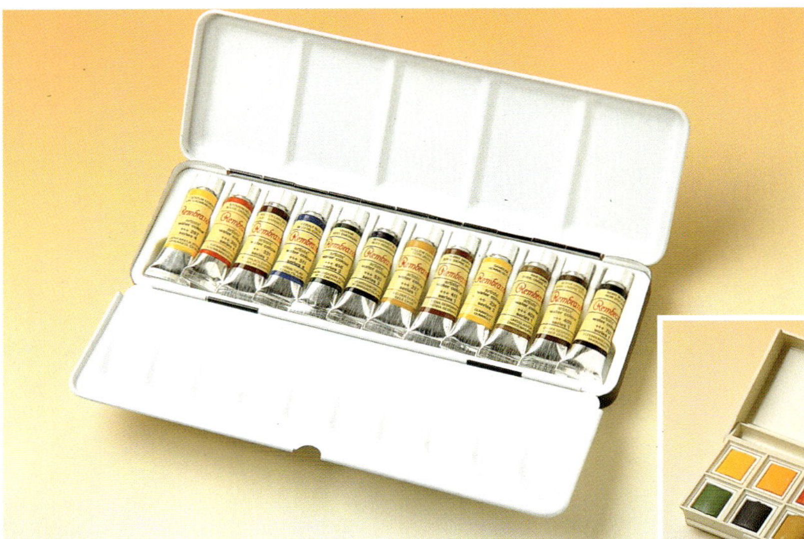

Blechkasten mit 12 Tubenfarben und einer Palette für Farbportionen (unten) sowie einem Mischtablett, um die Farben zu kombinieren (oben).

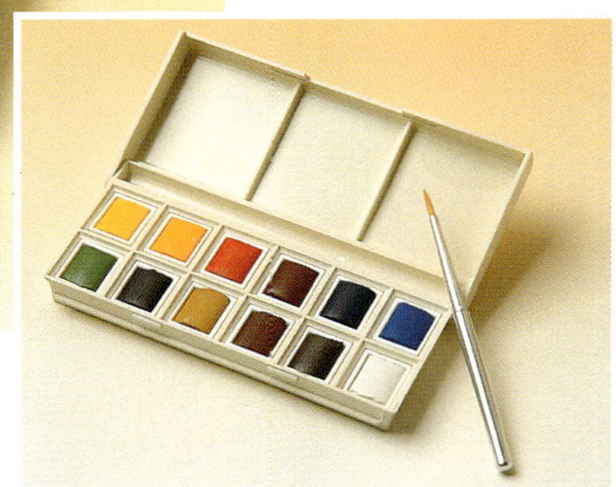

Malkasten aus Plastik, der 12 Farbnäpfe und einen Taschenpinsel beinhaltet. Er bietet sich für Skizzen an.

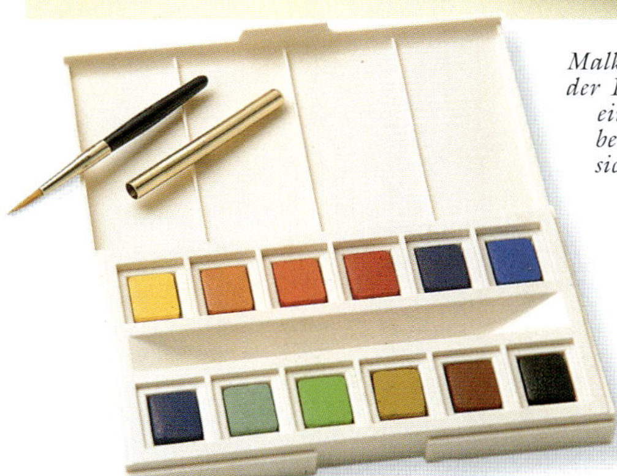

Plastikfarbkasten mit 12 Näpfchen sowie einem Taschenpinsel. Der Deckel ist in vier Flächen unterteilt, die als Mischpalette dienen. Dieser eignet sich vor allem für Vorzeichnungen.

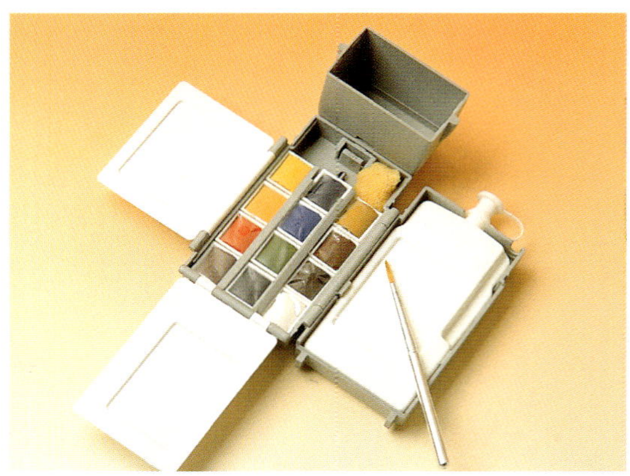

Kompletter Malkasten mit 12 Farben für Skizzen oder Arbeiten im Freien. Er beinhaltet zwei ausklappbare Paletten, einen Pinsel, Schwämmchen, Mini-Flasche und ein Wassergefäß .

KLEINE ODER GROSSE KÄSTEN?

Die Aquarellmalkästen werden in zahlreichen Ausführungen im Handel angeboten. Die großen sind optisch zwar ansprechender, in der Praxis aber oft ungeeignet. Zunächst einmal sind sie viel teurer als die schlichten Kästen aus Blech oder Plastik, und selbst wenn sie neben den Farben noch einiges an Zubehör enthalten, sind sie dafür oft unhandlich und schwer, sodass der Künstler stets nach einem Platz suchen muss, an dem er den Kasten abstellen kann.

Im Gegensatz dazu bieten die einfachen, leichten Farbkästen aus Blech oft zwar nur Platz für die Farben und ein paar Pinsel, dafür liegen sie jedoch gut in der Hand, sodass man bequem und mühelos mit ihnen arbeiten kann.

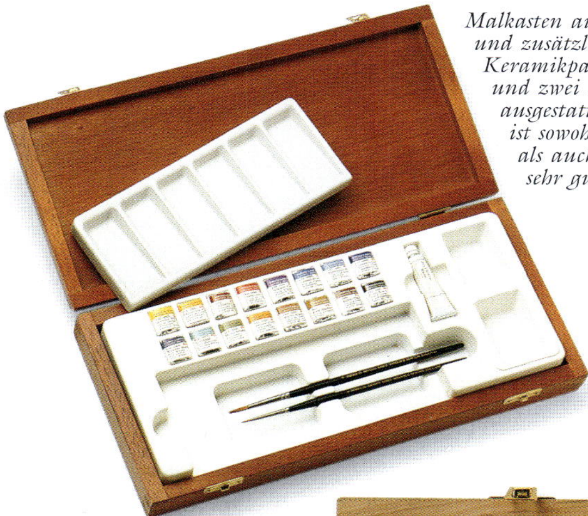

Malkasten aus Holz, der mit 16 Farben und zusätzlich zwei Pinseln, einer Keramikpalette, einer Tube Deckweiß und zwei kleinen Wassergefäßen ausgestattet ist. Ein solcher Kasten ist sowohl auf Reisen, im Atelier als auch beim Malen im Freien sehr gut einsetzbar.

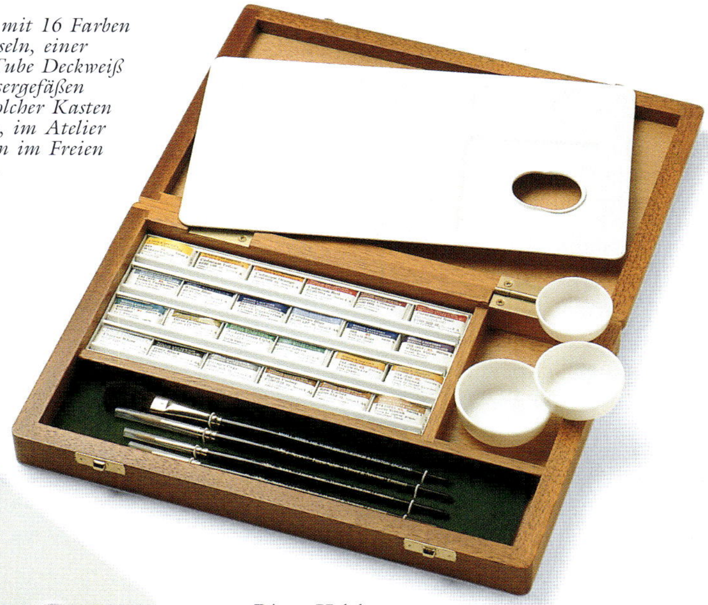

Dieser Holzkasten enthält 24 Farben und eine metallene Palette. Drei Plastikschälchen und vier Pinsel runden seine Ausstattung ab. Er leistet auf Reisen gute Dienste.

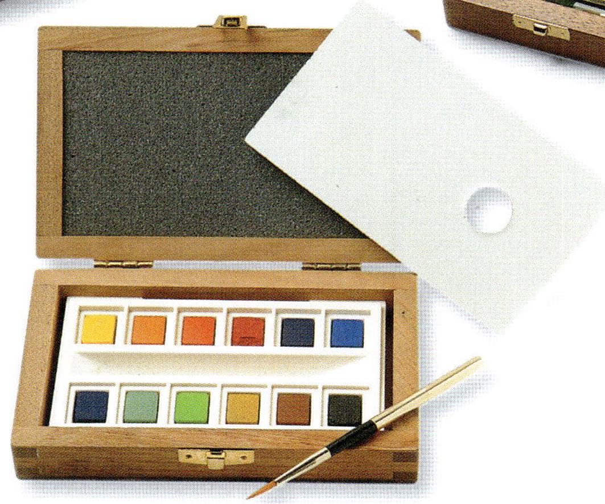

Kleiner Holzfarbkasten mit Palette und Taschenpinsel. Er ist optisch beeindruckender als in der Praxis und zudem ziemlich kostspielig.

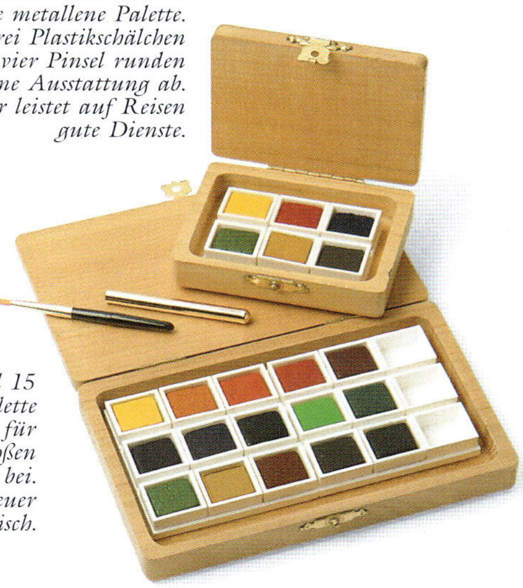

Malkästen aus Holz für 6 und 15 Farben. Beide sind ohne Palette ausgestattet. Der kleine ist für Skizzen gedacht, dem großen liegt zusätzlich ein Pinsel bei. Diese Kästen sind extrem teuer und ziemlich unpraktisch.

SITZE

Im Sitzen zu Malen ist nicht empfehlenswert, da diese Position die Bewegungsfreiheit einschränkt, was sich wiederum auf die Frische des Strichs auswirkt. Dennoch finden es einige Künstler einfach bequemer, wenn sie beim Arbeiten sitzen.

Während man im Atelier auf dem nächstbesten Stuhl Platz nehmen kann, greift man für die Arbeit in der freien Natur am besten zu einer zusammenklappbaren, leicht zu transportierenden Sitzgelegenheit, beispielsweise einem Klapp- oder Feldhocker. Sie sind klein und absolut flach, somit kann sie der Künstler sogar in seiner Tasche mitnehmen, wenn diese groß genug ist.

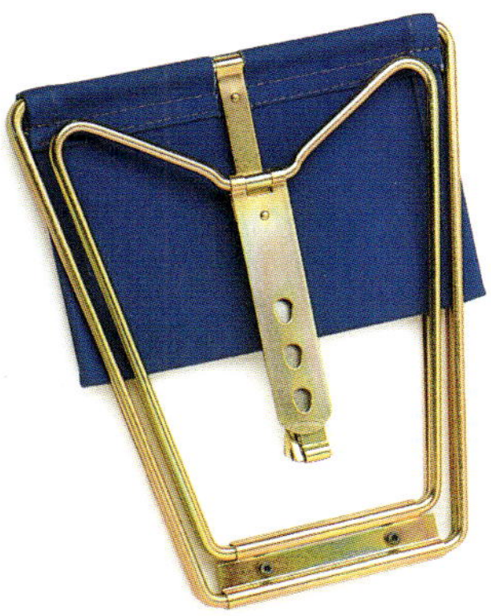

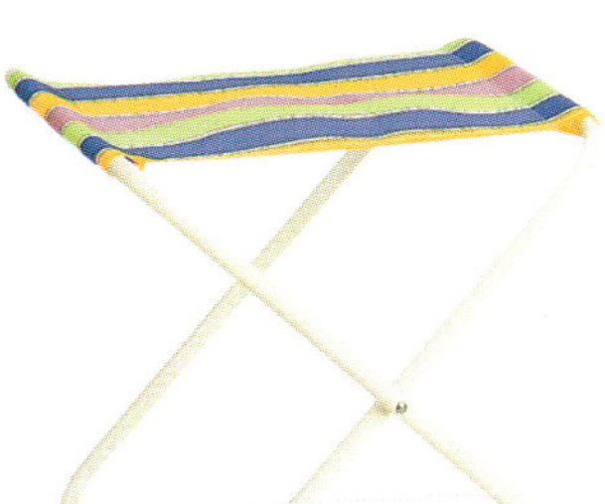

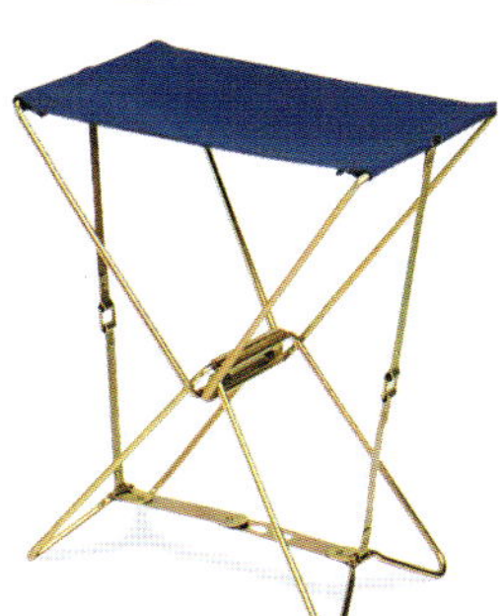

Klapphocker für das Malen im Freien.

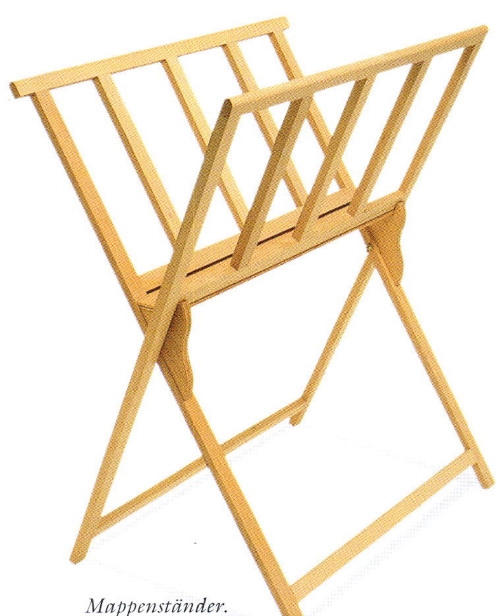

Mappenständer.

MAPPENSTÄNDER

Dieses Möbelstück lässt sich scherenartig aufklappen und eignet sich hervorragend, um Papier oder die Mappen mit den fertigen Bildern aufzubewahren. Praktisch ist außerdem, dass man die Mappen bequem durchsehen kann. Auch die verschiedenen Aquarellpapiere, die man für spätere Werke braucht, sind im Mappenständer gut aufgehoben.

Wassergefäße, Paletten, Farbgefäße

Sowohl für das Wasser als auch für die Farben benötigt man Gefäße, in denen sie bereitstehen und mühelos verarbeitet werden können. Deshalb sind die Wassergefäße, Paletten und Farbbehälter für die Aquarellmalerei unverzichtbar und werden im Handel in einer Vielzahl an Formen und Größen angeboten.

WASSERGEFÄSSE

Die Wassergefäße halten beim Malen die Flüssigkeit parat, in der man die Pigmente der Aquarellfarben löst und die Pinsel nach dem Auftragen der Farbe reinigt. Meist sind sie aus Plastik oder Glas. Auch wenn Plastik den Vorteil hat, dass es nicht so leicht zerbricht, bevorzugen einige Künstler Behältnisse aus Glas. Es ist wichtig, dass die Gefäße einen halben bis ganzen Liter Wasser fassen, da sich die kleineren Mengen zu stark mit Farbpigmenten anreichern und das Wasser schnell verschmutzt.

Wichtig ist eine große Gefäßöffnung, damit man die Pinsel leicht reinigen kann.

Im Handel sind spezielle Aluminiumgefäße erhältlich, die mit einem spiralförmigen Aufsatz versehen sind, damit die gerade nicht benutzten Pinsel in der Schwebe gehalten werden und sich die Haarkörper nicht verformen können. Allerdings eignen sich diese eher für andere Techniken wie die Ölmalerei, da sie relativ wenig Wasser fassen.

Für die Freilichtmalerei sind Plastikgefäße ideal, da sie leichter und bruchsicherer sind als Glas. Manche Maler benutzen auch luftdicht verschließbare Frischhalteboxen. Wenn man diese nicht verwenden oder aber stets mit sehr reinen Farben arbeiten möchte, kann man auch einen kleinen Vorrat an klarem Wasser für das Malen in freier Natur mitnehmen. Viele haben immer eine Flasche Mineralwasser zum Malen und Trinken zugleich dabei, andere füllen das Wasser zuvor in eine Feldflasche ab.

Kleine Eimer mit Henkel sind beim Malen im Freien sehr praktisch, weil sie relativ kippsicher an die Staffelei gehängt werden können.

MISCHGEFÄSSE

Dies sind kleine Behälter, in denen man die Farbe mit Wasser anrührt, um einen möglichst gleichbleibenden Farbton zu erzielen. Im Handel werden sie einzeln oder als spezielle Tablette mit mehreren Portionsflächen angeboten, man kann hier aber auch auf jeden geeigneten Haushaltsgegenstand zurückgreifen.

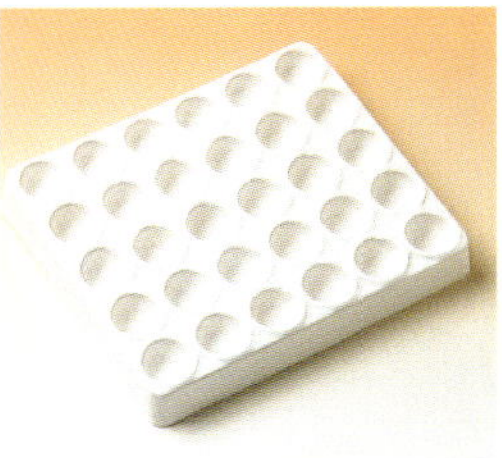

Auf diesem Mischtablett lassen sich unzählige Farben schon vor dem Malbeginn anrühren, sodass man sie bei der Arbeit stets zur Hand hat. Es eignet sich besonders für kleinere Werke, da die Portionsflächen relativ begrenzt sind und nur sehr wenig Farbe fassen.

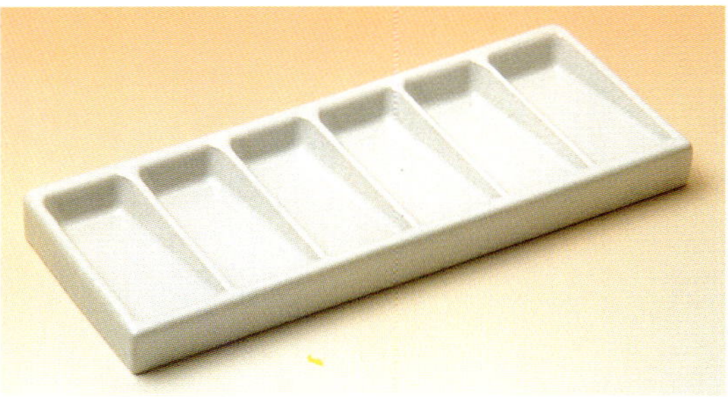

Mit einem eckigen Farbtablett lässt sich die Farbmenge leicht kontrollieren, weil sie sich durch die Neigung am hinteren Ende sammelt; zudem kann man den Pinsel gut abstreifen.

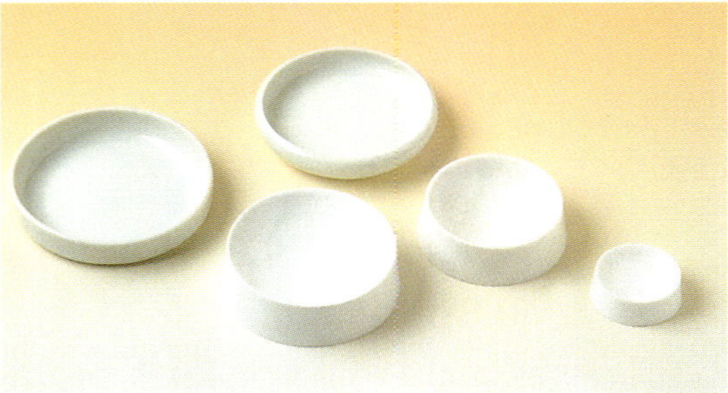

Die runde Form dieser Farbschälchen sorgt dafür, dass sich die Farbe nirgends sammeln kann und sich somit perfekt mit dem Wasser vermischt.

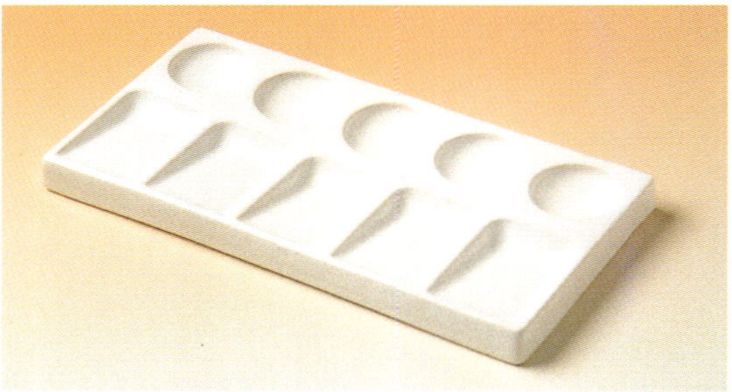

Dieses praktische Farbtablett kombiniert runde mit eckigen Portionsflächen und bietet sich damit für Experimente mit unterschiedlich satten Farbtönen an. In den Näpfchen lassen sich die Aquarellfarben prima verdünnen, während sich die eckigen Flächen für pastosere Farben eignen.

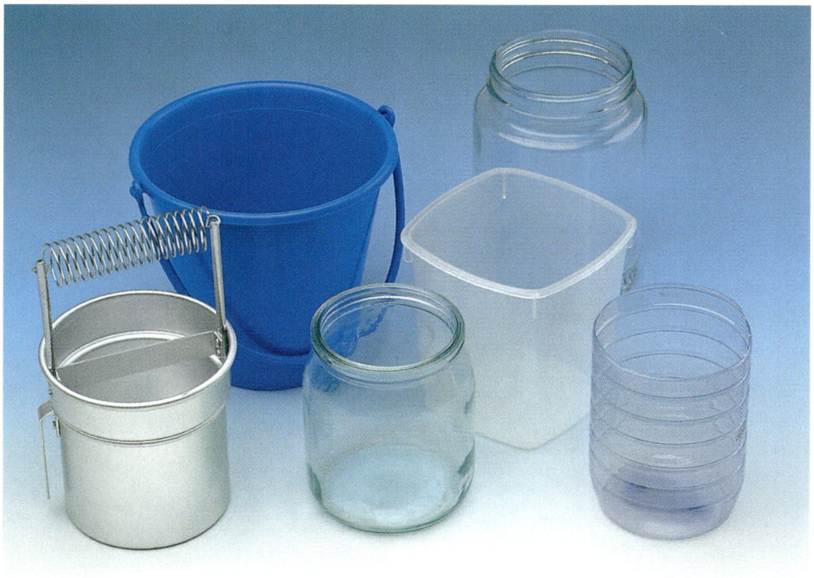

Verschiedene Gefäße für das Wasser, mit dem man die Aquarellfarben aufträgt und die Pinsel reinigt.

PALETTEN

Die Palette ist jenes Utensil der Aquarellmalerei, auf dem der Künstler die Farben mischt. Sie hat kleine Flächen für die Farbportionen sowie größere für die Mischungen der Farben. Es gibt sie in allen möglichen Ausführungen und jeder Künstler sollte selbst wählen, welche am besten zu seiner Arbeitsweise passt.

Für die Aquarellmalerei sind die Paletten aus wasserabweisendem Material oder beschichtet, damit die Farbe gut gleitet und sich leicht vermischen lässt. Viele haben eine ovale Aussparung für den Daumen, andere haben wie die Farbkästen einen Ring an der Unterseite, sodass man sie sicher halten kann. Meist bestehen sie aus emailliertem Metall, Porzellan oder Plastik und sind weiß, damit man die Farbtöne klar erkennt.

PALETTKÄSTEN

Palettkästen kommen bei der Arbeit mit pastosen Tubenfarben zum Einsatz. Sie werden aus weiß emailliertem Metall gefertigt und sind meist mit einem Ring für den Daumen versehen. Eine ihrer Seiten ist in kleine Fächer unterteilt, in denen die Farben aufbewahrt werden.

Es gibt sie in diversen Ausführungen und Größen, bei einigen steht die Aufbewahrung im Vordergrund, bei anderen die Palette.

Ihr größter Vorteil ist, dass sie leicht transportiert werden können, die Aquarelle vor lästigem Staub schützen und die Farben perfekt geordnet bleiben.

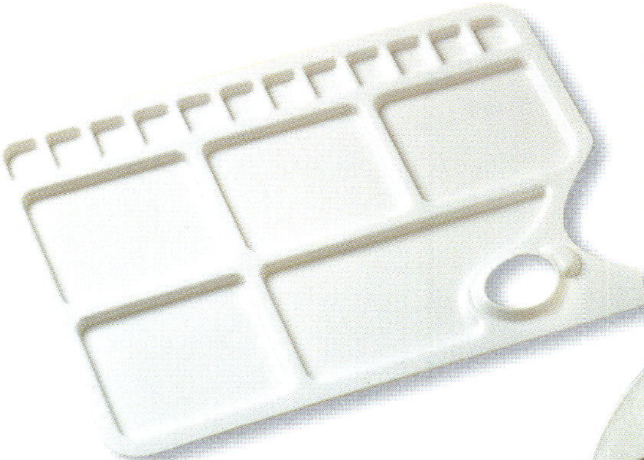

Eine so große Palette wie diese kann die Arbeit enorm erleichtern, wenn man zahlreiche Farben oder Farbtöne verwenden möchte. Sie hat eine Aussparung, in die man den Daumen stecken und die Palette so bequem in der Hand halten kann. Am oberen Rand sind kleine Unterteilungen, in denen die Farben geordnet bleiben und der Mischbereich ist in mehrere Flächen gegliedert. Diese Palette ist sehr vorteilhaft, wenn man mit Farben arbeitet, die sich nicht vermischen sollen.

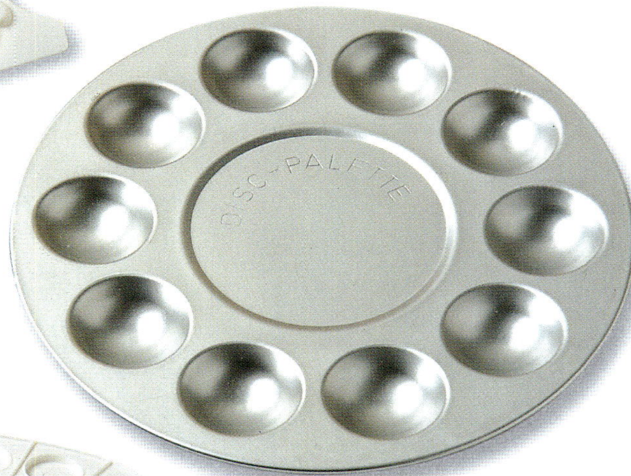

Runde Paletten mit runden Näpfchen haben in der Mitte eine Vertiefung für Farbmischungen; in den Näpfchen können die einzelnen Farben vorbereitet oder auch gemischt werden. Durch die Farbe des Aluminiums kann es schwierig werden, die einzelnen Farbtöne richtig zu beurteilen.

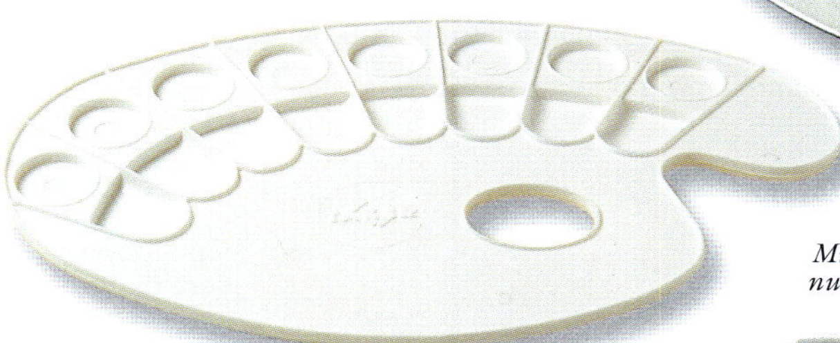

Mit ihrer klassischen Form kann diese Palette mühelos gehalten und eingesetzt werden. Im Prinzip ist sie komplett, denn sie besitzt kleine Vertiefungen für die Farbportionen, Stege um den Pinsel abzustreifen sowie eine große, zentrale Fläche, um die Farben zu mischen.

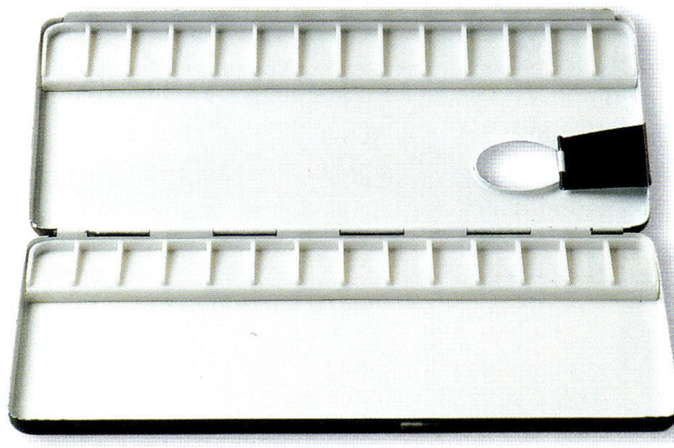

Bei diesem großen Palettkasten sind die Bereiche für die Farbportionen und die Mischpalette perfekt voneinander getrennt, sodass keine unerwünschten Mischungen entstehen können. Zudem hat er eine Öffnung, damit man ihn mit dem Daumen halten kann.

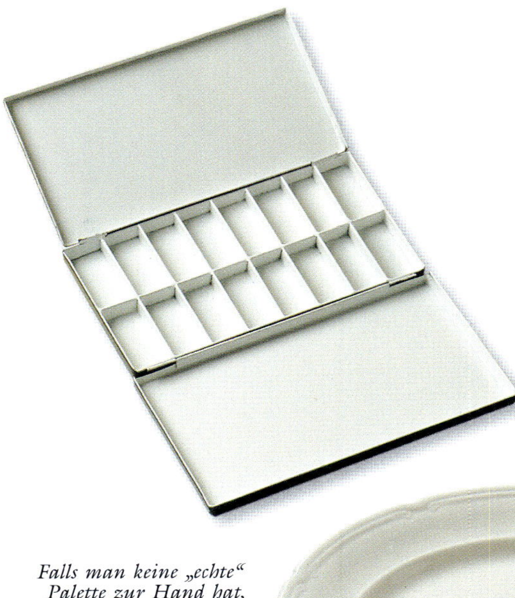

Dieser Kasten besitzt viele Farbfelder und seine Deckel sind als Palette verwendbar. Durch seine Größe und die geschickte Aufteilung ist er einfach zu handhaben und sehr nützlich. Auf seiner Rückseite befindet sich ein Haltering für den Daumen.

Falls man keine „echte“ Palette zur Hand hat, können auch zahlreiche Haushaltsgegenstände diese Funktion erfüllen. Ein Porzellanteller eignet sich perfekt, um die Farben zu mischen und der gewölbte Rand ist zum Abstreifen des Haarkörpers ideal.

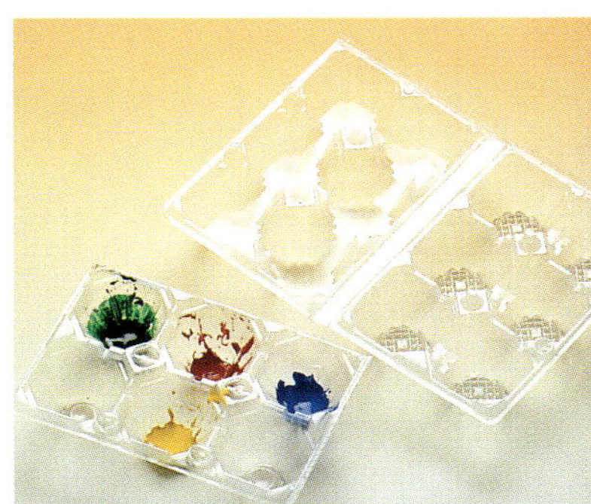

Eine simple Plastikverpackung, etwa für Eier, lässt sich ganz leicht in ein praktisches Mischtablett umfunktionieren.

Weiteres Material und Zubehör

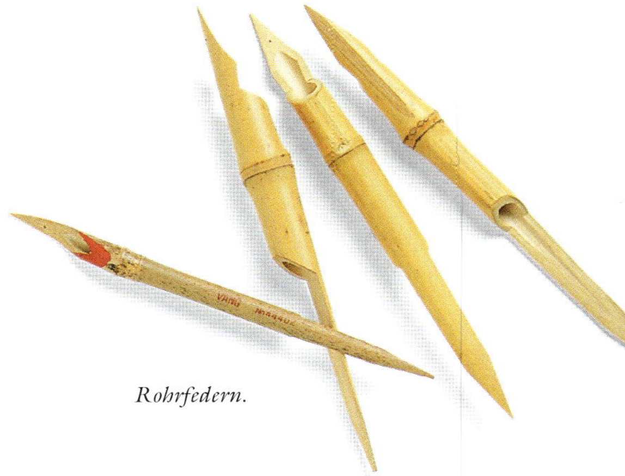

Rohrfedern.

Neben den Materialien, die wir bereits besprochen haben, gibt es noch weitere Utensilien, die in die Ausrüstung jedes Aquarellmalers gehören. Viele davon sind Zeichenmedien, mit anderen wird das Papier vorbereitet, einige setzt der Maler für das Auftragen der Farben ein, und schließlich gibt es noch jene Substanzen, die den ursprünglichen Zustand der Farbe so verändern, dass diese bestimmte Eigenschaften annimmt.

ANDERE HILFSMITTEL

Zum Skizzieren sind wasserabweisende Medien wie Wachsmalstifte natürlich ungeeignet. Bezüglich aller anderen Zeichenmedien, die mit Aquarellfarben harmonieren, kann der Künstler unter den folgenden wählen:

Bleistifte

Meist verwendet man weiche Bleistifte in der Stärke 2, HB oder B. Einige Künstler bevorzugen allerdings harte Minen, weil deren Linien weniger sichtbar sind. Aus genau diesem Grund radieren viele Maler leicht über die fertige Zeichnung.

Aquarellbleistifte

Ihr Vorteil liegt darin, dass sich die Striche durch die Feuchtigkeit der Farbe auflösen und gänzlich verschwinden.

Kohlestäbchen

Mit diesem Medium darf man nur sehr vorsichtig schraffieren und sollte Flecken, Schattierungen und Abstufungen vermeiden. Vor dem Malen sollte man das Papier mit einem Lappen säubern, damit sich die Kohlepartikel nicht mit der Farbe vermischen und sie so verschmutzen können.

Filzstifte und Kugelschreiber

Sie eignen sich zwar gut zum Skizzieren, aber die gezeichneten Linien bleiben auch nach dem Farbauftrag sichtbar. Hauptsächlich setzt man sie ein, um die gezeichneten Umrisse zu verstärken und Details hervorzuheben. Siehe Seite 90.

Rohrfedern

Rohrfedern werden wie Filzstifte und Kugelschreiber eingesetzt. Ihr Strich ist weniger kräftig und sie haben den Nachteil, dass ihre Spitze stets mit Tusche gefüllt werden muss.

Zeichenfedern

Sie sind in diversen Formen erhältlich und halten mehr Tusche als Rohrfedern. Mit einigen lassen sich unterschiedlich breite Striche erzeugen. Andere besitzen eine scharfe Spitze, um das Weiß zu öffnen und in das Papier zu ritzen. Siehe S. 70, 87.

Radiergummis

Man benutzt sie, um die Linien einer Zeichnung sowie die Maskierflüssigkeit zu entfernen. Siehe Seite 63. Es gibt unterschiedliche Arten von Radiergummis:

- *Weicher Radiergummi in Stiftform.* Dieser Gummi ist sehr weich und praktisch, da er in seiner Halterung nicht verschmutzen kann und das Papier somit stets sauber bleibt.
- *Weicher Gummi für Bleistifte.* Mit ihm wird hauptsächlich die Maskierflüssigkeit entfernt. Obwohl er für das Radieren gedacht ist, sollte man ihn nicht zu stark über das Aquarellpapier reiben, weil er es beschädigen könnte.
- *Knetgummi.* Er ist von allen der weichste und greift die Papieroberfläche am wenigsten an. Besonders bei schwächer geleimtem Aquarellpapier ist Knetgummi ideal zum Radieren.

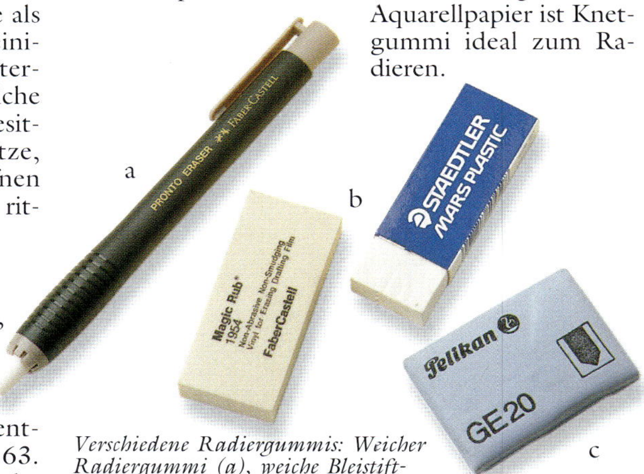

Verschiedene Radiergummis: Weicher Radiergummi (a), weiche Bleistiftgummis (b), und Knetgummi (c).

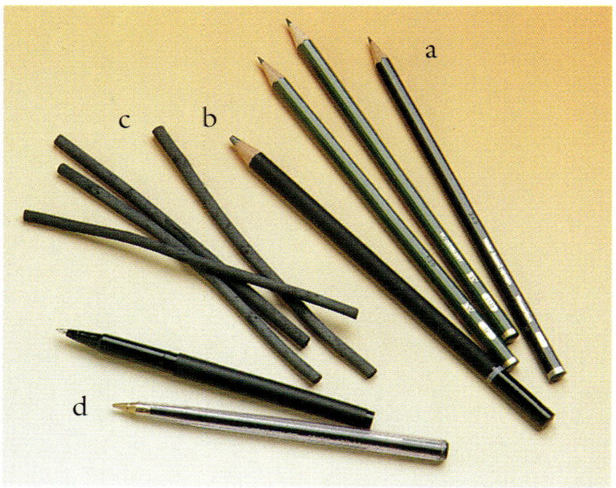

Bleistifte (a), Aquarellbleistifte (b), Kohlestäbchen (c), Tuschestift und Kugelschreiber (d).

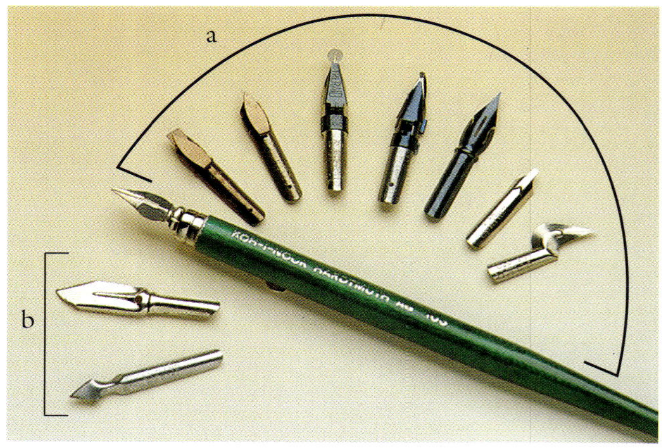

Federn für breite Striche (a) sowie Federn, um das Weiß zu öffnen oder in das Papier zu ritzen (b).

Lineal, Dreieck und Geodreieck
Sie kommen bei geraden Linien, Winkeln und perspektivischen Zeichnungen zum Einsatz. Ungeübte Maler benutzen sie auch gerne, um auf dem Papier Raster für Fotomotive zu erstellen.

- Das *Dreieck* hat zwei gleiche Schenkel im Winkel von 45°.
- Das *Geodreieck* hat Winkel von 30°, 60° und 90°.
- Das Lineal benutzt man, um gerade Linien zu ziehen und Papier zu falzen. Deshalb sollte es aus Metall sein.

Lappen
Lappen aus Baumwolle eignen sich am besten, weil sie am saugfähigsten sind. Man benutzt sie zum Abstreifen der Pinsel, Abwischen der Hände und für Korrekturen. Siehe Seite 67.

Saugpapier
Mit etwas Küchenrolle, Taschentuch o.Ä. kann man Farbe abstreifen, überschüssige Feuchtigkeit aufsaugen und Fehler ausbessern. Siehe Seiten 68 und 69.

Löschpapier
Mit ihm nimmt man überschüssige Feuchtigkeit vom Papier, korrigiert Fehler und kreiert Effekte. Siehe Seite 68.

Klebeband
In diversen Sorten und Größen erhältlich, wird es beim Spannen des Papiers benutzt. Siehe Seite 36.

- Das typische Klebeband für Aquarelle ist gummiert und muss angefeuchtet werden, damit es haftet. Dies ist etwas umständlich, aber nur dieses Band hält auf feuchtem Papier.
- Malerkrepp wird verwendet, um bestimmte Flächen abzukleben.
- Um das Papier zu rahmen oder um Stellen auszusparen, greift man am besten zu Kreppband, da es sich besonders leicht vom Papier ablösen lässt.

Reißnägel
Mit ihnen wird das Papier am Zeichenbrett befestigt oder gespannt. Siehe Seite 37.

Heftklammern und Heftmaschine
Auch sie dienen zum Spannen des Papiers. Siehe Seite 37.

Klammern
Man benutzt sie, um das Papier zu befestigen. Siehe Seite 37.

Schere
Zum Zuschneiden des Papiers sollte sie scharf sein und lange Klingen besitzen, damit möglichst gleichmäßige Schnittkanten entstehen.

Cutter
Sie dienen ebenfalls dazu, das Papier zu schneiden und um das Weiß zu öffnen.

Klingen
Um das Weiß zu öffnen und Effekte zu kreieren. Siehe S. 70, 87.

Wattestäbchen
Sie eignen sich hervorragend für Ausbesserungen, Farbaufträge und um das Weiß zu öffnen. Siehe S. 68, 85.

Wachsmalstifte
Zum Öffnen von Weiß sowie für Effekte und Schattenpartien. Siehe Seite 64.

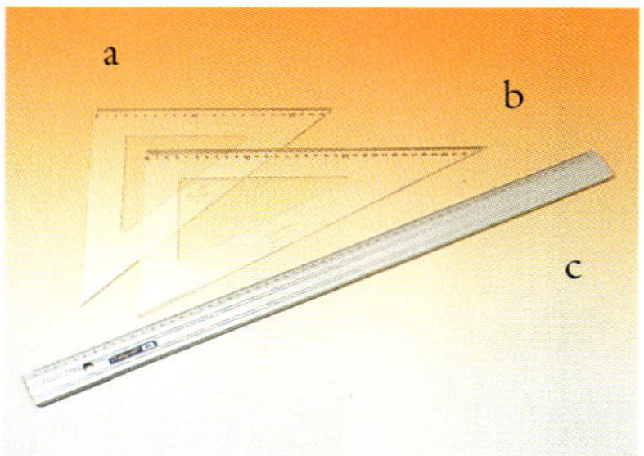

Dreieck (a), Geodreieck (b) und Lineal (c).

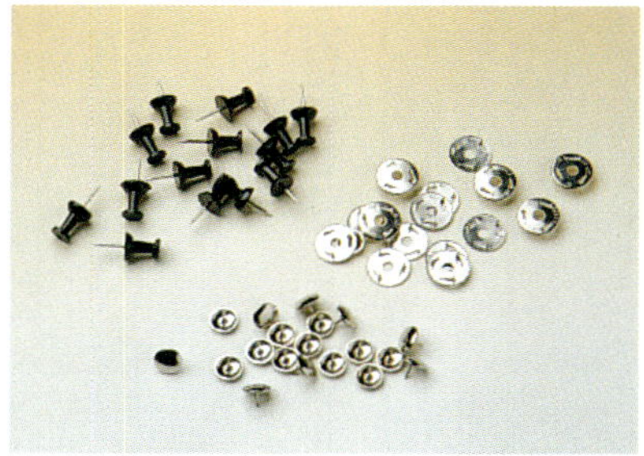
Verschiedene Reißnägel.

Unterschiedliche Saugpapiere.
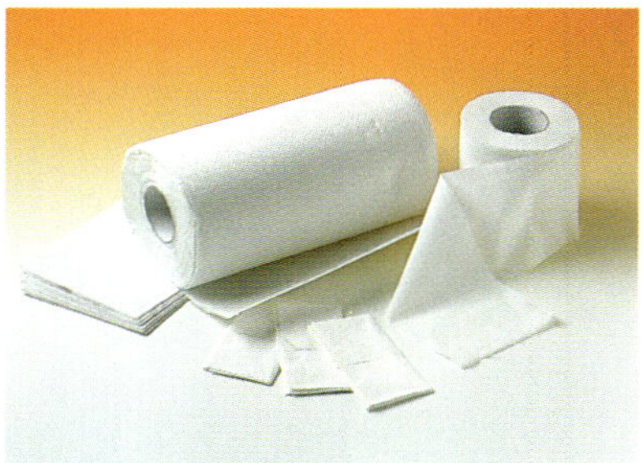

Löschpapier.

Verschiedene Arten von Klebeband.
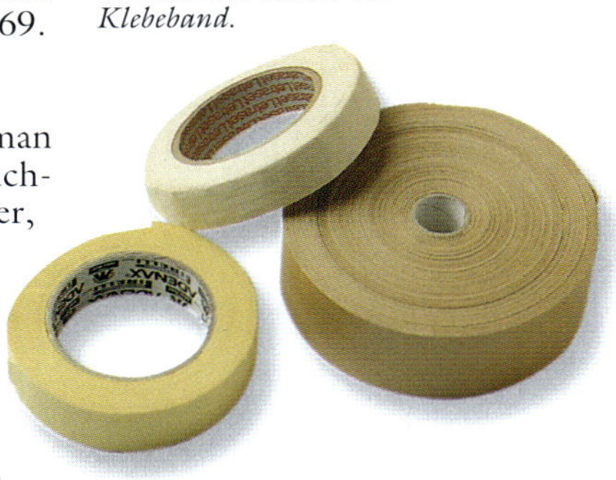

Verschiedenste Klammern zur Befestigung des Papiers.
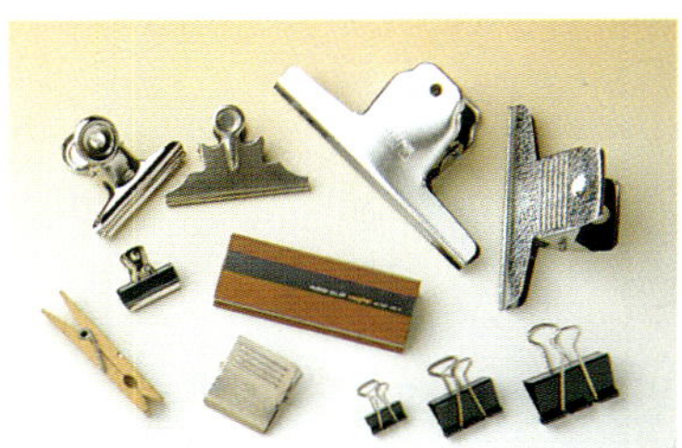

Wattestäbchen.
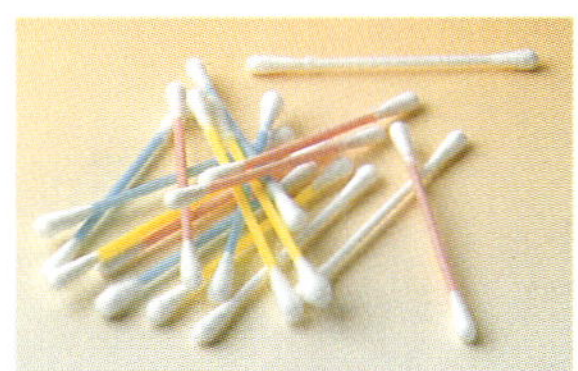

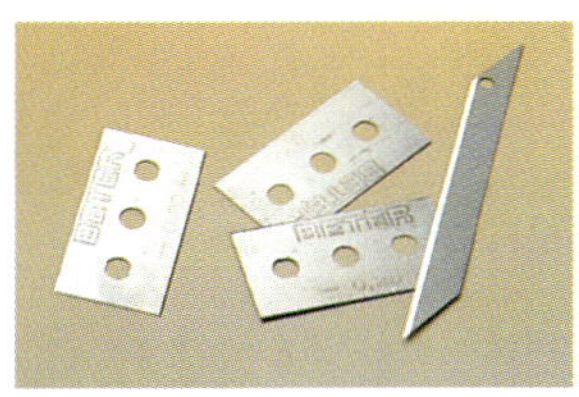
Unterschiedliche Klingen.

Einige Scherenmodelle.
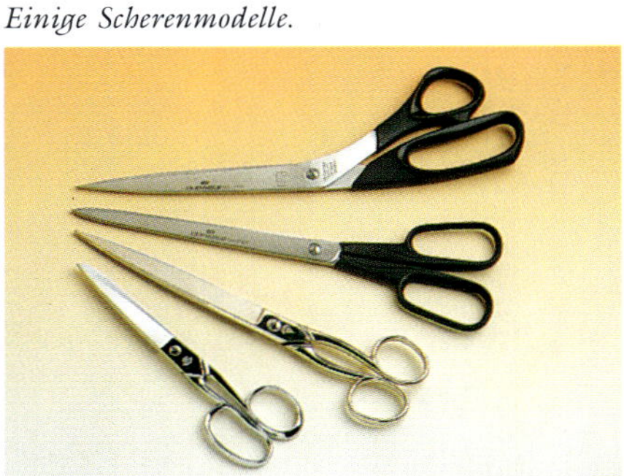

Cutter in diversen Formen und Größen.
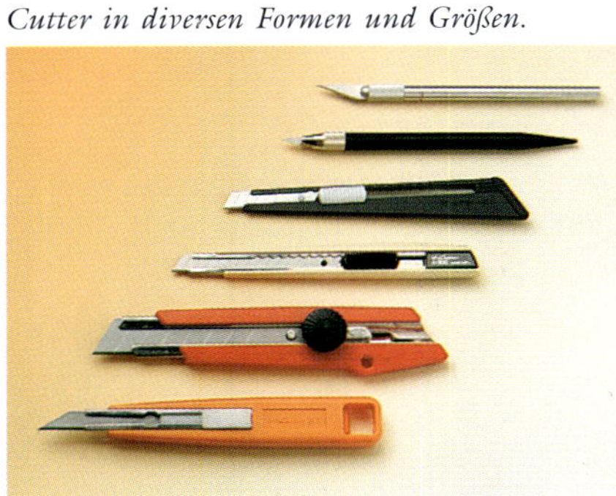

Bunte Wachsmalstifte und Kerzen.
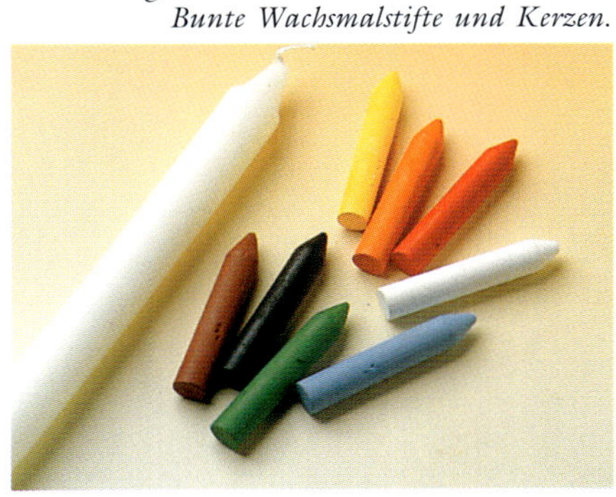

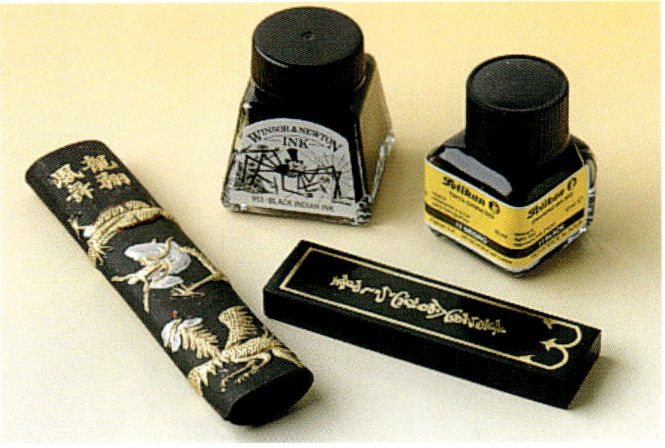

Tusche in verschiedenen Handelsformen.

TUSCHE

In fester Form für das Anrühren mit dem Pinsel sowie flüssig für die Feder. Mit Tusche konturiert man die Formen vor oder nach dem Farbauftrag (s. S. 90).

FIXAKTIV

Zur Farbfixierung des trockenen Bildes.

FARBROLLEN

Für Hintergrundgestaltung und Effekte. Siehe Seite 86.

SCHWÄMME

Mit ihnen kann man das Papier anfeuchten, Überschüsse aufsaugen, das Weiß öffnen und Farbe auftragen. Siehe Seite 88.

ZUSATZMITTEL

Es gibt eine ganze Reihe von Zusatzmitteln, die für die Aquarellmalerei nicht zwingend notwendig sind, aber die Arbeit enorm erleichtern können. Einige dieser Substanzen werden dem Wasser beigemischt, mit anderen verändert man die Eigenschaften der Farbe, kann Papierflächen aussparen oder die Farbe versiegeln.

MASKIERFLÜSSIGKEIT

Diese cremige Flüssigkeit besteht aus einer Lösung von natürlichem Latex und Ammoniak. Auf Papier aufgetragen, bildet sie eine Schicht, die die Farbe abweist. So kann man weiße Stellen des Papiers aussparen, wie etwa für die Glanzlichter. Da Maskierflüssigkeit das Eindringen der Feuchtigkeit verhindert, kann der Künstler ganz beruhigt über und zwischen die Aussparungen malen. Mit dem Wissen, dass diese gewünschten Bereiche geschützt sind, kann er ganz locker und ungezwungen arbeiten.

Die getrocknete Maskierflüssigkeit lässt sich leicht wieder vom Papier entfernen, indem man mit dem Finger oder noch besser mit einem Radiergummi sanft darüber reibt. Dennoch empfiehlt es sich, die Maskierflüssigkeit nicht über längere Zeit auf dem Papier zu lassen, da sie sonst zu stark anhaften und das Papier beim Entfernen beschädigen könnte.

Diese Substanz sollte man mit einem ausgedienten Pinsel auftragen, weil sie die Haarstruktur angreift; für feine Linien oder kleine Details eignen sich auch Zeichenfedern hervorragend. Maskierflüssigkeit wird im Künstlerbedarf sowohl transparent als auch farbig angeboten (s. Seite 62).

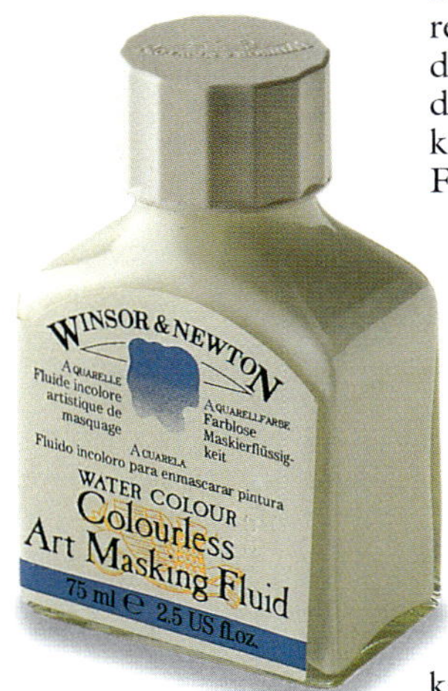

Maskierflüssigkeit.

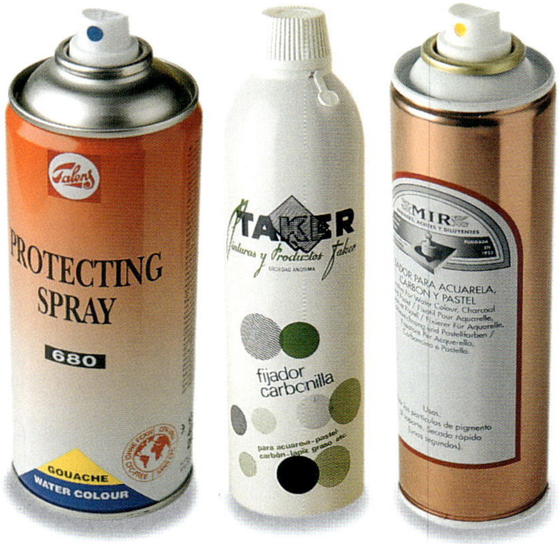

Unterschiedliche Fixaktiva.

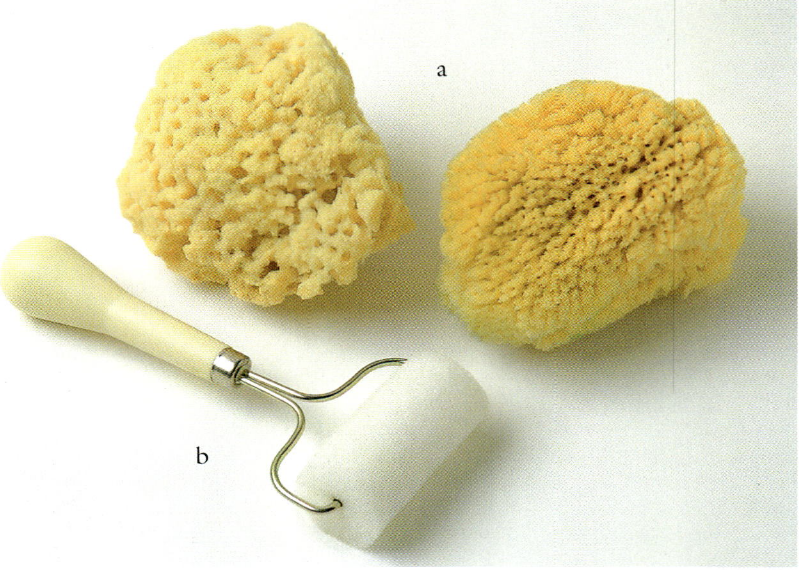

Schwämme (a) und Farbrolle (b).

GUMMIARABIKUM

Als eines der Hauptbestandteile von Aquarellfarben dient es dazu, die Pigmente zu binden. Gummiarabikum kommt nur in flüssiger Form in den Handel.

Dieses Medium lässt sich für verschiedenste Zwecke einsetzen. Ein kleiner Spritzer Gummiarabikum im Wasser bewirkt, dass die Farbe fester und zäher wird, wodurch sie langsamer verfließt und an Leuchtkraft und Transparenz gewinnt. Man kann es der Farbe auch direkt beimischen, sodass diese eine pastosere Konsistenz erhält; allerdings läuft man dabei Gefahr, dass die getrocknete Farbschicht beim späteren Bearbeiten rissig wird.

Da Gummiarabikum die Fähigkeit der Farbe, an der Papieroberfläche zu haften, vermindert, bietet es sich auch für Aussparungen an.

Beim Trocknen erzeugt es einen feinen Glanz, daher kann man prima darauf zurückgreifen, um den Farben, die im Bild stumpf wirken, mehr Sprühkraft zu verleihen. Siehe Seite 75.

Gummiarabikum.

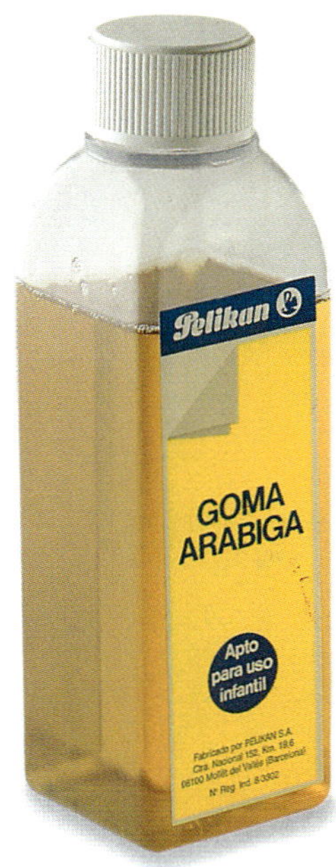

AQUARELLMEDIUM

Dieses Medium für die Aquarellmalerei setzt sich aus Gummiarabikum, Essigsäure und Wasser zusammen.

Man mischt es dem Malwasser bei, um mögliche Fettspuren zu beseitigen, und damit die Farbe an Intensität, Glanz sowie Transparenz gewinnt und besser am Papier haftet.

Dieses Medium sollte man immer dann verwenden, wenn man viel auf dem Papier gezeichnet und so auch fettige Fingerspuren hinterlassen hat. Direkt in die Farbe gemischt bewirkt es, dass diese eine dickere Konsistenz erhält.

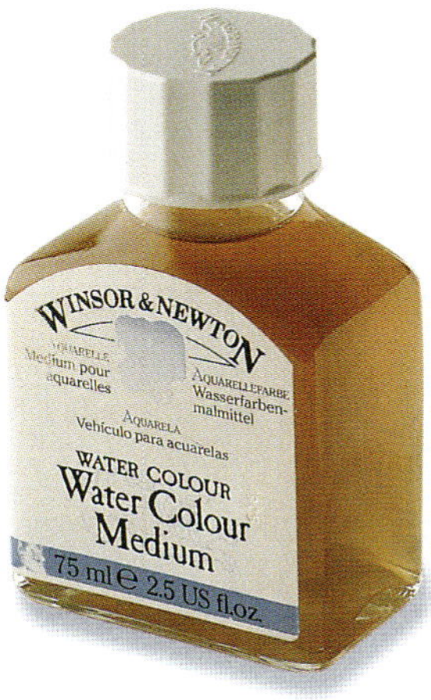

Aquarellmedium in der Flasche.

OCHSENGALLE

Diese Substanz besteht aus gereinigter Ochsengalle und verändert die Oberflächenspannung des Wassers. Dadurch trocknet die Farbe mäßig schnell. Wenn man Ochsengalle im Winter zusetzt bedeutet dies also, dass die Farbe rascher trocknet als sonst, während sich die Trocknungszeit im Sommer verlängert. Zudem verbessert sie die Fließ- und Haftungseigenschaften der Farbe. Man kann Ochsengalle in das Wasser oder direkt in die Farbe geben. Sie kommt beim Malen vor allem an trockenen Orten und im Sommer zum Einsatz wenn man vermeiden möchte, dass das Wasser zu schnell verdunstet und deshalb Farbränder stehen bleiben.

AQUAPASTO

Aquapasto ist Silicium gemischt mit Gummiarabikum. Es hat die Konsistenz eines Gels, ist transparent und wird verwendet, um Impastos zu kreieren. Im Vergleich zu Gummiarabikum ist Aquapasto widerstandsfähiger gegen Risse. Es wird zu gleichen Teilen mit Wasser vermischt und eignet sich, um Effekte und sichtbare Pinselspuren zu kreieren.

ALKOHOL

Alkohol beschleunigt die Verdunstung des Wassers, sodass die Farbe schneller trocknet und zudem der Eindruck entsteht, dass der Pinsel nicht viel Farbe abgegeben hat bzw. das Papier extrem saugfähig ist. Er bewirkt, dass die Farbe viel schwieriger zu kontrollieren ist, über die gesamte feuchte Oberfläche verfließt und es viel mehr Mühe kostet, sie zu den Rändern hin zu intensivieren. Farbverschmelzungen gelingen nicht so gut wie mit reinem Wasser; die Farben bilden zwar keine Ränder, aber die Farbübergänge sind sehr viel schärfer. Das Resultat ist vor dem Trocknen schlecht vorhersagbar.

Alkohol lässt sich auch hervorragend verwenden, wenn man bei Minusgraden im Freien arbeitet, da er das Gefrieren verhindert.

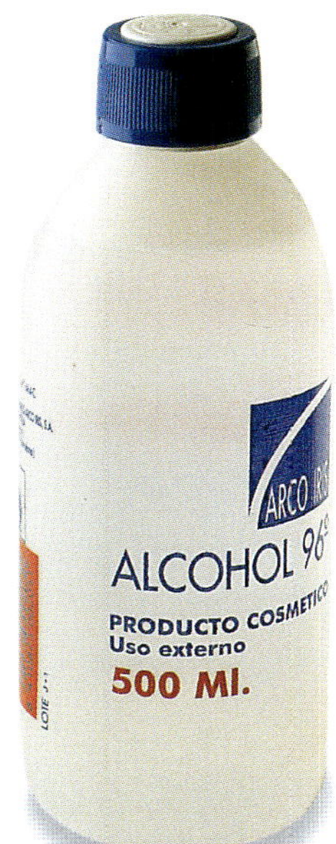

Plastikflasche mit Alkohol.

GLYZERIN

Da dieses Feuchthaltemittel die Trocknung verzögert und zudem die Auflösung der Pigmente im Wasser begünstigt, enthält Aquarellfarbe bereits eine kleine Menge davon. Wird Glyzerin in das Wasser gemischt, potenziert sich diese Wirkung.

Glyzerin ist immer dann sinnvoll, wenn man zeitaufwändig in der Nasstechnik arbeiten oder bei trockenem Wetter im Freien malen möchte. Man sollte es immer nur verdünnt anwenden, da sich die Pigmente sonst nicht mehr auflösen.

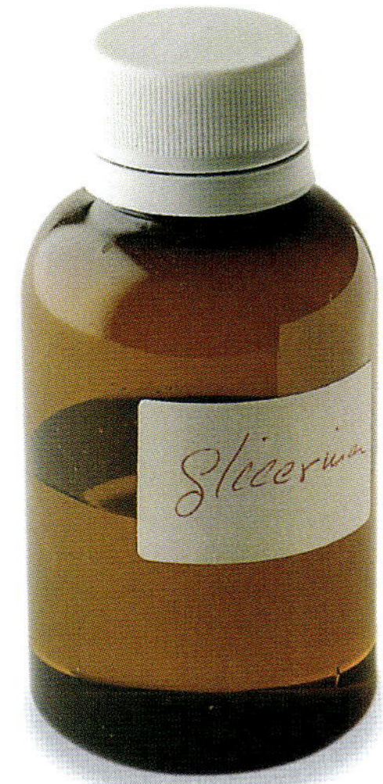

Flasche mit Glyzerin.

FIRNISSE

Firnis schützt die Farben und erzeugt immer einen Glanz. Letzteres missfällt vielen Künstlern, weil das Werk seinen matten Charakter verliert, der für die Aquarellfarben so typisch ist. Einige Maler tragen den Firnis deshalb nur an bestimmten Stellen auf, etwa in dunklen Bereichen, um die Kontraste abzuschwächen. Flüssiger Firnis wird mit dem Pinsel auf die vollständig getrocknete Farbe aufgetragen. Hier muss man allerdings aufpassen, dass man nicht zuviel des Guten tut, denn durch eine zu dicke Schicht könnte die Bildoberfläche zu sehr glänzen und wie in Folie verpackt wirken. Zudem sollte man mit dem Pinsel sehr vorsichtig umgehen und keinesfalls stark aufdrücken, da sich sonst Farbpartikel lösen und andere Farben oder gar das Weiß verschmutzen könnten.

Firnis gibt es auch als Spray, mit dem man ihn einfacher dosieren und den unerwünschten Glanz besser vermeiden kann.

Fläschchen mit Ochsengalle.

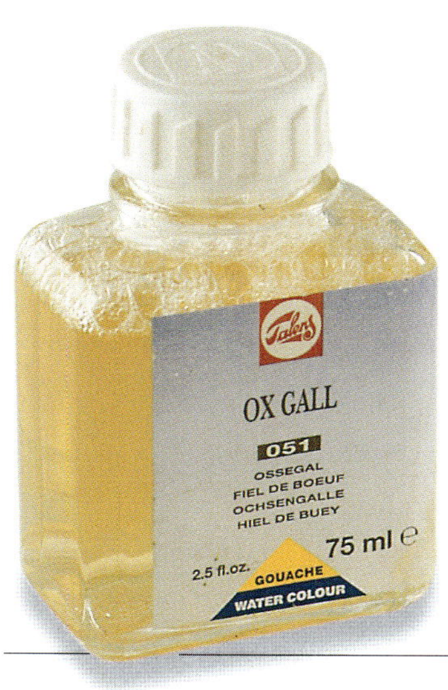

Tube mit Aquapasto.

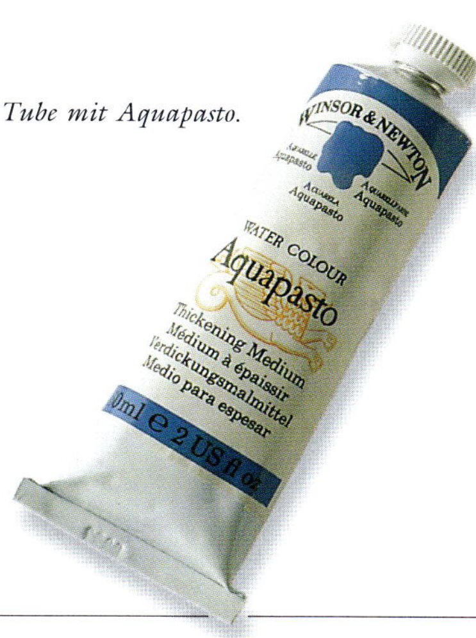

Firnisse in unterschiedlichen Handelsformen.

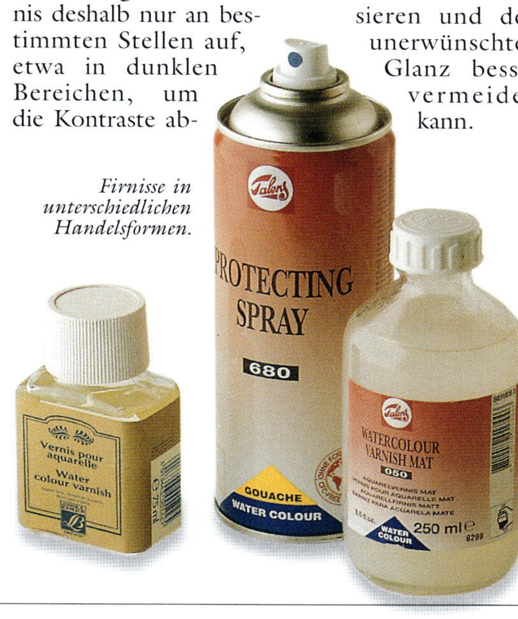

Papier spannen

Zu viel oder zu wenig Feuchtigkeit in der Farbe hat großen Einfluss darauf, wie gut sich die Pigmente auflösen und wie das Werk im Ergebnis aussieht. Die besondere Bedeutung des Wassers in der Aquarellmalerei wirkt sich auch auf den Untergrund aus.

AUS WELCHEM GRUND?

Wenn Papier feucht wird, dehnt es sich aus, beim Trocknen zieht es sich wieder zusammen. Danach ist es meist nicht mehr flach und glatt, sondern wellt sich. In kleinen Formaten behält es seine ursprüngliche Form meist recht gut, aber leichtes Papier mit weniger als 300 g/qm wellt sich durch die Feuchtigkeit der Farbe. Um eine solche unebene Fläche zu vermeiden, die beim Malen ziemlich stört, spannt man das Papier. Zunächst wird das Papier durchfeuchtet, sodass sich seine Fasern ausdehnen. Danach wird es mit Klebeband auf den vier Seiten des Untergrunds befestigt. Während es trocknet, nimmt das Papier sein ursprüngliches Volumen wieder an und bleibt durch das Klebeband gespannt. Nun kann der Künstler das Papier mit Farbe anfeuchten und ganz sicher sein, dass es sich nicht wellt oder verzieht und nach dem Trocknen noch genauso glatt sein wird. Das Papier muss stets auf soliden Oberflächen gespannt werden. Sie sollte etwas größer als das Papier sein, damit genug Platz für das Klebeband vorhanden ist. Manche Künstler arbeiten auch bevorzugt auf einem groben, gewellten Papier und lassen das Spannen deshalb bewusst sein oder sie greifen zu handgeschöpftem Papier, das leichte Wellen aufweist.

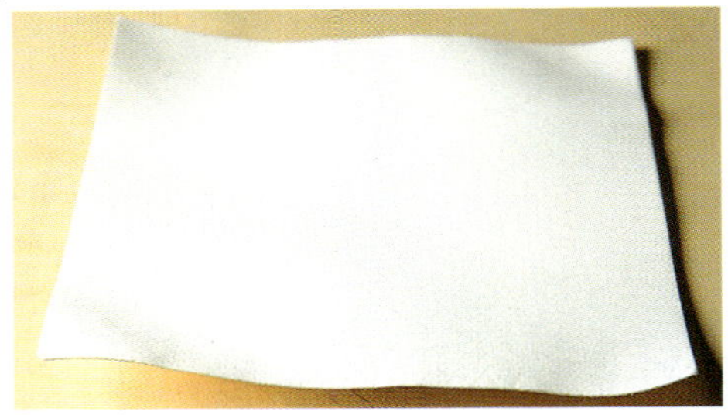

Papier, das vor dem Befeuchten nicht gespannt wurde, wellt sich während des Trocknens.

ERSTER SCHRITT — DAS PAPIER WIRD DURCHFEUCHTET UND AUSGEBREITET

Das Papier wird befeuchtet, damit sich die Fasern ausdehnen und sein Volumen zunimmt. Es gibt Papier, das sich um bis zu 1 cm ausdehnt. Für das Durchfeuchten sollte man nur kaltes Wasser verwenden, da warmes die Leimschichten beschädigen kann.

Eine Möglichkeit, das Papier zu durchfeuchten liegt darin, das Blatt komplett ins Wasser zu legen, damit es sich ordentlich vollsaugt.

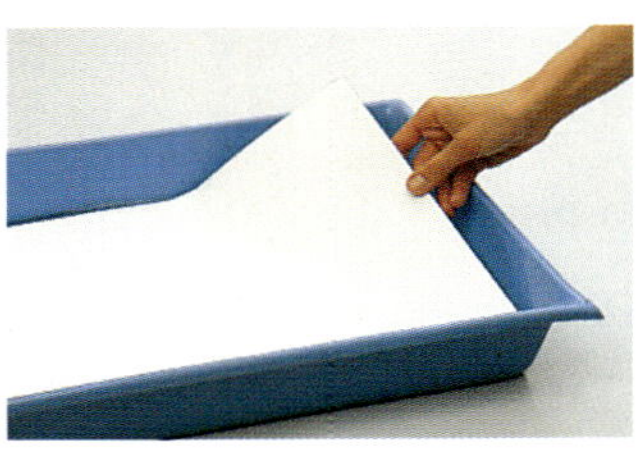

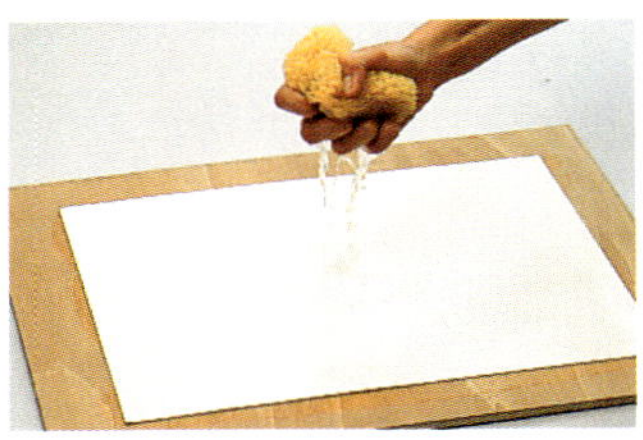

Man kann das Papier auch direkt unter fließendes Wasser halten. Je länger es mit dem Wasser in Kontakt ist, desto mehr kann es aufnehmen.

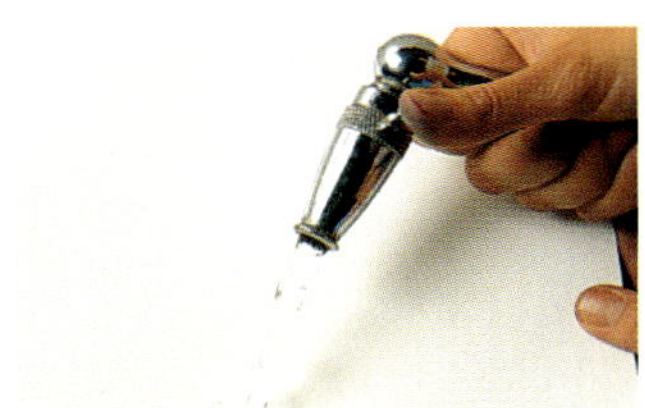

Der Schwamm ist ein weiteres Utensil, mit dem man das Papier anfeuchten und zudem die Wassermenge genau kontrollieren kann. Allerdings darf man mit dem Schwamm nicht zu stark reiben, sonst könnte die Oberflächenleimung Schaden nehmen. Abhängig davon, wie viel Wasser man auf die Oberfläche gibt, wird das Papier mehr oder weniger gut durchfeuchtet. Viele Künstler warten nach dem Spannen des Papiers, bis es vollkommen durchgetrocknet ist. Andere wiederum beginnen mit dem Malen, sobald der gewünschte Grad an Trockenheit bzw. Feuchtigkeit erreicht ist. Manche feuchten nur die Rückseite des Papiers an, befestigen es und beginnen auf der trockenen Seite mit dem Farbauftrag. Diese Methode hat den Vorteil, dass man die Oberfläche stärker strapazieren kann, weil die Leimschicht intakt bleibt.

Anschließend legt man das feuchte Papier auf das Brett, streicht es glatt und wischt das überschüssige Wasser mit der Hand vom Blatt. Bei dieser Handbewegung kann man überprüfen, ob das Papier gleichmäßig durchfeuchtet ist (die nassen Stellen fühlen sich glitschig an, wenn man darüber streicht, die trockenen sind rauer). Vor dem Spannen sollte man das Papier einige Minuten liegen lassen, damit es sich komplett ausdehnen kann.

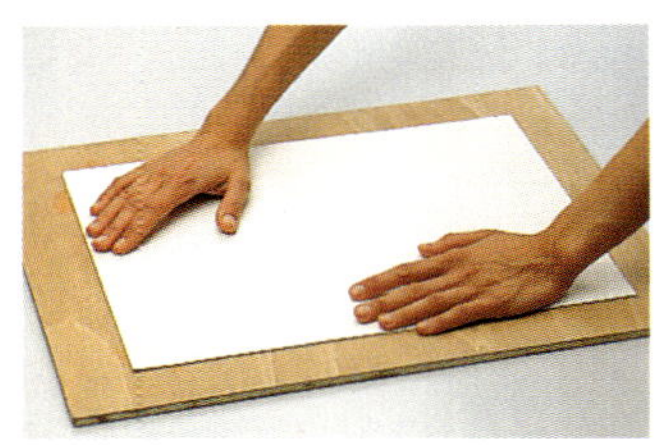

ZWEITER SCHRITT — DAS PAPIER WIRD BEFESTIGT

Am besten greift man zu Klebeband, da es das Papier an jeder Stelle und in vollem Umfang fixiert. Wenn man das Blatt am Brett befestigt, sollte man unbedingt darauf achten, dass das Klebeband parallel zum Papierrand liegt, denn sonst würden auch die Farbränder nach dem Ablösen des Klebebands schief verlaufen und man müsste sie gerade abschneiden, damit das Bild wieder harmonisch wirkt.

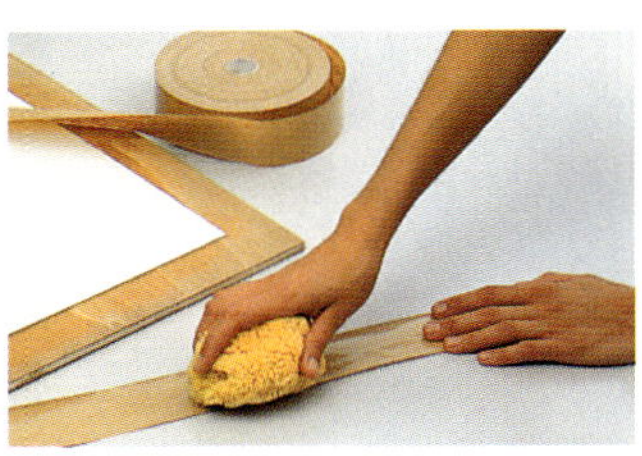

Ist das Papier sehr feucht, empfiehlt sich gummiertes Klebeband, weil es als einziges auf der Feuchtigkeit haftet. Ansonsten ist seine Handhabung etwas komplizier, da es nur angefeuchtet klebt.

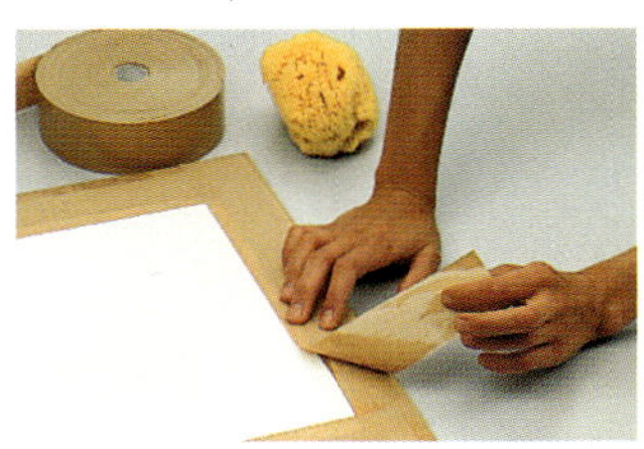

Damit das Papier gleich stark gespannt wird, bringt man das Klebeband am besten nach folgender Methode an: man befestigt erst eine beliebige Seite, dann die gegenüberliegende, usw.

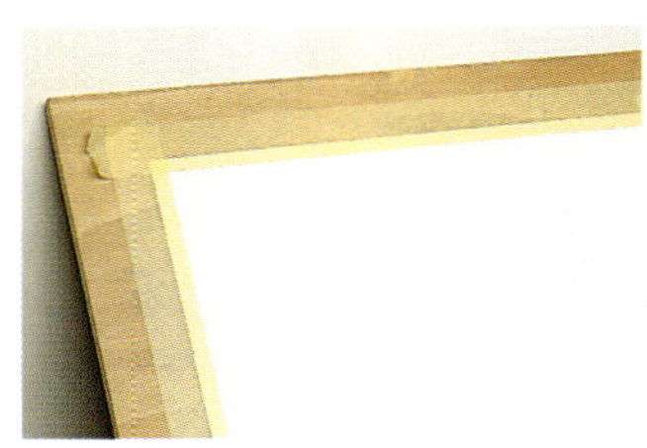

Malerkrepp ist in seiner Handhabung zwar viel unkomplizierter, aber es haftet nicht auf feuchtem Papier. Es eignet sich nur, wenn lediglich die Rückseite des Blattes durchfeuchtet wurde.

LETZTER SCHRITT

DAS TROCKNEN DES PAPIERS UND ENTFERNEN DES KLEBEBANDS

Wenn man das Papier stark mit Wasser durchfeuchtet hat, kann der Trocknungsprozess vier bis fünf Stunden dauern. Man kann ihn auch beschleunigen, indem man einen Fön benutzt oder das Papier in die Sonne legt; jedoch kann der Klebstoff dadurch so weich werden, dass sich das Klebeband ablöst oder aber so stark haftet, dass es die Oberfläche beim Entfernen beschädigt.

Eine bessere Lösung liegt darin, auf verschiedenen Brettern gleichzeitig mehrere Papiere zu spannen und abzuwarten, bis sie von selbst getrocknet sind. Während das Wasser verdunstet, ziehen sich die Fasern in ihre ursprüngliche Form zusammen, die Oberfläche bleibt glatt.

WAS SIE NICHT TUN SOLLTEN

- Das Papier mit warmem Wasser durchfeuchten: die Wärme greift die Leimung an.
- Beim Anfeuchten stark über die Oberfläche reiben; dies zerstört die Leimung der Papieroberfläche.

Wenn man gummiertes Klebeband verwendet hat, muss man es vor dem Entfernen sauber abschneiden. Das Klebeband muss unbedingt angefeuchtet werden, ansonsten ließe es sich nicht entfernen oder das Papier würde reißen. In jedem Fall hinterlässt die Gummierung Spuren auf dem Papier.

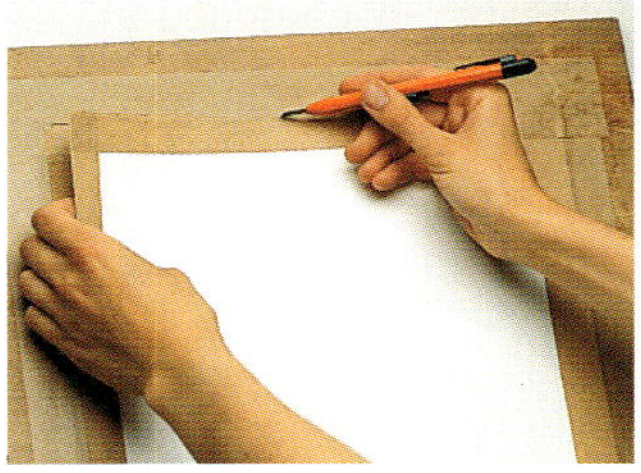

Um jedes andere Klebeband zu entfernen, zieht man es langsam und vorsichtig vom Papier ab. Das Papier sollte nicht länger als wenige Tage fixiert bleiben, da das Klebeband sonst Spuren hinterlassen kann. Unter Umständen kann es einen unerwünschten Farbrand verursachen.

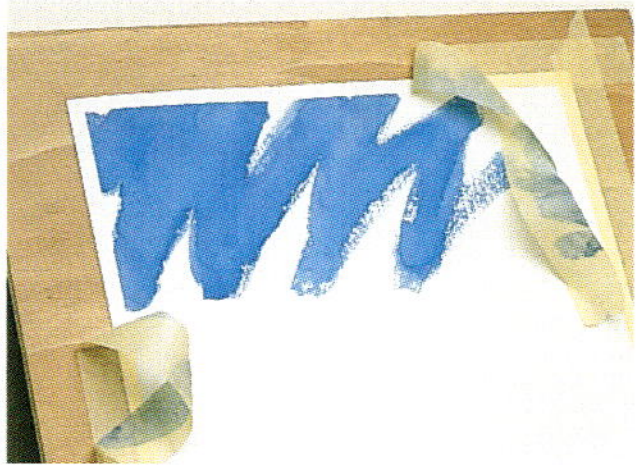

ALTERNATIVEN

ANDERE METHODEN ZUM SPANNEN DES PAPIERS

Keine Technik ist besser oder schlechter als andere, jeder Künstler verfährt einfach mit der Methode, die zu seiner Arbeitsweise passt.

ACHTUNG

Feuchtes Papier kann man auch mit Heftklammern oder Reißzwecken spannen. Diese fixieren es zwar nicht so präzise und großflächig wie Klebeband, sind bei Papier von ungefähr 300 g Gewicht aber völlig ausreichend.

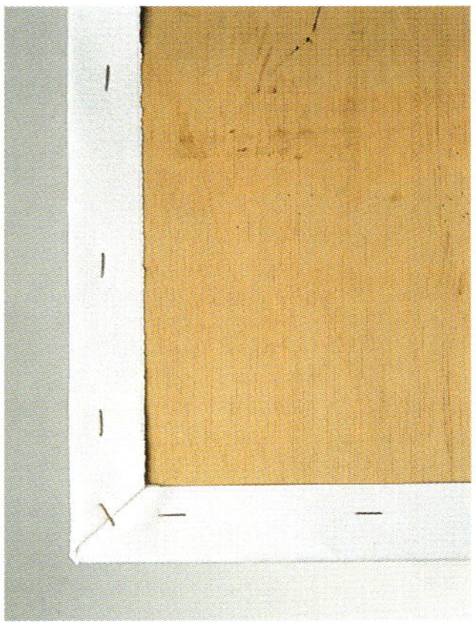

Papier kann man auch spannen, indem man ein Blatt, das größer als das Brett ist, einschlägt und mit Klammern oder Reißzwecken an dessen Rückseite befestigt. Man schlägt die Seiten vorsichtig um, damit das Papier gut gespannt ist und am Brett hält. Um das Papier vom Brett zu nehmen, kann man es abschneiden oder die Klammern herauslösen.

Eine weitere Methode, das Papier zu spannen ohne die Seiten zu verkürzen, besteht darin, es auf einen Keilrahmen zu ziehen. Allerdings darf man nicht viel Druck auf das Papier ausüben, da es sich durch den fehlenden Widerstand wölben oder reißen könnte.

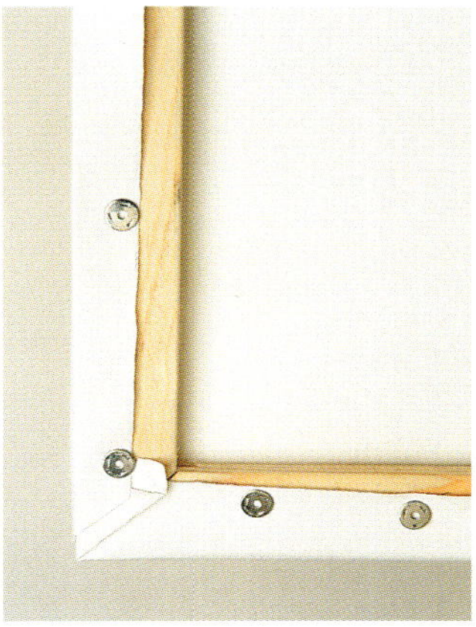

SPANNEN VON TROCKENEM PAPIER

DIVERSE VERFAHREN

Papier im feuchten Zustand zu spannen, hat viel an Popularität eingebüßt, da es gut geplant werden muss und zeitraubend ist. Viele Künstler bevorzugen es, schwere Papiere trocken zu spannen und anschließend leicht anzufeuchten. Beim Spannen greifen sie auf dieselben Hilfsmittel zurück wie bei nassem Papier.

Kreppband, das beim Malen für Aussparungen zum Einsatz kommt, eignet sich auch, um ein Papier zu spannen; aber ebenso wie das Malerkrepp haftet es nicht auf feuchtem Papier.

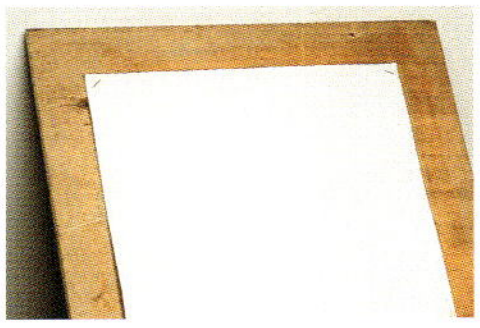

Das Papier mit Heftklammern am Brett zu befestigen, ist eine einfache und schnelle Lösung. Allerdings bleiben die Löcher der Klammern auf dem Papier sichtbar.

Reißzwecken eignen sich gut, um ein Blatt trocken zu spannen. Sie werden von den meisten Künstlern gerne und häufig benutzt, verursachen aber Löcher auf der Papieroberfläche.

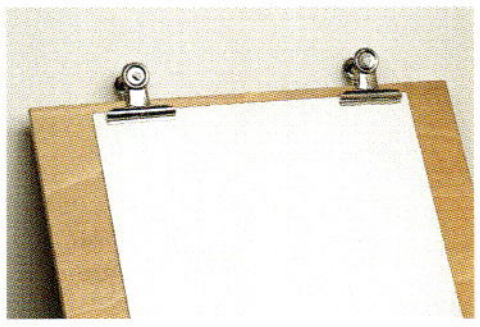

Für grobkörniges und stabiles oder kleinformatiges Papier sind Klammern zur Befestigung völlig ausreichend. Zudem hinterlassen sie keinerlei Spuren.

PAPIER PRÄPARIEREN

GESSO

Gesso ist eine Substanz aus Kunstharz, die die Saugfähigkeit und Leuchtkraft des Papiers minimiert und die Farbe besser haften lässt. Man verwendet es, um ungeleimtes Papier zu behandeln oder um besondere Effekte zu erzielen.

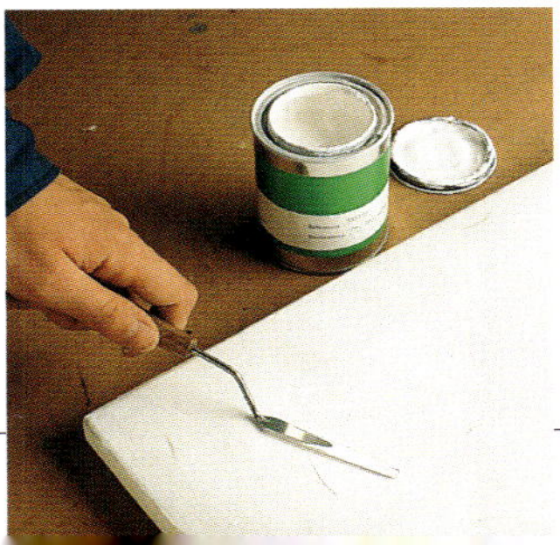

Gesso trägt man mit einem Spachtel oder Borstpinsel auf die Oberfläche und lässt ihn anschließend trocknen.

Diese Abbildung illustriert den Effekt von Aquarellfarbe auf Papier, das mit Gesso präpariert wurde. Da die Oberfläche die Farbe kaum absorbieren kann, gleitet der Pinsel darüber und die Farbe sammelt sich in kleinen Lachen, wodurch sie langsamer trocknet.

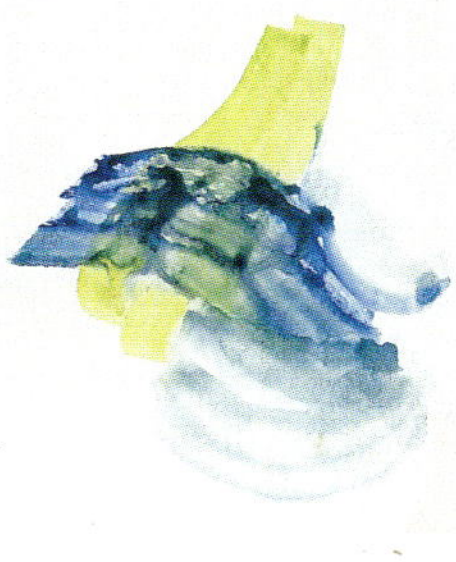

Der Pinsel

Mit dem Pinsel trägt man die Farbe auf das Papier. Welches Ergebnis gelingt, hängt davon ab, wie man ihn einsetzt, wie gut man seine Vielseitigkeit beherrscht und wie er äußerlich beschaffen ist.

Beobachtet man Künstler bei der Arbeit, wird man oft überrascht feststellen, dass der Pinsel ganz individuell verschieden gehalten und geführt wird, denn trotz einer bestimmten empfehlenswerten Halteposition entwickelt jeder Maler im Laufe der Zeit seine persönliche Technik, mit der ihm die Arbeit am besten gelingt und in der er das kreative Potenzial voll ausschöpfen kann. Den Pinsel so zu beherrschen und zu führen, dass er auf jede Handbewegung wunschgemäß reagiert, ist zwar nicht leicht, aber es gibt einige Tricks und Kniffe, die seine Handhabung einfacher und lohnenswerter machen.

HANDHABUNG DES PINSELS

Wie man ihn hält

Auf den ersten Blick hält der Künstler den Pinsel wie einen Stift zwischen den Fingern, bewegt die Hand aber vollkommen anders als bei der Stiftführung, da er sie beim Malen in jede Richtung dreht, um die unterschiedlichsten Striche zu kreieren.

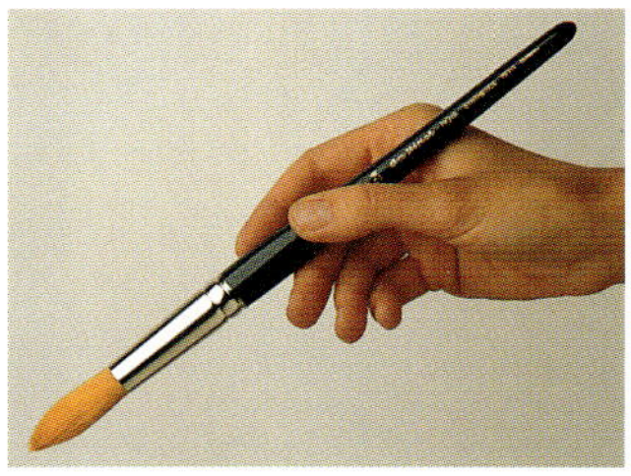

Da Aquarellfarben sehr frisch sind, muss auch die Pinselführung entsprechend locker sein. Dies bedeutet, dass man den Pinsel unverkrampft halten und einsetzen sollte, damit nicht zuviel Druck auf das Papier ausgeübt wird. Der Pinsel sollte zwar locker, aber entschieden über das Papier geführt werden, sodass man den Druck kontrollieren kann, der entscheidet, wie breit die Striche werden und wie viel Farbe der Haarkörper abgibt.

Solange man nicht an kleinen Details arbeitet, sollte man den Pinsel nicht an der Metallzwinge greifen, da er so weniger beweglich ist und folglich einseitigere Striche erzeugt. Am besten fasst man ihn am Stielende und gibt ihm so mehr Spiel für lockere, zügige Striche.

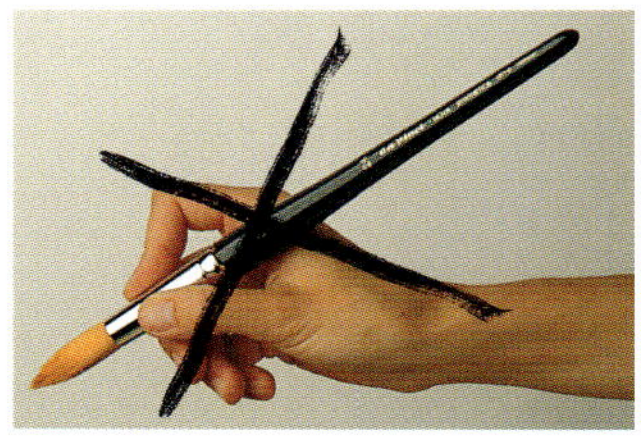

Vor allem Künstler, die auf großen Formaten an der Staffelei arbeiten, halten den Pinsel wie ein Kohlestäbchen. So lassen sich sowohl senkrechte als auch waagrechte Striche problemlos ziehen, und zudem fördert man die Beweglichkeit und Geschicklichkeit der Hand.

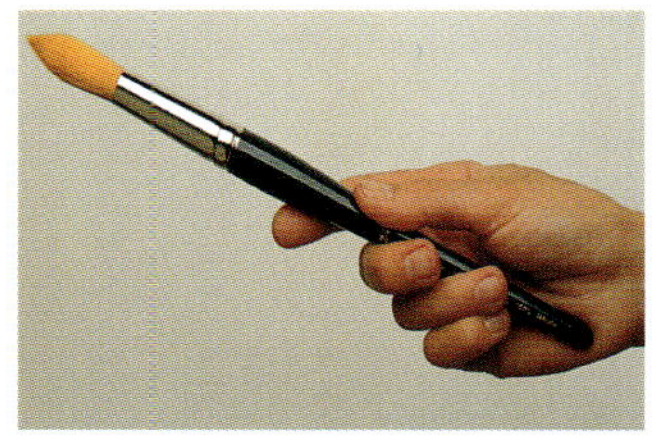

PRÄZISION

Der Malstock

Neben den charakteristischen flüssigen, frischen Pinselstrichen finden sich in fast jedem Aquarell auch Bereiche mit kleinen Details und präzisen Strichen, für die eine ruhige Hand unerlässlich ist. Für solche punktgenauen Arbeiten gibt es den sogenannten Malstock, den man jedoch leicht durch die eigene Hand ersetzen kann. Heutzutage greifen nur noch wenige Künstler auf den Malstock zurück, da er ein relativ unhandliches Hilfsmittel ist, besonders wenn ihn der Maler aufgrund seines Stils nur in Ausnahmefällen benutzt.

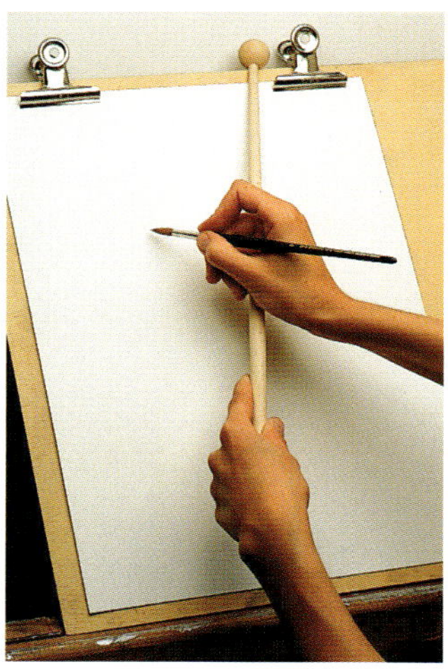

Links sehen Sie die Abbildung eines sogenannten Malstocks. Er wurde für kleine Detailarbeiten entwickelt, die sehr präzise Handbewegungen erfordern, und fast alle großen Maler der Kunstgeschichte haben ihn bei ihrer Arbeit verwendet. Dieser Holzstab, an dem eine Kugel aufgesetzt ist, wird mit dem kugelförmigen Ende am Rand des Zeichenbretts eingehängt und unten mit der freien Hand gehalten. Auf diese Weise kann man die andere Hand, die den Pinsel führt, aufstützen und die feinen Striche mit Präzision setzen.

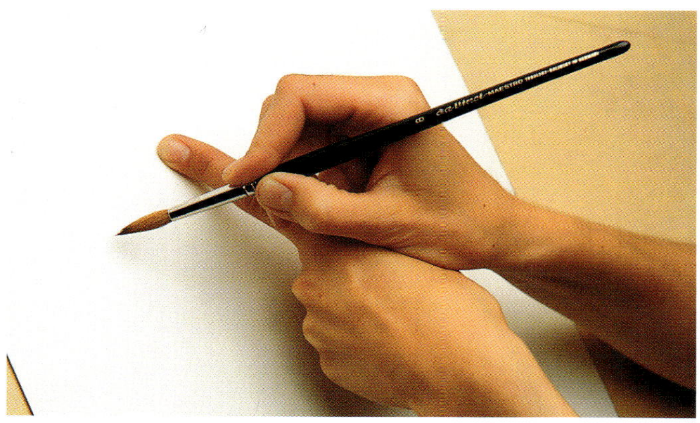

Auch die eigene freie Hand kann eine geeignete Stütze sein, um die Zeichenhand ruhig aufzulegen. Hierfür stützt man einfach den Zeigefinger auf dem Papier ab, sodass sich der Pinsel in der anderen Hand leicht und punktgenau über die gewünschten Bildbereiche führen lässt. Dies erscheint auf den ersten Blick vielleicht etwas kompliziert, mit ein wenig Übung gewöhnt man sich diese Position für die präzisen Arbeiten aber schnell an.

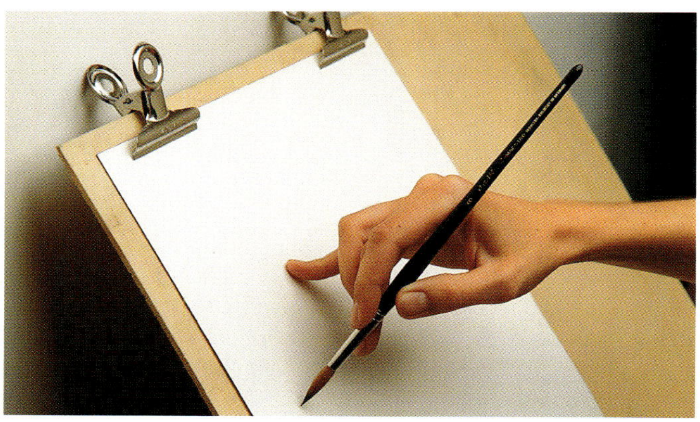

Falls man gerade nichts anderes zur Verfügung hat oder sehr zügig malt, kann sogar die Zeichenhand selbst als Stütze dienen. Dabei behilft man sich mit dem kleinen Finger, den man auf einem trockenen Papierbereich abstützt; so hat man einen festen, ruhigen Griff, um das gewünschte Detail oder eine Korrektur auszuarbeiten.

FEUCHTIGKEIT

Solange man die Technik nicht wirklich gut beherrscht, ist es schwierig, die Farbmenge bzw. einen Wasserüberschuss im Haarkörper abzuschätzen. Damit das Papier nicht zu nass oder eine Farbe zu stark verdünnt wird, streift man den Haarkörper deshalb auf einem Lappen aus saugfähigem Gewebe ab.

Solch ein Lappen kommt beim Malen ständig zum Einsatz und ist für den Künstler ein nützliches Utensil, denn jedes Mal, wenn der Pinsel Farbe abgibt, bedeutet dies, dass Wasser abfließt. Eine Variante besteht darin, die Farbe auf ein Stück Papier zu leeren, denn so lässt sich der konkrete Farbton genau bestimmen.

Das Abstreifen des Haarkörpers

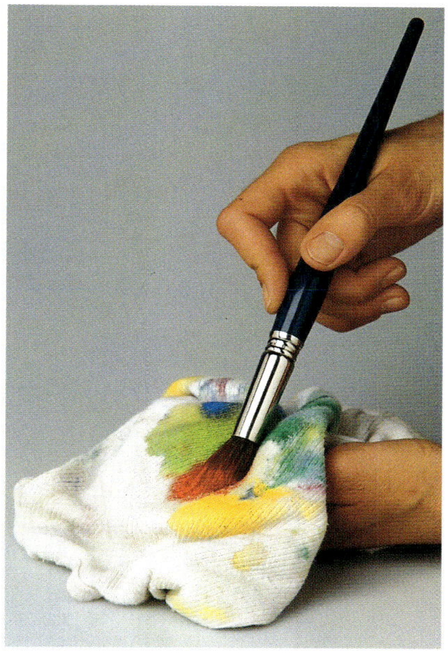

Man sollte immer einen Lappen zur Hand haben, damit man die überschüssige Feuchtigkeit vor dem Farbauftrag abstreifen und somit nasse Bildstellen vermeiden kann. Denken Sie daran, dass ein Lappen aus Baumwolle viel umweltfreundlicher ist als Saugpapier, außerdem reißt er durch die Feuchtigkeit nicht.

Bevor man eine neue Farbe ins Bild bringt, sollte man erst auf einem separaten Stück Papier mit ihr experimentieren. Nach Möglichkeit sollte es sich vom Papier für das spätere Bild kaum unterscheiden, denn eine andere Körnung oder Gewichtsklasse führt zu nicht vergleichbaren Ergebnissen.

PRAKTISCHER RAT

Die Anzahl der Pinsel, die man beim Malen braucht, hängt ganz allein von den jeweiligen Vorlieben des Künstlers ab. Professionelle Maler arbeiten meist mit wenigen Pinseln, denn Pinsel sind einfach in der Handhabung, vielseitig einsetzbar und leisten lange gute Dienste.

Für den Anfang ist ein Sortiment von fünf Pinseln vollkommen ausreichend. Dafür wählt man einige gewisse „Standardpinsel“ aus, die sich in der Kombination mit anderen für jedes gewünschte Format eignen. Solche Pinsel sind beispielsweise:

ACHTUNG

Jeder Künstler hat seine Vorlieben, daher sollten Sie mit verschiedenen Pinselarten, Haarkörpern und Größen experimentieren, bis Sie Ihre ganz persönlichen Favoriten gefunden haben. Ein Künstler, der detailverliebt die kleinsten Striche setzt, wird natürlich andere Pinsel verwenden als ein Maler, der die Frische von schnellen, dicken und schwungvollen Strichen bevorzugt.

Wie viele Pinsel soll ich verwenden?

a. Ein breiter Flächenstreicher für Lasuren und großflächige Farbaufträge. Die Wahl der Haarsorte hängt vom individuellen Stil ab. Ein Pinsel mit Chinaborsten ist praktisch, weil er günstig ist und einen weichen Haarkörper besitzt, der eine beträchtliche Farbmenge aufnimmt. Kunsthaar ist auch geeignet, hält aber weniger Farbe.

b. Ein eckiger Flachpinsel mit Synthetikhaar und abgeschrägtem Pinselstiel, mit dem man das Weiß öffnen kann. Er bietet sich besonders für Farbflächen mit präzisen, scharfen Konturen an.

c. Ein Pinsel in Nummer 18. Mit ihm lassen sich Himmelsflächen und breite Striche gestalten; er ist zwar relativ dick, aber nicht zu groß, um auch kleinformatige Bilder damit auszuarbeiten. Gerade für Einsteiger, die die Technik noch nicht allzu gut beherrschen, ist dieser Pinsel eine große Hilfe, denn er verhindert, dass man sich im Detail verliert und sorgt für lockeres, ungezwungenes Malen. Der hier gezeigte Pinsel besteht aus Marderhaar, man kann aber auch gut auf billigere Rinds- oder Kunsthaare zurückgreifen.

d. Ein Rundpinsel in mittlerer Größe. Die Nummern 12 und 14 sind beim Malen die beliebtesten. Wenn man gerne kleinformatige Bilder gestaltet, sollte man eher zu kleineren Pinseln wie zum Beispiel einem der Nummer 8 greifen. Hier empfiehlt sich das Marderhaar, ersatzweise auch Rindshaar, besonders bei dickeren Pinseln.

e. Ein Rundpinsel der Nummer 2. Für Details und Ausbesserungen kann man zwischen den Größen 0, 1 oder 2 wählen, aber letztendlich hängt die Entscheidung vom gewünschten Bildformat ab. Bei solch kleinen Pinseln bietet sich vor allem das Marderhaar an, weil es die feinste Spitze besitzt und die größte Menge an Farbe hält. Wem dieser Pinsel zu teuer ist, kann auch getrost zu Kunsthaar greifen.

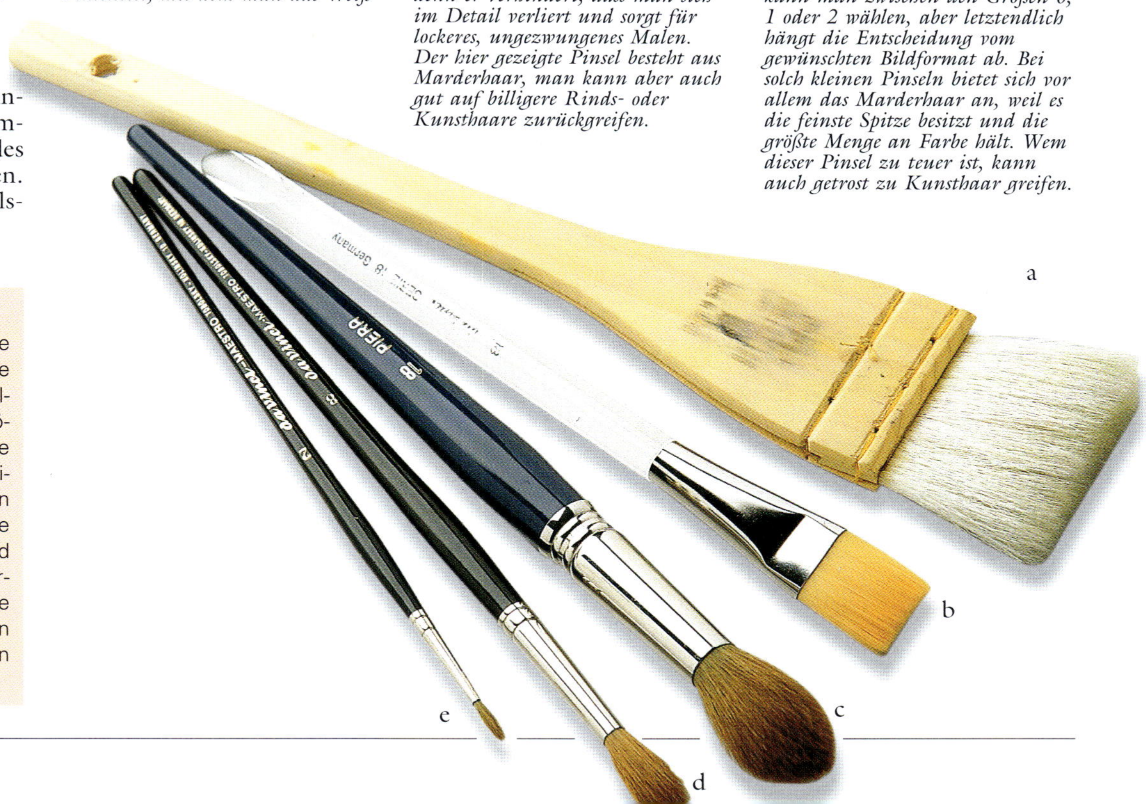

PINSELPFLEGE — WIE MAN SIE AUSWÄSCHT

Es ist wichtig, die Pinsel nach dem Malen stets auszuwaschen, damit sich die Haarkörper nicht verformen oder kaputtgehen. Da die Aquarellfarbe ein Medium ist, das sich in Wasser leicht auflöst, brauchen die Pinsel nicht mit chemischen Substanzen oder bestimmten Lösungsmitteln gereinigt werden.

Es genügt, den Pinsel in reichlich Wasser zu tauchen oder unter fließendem Wasser auszuspülen. Eine Reinigung mit. Seife wäre jedoch wesentlich besser. Hierfür sind Seifenstücke oder Waschmitteltabs ideal, obwohl der Handel außerdem eine ganz spezielle Seife für die Pinselreinigung anbietet.

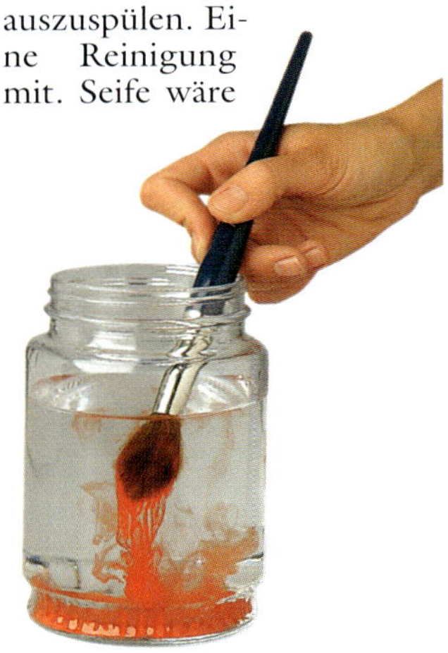

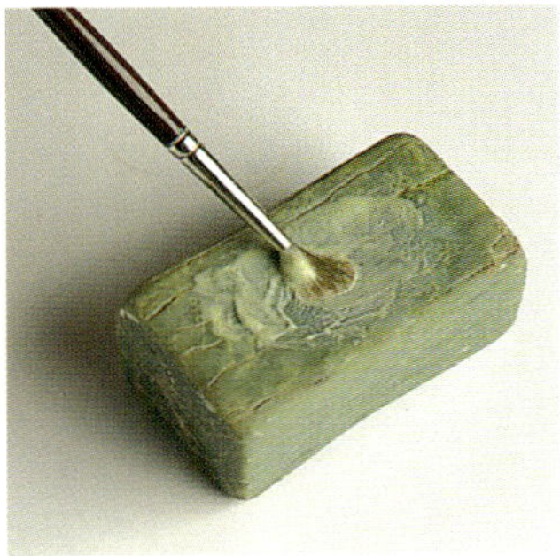

1. Reiben Sie mit dem Pinsel leicht über das Seifenstück, damit sich genügend Seife löst.

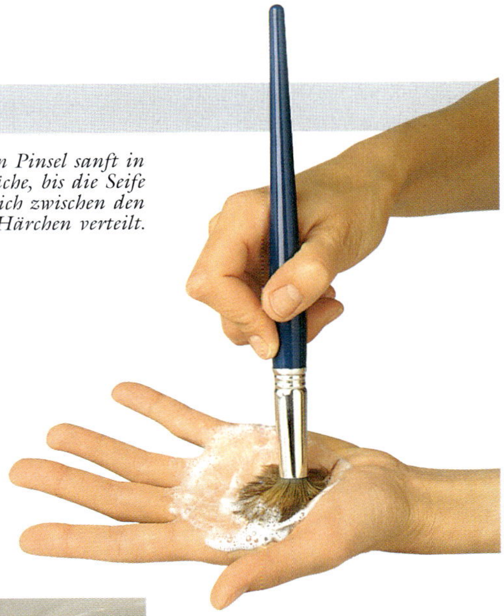

2. Reiben Sie den Pinsel sanft in Ihrer Handfläche, bis die Seife schäumt und sich zwischen den einzelnen Härchen verteilt.

ACHTUNG

Wichtig ist, dass die Härchen ihre Form wieder annehmen und sich der Haarkörper nicht verformt. Man kann die Haare mit den Fingern oder dem Mund in Form ziehen bzw. den Haarkörper zurechtstutzen, bis er wieder die entsprechende Form besitzt.

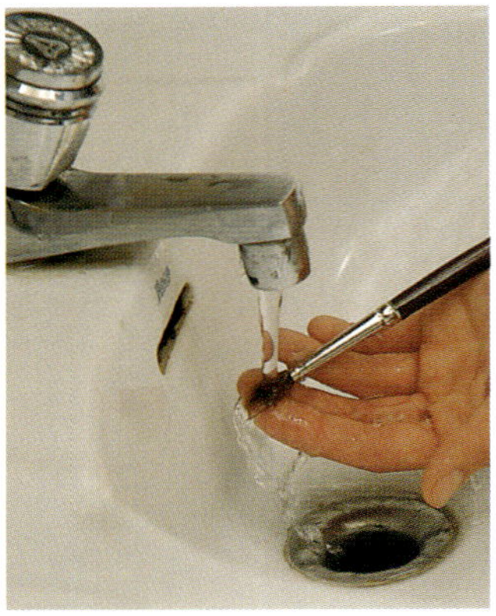

3. Waschen Sie den Pinsel unter reichlich fließendem Wasser aus. Der Pinsel ist erst dann richtig sauber, wenn das Wasser vollkommen klar bleibt. Ist dies nicht der Fall, müssen Sie den gesamten Vorgang wiederholen. Waschen Sie die Pinsel nicht mit heißem Wasser aus, da sich sonst der Klebstoff lösen könnte, der die Haare in der Zwinge hält; der Pinsel würde Haare verlieren und kaputtgehen. Anschließend kann man den Pinsel zwischen den Fingern oder auf einem Lappen abstreifen bzw. ihn auf die Hand klopfen, damit das Wasser entweicht.

AUFBEWAHRUNG — WIE SIE IN FORM BLEIBEN

Gebrauchen Sie die Pinsel häufig, sollten Sie sie nach dem Abstreifen auf dem Lappen mit dem Mund oder demselben Lappen wieder in Form bringen und mit dem Haarkörper nach oben in ein Glas stellen. Wenn Sie im Freien malen, sollten Sie darauf achten, dass die Haarkörper beim Transport geschützt sind und sich nicht verformen oder beschädigt werden. Im Künstlerbedarf gibt es hierfür spezielle Schutzhüllen, die sogenannten Köcher.

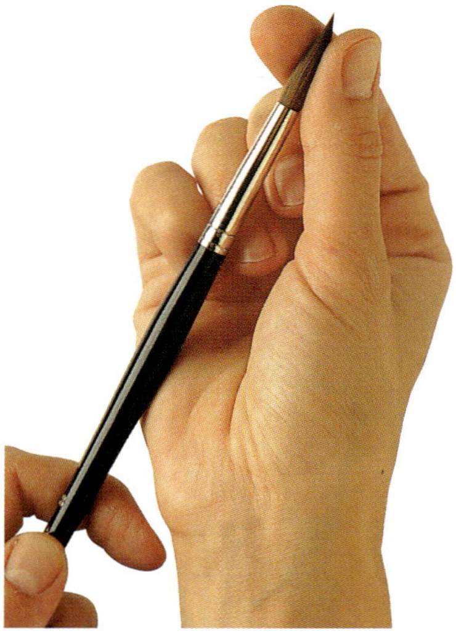

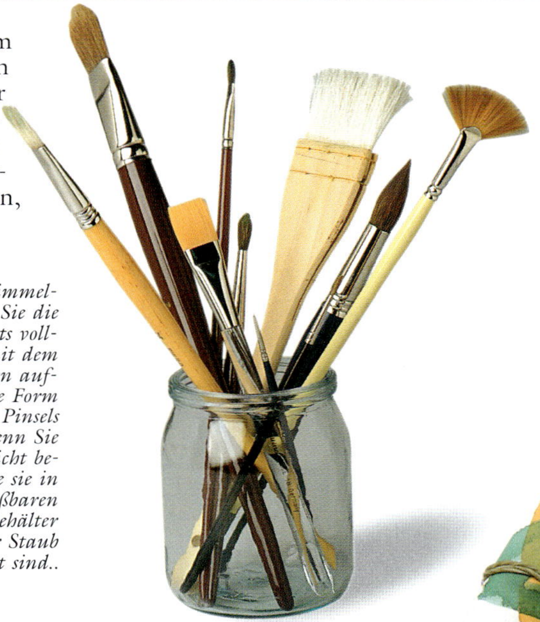

Um einem eventuellen Schimmelbefall vorzubeugen, sollten Sie die nicht gebrauchten Pinsel stets vollkommen trocken und mit dem Haarkörper nach oben aufbewahren, damit sie ihre Form behalten; dieser Teil des Pinsels darf nirgends anliegen. Wenn Sie die Pinsel längere Zeit nicht benutzen werden, sollten Sie sie in einem luftdicht verschließbaren Glas oder einem anderen Behälter unterbringen, in dem sie vor Staub und Motten geschützt sind..

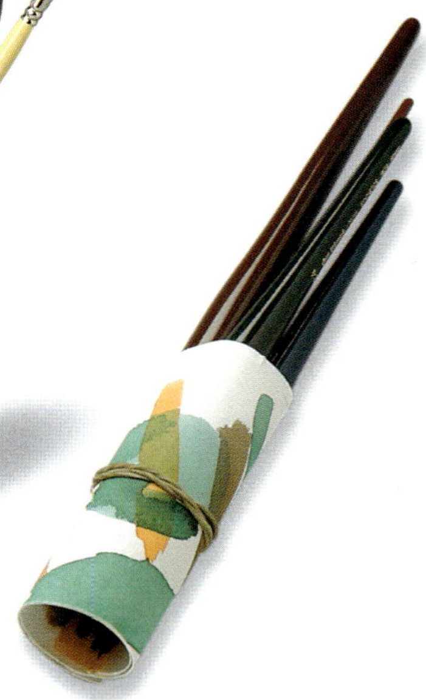

Eine weitere Möglichkeit, die Haarkörper beim Transport zu schützen liegt darin, sie mit einem Gummi fest zusammenzubinden und in einen Lappen oder ein Papierstück zu rollen. Bedenken Sie stets, dass ein gut gepflegter Pinsel die Arbeit enorm erleichtern und viele Jahre lang halten kann.

SCHLECHTE ANGEWOHNHEITEN

Was man nicht tun darf

Besonders unter den Einsteigern gibt es eine Reihe schlechter Gewohnheiten, die man unbedingt vermeiden sollte, damit sie keine direkten oder indirekten Probleme verursachen können.

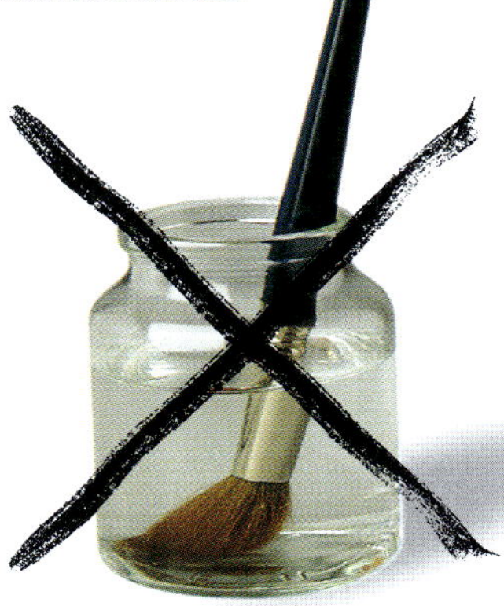

ACHTUNG

Der Haarkörper verliert seine Form oftmals durch die weit verbreitete Angewohnheit, den Pinsel auf dem Tisch liegen zu lassen ohne zu prüfen, ob der Haarkörper möglicherweise auf irgendeinem anderem Gegenstand aufliegt.

Lassen Sie Pinsel auch während des Malens niemals längere Zeit im Wasserglas stehen. Die Anordnung der einzelnen Härchen, die Spitze und die Form des Haarkörpers ist sehr wichtig; lässt man einen Pinsel auf dem Haarkörper stehen, so wird er sich garantiert verformen, seine Spitze und Präzision verlieren und unbrauchbar werden. Im Künstlerbedarf wird ein spiralförmiger Aluminiumaufsatz für das Wassergefäß angeboten, in den man den Stiel klemmen kann, sodass der Haarkörper in der Schwebe im Wasser hängt und sich nicht verformen kann. Siehe Seite 30.

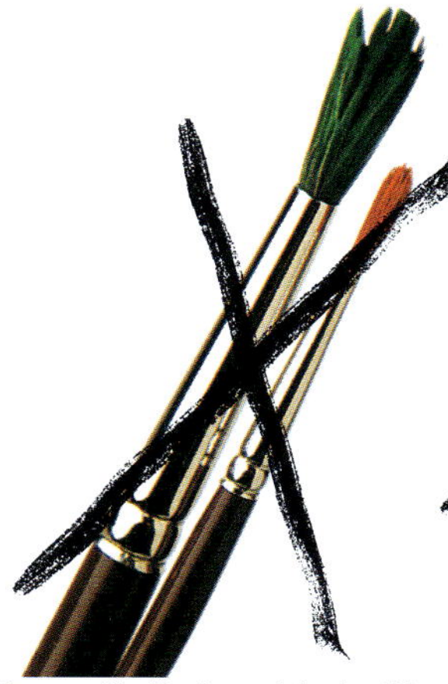

Lassen Sie Farben nicht im Pinsel antrocknen, denn obwohl sich Aquarellfarbe leicht auflöst, verbleibt sie beim Trocknen zwischen den einzelnen Härchen, sodass der Haarkörper seine ursprüngliche Form verliert.

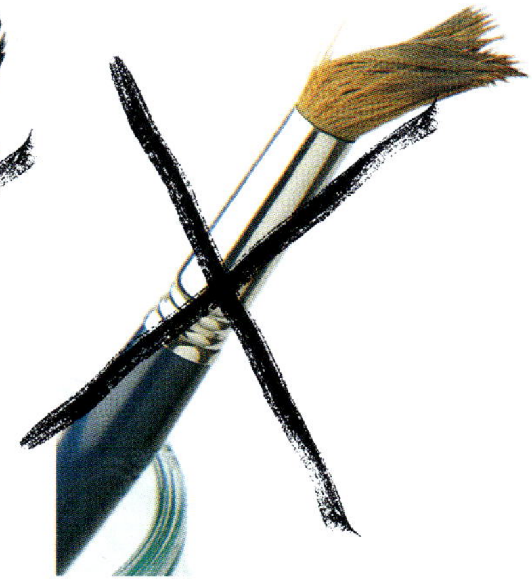

Lassen Sie den Haarkörper nicht trocknen, ohne ihn in seine richtige Form zu bringen. Die obige Abbildung zeigt, wie die Haare knicken können, wenn man den Pinsel lediglich in einem Lappen trocknet.

VIELSEITIGKEIT

Unterschiedliche Pinselstriche

Rundpinsel besitzen eine beeindruckende Vielseitigkeit. Hier sehen Sie einige Beispiele der zahlreichen Striche, die mit ihnen gelingen. Seine Spitze erlaubt feinste Linien, mit dem ganzen Haarkörper entstehen dicke Striche und es ist erstaunlich, wie viel Farbe ein Rundpinsel halten kann, sodass er unwahrscheinlich lange Striche ermöglicht.

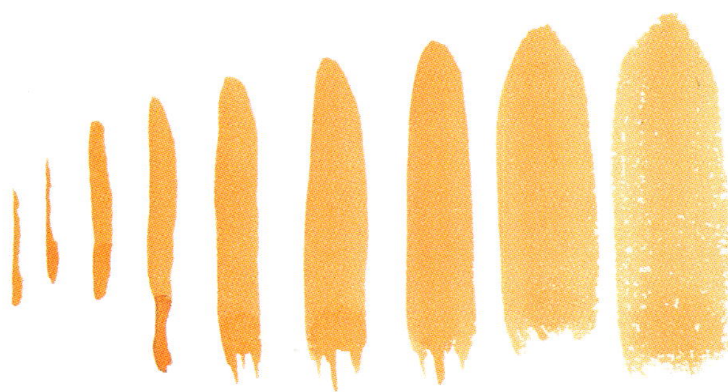

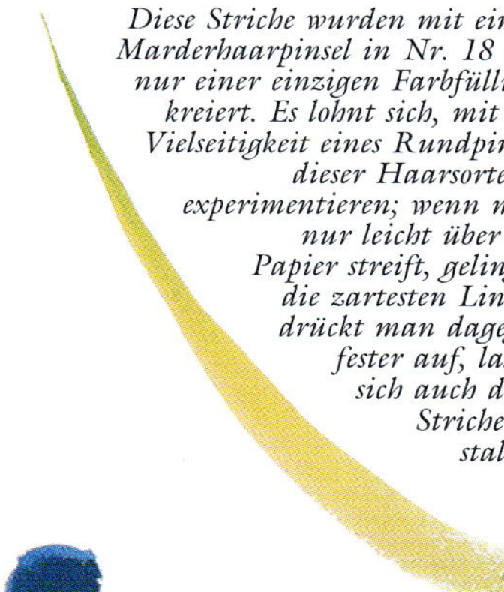

Diese Striche wurden mit einem Marderhaarpinsel in Nr. 18 mit nur einer einzigen Farbfüllung kreiert. Es lohnt sich, mit der Vielseitigkeit eines Rundpinsels dieser Haarsorte zu experimentieren; wenn man nur leicht über das Papier streift, gelingen die zartesten Linien, drückt man dagegen fester auf, lassen sich auch dicke Striche gestalten.

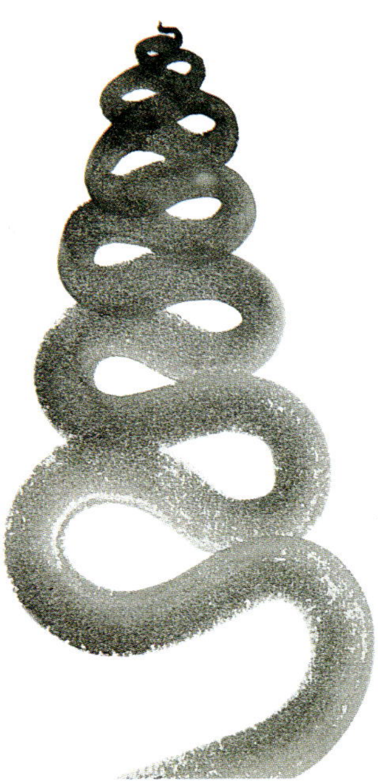

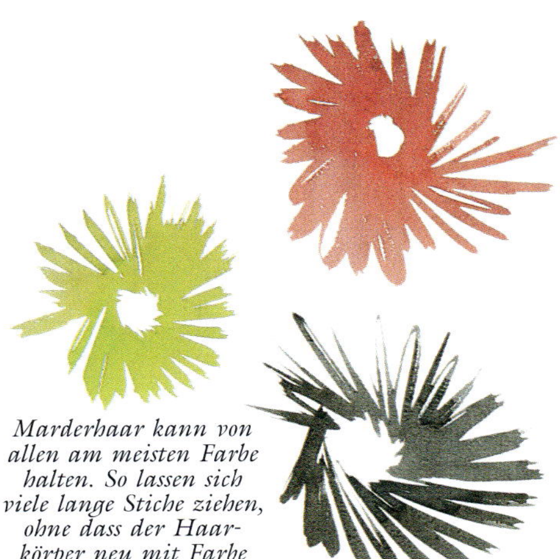

Marderhaar kann von allen am meisten Farbe halten. So lassen sich viele lange Stiche ziehen, ohne dass der Haarkörper neu mit Farbe gefüllt werden muss.

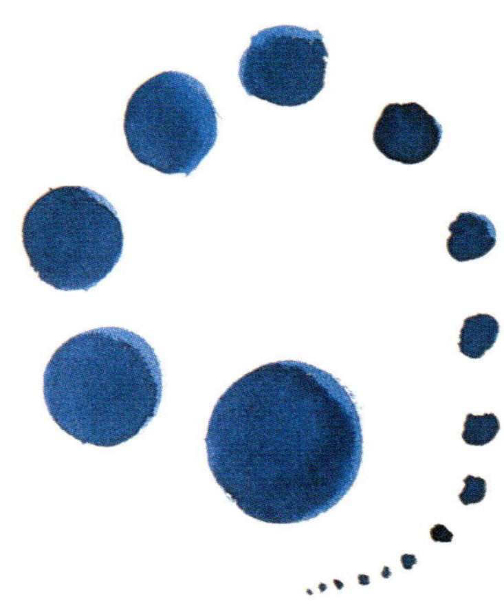

Wenn man das Papier kaum berührt, entsteht ein kleines Pünktchen. Setzt man den Haarkörper dann mit kreisförmigen Bewegungen auf das Papier, kann man seinen ganzen Umfang voll ausschöpfen.

Einen solchen Fleck erzeugt der Pinsel, wenn er ohne jede Handbewegung schlicht auf dem Papier abgesetzt wird.

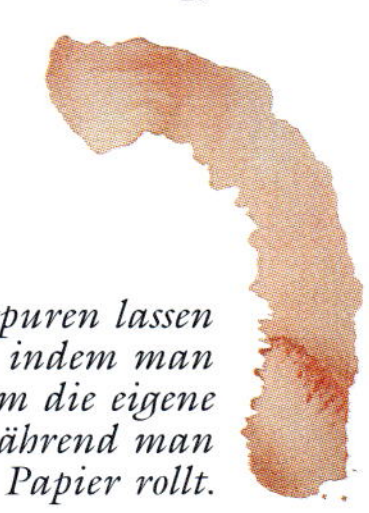

Solche Pinselspuren lassen sich kreieren, indem man den Pinsel um die eigene Achse dreht, während man ihn über das Papier rollt.

Eine einzige Farbe

Das Aquarellieren ist eine der schwierigsten Techniken in der Malerei, denn trotz einiger Korrekturmöglichkeiten gibt es Fehler, die nicht wieder ausgebessert werden können. Die Aquarellmalerei erfordert zu ihrer meisterhaften Beherrschung ziemlich viel Übung. Wenn die Farbharmonie im Bild aus dem Gleichgewicht geraten ist, weil der Künstler zu viele dunkle Töne eingebracht hat, so lässt sich dies nicht wieder rückgängig machen.

Durch die Transparenz dieser Farbe ist es unmöglich, einen hellen Ton über einen dunklen zu legen oder aber eine Stelle, die misslungen ist und übermalt werden soll, mit Weiß zu überdecken. Das einzige, was man in dieser Hinsicht tun kann ist, die Farben zu lassen und ein neues Bild anzufangen. Zudem ist Papier ein Malgrund mit einer empfindlichen Oberfläche, die leicht Schaden nimmt und häufigen Korrekturen nicht standhält. Man sollte sich zunächst auf die eigentliche Technik und die allgemeinen Tonwerte konzentrieren, anstatt sich mit einzelnen Farbtönen aufzuhalten.

WIE MAN EINE GLEICHFÖRMIGE LASUR KREIERT

Der Begriff Lasur bezeichnet eine dünne Farbschicht, die sowohl großflächig als auch auf kleinen Stellen aufgetragen werden kann; meistens tönt eine Lasur allerdings größere Bildbereiche.

Eine Lasur kreiert man, indem man einen großen Teil des Papiers mit in Wasser verdünnter Farbe koloriert.

Die gleichförmige Lasur besitzt nur einen Farbton und wirkt wie eine gleichmäßige Farbschicht, die weder Unregelmäßigkeiten noch sichtbare Pinselspuren aufweist.

Man setzt sie ein, um das Weiß des Papiers abzutönen, um Hintergründe zu gestalten oder allgemein große Flächen mit Farbe zu füllen. Obwohl sie auf den ersten Blick nicht schwer zu kreieren scheint, ist eine wirklich perfekte gleichförmige Lasur eine echte Herausforderung.

Eine Lasur lässt sich sowohl auf trockenem als auch auf nassem Papier gestalten. Der Vorteil des durchfeuchteten Papiers liegt darin, dass es keine Farbränder bildet, jedoch verlängert sich die Trocknungszeit. Für einen ungeübten Maler lohnt es sich, zu Beginn sowohl auf trockenem wie auf feuchtem Papier zu lasieren, um mit beiden Techniken zu experimentieren.

ERSTER SCHRITT — DIE VORBEREITUNG DER FARBE

Vor dem Malbeginn muss die Farbe zunächst in einem Schälchen vorbereitet werden. Dabei sollte man eine ausreichende Menge Farbe anrühren, damit man die gewünschte Fläche in einem Schritt kolorieren kann. Wenn die Farbe während des Malens ausgeht, muss die Arbeit unterbrochen und neue Farbe vorbereitet werden, was wiederum die Entstehung von Farbrändern begünstigt. Zudem wird es sehr schwierig, erneut den exakten Farbton zu treffen.

Da Farben beim Trocknen an Intensität verlieren, ist es ratsam, auf einem separaten Papier mit den Farbtönen zu experimentieren, bis man die gewünschte Nuance gefunden hat.

Denken Sie auch daran, dass Sie eine gleichförmige Lasur nicht überarbeiten oder rückgängig machen können.

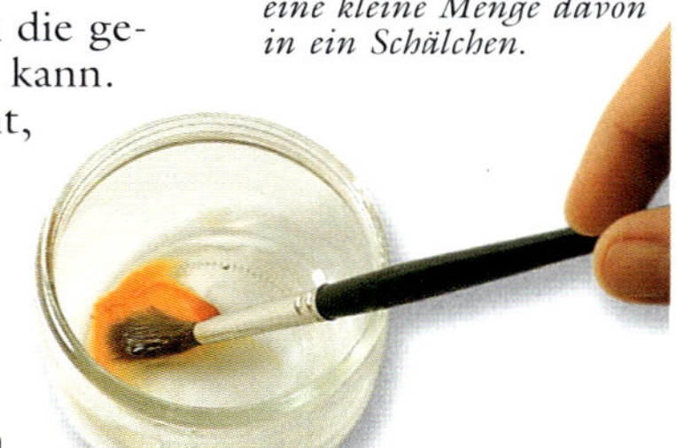

Um die Farbe vorzubereiten, geben Sie eine kleine Menge davon in ein Schälchen.

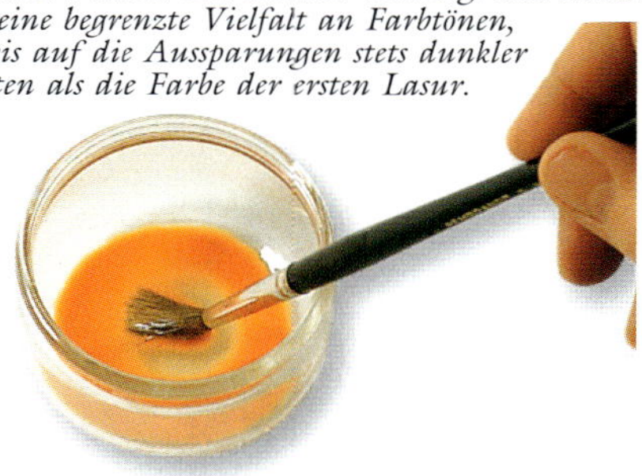

Man verdünnt die Farbe und rührt sie mit dem Pinsel durch, damit sie sich vollständig auflöst und keine Farbklümpchen entstehen. Denken Sie daran, solche Lasuren immer hell zu gestalten, damit das Weiß des Papiers für die hellsten Stellen im Bild durchschimmern kann. Ein dunkler Hintergrund erlaubt nur eine begrenzte Vielfalt an Farbtönen, die bis auf die Aussparungen stets dunkler geraten als die Farbe der ersten Lasur.

DIE LASUR — DAS AUFTRAGEN DER FARBE

Damit man eine Lasur kreieren kann, muss die Farbe in großzügiger Menge angerührt und stark verdünnt sein. Aus diesem Grund ist es angenehmer, auf gespanntem Papier zu arbeiten, da es sich sonst durch die Feuchtigkeit wellen und verziehen könnte. Dadurch würde die Farbe ungleichmäßig verfließen und es wäre viel mühsamer, die gesamte Fläche in einem einheitlichen Ton zu kolorieren.

Damit Ihnen das exakte Lasieren an den Papierkanten später leichter gelingt, sollten Sie sich zunächst ein Rechteck auf das Papier zeichnen und das Lasieren entlang seiner Seiten üben.

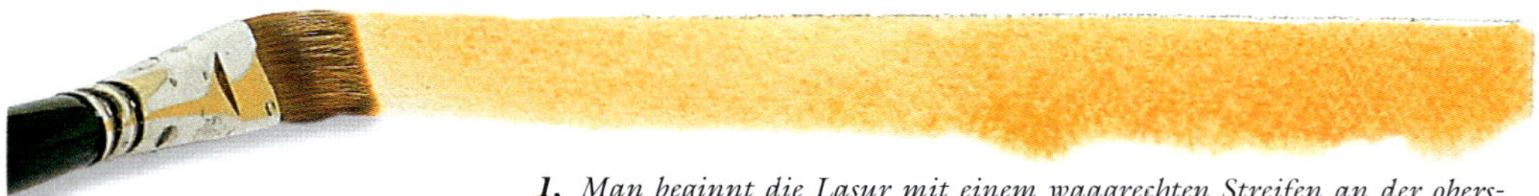

1. Man beginnt die Lasur mit einem waagrechten Streifen an der obersten Kante der Fläche, die man kolorieren möchte. Da das Zeichenbrett geneigt steht, sammelt sich die Farbe hier am unteren Rand des Pinselstrichs und verhindert so, dass sie trocknet und Farbränder bildet, bevor die nächste Farbschicht aufgetragen wird. Dies kann aber auch riskant sein. Sie sollten unbedingt vermeiden, dass diese angesammelte Farbe über das Papier läuft, denn wenn Sie diese Tropfen nicht schnell genug vermalen, hinterlassen sie Farbspuren auf der Oberfläche, die sich kaum mehr entfernen lassen. Der Haarkörper des Pinsels sollte stets gut mit Farbe gefüllt sein, damit er während des gesamten Strichs ausreichend Farbe abgibt. Falls man einen Pinsel verwendet, der verhältnismäßig wenig Farbe hält, muss man ihn vor jedem einzelnen Strich neu mit Farbe füllen.

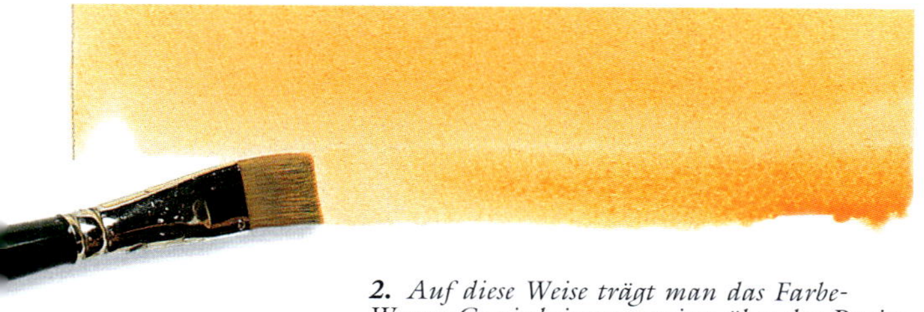

2. Auf diese Weise trägt man das Farbe-Wasser-Gemisch immer weiter über das Papier.

4. Wenn die Farbe getrocknet ist, sollte die Lasur einen gleichmäßigen Ton aufweisen. Ein Laie mag vielleicht denken, dass es in der Praxis wahrscheinlich keine einzige Fläche geben wird, die in einer absolut gleichförmigen Lasur gestaltet werden soll, dennoch ist es empfehlenswert, bis zur Perfektion an solchen Lasuren zu arbeiten, weil man dadurch eine gewisse Kontrolle über das Medium gewinnt. Eine gleichförmige Lasur lässt sich auch kreieren, indem man kurze, vertikale Striche von oben nach unten setzt, anstatt die Farbe in waagrechte Streifen zu ziehen. Hier sollte jeder Künstler einfach beide Techniken ausprobieren und jene einsetzen, mit der ihm die besten Ergebnisse gelingen.

3. Sobald Sie am unteren Rand angelangt sind, streifen Sie den Pinsel in einem Lappen ab und saugen die überschüssige Farbe auf.

ACHTUNG

Welcher Pinsel sich für eine Lasur am besten eignet, hängt vom Format des Malgrunds ab. Es ist in jedem Fall besser, einen Pinsel zu benutzen, der viel Farbe hält, damit man die Striche mühelos ziehen kann. Um große Flächen mit Farbe zu füllen, bietet sich vor allem der Flächenstreicher mit Japanborsten an. Auch der Schwamm ist ein nützliches Hilfsmittel bei der Gestaltung von Lasuren, weil er eine enorme Farbmenge aufnimmt, mit der sich große Bildbereiche tönen lassen. Die Vorgehensweise ist bei einer Lasur mit dem Schwamm dieselbe wie beim Pinsel, allerdings muss der Schwamm nicht so häufig mit Farbe gefüllt werden wie der Pinsel oder Flächenstreicher. Ein Schwamm bietet sich zudem an, um mit dem ausgeübten Druck zu experimentieren, sodass er dementsprechend entweder Farbe abgibt oder aufsaugt.

EIN FALSCHER FARBTON

DAS KORRIGIEREN EINER LASUR

Die Lasuren, die als Hintergrund dienen, sollten in hellen Tönen gehalten sein. Farben reagieren ganz eigen mit Wasser und Papier, sodass manchmal überraschende Ergebnisse entstehen.

Wenn man die Intensität eines Farbtons nicht gewissenhaft bedacht hat und dieser nach dem Trocknen zu dunkel geworden ist, kann man diesen Fehler beheben, indem man versucht, die Farbe unter fließendem Wasser aufzulösen. Man muss bedenken, dass manche Pigmente stärker haften als andere und das Papier seine ursprüngliche Farbe kaum wieder annehmen wird. Wahrscheinlicher ist, dass diese Prozedur einen Farbton hinterlässt, der sich für ein anderes Motiv eignet. Anderenfalls kann man dasselbe Papier von neuem lasieren, dabei sollte man allerdings berücksichtigen, dass die aufgetragenen Farben durch den Ton des Papiers eine dunklere oder veränderte Nuance zeigen. Daher ist es ratsam, die Farben stark mit Wasser zu verdünnen und sehr helle Töne einzumalen.

ACHTUNG

Vor dem Lasieren sollten Sie eine ausreichende Menge an Farbe vorbereiten, damit Sie den Malprozess nicht unterbrechen müssen und so vermeiden, dass sich Farbränder bilden. Geht die Farbe mitten in der Lasur zu Neige, wird es sehr schwierig, exakt denselben Ton zu mischen.

Die Lasuren sollten hell angelegt werden, damit Sie die gesamte Tonwertskala für Ihr Bild ausschöpfen können.

Eine gleichförmige Lasur lässt sich weder überarbeiten noch reproduzieren.

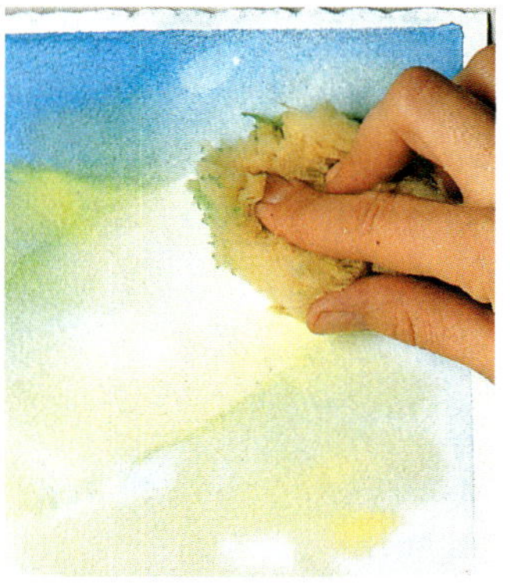

Falls die Lasur einen unerwünschten Farbton angenommen hat, kann man diesen abschwächen, indem man mit einem zuvor angefeuchteten Schwamm über das Papier reibt.

Die Farbe einer Lasur lässt sich auch auflösen, indem man das Papier unter fließendem Wasser durchfeuchtet.

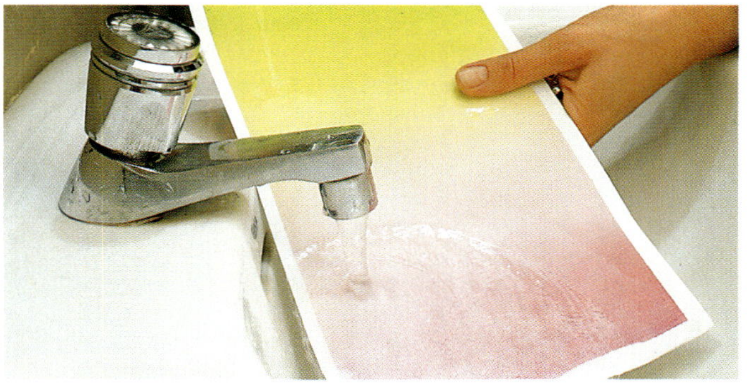

ABGESTUFTE LASUREN

Die abgestufte Lasur bezeichnet eine Technik, bei der die Farbe durch eine zarte Abstufung von den dunkelsten Tönen, die normalerweise am oberen Bildrand liegen, allmählich nach hell übergeht bis sie schließlich ganz an Intensität verliert und mit der Farbe des Hintergrunds verschmilzt. Abgestufte Lasuren bieten sich zwar für vielfältige Gestaltungselemente an, jedoch dienen sie meist als Hintergrund in einem Landschaftsbild, um den Himmel anzudeuten.

Eine Abstufung kann man nass-auf-trocken oder nass-in-nass kreieren. Es empfiehlt sich für beide Techniken, genauso wie bei einer gleichförmigen Lasur auf gespanntem Papier und einem Zeichenbrett zu arbeiten. Die Gestaltung einer Abstufung kann schwierig sein, deshalb sollten Sie zunächst auf einem alten Blatt üben, bevor Sie einen ernsthaften Versuch wagen.

Abgestufte Lasuren erfordern zügige, sichere Striche. Die Pinselführung muss gleichmäßige Tonwerte sicher stellen. Zudem muss man die Farbmenge kontrollieren, die die Intensität der Farbtöne bestimmt und unerwünschte Schraffuren bilden kann.

NASS-AUF-TROCKEN

WIE MAN EINE ABSTUFUNG IN DER TROCKENTECHNIK KREIERT

Trockene Abstufungen werden zwar meist auf einem trockenen Malgrund gestaltet, in der Praxis können sie aber auch auf zuvor angefeuchtetem Papier leicht gelingen. Sie entsteht, indem man den Haarkörper gut mit Farbe füllt und diese auf den oberen Bereich des Papiers trägt. Danach taucht man den Pinsel für jeden weiteren Auftrag nicht mehr in Farbe, sondern in Wasser. So verbleiben jedes Mal weniger Pigmente im Pinsel und die Farbintensität nimmt langsam ab, bis sie schließlich mit der Hintergrundfarbe verschmilzt.

ACHTUNG

Diese Methode gelingt in der Theorie oft leichter als in der Praxis. Die Fläche, in der die abgestufte Lasur gestaltet werden soll, ist relativ begrenzt, daher muss man genau abschätzen können, wie stark man den Farbton verdünnen muss, damit er am unteren Rand des Papiers oder der gewünschten Fläche ganz natürlich in die Farbe des Papiers übergeht.

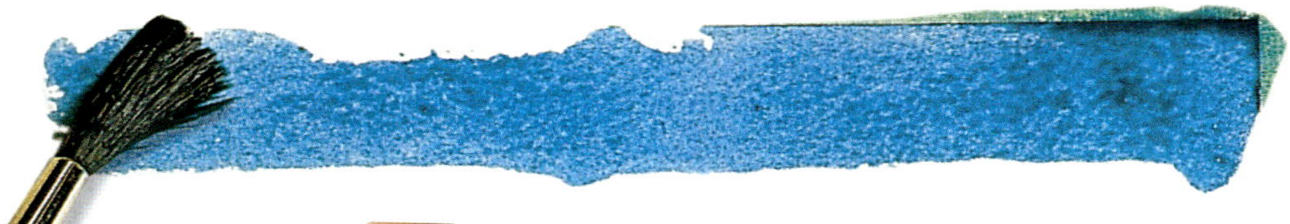

1. Die Farbe wird zunächst auf dieselbe Weise aufgetragen wie bei einer gleichförmigen Lasur.

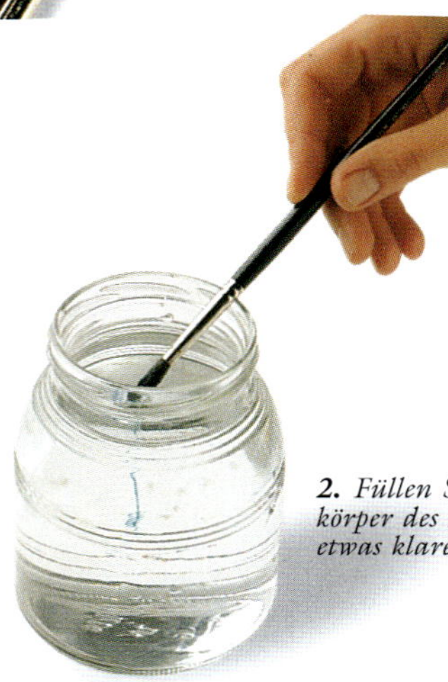

2. Füllen Sie den Haarkörper des Pinsels mit etwas klarem Wasser.

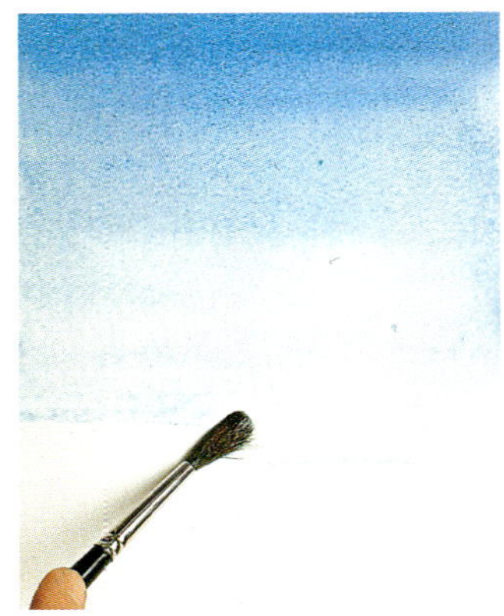

4. Ziehen Sie die Farbe, die sich am Rand des vorigen Strichs gesammelt hat, mit dem nächsten Pinselstrich über das Papier. Wie Sie sehen können, hat der Farbton schon jetzt etwas an Intensität eingebüßt.

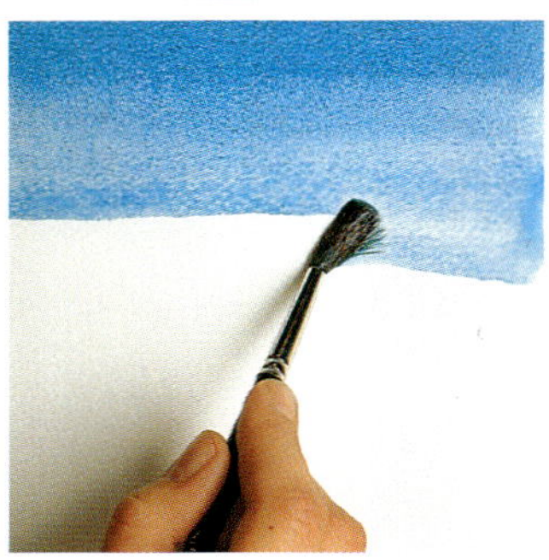

3. Diesen Vorgang wiederholen Sie nun für jeden Lasurstreifen. Jedes Mal, wenn Sie den Pinsel ins Wasser tauchen, verringert sich die Menge der Farbpigmente im Haarkörper, wodurch der Farbton stetig an Intensität verliert.

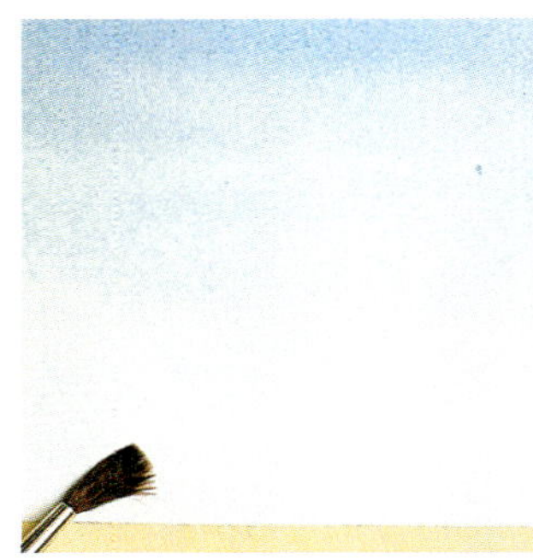

5. Wiederholen Sie diesen Vorgang solange, bis der Farbton schließlich gänzlich mit dem Malgrund verschmilzt.

NASS-IN-NASS

WIE MAN EINE ABSTUFUNG IN DER NASSTECHNIK KREIERT

Im Gegensatz zur oben beschriebenen Technik ist es hier unerlässlich, das Papier vor dem Malbeginn anzufeuchten und damit vergleichsweise schwierig, eine gleichmäßige Abstufung ohne Farbränder zu gestalten.

Für die Nasstechnik wird der Pinsel gut mit Farbe gefüllt und von oben nach unten über das Papier gezogen, wobei der Farbton immer mehr an Intensität verliert, je näher man zum unteren Papierrand hin malt.

In Bezug auf die benötigte Wassermenge gibt es bei dieser Abstufungstechnik keine festen Regeln, denn sie hängt von der jeweiligen Papiersorte und den äußeren Faktoren ab, die die Trocknungszeit verlängern oder verkürzen können.

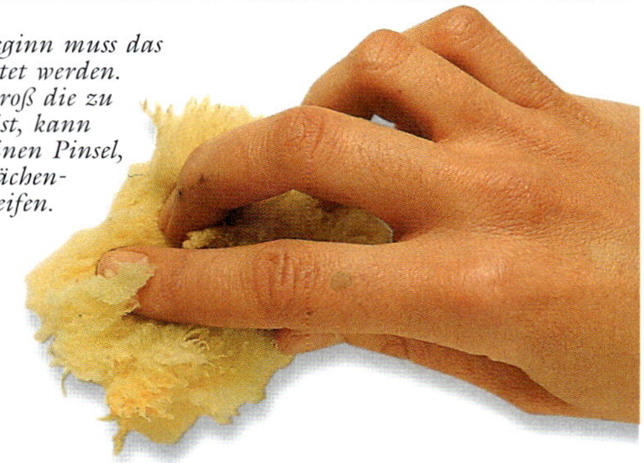

1. Vor dem Malbeginn muss das Papier durchfeuchtet werden. Je nachdem, wie groß die zu lasierende Fläche ist, kann man hierzu auf einen Pinsel, Schwamm oder Flächenstreicher zurückgreifen.

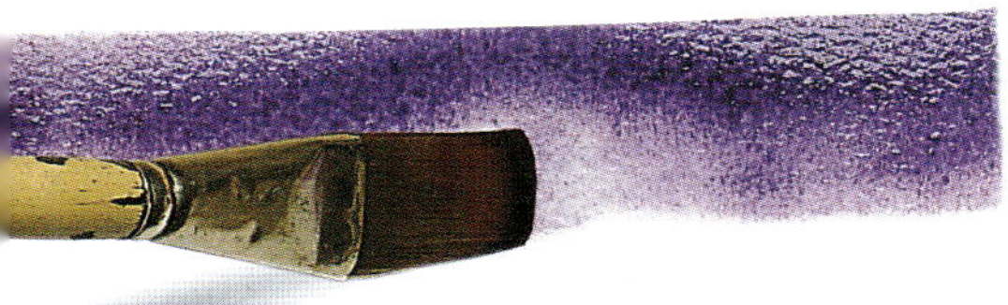

2. Tragen Sie an der obersten Kante einen kräftigen Farbstreifen auf.

3. Ziehen Sie die Farbe nun fortlaufend in waagrechten Strichen bis zum unteren Rand.

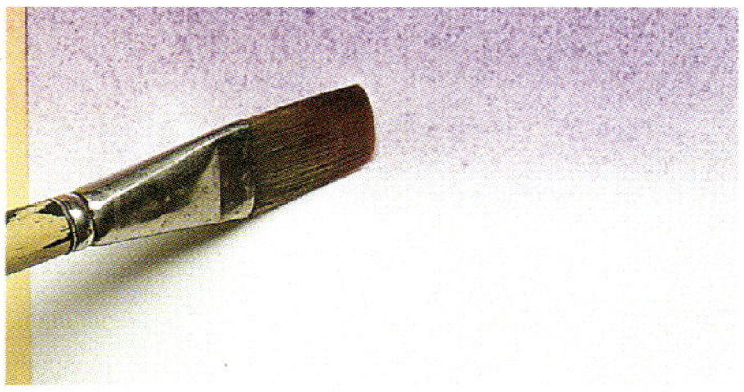

4. Wie Sie sehen können, gibt der Pinsel bei jedem Strich weniger Farbe ab und der Farbton hellt sich immer stärker auf. Die Farbmenge, die auf das Papier fließt, können Sie kontrollieren, indem Sie entsprechend Druck auf den Pinsel ausüben. Je fester Sie aufdrücken, desto intensiver wird der Farbton sein. In dem Moment, wenn der Farbton mit der Papierfarbe verschmilzt, darf der Haarkörper nur noch ganz zart über die Oberfläche streichen.

ACHTUNG

Denken Sie stets daran, bei einer begonnenen Abstufung nicht mit dem Pinsel über bereits gemalte Flächen zu ziehen, denn da der Haarkörper nun weniger Farbpigmente hält, könnte das Weiß in den zuvor angelegten Farbflächen abrupt zum Vorschein kommen. Zudem würde der Pinsel beim Überarbeiten neue Farbe aufnehmen und könnte so den ursprünglichen Farbton im unteren Bereich wiederum dunkler tönen, sodass eine ungleichmäßige Lasur entstehen würde. Jede Abstufung sollte vom Anfang bis zum Ende mit sorgfältig gesetzten, fortlaufenden Pinselstrichen gestaltet werden.

DER TONWERT

Der Tonwert beschreibt den jeweiligen Grad an Intensität, den eine Farbe gerade besitzt. Jeder Farbton verfügt über eine Tonwertskala, die von sehr hell bis dunkel reicht. Dies bedeutet also, dass jeder Farbton eine Vielzahl an Tonwerten von der geringsten bis zur stärksten Intensität umfasst. Durch diese Vielfalt in der Intensität einer Farbe lassen sich einfarbige Werke gestalten, in denen jeder Ton eine Einheit mit den anderen bildet und den jeweiligen Grad an Helligkeit nur durch seinen Tonwert bestimmt.

Die visuelle Ausdruckskraft einen Bildes hängt in erster Linie von seinem tonalen Gleichgewicht ab, deshalb ist es für den Künstler unerlässlich, die Tonwertskala eines Farbtons zu kennen und ihre Möglichkeiten voll auszuschöpfen.

TONWERTE KREIEREN

Um unterschiedliche Tonwerte eines einzigen Farbtons zu kreieren, gibt es zwei grundlegende Techniken, die zwar verschieden sind, aber dieselben Ergebnisse produzieren können. Für die eine Technik wird die Farbe verdünnt, bei der anderen in Schichten übereinander gelegt. Es bietet sich an, mit den Tonwertskalen mehrerer Farben aus der Palette zu experimentieren, da jede anders reagiert. So kann ein Hobbymaler außerdem entdecken, dass opake Farben wie zum Beispiel Chromoxyd selbst in der stärksten Verdünnung niemals die zarte Transparenz eines Blasengrün erreichen.

Der Unterschied zwischen zwei Tonwerten ein und derselben Farbe kann so gravierend sein, dass man vermuten könnte, zwei verschiedene Farbtöne zu betrachten.

DER TONWERT | **WIE MAN VERSCHIEDENE TONWERTE MIT VERDÜNNTER FARBE KREIERT**

Bei den meisten Techniken der Malerei erhält man eine ganze Tonwertskala oder vielfältige Tonwerte durch die Farbe Weiß. Man mischt einer reinen Farbe also Weiß bei und verringert damit ihre Intensität. Je größer der Weißanteil dabei ist, desto heller wird der Farbton. In der Aquarellmalerei kommt diese Technik dagegen niemals zum Einsatz.

Um einen Farbton beim Aquarellieren aufzuhellen, greift man schlichtweg auf das wichtigste und fast ausschließliche Medium für die Aquarellfarbe zurück: das Wasser. Je größer der Wasseranteil beim Farbauftrag ist, desto transparenter wird die Farbe, weil sie dementsprechend an Intensität verliert.

Auf diese Weise lässt sich eine Tonwertskala von den dunkelsten bis zu den allerhellsten Tönen kreieren, wobei der kräftigste Ton derjenige ist, der die meisten Farbpigmente enthält beziehungsweise gerade soweit verdünnt wurde, dass sich die Farbe auf das Papier tragen lässt. Der hellste Tonwert ist dagegen derjenige, bei dem die Farbe so stark wie möglich mit Wasser verdünnt wurde.

Eine Tonwertskala mit dieser Methode zu kreieren, ist eine lehrreiche Übung, durch die man die Essenz der Aquarellfarben verstehen lernt und die große Vielfalt an Tonwerten einer Farbe entdecken kann. Die Vorgehensweise ist ganz einfach. Sie besteht darin, während des Malprozesses immer mehr Wasser in die Farbe zu geben, bis man neben dem kräftigsten Ton schließlich auch den blassesten Tonwert erhält.

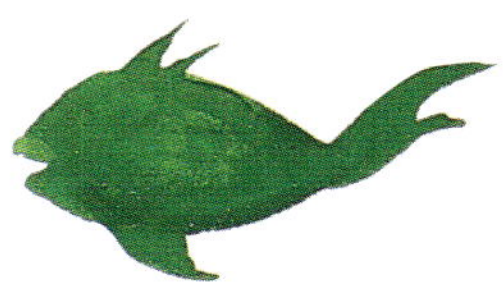

1. Gestalten Sie mit dem ersten gelungenen Farbton ein Objekt auf dem Papier.

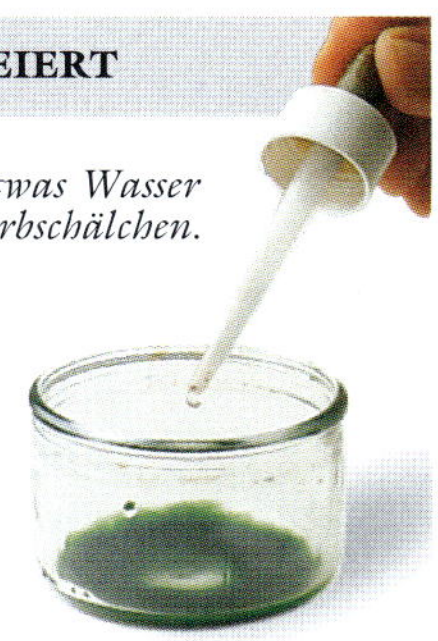

2. Geben Sie etwas Wasser in das Farbschälchen.

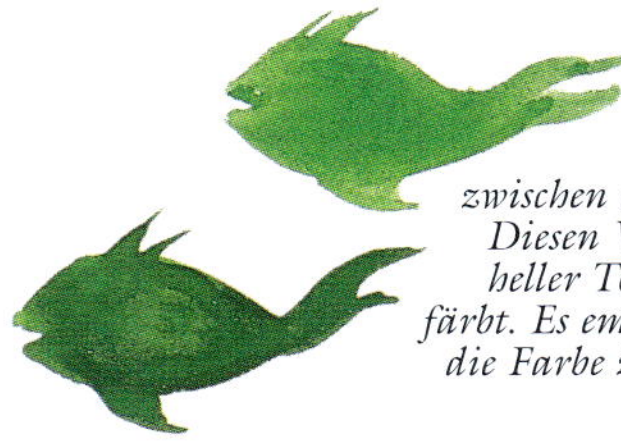

3. In dem neu kreierten Tonwert malen Sie nun eine weitere Form neben das erste Objekt. Der Unterschied in der Intensität zwischen den beiden Formen ist deutlich erkennbar. Diesen Vorgang wiederholen Sie solange, bis ein so heller Ton entsteht, dass er das Papier kaum mehr färbt. Es empfiehlt sich, stets dieselbe Menge Wasser in die Farbe zu mischen, damit die einzelnen Tonwerte gleichmäßig abgestuft werden.

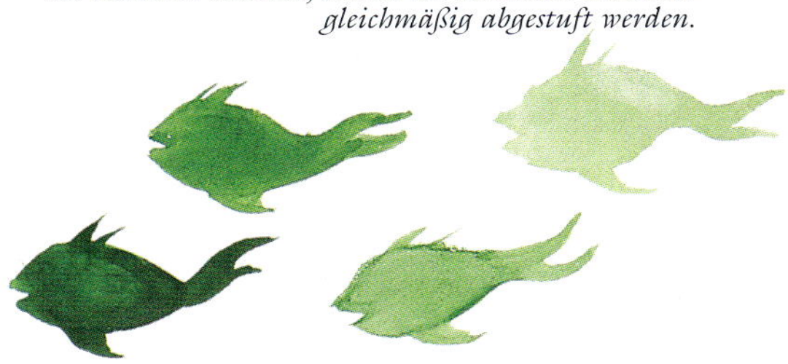

4. Hier sehen Sie einige Tonwerte, die mit Hookersgrün kreiert wurden, allerdings ist seine Tonwertskala noch lange nicht ausgeschöpft.

DER TONWERT — WIE MAN EINE TONWERTSKALA DURCH FARBÜBERLAGERUNGEN KREIERT

Während man die Tonwerte beim Verdünnen der Farbe vom intensivsten bis zum schwächsten Ton gestaltet, ist bei den Farbüberlagerungen genau das Gegenteil der Fall: man beginnt mit dem hellsten und erhält am Ende den dunkelsten Tonwert.

Eine Lasur beschreibt das Auftragen einer transparenten Farbschicht auf das Papier. Da die Aquarellfarbe von Natur aus transparent ist, versteht es sich fast von selbst, dass die Technik der Aquarellmalerei hauptsächlich darauf beruht, einzelne Lasuren übereinander zu legen. Überlagert man eine Lasur mit einer Farbschicht in derselben Farbe, so verändert sich ihr Tonwert und sie gewinnt an Intensität. Obwohl die Farbüberlagerungen in der Theorie relativ einfach und unkompliziert gelingen, sollten Sie sich die Zeit nehmen und einige Tonwertskalen in dieser Technik ausprobieren, damit Sie mit dem Überlagern von Farbschichten etwas vertrauter werden. So können Sie einen Einblick in die Möglichkeiten der einzelnen Farben gewinnen und entdecken, dass die transparenten Farben eine reichere Skala besitzen als die opaken Töne.

Bevor Sie mit einer Übung in dieser Technik beginnen, sollten Sie daran denken, dass die Qualität des Papiers hier von großer Bedeutung ist, da eine größere Anzahl von Farbschichten zu einem katastrophalen Ergebnis führen kann, wenn das Papier nicht entsprechend vorbereitet wurde, damit es der wiederholten Feuchtigkeit standhält.

1. Zunächst wird die Farbe in einem Schälchen vorbereitet. Sie muss ziemlich stark verdünnt werden, damit ein blasser Tonwert entsteht, denn diese Skala bauen wir von hell nach dunkel auf.

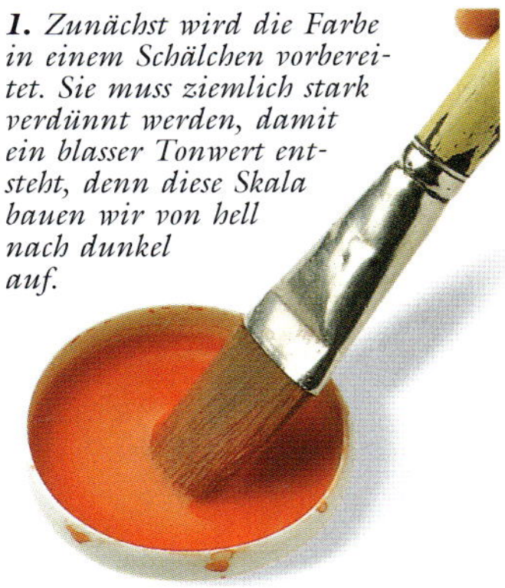

ACHTUNG

Damit die Tonwerte mit Lasuren gelingen können, muss jede Farbschicht erst vollständig trocknen, bevor man sie überlagert. Während die Tonwertgestaltung mit verdünnter Farbe ein Verfahren ist, bei dem sich viele Farbpigmente anhäufen, arbeitet man beim Kreieren von Faräberlagerungen mit schwacher Farbe.

2. Tragen Sie eine gleichförmige Lasur in der Form eines unregelmäßigen Streifens auf.

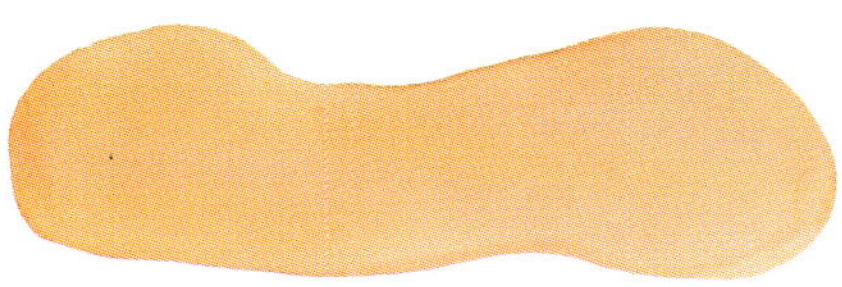

3. Sobald die erste Lasur getrocknet ist, überlagern Sie sie mit einer leicht versetzten Farbschicht.

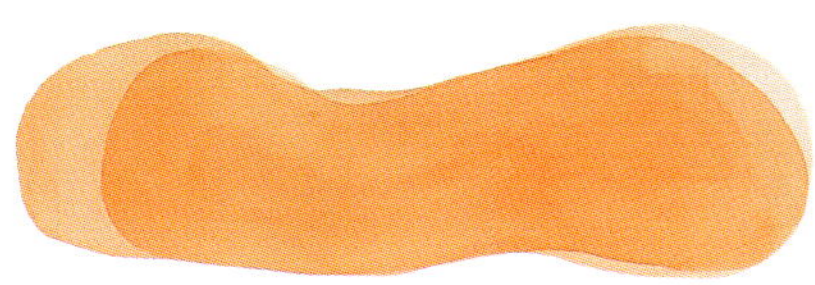

4. Für dieses Beispiel wurden mehrere Lasuren übereinander gelegt, bis sie schließlich diese kleine Tonwertskala andeuten.

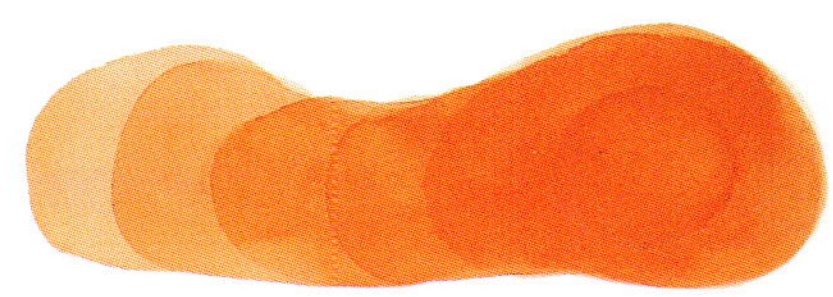

DIE LAVIERUNG

Als Lavierung wird eine Schicht auf dem Papier bezeichnet, die mit in Wasser verdünnter Farbe oder Tusche aufgetragen wurde.

Im Allgemeinen ist eine Lavierung einfarbig oder höchstens in zwei Tönen gestaltet, daher können die Formen bei der Lavierung nur auf dem Weiß des Papiers und den vielfältigen Tonwerten einer Farbe aufgebaut werden.

In der Aquarellmalerei ist es mit das wichtigste, die Bedeutung des fehlenden Weiß zu verstehen. Erst wenn man diese Bedeutung erkannt hat, wird man begreifen, wie wichtig es ist, die Tonwerte eines Modells zu bestimmen, bevor man das Papier übermütig mit Farbe füllt. Wenn ein Künstler die Tonwerte falsch eingeschätzt hat, malt er einige Stellen im Bild gewöhnlich zu dunkel; später muss er folglich auch die verbliebenen Bildbereiche dunkler tönen, damit die Tonwerte wieder stimmig und harmonisch wirken. Allerdings kann es genauso vorkommen, dass ein ungeübter Maler kein Risiko eingehen will und versucht, nur die mittleren Tonwerte einzumalen, womit er ein flaches, langweiliges und ziemlich ausdrucksloses Werk ohne Blickfang produziert.

Sich im Malen von Lavierungen stetig zu üben, ist einer der Grundbausteine, um die Technik der Aquarellmalerei beherrschen zu können.

Da sie einfarbig gestaltet wird, muss man die Tonwerte genau ausarbeiten, die Farben durch Tonwerte wiedergeben und mit ihnen die Formen aufbauen. Eine Lavierung anzufertigen bedeutet, ein Bild mit nur einer Farbe zu malen. Man geht bei jeder Lavierung nach der klassischen Methode vor, indem man zuerst die hellsten Töne bestimmt und zuletzt die dunkelsten einbringt. Für eine Lavierung bieten sich dunkle Farben besonders an, da sie Kontraste erzeugen und mit einer breiteren Skala bereichern.

Die Tonwerte werden durch die entsprechende Verdünnung der Farbe kreiert. Die Intensität eines Tons wird je nach beigemischtem Wasseranteil schwächer.

EINE FARBE — RAUCHSCHWARZ

In der freien Natur sollte man immer Skizzen anfertigen, da die Lichtverhältnisse schnell wechseln oder die Wolken ihre Form bzw. Position am Himmel ändern. In diesen Skizzen wird die Komposition des Motivs festgelegt. Man sollte vermeiden, sich im Detail zu verlieren, und das Modell auf seine Tonwerte reduzieren.

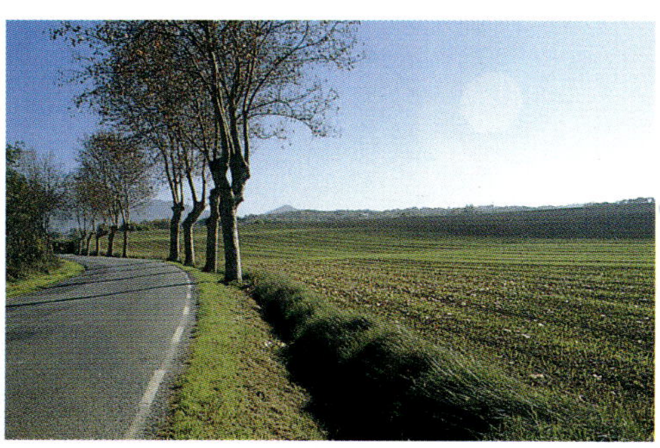

Diese Landschaft dient uns als Modell für eine einfarbige Lavierung in Rauchschwarz.

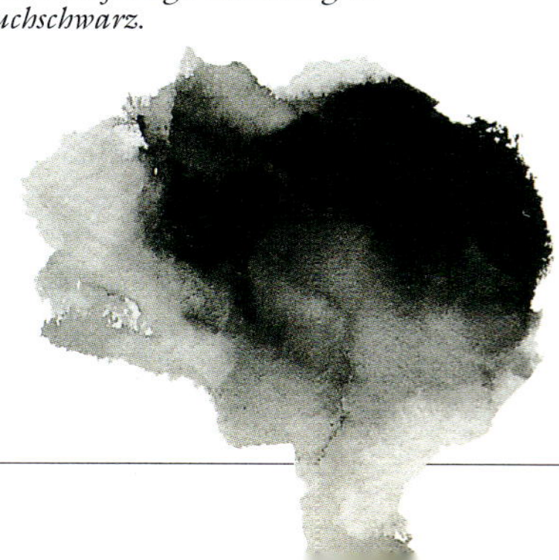

1. Den Himmel suggerieren Sie mit einem hellen Grauton.

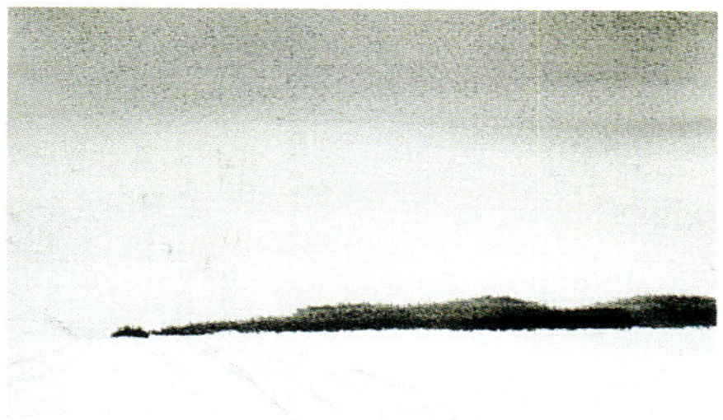

2. Mit einem ziemlich dunklen Ton malen Sie diese Fläche ein, die im Schatten liegt und mit dem Horizont die Landgrenze bildet.

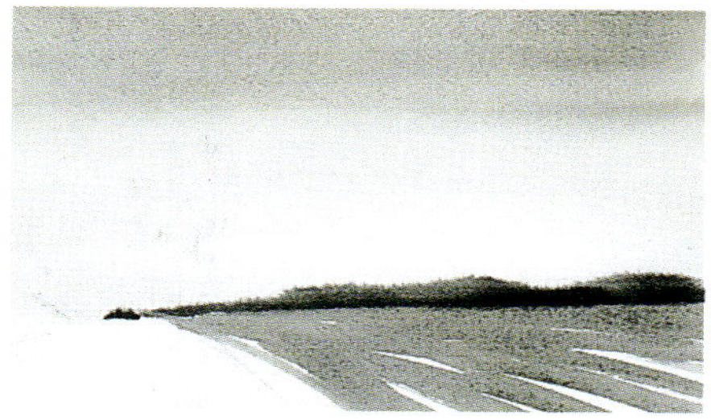

3. Das Feld gestalten Sie in einem mittleren Ton und ziehen die Pinselstriche so, dass sie die Furchen im Acker andeuten.

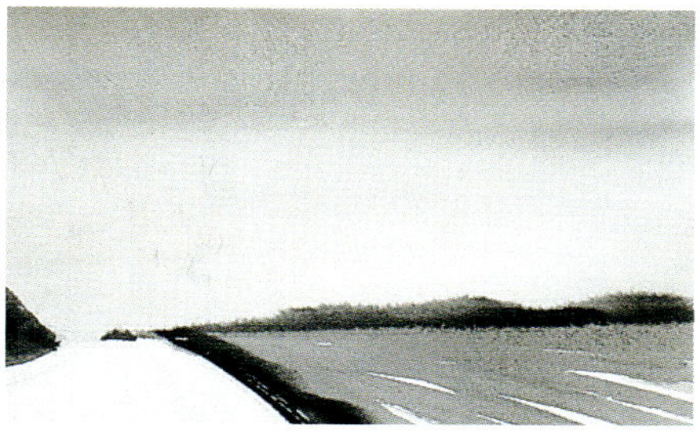

4. Den Straßengraben und die Büsche am linken Bildrand gestalten Sie in einem ähnlich dunklen Ton wie den Landstrich am Horizont.

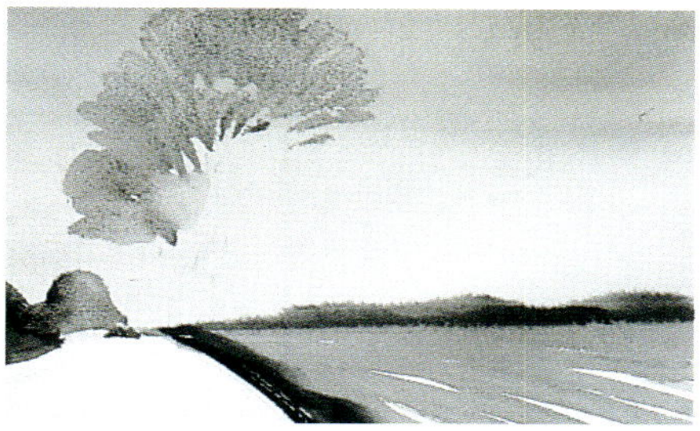

5. Greifen Sie nun zu hellen Tönen und kreieren Sie das Blattwerk der Bäume sowie den Fleck, der einen Berg im Hintergrund darstellt.

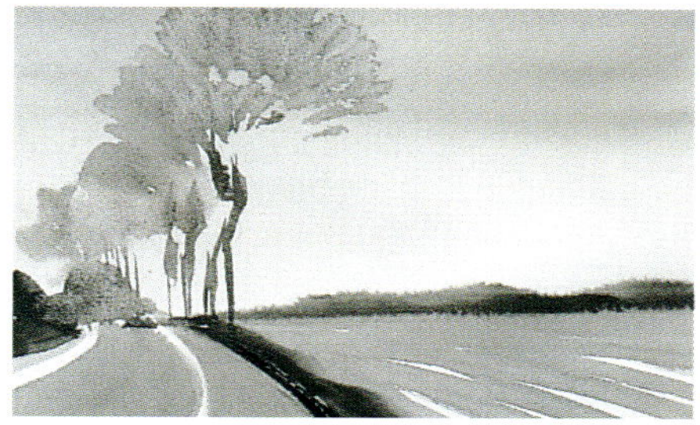

6. Tönen Sie nun die Straße, wobei Sie etwas Weiß stehen lassen, um die unterbrochene Markierungslinie anzudeuten, und arbeiten Sie die Formen der Baumstämme aus.

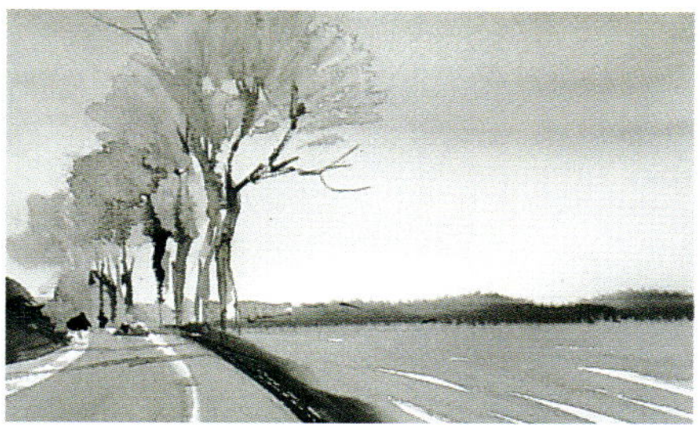

7. Abschließend gestalten Sie die kleinen Äste zwischen den Baumkronen aus, deuten die Schatten auf der Straße an und tupfen den dunkelsten Punkt ins Bild, der sich am Ende der Straße befindet und einen interessanten Kontrast erzeugt.

ACHTUNG

Man sollte nicht gewohnheitsmäßig verschiedene Tonwerte durch die Überlagerung von Lasuren kreieren, da zu viele Farbschichten die Transparenz schmälern und den Farben ihre Frische nehmen.

FARBE

Die Farbstudie

Der Begriff Farbstudie beschreibt ein einfarbiges Bild, das mit seinen Tonwerten als Basis für das endgültige Werk dient.

Eine Farbstudie ist die Vorzeichnung in einer Farbe, die im späteren Bild eine Rolle spielt. In ihr legt man das tonale Gleichgewicht für das eigentliche Werk schon ungefähr fest und verhindert so nicht mehr korrigierbare Fehler oder Ausbesserungen bei der späteren Arbeit.

Die Farbstudien sollten möglichst in einem hellen, neutralen Ton gehalten werden, der die Farbtöne der später darübergelegten Lasuren nicht verändert. Grau ist hier eine gute Wahl, für ein Landschaftsbild wäre ein Blauton allerdings passender.

Die Schattenflächen werden in einer Farbstudie gleich zu Beginn festgelegt, da die Aquarellfarben transparent sind und die dunkelsten Töne der Vorzeichnung deshalb durch spätere Farbschichten durchscheinen. Diese Art von Malerei bietet eine gute Alternative zur Bleistiftskizze, deren Striche nach dem Auftragen der Farben erheblich nachdunkeln.

Für die folgende Übung soll uns die vorige Lavierung als Farbstudie dienen.

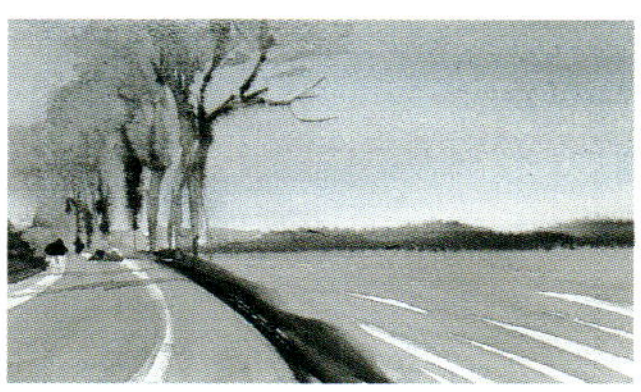

1. Im ersten Schritt tragen Sie Cöelinblau und Kobaltblau in abgestufter Lasur auf die Fläche.

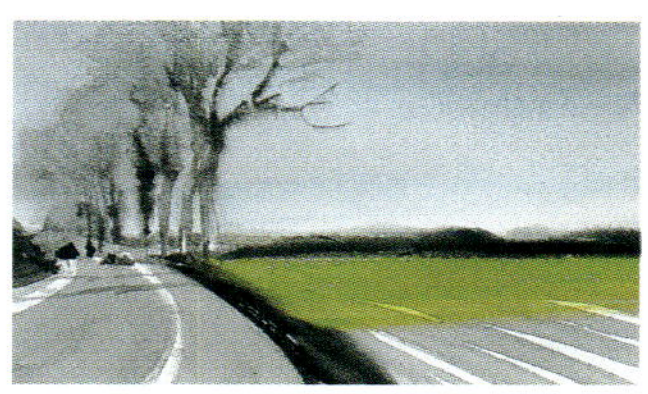

2. Mit Permanentgrün hell deuten Sie die Farbe der Graspflanzen auf dem Feld an.

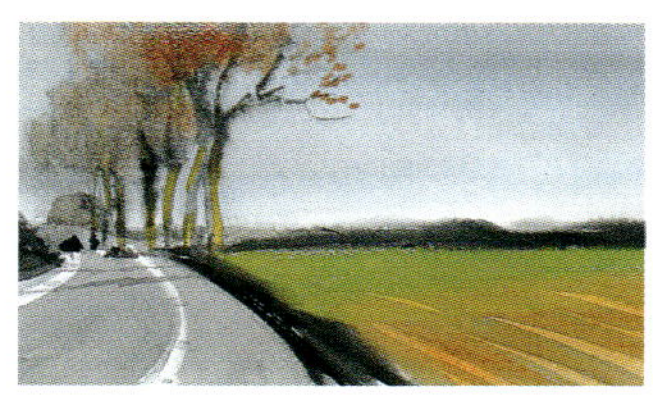

3. Tragen Sie eine Mischung aus Ocker und Siena gebrannt für den Farbton des Ackerbodens auf und achten Sie darauf, dass die Farbe transparent genug ist, damit die in Grau angedeuteten Ackerfurchen durchscheinen.

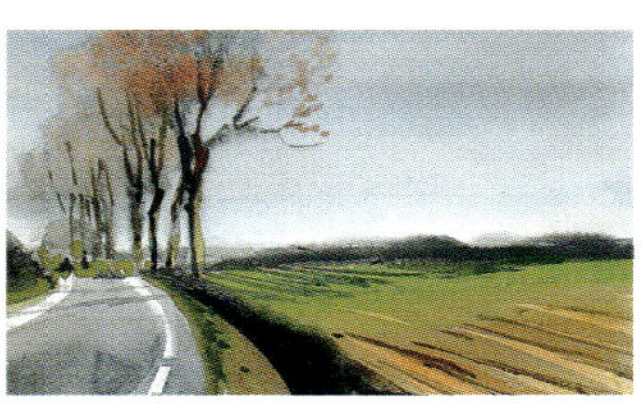

4. Die Wiesengräser am Straßenrand, die Schatten und Strukturen im Feld kreieren Sie mit kräftigen Tönen.

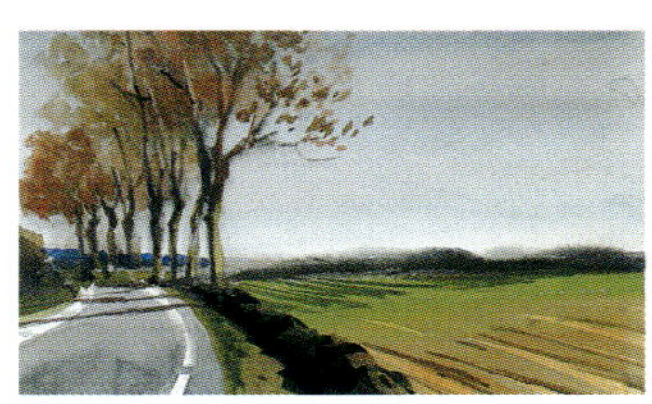

5. Zum Schluss setzen Sie noch die letzten Striche im Blattwerk und malen den Berg im Hintergrund ein.

Zwei Farben

Die Hintergründe werden meistens mit Hilfe von großflächigen Lasuren gestaltet. Die gleichförmigen und die abgestuften Lasuren haben wir bereits behandelt, aber es gibt noch eine dritte Art von Lasur, bei der mehr als nur ein Farbton auf dem Papier verschmolzen wird; diese wird als mehrfarbige Lasur bezeichnet und bietet dem Künstler vielfältige, praktisch unendliche Möglichkeiten der Gestaltung.

WAS IST EINE MEHRFARBIGE LASUR?

Bei einer mehrfarbigen Lasur werden unterschiedliche Töne miteinander verschmolzen. Es finden sich unzählige Möglichkeiten, sie in der Praxis einzusetzen und ihre Technik wird häufig angewandt, meistens greift man allerdings auf sie zurück, um Hintergründe zu kreieren oder beispielsweise den nassen Sand an einem weiten Strand darzustellen, in dessen Pfützen sich die Farben der Umgebung spiegeln. Für eine abgestufte mehrfarbige Lasur muss das Papier befeuchtet werden, damit die Farbe schön verfließen kann und die Töne ineinander übergehen. Wie sich die einzelnen Farben vermischen und wie die mehrfarbige Lasur im Ergebnis aussieht, wird immer erst dann sichtbar, wenn die Farbe getrocknet ist. Bei einer zweifarbigen Abstufung sollten die Töne allmählich immer stärker ineinander übergehen.

DIE PRAXIS — WIE MAN EINE ABGESTUFTE ZWEIFARBIGE LASUR GESTALTET

Um zwei verschiedene Farben so abzustufen, dass Sie miteinander verschmelzen, kreiert man in der Nasstechnik zuerst eine Abstufung des helleren Farbtons und stuft unmittelbar im Anschluss daran den dunkleren Ton immer weiter ab, bis beide Töne so schwach sind, dass sie ganz ineinander übergehen.

ACHTUNG

Damit die beiden Farben langsam miteinander verschmelzen können, muss die Papieroberfläche zuvor befeuchtet werden. Anderenfalls würden die Farbübergänge viel schärfer ausfallen.

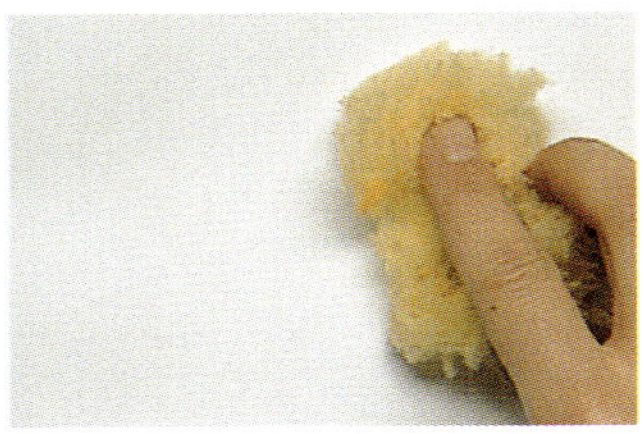

1. Feuchten Sie das Papier vor dem Malbeginn an.

2. Tragen Sie den helleren Farbton in einer Abstufung auf.

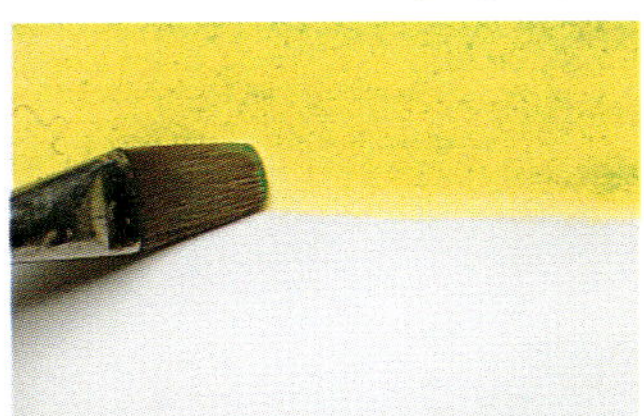

3. Malen Sie nun den dunkleren Ton ein und stufen Sie ihn ebenfalls ab.

4. Ziehen Sie mit dem letzten bisschen Farbe im Pinsel so über die Abstufung, dass die Farbtöne zart miteinander verschmelzen.

ALTERNATIVEN — EINE LASUR MIT MEHREREN FARBEN

Eine andere Möglichkeit, Lasuren mit mehr als einer Farbe zu gestalten liegt darin, eine Lasur in der ersten Farbe aufzutragen und den nächsten Ton darüber zu legen. Bei diesem Verfahren muss der Malgrund vor dem Beginn nicht unbedingt angefeuchtet werden, da das Papier nach dem Auftragen der ersten Farbschicht feucht genug ist, damit die Farbtöne langsam ineinander übergehen ohne Farbränder zu produzieren.

Bei einer solchen mehrfarbigen Lasur empfiehlt es sich, auch hier den helleren Farbton zuerst aufzutragen, damit die beiden Töne beim Verschmelzen frische Nuancen an den Übergängen kreieren können.

1. Legen Sie eine Schicht der hellsten Farbe auf den Malgrund.

2. Tragen Sie darüber den nächsten Farbton auf.

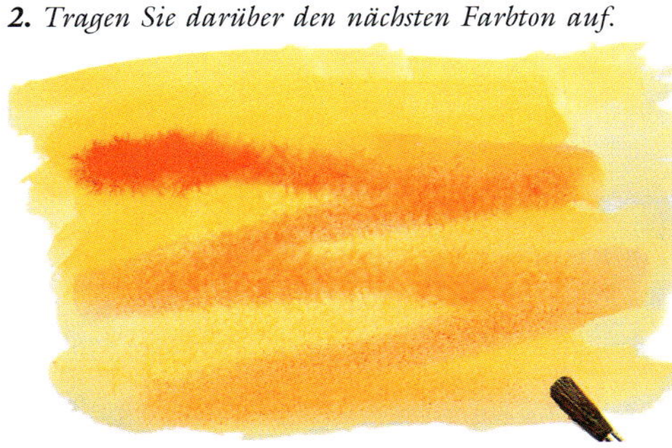

3. Diesen Hintergrund können Sie mit weiteren Farben bereichern und zusätzlich, wie in diesem Beispiel, interessante Linienmuster mit dem Pinsel kreieren. Die mehrfarbigen Lasuren bieten unendliche kreative Möglichkeiten. Sie können die Farbübergänge ganz zart gestalten oder nach Wunsch auch scharfe Kontraste schaffen.

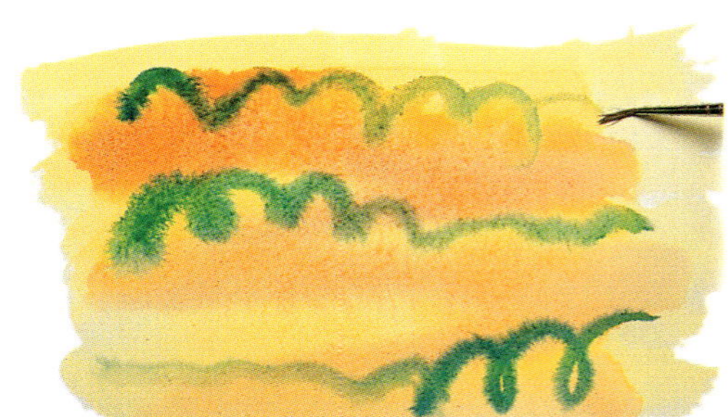

ZWEI FARBEN | **Orange und Schwarz**

Im vorigen Kapitel haben Sie alles Wissenswerte über Lasuren und Lavierungen erfahren. Wie bereits gesagt wurde, muss eine Lavierung nicht zwangsläufig einfarbig sein, obwohl die fertigen Bilder, die mit Lavierungen gestaltet werden, meist nur eine sehr begrenzte Farbpalette enthalten.

In dieser Studie werden wir einen Thunfischsalat in zwei Farben malen, die einen wichtigen Farbkontrast im Bild setzen und miteinander gemischt eine überraschende Vielfalt an interessanten Farbtönen ergeben.

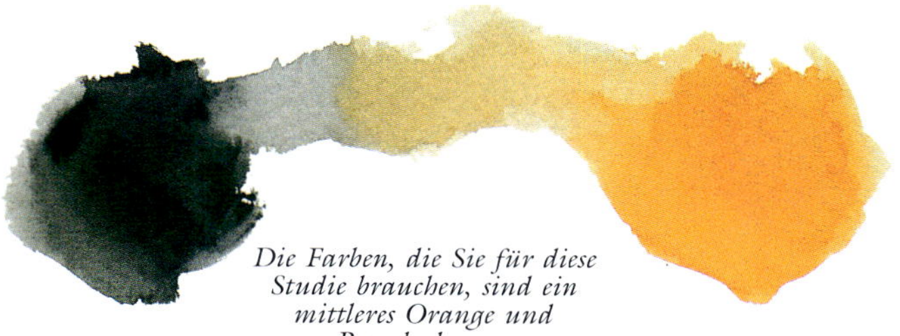

Die Farben, die Sie für diese Studie brauchen, sind ein mittleres Orange und Rauchschwarz.

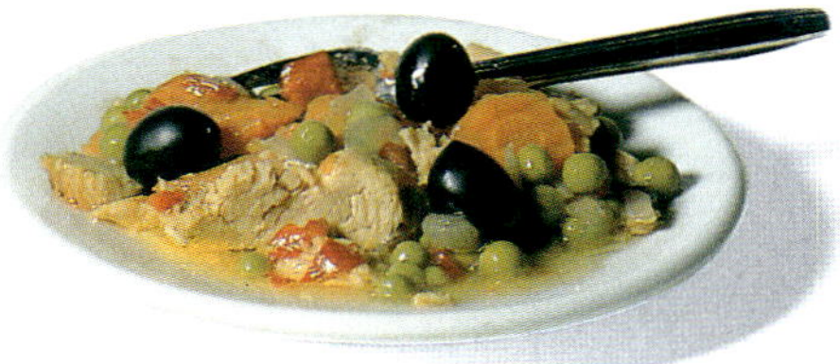

Das natürliche Modell bietet einen großen Farbenreichtum dar, den wir mit nur zwei Farben wiedergeben werden.

ACHTUNG

Eine Lavierung in zwei Farben anzufertigen, ist eine gute Übung, um mit dem tonalen Gleichgewicht und den Kontrasten sowohl der Tonwerte als auch der Farben zu experimentieren. Einen warmen und kalten Ton in einer sorgfältigen Lavierung zu kombinieren, ist ein wichtiger Schritt, um mit der Welt der Farben vertraut zu werden, die durch ihre Vielfältigkeit besonders anspruchsvoll ist und mitunter soviel Aufmerksamkeit abverlangt, dass man andere wichtige Fragen schlicht vergisst.

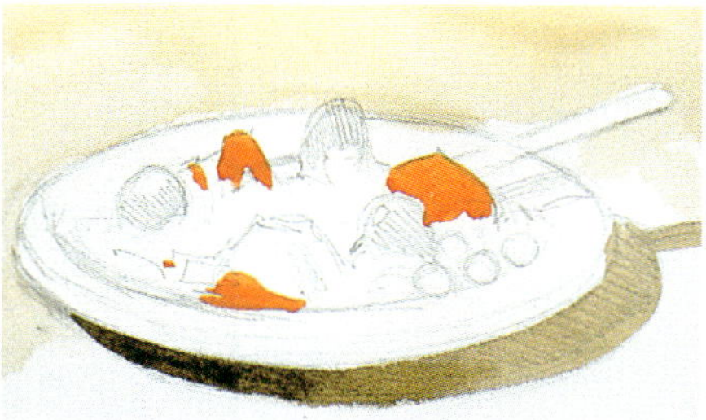

1. Im ersten Schritt kolorieren Sie den Hintergrund mit einer zarten Lasur und tragen einen etwas dunkleren Mischton für den Schatten des Tellers auf. Die Formen der Karotten und Paprika definieren Sie mit reinem Orange.

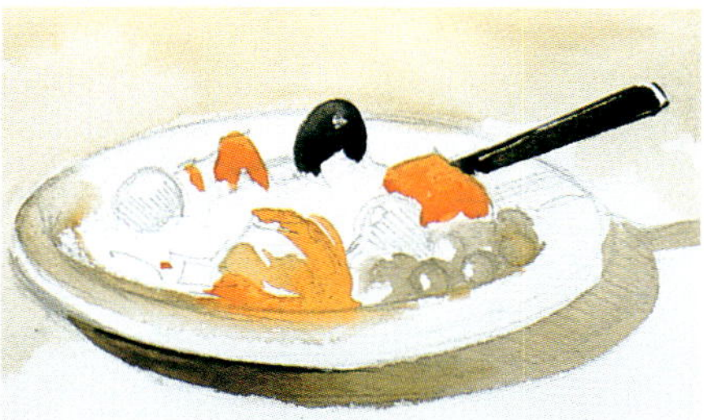

2. Für die Erbsen mischen Sie die beiden Farben so, dass sie fast ein Grün ergeben, und malen in einem ähnlichen Ton den Schatten auf dem Tellerrand, wobei Sie die Bereiche für die weißen Flächen aussparen. Die Formen des Thunfischs konturieren Sie allmählich mit verdünntem Orange, für die Olive und den Gabelgriff tragen Sie reines Schwarz auf.

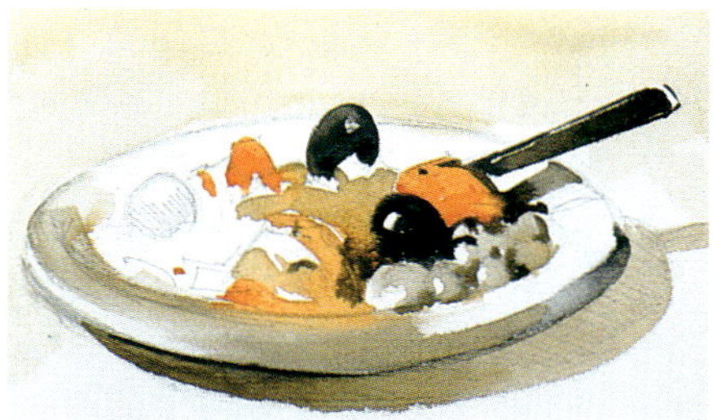

3. Malen Sie nun die andere Olive und bringen Sie weitere Zwischentöne ins Bild, um die Masse des Salats in der Mitte des Tellers anzudeuten. Verleihen Sie den Erbsen mehr Volumen, indem Sie kleine, gegenüberliegende Schatten setzen. Tragen Sie auch für den Teller und seinen Schatten noch etwas Farbe auf.

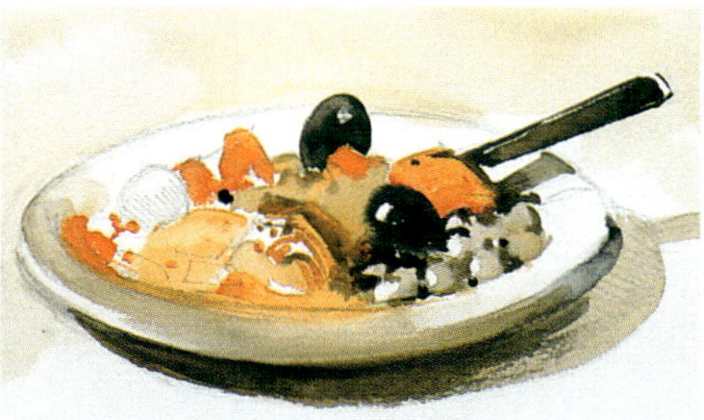

4. Arbeiten Sie das Thunfischstück im Vordergrund mit einem helleren Farbton aus und tönen Sie den Wurfschatten des Tellers dunkler, um den Kontrast zu verstärken.

5. Nun sind alle Formen definiert und die dominierenden Farbtöne eingebracht. Gehen Sie noch einmal über den Schatten des Tellers, um ihn kräftiger zu gestalten.

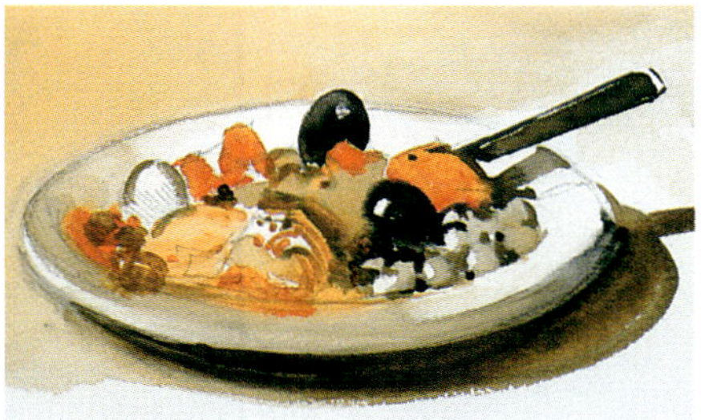

6. Im letzten Schritt arbeiten Sie die Erbsen auf der linken Seite noch etwas genauer aus und malen einige Striche am Thunfisch ein, um seine Textur anzudeuten sowie eine feine Linie, um dem Tellerrand mehr Tiefe zu verleihen. Während des gesamten Malprozesses haben wir stetig an der dunkelsten Stelle, dem Wurfschatten des Tellers, gearbeitet und auf diese Weise geschickt für eine Harmonie der Tonwerte gesorgt ohne dabei das Risiko einzugehen, sie am Anfang zu dunkel zu halten oder die anderen Stellen entsprechend nachtönen zu müssen weil die Harmonie aus dem Gleichgewicht geraten ist.

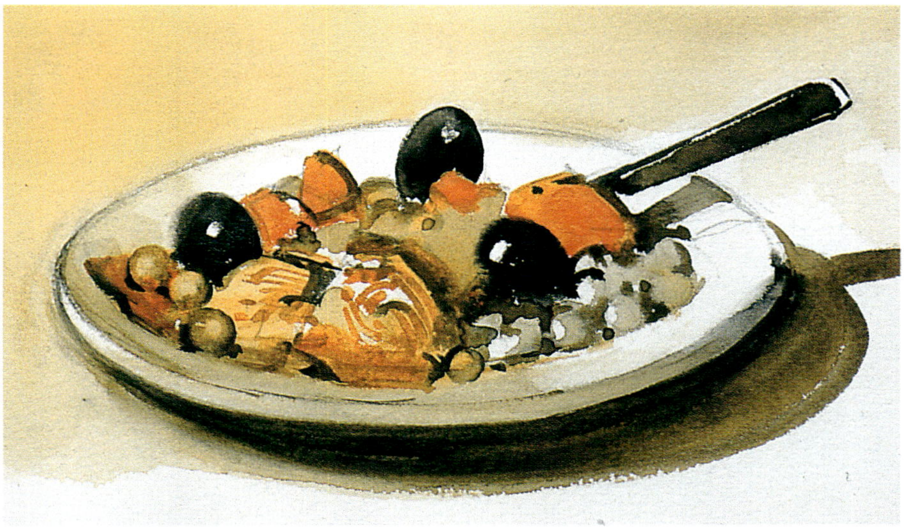

Drei Farben

Ohne Licht gäbe es keine Farbe. Die Eigenfarbe eines Körpers ergibt sich aus dem Zusammenspiel mit den Lichtfarben, die er reflektiert. Wir müssen zwischen Lichtfarben und Pigmentfarben unterscheiden, da ihre Wirkungsweisen völlig verschieden sind.

Für den Künstler ist es essentiell, diesen grundlegenden Unterschied zu kennen und das Mischen der drei primären Pigmentfarben zu beherrschen, aus denen sich jeder beliebige Farbton der Natur kreieren lässt. Diese drei Farben zu verstehen, bedeutet also, die gesamten Farben der Palette zu kennen.

LICHTFARBEN

Weißes Licht setzt sich aus den drei primären Lichtfarben zusammen, und zwar aus Rot, Grün und Blau.

Geht man davon aus, dass diese Primärfarben aus Licht bestehen, so müssen sie in ihrer Kombination die Lichtwirkung steigern und damit noch hellere Lichtfarben hervorrufen. Auf diese Weise entstehen aus der Kombination der drei primären Lichtfarben die sekundären: Gelb, Cyanblau und Magenta. Projiziert man die drei primären Lichtfarben übereinander, so bilden sie mit den Sekundärfarben das Licht mit der stärksten Intensität, das weiße Licht. Dieses Phänomen bezeichnet man als Additive Farbmischung.

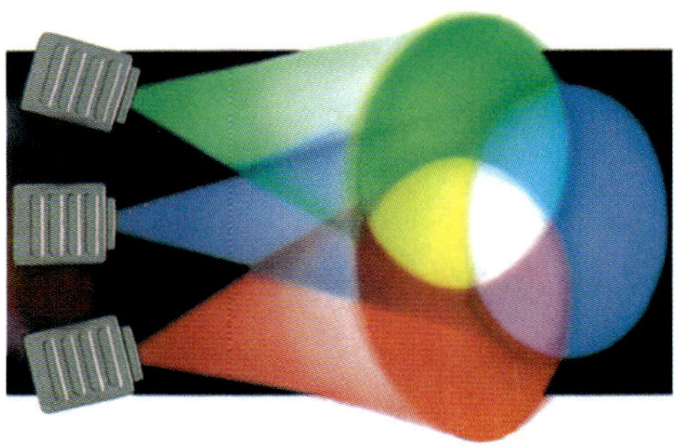

Additive Farbmischung: Projiziert man die drei primären Lichtfarben übereinander, erhält man das Licht mit der stärksten Intensität.

PIGMENTFARBEN

Die Pigmentfarben sind jene Farben, mit denen der Künstler arbeitet; sie setzen sich nicht aus Licht zusammen und wirken in ihrer Kombination genau entgegengesetzt zur Additiven Farbmischung der Lichtfarben. Sprechen wir von Pigmentfarben, bedeutet jede ihrer Mischungen eine Verringerung des Lichts, denn die Kombination von dunklen Tönen kann keine helleren Farbtöne bewirken. Die Mischung von hellen Farben erzeugt dagegen dunklere Töne. Dieses Charakteristikum bei der Kombination von Pigmentfarben bezeichnet man als Subtraktive Farbmischung.

Aufgrund dieser Tatsache lassen sich auf der Basis der sechs Grundfarben des Lichtspektrums alle Töne der Pigmentfarben aufbauen. Dabei sind die Primärfarben des Lichts mit den sekundären Pigmentfarben vergleichbar, und die Sekundärfarben des Lichts ähneln den primären Pigmentfarben. Letztere ergeben gemischt einen fast schwarzen Ton, der überhaupt kein Licht mehr aufweist.

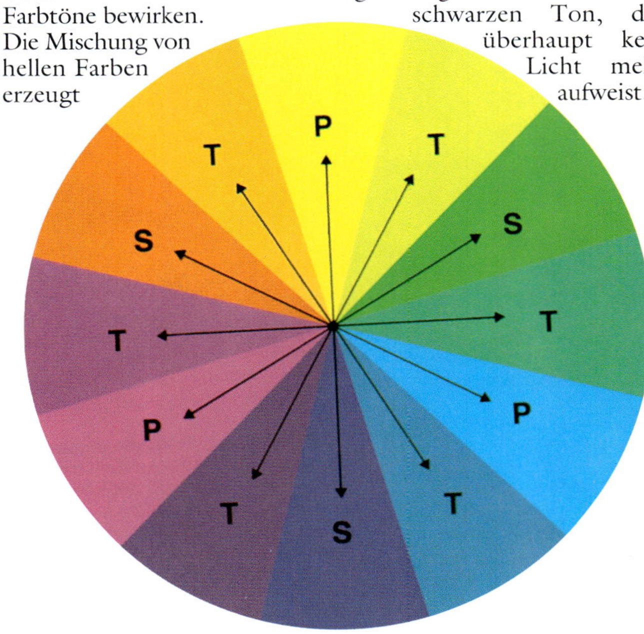

Im Farbkreis sind die drei primären Pigmentfarben angeordnet: Cyanblau, Magenta und Gelb. Mischt man diese Farben, entstehen die Sekundärfarben: Orange, Grün und Violett. Kombiniert man die Primär- mit den Sekundärfarben, erhält man die sogenannten Tertiärfarben. Die Farben des obigen Farbkreises stimmen nicht exakt mit den Aquarellfarben überein, sodass einzelne Farbtöne leicht voneinander abweichen.

PRIMÄRFARBEN

Die Primärfarben sind die drei Grundfarben, aus denen sich jeder Farbton mischen lässt, der mit dem menschlichen Auge erkennbar ist.

Das heißt alle bis auf das Weiß, da Pigmentfarben eine subtraktive Farbmischung bewirken, während das Weiß aber die Farbe mit der stärksten Lichtintensität ist.

Die drei Primärfarben der Pigmente sind: Gelb, Cyanblau und Magenta. Aquarellfarben, die ihnen nah kommen sind: Cöelinblau, Krappkarmin und Mittelgelb.

DIE AQUARELLFARBEN

CYANBLAU

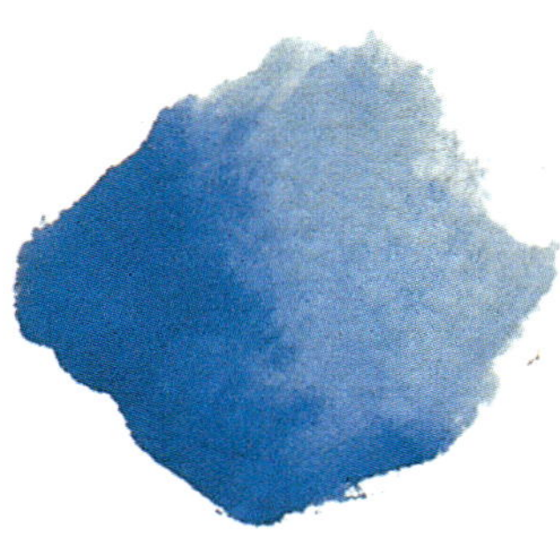

CÖELINBLAU

MAGENTA

KRAPPKARMIN

GELB

MITTELGELB

SEKUNDÄRFARBEN – DIE MISCHUNG DER PRIMÄRFARBEN

Die sekundären Pigmentfarben werden aus Mischungen von Primärfarben kreiert: Grün, Violett und Orange.

Theoretisch entstehen echte Sekundärfarben, indem man je zwei der drei primären Aquarellfarben zu gleichen Teilen mischt. Dies bedeutet also, dass sich das Orange je zur Hälfte aus Krappkarmin und Mittelgelb zusammensetzt. Dieses Mischungsverhältnis ist von großer Bedeutung, weil Abweichungen andere Farbtöne erzeugen.

Denken Sie daran, dass das beigemischte Wasser die Intensität eines Farbtons verändert, sodass eine stark verdünnte Farbe auf den ersten Blick wie eine andere Nuance wirken kann.

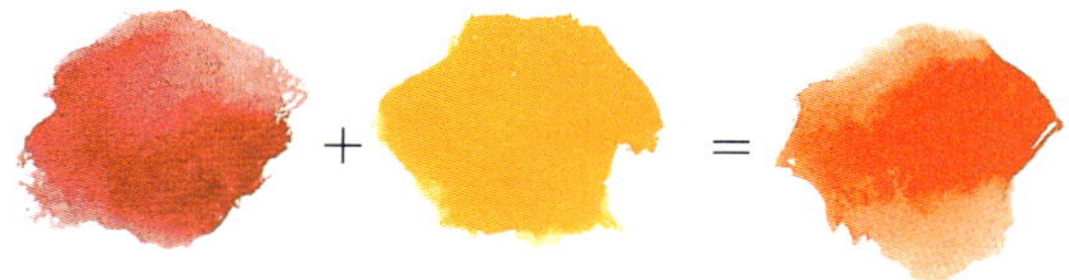

KARMIN + GELB = ORANGE

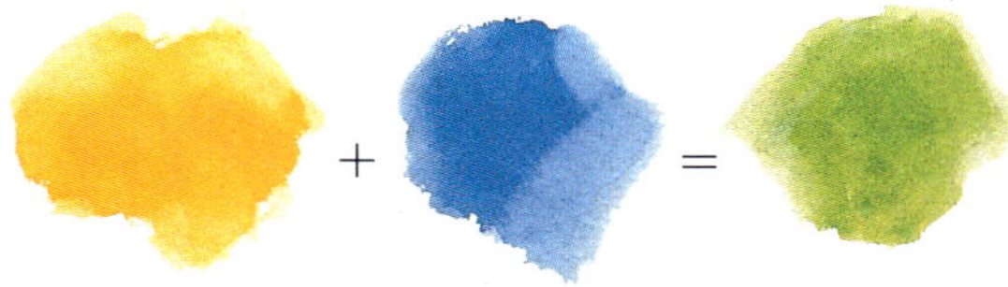

GELB + CÖELINBLAU = GRÜN

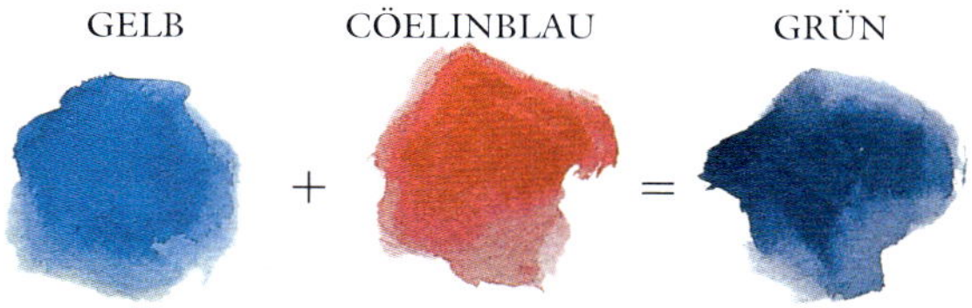

CÖELINBLAU + KARMIN = VIOLETT

ACHTUNG

Das Ergebnis einer Mischung hängt von den jeweiligen Farbanteilen ab, die sie enthält. Bedenken Sie, dass die kreierten Mischtöne erheblich variieren können, wenn Sie eine Farbe in größeren Proportionen zumischen.

Vergessen Sie nicht, dass die Intensität des gemischten Farbtons umso geringer ist, je stärker die Farbe mit Wasser verdünnt wurde.

Es empfiehlt sich, solche Farbmischungen vor dem Malbeginn anzufertigen, da sie dem Künstler wichtige Informationen darüber liefern, wie sich die einzelnen Farben verhalten.

TERTIÄRFARBEN – DIE MISCHUNG DER PRIMÄREN UND SEKUNDÄREN FARBEN

Aus der Kombination der drei Primärfarben mit den Sekundärfarben erhält man die sechs Tertiärfarben: Gelbgrün, Blaugrün, Blauviolett, Rotviolett, Rotorange und Gelborange.

Mit diesem Wissen lässt sich aus der Mischung aller drei primären Pigmentfarben jeder gewünschte Farbton der Natur reproduzieren.

ACHTUNG

Betrachten Sie hier aufmerksam die Farben für die Mischungen, werden Sie feststellen, dass einige Farbkombinationen fehlen. Dies sind die sogenannten Komplementärfarben, die miteinander gemischt ein Grau ergeben. Auf der folgenden Seite finden Sie ausführlichere Informationen zu diesen Farben.

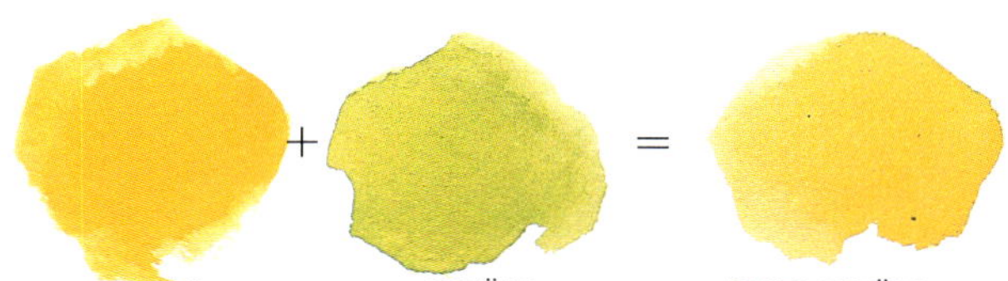

GELB + GRÜN = GELBGRÜN

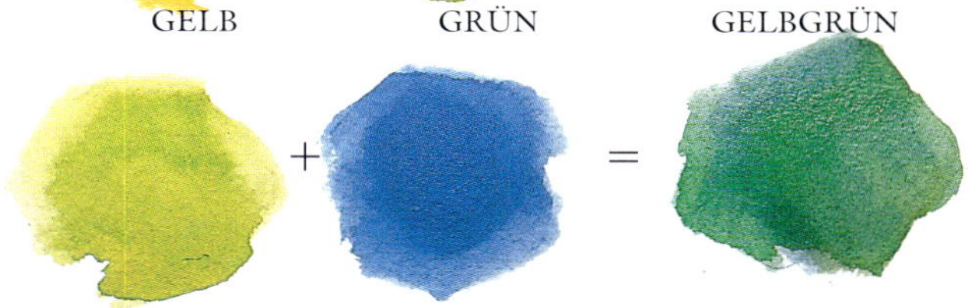

GRÜN + CÖELINBLAU = BLAUGRÜN

Diese beiden tertiären Grüntöne weisen unterschiedliche Tendenzen auf. Das Gelbgrün tendiert durch seinen hohen Gelbanteil zu den warmen Farben, während das Blaugrün durch die Wirkung des Cöelinblau den kalten Farben zugeordnet wird.

CÖELINBLAU + DUNKELBLAU = ULTRAMARIN

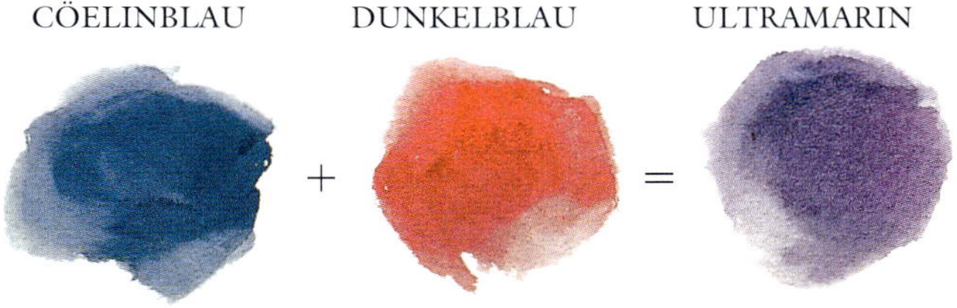

DUNKELBLAU + KARMIN = VIOLETT

Die kalten Tertiärfarben sind Ultramarin und Violett, obwohl letztere als neutrale Farbe gilt, weil sie einen Anteil Karmin enthält, das zu den warmen Farben zählt.

Die Tertiärfarben Rotorange und Gelborange zählen zu den warmen Farben dieser Gruppe, da sie aus anderen warmen Farben entstehen.

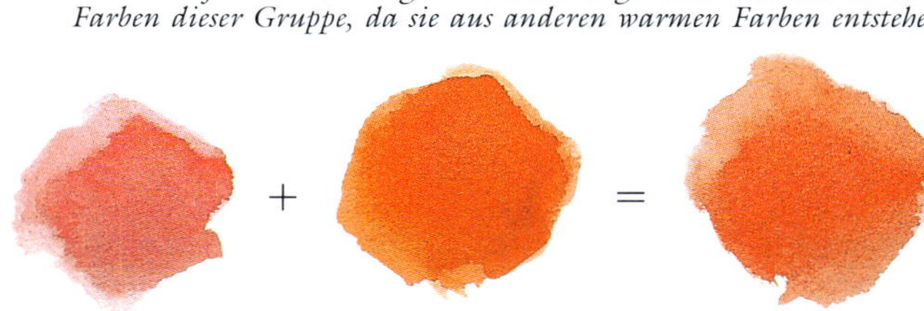

KARMIN (MAGENTA) + ROT = ROTORANGE

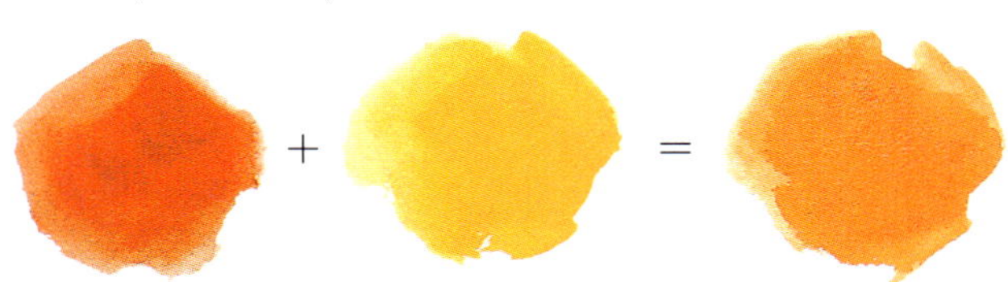

ROT + GELB = GELBORANGE

KONTRASTE | **DIE KOMPLEMENTÄRFARBEN**

Als Komplementärfarben werden jene Farben bezeichnet, die beim Nebeneinanderliegen nichts von ihrer Leuchtkraft und Intensität einbüßen, sondern sich ganz im Gegenteil gegenseitig hervorheben und die stärksten Kontraste erzeugen.

Jede Farbe besitzt eine Komplementärfarbe; sie liegt ihr im Farbkreis stets genau gegenüber und setzt sich immer aus jenen Primärfarben zusammen, die sie selbst nicht enthält.

Beim Betrachten des Farbkreises kann man unmittelbar erkennen, dass jeder Primärfarbe eine Komplementärfarbe zugeordnet ist, die sich aus der Mischung der beiden anderen Grundfarben ergibt. Dies bedeutet also, dass die Komplementärfarbe jeder Primärfarbe eine Sekundärfarbe ist.

Deshalb entsteht ein fast schwarzer Farbton, wenn man zwei Gegenfarben zu gleichen Teilen miteinander kombiniert.

Das Wissen um die Komplementärfarben ist höchst interessant, weil man starke Kontraste im Bild schaffen kann, indem man Gegenfarben nebeneinander setzt und hübsche, gebrochene Farben gelingen, wenn man sie zu ungleichen Teilen mischt.

KADMIUMROT (Sekundär)

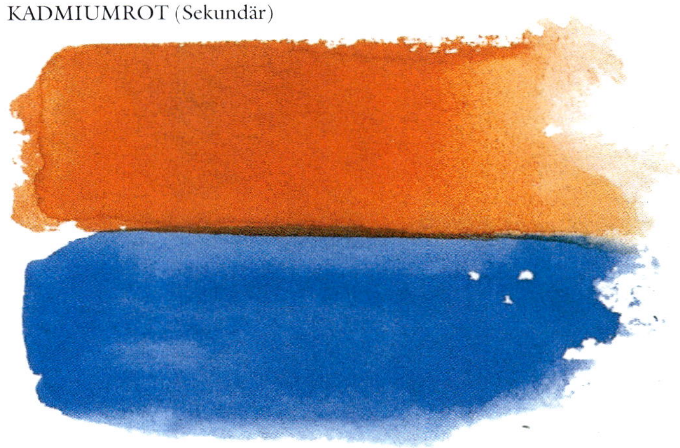

CÖELINBLAU (Primär)

ULTRAMARINBLAU (Sekundär)

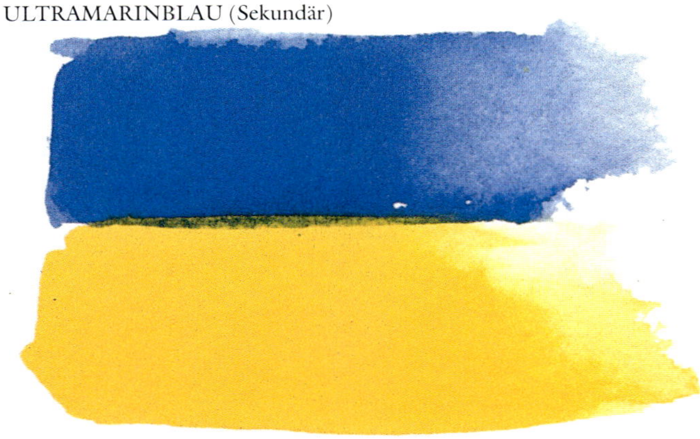

KADMIUMGELB MITTEL (Primär)

MITTLERES GRÜN (Sekundär)

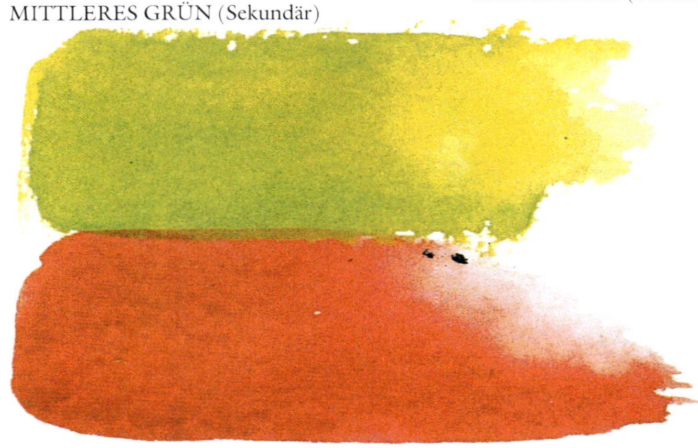

KRAPPKARMIN (Primär)

DENKEN SIE AN FOLGENDE PUNKTE:

- Die Kombination von Lichtfarben verstärkt ihre Lichtwirkung.
- Die Additive Farbmischung beschreibt die Summe des Lichts, die durch die Übereinanderprojektion der Lichtfarben entsteht.
- Die Mischung von Pigmentfarben verringert die Lichtintensität; dieses Phänomen trägt den Namen Subtraktive Farbmischung.
- Die weiße Farbe reflektiert das gesamte Licht, also die Summe aller Lichtfarben.
- Schwarze Farbe absorbiert das Licht ganz und gar und weist somit überhaupt kein Licht auf.
- Wenn die Komplementärfarben nebeneinander liegen, sorgen sie für die stärksten Farbkontraste.
- Die Gegenfarbe zu Gelb ist Violett, die zu Magenta ist Grün, und Cyanblau ist komplementär zu Orange.
- Die Beherrschung der Farben erlernt man nur in der Praxis.
- Es ist einfacher, einen Farbton abzudunkeln als ihn aufzuhellen, deshalb sollte man stets kleine Portionen in eine Mischung geben.
- Die drei Grundfarben in der Aquarellmalerei sind: Kadmiumgelb mittel, Cöelinblau und Krappkarmin.

ALLE FARBEN

Wie Sie nun wissen, sind Farbmischungen unerlässlich, wenn man mit einer breiten Palette an Farbtönen arbeiten und das Modell naturgetreu darstellen will.

Neben dem praktischen Vorteil sind Farbmischungen außerdem lohnende Übungen. Durch das Mischen kann der Künstler die spezifischen Eigenschaften einer Farbe in Bezug auf die anderen Töne entdecken, neue und vielleicht sogar überraschende Nuancen kreieren sowie eine persönliche Farbwelt entwickeln, also jene Palette an Tönen, die für ihn charakteristisch ist und sich in jedem seiner Werke wiederfindet.

Beim Mischen sollte man entschlossen vorgehen. Da Aquarellfarbe zügig aufgetragen wird und der Grad an Feuchtigkeit ständig kontrolliert werden muss, sollte man die Beziehungen der Farben zueinander gut kennen, damit der gewünschte Mischton auf Anhieb gelingt und man sich während des Malens nicht in endlosen Versuchen verliert. Sie sollten auch bedenken, dass sich die Beherrschung der Farben nur durch Praxis erlernen lässt und das Mischen zu einer Aufgabe wird, die man auf instinktive Weise löst, sobald man richtig mit den Farben umzugehen weiß. Um die Pigmentfarben kennenzulernen und zu erfahren, welch vielfältige Farbtöne durch Mischungen kreiert werden können, kann man einige Farbpaletten basierend auf den drei Grundfarben gestalten. Folgende Farben entsprechen in der Aquarellmalerei den drei Primärfarben: Kadmiumgelb mittel, Cöelinblau und Krappkarmin.

Da es leichter fällt, eine Farbe dunkler zu tönen als aufzuhellen, sollte man die Farbe für gelungene Mischungen in kleinen Portionen zufügen, damit sie nicht übersättigt wird und einen gebrochenen, unerwünschten Farbton liefert. Dadurch hat man zudem die Intensität der Farbe unter Kontrolle und kann die vielfältigen Möglichkeiten der kreierten Tonwerte ausschöpfen.

FARBPALETTE — DIE KALTEN FARBEN

Man sagt, dass Farben eine gewisse „Temperatur" besitzen. Diese ist mit dem Licht verbunden, das auf sie einwirkt. Besonders deutlich wird dies, wenn Sie sich eine Landschaft zu unterschiedlichen Tageszeiten vorstellen. Ein Strand in der Morgendämmerung ist von kaltem Licht erfüllt, während derselbe Strand nachmittags in warmes Licht getaucht wirkt. Kalte Farben vermitteln also ein Gefühl von Kälte, Offenheit, Leichtigkeit und Ferne.

Kalte Farben finden sich eher in der unteren Hälfte des Farbkreises. Ganz allgemein zählen dazu alle Farben, die einen Blauanteil aufweisen.

Hier sehen Sie mittleres Gelb, das ziemlich stark verdünnt wurde und deshalb kalt wirkt.

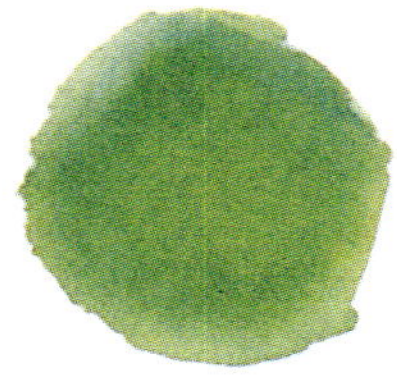

Dieses kalte Grün entsteht durch eine Mischung von Cöelinblau und Gelb zu gleichen Teilen.

ACHTUNG

Gelbgrün und Violett zählen gleichsam zu den warmen Farben einer Palette, da sie als neutral gelten und abhängig vom Effekt der umliegenden Farben im Bild sowohl warm als auch kalt wirken können.

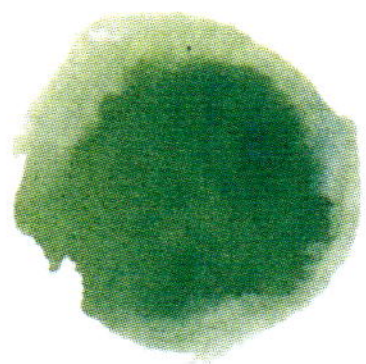

Für diesen fast smaragdgrünen Ton wurde Gelb mit einem etwas höheren Anteil Cöelinblau gemischt.

Diese Abbildung zeigt reines Cöelinblau.

Solch ein Violettblau wird aus der Mischung von Cöelinblau mit etwas Magenta oder Krappkarmin kreiert.

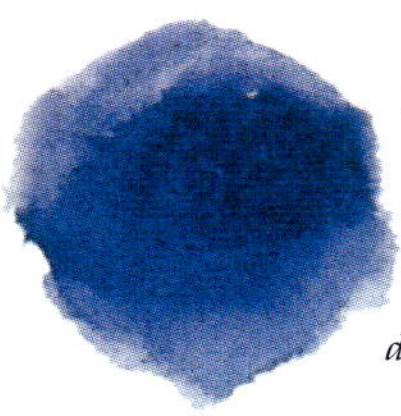

Die Mischung von Cöelinblau und Karmin zu gleichen Teilen führt zu diesem dunkelvioletten Ton.

Wenn man den Karminanteil in der vorigen Mischung erhöht, erhält man dieses Bordeauxrot.

Dieses Grau ist das Ergebnis einer stark verdünnten Mischung aller drei Grundfarben, in der Cöelinblau dominiert.

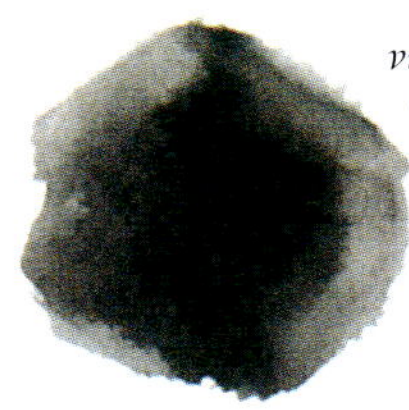

Der dunkelviolette Mischton aus Cöelinblau und Krappkarmin zu gleichen Teilen ergibt mit einem Tupfer Gelb diesen Braunton.

FARBPALETTE — DIE WARMEN FARBEN

Wie ihr Name schon sagt, vermitteln die warmen Farben ein Gefühl von Wärme, Schwere und Nähe. Sie sind die Farben des Lichts am Nachmittag. Warme Farben nehmen die obere Hälfte des Farbkreises ein und enthalten stets einen bestimmten Anteil an Rot- oder Gelbtönen.

Alle Violett- und Grüntöne, die dieselbe Proportion an kalten und warmen Farben aufweisen, sind im Ergebnis neutral, das heißt ihre Tendenz wird durch die Farben ihrer Umgebung bestimmt. Von den drei Primärfarben zählen zwei zu den warmen Farben: das Karmin und das Gelb. Gelb hat die größere Lichtintensität; Karmin liegt in Bezug auf seine Temperatur zwischen Gelb und Cöelinblau. Daher spielen die beiden Grundfarben Karmin und Gelb in den Farbmischungen die Hauptrolle für eine Palette aus warmen Farben, anderenfalls wäre der resultierende Mischton neutral oder würde nach kalt tendieren.

Auf der Basis aller drei Grundfarben sehen Sie hier eine kleine Palette von warmen Farben, in denen mittleres Kadmiumgelb der dominierende Farbton ist.

Hier sehen Sie reines, unvermischtes Kadmiumgelb mittel.

Fügt man eine Spur Karmin hinzu, entsteht dieses leuchtende Orange.

ACHTUNG

Bordeaux, Grau und Braun gehören zwar zu den kalten Farben, sie können aber auch den gebrochenen Farben zugeordnet werden, weil sie in gewissen Proportionen alle drei Grundfarben enthalten.

Durch einen höheren Anteil an Magenta oder Karmin gelingt dieses Zinnoberrot.

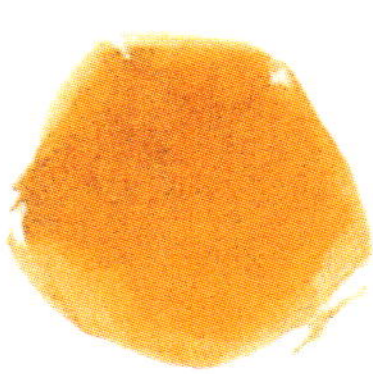

Eine größere Menge von Karmin bewirkt, dass das Orange einen dunkleren Ton annimmt.

Für dieses Rot wurde Gelb zu gleichen Teilen mit Krappkarmin gemischt.

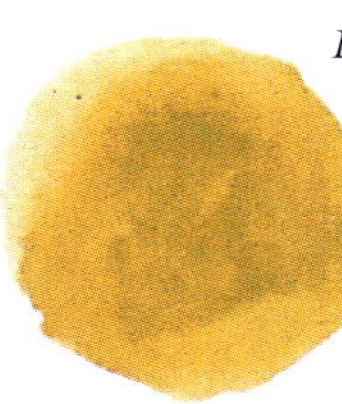

Dieses Ocker entsteht aus der Mischung aller drei Primärfarben. Es resultiert aus dem vorigen Zinnoberrot mit etwas Blau.

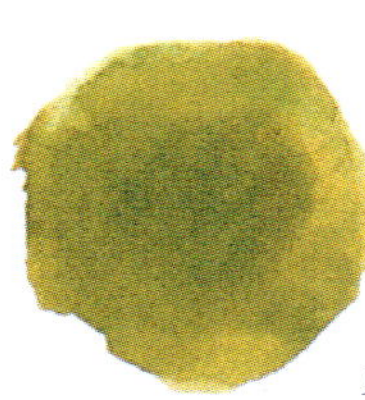

Olivgrün wird durch die Kombination von Cöelinblau und Gelb mit einem Tupfer Karmin kreiert.

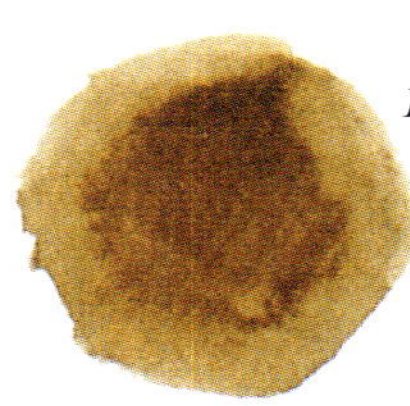

Dieser Erdton in Umbra gebrannt ist nichts weiter als mit Blau „verschmutztes" Orange.

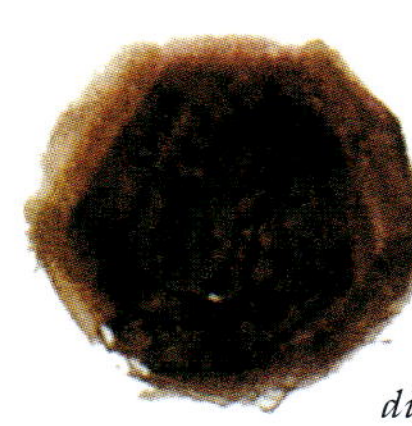

Wenn man die drei Farben praktisch zu gleichen Teilen mischt, erzeugen sie diesen Braunton.

FARBPALETTE — DIE GEBROCHENEN FARBEN

Die gebrochenen Farben, die auch als schmutzige Farben bezeichnet werden, erhält man aus einer ungleichen Mischung von zwei Komplementärfarben. Dies bedeutet, dass sie jede der drei Grundfarben enthalten. Es ist oftmals etwas schwierig, die gebrochenen Farben genau zu definieren, in der Natur sind sie aber ständig zu finden.

ACHTUNG

Ocker, Olivgrün, Umbra gebrannt und Braun zählen durch ihren hohen Gelbanteil zu den warmen Farben, daneben gehören sie aber auch zur Gruppe der gebrochenen Farben, weil sie durch eine Mischung aller drei Primärfarben kreiert werden.

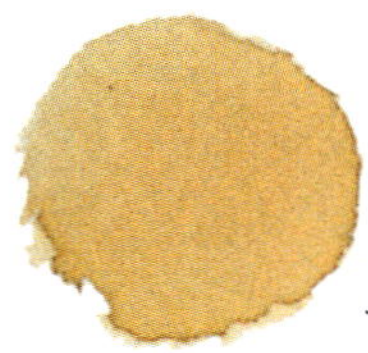

Für dieses Ocker werden alle drei Komplementärfarben gemischt. Es ist dasselbe wie in der warmen Palette, nur stärker verdünnt.

Ein höherer Anteil an Cöelinblau in der Ockermischung ergibt diesen Braunton.

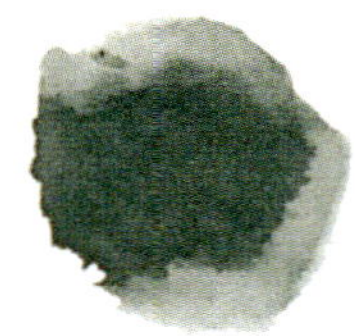

Gibt man noch etwas Blau in die vorige Mischung, gelingt dieses Grün.

Wenn man beim vorigen Ton statt des Blauanteils die Menge des Karmins erhöht, erhält man diesen Farbton.

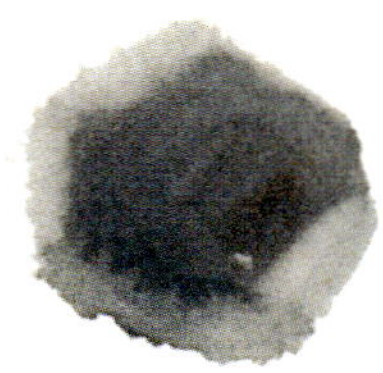

Dieses neutrale Grau wird kreiert, indem man die drei Primärfarben in ähnlichen Proportionen mischt.

Dieses Siena ist das Ergebnis einer Kombination aus Orange und Cöelinblau.

Gibt man eine etwas größere Menge Karmin in die vorige Mischung, so entsteht dieser Farbton.

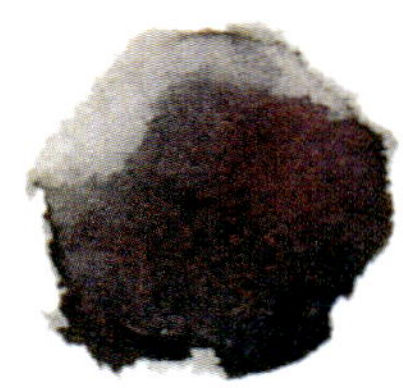

Werden die drei Grundfarben zu gleichen Teilen gemischt, gelingt dieses Violett.

Fügt man der vorigen Mischung Gelb bei, erhält man diesen grünlichen Ton.

FARBÜBERLAGERUNGEN — DAS MISCHEN DER FARBEN

Die häufigste und erfolgversprechendste Methode ist das Mischen auf einer Palette. Dabei kann man den gemischten Ton in aller Ruhe suchen. Bei einer misslungenen Mischung muss man nur die Palette säubern und von neuem beginnen. Hat man den gewünschten Farbton gefunden, kann man auf einem separaten Blatt Papier mit ihm experimentieren und so prüfen, ob er der richtige ist.

Die riskanteste Technik besteht darin, die Farben direkt auf dem Papier zu verschmelzen. Hierfür muss man die Farbmengen in den Mischungen gut beherrschen, sonst kann man das Werk leicht ruinieren oder die Harmonie der Tonwerte aus dem Gleichgewicht bringen.

Eine Möglichkeit, die Farben direkt auf dem Papier zu mischen liegt darin, mit den für die Aquarellmalerei typischen Farbüberlagerungen zu arbeiten. Anstatt einen bestimmten Farbton durch eine weitere Farbschicht in derselben Farbe zu verstärken, kann man hier einen dritten Farbton kreieren, indem man eine andersfarbige Lasur über die erste Farbschicht legt.

Diese häufig angewandte Technik birgt aber auch gewisse Risiken, falls man nicht gut genug mit ihr vertraut ist. Bevor man die nächste Lasur auftragen kann, muss die erste Farbschicht vollständig getrocknet sein, da die Farben auf dem Papier sonst ineinander laufen würden. Andererseits muss man die einzelnen Farben genau kennen, damit man abschätzen kann, wie das Ergebnis der verschiedenfarbigen Farbüberlagerungen aussehen wird. Zudem sollten Sie nicht vergessen, dass der besondere Reiz der Aquarellfarben in ihrer einzigartigen Frische liegt, die sie durch die Transparenz der Farben versprühen, und dass ein Bild mit zu vielen Farbschichten nicht mehr so lebhaft und spontan wirken würde.

Verschiedene Farbtöne durch die Überlagerung der Farben zu kreieren ist eine Technik, die Ihre Werke enorm bereichern kann, die Sie aber nicht übertrieben einsetzen sollten.

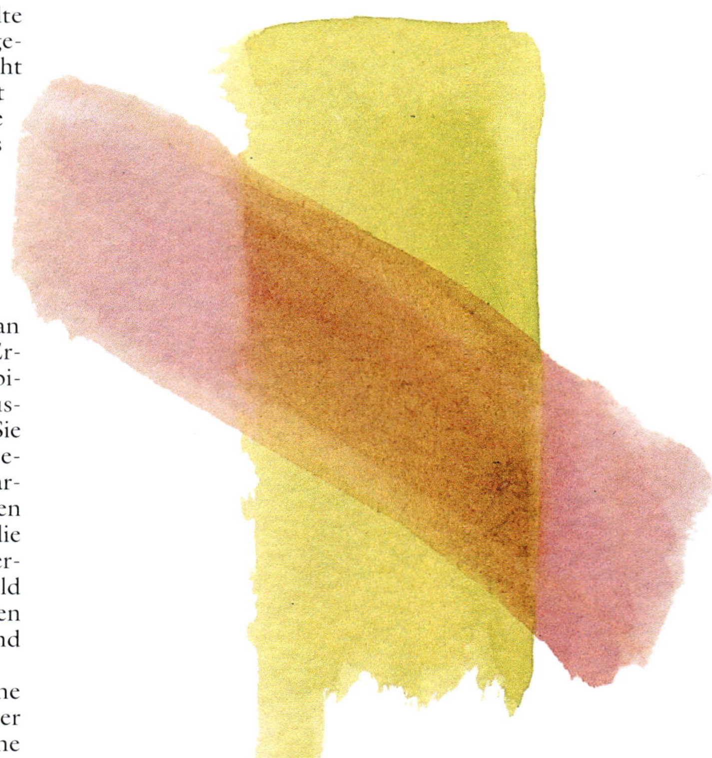

Dieses helle Siena gebrannt gelingt durch die Überlagerung von ziemlich stark verdünntem Krappkarmin und permanentem Gelbgrün.

ÜBERLAGERUNGEN

Man kann einen hellen Ton in der Aquarellmalerei nicht über einen dunklen legen, um letzteren damit aufzuhellen. Allerdings kann man auf diese Weise einen dritten Farbton kreieren oder beide Farben abtönen.

Dieses Olivgrün resultert aus der Überlagerung von Gelb über Paynesgrau.

ACHTUNG

Die erste Farbschicht muss vor dem Auftragen der nächsten Lasur getrocknet sein, damit ein homogener Ton entsteht und das Mischen durch die Überlagerung gelingt, denn anderenfalls würden die Farben auf dem Papier unkontrolliert verfließen und wahrscheinlich mehrere unterschiedliche Töne erzeugen.

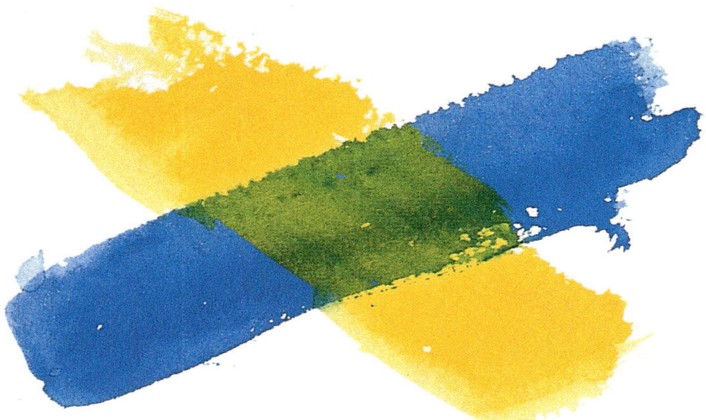

Aus der Überlagerung von mittlerem Gelb über Cöelinblau geht dieser permanentgrüne Ton hervor.

Ein dunkleres Siena entsteht, indem man diesen Malventon mit Gelb überlagert.

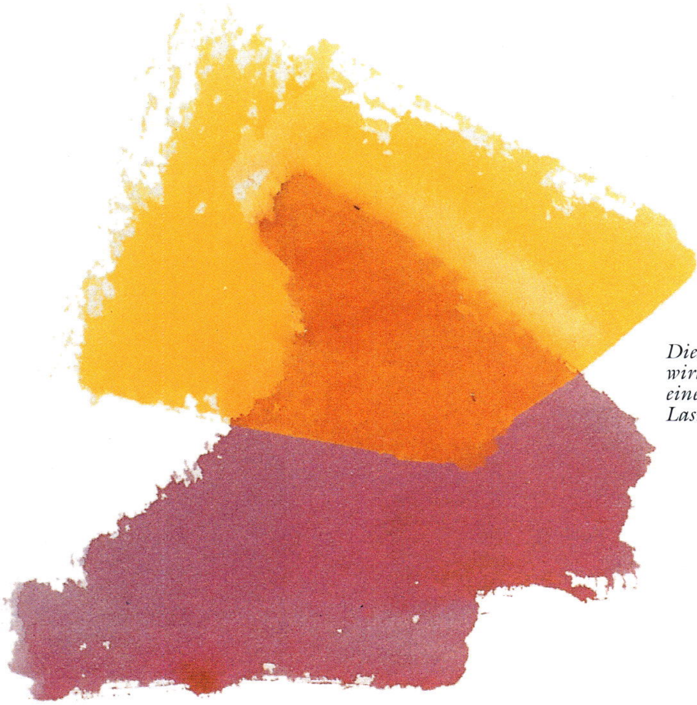

Dieses Zinnoberrot wird durch Gelb auf einer karminroten Lasur kreiert.

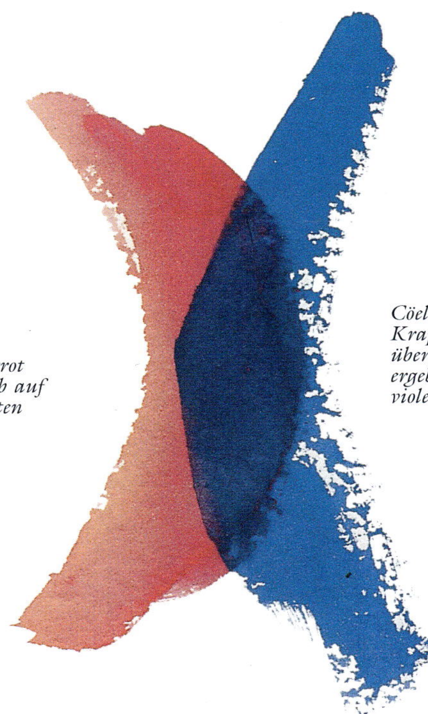

Cöelinblau und Krappkarmin übereinandergelegt, ergeben diesen violetten Farbton.

FÜNFZEHN FARBEN

EIN VORSCHLAG FÜR IHRE PALETTE

Aus den drei Primärfarben lässt sich theoretisch jeder beliebige Farbton mischen.

Natürlich würde kein Maler der Welt seine Palette nur auf diese drei Farben beschränken, denn so wären gewisse Farbtöne sehr schwer zu mischen. Auf der anderen Seite würde eine zu reichhaltige Palette aus verschiedenen Gründen bei der Arbeit stören. Normalerweise greift der Künstler auf eine bestimmte Anzahl an Farben zurück und jene, die er selten benutzt, nehmen nur unnötig Platz im Malkasten weg und lenken ihn bei der Auswahl der Farben ab. Zudem werden auf keiner einzigen Farbkarte alle Farbtöne der Natur zu finden sein, da diese praktisch endlos variieren. Aus diesem Grund bleibt dem Künstler eigentlich gar keine andere Wahl, als bestimmte Farbtöne durch Mischungen zu kreieren.

In dieser Hinsicht empfiehlt es sich, eine geschickt zusammengestellte Farbpalette zur Hand zu haben, die auf Anhieb eine unendliche Vielfalt an Mischtönen ermöglicht und zugleich nicht zu umfangreich ist.

Durch die Praxis und seine bevorzugte Technik wird jeder Künstler seine Palette im Lauf der Zeit dann erweitern oder einige Farben durch andere ersetzen.

Für den Anfang raten wir Ihnen zu einer Palette mit den fünfzehn wichtigsten Farben, mit denen sich jedes beliebige Motiv gestalten lässt. Einen Vorschlag für diese Farben finden Sie in der nebenstehenden Abbildung.

ACHTUNG

Viele der hier vorgeschlagenen Farbtöne können durch einfache Mischungen erzielt werden, darunter auch das Orange. Diese Farben sind hier dennoch aufgeführt, weil sie häufig verwendet werden und sich die Zeitersparnis für die zugegebenermaßen simplen Mischungen trotz des zusätzlich benötigten Platzes im Malkasten lohnt.

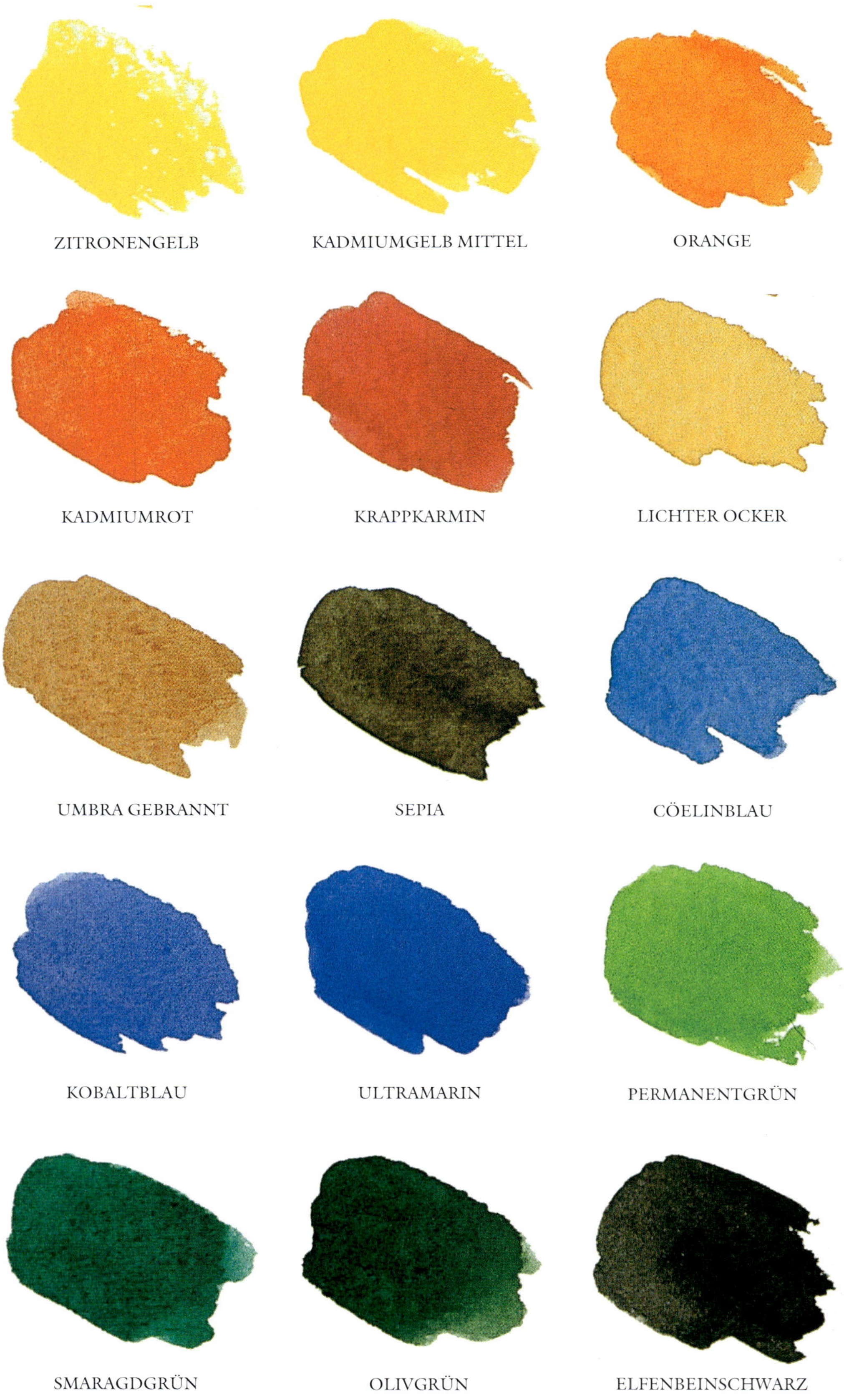

DIE PRIMÄRFARBEN

EINE STUDIE IN DREI FARBEN

Kein Künstler malt nur mit den drei Grundfarben, sondern greift gewöhnlich auf eine Palette von zwölf bis fünfzehn Farben zurück. Diese Studie werden wird dennoch nur mit den drei Primärfarben anfertigen, da dies eine gute Übung ist, um die Technik der Farbmischungen zu vertiefen und mehr über die Eigenschaften der Farben zu erfahren. Das folgende Bild wurde in mittlerem Kadmiumgelb, Cöelinblau, Krappkarmin und Schwarz gestaltet. Das Schwarz ist zwar nicht unbedingt notwendig, weil es sich theoretisch aus der proportional identischen Mischung aller drei Grundfarben kreieren lässt, aber in der Praxis gelingt meist nur ein hübsches, dunkles Graubraun statt eines sauberen Schwarz. Daher kommt Rauchschwarz hier für den Hintergrund zum Einsatz. Darüber hinaus ist es sehr interessant, während des Malprozesses den Farbwechsel im Hintergrund zu beobachten.

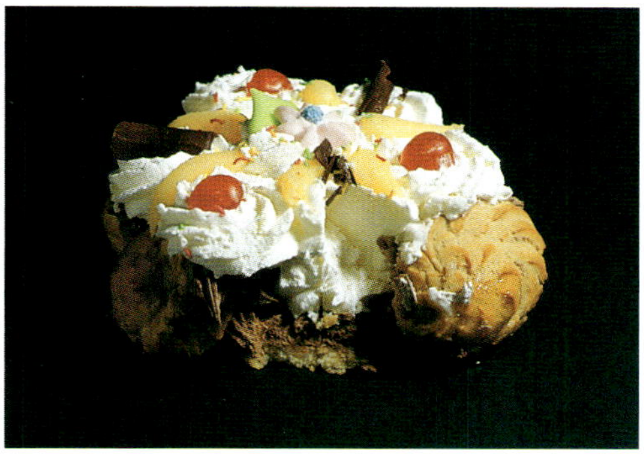

Unser Modell ist ein kleines Törtchen, das einen reizvollen Farbenreichtum präsentiert.

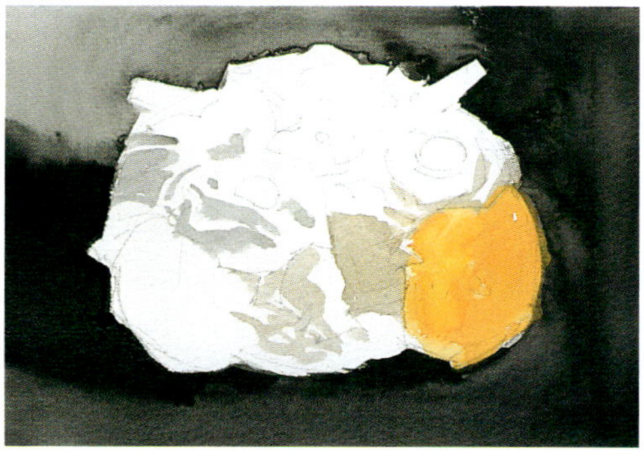

***1.** Kolorieren Sie den Hintergrund in Rauchschwarz und sparen Sie die Form des Törtchens aus. Malen Sie danach die kleinen Schatten auf der Sahne mit stark verdünntem Grau und einem gebrochenen Grün ein, das Sie jeweils aus den drei Grundfarben mischen. Den Ockerton für den Boden kreieren Sie ebenfalls aus einer Mischung aller drei Farben.*

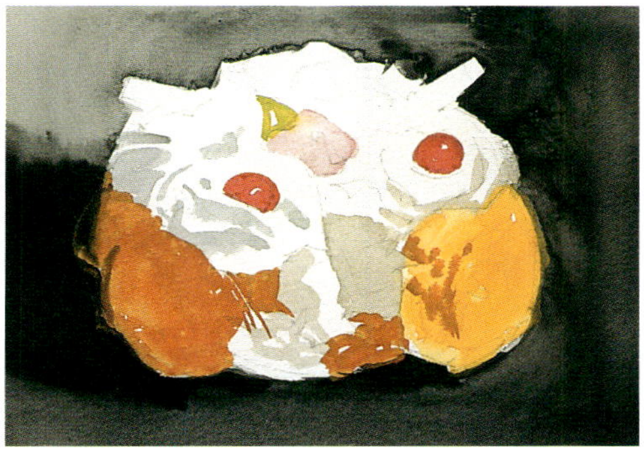

***2.** Mit demselben Ocker, das Sie mit einer Spur Magenta kräftiger tönen, gestalten Sie die dunkleren Stellen des Tortenbodens. Für die Kirschen verwenden Sie Krappkarmin und verdünnen die Farbe stark, um die kleine Zuckerblume zu malen. Das mittlere Grün des Blatts erhalten Sie aus einer Mischung von Blau und Gelb.*

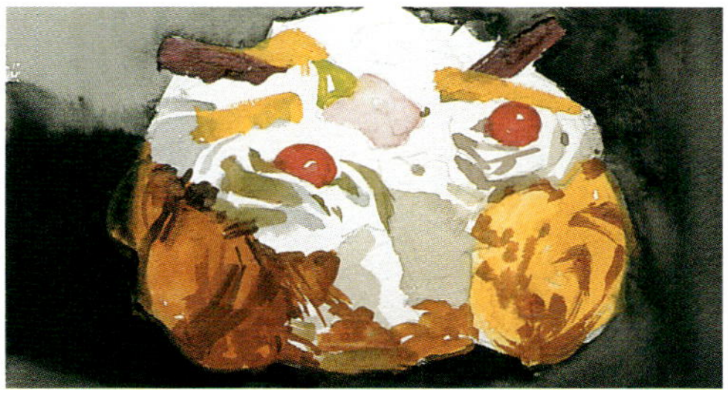

***3.** Überarbeiten Sie nun die Schatten des Teigbodens sowie der Sahne, indem Sie die bereits kreierten Farben dunkler tönen. Für die Schokolade rühren Sie eine Mischung der drei Farben an, in der Magenta dominiert.*

ACHTUNG

Malen Sie auch andere, beliebige Studien nur mit den Primärfarben, um Erfahrung mit dem Mischen zu sammeln und mit den Farbtönen vertraut zu werden.

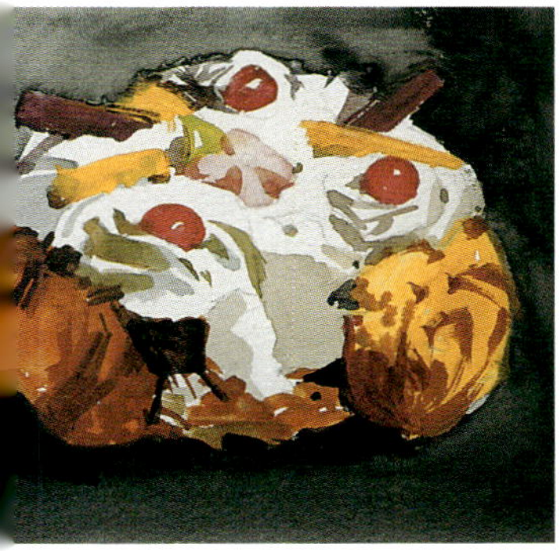

***4.** Fügen Sie die dritte Kirsche hinzu und arbeiten Sie die Schatten immer weiter aus, je mehr das Motiv an Form gewinnt.*

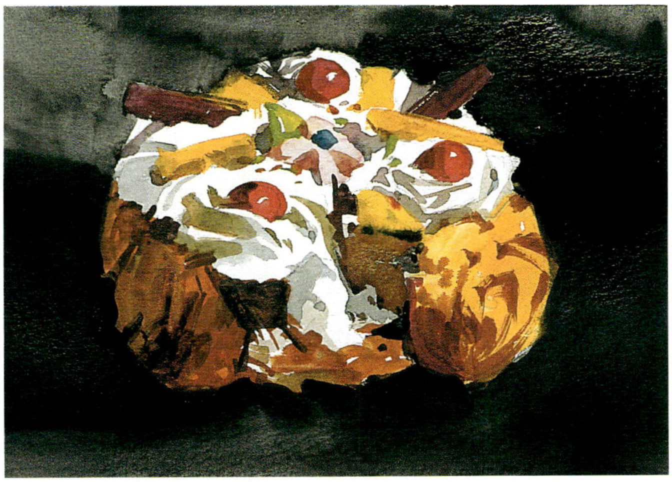

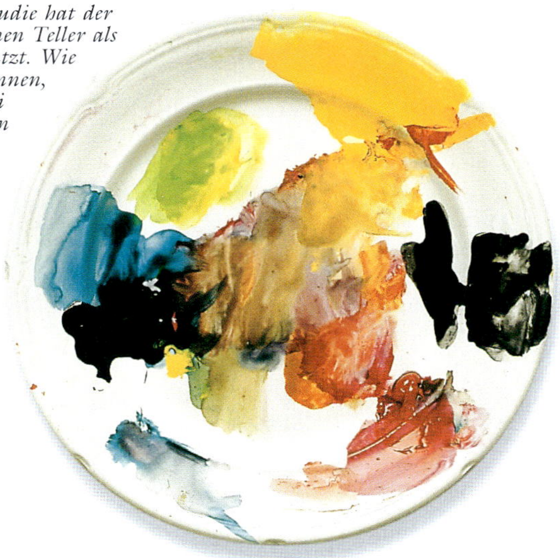

Für diese Studie hat der Künstler einen Teller als Palette benutzt. Wie Sie sehen können, sind die drei Grundfarben auf dem Tellerrand und das Rauchschwarz, das nur für den Hintergrund verwendet wurde, die ganze Zeit über rein geblieben.

***5.** Zum Schluss setzen Sie noch einige Striche an den Schatten und fügen feine Details wie den kleinen blauen Punkt in der Mitte der Zuckerblüte hinzu.*

Trocken- und Nasstechnik

Obwohl die Aquarellmalerei durch das Verdünnen der Farbe und ihren Auftrag mit Wasser an sich eine nasse Technik darstellt, unterscheidet man zusätzlich zwischen der sogenannten Trockentechnik und der Nasstechnik. Bei ersterer wird die Farbe auf einen trockenen Malgrund getragen, während man bei der zweiten Technik auf nassem Papier malt. Die Ergebnisse fallen sehr unterschiedlich aus, und jede dieser Methoden bietet sich für ganz bestimmte Gestaltungselemente an, sodass man beide Techniken in einem Bild auch miteinander kombinieren kann.

DIE TROCKENTECHNIK

Die Trockentechnik bezeichnet die klassische Malweise der Aquarellmalerei, bei der die Farbe auf trockenes Papier aufgetragen wird.

In der Trockentechnik wirken die Konturen scharf und präzise, und die Farben grenzen sich perfekt voneinander ab. Dadurch sind die einzelnen Formen klar definiert und die Pinselstriche sowie Farbübergänge lassen sich auf Anhieb erahnen.

Man sollte stets bedenken, dass das Wasser jenes Medium ist, mit dem man die Farbe auf das Papier bringt, und dass die Feuchtigkeit, ihr Überschuss oder Fehlen beim Auftragen der Farbe eine entscheidende Rolle spielt.

In der Nasstechnik wie in der Trockentechnik muss der Künstler die Feuchtigkeit auf dem Papier ständig unter Kontrolle haben.

Trockenes Papier saugt die Farbe leicht auf, wodurch sie sofort einzieht und rasch trocknet. Aus diesem Grund ist es in der Trockentechnik schwieriger, eine Abstufung zu gestalten und es besteht jederzeit die Möglichkeit, dass sich Farbränder bilden.

Auf der anderen Seite ist die Aquarellfarbe auf einem trockenen Malgrund viel einfacher zu kontrollieren als auf einer feuchten Oberfläche.

WAS SIND FARBRÄNDER?

Unter einem Farbrand versteht man jene Kante, die sichtbar stehen bleibt, wenn man mit dem Pinsel über eine bereits aufgetragene und getrocknete Schicht derselben oder einer anderen Farbe malt. Er bewirkt, dass der vorige Farbton verstärkt wird oder eine andere Nuancierung gewinnt. Letztendlich ist ein Farbrand nichts weiter als ein harter Übergang zwischen zwei Farbtönen, eine unerwünschte kleine Überlagerung. Farbränder stellen oft ein Problem dar, weil sie offenbar unbeabsichtigte Formen suggerieren oder das gestalterische Versagen des Künstlers vor Augen führen.

Man verhindert Farbränder, indem man zügig arbeitet und den Pinsel stets mit der entsprechenden Farbmenge füllt. Bei der Vorbereitung der Farbportionen ist es wichtig, schon im Vorfeld eine ausreichende Menge anzurühren, um die Fläche in einem Schritt zu kolorieren.

Unterbricht man die Arbeit um neue Farbe vorzubereiten, trocknet die bereits angelegte Farbfläche und es entstehen unweigerlich Farbränder.

Ein Künstler kann diese harten Farbübergänge auch bewusst einsetzen, um etwa die Intensität eines Tons in bestimmten Bildstellen zu verstärken, einem Körper Volumen zu verleihen, etc.

Jeder Farbrand ist ein scharfer Bruch in gleichmäßigen Farbflächen. Wird er nicht absichtlich eingemalt, entsteht er, wenn eine Lasur getrocknet ist, bevor der Künstler die nächste Farbschicht auftragen konnte.

WIE MAN FARBRÄNDER KORRIGIERT

Einen Farbrand in der Trockentechnik auszubessern kann zu einem unmöglichen Unterfangen werden. Die Vorgehensweise ist zwar sehr einfach, aber es gibt dabei keine Erfolgsgarantie, da ihr Gelingen vom Wasseranteil im Farbgemisch für die Korrektur, der Pigmentart sowie der Qualität des Papiers abhängt. Wie bereits erwähnt, gibt es Pigmente, die stärker haften als andere und einige Papiere, welche Korrekturen relativ schlecht überstehen.

Dessen ungeachtet lohnt sich trotzdem jeder Versuch, einen unerwünschten Farbrand auszubessern.

1. Eine Möglichkeit der Korrektur besteht darin, den Farbrand leicht anzufeuchten und zu warten, bis sich die Pigmente vom Papier lösen.

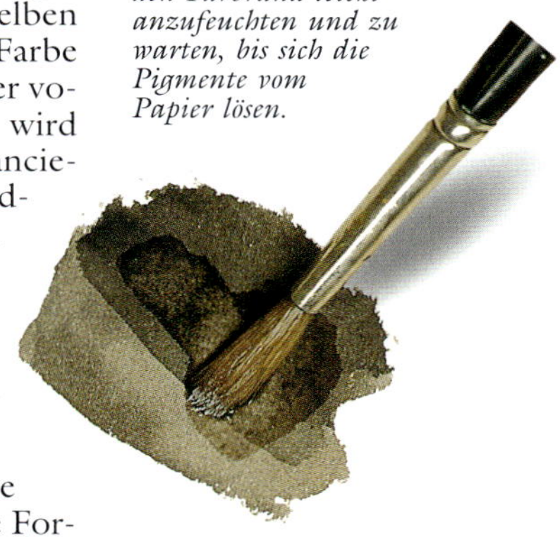

2. Sobald sich die Farbe abgelöst hat, zieht man sie gleichmäßig aus, indem man mit dem Pinsel leicht über den Farbrand reibt, bis dieser verschwindet.

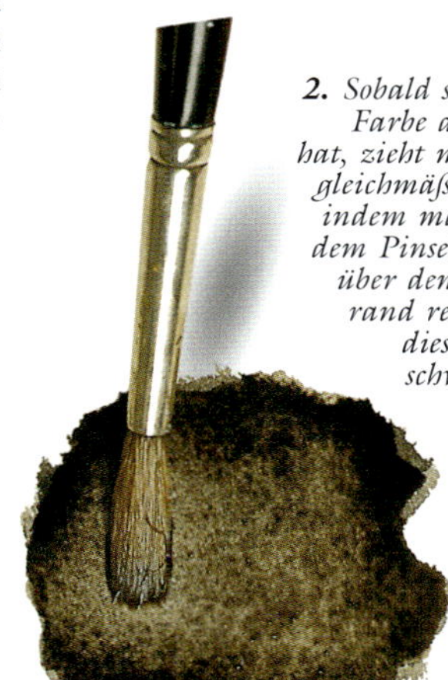

3. Das Ergebnis dieser Ausbesserung wird erst sichtbar, wenn die Farbe wieder vollständig getrocknet ist. In diesem Beispiel ist der Farbrand praktisch gänzlich verschwunden, allerdings hat sich die Farbe wegen der Feuchtigkeit sichtbar an den Konturen des Farbflecks gesammelt. Dieses Phänomen lässt sich vermeiden, indem man die Farbe an den Konturen mit dem Pinsel aufsaugt, bevor sie antrocknen kann.

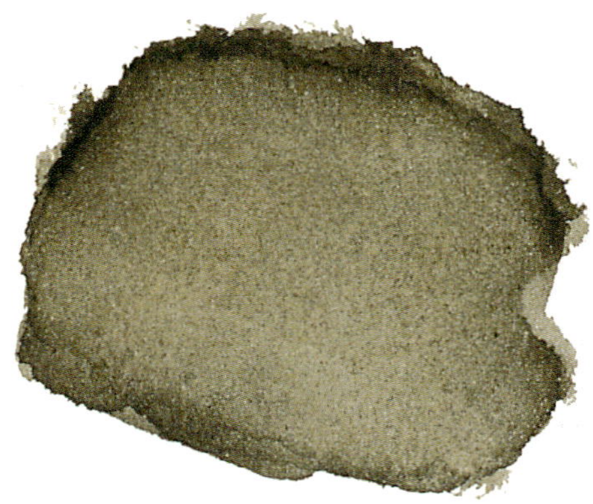

TROCKENTECHNIK

Eine Studie in Nass-auf-Trocken

Diese Studie in der Trockentechnik bietet sich an, um mit klar definierten Formen, der Intensität der Farbtöne und der Gestaltung von dunkleren Tönen durch die Überlagerung der Farben zu experimentieren.

1. Auf das trockene Papier werden die ersten, dunkelsten Farben getragen. Die Farbe bleibt genau dort stehen, wo sie aufgemalt wurde, da sie durch die trockene Oberfläche nicht verfließen kann.

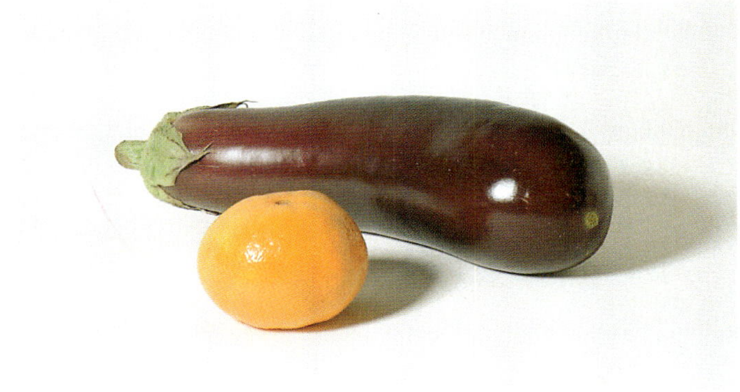

ACHTUNG

Farbüberlagerungen lassen sich nur in der Trockentechnik gestalten, da die Farben auf einem noch feuchten Malgrund sofort miteinander verschmelzen würden und so ein ganz anderes Ergebnis hervorrufen. Siehe *Nasstechnik*, Seite 60.

Dieses schlichte Stillleben mit einer Mandarine und einer Aubergine werden wir künstlerisch umsetzen.

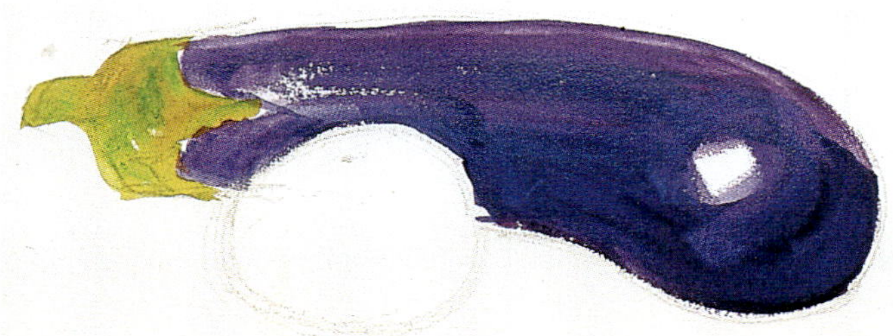

2. Malen Sie nun die Mandarine und stellen Sie ihren Eigenschatten durch die Überlagerung mit einem dunkleren Ton dar. Deuten Sie auch die Struktur des Auberginenstiels und ihren Eigenschatten durch dunklere Farbtöne an. Hier kann man auf Anhieb deutlich erkennen, dass die Farben nicht miteinander verschmelzen, sondern harte Übergänge erzeugen.

MEHR ZUM THEMA

Eine weitere Methode, um Farbränder rückgängig zu machen besteht darin, die Farbe im gesamten Bereich um den Rand herum zu entfernen, das Papier trocknen zu lassen und von vorn zu beginnen. Mehr darüber auf den Seiten 69, 70.

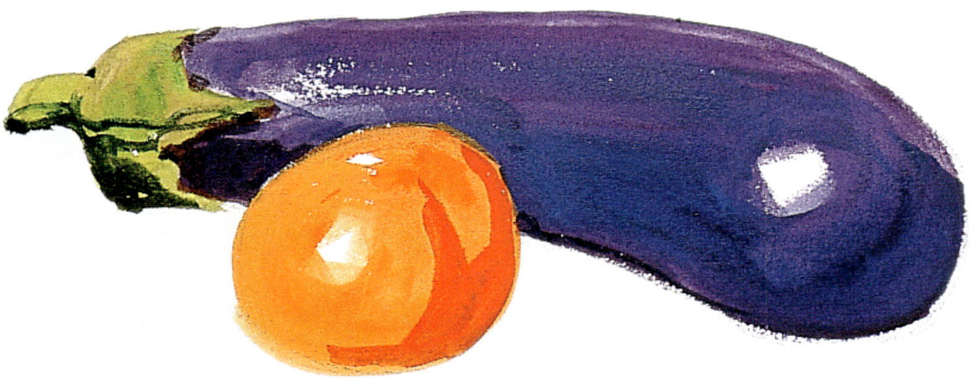

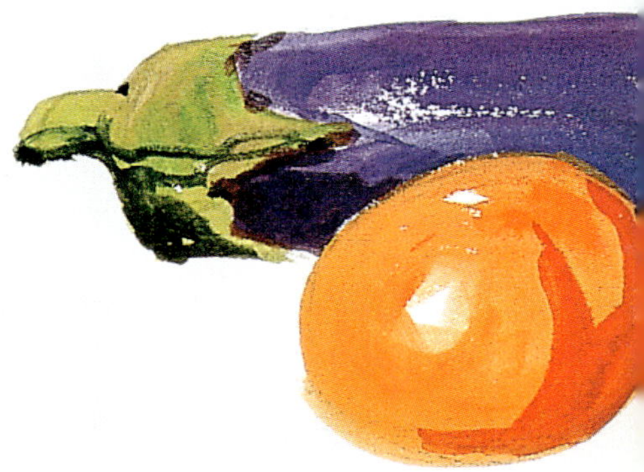

3. Hier sehen Sie im Detail, wie die Farbtöne durch die Überlagerung von Farbschichten intensiviert wurden.

EINZELNE BEREICHE

Arbeitet man ein Motiv in der Trockentechnik aus, kann es vorkommen, dass einige Bildbereiche wie etwa eine Wolke oder die Spiegelungen eines Körpers im Wasser in der Nasstechnik gestaltet werden müssen. Für die Kombination beider Techniken genügt es völlig, nur die erforderlichen Bildstellen anzufeuchten und das Papier ansonsten trocknen zu lassen.

Um kleine oder anspruchsvoll konturierte Stellen anzufeuchten eignet sich ein sauberer, feiner, mit klarem Wasser gefüllter Pinsel am besten.

4. Im letzten Schritt fügen Sie noch kleine Details sowie die Wurfschatten der Mandarine und Aubergine auf der Oberfläche hinzu und arbeiten die Eigenschatten aus, bevor diese trocknen können, damit die Farbübergänge nicht allzu hart ausfallen und realistischer wirken.

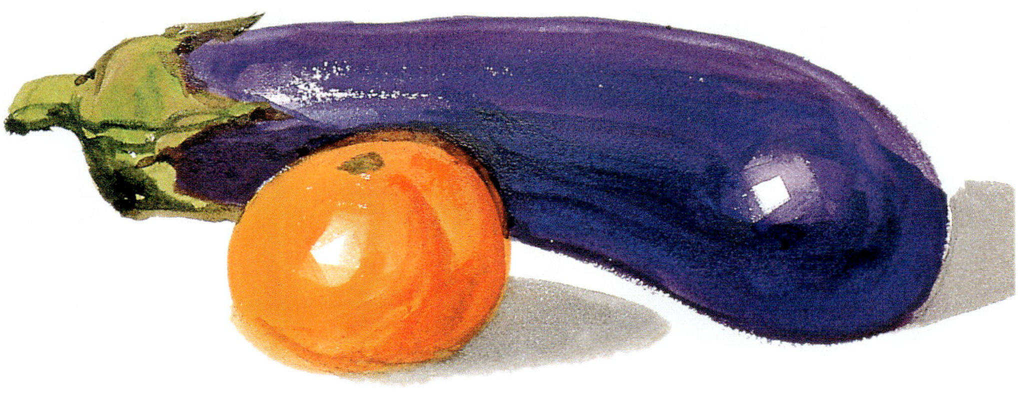

DIE NASSTECHNIK

In der Nasstechnik wird die Aquarellfarbe auf einen feuchten Malgrund aufgetragen. Dies bedeutet, dass die Farbe auf einer noch nicht getrockneten Oberfläche vermalt wird oder aber auf dem blanken Papier, das zuvor gründlich durchfeuchtet wurde.

Die künstlerischen Resultate dieser Technik unterscheiden sich erheblich von den nass-auf-trocken erzielten.

Auf einer feuchten Oberfläche gleitet der Pinsel leicht, die Farbe verfließt gut und die Pigmente breiten sich leicht in alle Richtungen aus. Das Malen auf feuchtem Untergrund wird so bis zu einem gewissen Grad unkontrollierbar. Die Ausdehnung der Pigmente auf der Papieroberfläche bewirkt, dass die Farbe an Intensität verliert und die Konturen diffus verschwimmen. Es entsteht ein gewisser Nebel- und Milchglasscheiben-Effekt, bei dem sich die Formen nicht klar voneinander abgrenzen, weil die Farben miteinander verschmelzen.

Für die Nasstechnik kann man sich entweder die Feuchtigkeit einer noch nicht getrockneten Farbfläche zunutze machen oder das Papier zu diesem Zweck anfeuchten, bevor man zu malen beginnt.

DER GRAD AN FEUCHTIGKEIT

Der Grad an Feuchtigkeit, den das Papier für den späteren Farbauftrag aufweist, ist ein essentieller Faktor, der letztlich das gesamte künstlerische Ergebnis bestimmt.

Je nachdem, wie feucht das Papier am Ende sein soll, kann man das Wasser mit einem Schwamm oder Pinsel auf das Papier bringen oder dieses direkt unter den Wasserhahn halten.

Denken Sie daran, dass der Feuchtigkeitsgrad des Papiers die Fließfähigkeit der Farbe bestimmt. Je höher dieser im Moment des ersten Pinselstrichs ist, desto stärker wird sich der Farbfleck ausdehnen und umso diffusere Konturen besitzen.

Einige Künstler sind der Ansicht, dass das Papier eindeutig zu nass ist, sobald seine Oberfläche im Licht glänzt, wenn man seitlich darauf blickt. Für andere dagegen kann das Papier nicht feucht genug sein.

Die äußeren Umstände, sprich die Lichtquelle, die Temperatur und die Papierart, haben direkten Einfluss darauf, wie viel Wasser man der Farbe beimischen sollte und wie lange es sich während des Malens auf dem Papier hält. Ein bestimmter Grad an Feuchtigkeit bleibt natürlich nicht für unbegrenzte Zeit erhalten, sondern nimmt in dem Maße ab, wie das Wasser verdunstet. Äußere Wärmequellen wie etwa das Sonnenlicht oder starke Leuchtmittel beschleunigen die Trocknung. Deshalb muss man den Malgrund fortlaufend prüfen und regulieren, indem man entsprechend Wasser zufügt oder aufsaugt, damit zu jeder Zeit der individuell optimale Grad an Feuchtigkeit gewährleistet ist.

Um das Papier während des Malprozess stärker zu befeuchten, sollte man einen sauberen Pinsel benutzen, weil dieser präziser als ein Schwamm ist. Damit die Farben dabei rein bleiben, darf der Pinsel keine Farbreste mehr enthalten.

Stetige Praxis und die Beherrschung der Technik stellen den einzigen Weg dar, um herauszufinden, wie feucht man das Papier für den persönlichen Malstil halten muss. Um diese Technik und ihre Funktionsweise schrittweise kennenzulernen empfiehlt es sich, anfangs auf einem separaten Blatt Papier zu experimentieren, beispielsweise auf den unbemalten Stellen eines verworfenen Aquarellbilds. Solange man nicht genau weiß, wie sich die Farbe auf dem nassen Papier verhält, wird das Ergebnis immer überraschend ausfallen.

Zudem kann man genau beobachten, wie die einzelnen Farbtöne durch die Ausdehnung der Pigmente an Intensität verlieren.

Der Unterschied zwischen den Farbtönen von trockener bzw. nasser Aquarellfarbe ist beachtlich und es wird nur mit viel Erfahrung gelingen, das künstlerische Ergebnis schon im Vorfeld abzuschätzen. Die Nasstechnik eignet sich hervorragend, um Himmel darzustellen oder luftigen Wolken Gestalt zu verleihen und vereinfacht das Kreieren von Abstufungen ganz enorm.

Oftmals bietet sich auch die Gelegenheit, die Nasstechnik und die Trockentechnik miteinander zu kombinieren. Manchmal fehlt es einem Werk, das ausschließlich nass-in-nass gemalt wurde, an visueller Ausdruckskraft und es benötigt einige Bereiche, in denen die Formen und Konturen klar definiert sind. Um diesen Effekt zu erzielen genügt es, die entsprechenden Papierflächen entweder von vornherein auszusparen oder abzuwarten, bis das Papier trocken ist, um dann die Farbe aufzutragen.

MEHR ZUM THEMA

Befindet sich überschüssiges Wasser auf dem Papier, kann man zwar warten, bis ein Teil davon verdunstet ist, die meisten saugen die Feuchtigkeit jedoch mit einem Pinsel, einem Schwamm, Saug- oder Löschpapier oder Wattestäbchen auf, also mit eben jenen Medien, durch deren Saugfähigkeit sich die Farbe von einer feuchten Fläche entfernen lässt. Siehe Seiten 67, 68.

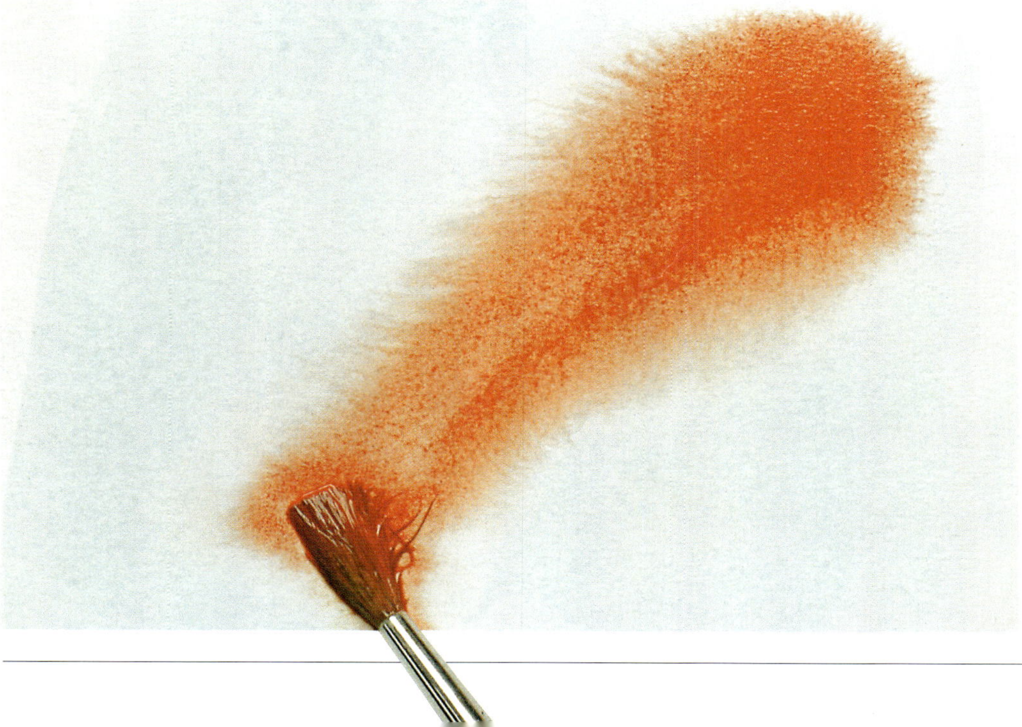

Wenn man mit dem Pinsel über eine zuvor angefeuchtete Papieroberfläche zieht, kann man genau beobachten, wie leicht die Farbe verfließt und sich die Pigmente auf dem Papier weiter ausdehnen, sobald man ihn von der Stelle genommen hat. Die gezogene Farbspur wird in dem Maße heller, wie das Papier trocknet und das Wasser verdunstet, welches erst bewirkt, dass die Farben überhaupt verfließen.

NASSTECHNIK | **EINE STUDIE IN NASS-IN-NASS**

Dasselbe Motiv, das wir zuvor in der Trockentechnik gestaltet haben, werden wir nun nass-in-nass malen und dabei feststellen, dass sich die Farbtöne auf einem feuchtem Malgrund nicht mit Hilfe von Farbüberlagerungen intensivieren lassen.

ACHTUNG

Bei der Trockentechnik muss man zügig arbeiten und genügend Farbe vorbereiten, um Farbränder zu vermeiden.

Solange man nicht genau weiß, wie die Aquarellfarbe auf feuchtem Papier reagiert, kann das Ergebnis sehr überraschend ausfallen.

Für die Nasstechnik muss man die Ausdehnung der Pigmente abschätzen können. Je feuchter die Papieroberfläche ist, desto stärker verfließt die Farbe darauf.

Man kann ein Bild auch durch eine Kombination aus Nass- und Trockentechnik in Szene setzen.

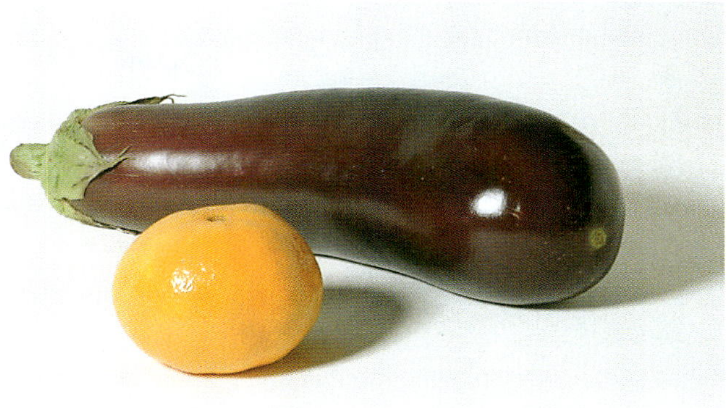

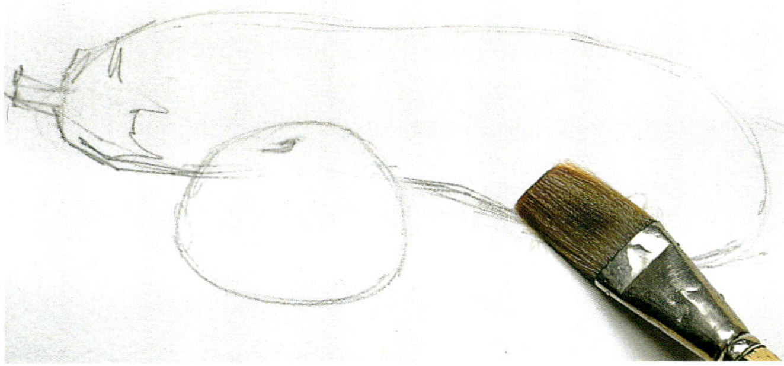

1. Feuchten Sie das Papier an. Sie können getrost einen Schwamm verwenden oder das Papier unter fließendes Wasser halten, wenn es richtig durchnässt sein soll.

3. Malen Sie nun die Mandarine und den Stiel der Aubergine ein. Hier können Sie deutlich erkennen, wie die Farbe von den Objekten weg verfließt und sich die Farbflecken sichtbar vergrößern.

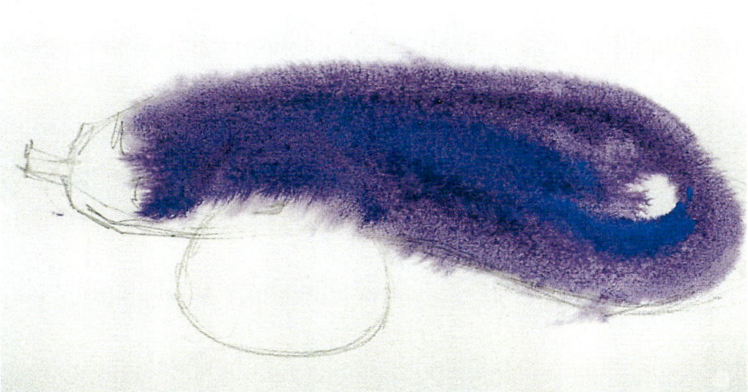

2. Tragen Sie zuerst die dunkelsten Töne auf. Wegen der Feuchtigkeit gleitet der Pinsel mühelos über die Oberfläche und die Farbe selbst beginnt sich auszudehnen.

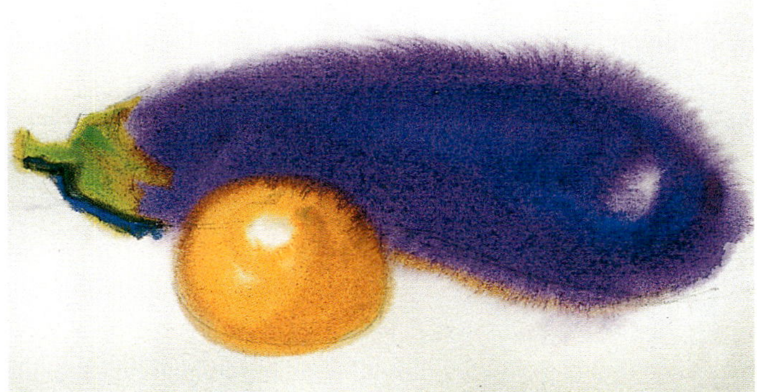

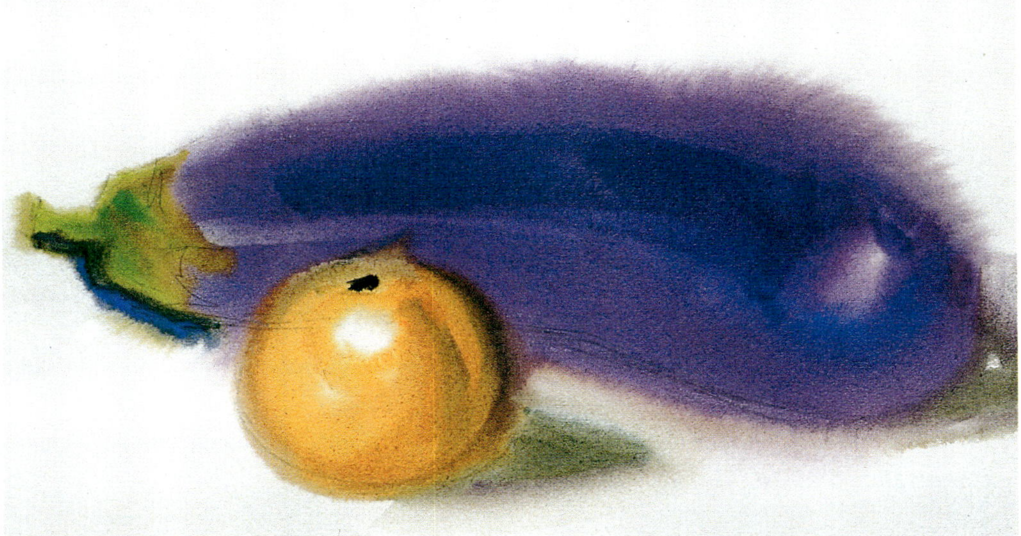

4. Um dem Stillleben den letzten Schliff zu geben, fügen Sie die Wurfschatten ein und gestalten die Eigenschatten der beiden Körper aus, um Ihnen Volumen zu verleihen. Wenn Sie die Bilder nacheinander betrachten, können Sie sehen, wie sich der Farbfleck für die Aubergine bis zuletzt immer weiter ausgedehnt hat. Dies ist darauf zurückzuführen, dass jener Bildbereich feuchter war als das restliche Papier. Die Mandarine wirkt zwar ähnlich diffus, ihre Konturen sind aber nicht ganz so dramatisch verschwommen.

Glanzlichter, Weiß

Wie bereits erwähnt, trägt man die Aquarellfarben in mehreren Schichten auf und beginnt stets mit dem hellsten Farbton, den man später bei Bedarf immer noch dunkler tönen kann. Um zu wissen, wie und wo man beginnt, kommt man um eine gewisse Vorplanung des Bildes nicht herum. Die hellste und zugleich anspruchvollste aller Farben ist das Weiß, mit dem man sich daher als erstes befassen muss.

Wegen der außergewöhnlichen Transparenz der Aquarellfarben greift man nicht auf eine weiße Farbe, die niemals rein bleiben würde, zurück, sondern macht sich stattdessen das Weiß des Papiers zunutze. Schon allein aus diesem Grund müssen wir unser Werk vor Malbeginn genau geplant haben.

ZWEI METHODEN

Prinzipiell gibt es zwei Methoden, das Weiß des Papiers zu nutzen. Eine davon sind die Aussparungen, die andere besteht darin, das Weiß in einer bereits angelegten Farbfläche zu öffnen. Mit dem ersten Verfahren erzielt man reinere, klarere Farben, die in ihrer ganzen Intensität strahlen. Mit dem zweiten lassen sich Fehler korrigieren und Effekte kreieren, doch sollte man bedenken, dass die Aussparungen immer ein reineres Weiß hervorrufen.

Das Weiß des Papiers wird genauso wie eine Farbe eingesetzt, um beispielsweise eine Hauswand oder Blütenblätter anzudeuten oder Effekte wie Wasserspiegelungen und die Glanzlichter auf Flaschen, Früchten usw. darzustellen.

Da man beim Öffnen von Weiß relativ viel Druck auf das Papier ausüben muss, sollte es qualitativ hochwertig sowie reißfest bei Korrekturen sein und erneute Farbaufträge zulassen.

AUSSPARUNGEN

In der Aquarellmalerei versteht man unter einer Aussparung eine Fläche, die man unbemalt lässt und sich so die weiße Farbe des Papiers zunutze macht. Schon vor Malbeginn muss man festlegen, an welchen Stellen des Bildes das Weiß des Papiers stehen bleiben soll, etwa für die späteren Glanzlicher.

AUSSPARUNGEN — Beim Farbauftrag

Es gehört zu den Hauptaufgaben eines Aquarellmalers, das Werk ausgiebig vorzuplanen und die weißen Stellen beim Malen freizulassen. Auf diese Weise formt er die Aussparungen durch die umliegenden Farbflächen, anstatt sie farbig mit dem Pinsel zu gestalten.

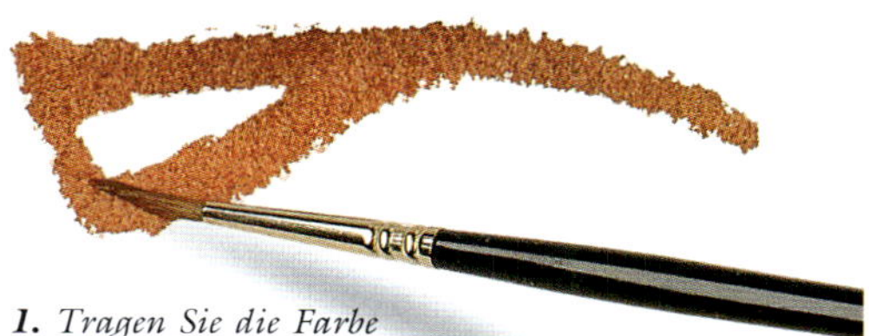

1. Tragen Sie die Farbe auf, indem Sie alle Papierstellen unberührt lassen, die später weiß erscheinen sollen.

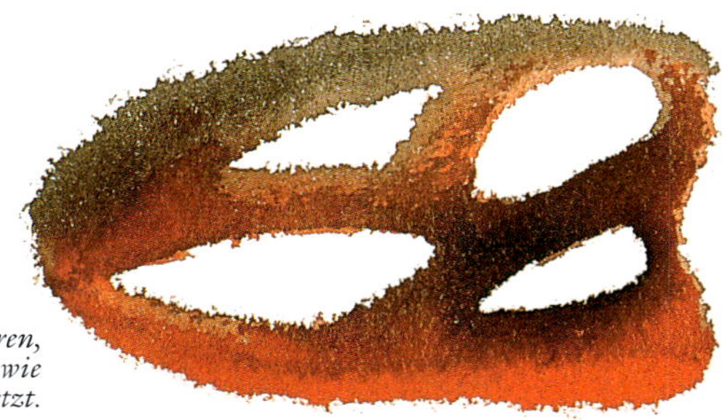

2. Um diese Form zu kreieren, wurde das Weiß des Papiers wie eine zusätzliche Farbe eingesetzt.

AUSSPARUNGEN — Mit Maskierflüssigkeit

Zuweilen kann es vorkommen, dass man komplizierte Formen wie etwa lange, feine Linien ausgestaltet oder einen flotten Malstil mit lockeren Pinselstrichen bevorzugt, bei dem man nicht ständig aufpassen möchte, wenn man sich mit dem Pinsel einer weißen Fläche nähert. Für solche Fälle gibt es die Maskierflüssigkeit.

Sie wird auch Flüssiggummi oder Maskierung genannt, dickflüssig auf das Papier getragen und lässt sich nach dem Trocknen leicht wieder ablösen. Sie bildet eine wasserundurchlässige Schicht und schützt die bedeckten Stellen vor der Farbe.

Hier sehen Sie einen Pinsel, der durch die angetrocknete Maskierflüssigkeit ruiniert ist.

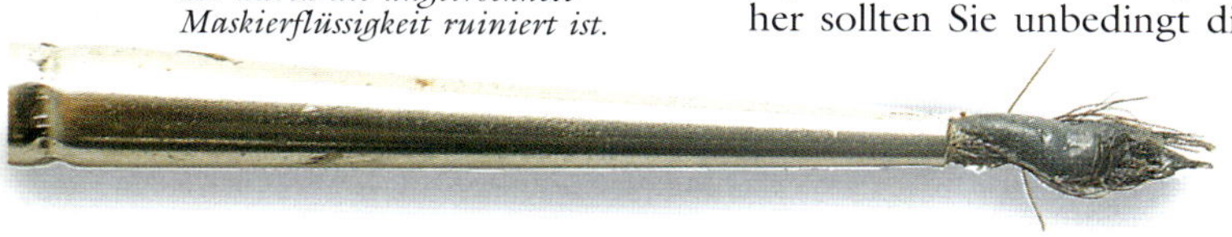

Man trägt sie mit einem Pinsel auf und lässt sie von selbst trocknen oder beschleunigt dies mit einem Haarfön. Meist besitzt Sie eine graue oder cremeweiße Farbe. Im Handel ist zwar auch transparente Maskierung erhältlich, sie wird aber selten benutzt, weil sie kaum sichtbar ist und beim Auftragen der Farben in die Irre führt. Unabhängig von ihrer Farbe müssen Sie jedoch immer damit rechnen, dass sie die Tonwerte der Aquarellfarben verfälscht, daher sollten Sie unbedingt die ursprünglichen Farbtöne im Kopf haben. Sobald diese Substanz sorgfältig und ohne Bruchstellen aufgetragen ist, kann man ruhigen Gewissens darüber malen, da die Maskierung das Wasser und somit die Farbe abweist.

Aussparungen mit Maskierflüssigkeit lassen sich auf dieselbe Weise auch auf bereits bemalten Flächen kreieren, allerdings sollte man zunächst abwarten bis die Farbe völlig getrocknet ist und läuft dabei immer Gefahr, dass die Pigmente etwas an der Maskierung haften bleiben.

In Bezug auf das Papier sollten Sie stets daran denken, dass dieses abhängig von seiner Qualität beim Entfernen der trockenen Maskierung beschädigt werden könnte; zudem ist es besser, diese Substanz unmittelbar nach dem Trocknen der Farbe zu entfernen, da sie mit der Zeit immer stärker am Papier haftet.

Für das Auftragen der Maskierflüssigkeit sollten Sie einen ausgedienten Pinsel verwenden, da stets kleine Partikel im Haarkörper verbleiben, die einen Pinsel ruinieren können. In allen anderen Fällen sollte man den Haarkörper schützen, indem man den Pinsel vor dem Auftragen über ein Stück Seife reibt und ihn danach mit lauwarmem Wasser und etwas Seife auswäscht. In jedem Fall dürfen Sie die Maskierflüssigkeit in einem Pinsel niemals antrocknen lassen und sollten selbst einen ausgedienten Pinsel nach jeder Anwendung gründlich reinigen.

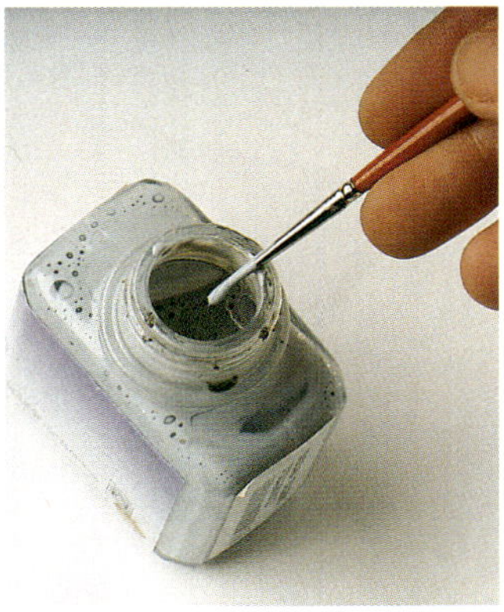

1. Nehmen Sie die Maskierflüssigkeit mit einem alten Pinsel auf.

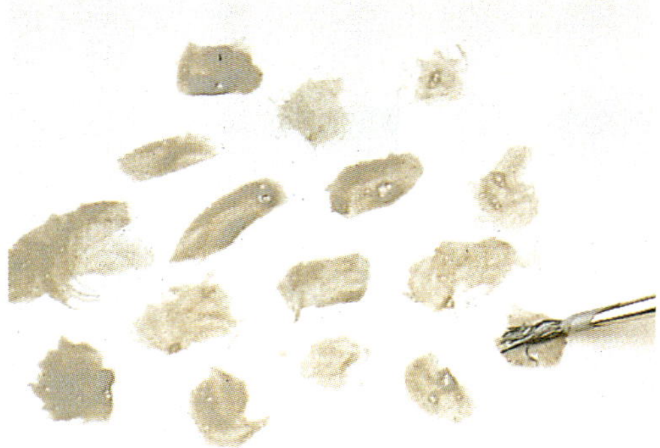

2. Gestalten Sie die Aussparungen, als ob Sie mit einer Farbe arbeiten würden. Lassen Sie dann die Maskierung trocknen oder helfen Sie mit dem Haarfön nach.

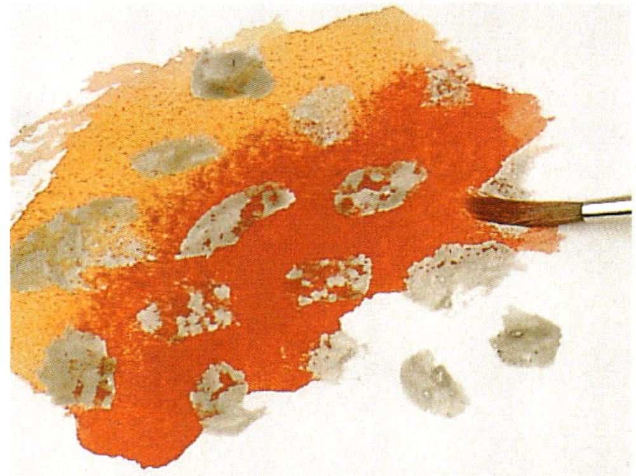

3. Nun können Sie einfach darüber malen, da die Maskierung eine undurchlässige Schicht bildet und das Papier vor Farbe schützt.

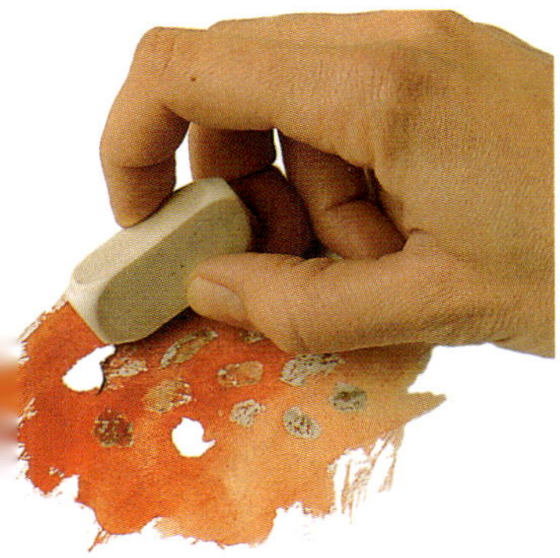

4. Damit das ausgesparte Weiß rein bleibt, sollten Sie die Maskierung erst ganz zum Schluss ablösen. Tun Sie dies also erst, wenn die Farbe durch und durch getrocknet ist und geben Sie Acht, dass Sie die umliegenden Farben nicht versehentlich ausreiben, wenn Sie mit dem Radiergummi leicht darüber rubbeln. Es kann vorkommen, dass mit dem Entfernen der Maskierung auch eventuell vorhandene Bleistiftstriche verschwinden.

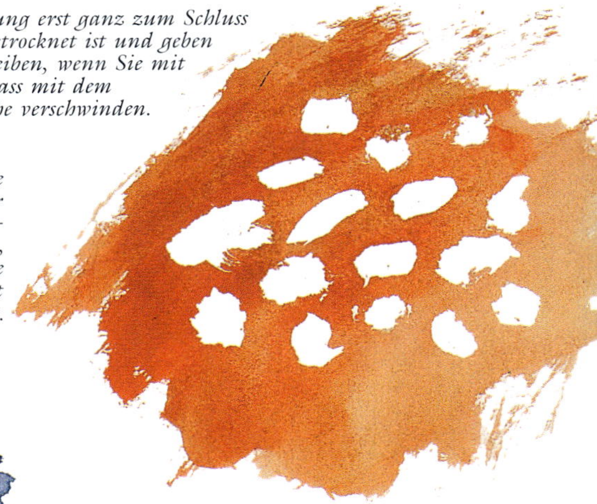

5. Sobald Sie die Maskierung abgezogen haben, kommt die Farbe des Papiers wieder makellos zum Vorschein. Beim Auftragen der Maskierflüssigkeit kann man jeden beliebigen Pinselstrich unbedeckt lassen oder das Muster des Haarkörpers bewusst stehen lassen, damit sich die Farbe nachher in den Strukturen sammelt. Für die Pinselstriche mit Maskierflüssigkeit können Sie ihrer Kreativität genauso freien Lauf lassen wie beim Malen mit Farbe.

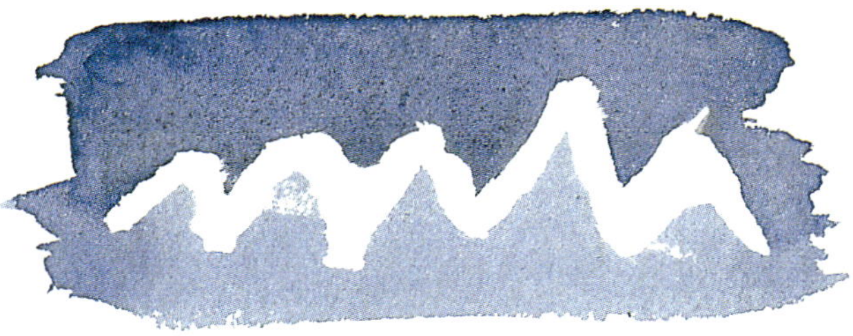

Gelegentlich sorgt der Wasseranteil im Pinsel dafür, dass sich die Farbe an den Rändern der Maskierung und anderen Stellen sammelt; diese satteren Farbflecken wirken oft sehr interessant, da sie den Kontrast verstärken und das ausgesparte Weiß schärfer begrenzen.

AUSSPARUNGEN — MIT DER ZEICHENFEDER

Falls die gewünschte Aussparung zu verschnörkelte oder komplizierte Konturen besitzt, um sie mit dem Pinsel zu kreieren, ist eine Zeichenfeder oft das ideale Medium, um das Objekt zuerst zu konturieren und später mit dem Pinsel auszumalen. Mit einer Zeichenfeder gelingen ausgesparte feine Linien ganz mühelos.

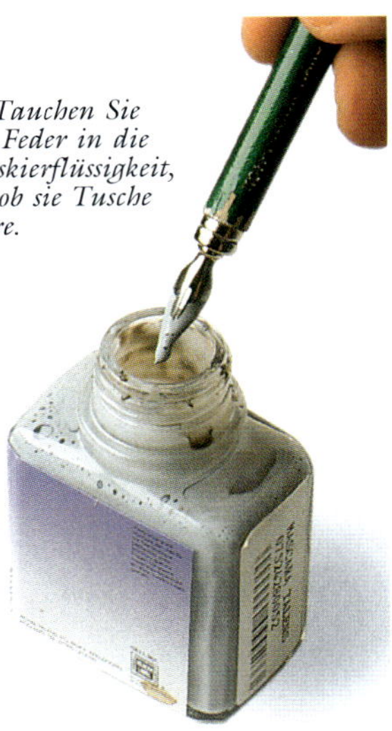

1. Tauchen Sie die Feder in die Maskierflüssigkeit, als ob sie Tusche wäre.

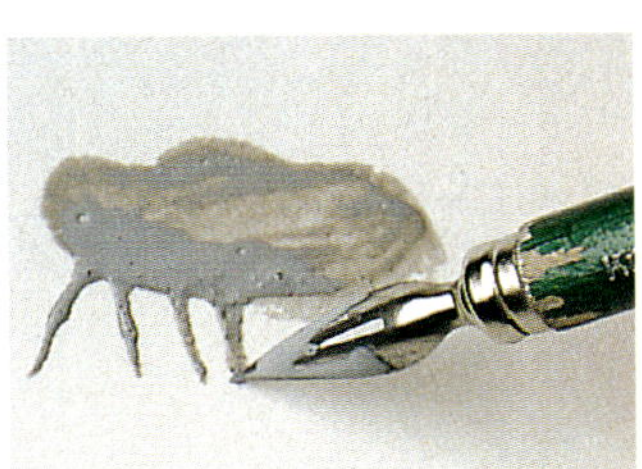

2. Zeichnen Sie das Detail wie sonst auch ein. Denken Sie daran, dass die Maskierung eine dickflüssige Substanz ist und die Zeichenfeder nicht so leicht gleitet, wie dies mit Tusche der Fall ist.

3. Tragen Sie die Farbe ganz unbesorgt auf.

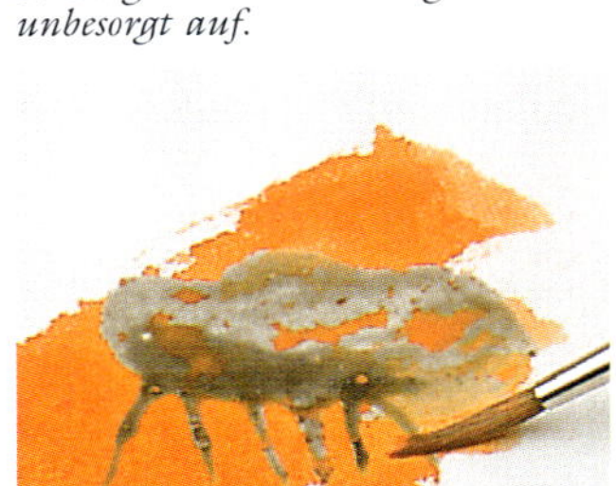

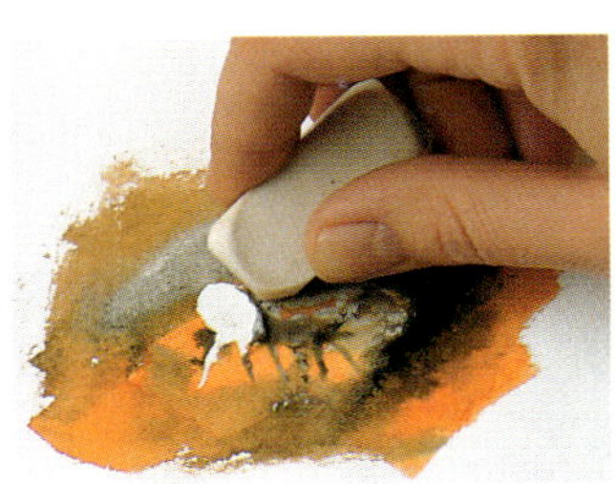

4. Nachdem die Maskierung getrocknet ist, reiben Sie sanft mit einem Radiergummi darüber, um sie zu entfernen. Die ausgesparte Fläche blieb von der Farbe unberührt und zeigt klare, perfekt definierte Linien.

ACHTUNG

Denken Sie daran, dass die Farbe der Maskierflüssigkeit die allgemeinen Tonwerte im Bild verfälschen kann.

Die Maskierung sollte nicht während des Malens aufgetragen werden, da die ausgesparte Fläche sonst Farbe annehmen könnte. Zudem sollte sie nicht länger als nötig auf dem Papier verbleiben, weil sie später umso schwieriger zu entfernen ist.

Um weder Bild noch Papier zu schädigen, wird die Maskierung sehr behutsam entfernt.

AUSSPARUNGEN — MIT WACHSSTIFTEN AUF FEINKÖRNIGEM PAPIER

Durch seine wasserabweisenden Eigenschaften, die aus der klassischen Unvereinbarkeit von Fett und Wasser resultiert, stellt das Wachs ein sehr hilfreiches Medium dar, um Aussparungen zu kreieren.

Hierfür kann man angefangen von einer normalen Kerze bis zu den bunten Wachsmalstiften jeden Wachsgegenstand hernehmen, der geeignet ist.

Die Technik besteht darin, die Aussparung mit Wachs zu zeichnen und eine farbige Lasur darüber zu legen. Da sich das Wachs kaum wieder entfernen lässt, müssen die ausgesparten Flächen sorgfältig geplant und mit präzisen Strichen angelegt werden. Der spätere Effekt von Wachsaussparungen variiert je nach der Körnung des Papiers und dem Druck, den man während des Zeichnens ausübt.

Die präzisesten Aussparungen gelingen mit Wachs auf feinkörnigem Papier.

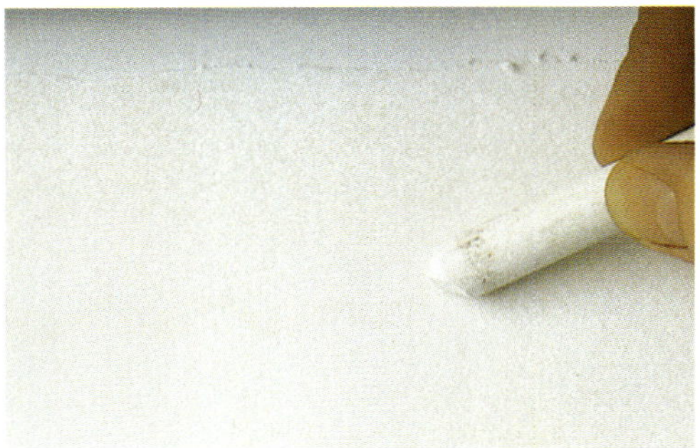

1. Zeichnen Sie mit dem Wachsstift über das feinkörnige Papier.

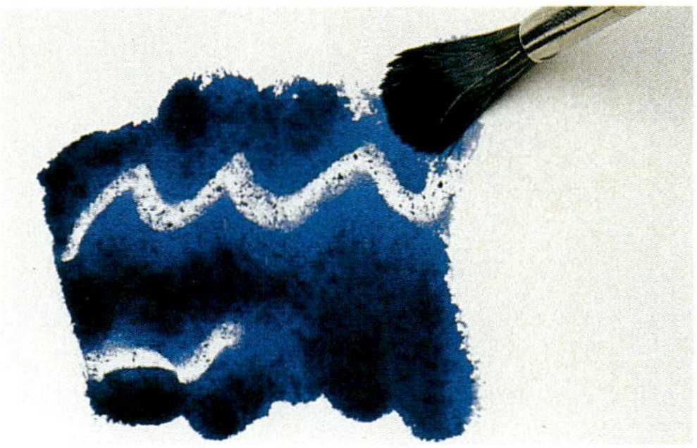

2. Tragen Sie die Farbe nun in gewohnter Weise, aber ohne allzu starken Druck auf.

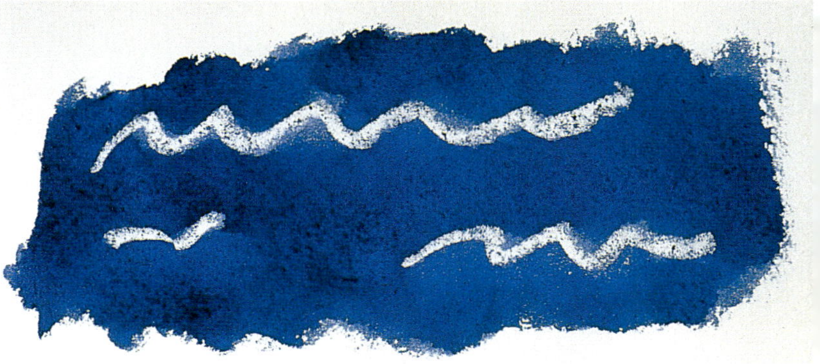

3. Hier sieht man deutlich, wie das Wachs die Feuchtigkeit abweist, auch wenn sich einige kleine Farbspritzer auf seiner Oberfläche sammeln. Da das Papier eine glatte Oberfläche besitzt und wir beim Zeichnen relativ fest aufgedrückt haben, wirken die mit Wachs kreierten Linien ziemlich klar konturiert.

AUSSPARUNGEN — MIT WACHSSTIFTEN AUF GROBKÖRNIGEM PAPIER

Auf grobkörnigem Papier legt sich das Wachs nur ungleichmäßig über die Oberfläche und erlaubt somit, dass sich die kleinen Vertiefungen mit Farbe füllen. Sie sollten bedenken, dass die Aquarellfarbe transparent ist und die Farbtöne von bunten Wachsmalstiften auch nach dem Auftragen der Lasuren hervorscheinen. Dieser Effekt kann äußerst nützlich sein, um etwa Schatten, Getreideähren oder jede andere raue Oberfläche wirkungsvoll anzudeuten.

ACHTUNG

Wachs stößt das Wasser zwar effektiv ab, aber man muss behutsam mit ihm umgehen: drückt man beim Malen zu stark auf, können die Farben ganz oder teilweise in die Wachsschicht dringen.

Planen Sie die Aussparungen mit Wachs gut vor, weil es sich später kaum mehr vom Papier entfernen lässt.

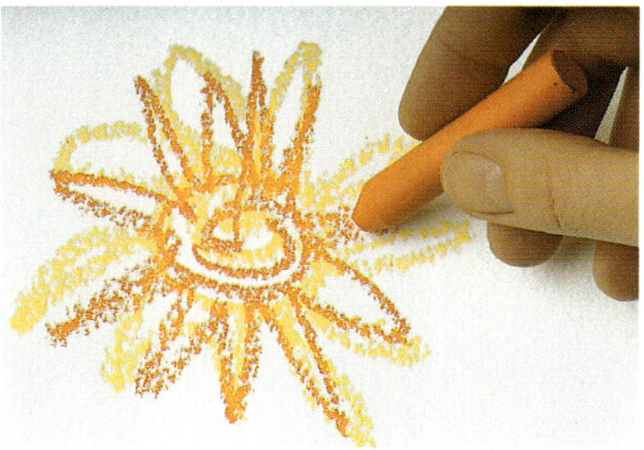

1. Arbeiten Sie zunächst alle Linien mit farbigen Wachsstiften auf dem grobkörnigen Papier aus.

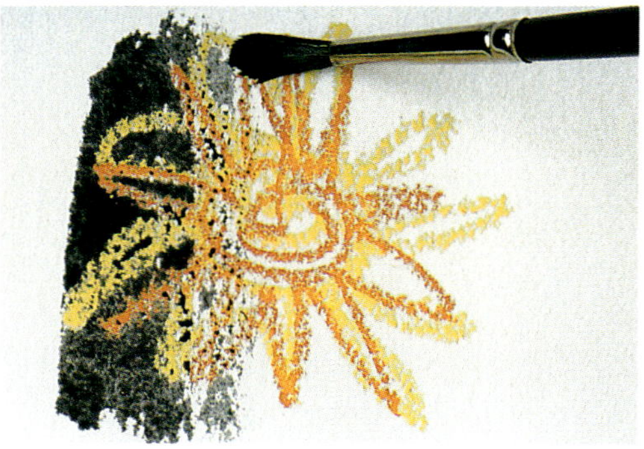

2. Malen sie anschließend ganz normal über das Motiv.

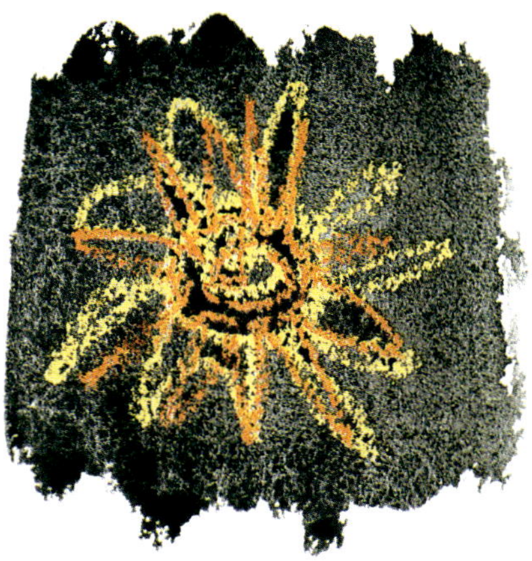

3. Die Transparenz der Aquarellfarbe und die wasserabweisende Natur des Wachses bewirken, dass die mit dem Wachsstift aufgetragenen Farben unverändert leuchten. Beachten Sie, wie die Linien durch die raue Papieroberfläche eine fragmentarische Struktur zeigen und sich die Farbe in den Vertiefungen sammelt.

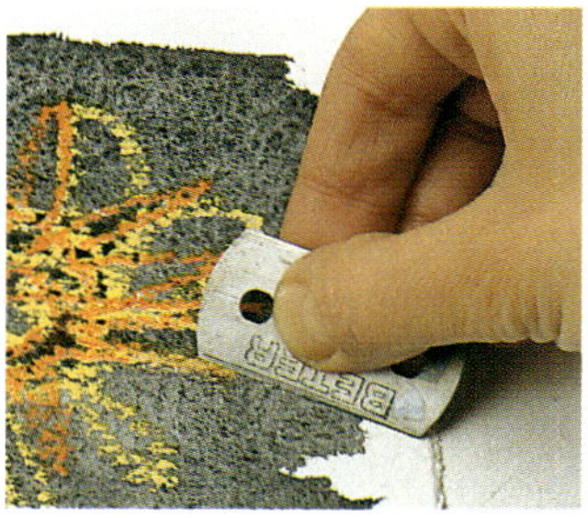

4. Im Gegensatz zur Maskierung kann das Wachs nach dem Auftragen nicht wieder ganz entfernt werden. Man kann höchstens versuchen, das Wachs mit einer Rasierklinge abzuschaben.

AUSSPARUNGEN – MIT GOUACHE

Gouache kann oftmals die Maskierflüssigkeit ersetzen, obwohl sie dicker und weniger komfortabel aufzutragen ist. Auch die Ergebnisse fallen leicht unterschiedlich aus.

Bei dieser Methode wird die auszusparende Fläche mit Gouache bedeckt. Am besten eignet sich weiße oder eine dem Papier ähnliche Farbe, da die Gouache generell auch nach dem Entfernen kleine Farbspuren hinterlässt.

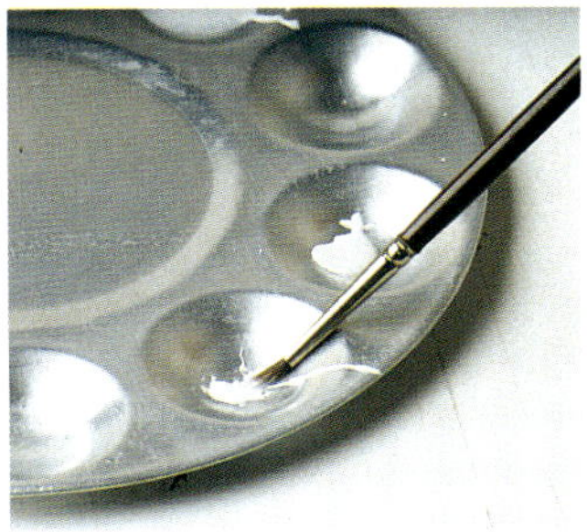

1. Tauchen Sie den Pinsel in weiße Gouache, auch Deckweiß genannt.

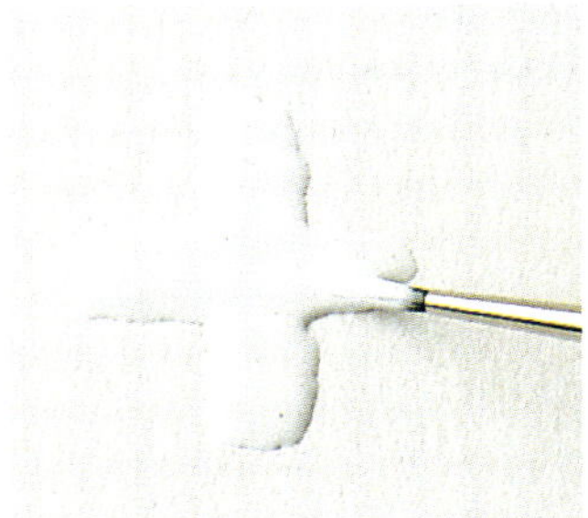

2. Malen Sie die Form, die Sie aussparen möchten, mit Gouache ein und lassen Sie sie trocknen.

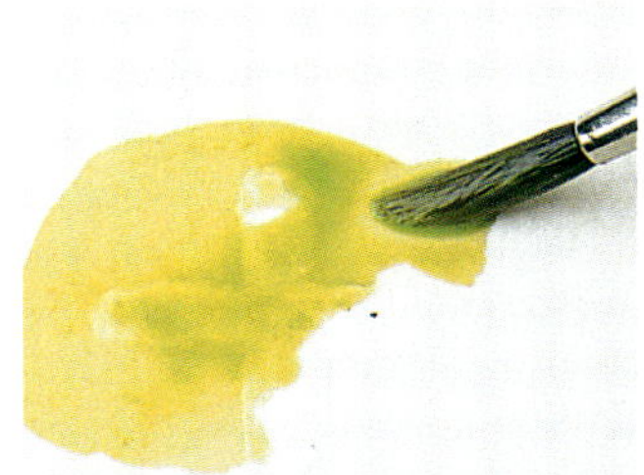

3. Anschließend beginnen Sie mit dem Malen; achten Sie immer darauf, dass Sie die Gouache dabei nicht versehentlich verteilen und so andere Bildflächen verfärben.

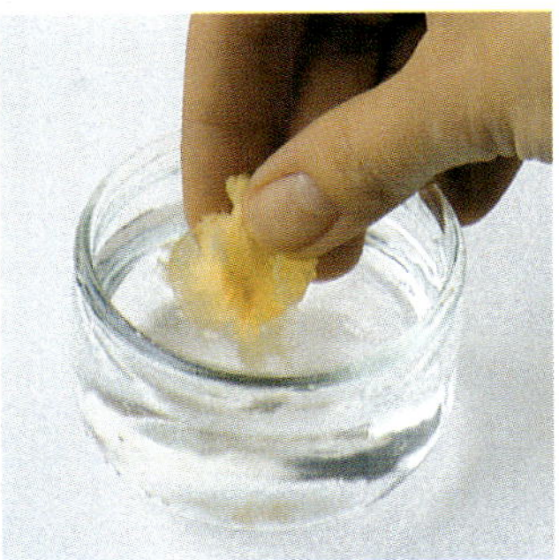

4. Damit Sie mit dem Entfernen der Gouachefarbe beginnen können, feuchten Sie einen Schwamm leicht an.

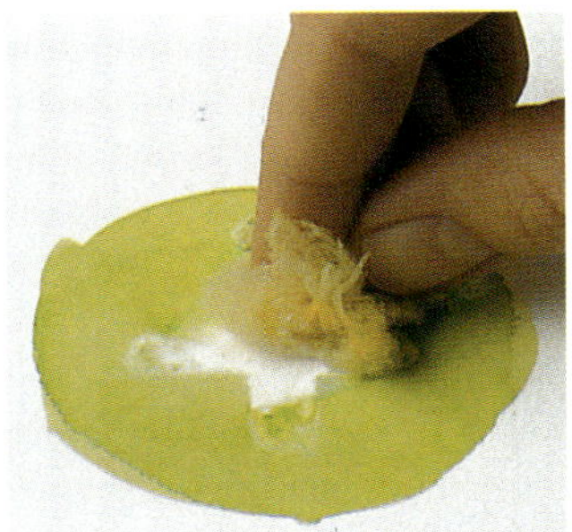

5. Erst wenn die Aquarellfarbe absolut trocken ist, lösen Sie die Gouache mit dem feuchten Schwamm vom Papier. Es ist unvermeidlich, dass auch umliegende Farbe entfernt wird.

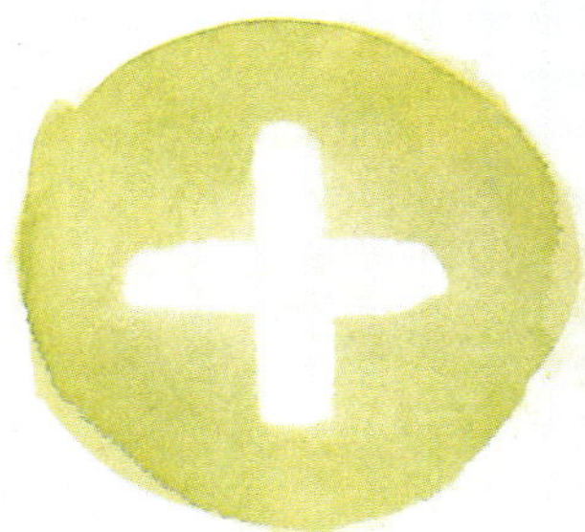

6. Die Form, die Sie auf diese Weise ausgespart haben, wirkt optisch perfekt konturiert.

ACHTUNG

Wenn man die Aquarelle über Gouache legt, darf man nicht zuviel Druck ausüben und keinesfalls kräftig reiben, da sich die Gouache durch die Feuchtigkeit auflöst und so mit den Farben verschmilzt. Zudem sollten Sie in Ihrer Planung berücksichtigen, dass der Schwamm etwas von der Aquarellfarbe aufnehmen wird, und deshalb einen intensiveren Farbton auftragen.

AUSSPARUNGEN – MIT KLEBEBAND

Klebeband kann ein ausgezeichnetes Hilfsmittel sein, um Flächen mit geraden Linien oder geometrischen Figuren wie etwa eine Fassade oder den Bürgersteig einer Straße auszusparen und eignet sich vor allem dann, wenn die restlichen Flächen mit dunklen Tönen und Farbüberlagerungen gestaltet werden. Der einzige Nachteil des Klebebandes liegt darin, dass seine Farbe beim Aufbau der Tonwerte stören kann.

Vor allem beim Malen in der Nasstechnik muss man beim Entfernen des Klebebandes gut aufpassen, weil die Farbe ohne diese Begrenzung noch verfließen könnte, solange sie nicht vollständig getrocknet ist.

Wenn Sie ein minderwertiges Papier verwenden oder das Klebeband für die Aussparung kräftig andrücken, kann es die Papieroberfläche beschädigen. Aber selbst auf gutem Papier sollte man es vorsichtshalber nicht länger als nötig darauf belassen.

Es ist in jedem Fall besser, das Klebeband bei Zeiten wieder abzulösen, da es sonst Kleberückstände hinterlassen könnte.

ACHTUNG

Das Klebeband sollte Wärmequellen wie dem Sonnenlicht oder starken Lampen keinesfalls für längere Zeit ausgesetzt werden, da der Klebstoff hierdurch aufweichen und Spuren auf dem Papier hinterlassen würde.

Wenn Sie mit sehr nassen Farben arbeiten, sollten Sie vor dem Entfernen des Klebebandes zunächst abwarten, bis der Malgrund die Feuchtigkeit absorbiert hat, da die Farbe ohne die Begrenzung auch in die ausgesparte Fläche verlaufen könnte.

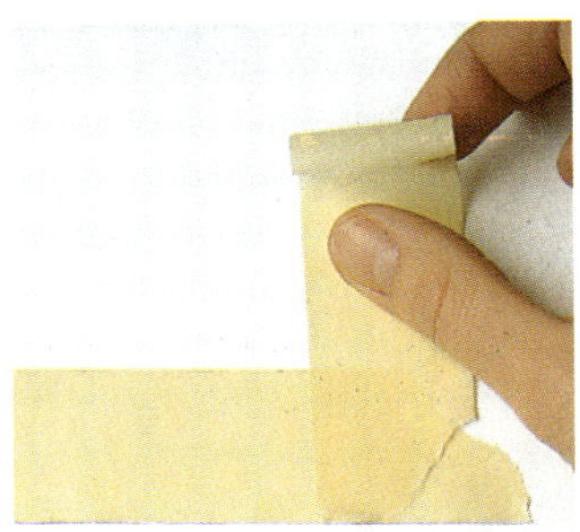

1. Drücken Sie das Klebeband als Formbegrenzung auf das Papier.

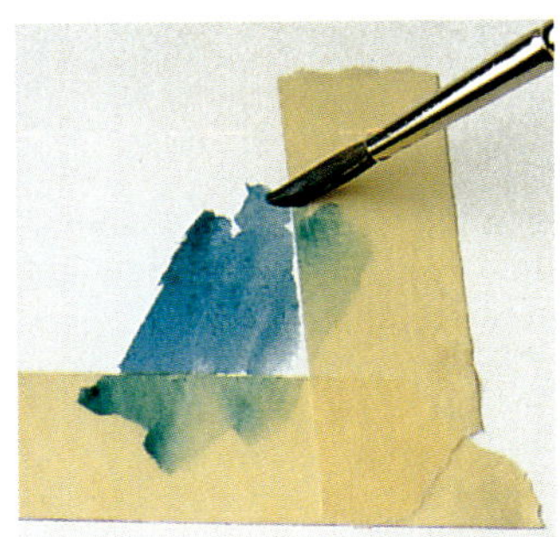

2. Tragen Sie die Farbe auf und lassen Sie sie leicht antrocknen.

3. Ziehen Sie nun das Klebeband sehr behutsam vom Papier ab.

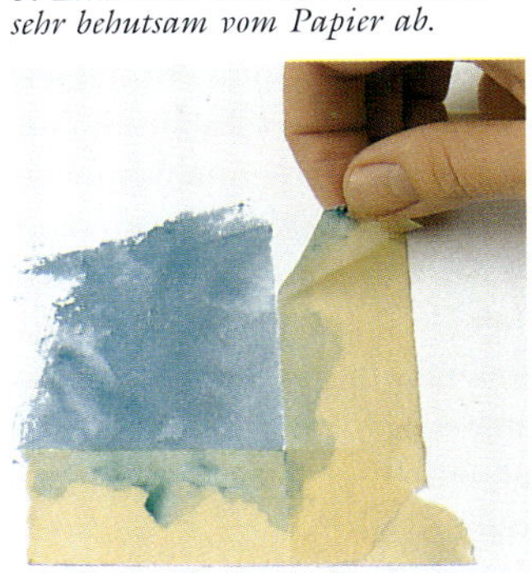

4. Das Ergebnis dieser Technik sind klare Konturen und gerade Linien.

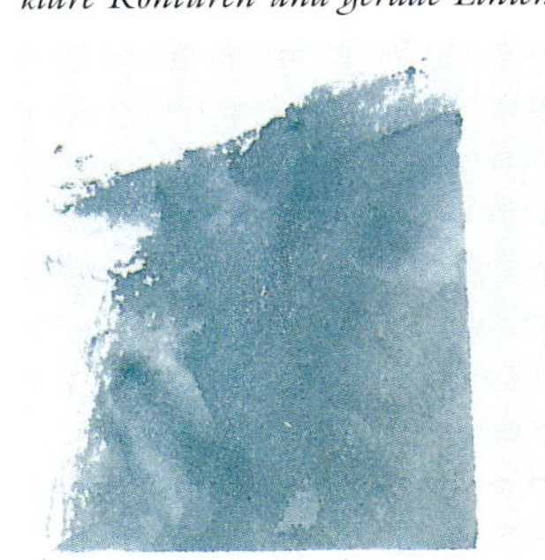

AUSSPARUNGEN — MIT PAPIER

Ein gewöhnliches Stück Papier bietet sich hervorragend an, um bestimmte, vor allem größere Flächen auszusparen.

Man kann es für exakte Linien sauber abschneiden, Formen kreieren oder einfach abreißen, unregelmäßige Kanten erzeugen und das Papierstück dafür einsetzen, um etwa den Horizont einer urwüchsigen Landschaft anzudeuten.

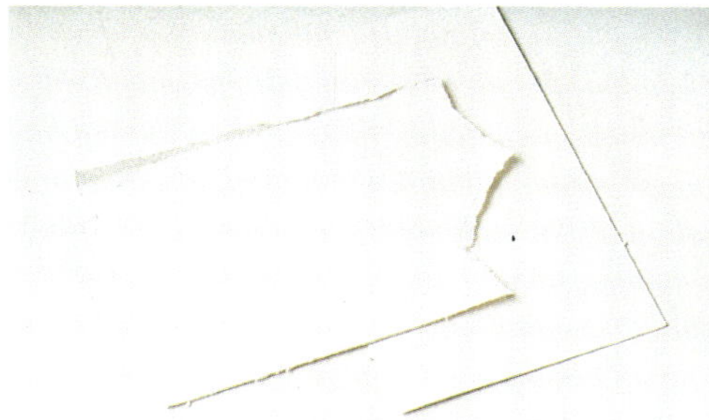

1. Legen Sie das Papierstück für die Aussparung auf das Aquarellpapier.

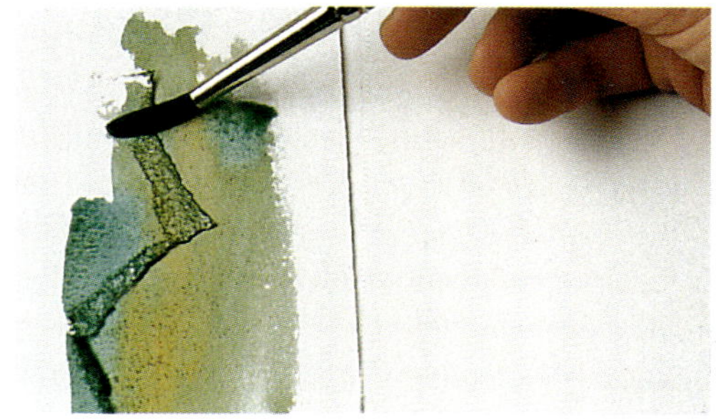

2. Tragen Sie die Farbe auf und vermeiden Sie dabei, die Papierform zu verschieben.

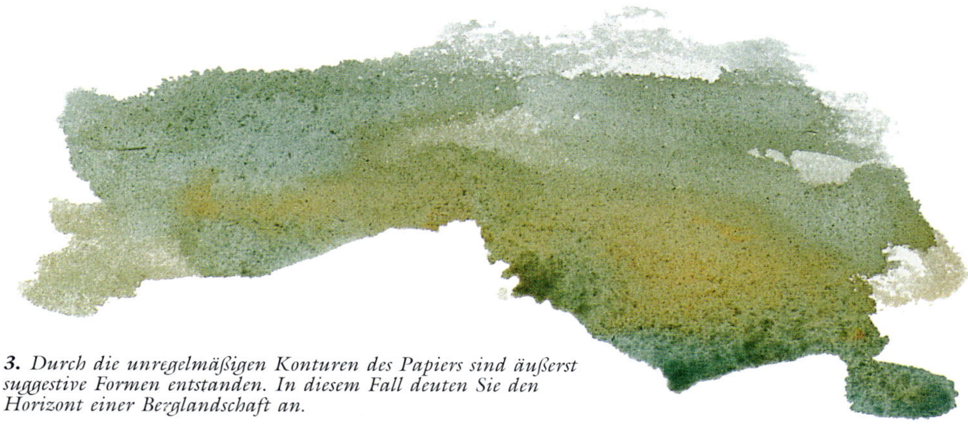

3. Durch die unregelmäßigen Konturen des Papiers sind äußerst suggestive Formen entstanden. In diesem Fall deuten Sie den Horizont einer Berglandschaft an.

ACHTUNG

Bei großformatigen Bildern empfiehlt es sich, das Papierstück mit Klebeband zu befestigen, damit es nicht verrutschen kann.

Für diese Art der Aussparung eignet sich jedes beliebige Papier, das sowohl der Feuchtigkeit als auch dem Verfahren standhält.

AUSSPARUNGEN — MIT GUMMIARABIKUM

Gummiarabikum, das zu 50% in Wasser verdünnt oder direkt mit der Farbe aufgetragen wird, vermindert die Haftungsfähigkeit der Pigmente. Das macht Gummiarabikum so ideal, um eine bestimmte Art von Aussparungen zu kreieren, bei denen die Aquarellfarben im Endeffekt wieder aus einer zuvor bemalten Fläche gelöst werden.

Für diese Technik legt man das Gummiarabikum mit der Farbe über einen gut getrockneten Hintergrund und wartet die Trocknung ab, bis die oberste Farbschicht leicht zu glänzen beginnt. Um die Farbe so entfernen zu können, dass der Hintergrund durchscheint, zieht man mit einem in Wasser getauchten Pinsel darüber und tupft dann die Feuchtigkeit und die Farbpartikel mit Saugpapier ab.

Mit dieser Technik kann man Licht- und Schattenbereiche oder das lichtdurchflutete Blattwerk eines Baumes hervorragend darstellen.

1. Nehmen Sie etwas Gummiarabikum mit dem Pinsel auf.

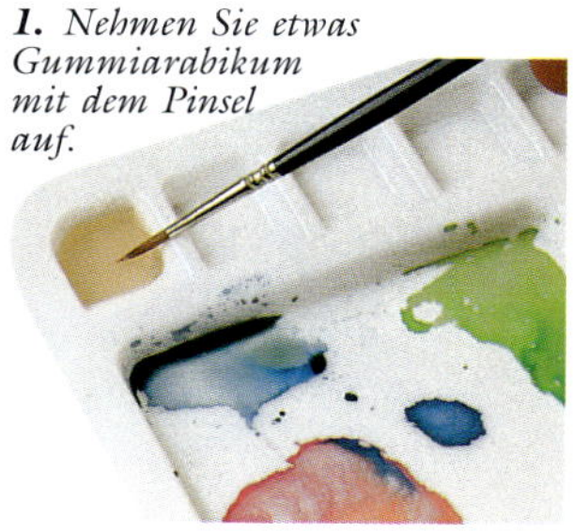

2. Füllen Sie den Haarkörper mit der gewünschten Aquarellfarbe.

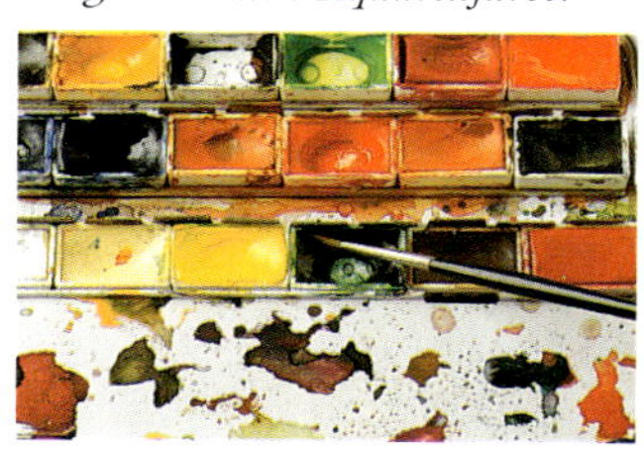

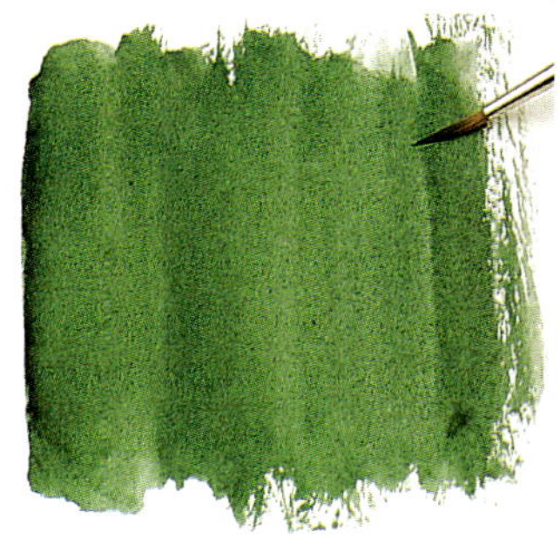

3. Malen Sie nun die Fläche, die später die farbfreien Stellen präsentieren soll.

4. Tauchen Sie den Pinsel in klares Wasser.

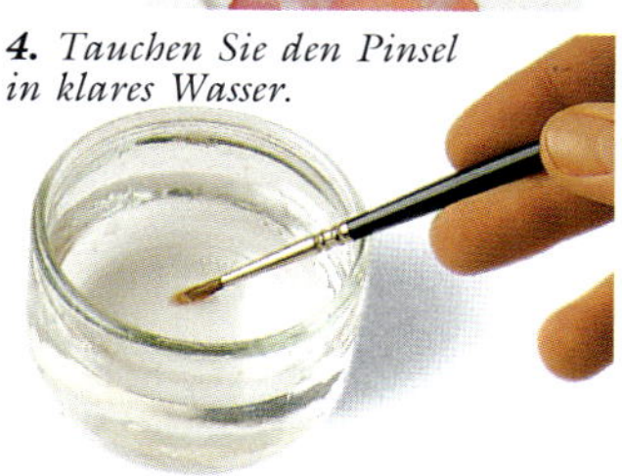

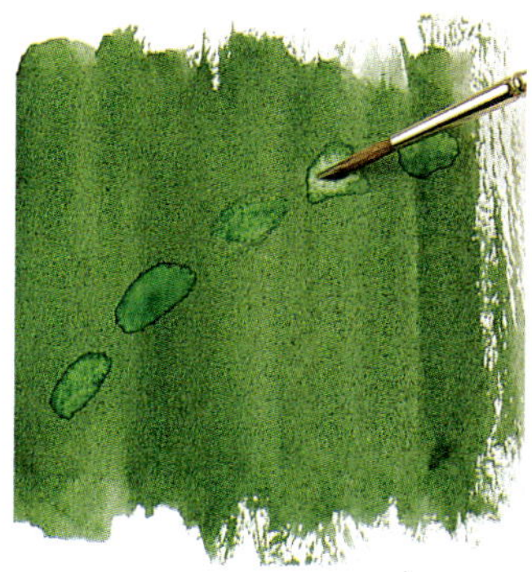

5. Sobald die Farbe trocken ist, befeuchten Sie die Stellen, aus denen Sie die Farbe entfernen möchten. Die Feuchtigkeit bewirkt, dass sich die Pigmente vom Papier lösen.

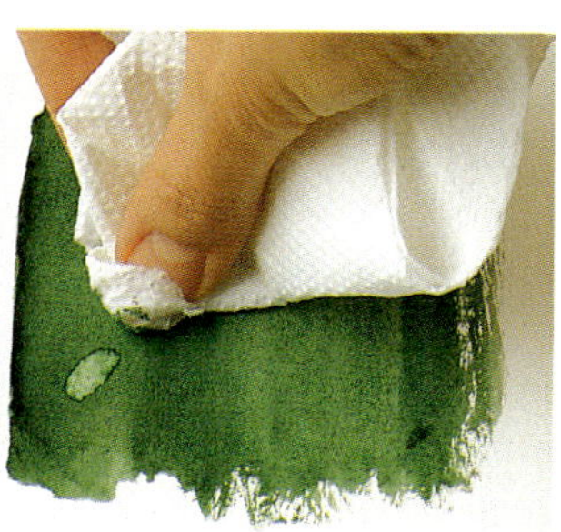

6. Warten Sie einige Sekunden, bis das Wasser die Farbe aufgeweicht hat, und tupfen Sie die Feuchtigkeit mit Saugpapier ab.

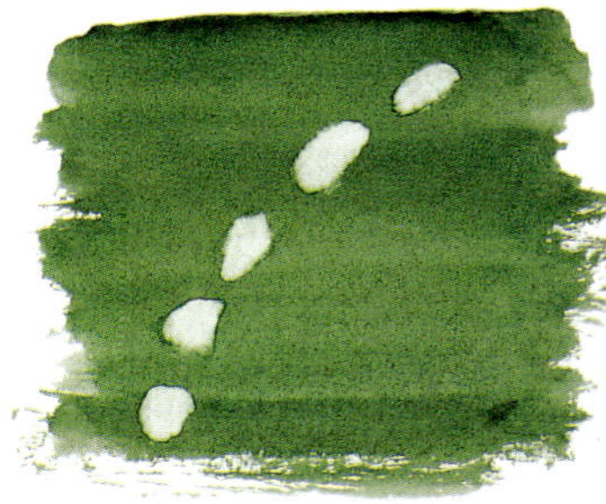

7. Die Tupfer bringen das Weiß des Papiers wieder zum Vorschein.

ÖFFNEN VON WEISS

Das Öffnen von Weiß bedeutet, die Farbe des Papiers aus einer darüber gemalten Farbschicht wieder hervorzuholen. Im Gegensatz zur Aussparung mit Gummiarabikum, bei der die Reinheit der Farbe erhalten bleibt, muss das Papier für diese Methode zuerst bedeckt werden, um dann wieder seinen ursprünglichen Farbton zu gewinnen.

Das Gelingen dieser Techniken hängt immer davon ab, wie hochwertig das verwendete Papier ist und aus welcher Farbe das Weiß geöffnet wird, denn es gibt Pigmente wie etwa die meisten Grüntöne, die stärker am Papier haften und somit schwieriger zu entfernen sind. Arbeitet man auf Qualitätspapier, kann das hervorgeholte Weiß so rein wie das Papier gelingen. Oftmals wird dieses Ziel allerdings gar nicht angestrebt, weil die mit diesen Techniken geschaffenen hellen Stellen und Glanzlichter in viel sanfteren und subtileren Farbtönen leuchten als jede Aussparung und dadurch eine ganz besondere Wirkung entfalten.

Das Weiß lässt sich sowohl auf feuchter Farbe als auch auf trockener Schicht öffnen.

Alle hier gezeigten Techniken bieten sich nicht nur zum Korrigieren oder Farbentfernen an, sondern auch für die Gestaltung von Abstufungen, Nuancen oder um etwa einen Himmel zu überarbeiten.

DAS ÖFFNEN VON WEISS AUF FEUCHTER FARBE

MIT EINEM SAUBEREN PINSEL

Das Weiß auf einer feuchten Fläche zu öffnen bedeutet im Grunde genommen, einen Teil der Farbe zu absorbieren, solange diese noch nicht getrocknet ist.

Für diese Technik benutzt man einen sauberen Pinsel und nimmt mit ihm die Farbe auf; man kann sogar denselben Pinsel wie beim Malen verwenden, wenn man ihn gründlich ausgewaschen und an einem Lappen abgestreift hat. Diese gelingt am besten auf Papier mit feinem Korn, da sich die Farbe bei grobkörnigem Papier in dessen Vertiefungen sammelt und somit viel schwieriger herauszulösen ist.

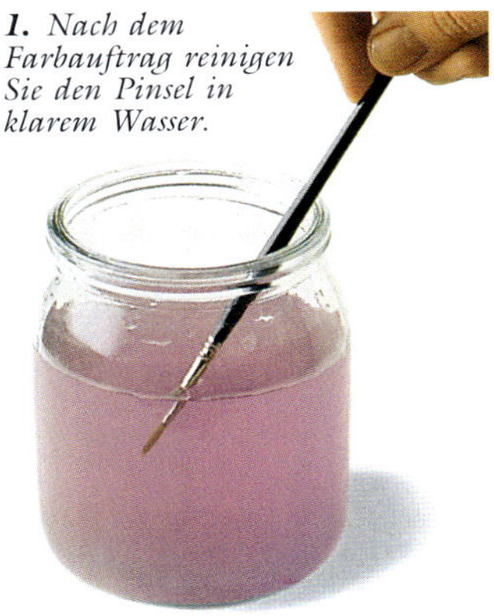

1. Nach dem Farbauftrag reinigen Sie den Pinsel in klarem Wasser.

ACHTUNG

Damit beim Öffnen von Weiß der gewünschte Effekt gelingt, muss der Pinsel sauber sein, da er sonst das Papier verschmutzen könnte.

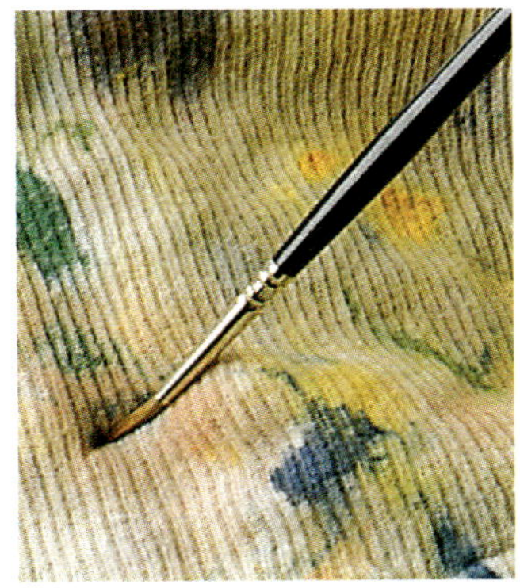

2. Streifen Sie den feuchten Haarkörper in einem Lappen ab.

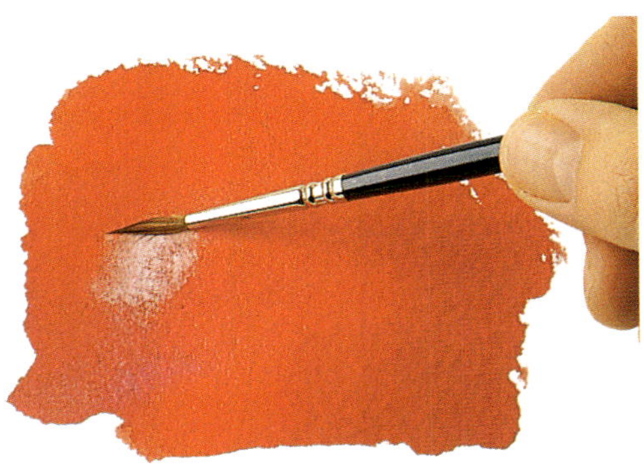

3. Nehmen Sie nun mit dem abgestreiften Pinsel Farbe auf und arbeiten Sie die Form aus. Um die Farbe stärker aufzulösen, reinigen Sie den Pinsel erneut und wiederholen den Vorgang so oft, bis ein überzeugendes Ergebnis gelingt. Auf diese Weise lässt sich ein fast perfektes Weiß kreieren.

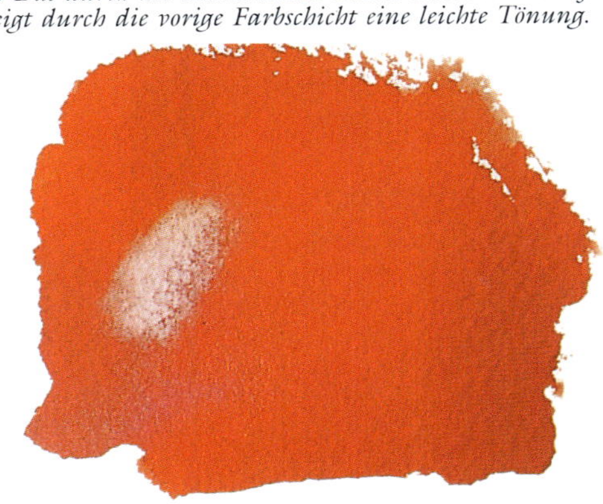

4. Das durch die überarbeitete Fläche scheinende Weiß zeigt durch die vorige Farbschicht eine leichte Tönung.

DAS ÖFFNEN VON WEISS AUF FEUCHTER FARBE

MIT DEM SCHWAMM

Ähnliche Resultate lassen sich erzielen, indem man die Farbe mit einem Natur- oder Synthetikschwamm entfernt. Der Unterschied zum Pinsel liegt darin, dass der Schwamm eine breitere Spur und diffusere Konturen hinterlässt. Zudem ist er schwieriger handzuhaben und eignet sich kaum für Details, dafür aber umso besser für das Öffnen von Weiß aus großen Flächen.

Der Schwamm muss vollkommen frei von Farbe sein und vor jedem Einsatz ausgewaschen werden.

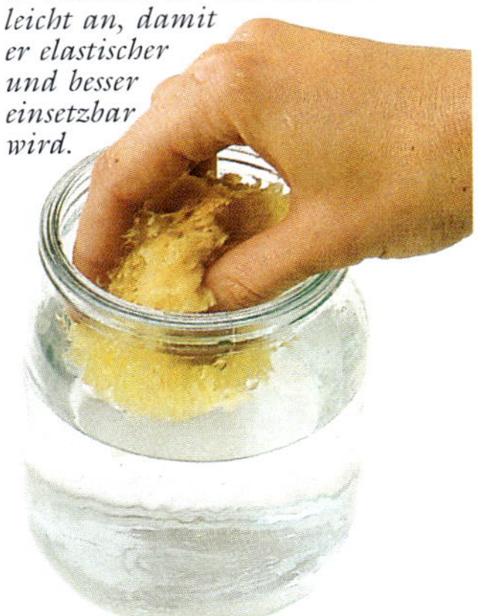

1. Feuchten Sie den Schwamm leicht an, damit er elastischer und besser einsetzbar wird.

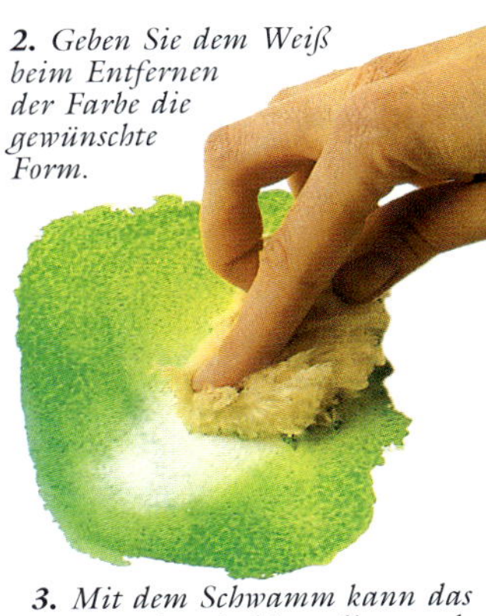

2. Geben Sie dem Weiß beim Entfernen der Farbe die gewünschte Form.

3. Mit dem Schwamm kann das Weiß so rein wie hier gelingen, da man leichten Druck auf ihn ausüben und die Pigmente dadurch ausreiben kann.

DAS ÖFFNEN VON WEISS AUF FEUCHTER FARBE

Mit einem Wattestäbchen

Das Wattestäbchen kombiniert die Eigenschaften des Pinsels mit denen von Saugpapier. Es ist immer praktisch, einige zur Hand zu haben, besonders für kleine Details und Ausbesserungen. Da Wattestäbchen nicht auswaschbar und nur einmal verwendbar sind, benötigt man mehrere, wenn man das Papier kräftig bearbeiten will.

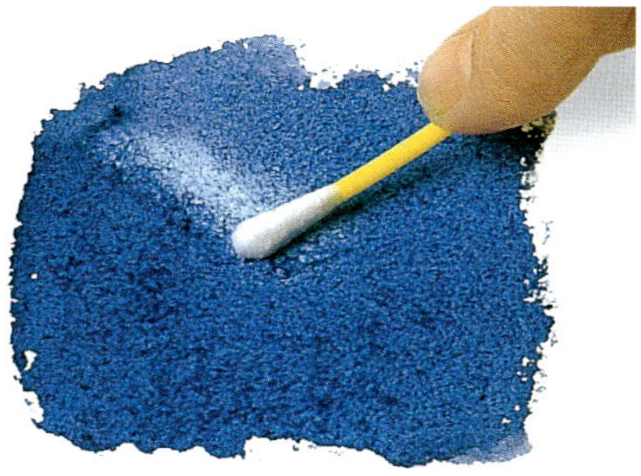

1. Saugen Sie mit dem Wattestäbchen die feuchte Farbe so auf, dass die gewünschte Form entsteht.

2. Mit einem Wattestäbchen ist es zwar kaum möglich, ein reines Weiß zu kreieren, dafür besitzen die Glanzstellen interessante Tonwerte wie die des Papiers, das durch die vorige Lasur zart nuanciert ist.

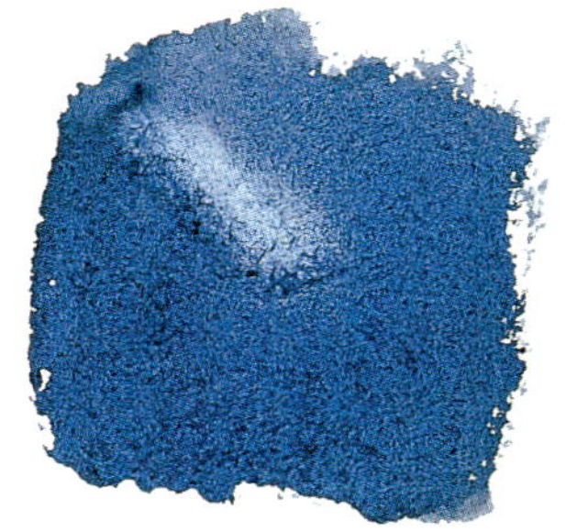

DAS ÖFFNEN VON WEISS AUF FEUCHTER FARBE

Mit Saugpapier und Löschpapier

Beide Papiere sind hilfreiche Medien, um Farbe zu absorbieren, wobei Löschpapier mehr Feuchtigkeit aufzunehmen vermag. Wenn der Künstler seine Fantasie spielen lässt, kann er mit beiden Sorten gleichermaßen hübsche Effekte kreieren.

Saugpapier ist weich und knittert leicht, wodurch sich Zwischenräume bilden.

Löschpapier ist dagegen fester, schlechter formbar und schwieriger zu handhaben, dafür absorbiert es allerdings mehr.

ACHTUNG

Um strukturähnliche Effekte zu kreieren, darf man das Papier nicht zu fest andrücken, da es sonst die gesamte Farbe aufsaugen und ein strahlendes Weiß hinterlassen würde. Der Baumwolllappen, in dem man den Pinsel abstreift, eignet sich für diese Technik genauso gut.

1. Drücken Sie das gefaltete Saugpapier in die feuchte Farbschicht.

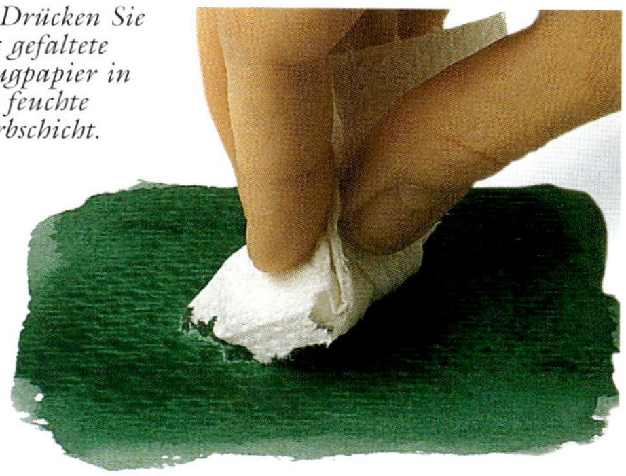

2. Auf diese Weise entsteht ein Struktureffekt, der beispielsweise Wolken oder bestimmte Gewächse suggeriert.

1. Legen Sie das Löschpapier auf die feuchte Oberfläche und pressen es leicht an, damit es ordentlich Farbe aufnimmt.

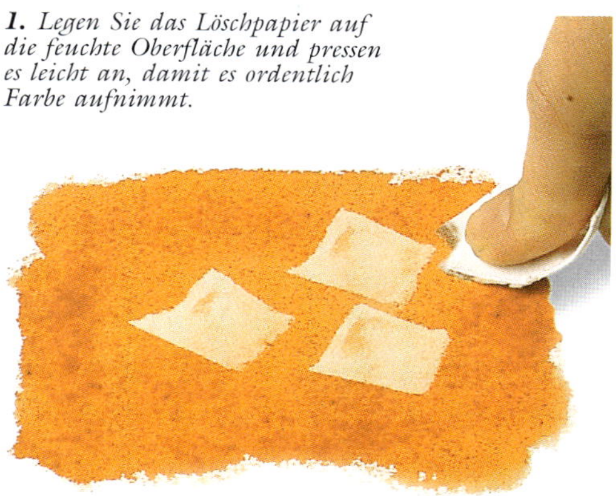

2. Wie das Ergebnis ausfällt hängt davon ab, wie stark der ausgeübte Druck ist und welche Form das Papierstück besitzt, mit dem man die Feuchtigkeit absorbiert.

DAS ÖFFNEN VON WEISS AUF FEUCHTER FARBE

Mit einer Kreditkarte

Mit einer Kredit- oder jeder anderen Plastikkarte lässt sich die Feuchtigkeit ganz wunderbar wie mit einer Gummilippe abziehen. Man kann die Karte dabei horizontal oder vertikal ziehen, Linien, Kreise sowie Bögen gestalten oder zum Beispiel eine Ackerlandschaft darstellen.

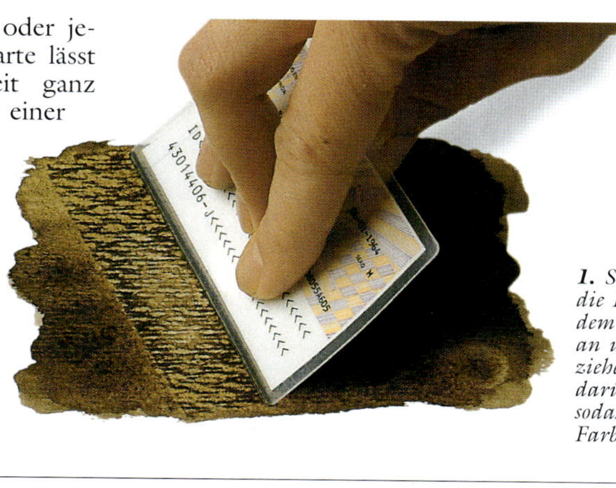

1. Setzen Sie die Karte auf dem Papier an und ziehen Sie sie darüber, sodass sich die Farbe öffnet.

2. Diese Kartentechnik bietet sich an, um geometrische Flächen mit geraden Linien zu öffnen. Hier erinnert die kreierte Struktur an den Stamm einer Palme.

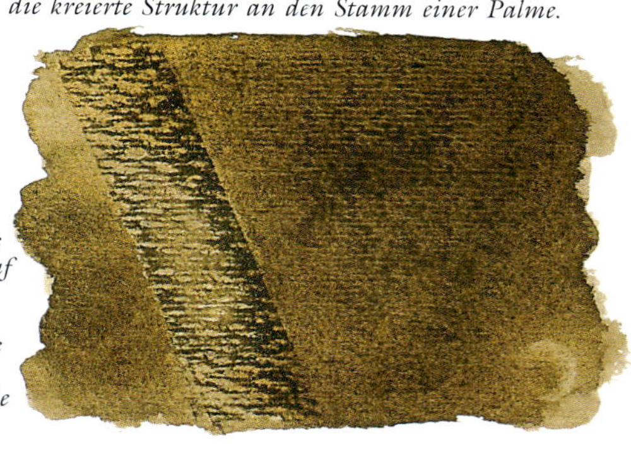

DAS ÖFFNEN VON WEISS AUF FEUCHTER FARBE

MIT KRATZLINIEN

Für diese Technik kann man einen Fingernagel, einen Pinselstiel, ein Wattestäbchen, einen Kamm oder Ähnliches einsetzen, mit dem sich in die noch feuchte Farbschicht kratzen lässt.

1. Das abgeschrägte Ende eines Pinselstiels ist wie geschaffen, um das Weiß in der feuchten Farbe zu öffnen, obwohl sich auch jeder andere Pinselstiel eignen würde.

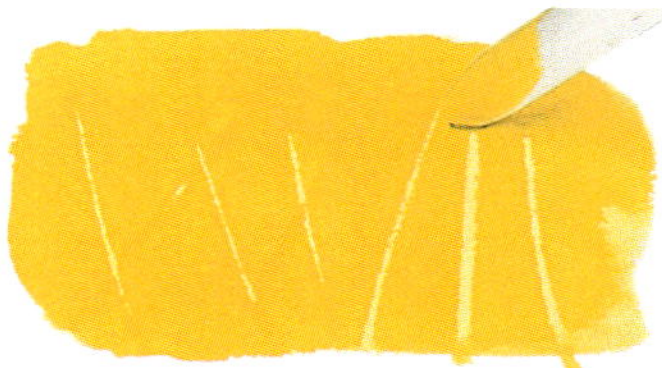

2. Beachten Sie, wie unterschiedlich die einzelnen Linien ausfallen. Die dunkelsten wurden gezogen, als die Farbe extrem feucht war, wieder über die gekratzten Linien verlaufen ist und letztlich einen dunkleren Ton angenommen hat, da der Stiel die Oberflächenleimung beschädigt hat. Die hellsten Streifen wurden kreiert, als die Farbe den optimalen Grad an Feuchtigkeit besaß.

ACHTUNG

Wenn Sie das Weiß auf feuchter Farbe in dieser Technik öffnen möchten, sollten Sie den Feuchtigkeitsgrad der Farbe beachten und gegebenenfalls kurz warten, damit die Farbe nicht wieder über die bearbeitete Fläche verfließt und diese so dunkler getönt wird.

Während Sie in das Papier ritzen, wird dessen Leimschicht beschädigt und die Farbe kann tiefer eindringen.

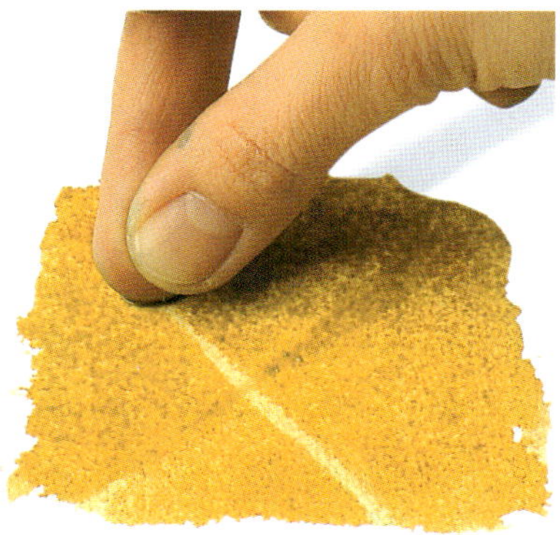

1. Wenn man gerade keinen passenden Gegenstand parat hat oder spontan malt, kann man die Linien auf der feuchten Farbe auch mit einem Fingernagel ziehen.

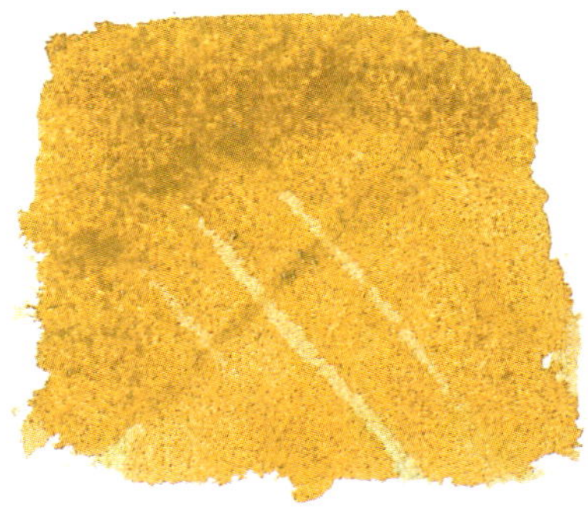

2. Mit einem Fingernagel gelingt dieselbe Struktur wie mit dem Pinselstiel; das Ergebnis kann dabei heller oder dunkler sein als der Ton der Farbschicht.

DAS ÖFFNEN VON WEISS AUF TROCKENER FARBE

MIT PINSEL UND SAUGPAPIER

Beim Aquarell sollte man immer auf der noch feuchten Farbe korrigieren, dennoch ist es nicht schwer, auf einer trockenen Oberfläche hübsche Nuancen zu kreieren oder den Farbton bis zu einem reinen Weiß aufzuhellen, obwohl eine gewisse Feinarbeit gefordert ist.

Wie diese Verfahren im Ergebnis wirken, hängt in erster Linie von der Qualität des verwendeten Papiers ab, da man es stark beanspruchen und manchmal wiederholt durchfeuchten muss.

Um das Weiß in einer trockenen Farbschicht zu öffnen, feuchtet man zuerst die Oberfläche an, löst die Farbe dann mit dem Pinsel und tupft sie anschließend mit Saugpapier oder mit Löschpapier ab.

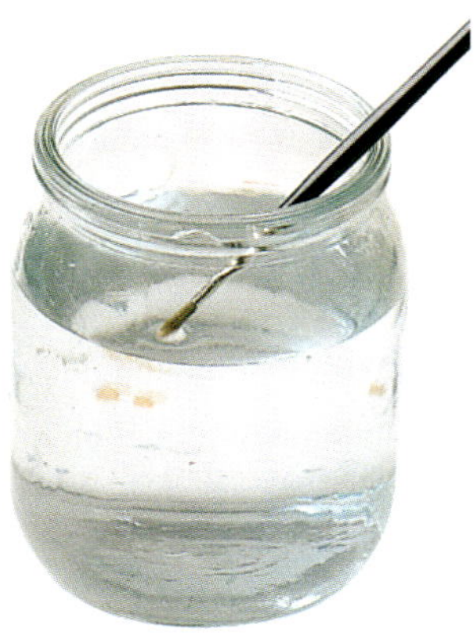

1. Füllen Sie den Haarkörper mit klarem Wasser.

2. Feuchten Sie die Oberfläche an, damit die Farbe aufweicht und sich vom Papier löst.

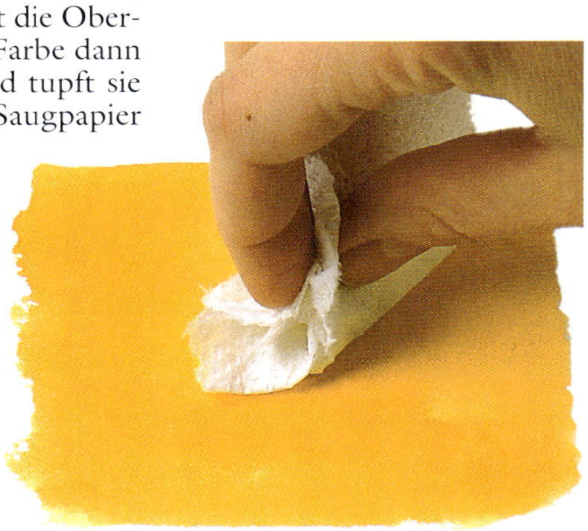

3. Nehmen Sie die gelöste Farbe mit Saug- oder Löschpapier ab und wiederholen Sie diesen Vorgang solange, bis Sie den gewünschten Ton erhalten.

4. Wie hell das Weiß wird, hängt davon ab, wie oft man den Vorgang wiederholt und wie gut das jeweilige Pigment an der Oberfläche haftet.

DAS ÖFFNEN VON WEISS AUF TROCKENER FARBE – MIT DEM PINSEL

Diese Technik ähnelt der vorigen und besteht darin, die gewünschte Fläche mit dem Pinsel anzufeuchten, einige Sekunden zu warten und die Farbe, die sich durch das Wasser gelöst hat, zu entfernen. Für ein gelungenes Ergebnis verwendet man am besten einen Kunsthaar- oder Borstpinsel; letzterer kann durch seinen festen Haarkörper stärker reiben und ist somit effektiver.

1. Tauchen Sie einen sauberen Pinsel in frisches Wasser.

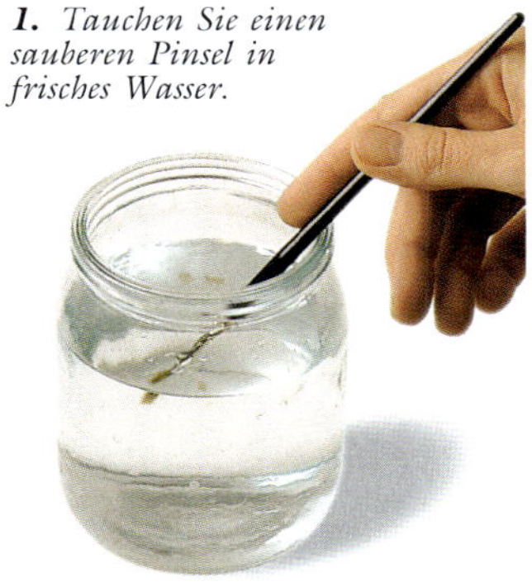

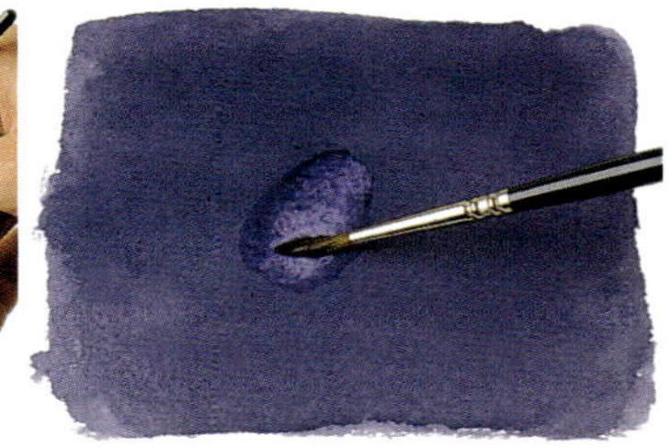

2. Befeuchten Sie die gewünschte Fläche und warten Sie einige Sekunden, damit sich die Pigmente lösen können.

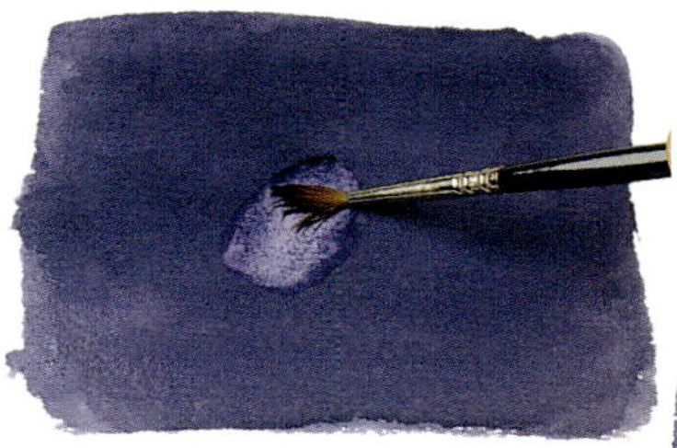

3. Reiben Sie die Farbe nun mit dem Pinsel aus und wiederholen Sie den gesamten Vorgang (das Eintauchen des Pinsels und Ausreiben der Farbe), bis Ihnen der entsprechende Farbton gelingt.

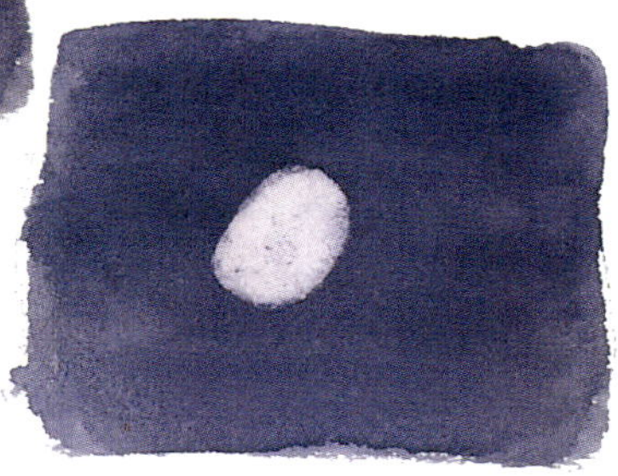

4. Wenn man den Pinsel detailgenau einsetzt, ermöglicht er Formen mit sehr präzisen Konturen.

5. Für ein noch helleres Weiß könnte man das Wasser zu 50% mit einer Substanz anreichern, die man zum Lösen von Farbe verwendet, allerdings erschwert diese die Gestaltung von Abstufungen, da sie scharfe Farbränder erzeugt. Für eine solche Methode sind Kunsthaarpinsel besser geeignet, da die Substanz das Naturhaar angreift.

ACHTUNG

Das Weiß unter trockener Farbe nur mit einem Pinsel hervorzuholen, ist viel aufwändiger als mit Hilfe von Saugpapier. Zudem ist es sehr wahrscheinlich, dass mit letzterem ein wesentlich reineres Weiß gelingt.

DAS ÖFFNEN VON WEISS AUF TROCKENER FARBE – MIT EINER KLINGE

Bei dieser Technik ist es unvermeidlich, dass die Papieroberfläche zumindest leicht beschädigt wird. Dennoch stellt sie eine ausgezeichnete Methode dar, um gewisse Effekte in einer trockenen Farbschicht zu kreieren.

Cutter, Rasierklingen oder sogar Zeichenfedern sind hier die geeigneten Werkzeuge, um in das Papier zu kratzen und die Farbe abzuheben.

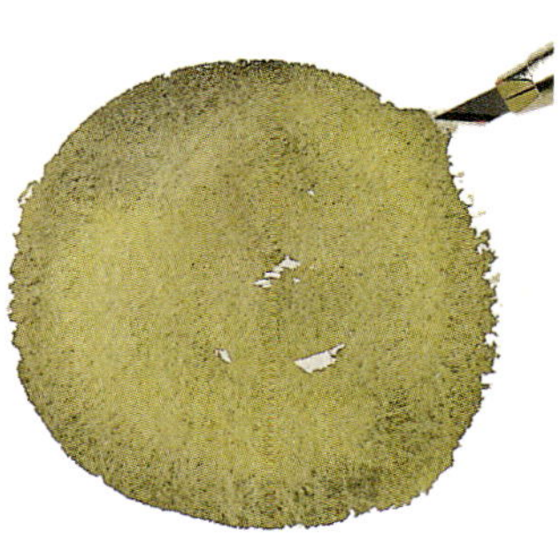

1. Mit einer Rasierklinge können Sie auch kleine Stellen überarbeiten, die mit dem Pinsel nicht präzise genug geworden sind. Hierfür schaben Sie die Farbe mit der Klinge vorsichtig ab, bis das Weiß des Papiers sichtbar wird.

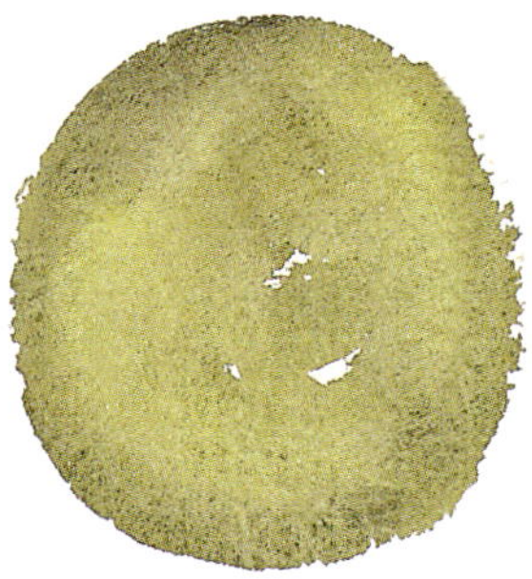

2. Wenn Sie konzentriert und geduldig arbeiten, kann das Resultat so gut gelingen, dass man die Überarbeitung auf den ersten Blick nicht einmal erkennt.

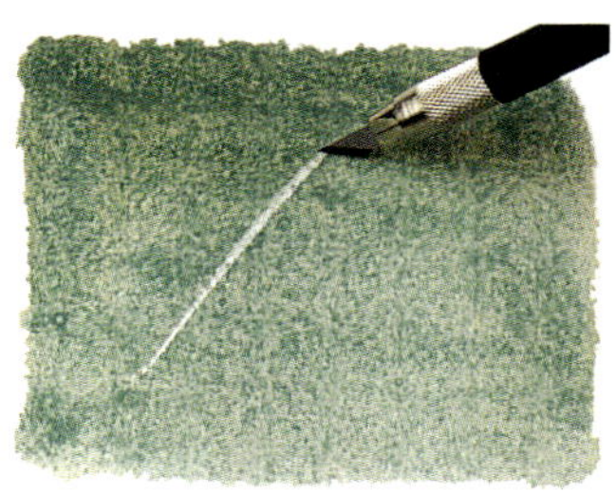

1. Kratzen Sie leicht und nur mit dem nötigen Druck in die Papieroberfläche, damit das Weiß hervorkommt, aber das Papier nicht beschädigt wird.

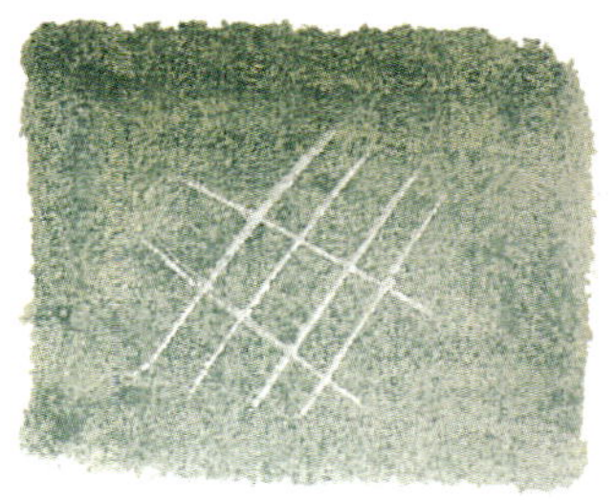

2. Das mit der Rasierklinge geöffnete Weiß kann die vielfältigsten Dinge andeuten, von der Grasstruktur bis hin zur Spiegelung.

1. Ein interessanter Effekt entsteht, wenn man mit der gesamten Klinge über die Oberfläche zieht.

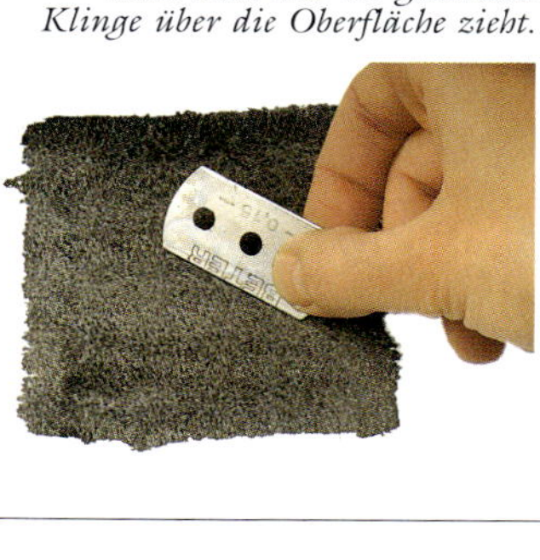

2. Dieses Ergebnis wirkt fast wie mit Schleifpapier kreiertes Weiß. Am besten gelingt diese Methode auf grobkörnigem Papier.

DAS ÖFFNEN VON WEISS AUF TROCKENER FARBE

Reibt man mit Schleifpapier leicht über ein Aquarell, kann man jeden trockenen Farbfleck entfernen, einen Ton aufhellen oder etwa die Lichtreflexe auf einer Wasseroberfläche darstellen. Hier spielt die Körnung des Papiers eine große Rolle, da die Farbe bei grobem Korn in dessen Vertiefungen geschützt bleibt und sich nur von den Erhöhungen entfernen lässt. Das künstlerische Ergebnis hängt außerdem von der Wahl des Schleifpapiers ab. Mit feinem Sandpapier wird die Oberfläche relativ gleichmäßig abgerieben, bei gröberem Papier dagegen bleibt die Farbe an verschiedenen Stellen unberührt. Achten Sie darauf, wieviel Druck Sie auf das Papier ausüben, denn wenn Sie zu energisch reiben, könnten Sie das Aquarellpapier und somit Ihr gesamtes Werk ruinieren.

ACHTUNG

Reiben Sie mit dem Sandpapier nie zu fest über das Aquarellpapier, denn letzteres ist sehr empfindlich und kann leicht reißen. Allein die Körnung des Papiers bestimmt das Ergebnis. Schleifpapier ist in diversen Korngrößen erhältlich, die einen jeweils mehr oder weniger starken Abrieb produzieren.

MIT SCHLEIFPAPIER

1. Reiben Sie mit kontrolliertem Druck leicht über das Aquarellpapier, bis Sie den gewünschten Effekt erzielen.

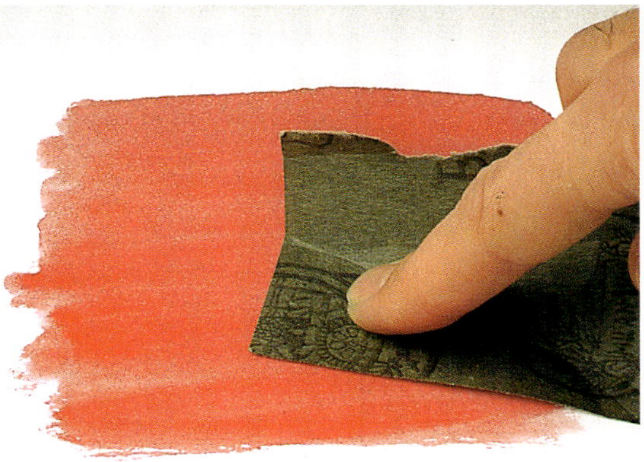

2. An den höchsten Punkten der feinen Körnung ist die gesamte Farbe abgetragen worden.

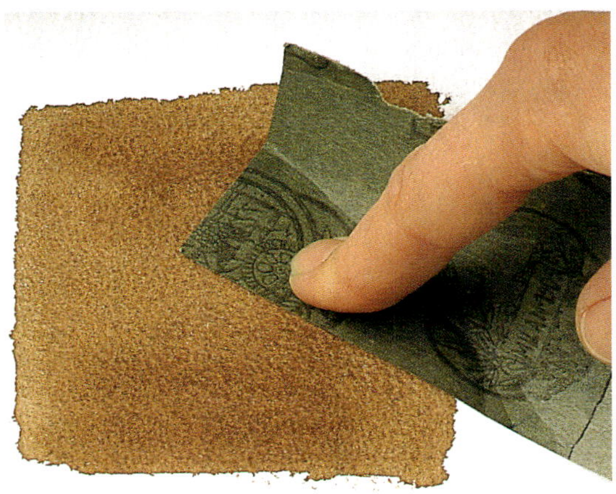

1. Ziehen Sie das Schleifpapier vorsichtig über die grobkörnige Papierfläche.

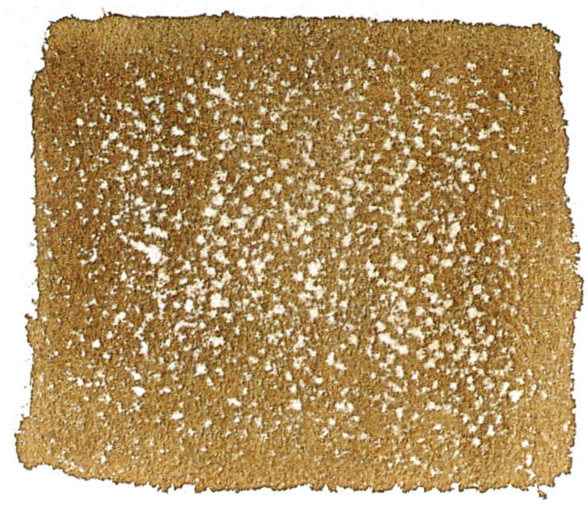

2. Der so kreierte Effekt kann das Spiel des Lichts auf dem Wasser oder bestimmte Texturen andeuten.

ANDERE TECHNIKEN

Beim Kreieren von Glanzstellen kann ein Maler auch auf andere Techniken zurückgreifen. In der Aquarellmalerei sollten sie zwar die letzte Wahl darstellen, einige Künstler setzen sie jedoch gewohnheitsmäßig ein. Hier geht es darum mit Gouachefarbe, Pastellen, weißen Aquarellstiften oder anderen Medien kleine Tupfer von Weiß in ein fertiges Bild zu bringen. „Kleine Tupfer" deshalb, weil diese Medien opak sind, das heißt der Kontrast der Sättigung sticht auf transparenter Farbe sofort hervor und kann die gesamte Harmonie im Bild stören.

GOUACHE ODER DECKWEISS

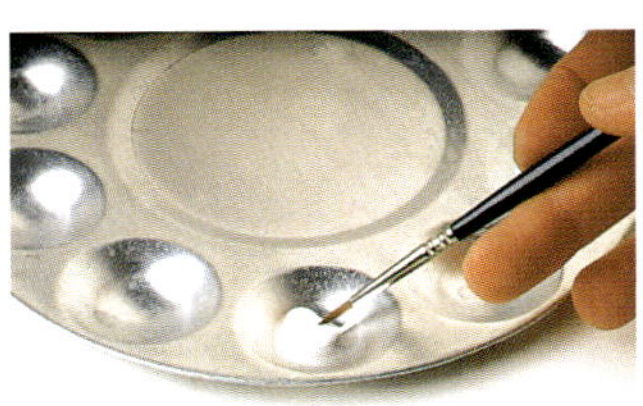

1. Nehmen Sie eine kleine Menge weiße Gouache mit Ihrem Pinsel auf.

ACHTUNG

Weiße Farben anderer Medien eignen sich nicht für größere Bildflächen, da sie mit der Transparenz der Aquarellfarben kontrastieren und so die Harmonie des Werkes stören könnten.

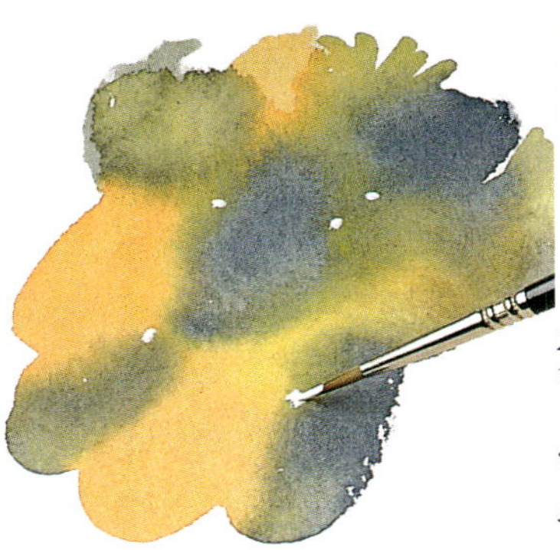

2. Malen Sie nun die weißen Tupfer ins Bild.

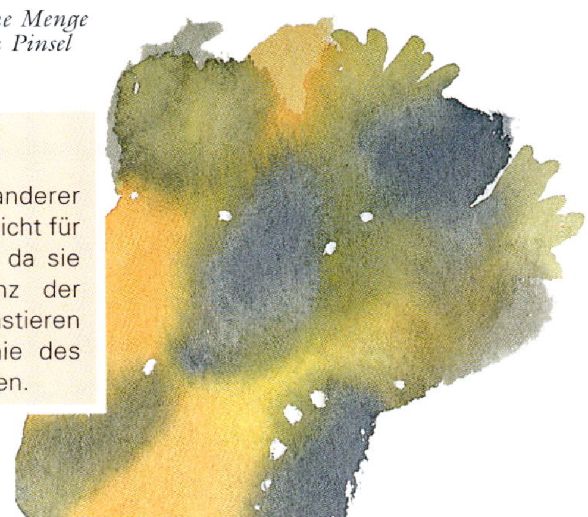

3. Andere Medien für die Farbe Weiß einzusetzen bietet sich nur an, wenn es sich um kleine Spritzer wie diese handelt.

Tipps und Tricks

Viele professionelle Aquarellmaler benutzen nichts weiter als ihre Farben, einige Pinsel und ein Wasserglas. Dies liegt oft daran, dass sie ihr Handwerk meisterhaft beherrschen, flott arbeiten, eher suggestive als detailgetreue Bilder malen und eine traditionellere Malweise bevorzugen.

Dennoch gibt es eine Reihe von Techniken und Kniffen, die gerade dem Anfänger eine interessante und unerschöpfliche Quelle bieten, um vielfältigste Strukturen anzudeuten sowie zu imitieren.

DER EINSATZ DER TECHNIKEN

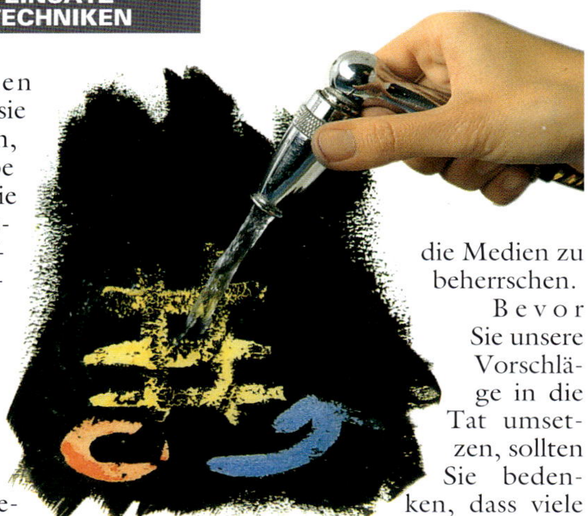

Abgesehen davon, dass sie uns erlauben, mit der Farbe zu spielen, sie zu modifizieren oder Effekte zu kreieren, dienen die hier beschriebenen Techniken in vielen Fällen dazu, nicht gelungene Bildbereiche zu korrigieren oder zu überarbeiten, etwa eine zu dunkel geratene Stelle oder im Gegenteil ein greller Blickfang, der sich nicht in die Tonwertskala des restlichen Bildes integrieren lässt. Es muss einmal gesagt werden, dass der Einsatz dieser Techniken als pfiffige Hilfe keineswegs bedeuten muss, dass man die reine Aquarelltechnik nicht beherrscht, denn während die Verfechter der traditionellen Aquarellkunst solche Kniffe lange Zeit kritisch abgelehnt haben, so werden diese Tipps und Tricks heutzutage ganz selbstverständlich eingesetzt und es gilt, dass sich jedes Mittel lohnt, solange es die Kreativität und Ausdruckskraft steigert. Scheuen Sie sich nicht, mit allen diesen Tricks zu experimentieren und guten Mutes auch neue Techniken zu erfinden, um die Medien zu beherrschen.

Bevor Sie unsere Vorschläge in die Tat umsetzen, sollten Sie bedenken, dass viele nicht kontrollierbare Effekte erzeugen und die Ergebnisse somit nicht vorhersehbar sind, zudem hängt ihr Gelingen von der Papiersorte, der Farbe, der Feuchtigkeit usw. ab.

Alle fehlgeschlagenen Experimente und jede Überraschung, die die Aquarellfarbe birgt, tragen zu ihrem Reiz bei. Wenn eine Lasur nicht völlig gleichförmig gelingt oder sich zuviel Salz auf einem Blatt anhäuft, müssen Sie das Bild noch lange nicht wegwerfen, denn bei genauer Betrachtung wird oft sichtbar, dass man einen seltenen und besonderen Effekt kreiert hat, den man – wenn nicht in diesem – vielleicht in einem anderen Bild einbringen kann.

Experimentieren Sie gelassen und fertigen Sie erst einige Studien an, bevor Sie eine Technik einsetzen und riskieren, dass Ihr Werk misslingt.

WASSER

Wasser ist das Grundelement, mit dem die Farbe zusammenspielt. Seine flüssige Natur, die ihm beigemischten Substanzen und seine Menge bestimmen jeden Pinselstrich. Dies kann sich der Künstler bei der Gestaltung von Effekten zunutze machen.

Künstler, die sehr auf die Reinheit und die Haltbarkeit der Farben bedacht sind, arbeiten mit destilliertem Wasser. Allerdings zeigt sich der Unterschied erst im Lauf der Zeit, denn da das Wasser keine Verunreinigungen enthält, verliert das Werk weniger rasch an Qualität. Die Mehrheit der Künstler verwendet Wasser aus der Leitung, doch in südlichen Ländern sollte man vorsichtig sein, weil ein starker Chlorgehalt die Farben ausbleichen kann.

Wann man das Wasser wechseln sollte und wie viele Wassergefäße man braucht, ist eine persönliche, vom Malstil abhängige Entscheidung. Es gibt Künstler, die die Pinsel im selben Gefäß reinigen als auch mit Wasser füllen. Auf diese Weise werden alle Farben leicht verschmutzt und das Werk erhält eine einheitlichere Farbtonskala. Viele Maler benutzen je ein Gefäß, um Wasser aufzunehmen und eines, in dem sie die Pinsel auswaschen. Wieder andere wechseln das Wasser ständig, damit die Farben absolut rein bleiben oder haben je ein Wasserglas für die kalten und die warmen Farben. Dasselbe trifft auch für die Palette zu: einige Maler wischen sie während der Arbeit gleich mehrmals ab, andere haben sie im Lauf der Jahre noch nie gesäubert.

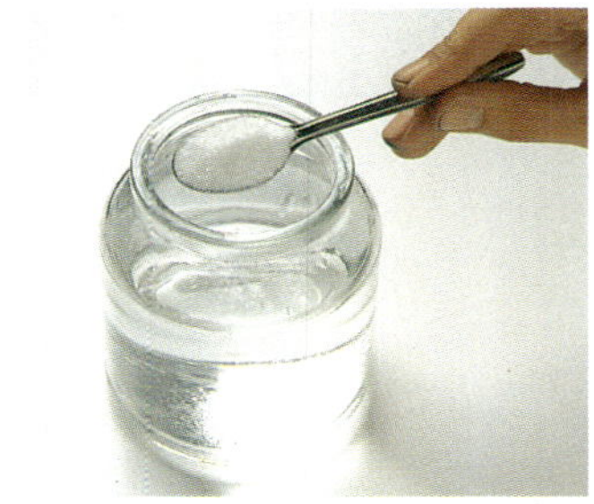

Ein Teelöffel Zucker im Malwasser bewirkt, dass sich der Trocknungsprozess verzögert.

Obwohl die meisten industriell hergestellten Farben bereits ein Feuchthaltemittel enthalten, kann man das Wasser anreichern, indem man ihm einen Teelöffel Zucker beimischt. Dadurch verzögert sich die Trocknungszeit und man vermeidet Ränder sowie Unregelmäßigkeiten bei Hintergründen, einfarbigen Flächen und Abstufungen. Einige Stückchen Würfelzucker im Wasserglas können bei einer beschleunigten Verdunstung im Sommer oder an warmen Orten beim Durchfeuchten des Papiers von Nutzen sein. Man sollte aber bedenken, dass Zucker den Farben einen leichten Glanz verleihen kann.

MEHR ZUM THEMA

Auf Seite 34 f. sind weitere Substanzen aufgeführt, die man dem Wasser beimischen kann.

Um die Reinheit der Farben zu bewahren, sollte man je ein Glas für das Schmutzwasser und eines für das Malwasser verwenden.

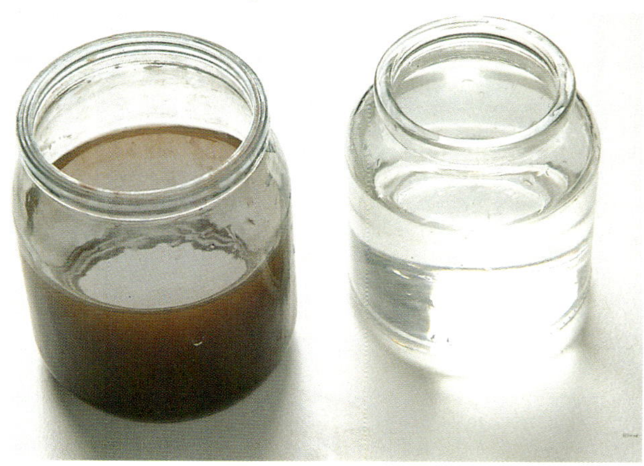

WASSER — Das Auflösen der Farbe

Gibt man Wasser auf eine bemalte, fast trockene Fläche, lösen sich die Farbpartikel und sammeln sich an den Rändern.

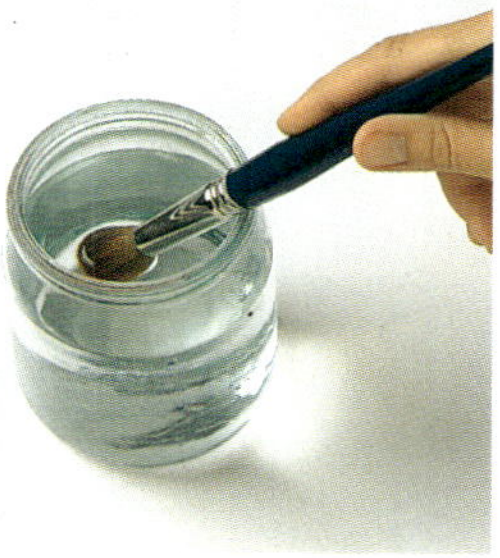

1. Tauchen Sie den Pinsel in klares Wasser.

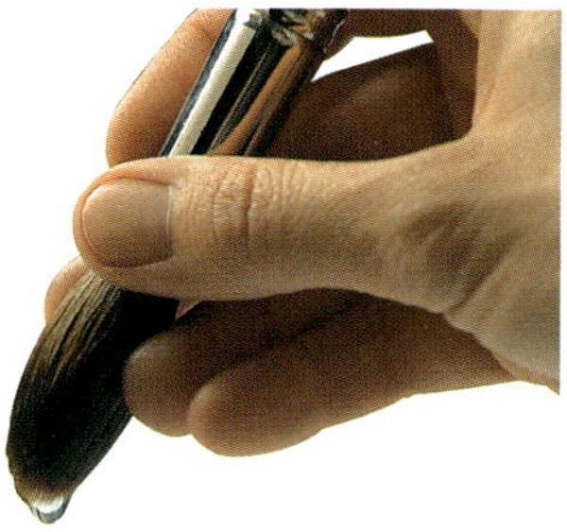

2. Lassen Sie einen Tropfen Wasser auf die Farbfläche fallen, solange diese noch leicht feucht ist.

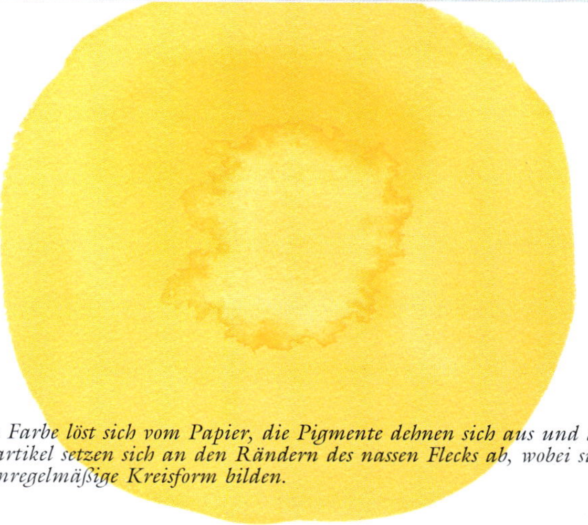

3. Die Farbe löst sich vom Papier, die Pigmente dehnen sich aus und die Farbpartikel setzen sich an den Rändern des nassen Flecks ab, wobei sie eine unregelmäßige Kreisform bilden.

WASSER — Das Überarbeiten mit Wasser

Zieht man mit einem mit Wasser gefüllten Pinsel über die noch feuchte Farbe, lässt sich die Fläche überarbeiten oder die Farbe verteilen, um bestimmte Strukturen und attraktive Effekte zu kreieren.

ACHTUNG

Denken Sie daran, dass die Pigmente bei dieser Technik ungehindert verfließen können, solange die umliegenden Flächen feucht sind. Der endgültige Effekt wird erst sichtbar, wenn die Pinselspur getrocknet ist.

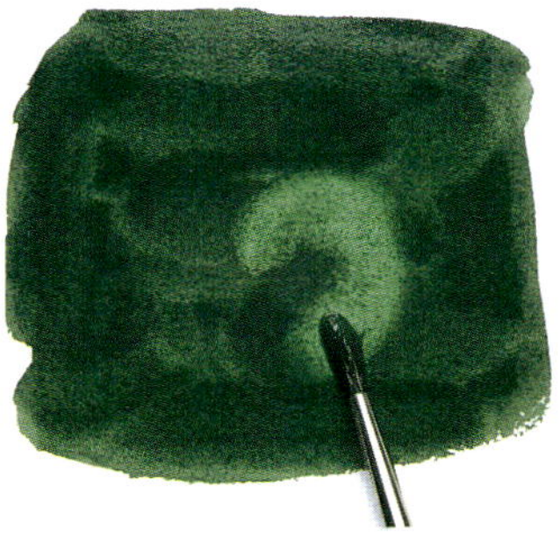

1. Füllen Sie den Haarkörper mit sauberem Wasser und öffnen Sie mit dem Pinsel die feuchte Farbe, bis Ihnen der gewünschte Ton und die Form gelingt.

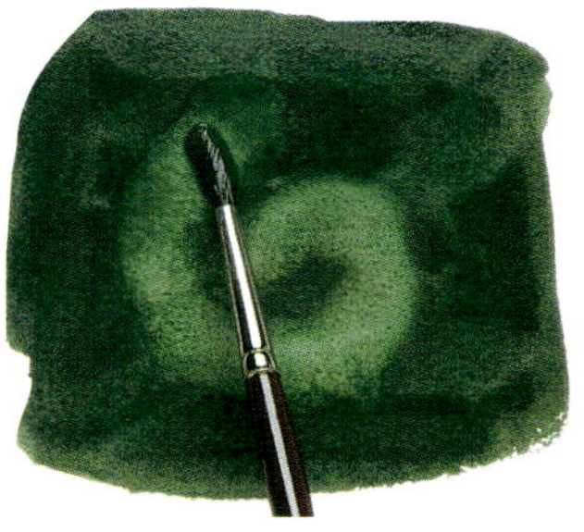

2. Waschen Sie den Pinsel immer wieder aus und nehmen Sie frisches Wasser auf, damit sich die Farbe nicht im Haarkörper anreichert und so die ursprüngliche wie auch die geöffnete Farbfläche gleich tönt.

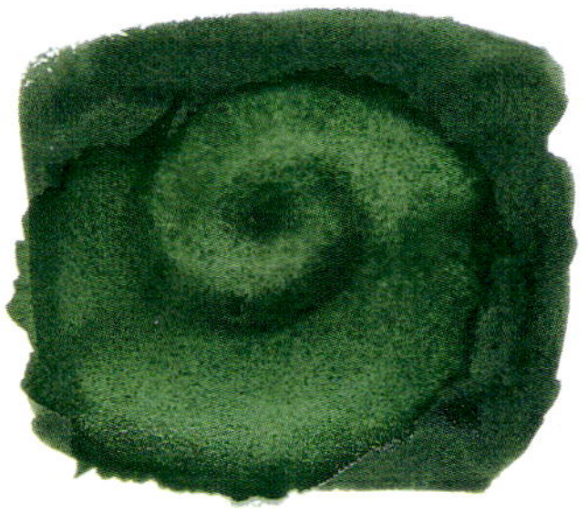

3. Die gelösten Farbpartikel sammeln sich an den Konturen der feuchtesten Bildstellen und erzeugen so einen intensiveren Farbton.

KOMPLIZIERTE KONTUREN — „Farbgrenzen“ mit dem Bleistift

Anstelle der Aussparung gibt es kleine Tricks, damit die Farbe nicht über die Umrisse einer Form verfließen kann.

Für Arbeiten in der Nasstechnik sollten Sie die gewünschten Konturen bereits auf dem trockenen Papier aussparen, da die Farbe auf einer feuchten Oberfläche unweigerlich verlaufen würde.

Ansonsten lässt sich die Ausdehnung der Farbe auf einem feuchten Malgrund verhindern, indem Sie die Formen mit einer Bleistiftlinie konturieren, die mit dem ausgeübten Druck eine kleine Vertiefung im Papier erzeugt, durch die die Farbe hinter der Bleistiftlinie verbleibt.

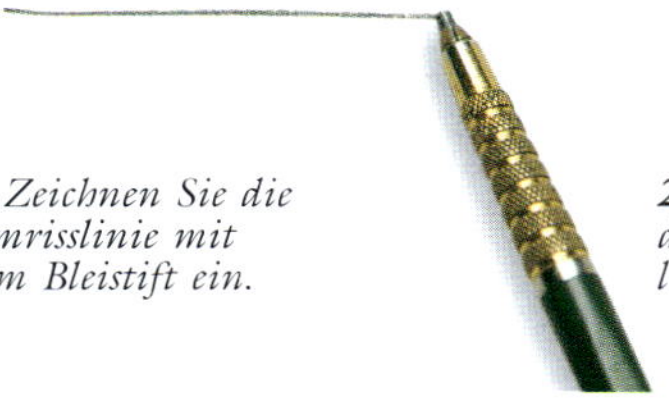

1. Zeichnen Sie die Umrisslinie mit dem Bleistift ein.

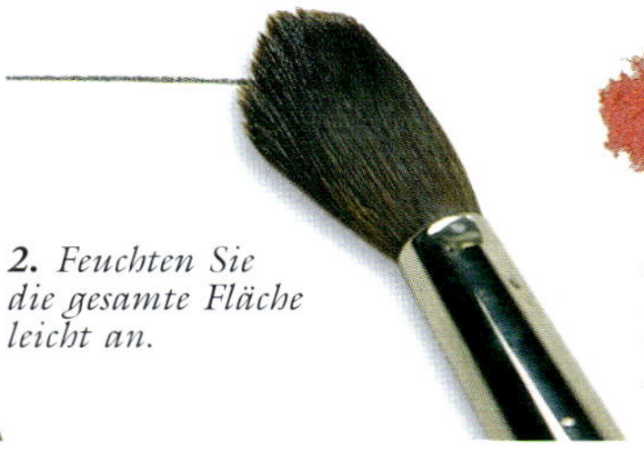

2. Feuchten Sie die gesamte Fläche leicht an.

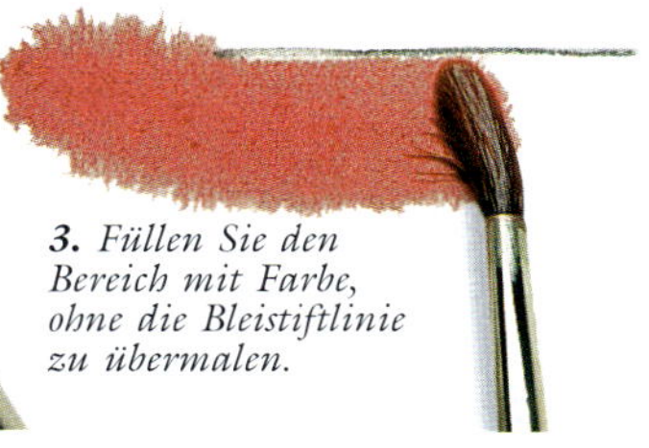

3. Füllen Sie den Bereich mit Farbe, ohne die Bleistiftlinie zu übermalen.

ACHTUNG

Bedenken Sie, dass die Farbe auf einem zu feuchten Malgrund leicht über das Papier gleitet und damit auch über die Bleistiftlinie hinaus verfließt.

4. Die mit dem Bleistift gezogene Linie hat eine kleine Grenze erzeugt und die Ausdehnung der Pigmente unterbrochen. An allen anderen Stellen ist die Farbe auf ganz gewöhnliche Weise verlaufen.

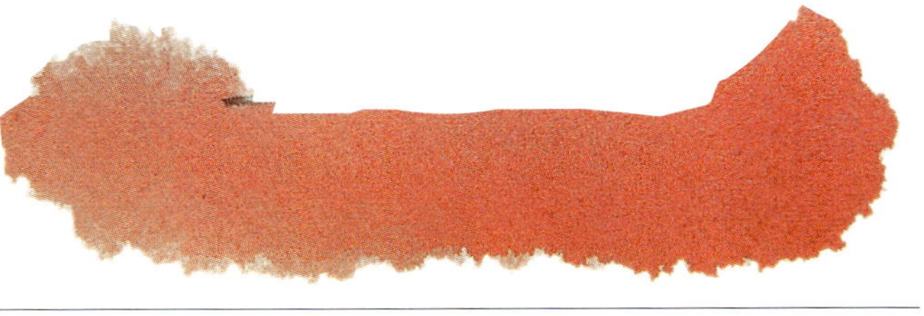

KOMPLIZIERTE KONTUREN

Das Konturieren von Umrisslinien

Um großzügige Pinselstriche zu ziehen, ohne dabei in zuvor gestaltete Bildbereiche zu malen, können Sie auf die folgende Methode zurückgreifen:

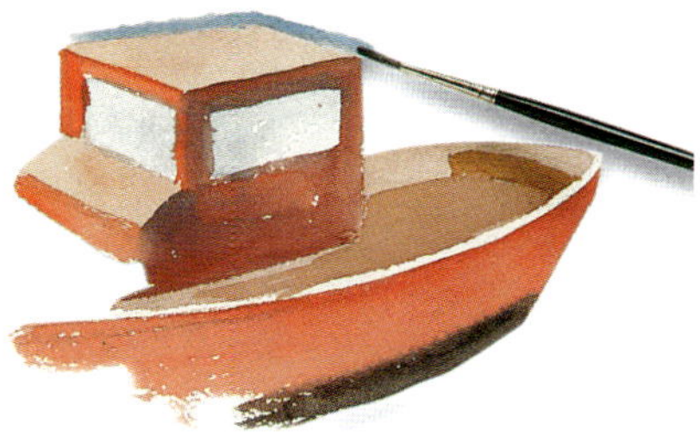

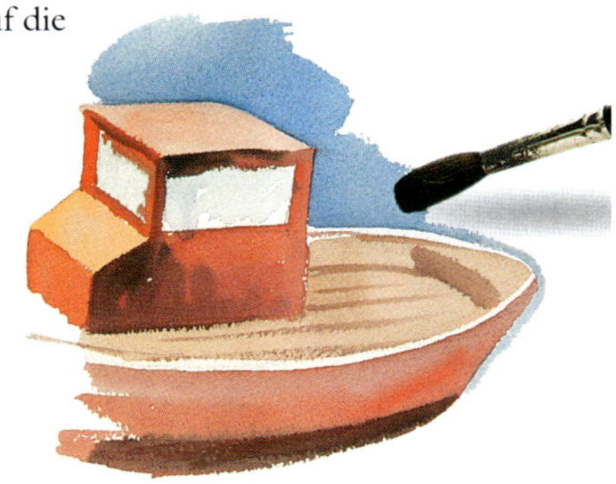

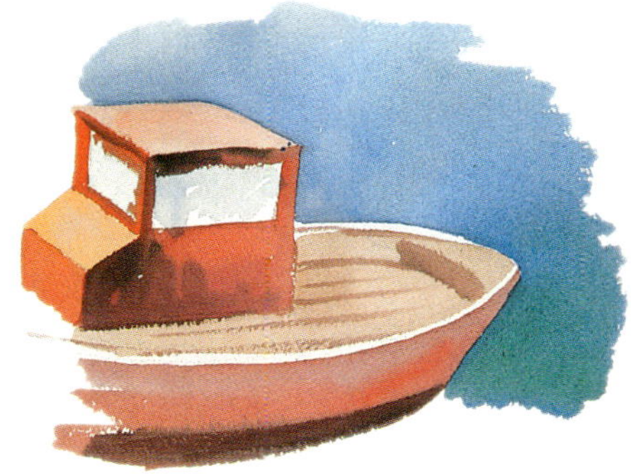

1. Nachdem Sie das Bildelement ausgestaltet haben, konturieren Sie seine Umrisslinien mit einem kleinen Pinsel in der Farbe des Hintergrundes.

2. Nun können Sie die Fläche um die Konturen herum ganz beruhigt mit Farbe füllen, allerdings sollten Sie dabei zügig vorgehen, da die feine Konturlinie Ränder bilden könnte, während Sie mit einem dickeren Pinsel arbeiten.

3. Hier ist es dem Künstler geschickt gelungen, den Hintergrund ohne unerwünschte Pinselstriche oder Farbränder zügig zu kolorieren.

KOMPLIZIERTE KONTUREN

Mit gedrehter Arbeitsfläche

Bei einem geneigten Zeichenbrett kann es passieren, dass die Farbe beim Malen in die Bildmitte läuft. Dies können Sie leicht vermeiden, indem Sie Ihre Arbeitsfläche entsprechend drehen.

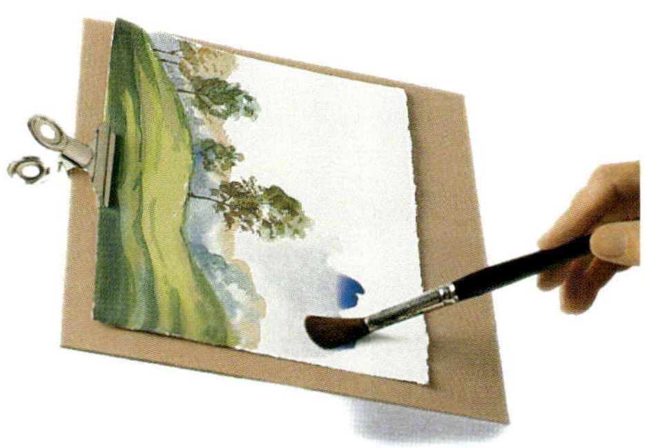

1. In diesem Beispiel wurde die Landfläche vor dem Himmel gestaltet. Um diesen nun einzumalen, dreht man das Zeichenbrett auf den Kopf und beginnt den Farbauftrag an den Konturen, dem Horizont.

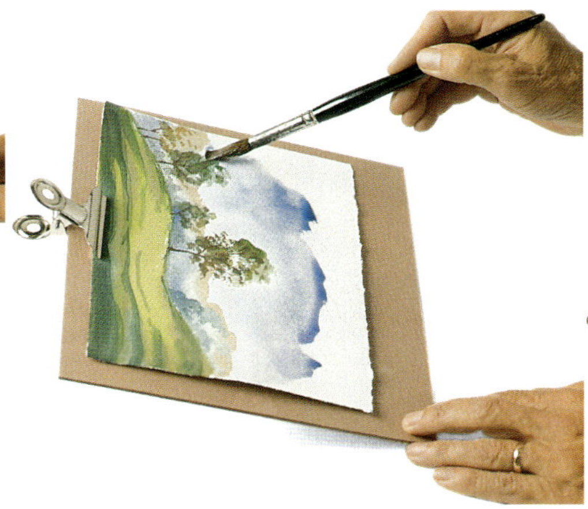

2. Auf diese Weise verfließt die Farbe wunschgemäß zum unteren Bildrand hin.

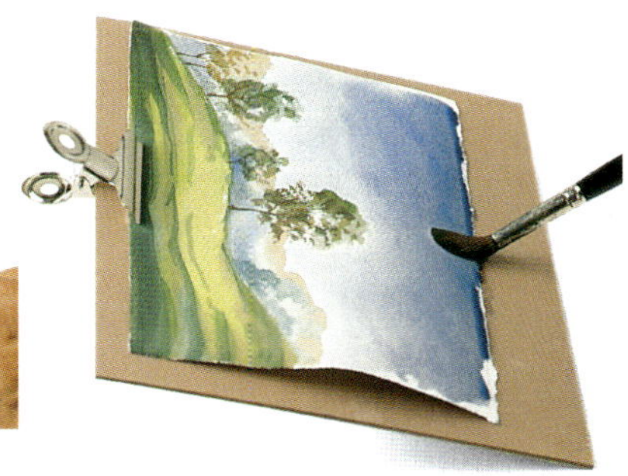

3. Der Farbverlauf spielt wunderbar mit der Absicht des Künstlers zusammen, da der Bereich um den Horizont heller bleibt, während die Farbe des Himmels durch die angehäuften Pigmente an Intensität gewinnt. Es genügt, die überschüssige Feuchtigkeit zum Schluss leicht mit dem Pinsel aufzusaugen.

KOMPLIZIERTE KONTUREN

Gerade Linien

Um gerade Linien zu ziehen, kann beispielsweise ein Lineal sehr hilfreich sein. Falls Sie keine ruhige Hand haben, sollten Sie es besser etwas schräg zum Papier halten, da die Farbe sonst unter das Lineal verfließen und beim Wegziehen unschöne Spuren hinterlassen könnte.

Anschließend können Sie die Linie von Hand noch etwas dicker nachziehen, allerdings gewinnt der Farbton durch das Übermalen häufig an Intensität.

1. Es empfiehlt sich, das Lineal leicht angewinkelt aufzusetzen.

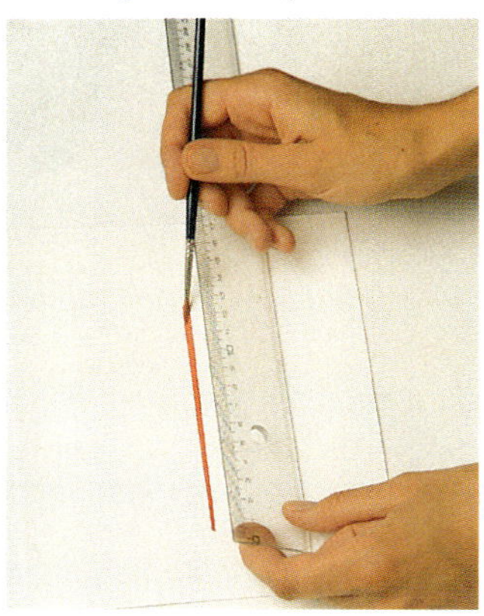

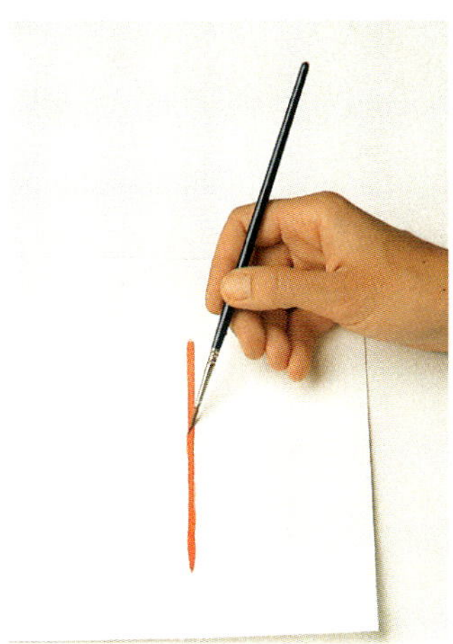

2. Um die Linie zu verstärken, können Sie sie anschließend von Hand nachziehen.

ACHTUNG

Falls Sie das Lineal lieber flach auf das Papier legen, sollten Sie unbedingt vermeiden, dass der Pinsel daran entlangstreift.

Falls dies doch einmal passiert ist, sollten Sie das Lineal vorerst nicht über das Papier bewegen, weil Sie dadurch die Farbe verteilen würden.

KOMPLIZIERTE KONTUREN

DAS ABSCHWÄCHEN VON FARBRÄNDERN MIT DEM PINSEL

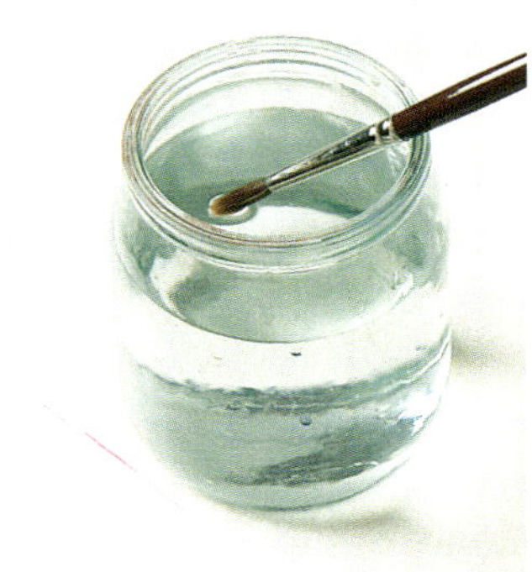

Ein beim Malen eingesetzter Pinsel eignet sich wunderbar, um zu drastisch geratene Farbkonturen nach dem Trocknen abzuschwächen. Zudem bietet sich diese Methode für eine nachträgliche Überarbeitung der Bilder an.

1. Feuchten Sie den sauberen Pinsel mit klarem Wasser an.

2. Reiben Sie nun sanft über die Farbränder, damit sich die Farbe leicht auflöst und einen zarten Kontrast erzeugt.

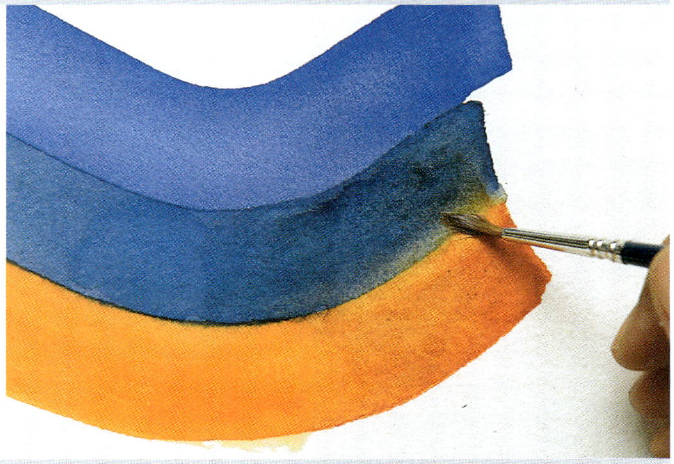

KOMPLIZIERTE KONTUREN

DAS ABSCHWÄCHEN VON FARBRÄNDERN MIT DEM WATTESTÄBCHEN

Feine Umrisslinien lassen sich auch mit einem einfachen Wattestäbchen hervorragend gestalten.

1. Tauchen Sie das Wattestäbchen in frisches Wasser.

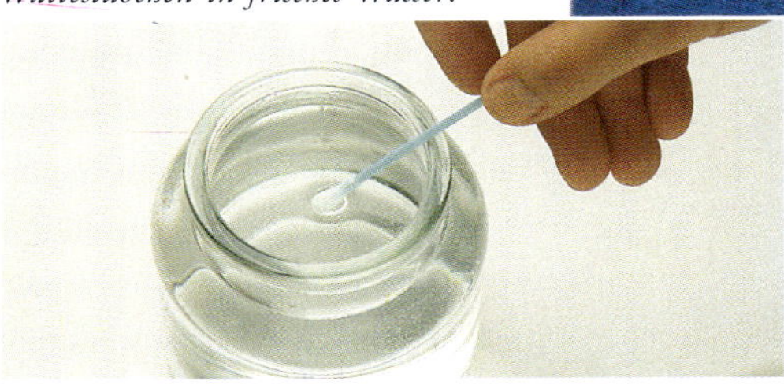

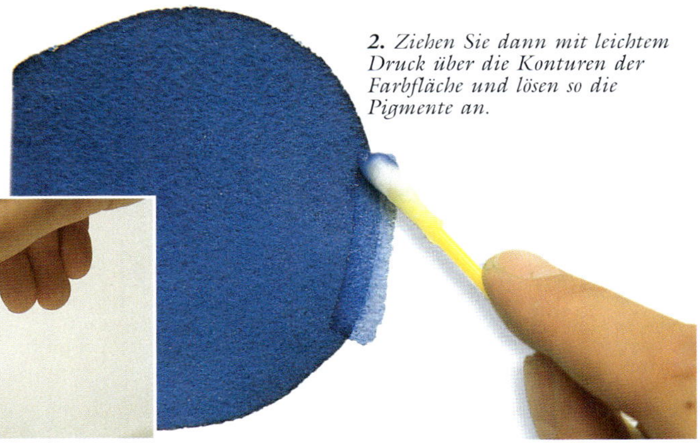

2. Ziehen Sie dann mit leichtem Druck über die Konturen der Farbfläche und lösen so die Pigmente an.

ACHTUNG

Wenn man wie in diesem Beispiel nicht sehr präzise vorgeht, erhält auch die unbemalte Papierfläche eine leichte Tönung und kann unmittelbar danach zusätzlich koloriert werden. Ansonsten lässt sich dieser Effekt ganz einfach vermeiden, indem man mit dem Wattestäbchen entsprechend genau an den Konturen entlangzieht.

GUMMIARABIKUM

DAS BELEBEN DER FARBEN

Dieses Medium, das eines der Bestandteile von Aquarellfarbe ist, wurde bereits auf Seite 34 ausführlich erklärt.

Es eignet sich hervorragend für kleine Detailarbeiten und feine Striche, da sich die Farben durch diese Substanz nicht vermischen und an Leuchtkraft gewinnen.

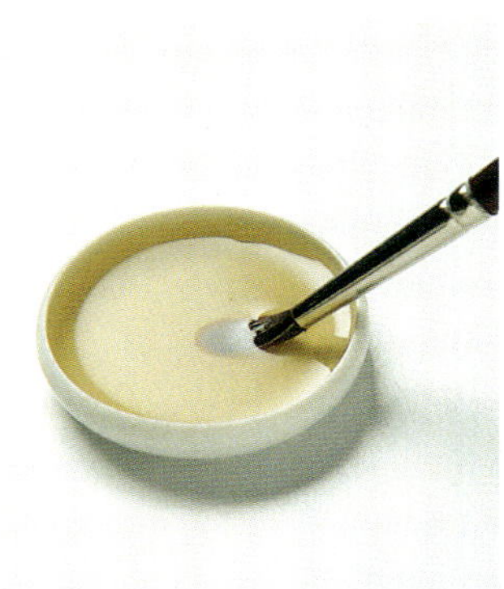

Um etwas zu stumpf geratene Farben wieder lebhafter wirken zu lassen, ist dieses Medium ideal. Es genügt, eine dünne Schicht über die gewünschte Fläche zu tragen.

1. Nehmen Sie etwas Gummiarabikum mit dem Pinsel auf und tragen Sie es unmittelbar danach auf die trockene Farbe.

2. Wie Sie hier sehen können, wirken die Farben, die rechts mit Gummiarabikum überzogen sind, lebhafter und besitzen den für diese Substanz typischen Glanz.

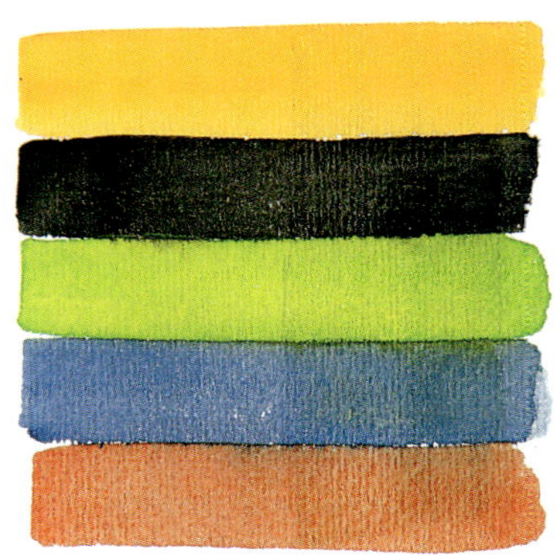

3. Eine kleine Menge im Wasser bewirkt, dass die Farbe dichter wird und schöner verfließt, so ist sie geschmeidiger, leichter aufzutragen und besser zu kontrollieren.

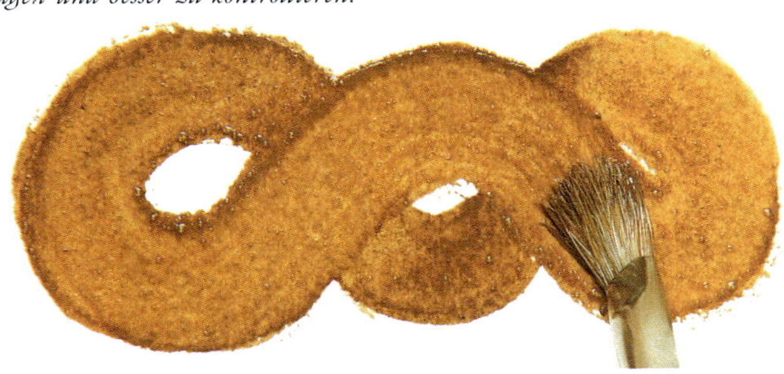

ACHTUNG

Im Verhältnis zum Wasseranteil dürfen Sie nur eine sehr kleine Menge beimischen und sollten sich bewusst sein, dass die damit behandelte Aquarellfarbe ihren matten Charakter verliert und umso stärker glänzt, je mehr Gummiarabikum Sie zusetzen. Da der jeweilige Anteil vom gewünschten Effekt abhängt, sollten Sie zunächst etwas experimentieren; unter Umständen können schon wenige Tropfen auf einen halben Liter genügen, um den Effekt dieser Substanz wahrzunehmen, man sollte sie also sehr genau dosieren.

GUMMIARABIKUM — PERFEKT DEFINIERTE PINSELSTRICHE

Gummiarabikum verhindert die Ausdehnung der Pigmente und bietet sich damit hervorragend an, um klare, saubere Pinselstriche in satten Farben zu ziehen.

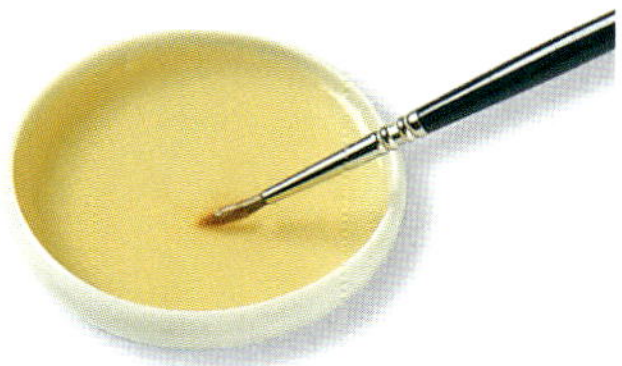

1. Tauchen Sie den Pinsel in Gummiarabikum, das Sie je nach Bedarf mit etwas Wasser verdünnen können.

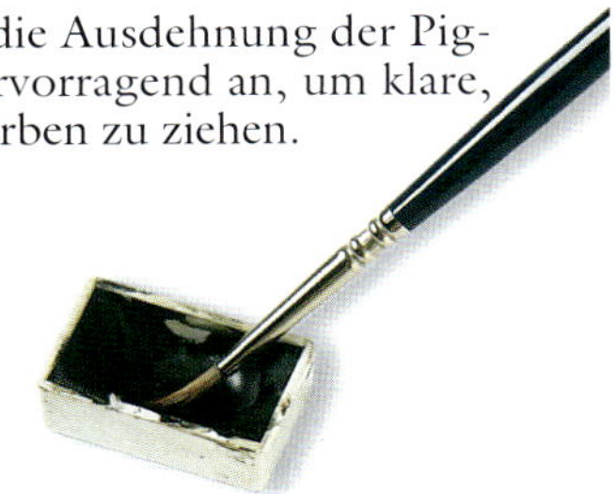

2. Füllen Sie den Pinsel entweder direkt im Näpfchen oder auf der Palette mit Farbe.

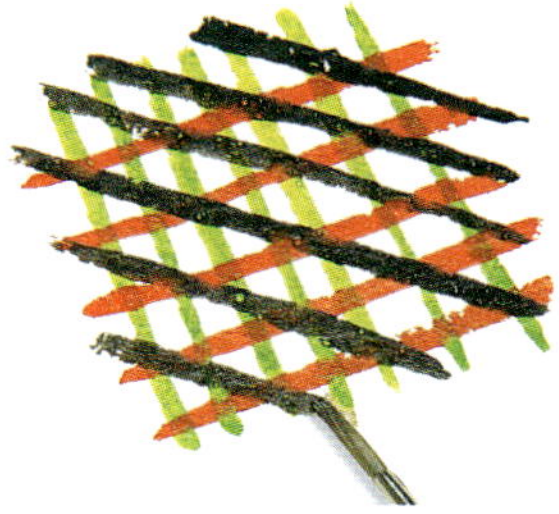

3. Beim Malen bleiben nun die Pinselstriche sauber getrennt und die Farben verschmutzen nicht.

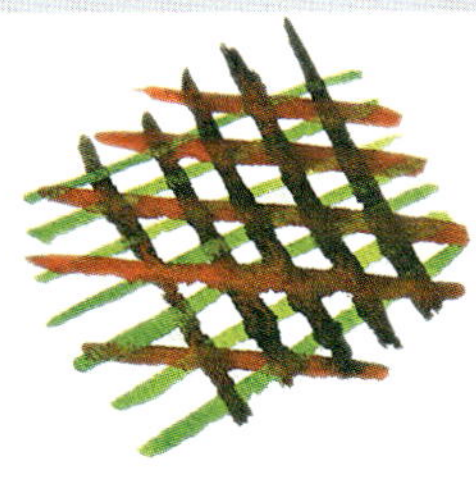

Hier ein Ergebnis ohne Gummiarabikum. Man erkennt sofort den Unterschied: Die Striche sind nicht so präzise konturiert, die Pigmente dehnen sich, und die Farben verschmutzen beim Verschmelzen.

GUMMIARABIKUM — DICHTE UND KONSISTENZ

Mischt man Gummiarabikum direkt in die Farbe, gewinnt sie an Dichte ohne ihre Transparenz zu verlieren, die Pinselstriche wirken plastischer, zeigen deutliche Spuren und das Muster der Borsten, wodurch sich hübsche Struktureffekte kreieren lassen.

ACHTUNG

Nicht verdünntes Gummiarabikum kann beim Trocknen klumpen oder Risse in der Farbschicht verursachen.

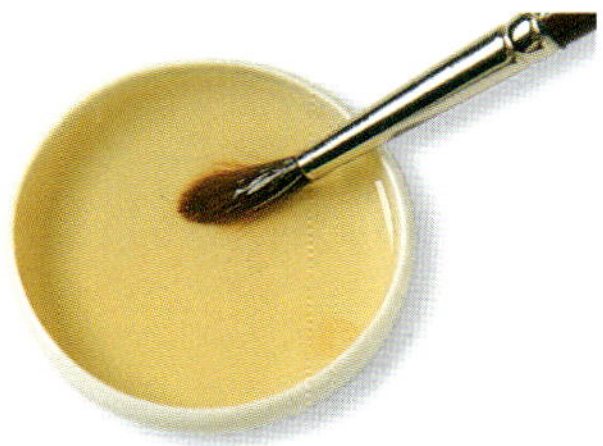

1. Nehmen Sie Gummiarabikum mit dem Pinsel auf.

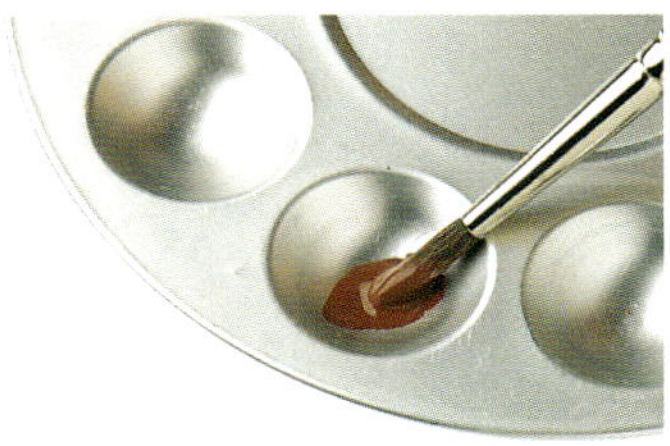

2. Tauchen Sie den Haarkörper in die vorbereitete Farbe.

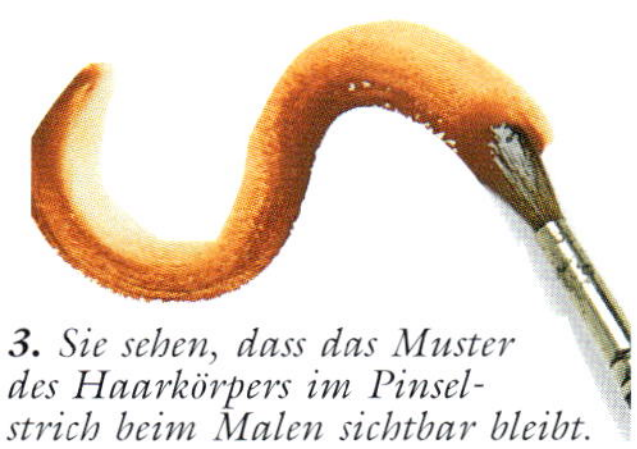

3. Sie sehen, dass das Muster des Haarkörpers im Pinselstrich beim Malen sichtbar bleibt.

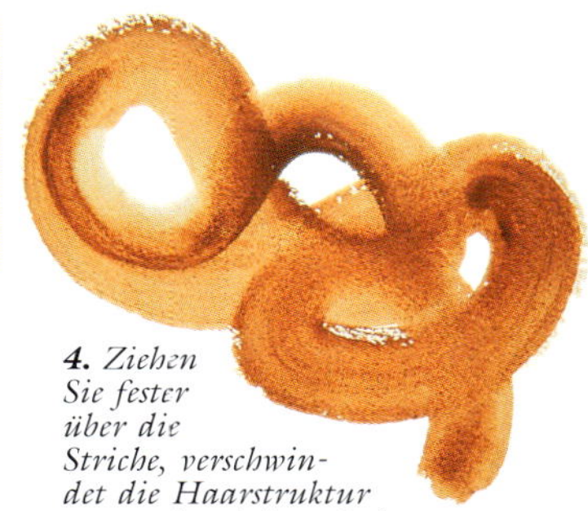

4. Ziehen Sie fester über die Striche, verschwindet die Haarstruktur etwas. An einigen Stellen haben sich die Pigmente angehäuft, an anderen verteilen sie sich und mindern so die Intensität.

SEIFE — PFIFFIGE STRUKTUREN

Seife in der Farbmischung erzeugt ähnliche Effekte wie Gummiarabikum: die Farbe gewinnt Dichte und Konsistenz, glänzt aber nicht. Da sie schlechter verfließt, bleiben die Pinselspuren stehen und können pfiffige Strukturen hervorrufen.

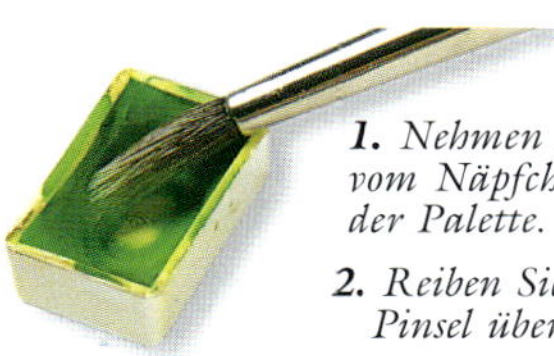

1. Nehmen Sie Farbe vom Näpfchen oder der Palette.

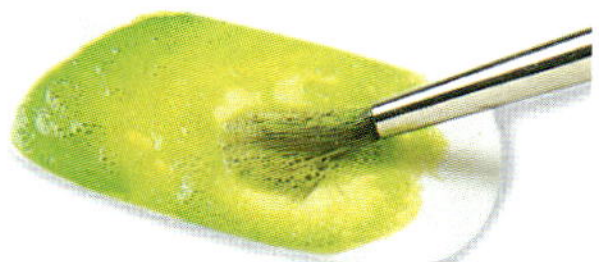

2. Reiben Sie mit dem Pinsel über die Seife.

3. Wenn Sie den Pinsel in kreisförmigen Bewegungen leicht über das Papier reiben, entstehen unterschiedlich große Bläschen, die beim Trocknen ein interessantes, wenn auch nicht vorhersagbares Muster hinterlassen. Denken Sie bei dieser Technik daran, dass Flüssigseife im Gegensatz zu einem Seifenstück zuviel Schaum bilden könnte. Die Farbe sammelt sich im Schaum der Seife und kann dabei sehr spannende Effekte erzeugen, allerdings lassen sich diese erst beurteilen, wenn die Farbe getrocknet ist.

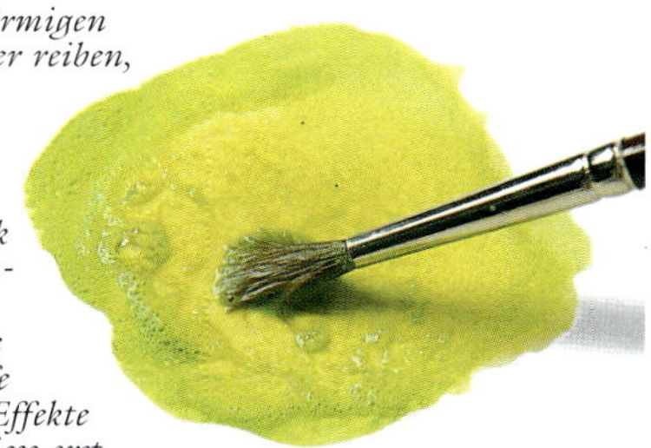

OPAKE FARBE — SPEZIELLE EFFEKTE

Opake Gouache oder Deckweiß sind Farben, die sich auch in Wasser auflösen, aber nicht die Frische von Aquarellen besitzen. Durch die Bindemittel in den Pigmenten sind sie dichter und bilden beim Trocknen eine deckende Schicht. Aus der Mischung mit Aquarellfarben können Sie so deckende Farbtöne kreieren. Diese Technik bietet sich an, um etwa Nebel oder Strukturen wie Samt darzustellen. Zudem eignet sie sich, um die Leuchtkraft zu mindern, überschüssige Farbe zu verarbeiten oder Farbtöne abzuschwächen.

ACHTUNG

Der zugemischte Farbanteil hängt vom gewünschten Effekt ab, doch ein übertriebener Einsatz kann den Aquarellen ihre besondere Transparenz nehmen und sie stumpf wirken lassen.

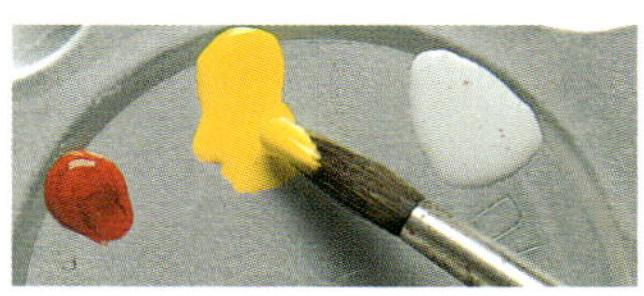

1. Füllen Sie den Pinsel mit Farbe.

2. Nehmen Sie etwas weiße Gouache auf.

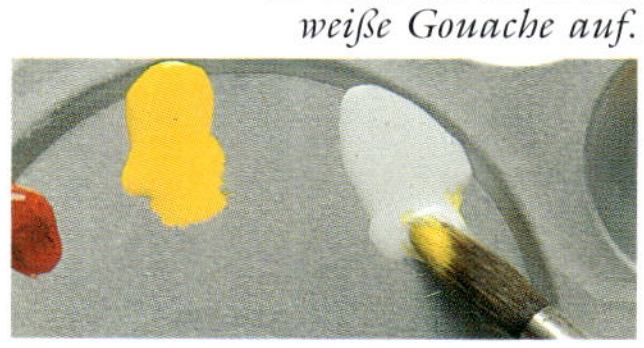

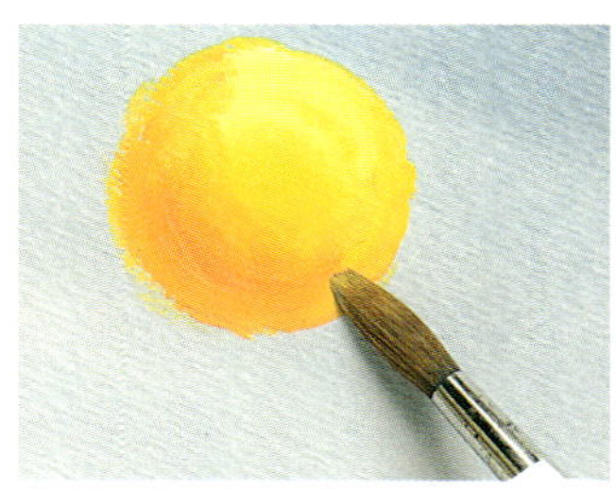

3. Verschmelzen Sie die beiden Farben auf dem Papier. Die Deckkraft der Gouache ermöglicht das Übermalen der vorigen Farbfläche, ohne dass die untere Farbe durchscheint.

LÖSUNGSMITTEL — AUSSPARUNGEN MIT TERPENTINERSATZ

Dieses Lösungsmittel enthält Öle, die das Wasser abweisen. In der Kombination mit Aquarellfarben kann man suggestive Effekte kreieren und es auf dem trockenen Papier für Aussparungen einsetzen. Sobald das Papier getrocknet ist und eine Farbschicht darüber gelegt wird, lässt sich die marmorierte Struktur erkennen, die Terpentinersatz hervorruft.

1. Benetzen Sie den Pinsel mit Terpentinersatz.

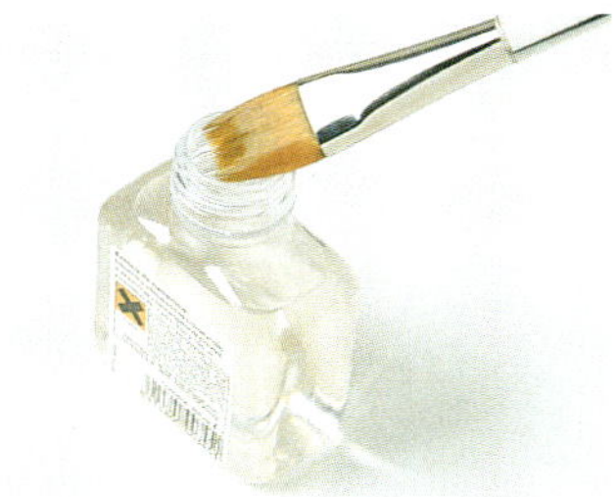

2. Malen Sie die gewünschte Form für die Aussparung ein.

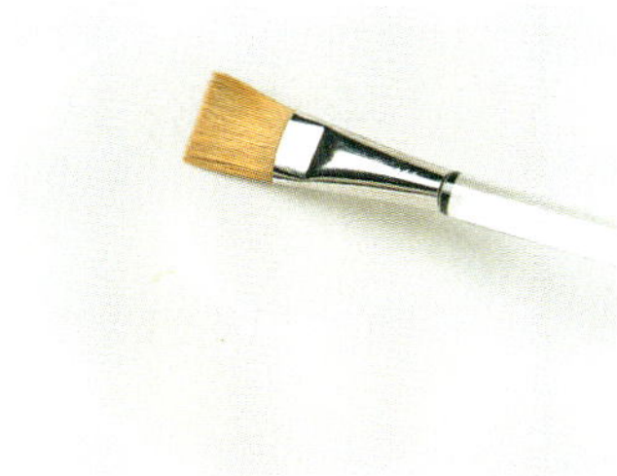

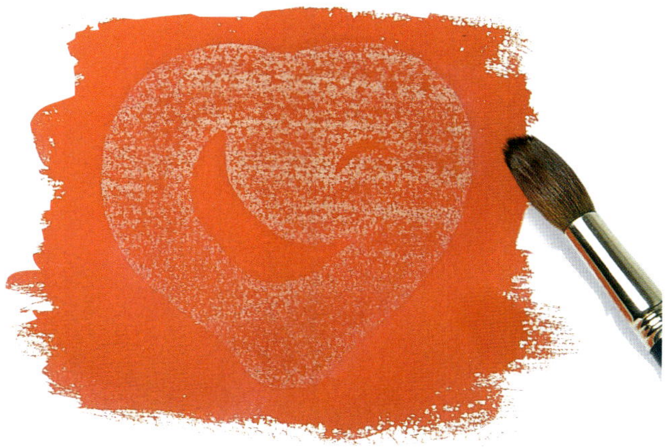

3. Legen Sie die Farbe ruhig weiter über das Terpentin, selbst wenn dieses trocknet. Man sieht, wie diese Substanz das Wasser abweist und sich die Farbe in kleinen Tröpfchen darauf absetzt, ohne dabei zu verfließen.

LÖSUNGSMITTEL — DAS ÖFFNEN VON FARBE

Gibt man Terpentinersatz auf eine frische Lasur, kann man nicht nur bestens experimentieren, sondern beispielsweise auch die Strukturen von Holz oder rauen Wänden kreieren, sowie Farben öffnen. Später lässt sich dies wieder problemlos übermalen.

ACHTUNG

Lösungsmittel können natürliches Haar schädigen, daher sollten Sie hier besser zu einem ausgedienten Pinsel oder Kunsthaar greifen. Lassen Sie diese Substanzen niemals über längere Zeit im Pinsel, denn dies würde den Haarkörper ruinieren.

2. Tauchen Sie den Pinsel in Terpentinersatz.

3. Durch das Terpentin öffnet sich die feuchte Farbe und dehnt sich aus.

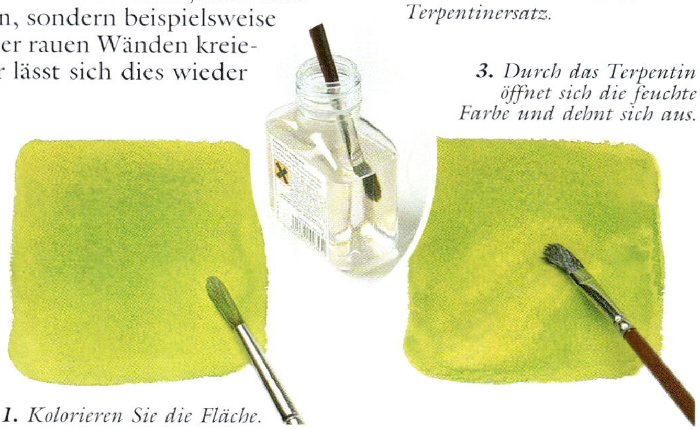

1. Kolorieren Sie die Fläche.

4. Nachdem Sie den Pinsel vom Papier genommen haben, können Sie nach kurzer Zeit sehen, wie diese Substanz auf die Farben einwirkt.

SALZKRISTALLE — VIELFÄLTIGSTE STRUKTUREN

Mit Salzkristallen auf feuchter Aquarellfarbe gelingen so zauberhafte Strukturen wie in diesen vier Beispielen. Wenn Sie diese Technik mehrmals wiederholen, können Sie noch komplexere Muster kreieren.

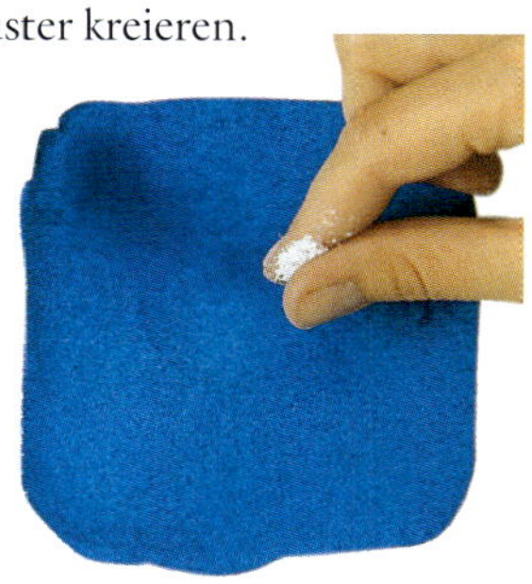

Die Salzkörner, die Sie in Ihr Bild streuen, saugen die feuchte Farbe auf und bilden beim Trocknen schneeflockenartige Muster. Wie diese Effekte letztendlich wirken, hängt unter anderem davon ab, in welcher Menge und wie dicht das Salz aufgestreut wird.

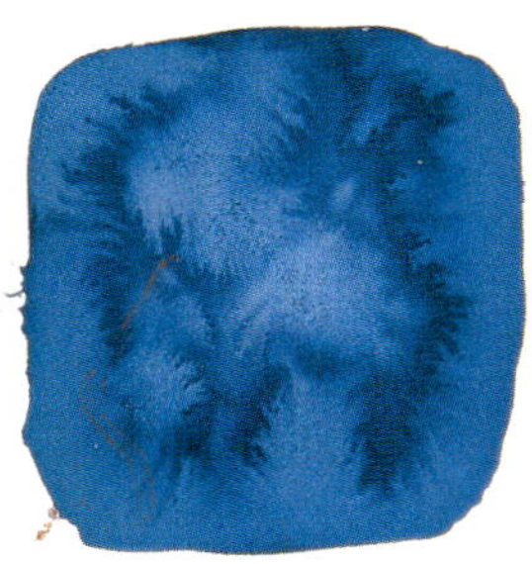

Hier spielt auch die Feuchtigkeit eine wichtige Rolle: je feuchter die Farbe ist, desto mehr Wasser zieht das Salz aus der Oberfläche und erzeugt somit größere Muster. Dieses inspirierende Ergebnis wurde auf einer sehr feuchten Oberfläche gestaltet.

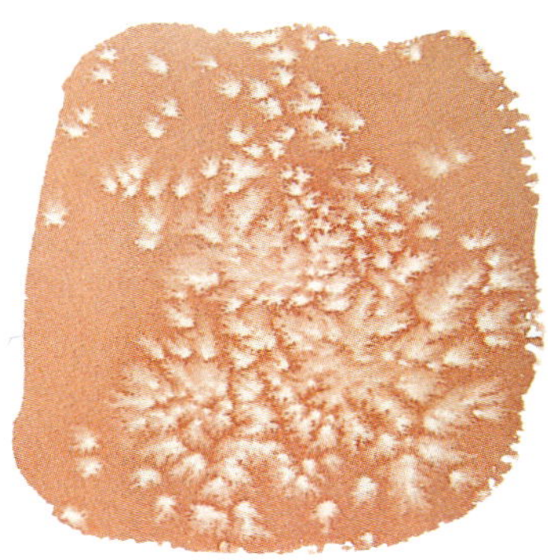

Dicht gestreute Salzkörner können einen äußerst attraktiven Effekt hervorrufen, der an zerklüftetes Gestein, bestimmte Gewächse, Eisblumen oder einen steinigen Strand erinnert.

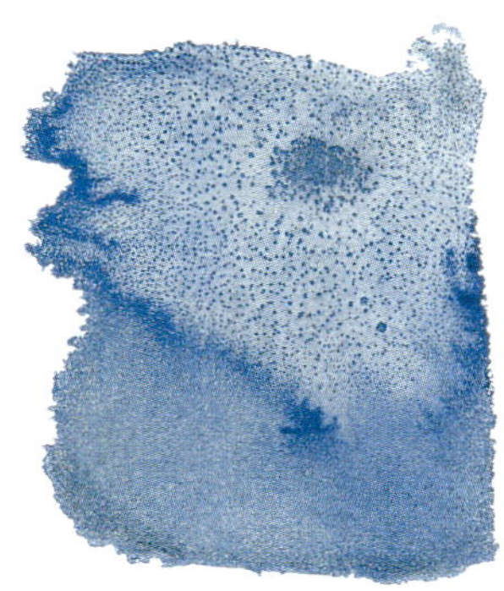

In diesem Beispiel wurde eine große Menge Salz auf die fast trockene Farbe gestreut, sodass es auf dem Papier haftet. Durch leichtes Reiben mit dem Finger können Sie es entweder entfernen oder mit Gummiarabikum fixieren, das allerdings einen feinen Glanz erzeugt.

FARBSPRITZER – DAS VERSPRENKELN VON FARBE

Das Gelingen dieser Technik hängt von der Konsistenz der Farbe ab und der Entfernung, aus der die Farbtröpfchen auf das Papier fallen sowie der Neigung des Papiers, der ruhigen Hand des Künstlers und davon, ob er auf trockenem oder feuchtem Malgrund arbeitet. Diese Methode ist sehr nützlich, um florale Muster sowie die Struktur von Bäumen oder Felsen und den Effekt rostiger Metalle zu kreieren.

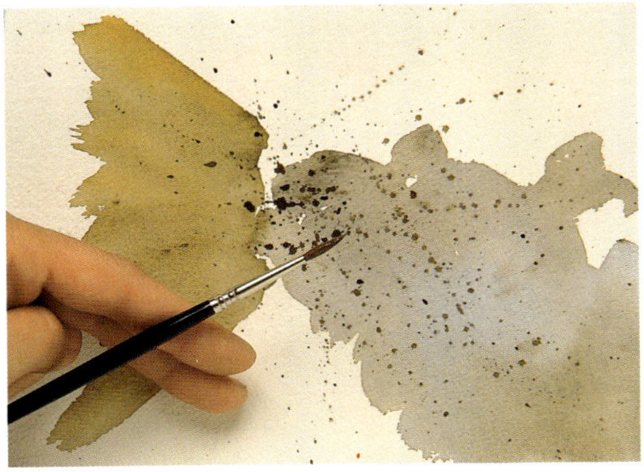

ACHTUNG

Versprenkelungen der Farbe lassen sich nicht vollkommen kontrollieren und die Größe der einzelnen Tröpfchen hängt von der Dicke des Pinsels ab.

Diesen Effekt kann man ganz einfach gestalten, indem man den mit Farbe gefüllten Pinsel leicht über die Hand klopft. In diesem Bild wurde die Spritstechnik eingesetzt, um die explosive Kraft eines kleinen Vulkans sowie die herausgeschleuderten Gesteinsbröckchen anzudeuten.

FARBFLECKEN – DAS VERPUSTEN VON FARBTROPFEN

Die zufällige Verteilung der Farbe kann besonders spektakuläre Formen hervorrufen. In der Pustetechnik kreierte Farbflecken haben den Vorteil, dass der Künstler ihre Anordnung und Verteilung gut kontrollieren kann.

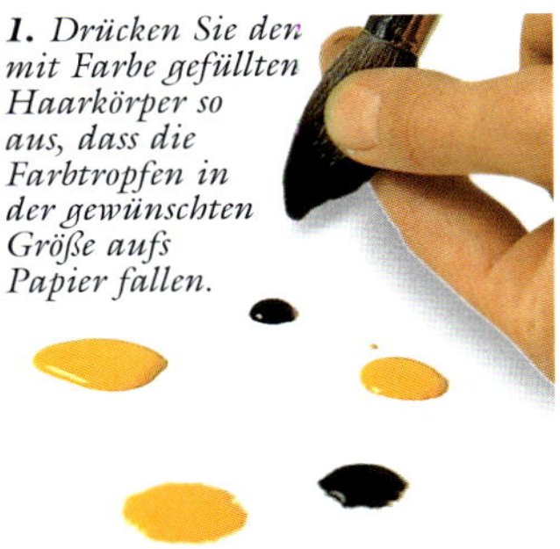

1. Drücken Sie den mit Farbe gefüllten Haarkörper so aus, dass die Farbtropfen in der gewünschten Größe aufs Papier fallen.

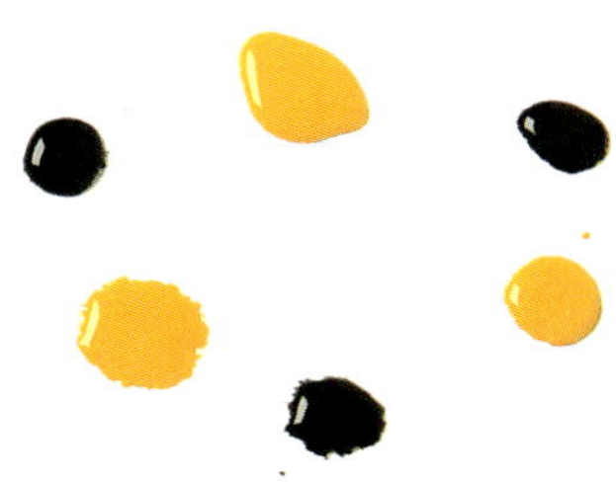

2. Sie können verschiedene Farbtöne miteinander kombinieren und die Anordnung der Farbtropfen selbst bestimmen.

ACHTUNG

Damit sich die Farben nicht vermischen, ist es unerlässlich, dass der erste Farbton getrocknet ist, bevor der nächste aufgetragen und verpustet wird. Mit einem Haarfön lässt sich der Trocknungsprozess prima beschleunigen.

3. Pusten Sie die Farbe mit einem Strohhalm über das Papier, damit sie sich in alle Richtungen verteilt. Zwar lässt sich die Farbe auch ohne Röhrchen verpusten, aber so ist die Verteilung der Farbe besser kontrollierbar. Mit diesen Farbflecken können Sie das Papier schmücken, sowie Meerespflanzen oder eine schroffe Schluchtenlandschaft suggerieren.

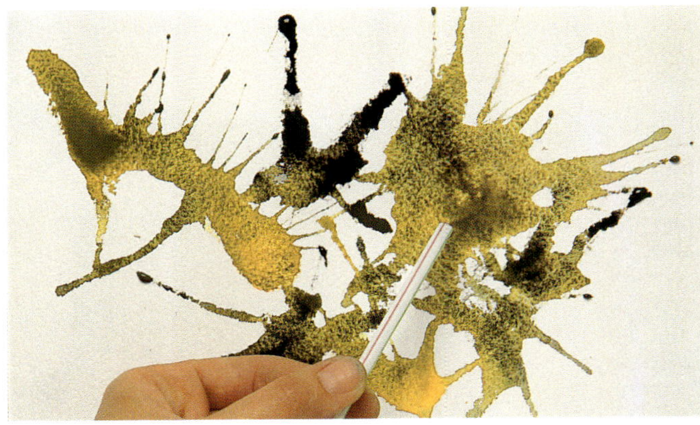

FARBFLECKEN – MIT EINEN HAARFÖN

Viele Künstler verwenden einen Haartrockner oder im Freien schlicht ein Feuerzeug, um den Trocknungsprozess einer bestimmten Farbfläche oder des gesamten Bildes zu beschleunigen. Ein Fön eignet sich prima, um Effekte zu gestalten, indem man die Farbe eines Flecks durch seine Luft über das Papier verteilt.

ACHTUNG

Sie sollten die Richtung der warmen Luft sowie die Stufe des Haarföns genau kontrollieren, da sich der Farbfleck wie beim Strohhalm in alle Richtungen verteilt, wenn Sie ihn direkt anfönen.

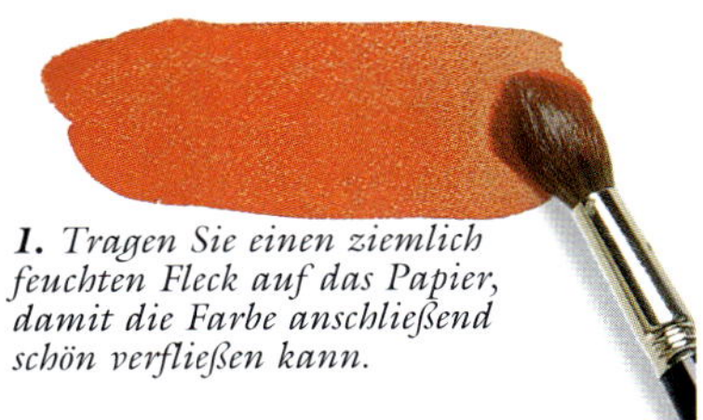

1. Tragen Sie einen ziemlich feuchten Fleck auf das Papier, damit die Farbe anschließend schön verfließen kann.

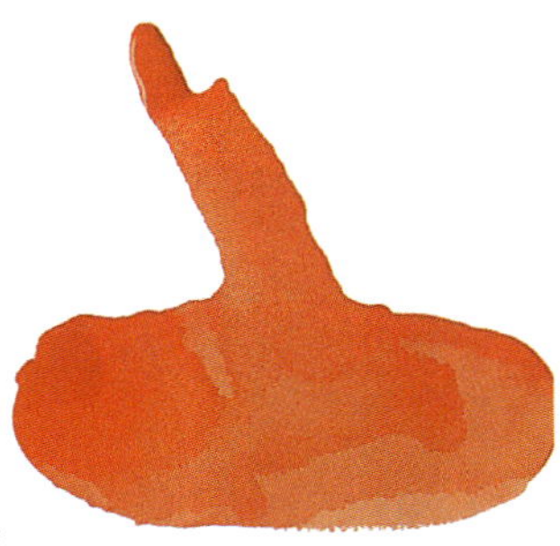

2. Halten Sie den Haartrockner so über den Fleck, dass sich die Farbe in die gewünschte Richtung verteilt. Die Stellen mit den hellsten Tönen sind am schnellsten getrocknet, weil sie der Wärme stärker ausgesetzt waren. Die Muster innerhalb des Farbflecks entstehen dadurch, dass sich die Pigmente durch die Richtung der ausgestoßenen Luft an verschiedenen Stellen anhäufen.

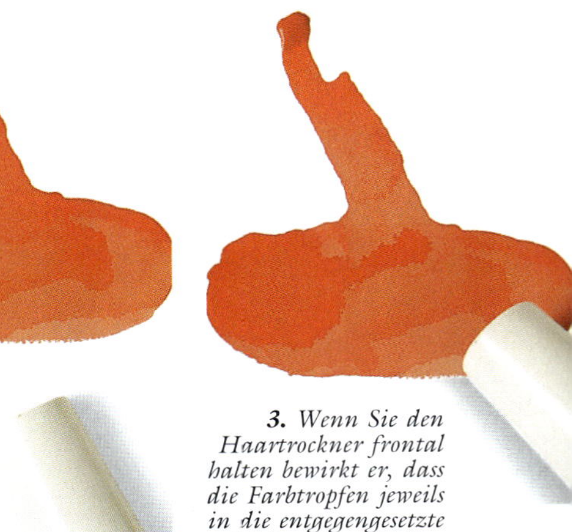

3. Wenn Sie den Haartrockner frontal halten bewirkt er, dass die Farbtropfen jeweils in die entgegengesetzte Richtung verfließen.

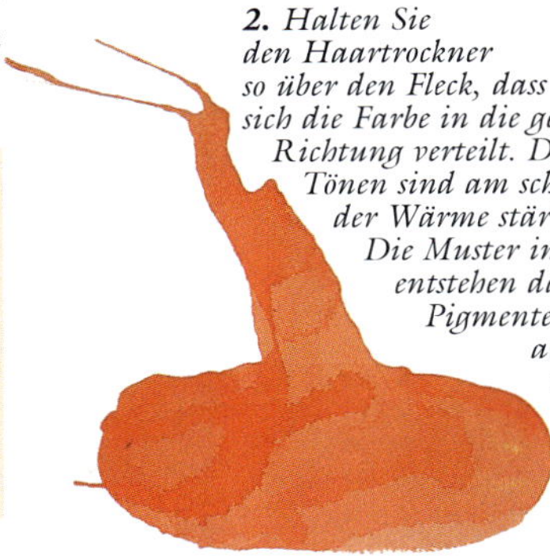

4. Zuletzt hat sich der ganz oben gesammelte Farbtropfen verzweigt und diese spontanen Linien kreiert. In dieser pfiffigen Technik kann man einen Himmel, eine Wasseroberfläche oder feuchten Sand am Meer gestalten.

FARBSPRITZER

Diese hübsche Technik ermöglicht eine unerschöpfliche Vielfalt an Struktureffekten. Zudem bietet sie sich an, um etwas zu schwach geratene Stellen mit einem dunkleren Ton kontrastreicher und kräftiger zu gestalten. Wirkt ein Bildbereich überladen, lässt er sich wieder angleichen, indem man einen helleren Ton darüber trägt und somit die Töne wieder vereint. Hierfür feuchtet man eine Zahnbürste mit Farbe an und streicht anschließend mit dem Daumen, Messer oder anderen Utensilien waagrecht über die Borsten. Dadurch „regnet" es Tausende kleiner Farbtröpfchen. Im Fachhandel sind dafür auch spezielle Röhrchen erhältlich.

ACHTUNG

Sie sollten damit rechnen, dass sich die kleinen Farbtröpfchen unregelmäßig verteilen und abhängig vom Druck, mit dem Sie über die Zahnbürste streichen, in kleinen Farbflecken anhäufen können. Die Farbe sollte zwar ziemlich dickflüssig sein, aber nicht an den Borsten haften. Je flüssiger die Farbe ist, desto größer werden die Tropfen.

MIT EINER ZAHNBÜRSTE

1. Diese Farbfläche wurde an einer Seite mit einer Schablone ausgespart, damit sie in der gewünschten Form von den zufällig verspritzten Farbtröpfchen unberührt bleibt.

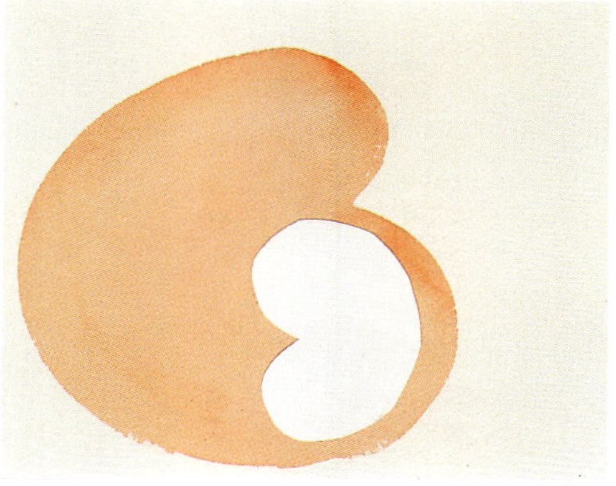

2. Geben Sie nun die Farbe auf die Zahnbürste. Dafür können Sie die Bürste entweder in ein Farbschälchen tauchen oder die Farbe wie auf unserem Foto mit dem Pinsel auftragen. Bei letzterer Methode ist es einfacher, die jeweilige Farbmenge in der Zahnbürste zu kontrollieren.

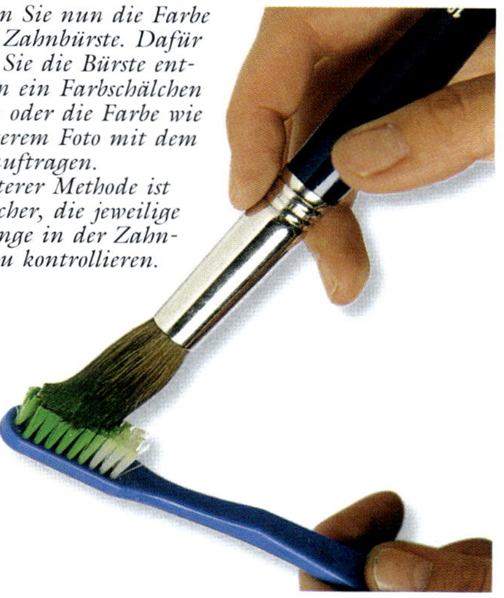

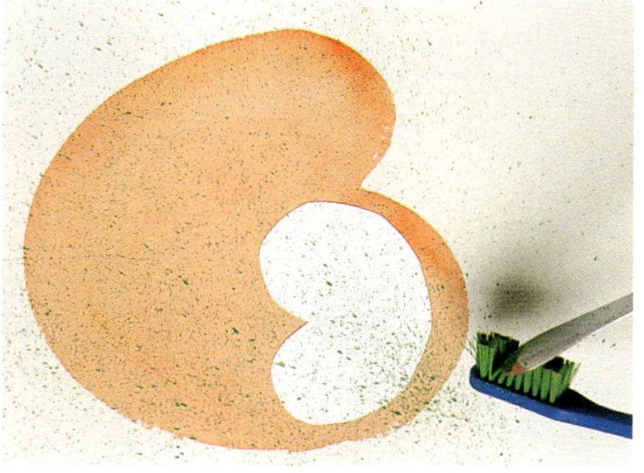

3. Mit einem Messer oder jedem anderen geeigneten Gegenstand streichen Sie nun entgegengesetzt zum Papier über den Bürstenkopf.

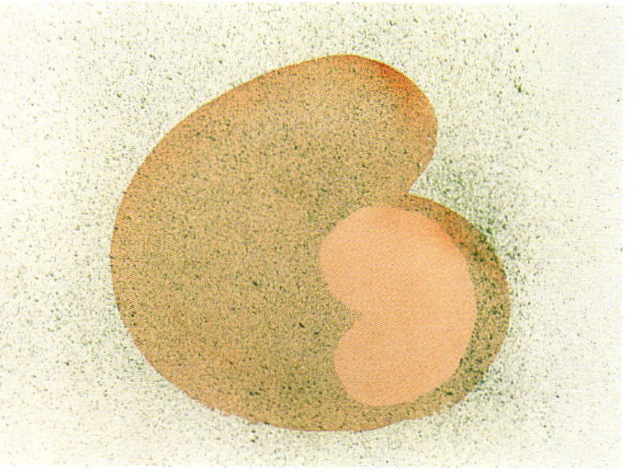

4. Die bespritzte Fläche hat nicht nur einen hübschen Sprenkeleffekt gewonnen, sondern weist im Vergleich zur Aussparung auch eine andere Tönung auf.

POINTILLISMUS

Bei dieser Technik werden kleine Punkte mit der Pinselspitze aufgetupft. Sie wurde von Georges Seurat entwickelt und war als Bestandteil der Theorie des Impressionismus lange Zeit sehr beliebt. Pointillistisch gemalte Bilder haben eine besondere Ausstrahlung. Betrachten Sie ein Fernsehbild aus der Nähe, erkennen Sie, dass sich die Farbflächen, ähnlich wie in der Tupfentechnik, aus unzähligen einzelnen Farbpünktchen zusammensetzen. Die einzelnen Farben verbinden sich nicht auf dem Papier, sondern erst im Auge des Betrachters zu einer Einheit. Wie in der klassischen Aquarellmalerei werden pointillistische Bilder von schwach nach stark ausgearbeitet: man beginnt mit den hellsten Tönen und fügt danach die dunkleren ein. Dieser Malstil erfordert viel Geduld und eine gute Beobachtungsgabe in Bezug auf die Farben.

IMPRESSIONEN VON FARBE

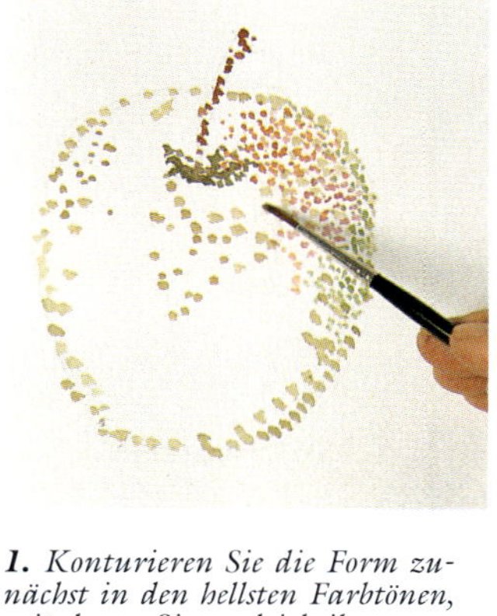

1. Konturieren Sie die Form zunächst in den hellsten Farbtönen, mit denen Sie zugleich ihre Tonwertskala festlegen.

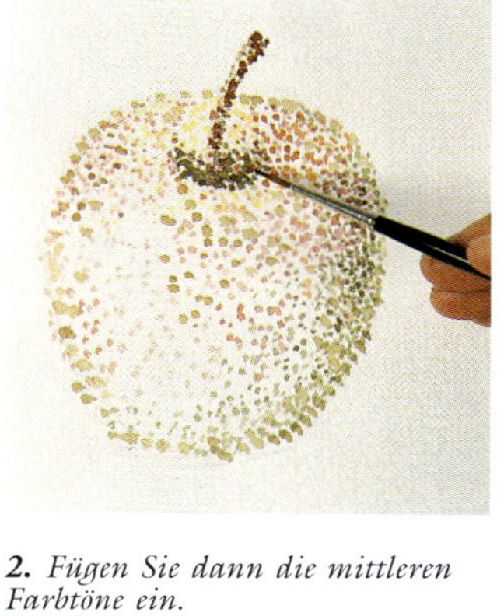

2. Fügen Sie dann die mittleren Farbtöne ein.

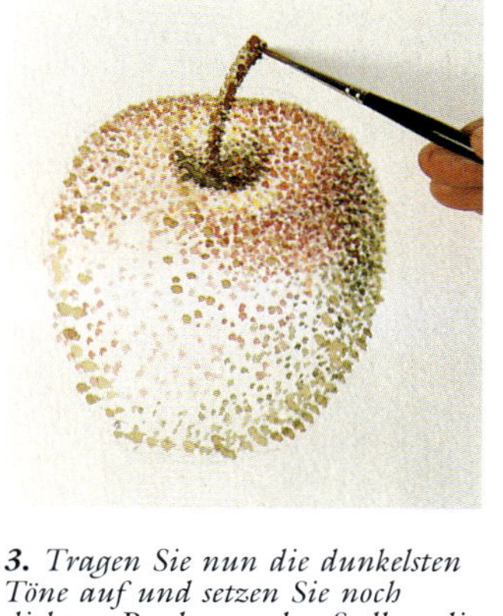

3. Tragen Sie nun die dunkelsten Töne auf und setzen Sie noch dichtere Punkte an den Stellen, die bislang zu hell geblieben sind.

ACHTUNG

Wie ein in der Tupfentechnik gestaltetes Objekt letztendlich wirkt, hängt immer davon ab, wie dicht und wie groß die Punkte gesetzt sind. Denken Sie daran, dass die Farbe des Papiers in dieser Technik auch einen Farbton darstellt.

DRUCKVERFAHREN — DER ABDRUCK VON STRUKTUREN

Die Druckverfahren stellen eine einfache und sehr wirkungsvolle Methode dar, um Druckmotive oder Struktureffekte zu schaffen. Der Druck besteht darin, eine Form bzw. Struktur an einer anderen Stelle zu reproduzieren. Angefangen von einem Stück Stoff bis hin zu den Blättern von Bäumen gibt es unzählige Objekte, deren abgedruckte Strukturen interessante wie überraschende Effekte erzeugen. Die Technik, ein bestimmtes Relief zu übertragen, ist denkbar einfach.

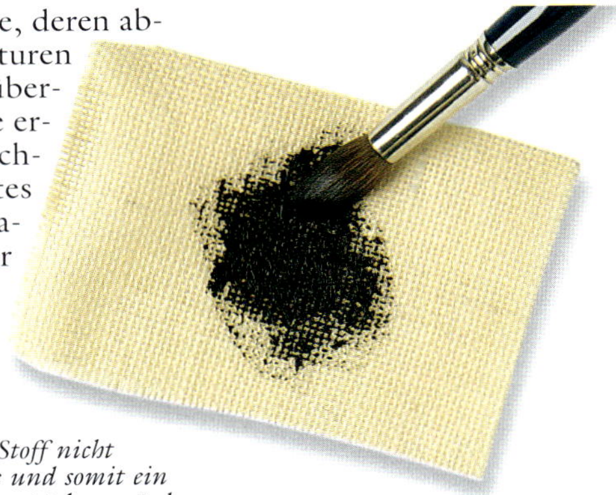

ACHTUNG

Hier haben wir mit kaum verdünnter Farbe gearbeitet, generell hängt der Wasseranteil jedoch von der Oberfläche des Druckobjekts sowie dem Ton und der Intensität der verwendeten Farbe ab.

1. Tragen Sie die Farbe möglichst dick auf die Oberfläche auf, die Sie reproduzieren möchten. Hier drucken wir die Struktur von Sackleinen ab.

2. Legen Sie den Stoff auf das Papier und drücken Sie ihn vorsichtig, aber kräftig darauf. Geben Sie Acht, dass Sie den Stoff nicht verschieben, weil sich dadurch auch die Farbe verteilen würde und somit ein verzerrter, nicht mehr originalgetreu strukturierter Abdruck entstehen würde.

3. Ziehen Sie den Stoff vom Papier.

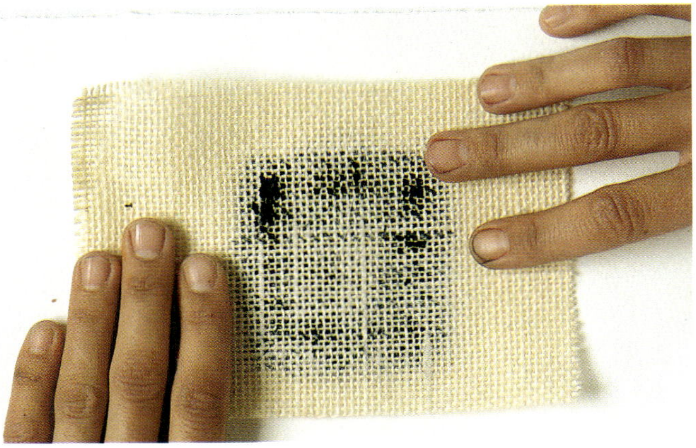

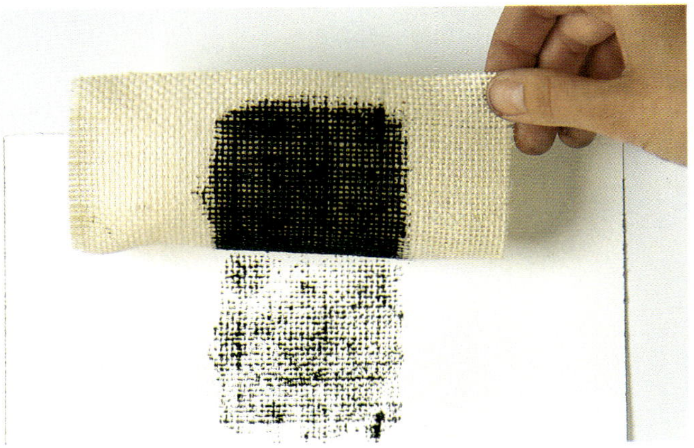

FARBABDRÜCKE — DAS ÜBERTRAGEN VON FARBE

Farbige Abdrücke werden kreiert, indem man eine zuvor gemalte und noch feuchte Form auf eine andere Fläche überträgt.

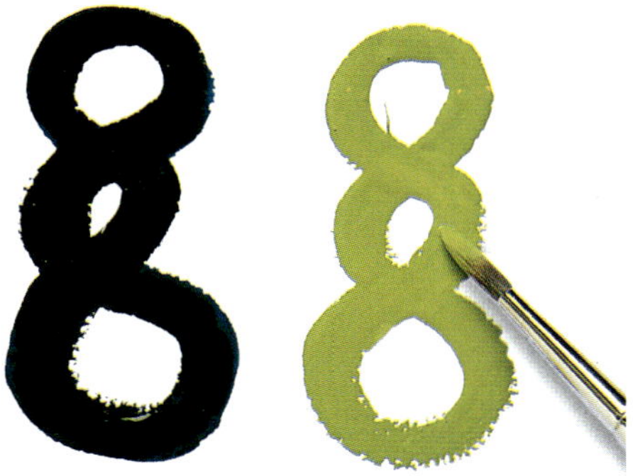

1. Malen Sie die gewünschte Form mit ziemlich dicker Farbe ein. Falls das Papier, auf das die Form gedrückt werden soll, saugfähig genug ist und keine starke Oberflächenleimung besitzt, kann die Farbe auch stärker verdünnt sein.

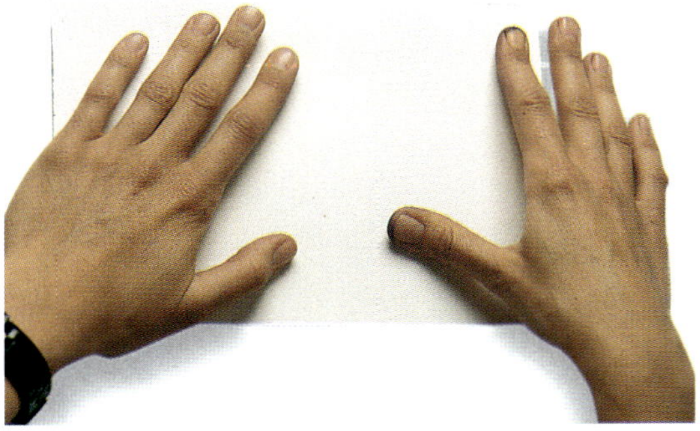

2. Legen Sie das zu bedruckende Papier nun auf die bemalte Fläche und pressen Sie es mit beiden Händen fest an.

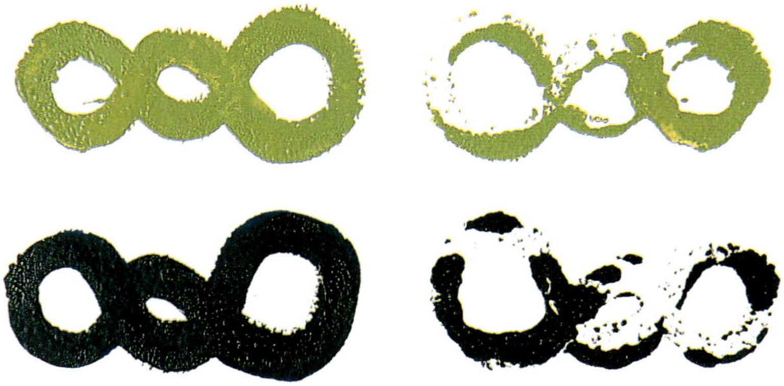

3. Ziehen Sie die beiden Blätter wieder auseinander. Wie Sie sehen können, ist die gedruckte Form nur fragmentarisch gelungen, weil das Papier nicht stark genug angepresst wurde.

ACHTUNG

Gelingt ein Abdruck nicht, so ist entweder der Druck auf das Papier zu gering, wodurch es nicht genügend Farbe abgibt, oder die Leimung der Papieroberfläche ist zu stark für dieses Experiment, sodass die abgedruckte Farbe nicht richtig haften kann.

FARBABDRÜCKE

DIE VERZERRUNG DER URSPRÜNGLICHEN FORM

Genauso wie bei den Drucktechniken, verzerrt sich eine Form, sobald man das Papier bewegt. Diese Art der Gestaltung stellt eine weitere kreative Variante des Farbauftrags dar und kann sehr nützlich sein, um schroffe Konturen und relativ unbestimmte Formen zu kreieren.

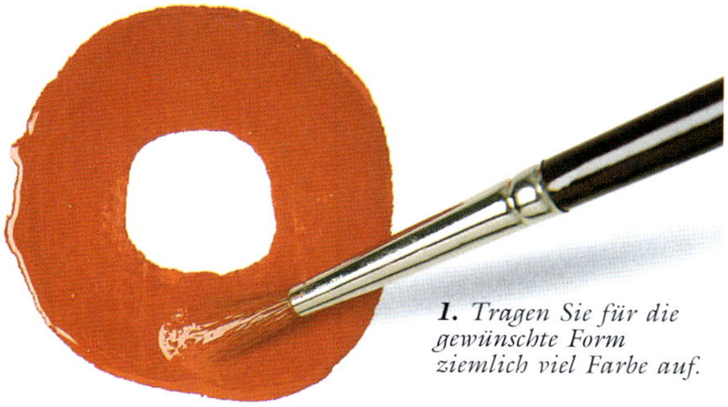

1. Tragen Sie für die gewünschte Form ziemlich viel Farbe auf.

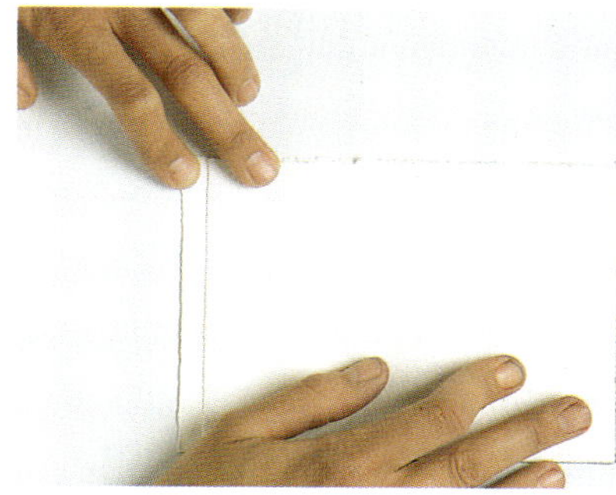

2. Legen Sie das andere Papier auf die farbige Form, die Sie abdrucken möchten, und drücken Sie es kräftig an. Halten Sie das Blatt mit der ursprünglichen Form nun fest, und bewegen Sie das obere Papier.

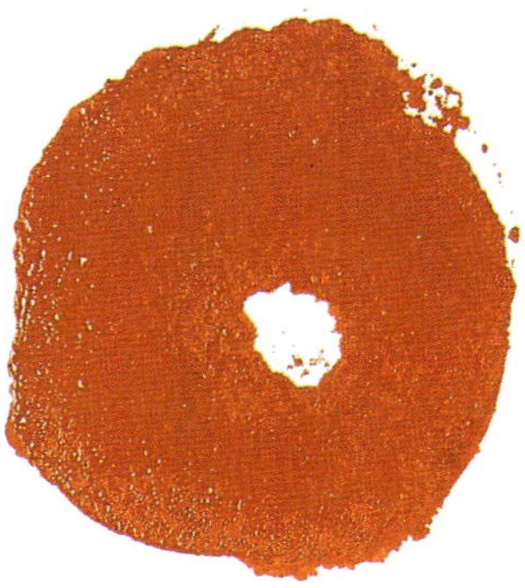

3. Beachten Sie, wie die Farbe auf beiden Blättern verlaufen ist und die ursprüngliche Form verzerrt hat. Im Gegensatz zum vorigen Experiment wurde die Farbe der Form hier fast makellos übertragen, weil der Druck auf das Papier groß genug war, damit sie an jeder Stelle haften konnte.

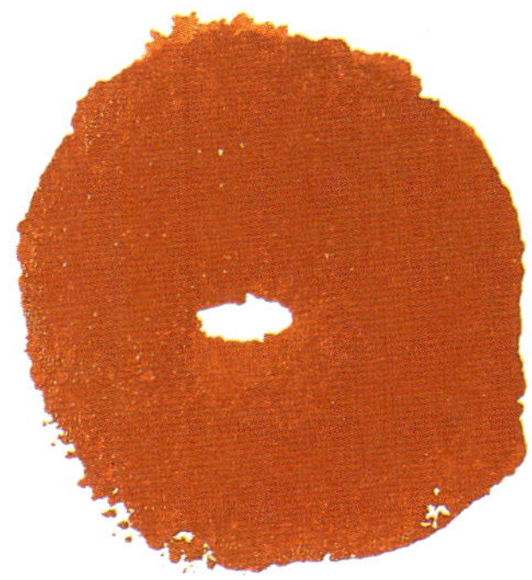

TROCKENER ODER REIBENDER PINSEL

NETZARTIGE FARBSCHICHTEN

Hier malt man mit dem fast trockenen Pinsel, also ohne Wasser. So erzeugt die Farbe keine durchgehende Linie, sondern vermittelt den Effekt von rauen Strukturen wie etwa einer Baumrinde oder eines Felsens.

Man kann die Farbe direkt über das Papier tragen, sodass es durchscheint, oder sie wie eine Überlagerung auf eine zuvor bemalte Fläche legen und einen netzartigen Effekt schaffen.

1. Nehmen Sie die Aquarellfarbe mit einem feuchten, aber nicht mit Wasser gefüllten Pinsel auf.

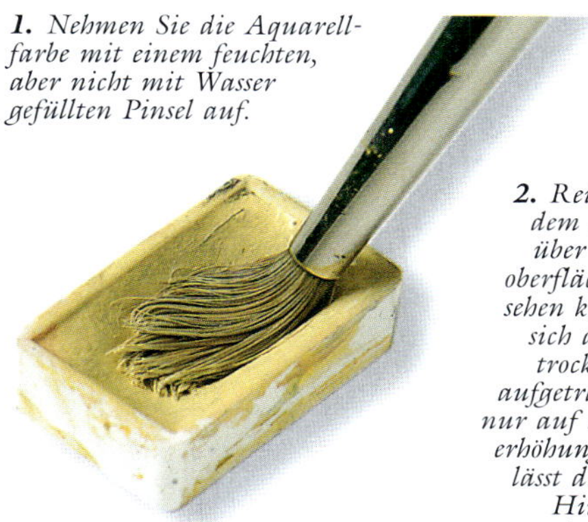

2. Reiben Sie mit dem Pinsel sanft über die Papieroberfläche. Wie Sie sehen können, setzt sich die mit dem trockenen Pinsel aufgetragene Farbe nur auf den Papiererhöhungen ab und lässt die Farbe des Hintergrundes durchscheinen.

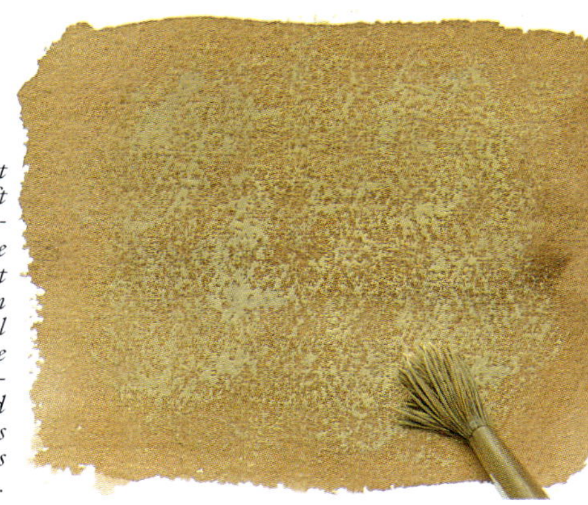

TROCKENER PINSEL

MUSTER DES HAARKÖRPERS

Wenn man den Haarkörper eines trockenen Pinsels mit den Fingern auseinander spreizt, hinterlässt er ein paralleles Muster, mit dem man etwa Gräser oder Haare äußerst gelungen darstellen kann.

In Bezug auf die Menge und die Verdünnung der Farbe sollten Sie bedenken, dass ein zu feuchter Pinsel lediglich einen Fleck hinterlässt, während er das Papier nur unzureichend tönt, falls er zu wenig Farbe hält.

Es empfiehlt sich daher, vor dem Malbeginn einen Probestrich am Papierrand zu ziehen bzw. den Pinsel auf Löschpapier etwas abzustreifen.

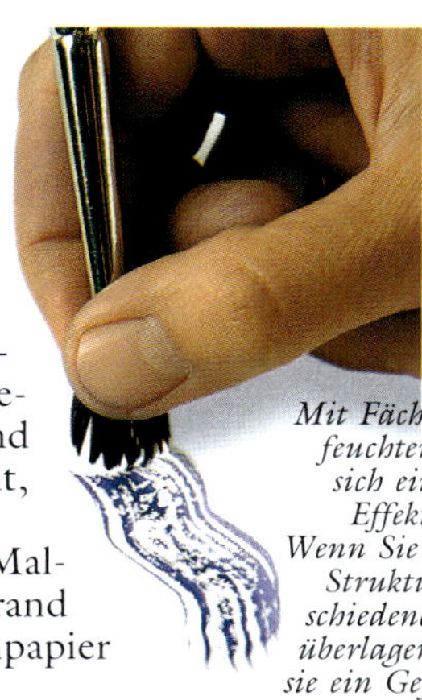

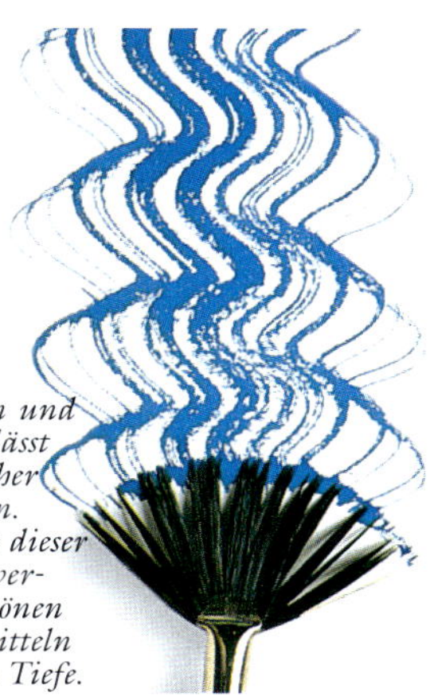

Mit Fächerpinseln und feuchter Farbe lässt sich ein ähnlicher Effekt kreieren. Wenn Sie mehrere dieser Strukturen in verschiedenen Farbtönen überlagern, vermitteln sie ein Gefühl von Tiefe.

ACHTUNG

Pinsel mit Marderhaar sind für diese Technik ziemlich ungeeignet, da sie zu weich sind und kaum die gewünschten Effekte kreieren. Pinsel mit stabilerem Haarkörper bieten sich weitaus besser an.

Die besten Ergebnisse gelingen auf grobkörnigem Papier, da auf dessen poröser Oberfläche die Farbe des Hintergrunds stärker zur Geltung kommt.

FARBE ABWASCHEN — TUSCHE UND AQUARELLFARBE

Diese Technik kann eine enorme Vielfalt an Effekten hervorrufen. Sie ist zwar zeitaufwändig, arbeitsintensiv und kaum vorhersagbar, dafür gelingen mit ihr aber interessante, bezaubernde Ergebnisse.

Man trägt wasserfeste Tusche auf eine bemalte Fläche und spült sie anschließend unter dem Wasserhahn ab. Auf unbemaltem Papier bleibt die Tusche haften, während sie sich von den farbigen Stellen wieder löst. Es ist wichtig, Qualitätspapier zu verwenden, das der Prozedur unter dem Wasserhahn gut standhält.

Sie sollten viel üben, bevor Sie diese Technik einsetzen. Bedenken Sie, dass Sie die Tuscheflächen in keiner Weise mehr überarbeiten können. Sie können das Trocknen der Farbe sowie der Tusche mit einem Haarfön beschleunigen.

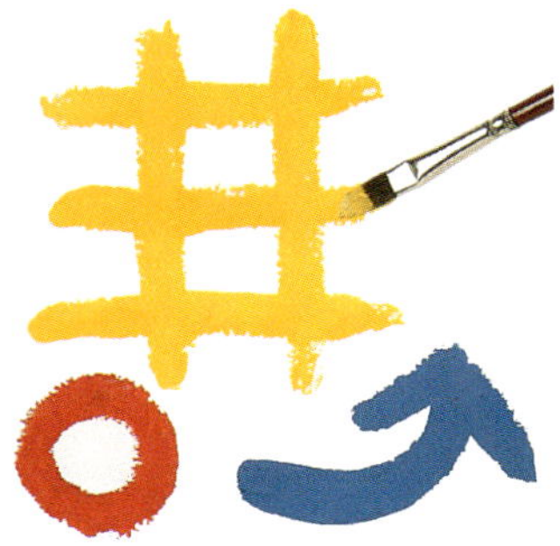

1. Kolorieren Sie das Papier mit den gewünschten Farben. Man sollte hier ziemlich dicke Farbe einmalen, da sie sich durch das Wasser später löst und an Leuchtkraft verliert, zudem kann die Tusche schlechter bis zum Papier dringen, je dichter die Farbe ist. Um zu verhindern, dass die Farbe blasser wird, kann man sie mit Ochsengalle behandeln, wodurch sie auch besser am Papier haftet; allerdings ist es beim Abspülen des Papiers selbst dadurch nicht ganz vermeidbar, dass die Farben an Intensität verlieren.

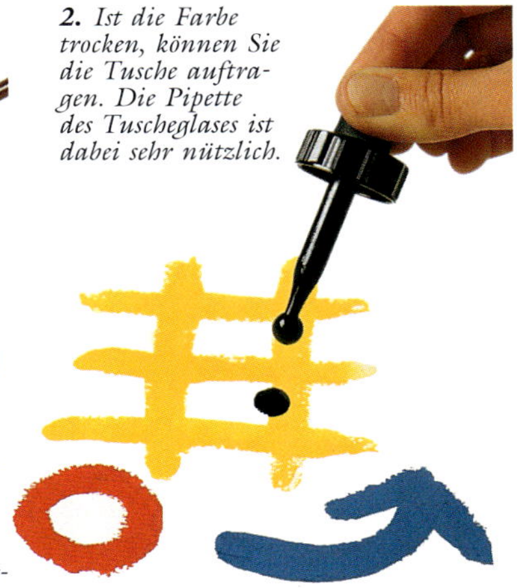

2. Ist die Farbe trocken, können Sie die Tusche auftragen. Die Pipette des Tuscheglases ist dabei sehr nützlich.

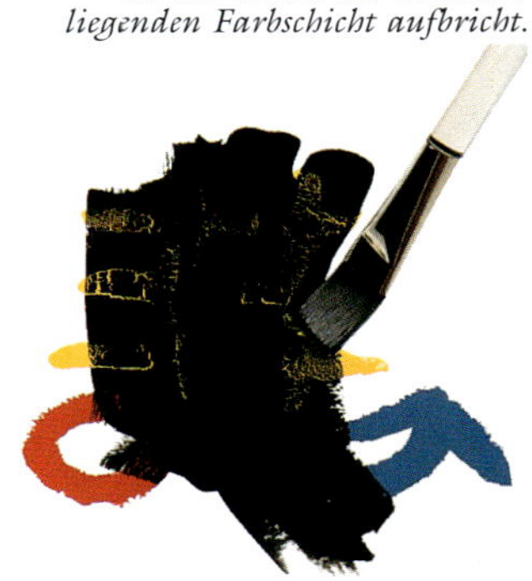

3. Ziehen Sie nun die Tusche über das Papier. Dabei sollten Sie sehr behutsam vorgehen, denn wenn Sie mit dem Pinsel zu fest reiben, könnte sich die darunter liegende Farbe teilweise lösen und weitere Flächen ungewollt verschmutzen. Beachten Sie, wie die Tusche an den Stellen der darunter liegenden Farbschicht aufbricht.

ACHTUNG

Denken Sie daran, dass die Aquarellfarben beim Abwaschen der Tusche stets an Intensität verlieren.

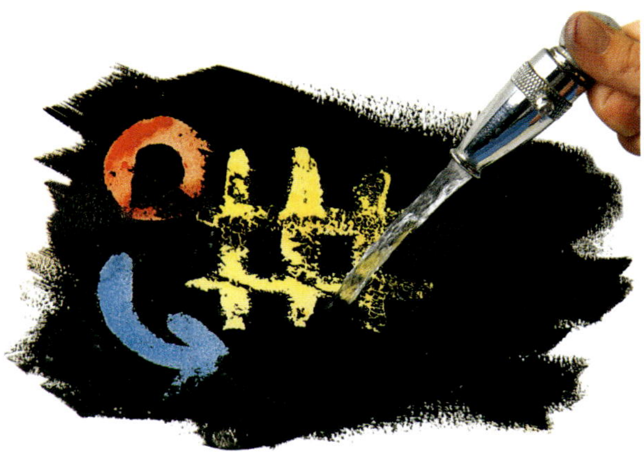

4. Nachdem die Tusche getrocknet ist, durchfeuchten Sie das Papier am besten mit lauwarmem Wasser unter dem Wasserhahn. Um die Tusche zu entfernen, können Sie mit einem Schwamm oder den Fingern leicht darüber reiben. Bedenken Sie aber, dass sich durch zu starken Druck auch die Aquarellfarbe vom Papier lösen könnte.

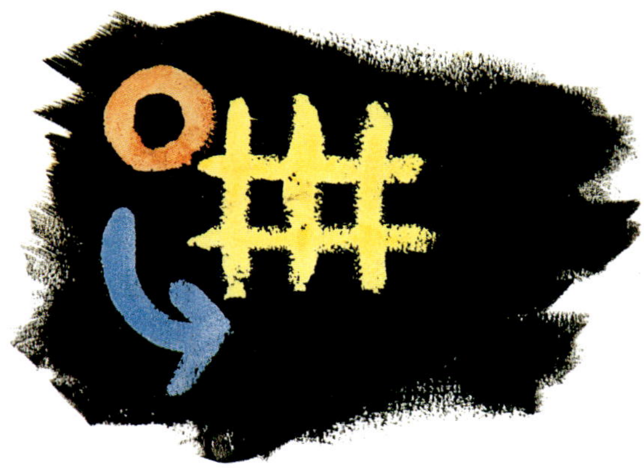

5. Lassen Sie das Papier trocknen. Die Farben sind erwartungsgemäß zwar etwas blasser geworden, dennoch ist hier ein attraktives, wirkungsvolles Ergebnis gelungen.

MALEN MIT... LÖSCHPAPIER

Viele Gegenstände des täglichen Lebens eignen sich ausgezeichnet, um Farbe auf das Papier zu tragen. Mit ein wenig Fantasie kann sich jeder Künstler vielfältige Techniken einfallen lassen. Einige davon könnte man für Hintergründe oder auch Druckmotive einsetzen.

Ein zugeschnittenes Stückchen Löschpapier kann ganz leicht als Stempel dienen, wenn man geometrische Formen, wie etwa Häusergruppen oder aber den Flug eines Kometen überzeugend darstellen möchte.

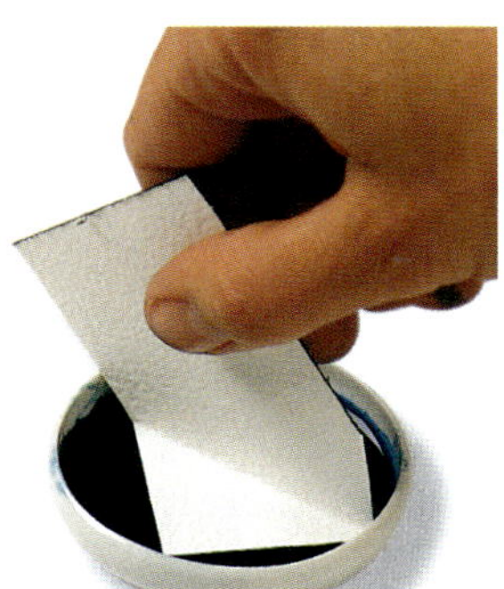

1. Saugen Sie mit der gewünschten Löschpapierform verdünnte Farbe für den Abdruck auf.

2. Drücken Sie das farbige Papier dann wie einen Stempel auf die weiße Papierfläche.

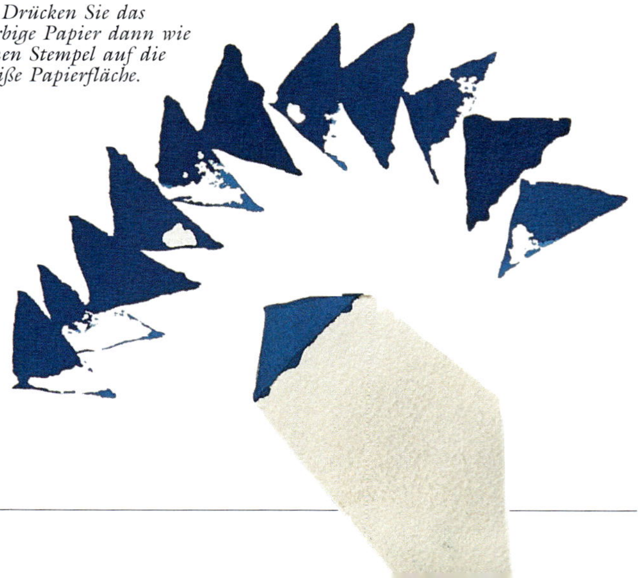

Ein Stück desselben Papiers wie für den Farbauftrag verwendet, oder ein handlicher Streifen aus Pappe kann zudem ein hilfreiches Utensil sein, um kleine gerade Linien zu ziehen, die einen Zaun oder die Fliesen einer Terrasse suggerieren.

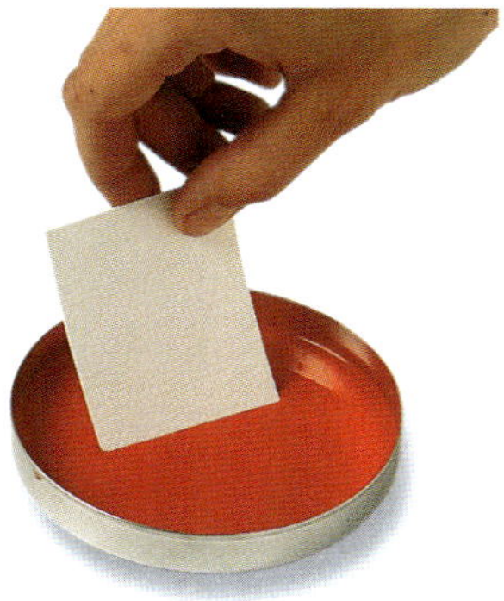

1. Tauchen Sie eine Papierkante in das Schälchen mit der Farbe.

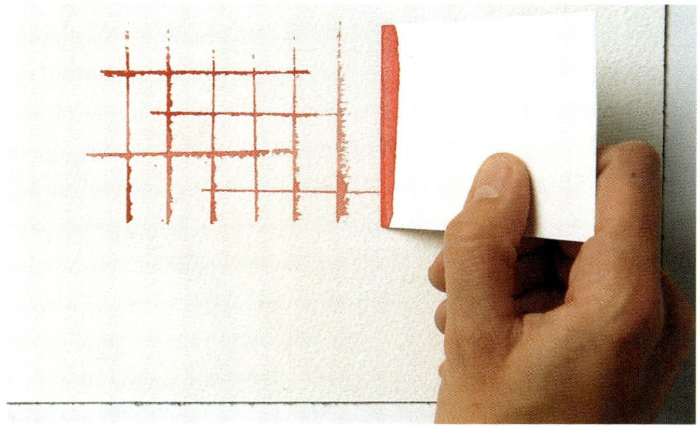

2. Setzen Sie die farbige Kante auf dem Papier auf.

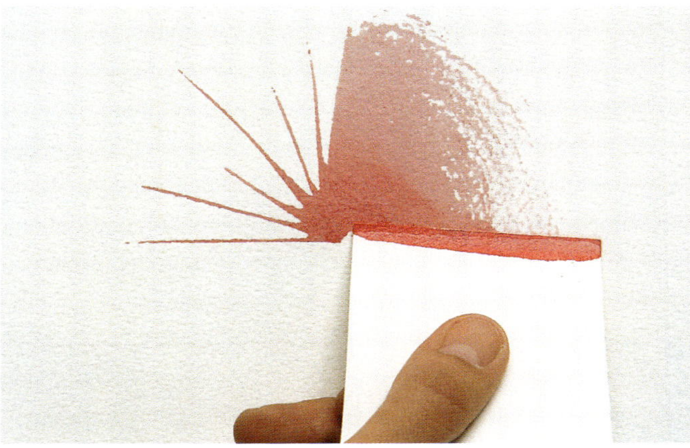

Mit einem einzigen Stück Papier oder Pappe können Sie unendlich viele Muster kreieren. Für diesen Effekt wurde das Papierstück zunächst von der Mitte aus nach rechts um seine eigene Achse gedreht und dabei in kurzen Abständen immer wieder auf dem Papier abgesetzt. Ab der Hälfte hat seine farbige Kante das Papier dann während der ganzen Drehbewegung berührt.

ACHTUNG

Denken Sie daran, dass das Papier nach dem wiederholten Eintauchen in die Farbe ziemlich stark aufweicht und seine Form verliert, deshalb sollten Sie damit entweder nur kleinere Flächen gestalten oder aber mehrere Papierstücke vorbereiten, bevor Sie mit dem Malen beginnen.

MALEN MIT... EINER KARTOFFEL

Ein so normales und einfaches Lebensmittel wie die Kartoffel kann eine fast unerschöpfliche Quelle für interessante Formen sein. Für diese Technik schneidet man eine attraktive Form in die halbierte Kartoffel und benutzt sie wie einen Stempel.

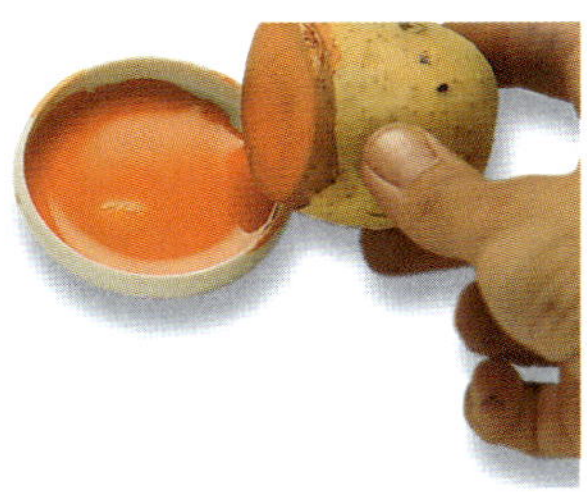

1. Geben Sie die Farbe auf die auseinandergeschnittene Kartoffel.

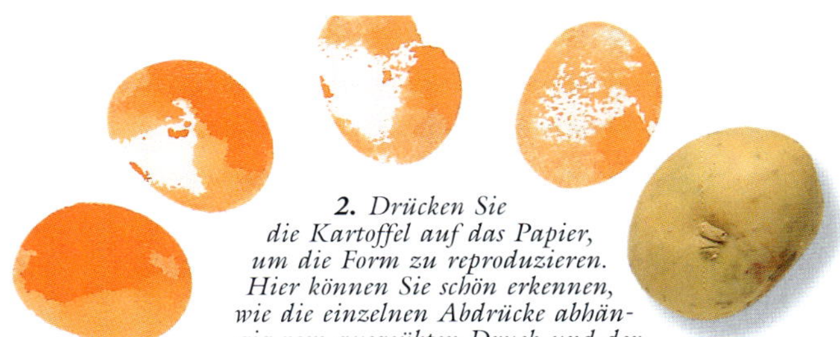

2. Drücken Sie die Kartoffel auf das Papier, um die Form zu reproduzieren. Hier können Sie schön erkennen, wie die einzelnen Abdrücke abhängig vom ausgeübten Druck und der Farbmenge auf der Kartoffel deutlich variieren.

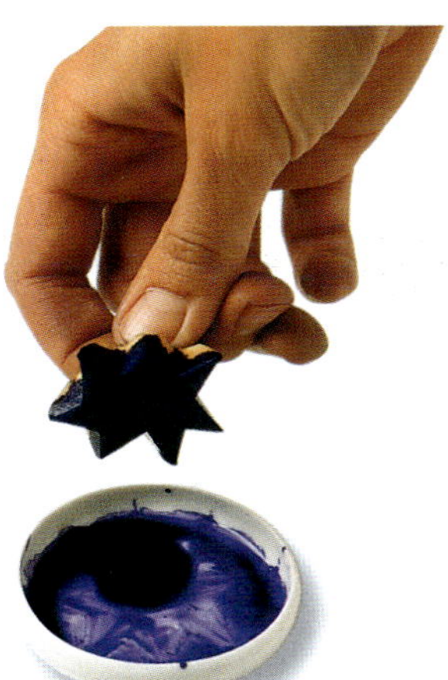

1. In diesem Beispiel schneiden wir eine Sternform in die Kartoffel und tauchen sie anschließend in die vorbereitete Farbe.

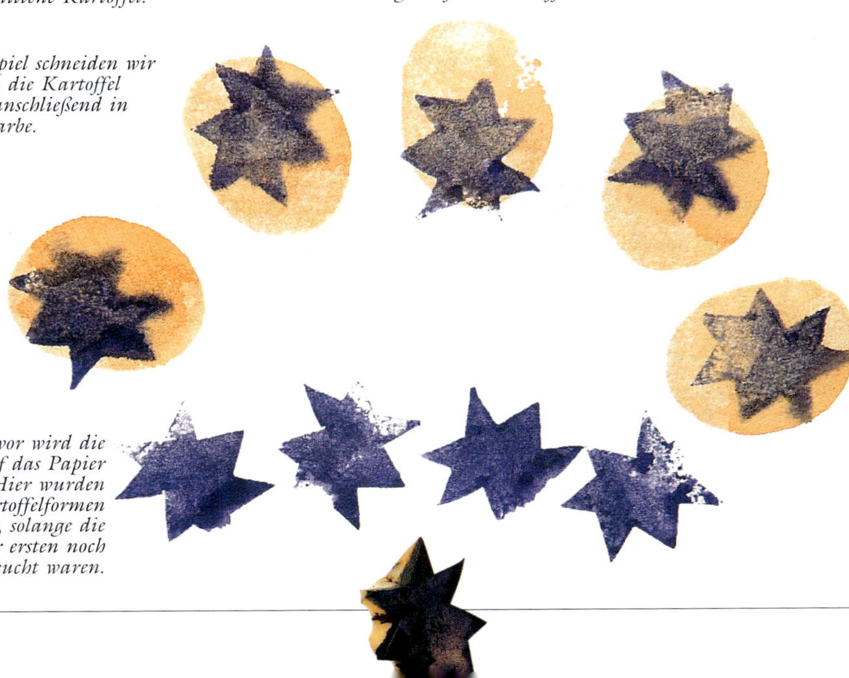

2. Wie zuvor wird die Form auf das Papier gedruckt. Hier wurden beide Kartoffelformen kombiniert, solange die Abdrücke der ersten noch leicht feucht waren.

MALEN MIT... DEN FINGERN

Die Finger spielen beim Farbauftrag eine besondere Rolle. Möchte man ungewollt verfließende Farbe im Bild aufhalten oder aber die Farbe aufs Papier bringen, sollte man sich nicht scheuen, Hände und Finger einzusetzen, um die eigene Kreativität auszuschöpfen.

Je nach Hautstruktur und Handbewegung hinterlassen die Finger charakteristische Abdrücke auf dem Papier.

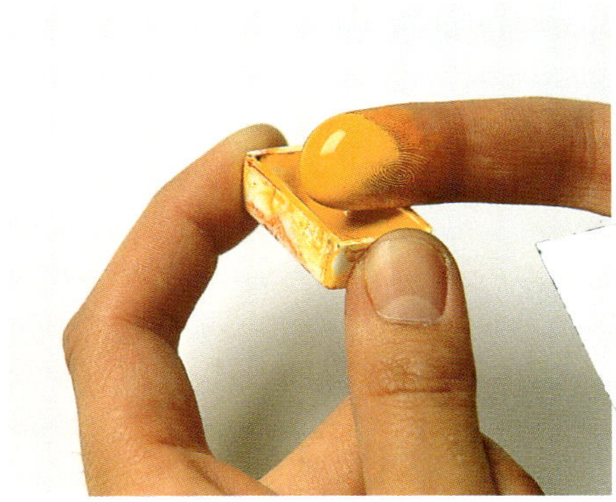

1. Streichen Sie Ihren Zeigefinger entweder direkt im Näpfchen oder auf der Palette mit Farbe ein.

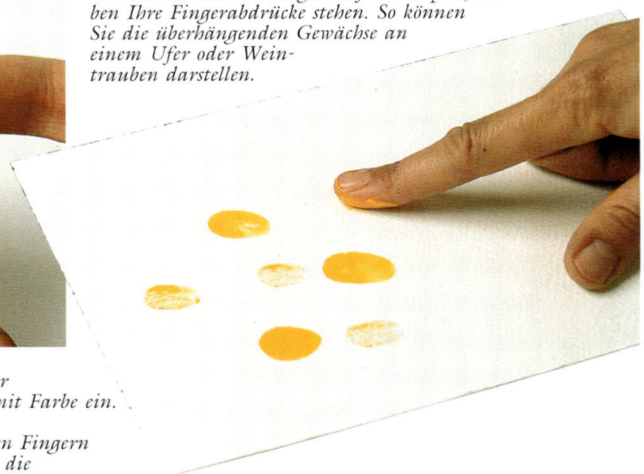

2. Drücken Sie den Finger auf das Papier, bleiben Ihre Fingerabdrücke stehen. So können Sie die überhängenden Gewächse an einem Ufer oder Weintrauben darstellen.

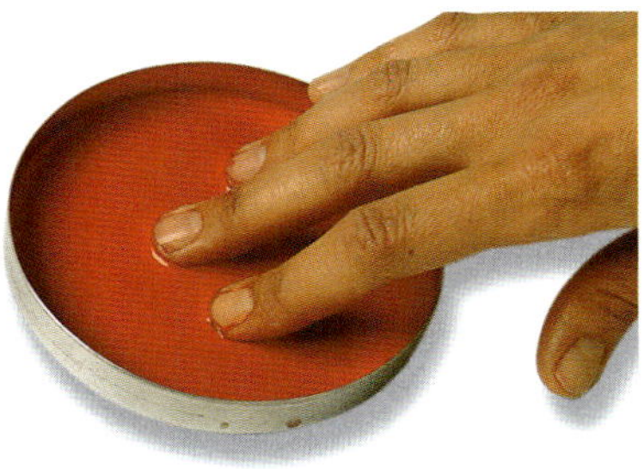

3. Sie können natürlich auch mit mehreren Fingern gleichzeitig malen und sie dafür direkt in die vorbereitete Farbe tauchen.

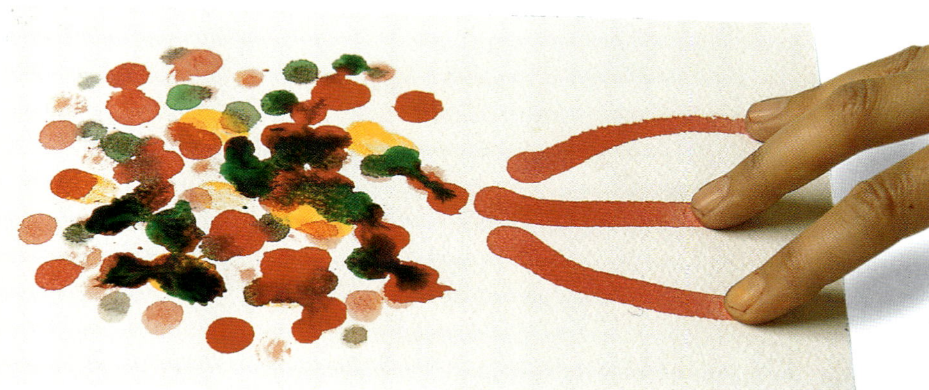

4. Nachdem Sie eine Fläche mit Ihren Fingerabdrücken gestaltet haben, können Sie zusätzlich dicke Linien über das Papier ziehen.

ACHTUNG

Da Ihre Finger die Farbe nicht wie ein Haarkörper halten können, müssen Sie sie für diese Technik immer wieder in die Farbe tauchen.

MALEN MIT... EINEM STÄBCHEN

Ein in Farbe getauchter Zahnstocher erzeugt ungleichmäßige Striche. Dieser Effekt lässt sich auch mit einem abgeschrägten, dafür zugespitzten Pinselstiel kreieren. Diese Art von Strichen eignet sich hervorragend, um raue Oberflächen wie die Rinde eines Baumes oder zerfurchtes Erdreich zu imitieren.

ACHTUNG

Ein ähnlicher Effekt entsteht, wenn Sie das ausgefranste Ende eines Zahnstochers wie einen feinen Borstpinsel einsetzen.

1. Nehmen Sie die Farbe aus dem Näpfchen oder von der Palette.

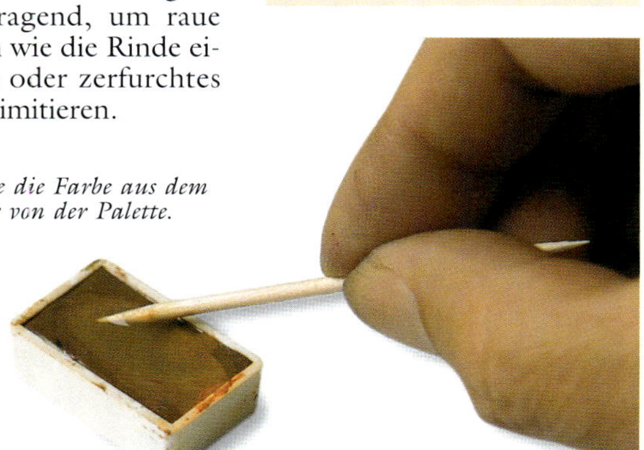

2. Malen Sie die Striche wie für diesen Ast auf dem trockenem Malgrund ein.

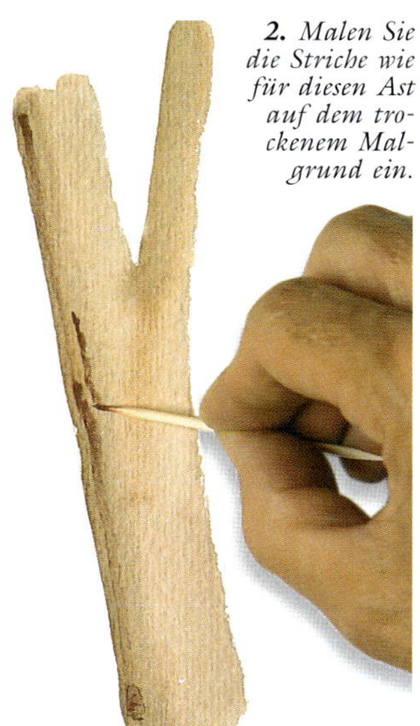

3. Tragen Sie schließlich noch die dunkelsten Töne auf.

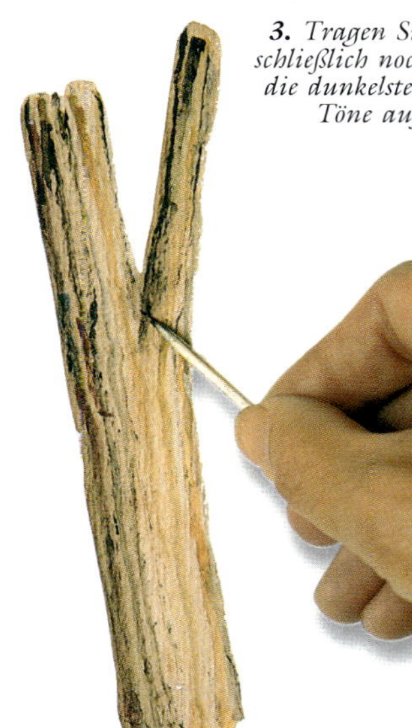

MALEN MIT… EINER HOLZLEISTE

Auch mit einer Holzleiste lassen sich interessante Ergebnisse erzielen. Wie die Effekte gelingen, hängt von der Breite sowie der Struktur der Holzleiste ab. Möchte man eine größere Fläche kreieren, kann man die Arbeit angenehmer gestalten, indem man viel Farbe vorbereitet, da das Holz relativ wenig Farbe abgibt und ständig neu bestrichen werden muss.

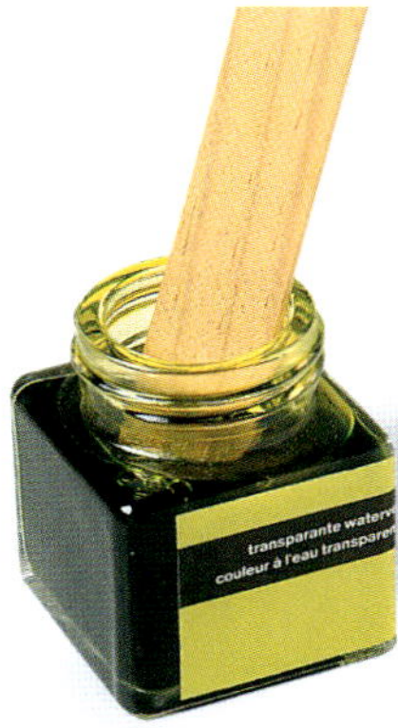

1. Tauchen Sie die Holzleiste in flüssige Aquarellfarbe. Die Leiste in diesem Beispiel wurde an der Kante sauber und glatt abgesägt.

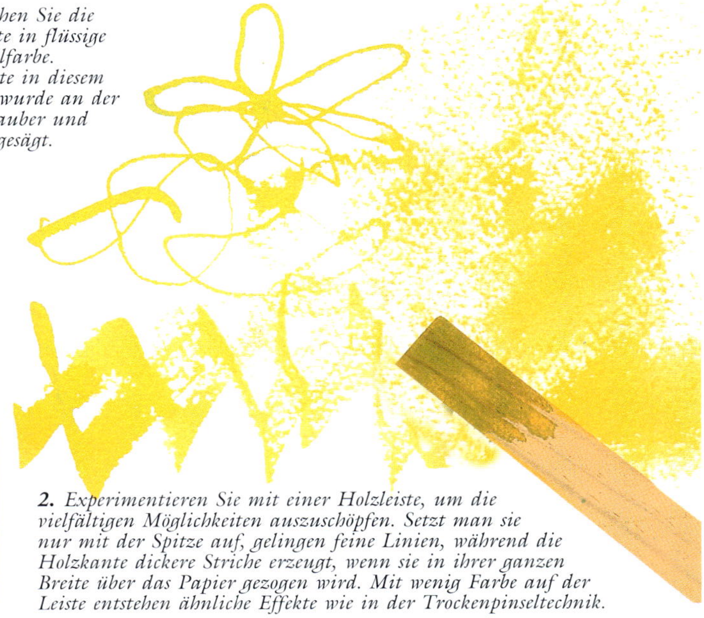

ACHTUNG

Um mit diesem Medium zu arbeiten, kann man neben der Flüssigfarbe auch auf jede andere Aquarellfarbe zurückgreifen.

2. Experimentieren Sie mit einer Holzleiste, um die vielfältigen Möglichkeiten auszuschöpfen. Setzt man sie nur mit der Spitze auf, gelingen feine Linien, während die Holzkante dickere Striche erzeugt, wenn sie in ihrer ganzen Breite über das Papier gezogen wird. Mit wenig Farbe auf der Leiste entstehen ähnliche Effekte wie in der Trockenpinseltechnik.

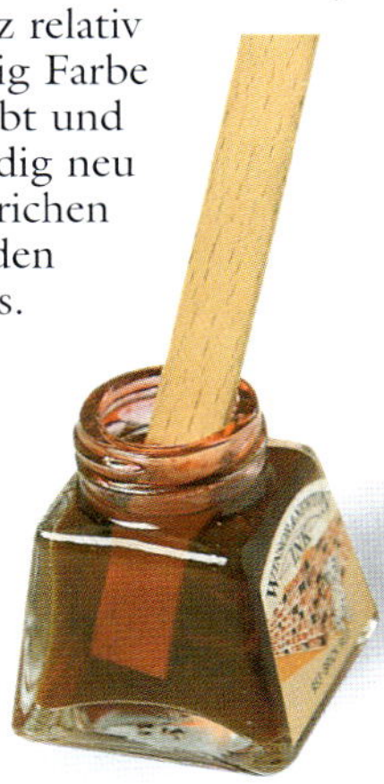

1. In diesem Beispiel malen wir mit einer Holzleiste, die ungleichmäßig abgesägt wurde, und tauchen sie wieder in flüssige Aquarellfarbe.

2. Kreieren Sie die variierenden Strichmuster, indem Sie abwechselnd mal mit mehr oder weniger Farbe arbeiten. Beachten Sie, wie unregelmäßig die Linien in Bezug auf ihre Breite dieses Mal sind.

MALEN MIT… WATTESTÄBCHEN

Mit Wattestäbchen kann man Pinsel oder dicke Filzstifte auf pfiffige Weise ersetzen. Da man mit ihnen die Farbe verteilen oder einen Überschuss aufsaugen kann, sollte man sie stets zu Hand haben. Zudem lassen sich mit ihnen bestimmte Effekte kreieren.

ACHTUNG

Man darf natürlich nicht erwarten, dass ein Wattestäbchen wie ein Pinsel funktioniert, zumal es immer mehr Farbe aufsaugt als abgibt. Dazu kommt noch der Nachteil, dass sich seine Spitze allzu leicht verformt, wenn man es fest auf das Papier drückt.

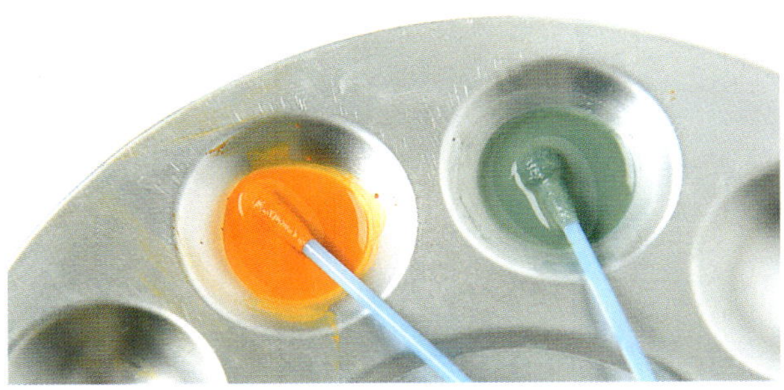

1. Füllen Sie das Wattestäbchen mit Aquarellfarbe.

MEHR ZUM THEMA

Wattestäbchen erfüllen in der Aquarellmalerei noch weitere Aufgaben. Siehe *Glanzlichter und Weiß*, Seite 68.

2. Ziehen Sie mit dem Wattestäbchen die gewünschten Linien.

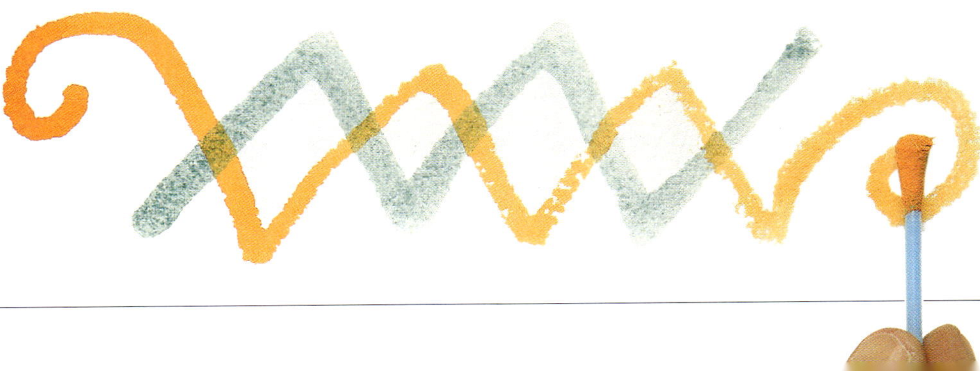

MALEN MIT… EINER FARBROLLE

Eine Farbrolle ist nicht nur hilfreich beim Kolorieren der Hintergründe, auch zum Ziehen von Farbstreifen ist dieses Medium ideal. Das Ergebnis hängt dabei von der Farbmenge ab, die sie aufnimmt, sowie vom Druck, den man auf sie ausübt. Obwohl sie längst nicht so vielseitig ist wie ein Pinsel, kann man dennoch ein ganzes Werk allein mit der Farbrolle gestalten.

1. Füllen Sie die Farbrolle mit flüssiger Farbe.

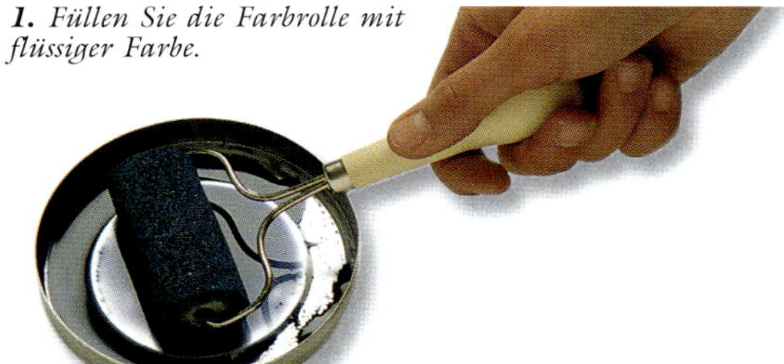

2. Ziehen Sie nun mit der Rolle über das Papier. Die einzelnen Farbstreifen fallen unterschiedlich aus. Im Gegensatz zum zweiten Streifen wurde beim ersten mit dem richtigen Druck gearbeitet: das Papier hat sich gleichmäßig gefärbt.

Hier wurde die Rolle mit ziemlich viel Farbe gefüllt und hat dieses effektvolle Muster aus Farbflecken hinterlassen.

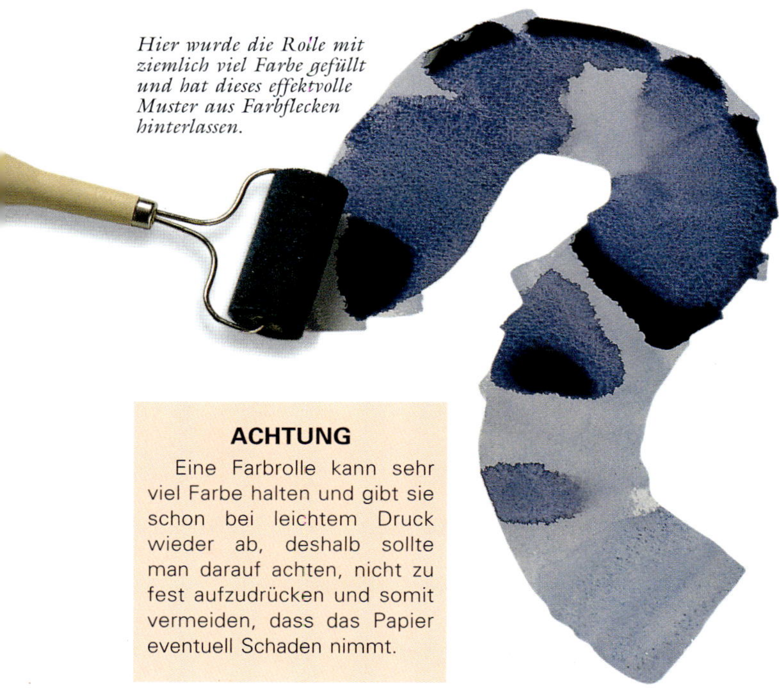

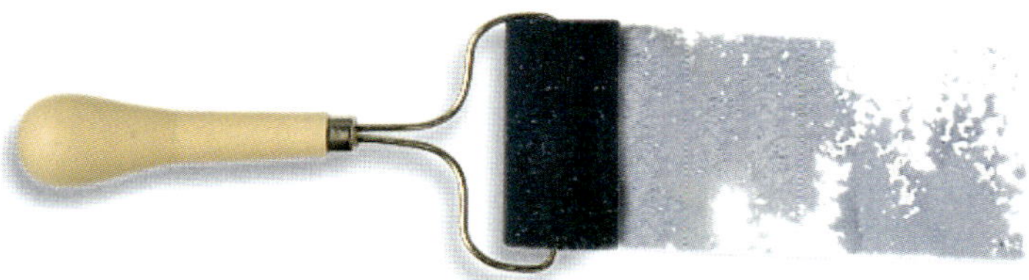

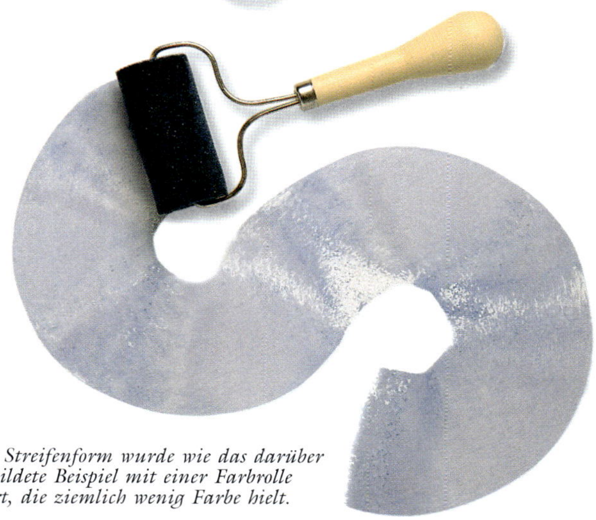

Diese Streifenform wurde wie das darüber abgebildete Beispiel mit einer Farbrolle kreiert, die ziemlich wenig Farbe hielt.

ACHTUNG

Eine Farbrolle kann sehr viel Farbe halten und gibt sie schon bei leichtem Druck wieder ab, deshalb sollte man darauf achten, nicht zu fest aufzudrücken und somit vermeiden, dass das Papier eventuell Schaden nimmt.

MALEN MIT… EINEM KAMM

Der Kamm ist einen weiterer Alltagsgegenstand, mit dem man farbige Effekte hervorrufen kann. Seine Zinken hinterlassen ein paralleles Muster in der Farbe, mit dem Sie die Struktur von Haaren, Gräsern oder Stoffen prima darstellen können.

1. Tragen Sie dicke Farbe auf die gewünschte Fläche.

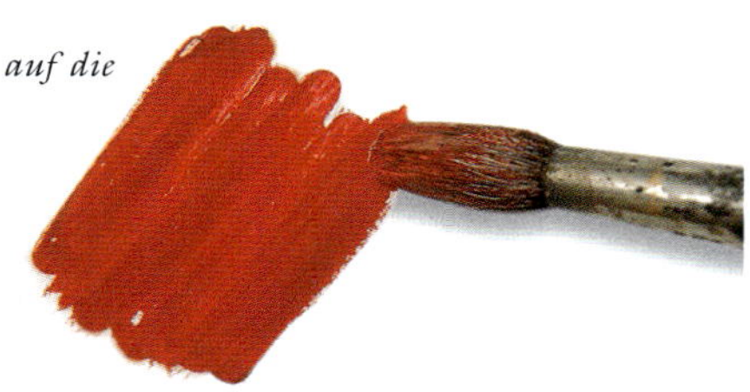

2. Ziehen Sie den Kamm in einer Richtung durch die feuchte Farbschicht.

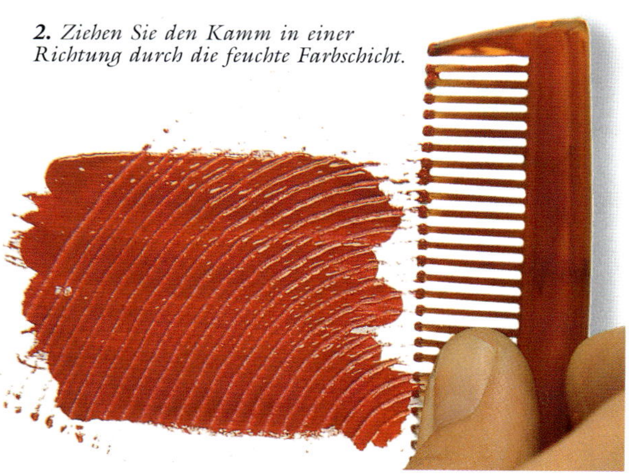

3. Solch eine hübsche Struktur gelingt, indem Sie den Kamm in verschiedenen Richtungen durch die Farbe ziehen.

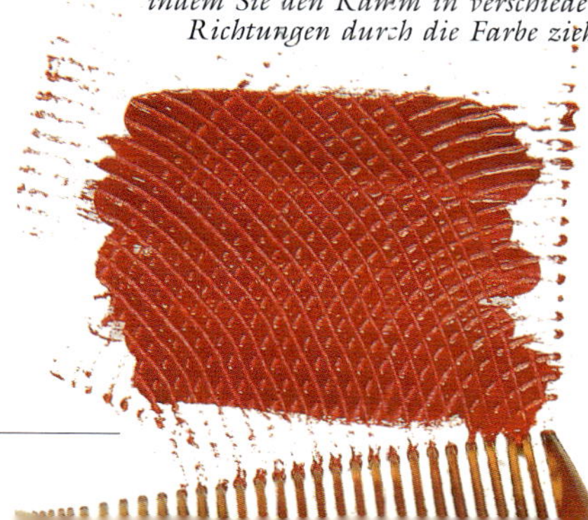

ACHTUNG

Binden Sie die Farbe zusätzlich mit Gummiarabikum, können Sie reliefartige Strukturen gestalten. Bedenken Sie, dass sich die Muster des Kamms später wieder schließen, falls die Farbe in einer zu großen Menge aufgetragen wurde oder zu dünnflüssig war. Besser wäre es, die überschüssige Farbe zu entfernen oder zu warten, bis sie angetrocknet ist. Ähnliche Effekte können auch mit einer Gabel gelingen.

MALEN MIT... EINER ZAHNBÜRSTE

Eine Zahnbürste lässt sich gut einsetzen, um die Strukturen von Pflanzen, Fell und Haaren darzustellen, oder um Bewegung zu vermitteln.

1. Tauchen Sie die Zahnbürste in Farbe, die Sie zuvor in einem Schälchen angerührt haben.

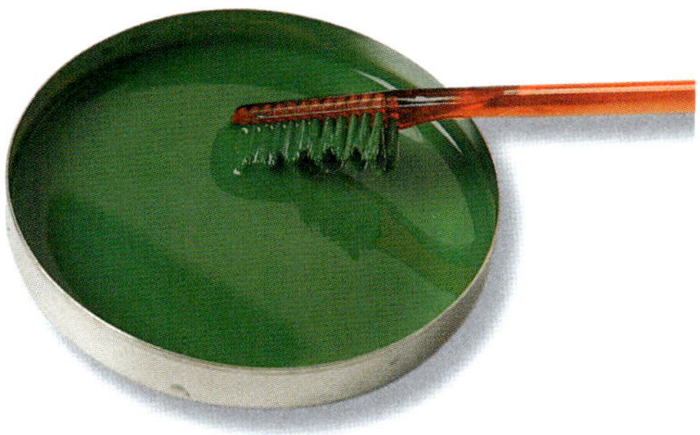

2. Auf dem Papier hinterlässt die Zahnbürste dieses unregelmäßige Farbmuster.

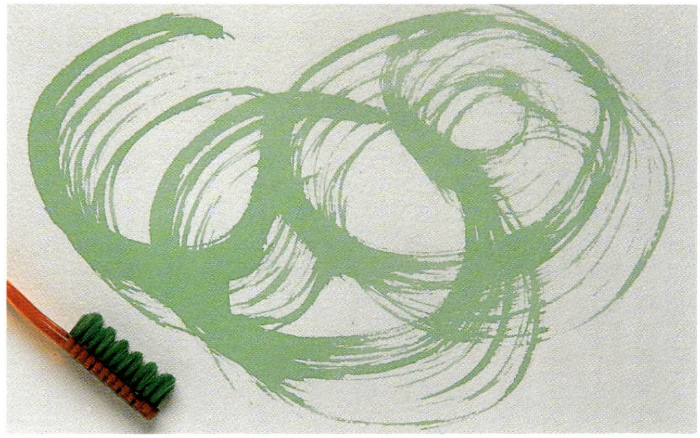

Eine Zahnbürste ist einfach in der Handhabung und erlaubt Farbspuren in jede Richtung.

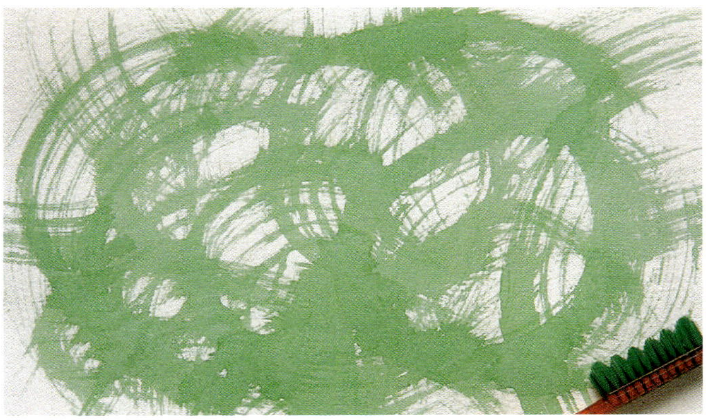

Hier können Sie erkennen, wie die Zahnbürste abhängig vom Druck einen Farbfleck oder schlicht das Muster der eingefärbten Borsten hinterlässt.

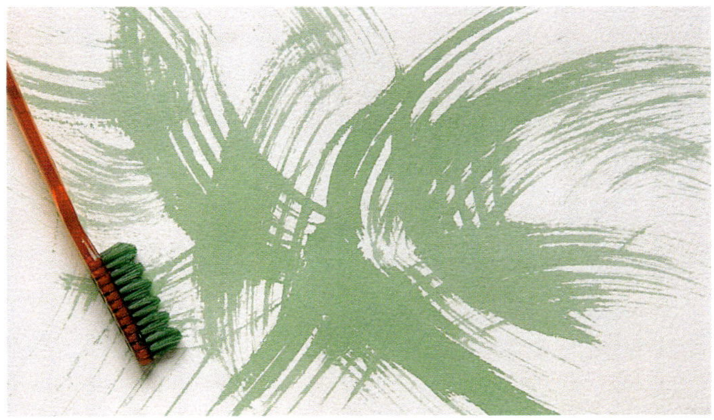

MALEN MIT... EINER KLINGE

Klingen stellen eine hübsche Alternative für die Bildgestaltung dar, können aber überraschende Ergebnisse liefern. Die scharfe Klinge ritzt die Oberfläche des Malgrundes ein und ermöglicht so, dass die Farbe dort in die tieferen Schichten des Papiers dringt. Diesen Effekt kann man auf zwei Arten einsetzen: vor oder nach dem Auftragen der Farbe.

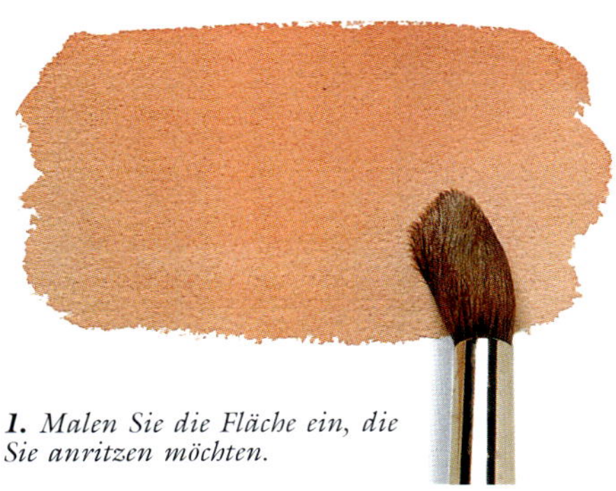

1. Malen Sie die Fläche ein, die Sie anritzen möchten.

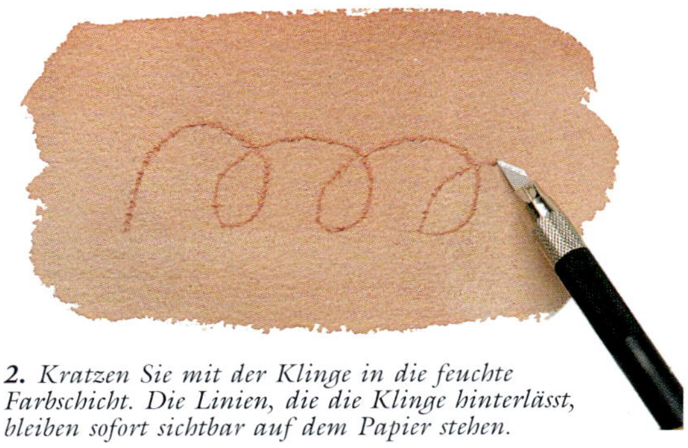

2. Kratzen Sie mit der Klinge in die feuchte Farbschicht. Die Linien, die die Klinge hinterlässt, bleiben sofort sichtbar auf dem Papier stehen.

1. Ritzen Sie mit der Klinge in das unbemalte Papier.

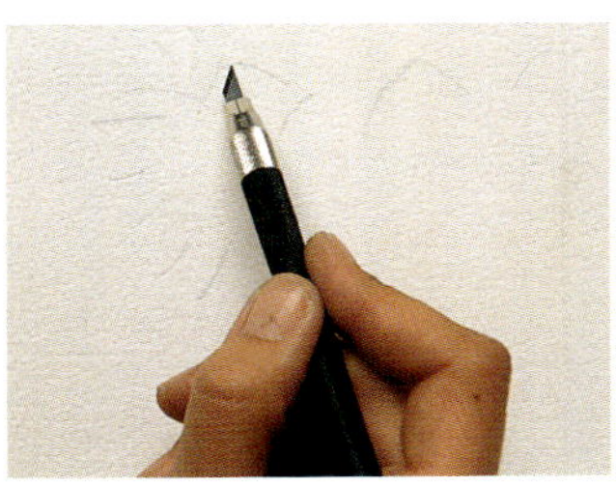

2. Die Muster kommen sofort zum Vorschein, sobald sich die darüber aufgetragene Farbe in den Linen absetzt.

ACHTUNG

Mit einer Klinge muss man stets behutsam arbeiten, da das Papier sonst unwiederbringlich beschädigt werden kann. Der Farbton der eingeritzten Linien wird nach einigen Minuten langsam heller.

Der Schwamm

Durch sein Vermögen, enorm viel Farbe aufzunehmen sowie auch abzugeben, und seine damit verbundene Vielseitigkeit, ist der Schwamm für die Aquarellmalerei ein unverzichtbares Utensil.

Ein Schwamm ist nicht nur ideal, um das Papier zu befeuchten, das Weiß zu öffnen oder überschüssige Farbe aufzunehmen, er eignet sich auch bestens zum Anlegen von Lasuren. Für Farbaufträge kann er als Pinsel oder mit diesem kombiniert eingesetzt werden.

Naturschwämme sind weicher als synthetische, halten mehr Farbe und haben eine attraktivere Oberflächenstruktur.

Es lohnt sich in jedem Fall, mit mehreren Schwämmen zu experimentieren.

VIELSEITIGKEIT

Der Schwamm ist im Prinzip ebenso vielseitig einsetzbar wie ein Pinsel. Mit ihm lassen sich Lasuren gestalten, Motive malen, Strukturen darstellen und Effekte kreieren, man kann das Papier anfeuchten, Farbüberschüsse aufsaugen, Ausbesserungen vornehmen oder Farbe vom Papier lösen.

Zudem kann ein Schwamm als Lappen fungieren, an dem man den Pinsel abstreift, oder nötigenfalls auch das Saugpapier ersetzen.

MEHR ZUM THEMA

Zum Öffnen von Weiß können Pinsel oder Saugpapier oft durch einen Schwamm ersetzt werden, siehe Seite 67.

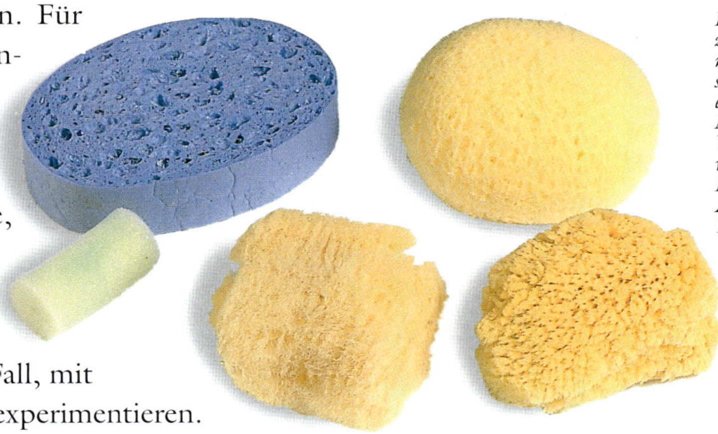

Für die Aquarellmalerei kann zwar jede Art von Schwamm sehr nützlich sein, am besten eignen sich jedoch Naturschwämme, da sie elastischer sind und attraktivere Muster hinterlassen.
Welche Größe passend ist, hängt vom gewünschten Einsatz ab.
Es ist immer sinnvoll, eine kleine Auswahl an Schwämmen zur Hand zu haben. Minischwämme für Detailarbeiten lassen sich problemlos aus größeren Stücken zurechtschneiden.

GROSSE FARBFLÄCHEN — EINE LAVIERUNG MIT DEM SCHWAMM

Um große Flächen mit Farbe zu füllen, ist der Schwamm viel praktischer als ein Pinsel, da er mehr Farbe halten kann, und sich das Papier in wenigen Zügen tönen lässt.

Der erste Schritt für eine Lavierung mit dem Schwamm besteht darin, stark verdünnte Farbe in einem Schälchen vorzubereiten. Beachten Sie dabei, dass zuviel Farbe immer besser ist als zu wenig, denn wenn Sie zwischenzeitlich neue Farbe anrühren müssen, könnten sich auf der Lasur Farbränder bilden und Sie zudem Schwierigkeiten bekommen, beim erneuten Mischen den genauen Farbton zu treffen. Die Lavierung können Sie entweder direkt oder auf das zuvor mit demselben Schwamm befeuchtete Papier auftragen.

Nach jedem Farbauftrag sollten Sie den Schwamm gründlich mit Seife reinigen, damit er keine Farbpartikel mehr enthält, die das Papier beim nächsten Befeuchten unerwünscht tönen.

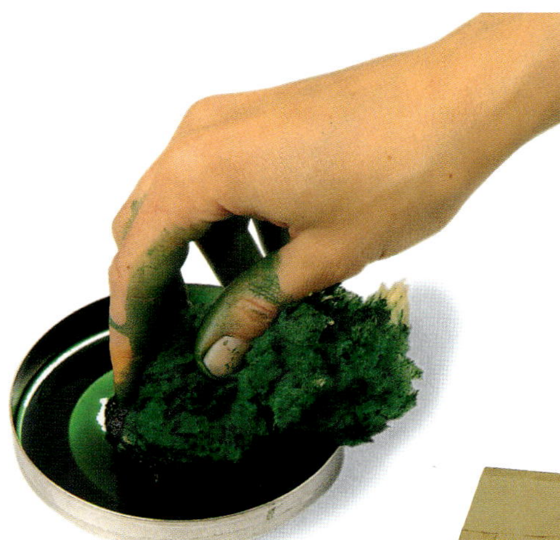

1. Nehmen Sie die vorbereitete Farbe mit dem Schwamm auf. Die Farbmenge, die der Schwamm später abgibt, können Sie kontrollieren, indem Sie ihn entweder entsprechend vollgesaugt oder fast trocken einsetzen. Am besten halten Sie den Schwamm ziemlich feucht, aber nicht nass.

2. Ziehen Sie die Farbe nun wie mit dem Pinsel von oben nach unten fortlaufend über das Papier. Je nachdem, wieviel Druck Sie dabei ausüben, gibt der Schwamm mehr oder weniger Flüssigkeit ab. Für den Farbauftrag empfiehlt es sich, leicht aufzudrücken ohne dabei stark über das Papier zu reiben.

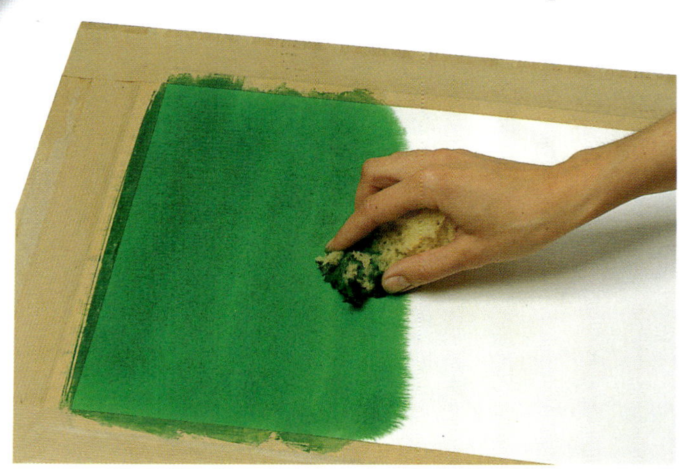

ACHTUNG

Obwohl es beim Malen mit dem Schwamm etwas nachteilig ist, dass man sich die Hände schmutzig macht, kann man andererseits ungemein zügig arbeiten. Auf Seite 42 ist ausführlich erklärt, wie man eine gleichförmige Lasur mit dem Pinsel gestaltet.

EFFEKTE | **FORMEN UND STRUKTUREN SUGGERIEREN**

Wenn man feine Konturen ziehen oder präzise und detailliert arbeiten möchte, ist der Schwamm durch seine Form natürlich ungeeignet. Dagegen lassen sich mit ihm besonders spektakuläre Struktureffekte erzielen, vor allem wenn es darum geht, wuchernde Pflanzen darzustellen. Mit einem Schwamm kann der Künstler sowohl ganze Werke ausarbeiten als auch nur einige Tupfer setzen oder schlichte Formen suggerieren.

Jeder Schwamm erzeugt einen charakteristischen Abdruck. Da Naturschwämme unregelmäßigere Oberflächen besitzen, müssen Sie zunächst die für den gewünschten Effekt passende Seite auswählen.

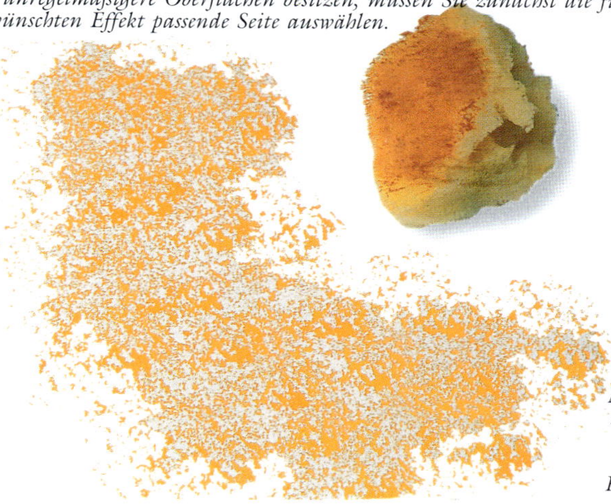

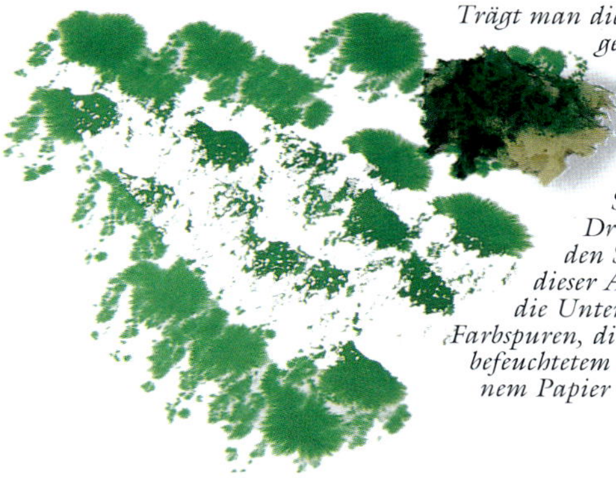

Trägt man die Farbe sehr zart auf, gelingt diese attraktive Tupfenstruktur. Das Ergebnis hängt von der Dichte der Farbe, der Oberfläche des Schwamms sowie dem Druck ab, den man auf den Schwamm ausübt. In dieser Abbildung kann man die Unterschiede zwischen den Farbspuren, die entweder auf zuvor befeuchtetem oder aber auf trockenem Papier hinterlassen wurden, deutlich erkennen.

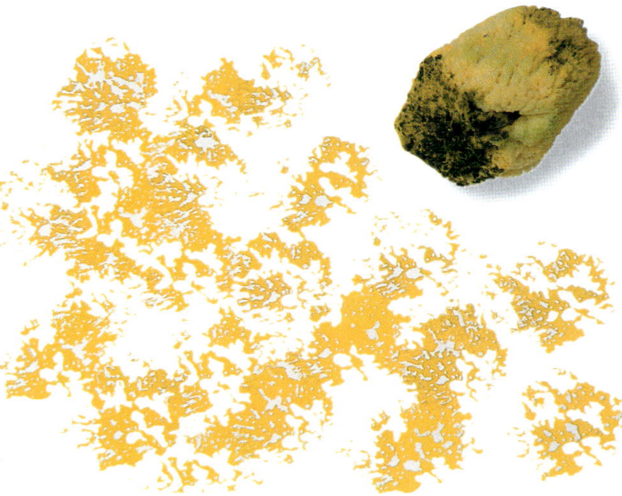

Sie können auch mehrere Farben miteinander kombinieren; wenn Sie möchten, dass die jeweiligen charakteristischen Muster der Schwämme stehen bleiben, müssen Sie allerdings warten bis die einzelnen Farben getrocknet sind, da sie sich sonst verwischen würden. Die Farben können Sie entweder in Schälchen anrühren oder den Schwamm befeuchten und sie direkt aus dem Näpfchen bzw. von der Palette nehmen.

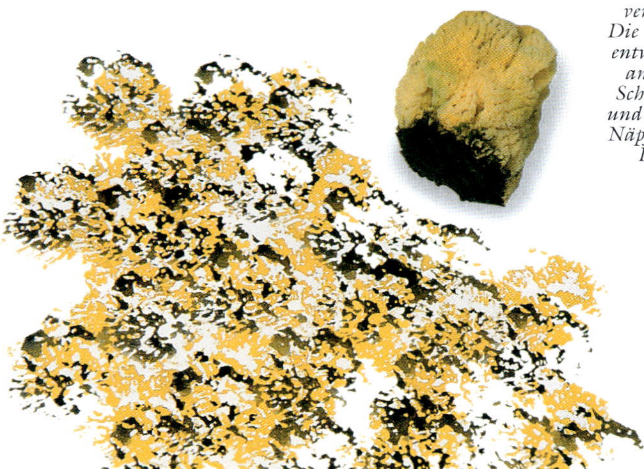

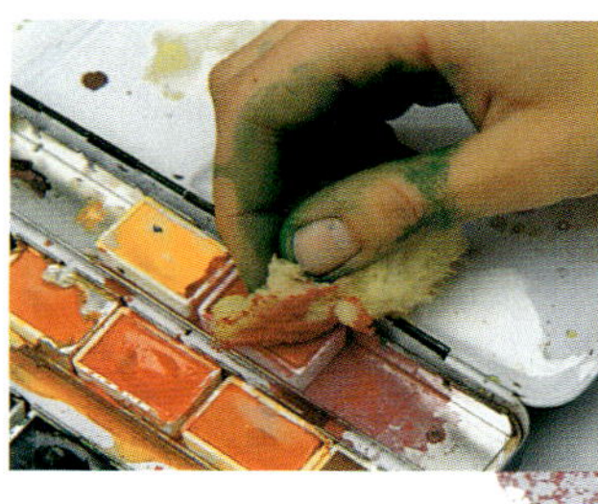

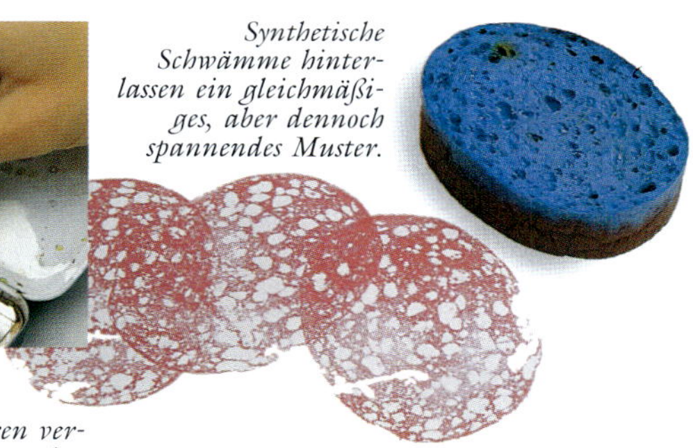

Synthetische Schwämme hinterlassen ein gleichmäßiges, aber dennoch spannendes Muster.

Kombiniert man die Texturen verschiedener Schwämme miteinander, kann man unzählige Effekte kreieren.

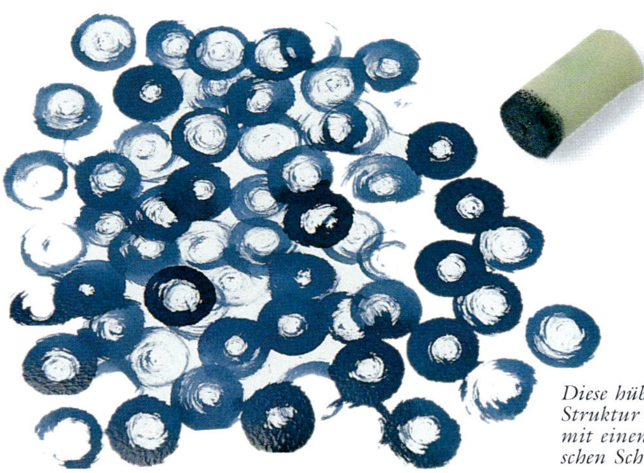

Diese hübsche Struktur entstand mit einem zylindrischen Schwamm.

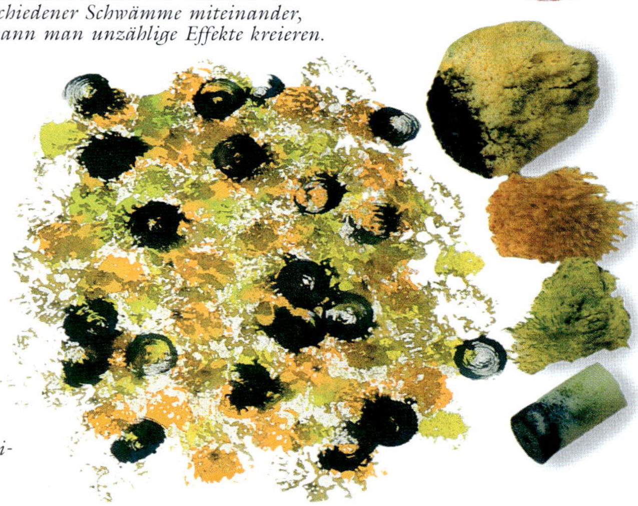

Die Zeichenlinie

Abgesehen davon, dass eine Zeichnung die Basis für das spätere Aquarellbild schafft und das Papier strukturiert, besitzt sie an sich schon künstlerischen Wert und Ausdruckskraft. Viele Künstler beziehen sie deshalb als herausragende Komponente in ihre Werke ein oder sehen sie als ergänzendes Element zum Farbfleck. Eine zu schlichte Linie kann geradezu absurd wirken und die Harmonie der Farben stören. Manchmal kann es dagegen genau diese Einfachheit sein, die den Linien eine interessante Wirkung und expressive, beeindruckende Kraft verleiht. Die Linien einer Zeichnung legen die Grundstruktur fest und definieren die Konturen der Körper. Kombiniert der Künstler eine Zeichnung mit der Aquarelltechnik, führt er Linien und Farben zusammen, damit sie sich zu einem gelungenen Ergebnis ergänzen.

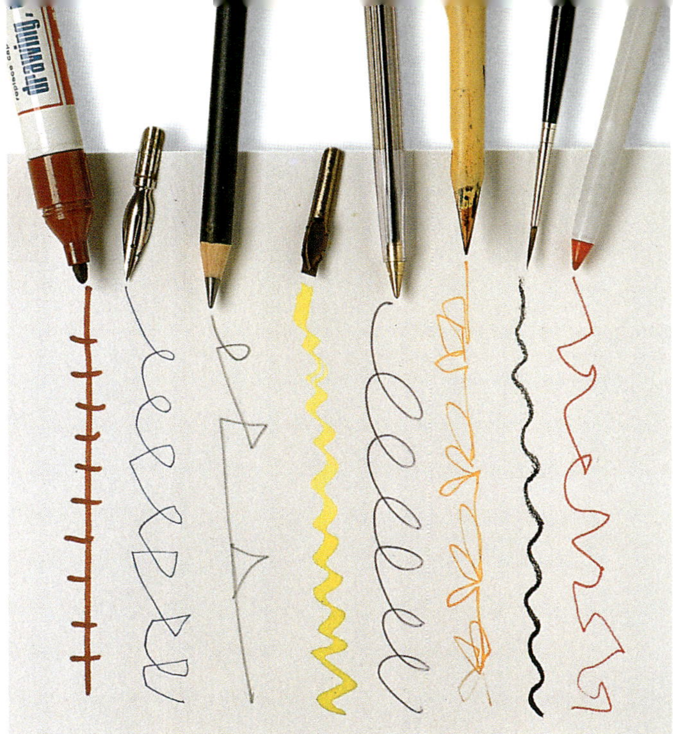

Um die Linien einer Zeichnung zu ziehen, können Sie einen dicken Filzstift bis hin zu einer feinen Feder oder den stets passenden bleistift verwenden.

ZEICHENMEDIEN

Normalerweise werden die Linien mit verdünnter Tusche oder farbigen Tuschen eingezeichnet, obwohl man hier auch auf jedes andere Medium zurückgreifen kann. Einige Künstler verwenden Filzstifte, verdünnte Aquarellfarbe oder Kugelschreiber. Die meisten Tuschen sind wasserfest und scheinen sichtbar durch, wenn sie vor den Aquarellfarben aufgetragen werden. Andere dagegen lösen sich durch das Wasser auf und erzeugen verschwommene Konturen, sobald man mit dem Pinsel darüber zieht.

Für das Auftragen kann man Zeichen- oder Rohrfedern, die mit jedem Einsatz besser werden, verwenden. Beide Federarten sind in zahlreichen Varianten erhältlich, die sich hauptsächlich durch ihre Strichbreite unterscheiden. Da sie relativ preisgünstig sind, bietet es sich an, mit diversen Federn zu experimentieren bis man die individuell passende gefunden hat.

Falls man im Fachhandel keine passende Feder findet, kann man sie auch selbst anfertigen. Es empfiehlt sich, die Striche erst auszuprobieren und etwas Tusche abzustreifen, bevor man sich auf Aquarellpapier versucht. Tragen Sie die Tusche auf einen trockenen Malgrund, sind die Linien scharf konturiert und wirken dadurch kräftiger.

Die Pipette des Tuscheglases ist ein weiteres Hilfsmittel, das sich der Künstler für die Linien zunutze machen kann; sie bietet sich besonders für gerade Linien an.

Filzstifte und Kugelschreiber müssen nicht ständig neu mit Tusche gefüllt werden. Sie ermöglichen durchgehende Linien und sind angenehmer in der Handhabung.

ZEICHENTECHNIK

In der Aquarellmalerei werden die Linien in Tusche freihand eingezeichnet, daher muss der Künstler die Zeichentechnik gut beherrschen und locker arbeiten können.

Die Zeichnung können Sie während oder nach der Kolorierung anfertigen.

Die zuvor angelegten Linien dienen dazu, Schattenbereiche anzudeuten oder einen Körper zu konturieren. Arbeiten Sie die einzelnen Linien bereits vor Malbeginn aus, sollten Sie bedenken, dass sich die Linien durch das Wasser später auflösen und dadurch verschwimmen können. Die riskanteste Zeichenmethode besteht darin, Linien mit verdünnter Aquarellfarbe zu skizzieren, da sie bei einem sehr feuchten Malstil mit den Farben verschmelzen und verschwinden würden.

Bringt der Künstler die Linien der Zeichnung gleichzeitig mit den Aquarellfarben auf, macht er sich so die Feuchtigkeit des Farbauftrags zunutze, sodass die Linien diffus verfließen.

Mit nachträglich eingezeichneten Linien können Sie Ihrem Werk den letzten Schliff verleihen und Details verstärken. Neben der Funktion als Gestaltungselement können Linien in einem Bild auch die Hauptrolle spielen. Sind die Farben getrocknet, können Sie Linien einzeichnen ohne Gefahr zu laufen, dass sie verschwimmen.

NACH DEM FARBAUFTRAG

Eine Möglichkeit, Zeichenlinien mit Aquarellfarben zu kombinieren liegt darin, über das bemalte und getrocknete Papier zu zeichnen.

Die Formen werden erst mit Farbe suggeriert, dann mit Tusche definiert. Die Details werden anschließend mit der Feder gestaltet.

DIE ZEICHNUNG AUF DER TROCKENEN AQUARELLFARBE

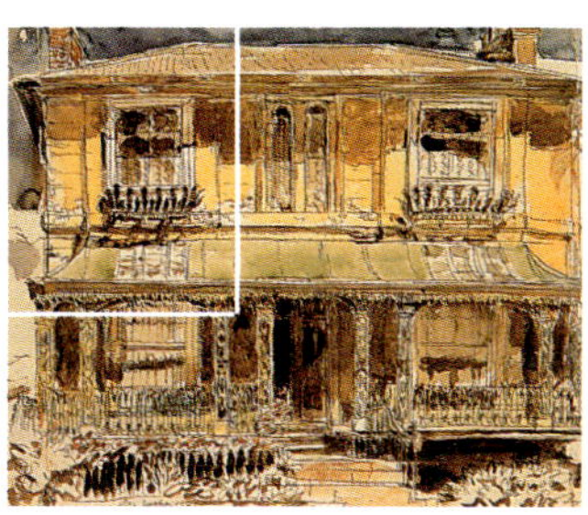

In dieser Studie reproduzieren wir einen Ausschnitt des Werks Regency House in Turnbridge Wells *von George W. Hooper.*

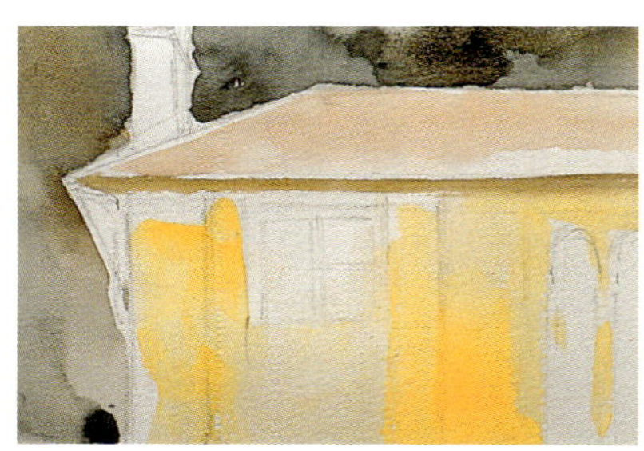

1. Beginnen Sie damit, den Hintergrund mit Farbflecken zu kolorieren, und tragen Sie die hellsten Lasuren für die Fassade der Häuserform auf.

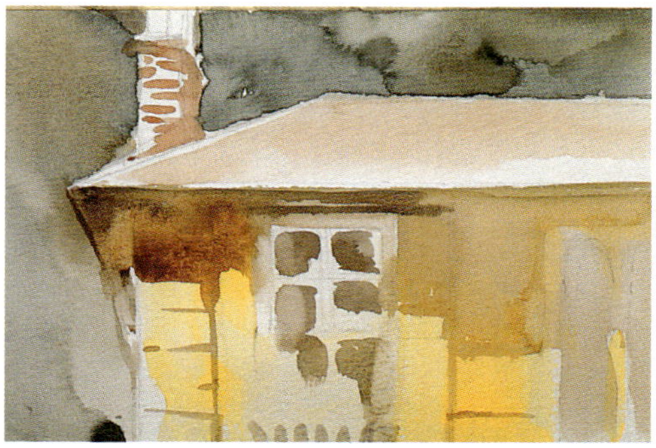

2. Malen Sie nun die letzten Farbflecken wie etwa die Ziegel am Schornstein ein und sparen Sie dabei das Weiß für den Fensterrahmen aus. Hier können Sie bereits erkennen, wie locker und undefiniert die Pinselstriche gesetzt werden, da wir die Details später mit Tusche und Feder ausarbeiten möchten.

3. Beginnen Sie nun, den Schornstein mit Tusche auszugestalten und deuten Sie mit den Linien sein Volumen an.

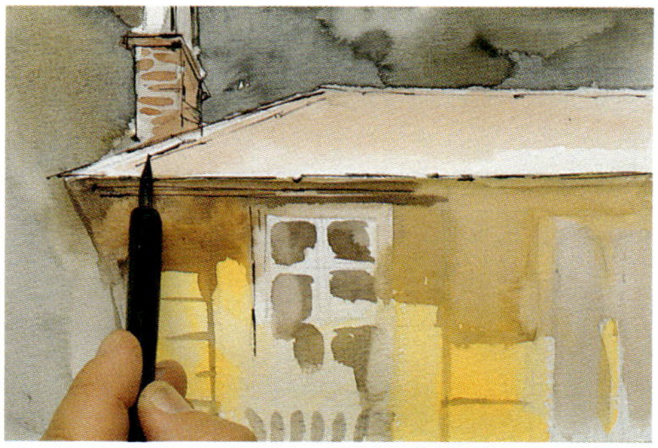

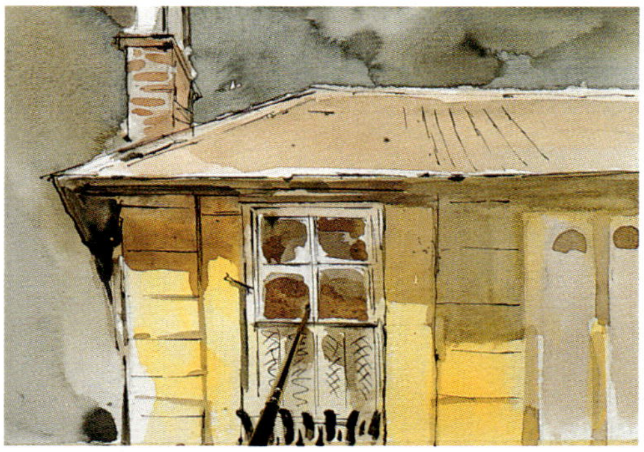

4. Setzen Sie probeweise die ersten Striche auf dem Dach und zeichnen Sie die Details für das Fenster sowie das Fenstergitter immer weiter ein. Hier hat der Künstler die Fensterscheiben geschickt dargestellt, indem er sie noch etwas dunkler tönte.

5. Abschließend zeichnen Sie noch die Tuschelinien für das Hausdach und die Balkonfenster auf der rechten Seite ein.

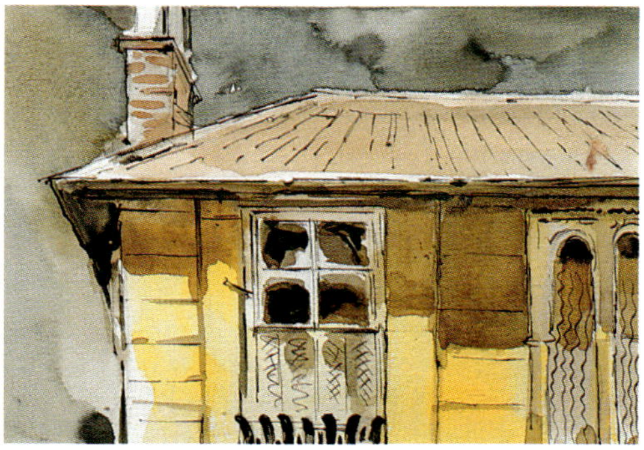

VOR DEM FARBAUFTRAG

Die Aquarellfarbe auf der fertigen Zeichnung

Um das Bild auf der Basis einer Zeichnung zu gestalten, geht man genau umgekehrt vor: man zeichnet zuerst und trägt dann die Farben auf. Hierbei sollten Sie daran denken, später locker über die Zeichnung zu malen, anstatt die geschlossenen Formen stumpf mit Farbe zu füllen, wodurch sie ausgeschnitten und insgesamt nicht mehr harmonisch wirken würden.

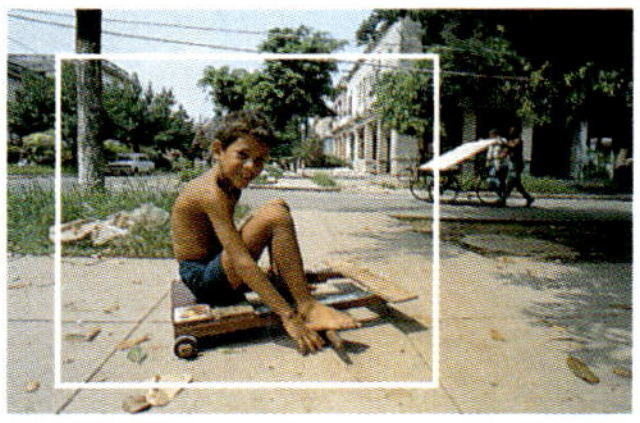

Dieses Foto von einem Jungen auf einem Rollbrett dient uns als Modell für die folgende Studie.

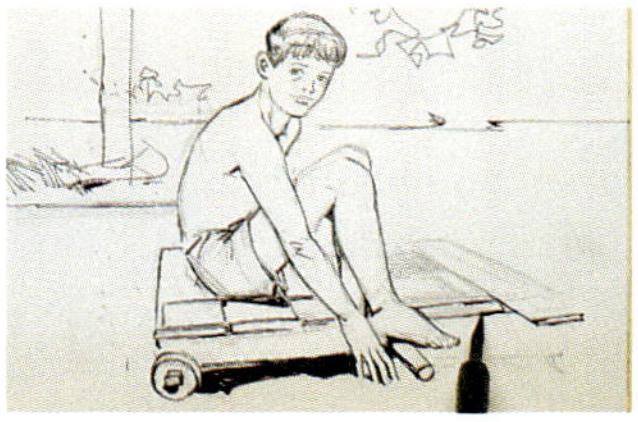

1. Der Künstler hat das Modell zunächst mit Bleistift skizziert und anschließend mit Feder und Tinte nachgezeichnet.

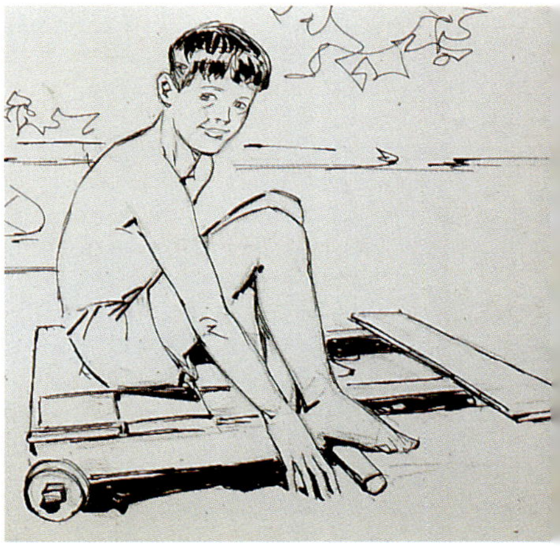

2. In der Tuschezeichnung können Sie nach Belieben alle Details weglassen, die Sie uninteressant finden, und außerdem schon im Vorfeld einige Schatten wie beispielsweise den Wurfschatten des Rollbretts auf dem Boden andeuten.

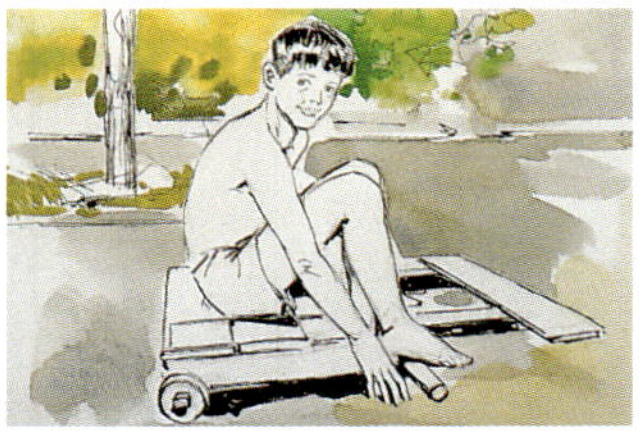

3. Beginnen Sie nun mit dem Farbauftrag für den Hintergrund sowie den Boden, und lassen Sie die Figur zunächst noch unbemalt.

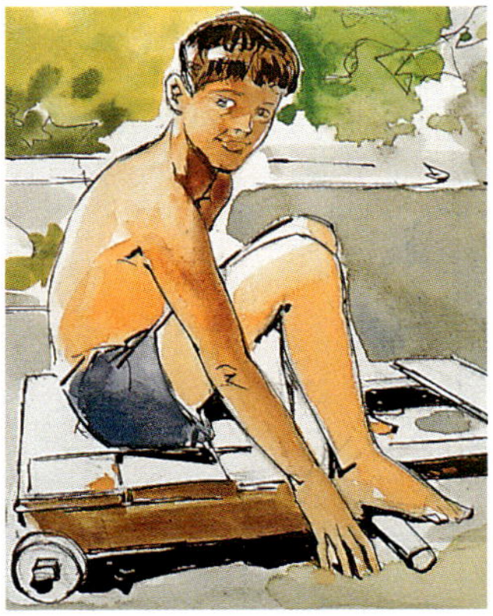

4. Kolorieren Sie die Gestalt des Jungen nun mit den verschiedenen Tonwerten seiner Haut sowie die Badehose. Bringen Sie gleichzeitig den Farbton für das Rollbrett ein.

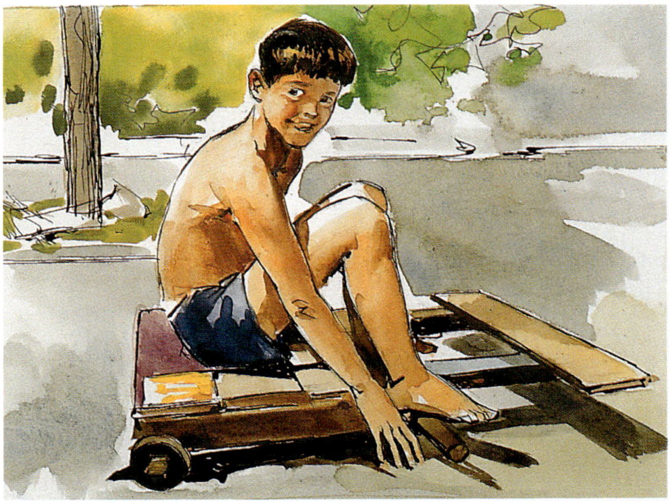

5. Im letzten Schritt arbeiten Sie die Schatten auf der Haut des Jungen mit einem dunkleren Ton aus. Deuten Sie mit den Farben auch die Falten auf der Badehose an und tönen Sie das Brett etwas dunkler, damit die Tonwerte harmonieren. Dadurch, dass der Schlagschatten des Rollbretts auf dem Boden sowohl mit Tusche als auch mit Farbe gestaltet wurde, besitzt er zwei verschiedene Intensitäten und wirkt somit viel realistischer.

Schatten

Schatten sind dunkle Abbilder, die die Körper durch den Einfall des Lichts auf eine Oberfläche projizieren. Im Prinzip sind Schatten nichts anderes als fehlende Helligkeit und werden sichtbar, weil das Licht, das auf einen Körper auftrifft, an Intensität verliert. Welche Intensität und Form ein Schatten aufweist, hängt von der Form und Eigenfarbe des beleuchteten Körpers sowie der Richtung des einfallenden Lichts ab.

EIGENSCHAFTEN

In welcher Intensität und Richtung ein Schatten fällt, wird durch die Intensität und Richtung des einfallenden Lichts bestimmt. Je heller das Licht ist, desto dichter wirkt der Schatten. Bei einer starken Lichtquelle wie der Sonne sind die Schatten, die ein Körper wirft, viel dunkler als in der Dämmerung oder dem schwachen Schein einer kleinen Lampe. Zudem fallen die Schatten immer entgegengesetzt zur Lichtquelle. Ein Körper, auf den das Licht von rechts auftrifft, wirft seinen Schatten also nach links; wird ein Objekt dagegen von mehreren Seiten beleuchtet, so fallen auch die Schatten entsprechend zum jeweiligen Lichteinfall. In diesem Fall sind die Schatten meist sehr blass und kaum wahrnehmbar. Mit diesem Spiel von Licht und Schatten kann der Künstler das Gefühl von Volumen und Dreidimensionalität erwecken.

Jeder Körper erzeugt zwei Schatten: den Eigenschatten, der sich auf seiner nicht beleuchteten Oberfläche zeigt, und den Schlagschatten, den der Körper selbst auf eine Oberfläche wirft.

Jedes beleuchtete Objekt besitzt eine breite Skala an Tonwerten von der hellsten Stelle, auf die das Licht direkt auftrifft, bis zu der dunkelsten, die ganz im Schatten liegt. Zwischen diesen beiden Extremen liegen die vielfältigsten Zwischentöne.

TECHNIK

Ein Aquarellkünstler kann die Schatten genauso wie das Licht nur durch die Vielfalt seiner Farben repräsentieren. Da die Farbe eines Schattens vom Lichteinfall und der Eigenfarbe eines Objekts abhängt, gibt es mehr als nur einen einzigen Farbton, um Schatten gelungen zu malen. Dies ist auch der Grund, weshalb rein in Schwarz gestaltete Schatten fast immer unrealistisch wirken und die mit Schwarz dunkler getönten Farben oft leblos und stumpf aussehen.

Von Natur aus sind zwar fast alle Schatten blaustichig, dennoch erzeugt warmes Licht stets Schatten mit kalten Tönen, während die Schatten von kaltem Licht im Normalfall eine warme Nuancierung aufweisen.

In einer Schattenfläche sind immer die schwach reflektierten, wenn auch manchmal dunkler getönten Farben der umliegenden Körper enthalten. Schatten können sich aus grauen Farbtönen mit kalten oder warmen Nuancen, bläulichen und violetten Tönen bis hin zu den Komplementärfarben des Körpers zusammensetzen, der sie wirft.

Für den Aquarellmaler gibt es mehrere Techniken und Methoden, um Schatten darzustellen; welche sich jeweils am besten eignet, hängt von den Vorlieben und davon ab, wie gut der Künstler die einzelnen Techniken beherrscht.

Einige Künstler greifen auf ihre Farbstudien zurück, um Schatten zu kreieren. In diesen Farbstudien, die immer eine Vorzeichnung in der Farbe des späteren Werks darstellen, bringt der Künstler bereits die allgemeinen Tonwerte ins Bild und legt durch die Transparenz der Aquarellfarben damit auch die dunkelsten Stellen für das spätere Bild fest. Siehe Seite 47.

Eine weitere Technik für die Gestaltung von kleinen Schattenflächen besteht darin, sie zuerst mit der Zeichen- oder Rohrfeder in Tusche einzuzeichnen und danach mit Farbe zu überlagern. Auf diese Weise wirken sie bei trockener Tusche dunkler und sind präzise konturiert. Wenn Sie die Farbe dagegen über die noch feuchte Tusche tragen, verfließen ihre Umrisslinien und kreieren diffuse Farbflecken.

Normalerweise werden die Schatten allerdings nach und nach ausgestaltet und zusammen mit den hellsten Bildstellen harmonisch verteilt. In Bezug auf die Schatten ist es für einen Anfänger das beste, die dunklen Stellen erst ganz zum Schluss einzumalen, denn wenn sie gleich zu Beginn misslingen, wird es dem gesamten Werk an tonaler Harmonie und visueller Einheit fehlen.

MEHR ZUM THEMA

Die Schatten sind untrennbar mit dem Licht verbunden. Mehr Informationen zu diesem Thema finden Sie im Kapitel über das Licht ab Seite 96.

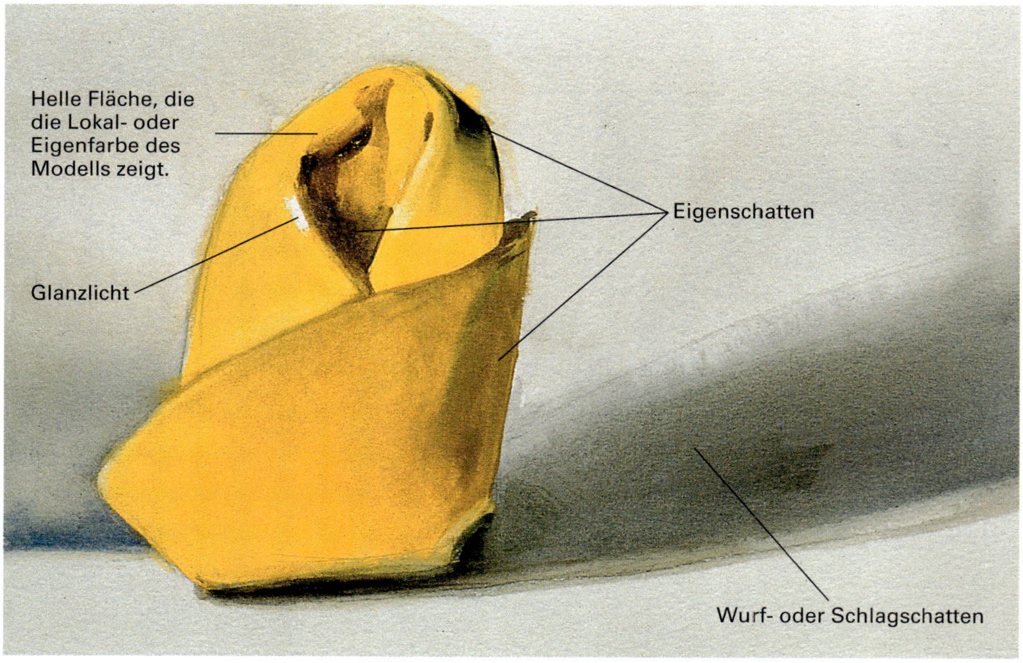

In diesem Aquarell können Sie die ganze Skala unterschiedlicher Tonwerte erkennen, angefangen von den hellsten Glanzlichtern mit der stärksten Intensität bis hin zu den dunkelsten Schattenstellen.

SCHATTEN

Licht ohne dunkle Schatten

Das Licht einer Neonröhre oder eines bewölkten Himmels ist breit gestreut und erzeugt deshalb kaum Schatten, die meist sehr schwach und diffus begrenzt sind. Ein Objekt ohne kräftige Schatten zu malen kann sehr schwierig sein, da der Eindruck von Volumen immer durch die Schatten erweckt wird und Körper, die keinen Schatten werfen, über dem Boden zu schweben scheinen.

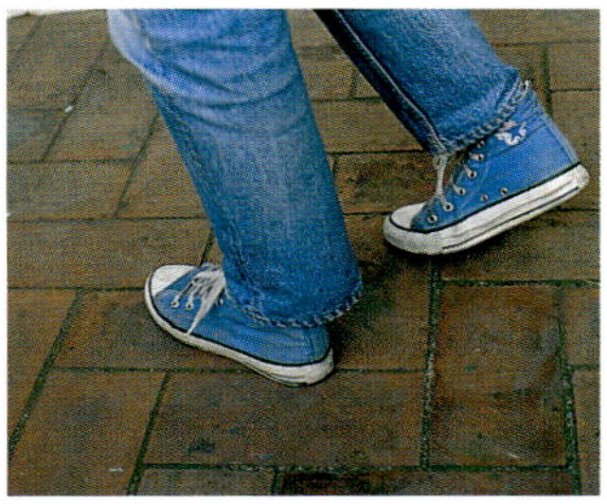

Auf diesem Foto können Sie gut erkennen, dass das Licht dieses grauen Tages kaum Schatten wirft.

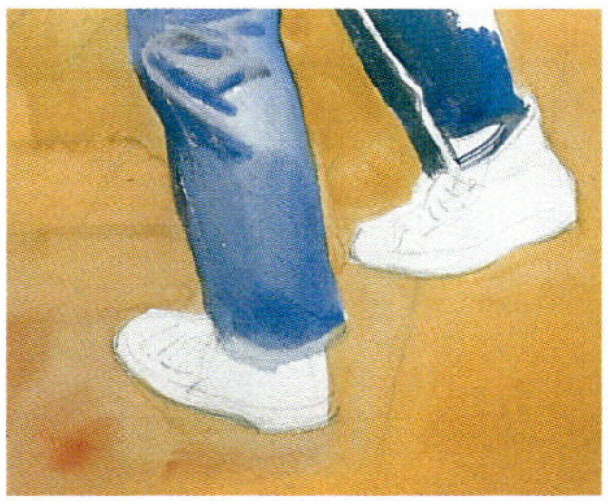

***1.** Zu Beginn kolorieren Sie den Hintergrund und lassen die Flächen für die Schuhe unbemalt. Die allgemeinen Tonwerte für die Jeans legen Sie mit einer mehr oder weniger stark verdünnten Lasur in blauer Farbe fest.*

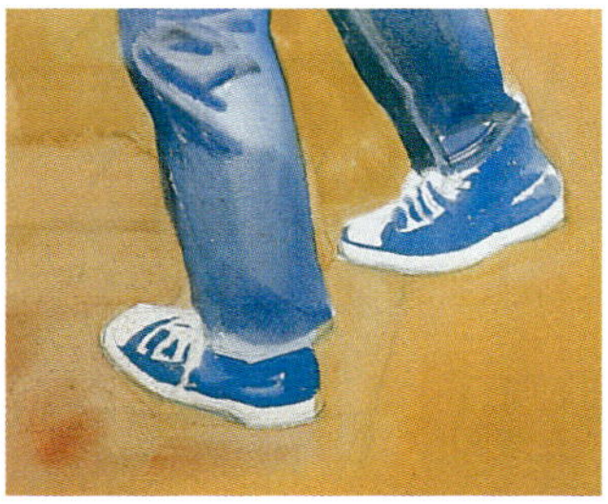

***2.** Malen Sie nun die Schuhe und die fehlende Fläche am rechten Hosenbein ein.*

***3.** In der Nasstechnik arbeiten Sie die Farben der Hose sowie einige Details am Schuhwerk aus.*

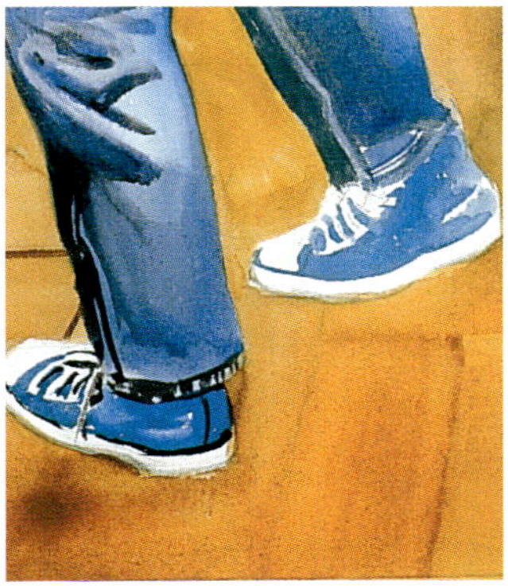

***4.** Im letzten Schritt ziehen Sie die Linien für die Bodenfliesen, fügen die kleinen Details ein und malen den kurzen, kaum wahrnehmbaren Schatten hinter dem vorderen Schuh. In dieser Studie ist es dem Künstler geschickt gelungen, die Füße trotz des fehlenden Wurfschattens so darzustellen, dass sie fest auf dem Boden zu stehen scheinen.*

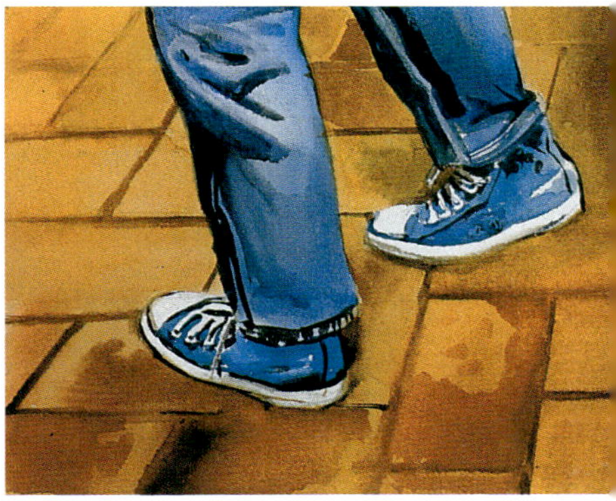

ACHTUNG

Gewöhnlich finden sich in den Eigenschatten auch die dunkleren Töne der Eigenfarbe eines Körpers wieder, und auch die Wurfschatten sind normalerweise leicht in dieser Farbe nuanciert.

SCHATTEN

Die Schatten des Abendlichts

Im Morgengrauen und der Abenddämmerung besitzt das Licht eine kalte Tönung und ruft verlängerte Schatten in kalten Farben hervor. Diese sind sehr interessant, da sie die Objekte vollkommen in kaltes Licht tauchen und bizarre, lange Schatten mit kalten oder neutralen, etwa violetten Nuancen erzeugen.

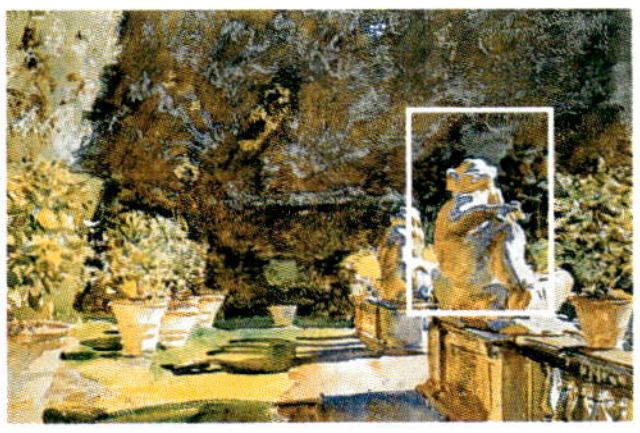

Hier malen wir einen Ausschnitt aus dem Werk Villa di Marlia, The Balustrade *des Künstlers Sargent.*

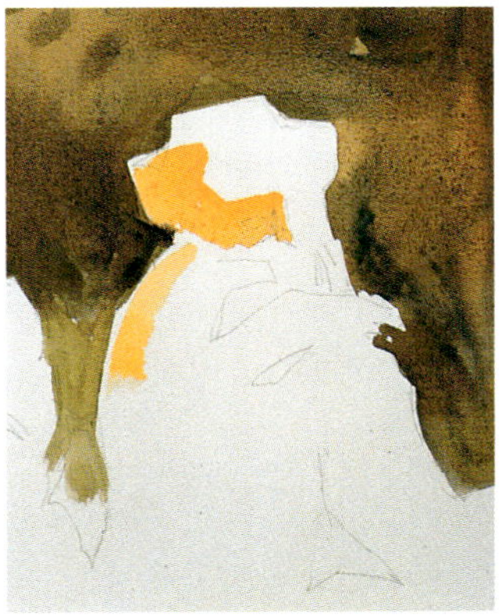

***1.** Zunächst tönen Sie den Hintergrund um die ausgesparte Figur herum und legen die ersten Schattenbereiche an, indem Sie mit dem Gelb den hellsten Ton ins Bild bringen, der aus dem Zusammenspiel zwischen der farbigen Oberfläche der Gestalt und dem weichen, indirekten Licht, das sie umgibt, entsteht.*

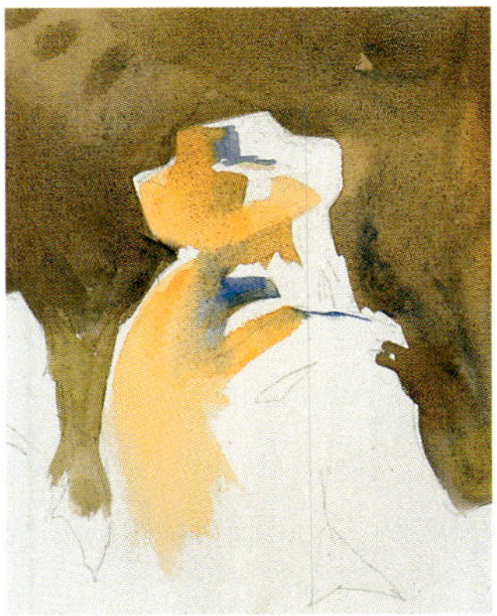

***2.** Ziehen Sie die gelben Flecken mit reichlich Wasser weiter aus und fügen das Blau für die Schatten ein, das beim Verschmelzen mit Gelb subtile violette Töne kreiert.*

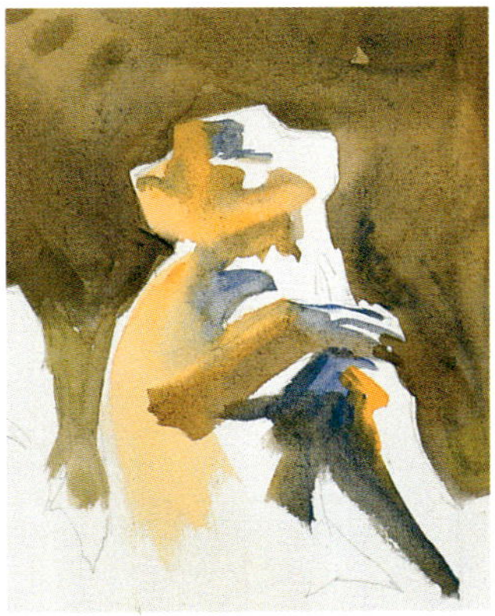

***3.** Malen Sie die dunkelsten Flächen auf dem Arm und Bein ein. Beachten Sie, wie die hellsten Bereiche, in denen das Licht direkt auftrifft, geschickt ausgespart wurden.*

ACHTUNG

Wolken, die sich vor die Sonne schieben, filtern das einfallende Licht und können die Intensität der Schatten und der gesamten Atmosphäre verändern, weil sie die warme Nuancierung des Lichts in kalte Töne verwandeln.

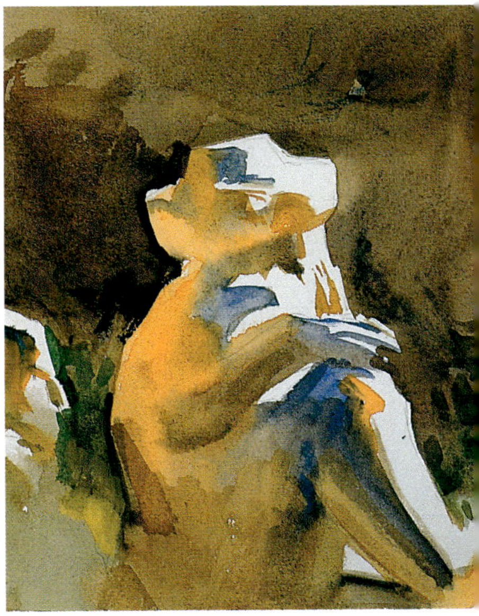

***4.** Tönen Sie den Rücken etwas dunkler und schwächen Sie die Schatten auf der Hand und dem Bein harmonisch leicht ab. Zuletzt setzen Sie einige flüchtige Striche für die Pflanzen im Mittelgrund.*

SCHATTEN

DER AUFBAU DER SCHATTEN IN DER SKIZZE

Eine der Möglichkeiten, die Schatten zu gestalten ist, sie bereits vor dem Malbeginn in der Skizze anzulegen. Hierzu kann man Aquarellfarbe, Tusche oder den Bleistift nehmen, den man für die Skizze benutzt hat. Durch die Transparenz der Aquarellfarben scheinen die darunter liegenden Farben und die so angelegten Schatten hervor.

***1.** Nachdem Sie das Motiv mit Bleistift skizziert haben, zeichnen Sie die dunkelsten Schatten mit Tusche und Rohrfeder ein.*

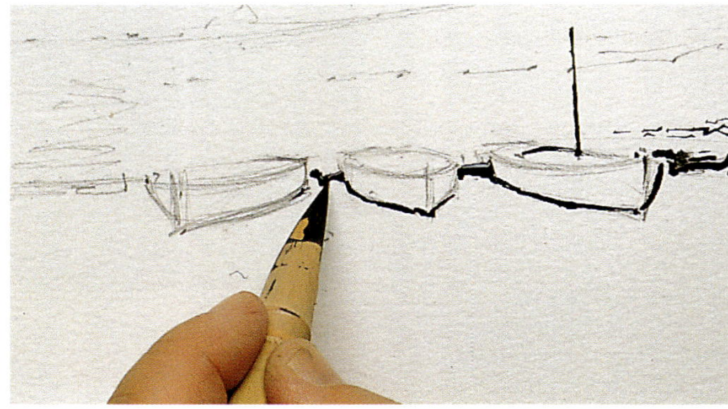

Dieser Strand in der Abenddämmerung ist ein hübsches Motiv für die folgende Studie.

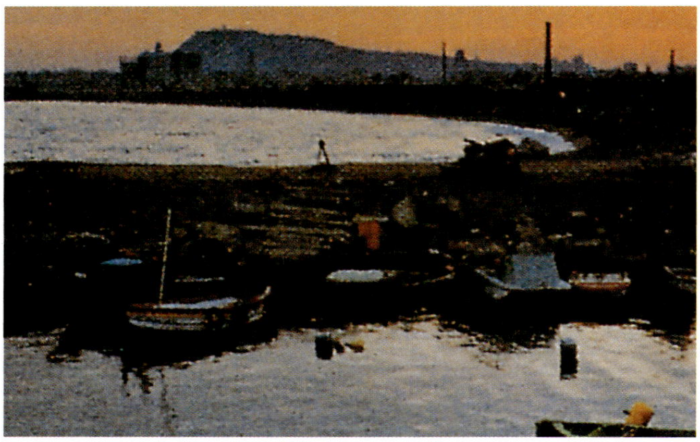

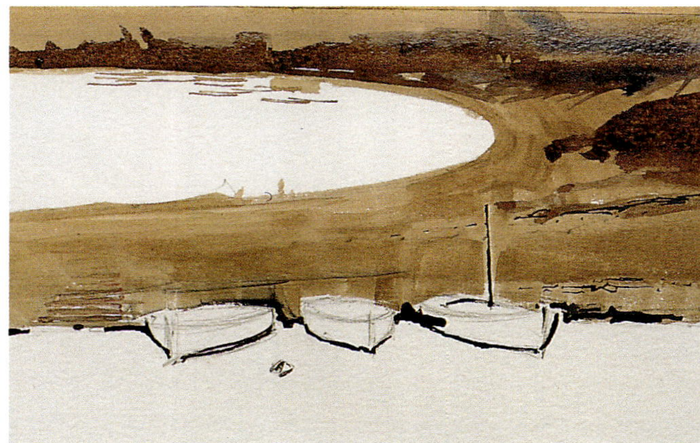

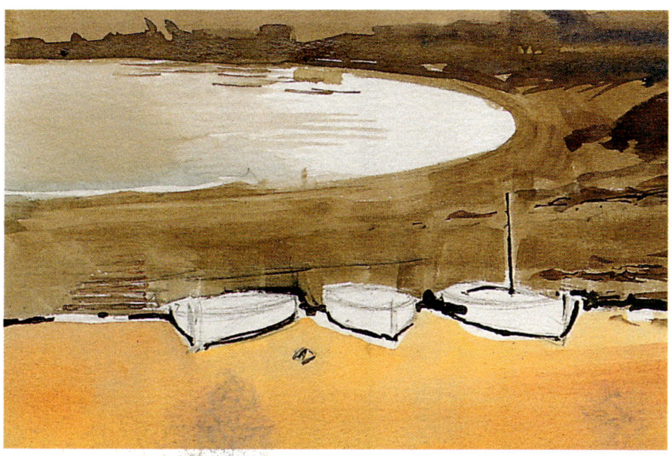

***2.** Legen Sie eine Lasur aus Siena gebrannt über den Mittel- und Hintergrund des Bildes.*

***3.** Sparen Sie die weißen Flächen für die Boote aus, während Sie das Wasser kolorieren. Die in Tusche angelegten Schatten treten deutlich hervor.*

ACHTUNG

Falls Sie die Schattenpartien bereits im Vorfeld mit Aquarellfarbe skizzieren, können die Konturen wie in der Nasstechnik verschwimmen, wenn Sie zu stark über die feuchte Oberfläche reiben.

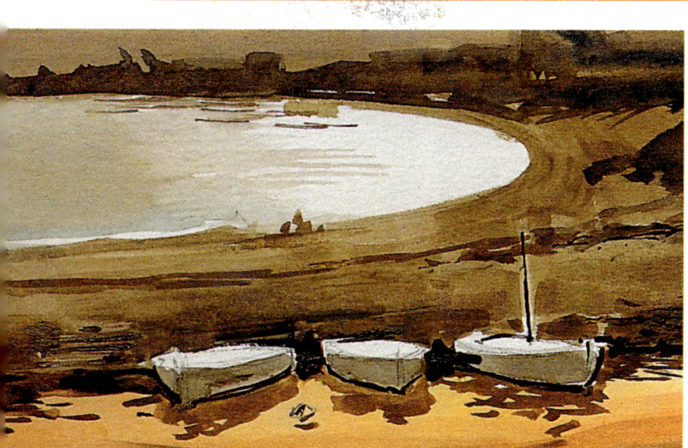

***4.** Arbeiten Sie die Seiten der Boote sowie die Spiegelungen auf dem Wasser aus.*

***5.** Zum Schluss fügen Sie die Details ins Bild und malen die oberen Bootsflächen ein.*

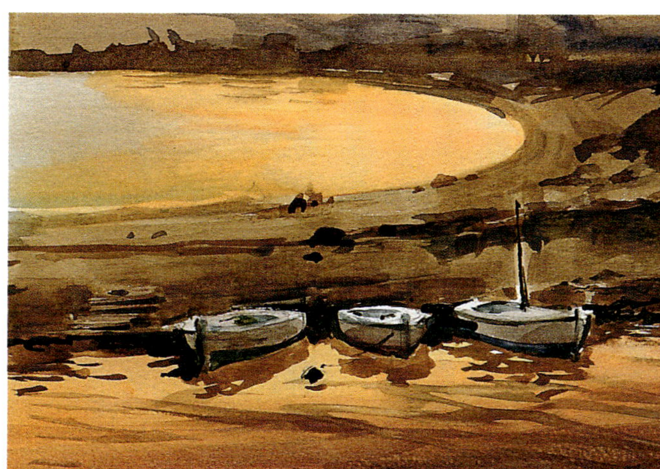

SCHATTEN

DER AUFBAU DER SCHATTEN ZUSAMMEN MIT DER FORM

Jeder Künstler bevorzugt zwar eine bestimmte Methode, doch die beste Technik um Schatten darzustellen ist zweifellos, sie gleichzeitig mit der Form aufzubauen. Auf diese Weise kann der Künstler die Tonwerte des Motivs genau bestimmen und sie während des ganzen Malprozesses harmonisch ins Bild bringen.

Dieser Olivenbaum präsentiert einen besonders knorrigen Stamm.

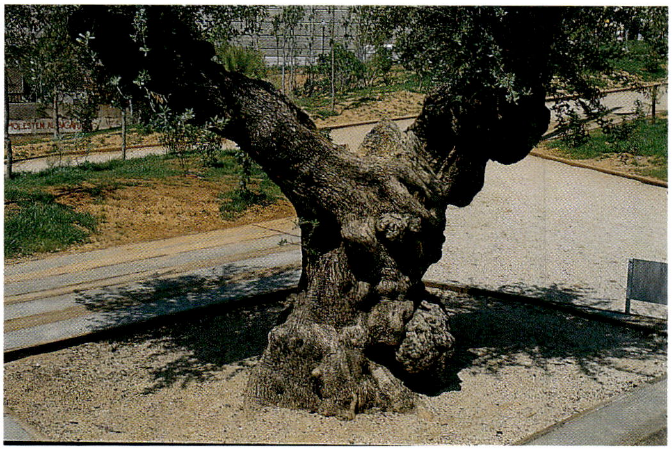

1. Beginnen Sie mit einigen zarten Lasuren für den Hintergrund sowie den dunkelsten Stellen des Baumstamms.

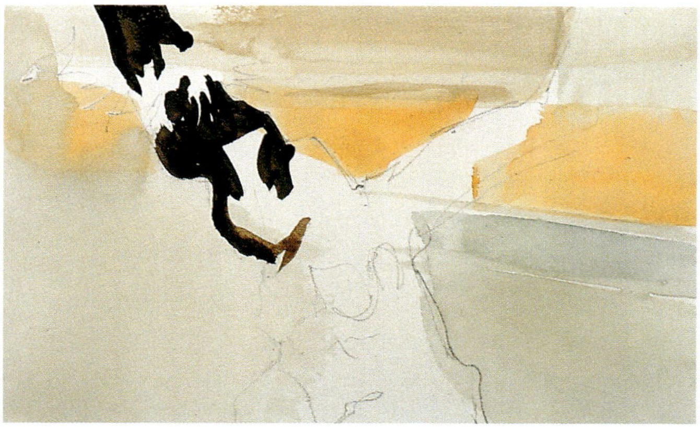

2. Ziehen Sie die Farbe des ersten Schattens in einer Abstufung weiter nach unten. Legen Sie eine helle Lasur über den gesamten Stamm und deuten Sie die Schatten am rechten Ast schon leicht an. Malen Sie auch einen Teil der Schatten, die der Baum auf den Boden wirft, ins Bild.

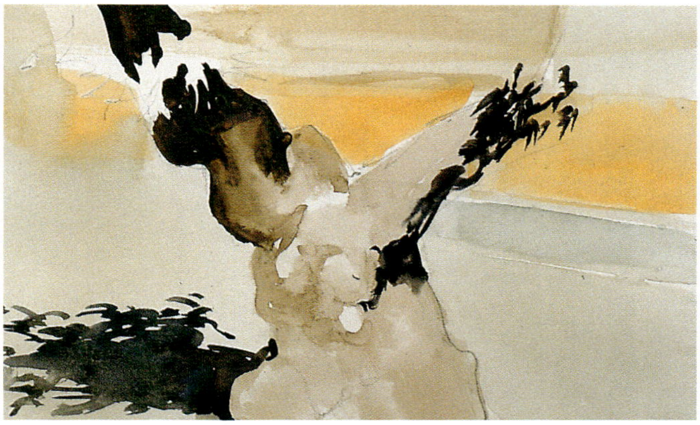

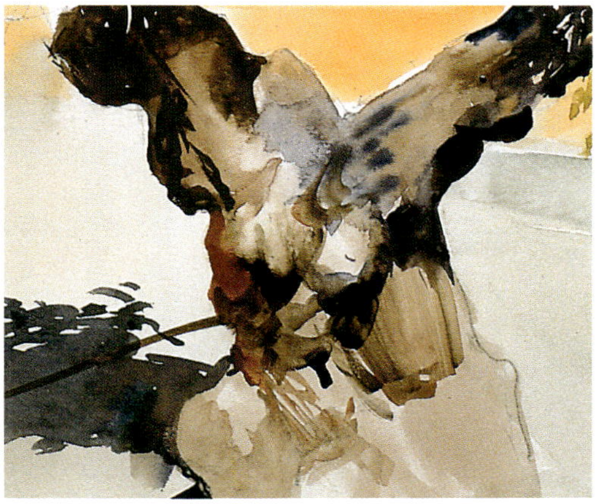

3. In diesem Stadium arbeiten Sie den Stamm weiter aus und beginnen damit, das Blattwerk einzufügen. Beachten Sie, wie der Künstler alle Stellen am Baumstamm Weiß ausgespart hat, die er später mit dem Blattwerk übermalt.

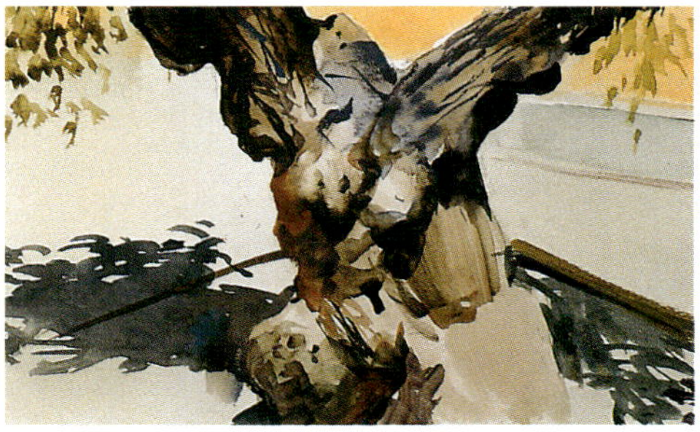

4. Tragen Sie nun die Farben für das Blattwerk auf der linken Seite auf und gestalten Sie den anderen Wurfschatten aus. Setzen Sie zudem einige Striche für die Schatten auf dem unteren Teil des Stamms.

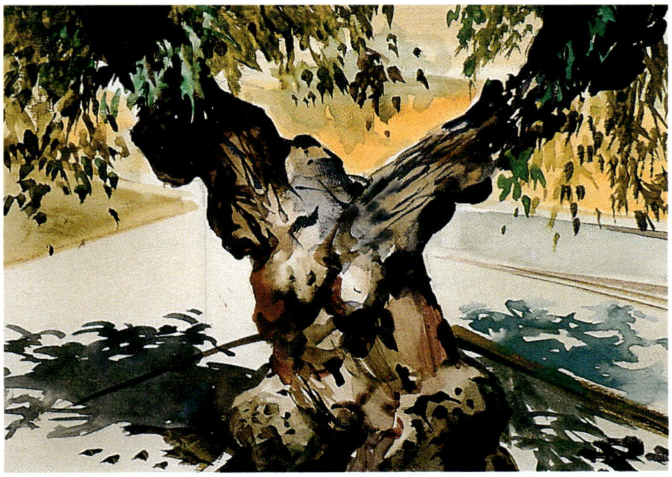

5. Um dem Motiv den letzten Schliff zu geben, malen Sie die bisher fehlenden Schatten am unteren Ende des Baumstamms ein und tönen die Wurfschatten des Baumes hier und da noch etwas dunkler, wobei Sie den hintersten und zugleich hellsten Schatten in einem stark verdünnten Blauton kreieren.

WAS SIE NICHT TUN SOLLTEN

Da sich die Farbtöne in der Aquarellmalerei nicht durch Farbüberlagerungen aufhellen lassen, sollten Sie die Schatten nicht zu dunkel tönen, solange Sie das restliche Bild noch nicht ausgearbeitet haben. Es ist viel geschickter, die Schatten stattdessen mit den anderen Tönen immer weiter durch dunklere Lasuren aufzubauen. Auf diese Weise hat der Künstler bis zuletzt die Möglichkeit, die Schatten zu intensivieren und so einen stärkeren Kontrast im Bild zu schaffen.

Licht

Das Licht ist das Element, das den Formen Volumen und Farbe verleiht. Alles, was wir sehen, spielt mit dem Licht zusammen. Das Licht bestimmt die Farbe der Körper sowie die Atmosphäre und das Gefühl, das es dem Betrachter durch das Spiel zwischen den Farbtönen vermittelt.

Je nach dem Einfall und der Intensität des Lichts kann ein Objekt in warme oder kalte Nuancen getaucht sein und mal eine geheimnisvolle, dramatische oder ganz natürliche Wirkung versprühen.

TECHNIK

Das Licht darzustellen bedeutet, alles abzubilden, denn ohne das Licht gäbe es weder Formen noch Farben oder Raum, sondern nur das Schwarz der Dunkelheit.

Bevor der Künstler mit dem Malen beginnt, muss er die Lichtverhältnisse genau studieren, damit er die Tonwerte bestimmen, die Schatten anlegen und die Wirkung des Lichts auf die einzelnen Farbtöne beobachten kann.

Um einfallendes oder fehlendes Licht zu suggerieren, macht sich der Künstler die Farben zunutze, indem er die hellsten Töne für die Glanzlichter und die dunkelsten für die am schwächsten beleuchteten Flächen einbringt.

In der Aquarellmalerei verwendet man keine weiße Farbe, sondern nutzt das Weiß des Papiers. Denken Sie aber daran, dass selbst weiße Körper niemals rein weiß sind, da ihre Tönung mit der Farbe des Lichts und der umliegenden Objekte zusammenhängt. Daher sind die Flächen mit der stärksten Lichtintensität gewöhnlich die kleinen Glanzlichter, die das Licht reflektieren. Aus diesem Grund suggeriert der Künstler die Glanzlichter durch Aussparungen, mit denen er die reinste Farbe und im Verhältnis zu den anderen Tonwerten die hellsten Stellen im Bild schaffen kann.

Es ist schlichtweg unmöglich, Licht und Schatten voneinander zu trennen und strahlendes Tageslicht ohne seine warmen Nuancen und scharfen Kontraste zwischen hell beleuchteten Stellen, die das Licht intensiv reflektieren, und den Schatten, die fast schwarz und scharf umrissen wirken, darzustellen. Im Gegensatz dazu präsentiert ein bewölkter Tag nur wenige Schatten und wird in kalten Farben gestaltet, da die Wolken das Sonnenlicht filtern und blaustichige Grautöne in der Atmosphäre hinterlassen.

LICHTEINFALL

Dieser Begriff beschreibt die Richtung, aus der das Licht auftrifft, zudem bestimmt der Lichteinfall die Farben eines Objekts und besitzt jeweils charakteristische Eigenschaften. Eine starke Lichtquelle erzeugt dunkle Schatten, die starke Kontraste bilden und dem Werk eine dramatische Wirkung verleihen können. Denselben Effekt bewirkt auch von oben einfallendes Licht. Diese Art der Beleuchtung war in religiösen Darstellungen weit verbreitet. Frontal einfallendes Licht vermittelt dagegen ein Gefühl von Frische und Reinheit, da es kaum Schatten wirft und weder mit den Kontrasten noch mit dunklen Tönen spielt. Licht, das die Körper von oben beleuchtet, versprüht eine geheimnisvolle, düstere Atmosphäre.

STUDIEN

In den folgenden Studien möchten wir anschaulich illustrieren, wie sich die Stimmung in einem Bild verändert, wenn das Modell jeweils aus einer anderen Richtung beleuchtet wird. In diesen Studien demonstrieren wir Ihnen, wie Sie ein Motiv Schritt für Schritt im Einklang mit dem jeweiligen Lichteinfall aufbauen können.

FARBE

Frontal einfallendes Licht strahlt ein Modell in ganzer Größe an und wirft die Schatten kaum sichtbar hinter dieses, daher lässt sich sein Volumen nicht durch die Schatten, sondern nur mit Hilfe von Farben suggerieren, die auf diese Weise zum Blickfang eines Bildes werden. Das Fehlen der Schatten sowie die herausragende Bedeutung der Farben verleihen dem Bild auf Anhieb eine natürliche, frische Atmosphäre. Diese Art der Beleuchtung macht die Objekte in ihrer wahren, nicht verzerrten Form sichtbar. Von vorne einfallendes Licht bietet sich besonders für die Porträtmalerei an und hat in der Kunstgeschichte beispielsweise für die Darstellung der jungfräulichen Unschuld eine lange Tradition.

VON VORNE EINFALLENDES LICHT

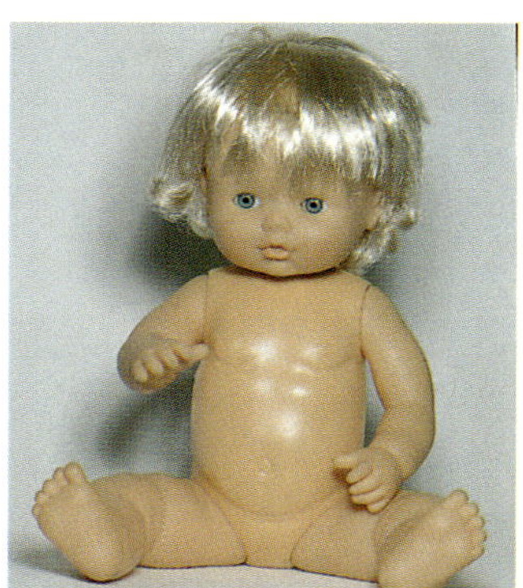

Für diese erste Studie wird das Modell von vorne beleuchtet.

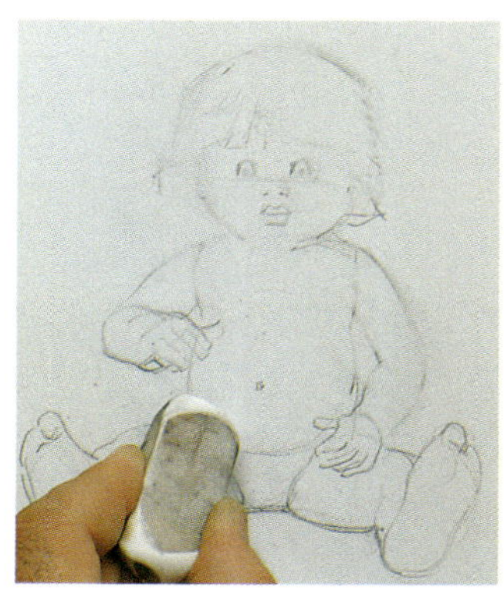

1. Radieren Sie vor dem Malbeginn leicht über die Bleistiftlinien der Vorzeichnung.

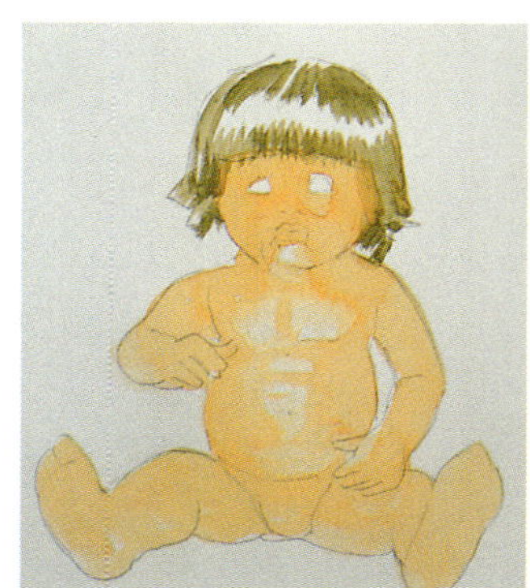

2. Tragen Sie eine Lasur in einem mittleren Ton über die Figur, und sparen Sie dabei das Weiß für jene Stellen aus, die das Licht reflektieren. Für die dunkelsten Flächen tragen Sie einen etwas intensiveren Ton auf. Kolorieren Sie den Haarschopf mit dunklen Pinselstrichen, die seine Struktur andeuten und lassen Sie auch hier die Flächen frei, auf die das Licht auftrifft.

ACHTUNG

Da von vorne einfallendes Licht keine dunklen Schatten wirft, sollten Sie diese auch in der Skizze nicht einzeichnen und die Bleistiftlinien vor dem Malbeginn am besten leicht ausradieren, weil diese später in den hellen Flächen sichtbar bleiben würden.

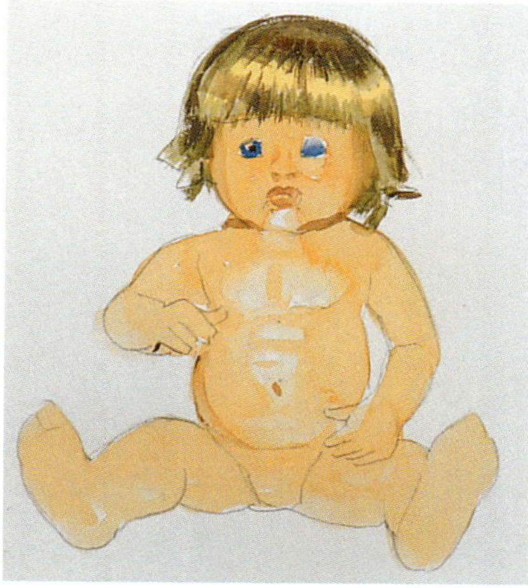

3. Gestalten Sie die Haare aus und deuten Sie die Glanzlichter mit einem gelben Ton an. Malen Sie die Augen sowie den Mund der Puppe ein und konturieren Sie den Bauch sowie den Hals mit kleinen Schatten.

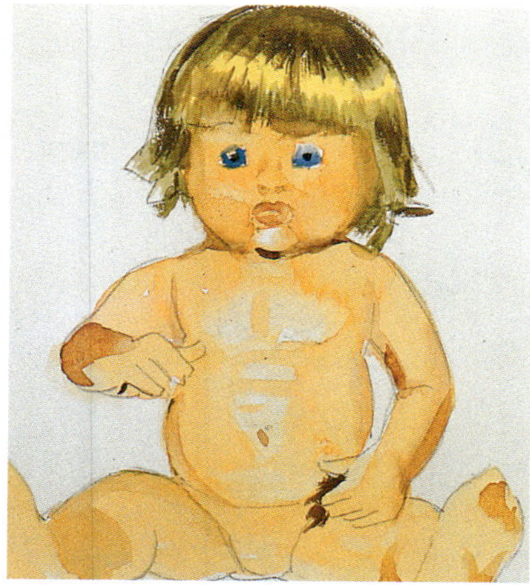

4. Fügen Sie weitere Schatten mit Überlagerungen ein, die die allgemeine Farbe des Modells dunkler tönen und den Lichteinfall dadurch immer stärker zur Geltung bringen.

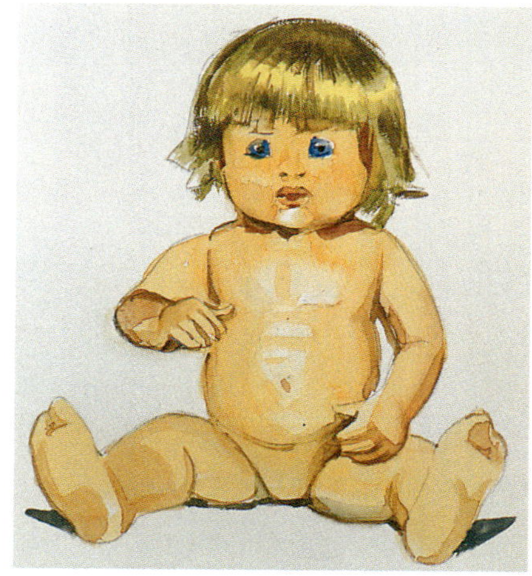

5. Setzen Sie zum Schluss noch einige dunklere Striche, die kleine Schatten andeuten und der Puppe Volumen verleihen. Die Aussparungen sind bis zuletzt Weiß geblieben und der Künstler konnte den Lichteinfall gelungen darstellen, indem er die Tonwerte allmählich von den hellsten zu den dunkelsten Tönen aufgebaut hat.

VOLUMEN

Seitlich einfallendes Licht

Bei seitlich einfallendem Licht wird der Körper nur von einer Seite mit Licht umspielt. Dieses Licht vermittelt das Gefühl von Volumen hauptsächlich durch die Schattenwürfe. Im Atelier wird diese Art der Beleuchtung zwar selten eingesetzt, dennoch sollten Sie sich mit ihr befassen, weil wir sie im alltäglichen Leben häufig beobachten können. Dieser Lichteinfall ist wie geschaffen, um das Volumen eines Körpers mit Licht und Schatten auszuarbeiten und mit Kontrasten zu spielen.

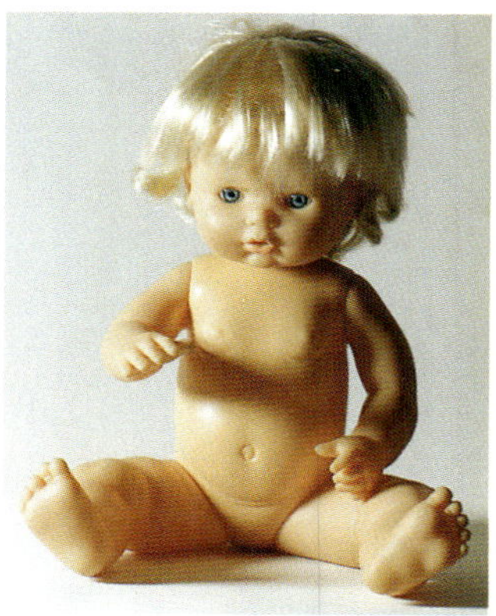

Hier fällt das Licht aus einer ziemlich starken Lichtquelle seitlich auf das Modell und erzeugt auf diese Weise scharfe Kontraste zu den Schatten.

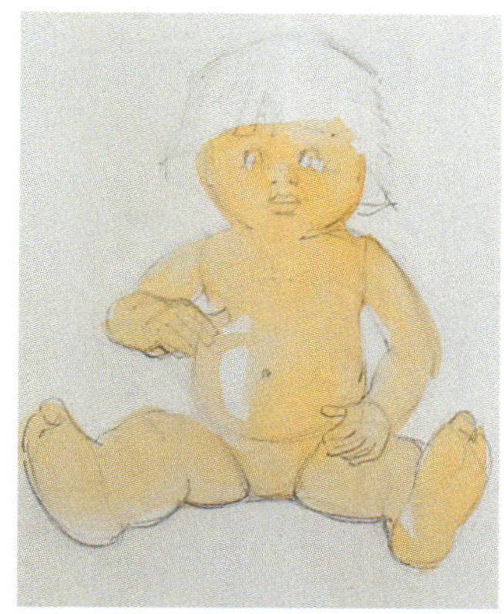

1. Legen Sie eine Lasur in einem hellen Ton über die Gestalt, wobei Sie das Weiß für die Glanzlichter auf dem Bauch aussparen.

2. Überlagern Sie die Lasur für den Körper und das Gesicht stellenweise mit einem relativ dunklen Ton, und legen Sie so die Anordnung sowie die Form der Schatten fest.

3. Beginnen Sie nun, die Schatten der Beine zu gestalten, und tragen Sie eine gelbe Lasur für den Haarschopf auf.

4. Im letzten Schritt kreieren Sie die Haarstruktur mit dunkleren Pinselstrichen und lassen dabei die gelbe Hintergrundfarbe für die Glanzlichter stehen. Fügen Sie die Details für das Gesicht, die Augen, die Nase sowie den Mund hinzu und verleihen Sie der linken Wange Volumen. Nuancieren Sie den Oberkörper mit einer zarten Lasur und ziehen Sie feine Linien für die Schatten an den Fingerchen. Damit die Puppe auf dem Boden sitzend wirkt, malen Sie zum Schluss noch ihren Wurfschatten ein.

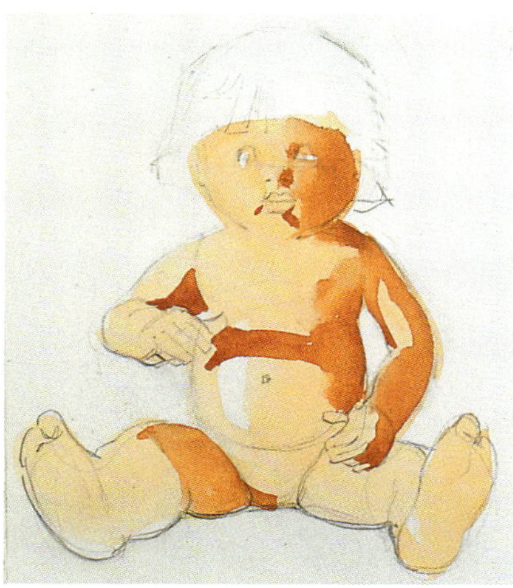

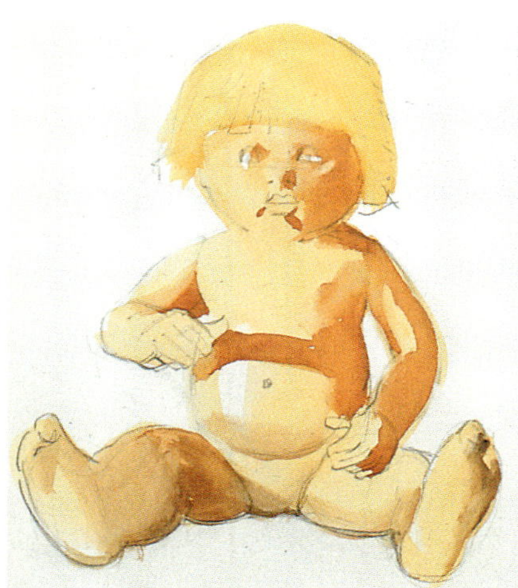

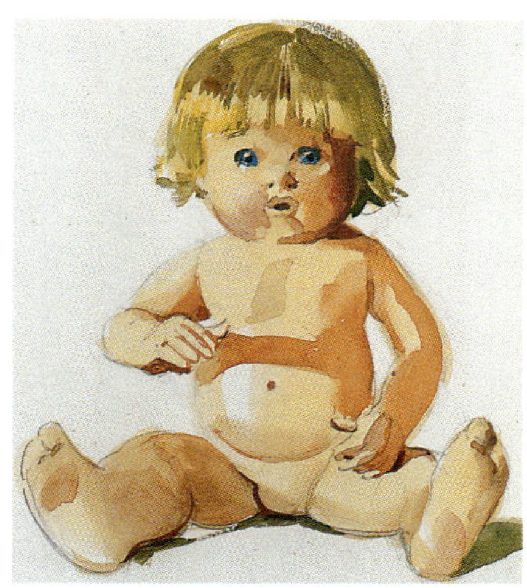

MYSTIK

VON OBEN EINFALLENDES LICHT

Licht, das von oben auf ein Objekt fällt, erzeugt starke Kontraste, die dessen Form verzerrt wirken lassen. Folglich eignet sich dieses Licht weder für Porträts noch für die wirklichkeitsgetreue Abbildung der Formen. Es kommt vielmehr zum Einsatz, damit die verzerrte Wirkung der Körper oder eine bestimmte Atmosphäre vermittelt werden kann. Von oben einfallendes Licht wurde häufig in der religiösen Malerei dargestellt, um ein Gefühl von Spiritualität und Gottesfürchtigkeit hervorzurufen.

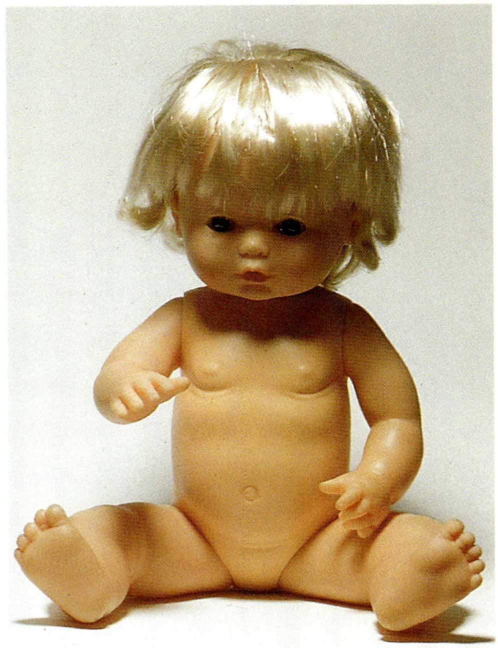

In diesem Beispiel wird das Modell mit von oben einfallendem Licht angestrahlt und verströmt durch seine Körperhaltung sowie die Thematik nicht nur eine mystische Atmosphäre, sondern erweckt außerdem den Eindruck von strahlendem Sonnenlicht.

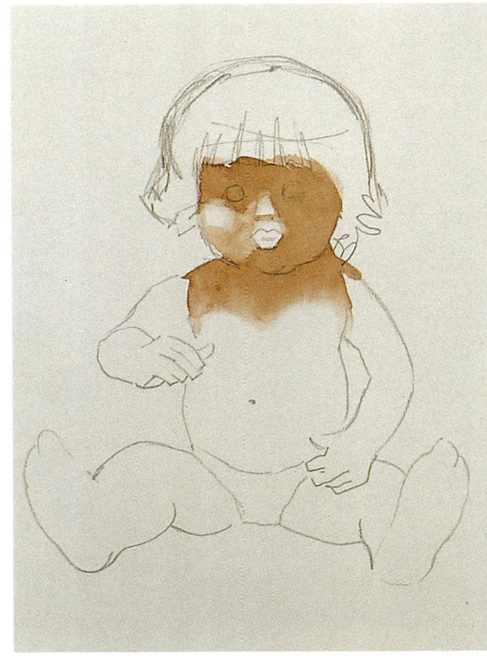

1. Bringen Sie die Schatten des Rumpfes mit einer dunklen Lasur ins Bild, während Sie das Weiß für die Lichtreflexe auf der linken Wangenpartie aussparen.

ACHTUNG

Licht, das von oben oder unten einfällt, kommt für die Porträtmalerei nicht in Frage, da es Schatten wirft, die Formen verzerrt wirken lassen und sich meist nicht mit der Absicht des Künstlers deckt.

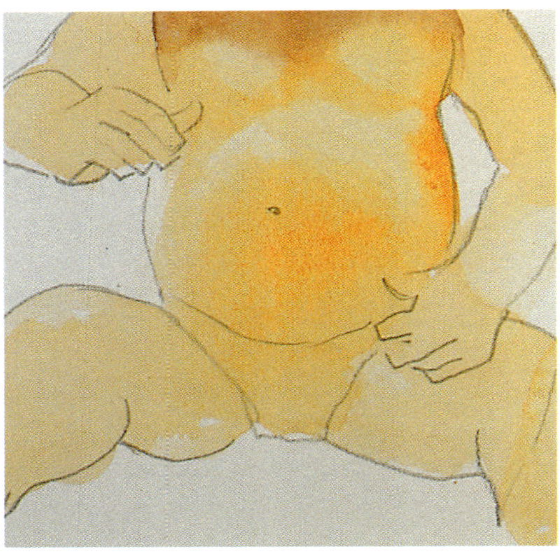

2. Tönen Sie den Bauch mit einer hellen Lasur dunkler, und tragen Sie die Hautfarbe für den gesamten Körper auf.

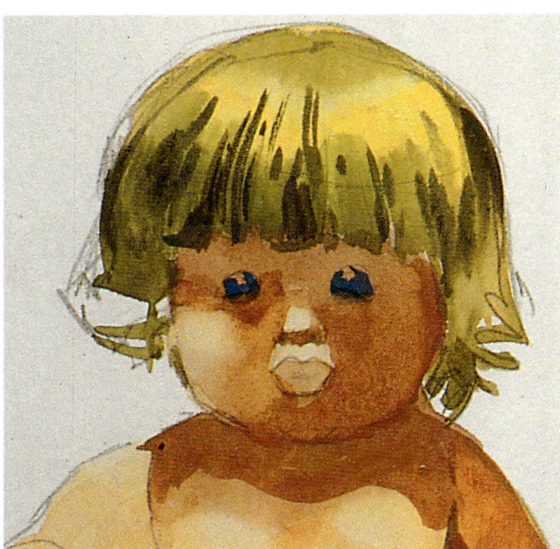

3. Malen Sie nun den Haarschopf und gestalten Sie die Gesichtszüge. Bauen Sie auch die wichtigsten Eigenschatten der Puppe mit Lasuren in unterschiedlichen Tönen auf.

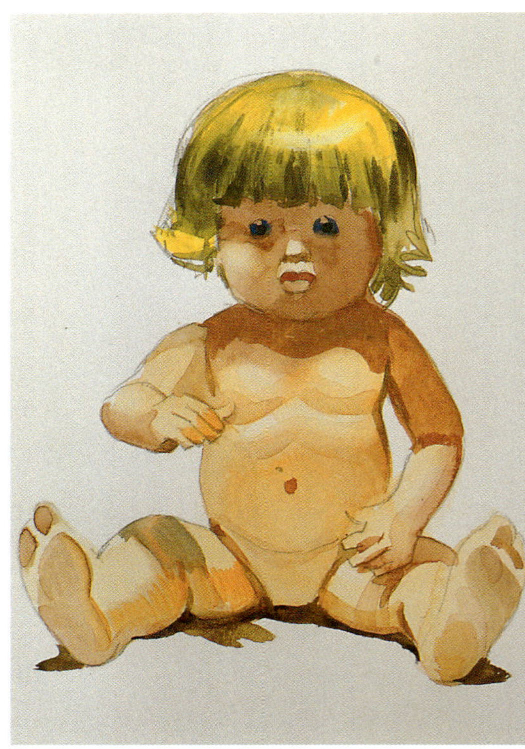

4. Abschließend bringen Sie die letzten Farbtupfer auf die Haare und kolorieren den Mund. Arbeiten Sie außerdem die Schatten am linken Arm aus, um ihm Form sowie Volumen zu verleihen, fügen Sie letzte Details an den Füßen hinzu und malen Sie den Wurfschatten auf dem Boden.

DRAMATIK

VON UNTEN EINFALLENDES LICHT

Genauso wie bei von oben beleuchteten Objekten wirft von unten einfallendes Licht lange Schatten, die die Gesichtszüge und Formen eines Körpers verzerren. Dieser Lichteinfall ruft eine dramatische, geheimnisvolle Stimmung im Bild hervor, die der Künstler geschickt in Szene setzen kann. Zudem sind diese Lichtverhältnisse wie geschaffen, um Bilder in der Helldunkelmalerei zu gestalten oder eine verschwörerische Atmosphäre zu versprühen. Es ist das Licht von knisterndem Kaminfeuer oder wütenden Bränden und findet sich deshalb im Gegensatz zu den von oben beleuchteten Motiven in den Darstellungen der Hölle und Unterwelt oder ausschweifenden, lasterhaften Szenen der Kunstgeschichte.

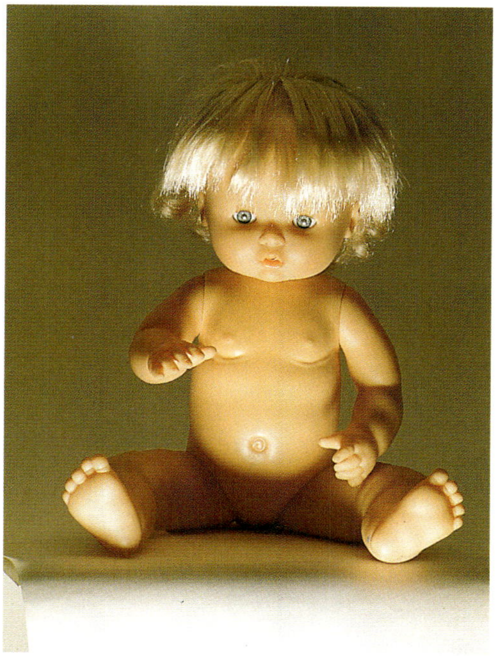

Das Licht, das unser Modell hier von unten anstrahlt, erzeugt scharfe Kontraste und lässt die Schattenbereiche beinahe mit dem Hintergrund verschmelzen.

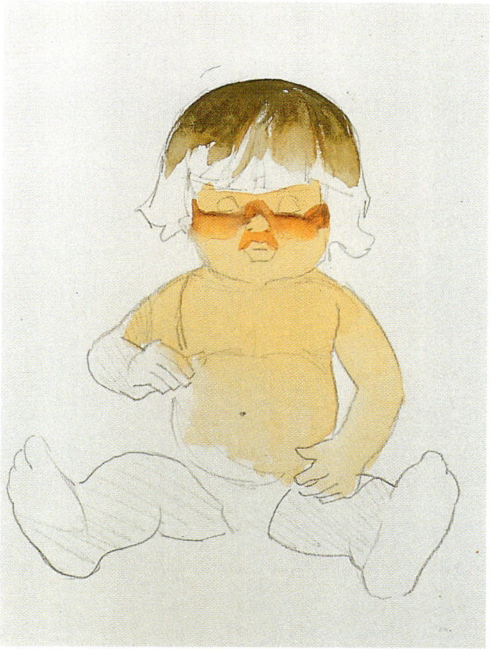

1. *Tragen Sie zunächst eine dunkle Farbe für die Haare auf, aber sparen Sie dabei einige Bereiche für einen helleren Ton aus.*

ACHTUNG

In dieser Studie haben wir den Hintergrund bewusst hell gelassen, damit Sie die Anordnung der Schatten leicht erkennen können; andernfalls würden die Schatten mit dem Hintergrund verschmelzen, die Formen verzerrter wirken lassen und die dramatische Wirkung zusätzlich verstärken.

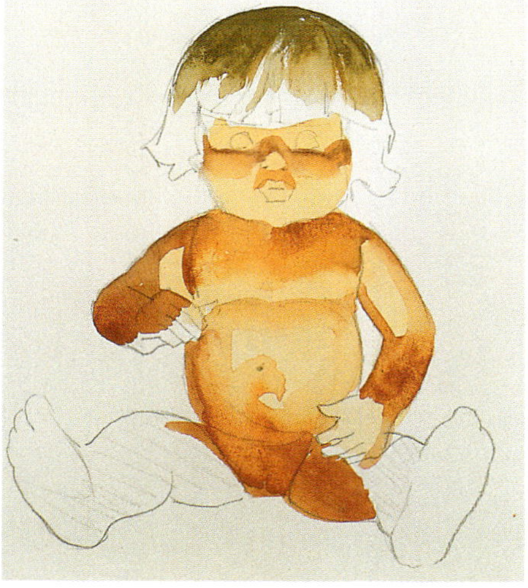

2. *Arbeiten Sie nun die dunkelsten Stellen auf dem Körper aus, indem Sie die darunter liegende Lasur für die beleuchteten Flächen stehen lassen.*

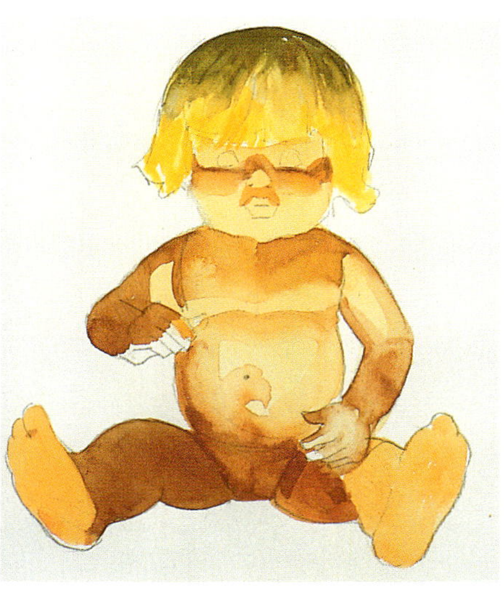

3. *Legen Sie eine Lasur in Gelb über die zuvor ausgesparten Haare, und bauen Sie nach und nach die dunklen Töne der Beinchen auf.*

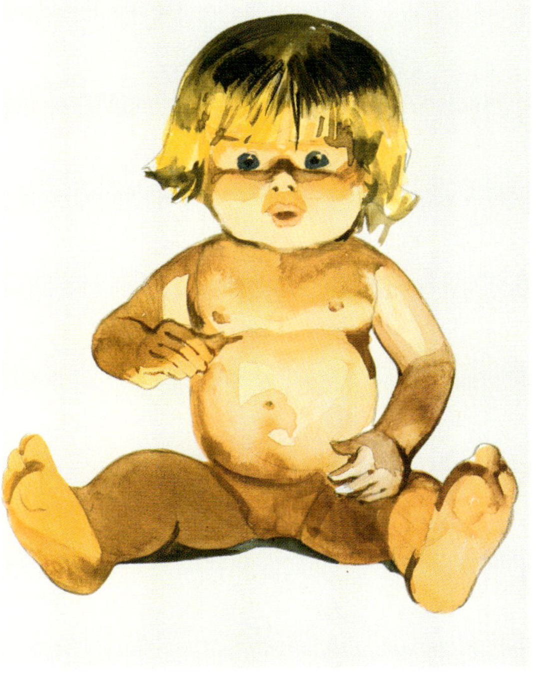

4. *Nun fehlen nur noch die letzten Striche für die Haare, die Augen sowie den Mund. Konturieren Sie anschließend die Arme, Finger und Zehen, und malen Sie den kleinen Wurfschatten ein, damit die Gestalt nicht wie jeder schattenlose Körper zu schweben scheint.*

Atmosphäre

In der Malerei beschreibt die Atmosphäre die Darstellung der Luft. Die Atmosphäre hat einen außerordentlich großen Einfluß darauf, wie wir die Dinge optisch wahrnehmen, da die Objekte durch die Luft zwischen dem menschlichen Auge und den festen Körpern in der Atmosphäre immer undeutlicher erscheinen, je weiter sie vom Betrachter entfernt sind. Aus demselben Grund verlieren die Farben auch an Leuchtkraft und Kontrastwirkung. Je dichter die Atmosphäre durch die Distanz zwischen dem Betrachter und dem Wahrgenommenen ist, desto blasser wirken die Farben und gewinnen eine neutrale Tönung mit grauen und blauen Nuancen. Die Konturen verlieren an Schärfe und verschwimmen, und die Formen scheinen weder zwischen den Tonwerten, noch zwischen den Farben zu kontrastieren.

DER SCHLÜSSEL ZUR ATMOSPHÄRE

Die reale Wirkung der Atmosphäre nehmen wir anhand der Farben und der Konturen der Formen wahr. Um den Effekt der Atmosphäre auf die Körper darstellen zu können, gibt es drei fundamentale Schlüssel zum Erfolg:

1. Die stärksten Kontraste befinden sich stets im Vordergrund des Bildes und erwecken so das Gefühl von Nähe, während sich die anderen Bildebenen folglich immer weiter zu entfernen scheinen. Um eine Kontrastwirkung zu schaffen, sollte der Künstler mit den Tonwerten sowie Licht und Schatten spielen. Die stärksten Farbkontraste gelingen dabei mit den Komplementärfarben. Zudem besitzen die Objekte im Vordergrund klare Konturen, die am besten in der Trockentechnik gelingen.

ACHTUNG

Die Atmosphäre entsteht dadurch, dass sich immer eine Luftschicht zwischen den Betrachter und das Gesehene schiebt. Diese atmosphärische Wirkung muss der Künstler in seinen Bildern mit Farbe wiedergeben.

2. Die Farbtöne der Objekte werden mit zunehmender Entfernung immer grauer und blaustichiger. Auf diese Weise werden die Kontraste bis in den Hintergrund des Bildes immer schwächer.

3. Im Bildhintergrund verschwimmen die Konturen und wirken durch den Effekt der Atmosphäre immer unschärfer. Deshalb ist es am besten, diese Ebene in der Nasstechnik zu gestalten bzw. die Umrisse mit einem Pinsel abzuschwächen, falls man in der Trockentechnik arbeitet.

FARBÜBERLAGERUNGEN

Im Vergleich zu anderen Techniken spielen Überlagerungen in der Aquarellmalerei eine ganz besondere Rolle und werden ganz selbstverständlich eingesetzt, um die Atmosphäre darzustellen. Durch Überlagerung der Lasuren werden die Farbtöne allmählich intensiver und wirken so, wie wir sie auch in der Realität wahrnehmen.

Damit die Überlagerung der Lasuren überzeugend gelingt, muss die erste Schicht getrocknet sein, bevor die zweite darüber gelegt wird.

DARSTELLUNG DER ATMOSPHÄRE MIT MEHREREN LASUREN

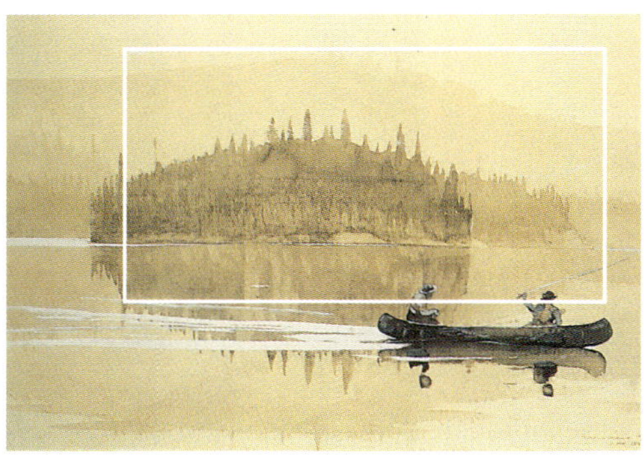

In seinem Werk Two Men in a Canoe *(1895) hat der Maler Winslow Homer die Wirkung der Atmosphäre durch die Überlagerung immer satterer Lasuren kreiert.*

1. Deuten Sie den Berg im Hintergrund mit einer Lasur in ziemlich stark verdünntem Ocker an.

2. Anschließend suggerieren Sie die Baumgruppe am rechten Bildrand.

3. Malen Sie nass-auf-trocken einen Farbfleck für die Gehölze ein, die die vorige Baumgruppe verdecken.

4. Fügen Sie nun die vordersten Bäume ein. Hier können Sie gut erkennen, wie der Künstler bei jeder Lasur auch die Spiegelungen auf dem Wasser in denselben, aber stärker verdünnten Tönen gestaltet hat.

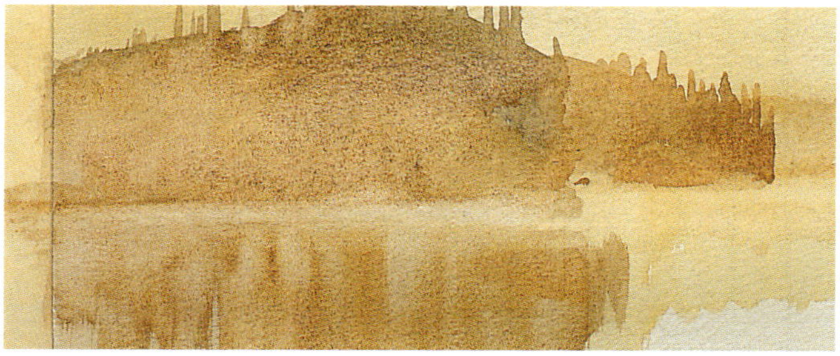

5. Intensivieren Sie den Ton für die Wasserspiegelungen noch etwas, damit die Tonwerte des Bildes einheitlicher und harmonischer wirken.

6. Kolorieren Sie die dunkelsten Bäume sowie ihre Spiegelung auf dem Wasser etwas dunkler. Jede einzelne Lasur wird immer dunkler und kontrastiert mit der vorigen, zudem sind die Umrisse zunehmend klarer definiert, je näher die Formen zum Betrachter liegen.

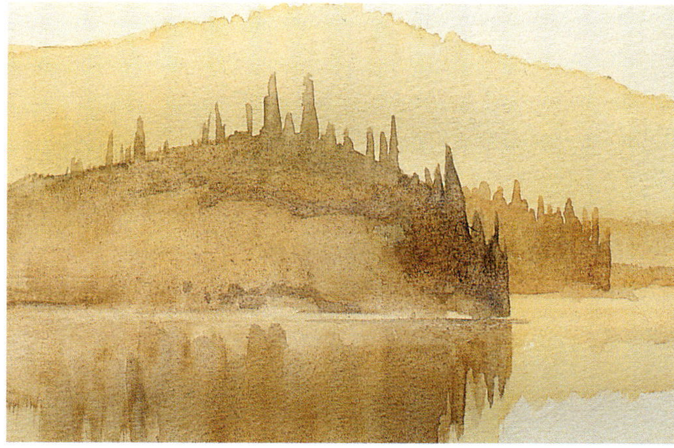

KONTRASTE

DIE ATMOSPHÄRE MIT EINER EINZIGEN FARBSCHICHT

In dieser Studie stellen wir die Atmosphäre einer Stadt dar, die gewöhnlich dichter als auf dem Land oder am Meer ist, und gestalten das Werk hierzu in einer einzigen Farbschicht. So heben wir die Kontraste zwischen den Ebenen hervor und vermitteln ein Gefühl von Atmosphäre. Danach detaillieren wir den Vordergrund, um die Klarheit der Formen sowie die Intensität der Farben zu betonen.

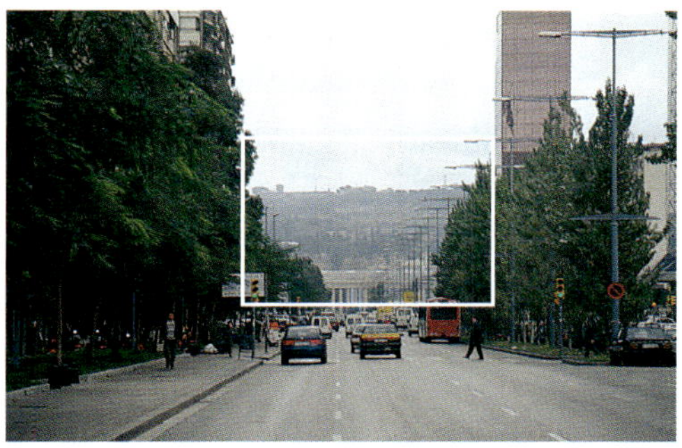

In einer Stadt ist die Atmosphäre durch den Smog gewöhnlich dichter und deutlicher wahrnehmbar.

1. Tragen Sie wie gewöhnlich eine zarte Lasur in Blau für den Himmel sowie kalte Blautöne für den am weitesten entfernten Bereich auf. Legen Sie eine Lasur in schmutzigem Grau darüber, um den Bildmittelgrund anzudeuten. Auf diese Weise kreieren Sie allmählich die Wirkung der dazwischenliegenden Atmosphäre.

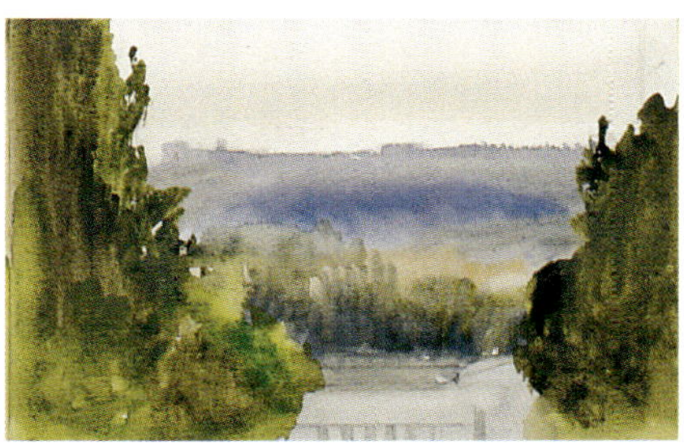

2. Im Vordergrund gestalten Sie das Blattwerk der Bäume.

3. In der Trockentechnik tragen Sie nun eine Lasur in einer hellen Cremefarbe auf.

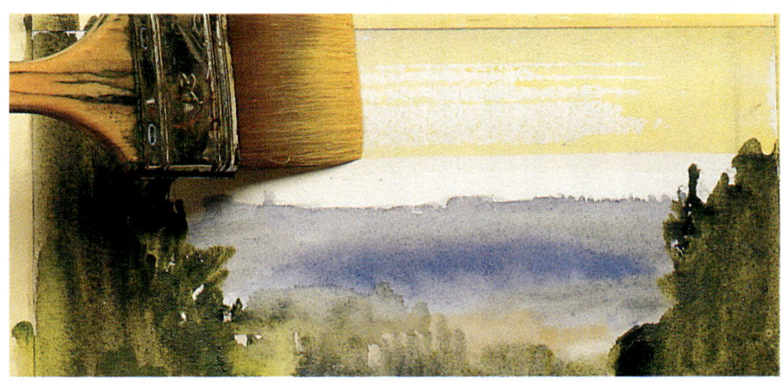

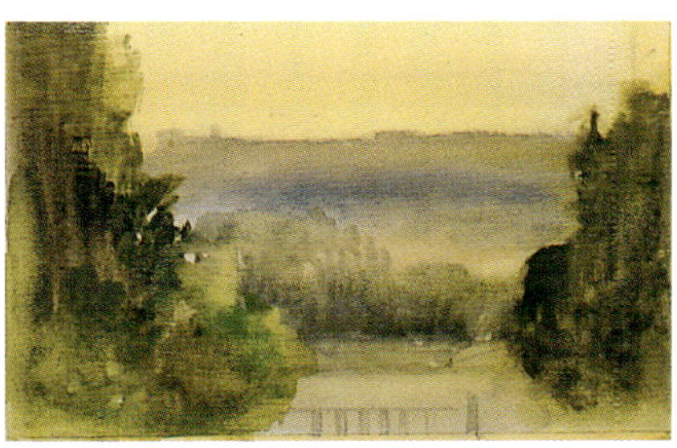

4. Wir haben das gesamte Bild einschließlich der Bäume im Vordergrund mit dieser einen Lasur koloriert und damit eine dichte atmosphärische Wirkung erzeugt.

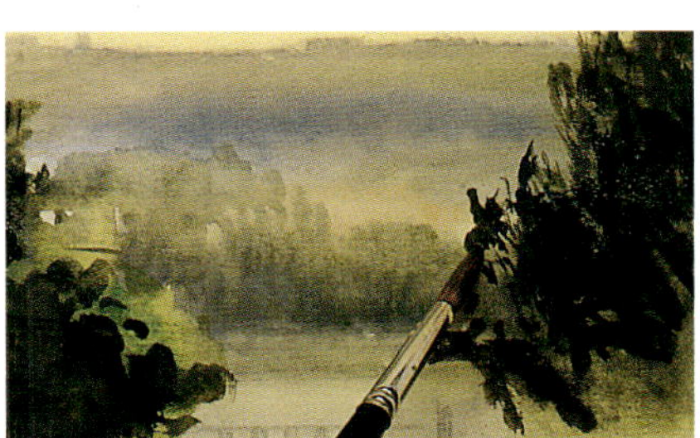

5. Nun malen Sie die Details am Blattwerk ein, damit es kontrastreich und scharf umrissen wirkt.

6. Das Ergebnis ist ein klarer Vordergrund, der das Gefühl von Distanz zwischen ihm und den entfernteren Bildebenen gelungen unterstreicht.

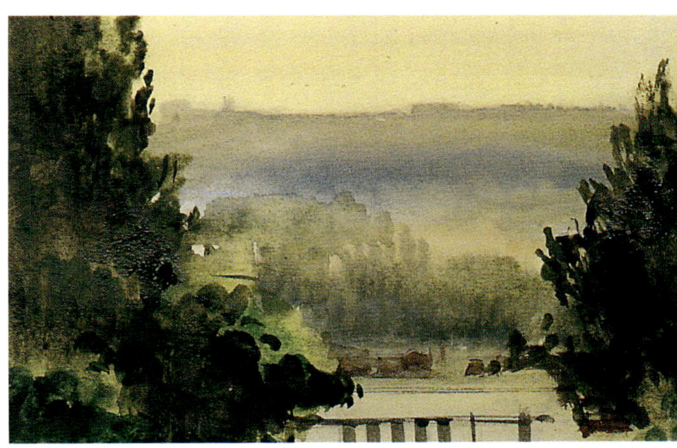

Himmel

Die Technik der Aquarellmalerei ist wie geschaffen, um die zarten, transparenten Farben des Himmels, die federleichte Luftigkeit der Wolken, die Magie der Sonnenstrahlen zwischen dichten Gewitterwolken oder die schwere, feuchte Luft an einem regnerischen Morgen einzufangen.

Eine Himmelsfläche darzustellen kann schon mit einer einfachen Lasur gelingen oder aber zu einer komplexen Aufgabe werden, wenn man einen mit Wolken verhangenen Himmel darstellen möchte, die das Sonnenlicht filtern. Jeder Himmel verlangt nach einer ganz bestimmten Darstellungsweise.

HIMMEL UND LICHT

In einem Aquarellbild nimmt der Himmel meist einen großen Raum ein. Somit ist der Himmel eines der wichtigsten Gestaltungselemente, da er die Atmosphäre schafft und mit seinen Eigenschaften die Lichtverhältnisse des Aquarells bestimmt.

Jede Änderung der Wetterverhältnisse wird direkt am Himmel sichtbar und wirkt sich damit auf alles aus, was unter ihm liegt. So können die Lichtverhältnisse und Farben in einer Landschaft in wenigen Minuten überraschend wechseln.

Himmel und Erde sind untrennbar miteinander verbunden und müssen in jedem Aquarell als eine Einheit dargestellt werden.

Bei der Gestaltung eines Himmels sind es die Lichtverhältnisse, die seine Wirkung und die Kolorierung des gesamten Werkes ausmachen, da seine Nuancen die ganze Landschaft in ein bestimmtes Licht tauchen. Aus diesem Grund müssen sich die orangen und violetten Töne eines Himmels in der Abenddämmerung auch in der Natur und den Objekten besonders in den weiter entfernten Ebenen wiederholen, sei es auch kaum wahrnehmbar. Im Gegensatz dazu versprüht dieselbe Landschaft im strahlenden Sonnenlicht eine unbändige Lebhaftigkeit und die Farben leuchten in ihrer ganzen Intensität. An einem bewölkten Tag scheint sie wiederum ein kaltes Licht zu verströmen und ihre Farben besitzen eine leicht graue Tönung, die ihnen die Sprühkraft nimmt.

Ein Künstler sollte die Beschaffenheit und die Ausdruckskraft des Himmels in einem Bild niemals unterschätzen, denn die durchbrechenden Sonnenstrahlen zwischen luftigen Wolken können unabhängig vom restlichen Motiv schon eine beeindruckende, dramatische Wirkung entfalten.

Durch die vielfältigen Aspekte an einem Himmel kann es ganz einfach oder aber höchst anspruchsvoll sein, ihn darzustellen und hängt davon ab, in welcher Position die Sonne am Himmel steht bzw. ob Wolken vorüberziehen.

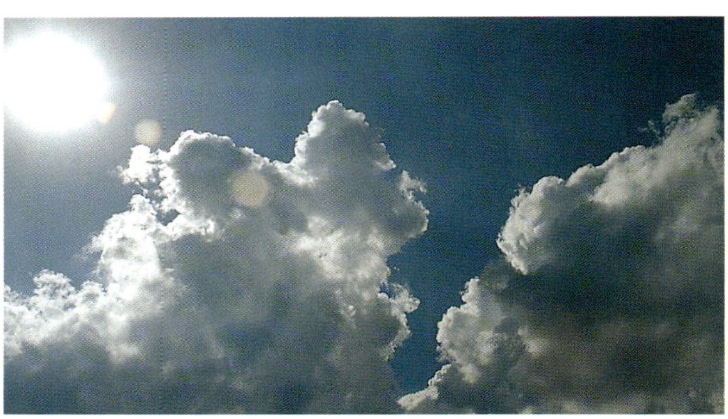

TECHNIK

Wegen seiner wechselhaften Natur ist es unerlässlich, das Geschehen am Himmel vor dem Malbeginn gründlich zu studieren, denn auch hier ist die genaue Beobachtung der Schlüssel zum Erfolg. Selbst ein wolkenloser Himmel präsentiert unzählige Nuancen, die man auf den ersten Blick nicht wahrnehmen kann. Es ist sinnvoll, das Motiv, die Position der Sonne, den Lichteinfall sowie die Farben und Töne in Skizzen festzuhalten. Sie können bei solch unbeständigen Motiven wie dem Meer oder dem Himmel unverzichtbar sein, um ihre Essenz gelungen wiederzugeben.

In der Aquarellmalerei lässt sich ein Himmel je nach den Vorlieben des Künstlers sowohl in der Nasstechnik als auch in der Trockentechnik gestalten. Viele Künstler bevorzugen allerdings die Nasstechnik, da sich Abstufungen, verschwommene Konturen und luftige Strukturen wie die der Wolken mit ihr leichter kreieren lassen.

Einen Himmel zu malen kann anfangs ziemlich schwierig erscheinen, doch mit zunehmender Übung kann die Himmelsfläche schließlich zu einem der leichtesten Gestaltungselemente werden. Je nach Art des Himmels wird der Künstler Abstufungen kreieren, Weiß aussparen, mit Pinsel oder Papier Farbe aufsaugen, Farben auflösen usw. Alles in Allem sollte er also die Feinheiten der Aquarellmalerei kennen und mit flotter, sicherer Hand arbeiten können. Auf diese Weise gelingt es mühelos, die Frische der Atmosphäre, die Natur des Lichts und die Wolken mit der Flüchtigkeit des Augenblicks zu repräsentieren.

ACHTUNG

Einen Himmel kann man vor oder nach der Gestaltung der zugehörigen Landschaft malen. Wenn der Himmel jedoch die Hauptrolle in einem Bild spielt, wird er gewöhnlich vor den anderen Bildelementen aufgebaut, da er normalerweise in einem hellen Grundton gehalten ist, über den man mehrere Lasuren tragen und so den Horizont kreieren kann.

WOLKENLOSE HIMMEL

Wolkenlose Himmel wie etwa an einem sonnigen Vormittag sind offensichtlich am einfachsten darzustellen und gelingen häufig schon mit einer einfachen Lasur.

Einen wolkenlosen Himmel in Aquarellfarbe wiederzugeben bedeutet, eine Abstufung zu kreieren, da sein Farbton in Horizontnähe eine immer stärkere Nuancierung gewinnt. So verliert das intensive Blau ganz oben am Himmel an Intensität und nimmt zur Erde hin eine immer stärkere Grautönung an. Deshalb realisiert man eine Himmelsfläche eigentlich niemals mit einer gleichförmigen Lasur in einem einheitlichen Ton, durch die das Werk seine realistische Wirkung verlieren würde. Trotz dass die Darstellung von wolkenlosen Himmeln nicht die Schwierigkeiten bereitet, die es etwa beim Malen von Wolken gibt, erfordert Sie eine gewisse Beherrschung der Technik, weil ein solcher Himmel oftmals eine Vielfalt an Tönen aufweist, die zart miteinander verschmelzen. Deutlich wird dies bei Himmeln im Morgengrauen wenn sich graue, rosarote, violette sowie orange Nuancen in das Blau mischen; solche Himmel werden gewöhnlich in der Nasstechnik gemalt, da sie das Verfließen der Farben und kaum wahrnehmbare Übergänge begünstigt.

WOLKENLOSE HIMMEL

IN DER ABENDDÄMMERUNG

In dieser Studie werden wir einen wolkenlosen Himmel in der Dämmerung eines leicht nebligen Tages malen. Diese einfache Studie wird zwar zügig gestaltet und birgt keine besonderen Schwierigkeiten, dennoch besitzt sie einen gewissen ästhetischen Reiz.

1. Lasieren Sie die zentrale Bildfläche in einem mittleren, schmutzigen Gelb mit einer Spur Blau und sparen Sie dabei den Kreis für die Sonne aus.

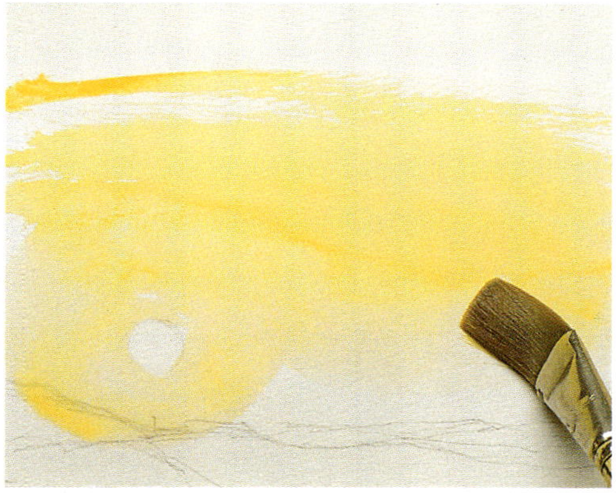

2. Stufen Sie die gelbe Lasur zur Horizontlinie schließlich immer weiter ab. Für den unteren Bereich des Himmels geben Sie einen höheren Anteil von Cöelinblau in die Mischung und kreieren so diesen grauen Blauton.

3. Malen Sie nun die Landfläche auf dem trockenen Malgrund ein, verstärken Sie den gelben Ton für den Sonnenhof und schwächen Sie diese Striche anschließend mit einem feuchten, sauberen Pinsel ab.

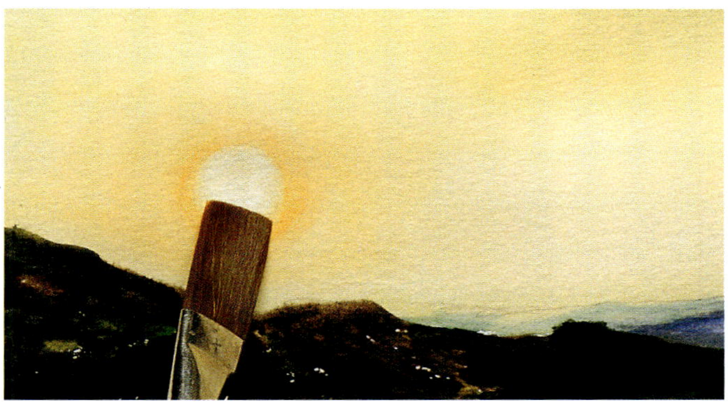

4. In dieser gelungenen Darstellung eines wolkenlosen Himmels ist die Sonne die einzige Form, die Weiß geblieben ist.

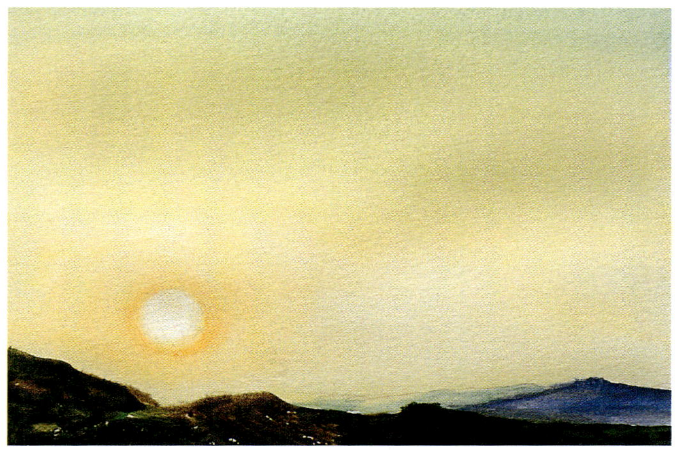

BEWÖLKTE HIMMEL

Neben dem Licht sind die Wolken das zweite Element am Himmel, das die Atmosphäre in einem Bild bestimmt. Wolken können wie kleine Wattebäusche in der Luft zu schweben scheinen, in langen Fetzen allmählich über den Himmel ziehen oder eine düstere, schwere Masse formen, die bedrohlich über der Erde hängt. Während sich ein wolkenloser Himmel allein durch den Lauf der Sonne verändert, wechselt das Geschehen an einem bewölkten Himmel mit jedem Augenblick, weil die Wolken durch ihre Luftigkeit mit jedem Windhauch eine neue Gestalt annehmen und weiter über den Himmel ziehen.

Mit dieser Bewegung am Himmel verändert sich nicht nur die Form einer Wolke, sondern auch ihr Eigenschatten. Vergessen Sie nicht, dass sich das Sonnenlicht trotz ihrer fehlenden Körperlichkeit auch auf die Wolken auswirkt. Während Wolken manchmal hell im Sonnenlicht leuchten sind sie ein anderes mal wiederum so dicht, dass sie an einer Seite durch das fehlende Licht ganz im Schatten, dem Eigenschatten der Wolke, liegen. Daneben werfen Wolken wie jeder andere Körper den Schatten ihrer Form auf andere Wolken sowie die Landfläche. Da Wolken derart wechselhaft sind, sind es auch ihre Schatten und beeinflussen auf diese Weise unablässig die Tonwerte in beiden Bildbereichen, dem Himmel wie auch der Erde.

Daher ist es wichtig, ihre Anordnung am Himmel sowie ihre Formen und die Schatten auf den anderen Wolken oder auf der Landfläche in Skizzen festzuhalten.

Zusätzlich zur Farbe des Himmels sollten Sie auch die Farbe der Wolken berücksichtigen, die in die vorherrschenden Farbtöne der Atmosphäre getaucht sind und mit dem Licht zusammenspielen. Wolken können unzählige Farbtöne annehmen, angefangen von einem blassen Rosa im Morgengrauen über strahlendes Weiß zu anderen Tageszeiten bis hin zu den vielfältigen Blautönen der Nacht im Schein des Mondes.

Neben diesen inspirierenden Farbnuancen zeigen die Wolken zudem eine ganze Palette an meist etwas gebrochenen Grautönen. An einem Gewitterabend sind Wolkenhaufen beispielsweise oftmals in diesen Farben getönt oder eine dunkle Wolke wird von vielen helleren umringt und präsentiert mit diesen eine breite Skala von verschiedenen Nuancen.

Trotz ihrer Wechselhaftigkeit wirken Wolken nur selten wie losgelöste, exakt definierte Objekte am Himmel. Oftmals sind ihre Konturen nur vage oder bilden manches Mal eine dichte Nebeldecke über dem Erdboden.

Wenn man mit einer Palette von zarten Tönen und wenigen Kontrasten arbeitet ist die Aquarellmalerei zweifellos eine der besten Techniken, um den diffusen Effekt von Bodennebel oder die sanft durchschimmernden Sonnenstrahlen in einer nebligen Landschaft zu kreieren.

BEWÖLKTE HIMMEL

WOLKEN UND SONNENLICHT

Die Gestaltung ist zwar nicht ganz einfach, aber der Effekt von Sonnenlicht, das durch die Wolken bricht und in Strahlen auf die Erde trifft verleiht jedem Werk eine dramatische, sehr interessante Note.

Hier reproduzieren wir das Fragment eines Aquarells von Stanley Roy Badmin mit dem Titel Bolton Abbey, Wharfedale *(1906). Der detailgetreue Stil erfordert eigentlich eine minutiöse Ausarbeitung, doch wir werden diesen Ausschnitt mit flotten Strichen interpretieren.*

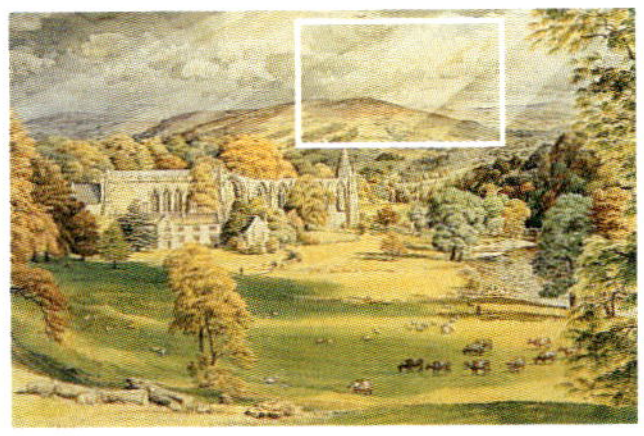

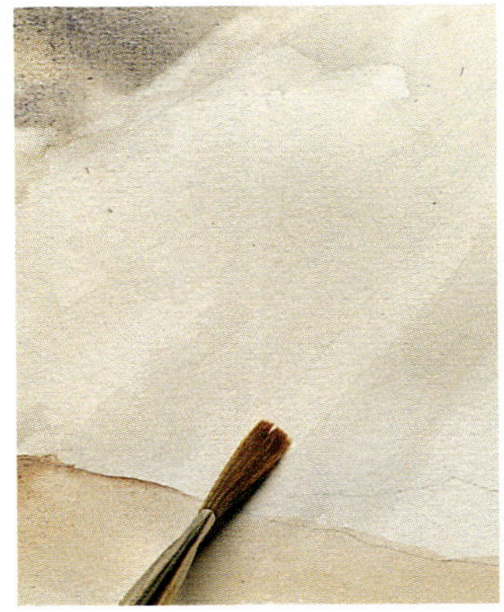

1. Nachdem Sie die Wolken auf der linken Seite angedeutet und eine zarte Lasur aus Siena gebrannt mit Kobaltblau auf den rechten Bildbereich getragen haben, malen Sie den Gipfel des Berges ein. Öffnen Sie mit einem sauberen Pinsel dann das Weiß für die Sonnenstrahlen auf der noch feuchten Farbschicht.

2. Stellen Sie das Wolkenband am Himmel dar, indem Sie nach und nach das Weiß des durchbrechenden Lichts der Sonnenstrahlen hervorholen.

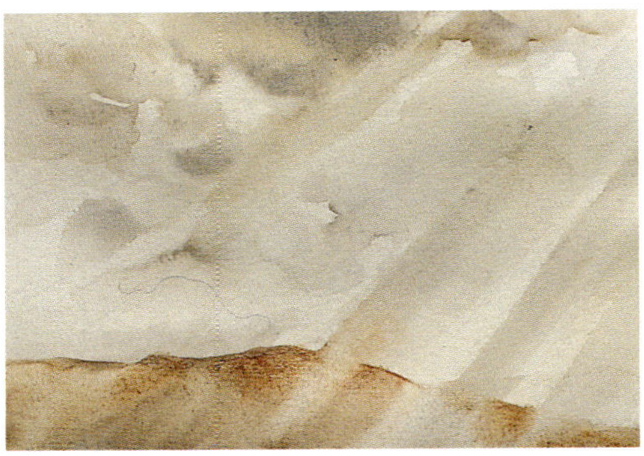

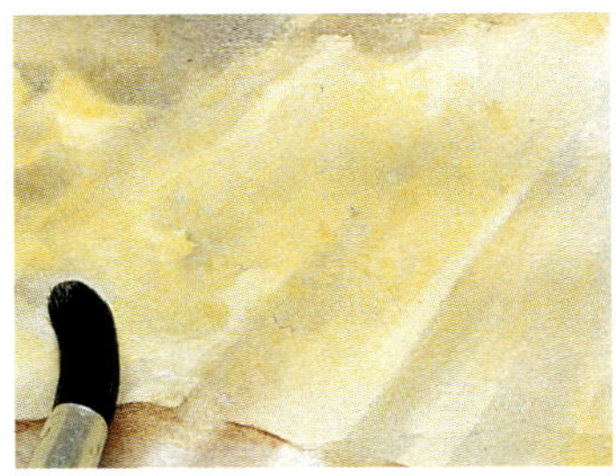

3. Legen Sie nass-auf-trocken eine Lasur in Gelb darüber, um diesen cremefarbenen Ton zu kreieren.

4. Holen Sie zum Schluß erneut das Weiß für die Sonnenstrahlen hervor, die im vorigen Schritt mit der gelben Lasur bedeckt wurden.

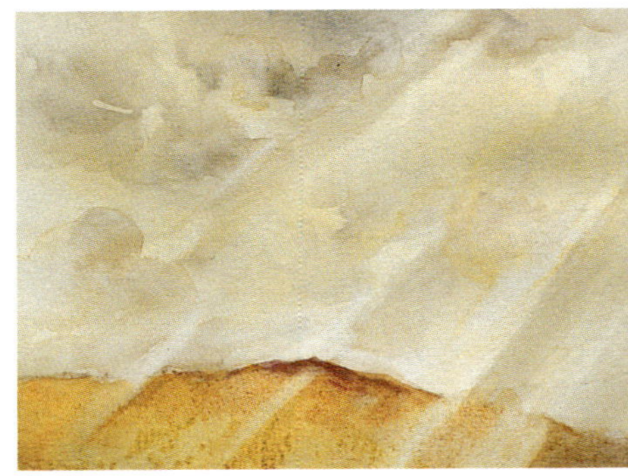

BEWÖLKTE HIMMEL

BAUSCHIGE WOLKENFORMATIONEN

In dieser Studie malen wir einen Himmel, an dem bauschige Wolken dicht über der Erde hängen und dem Bild eine große Ausdruckskraft verleihen. Dieses Motiv weckt das Interesse des Betrachters außerdem durch seine inspirierenden Formen und seinen Reichtum an Farben.

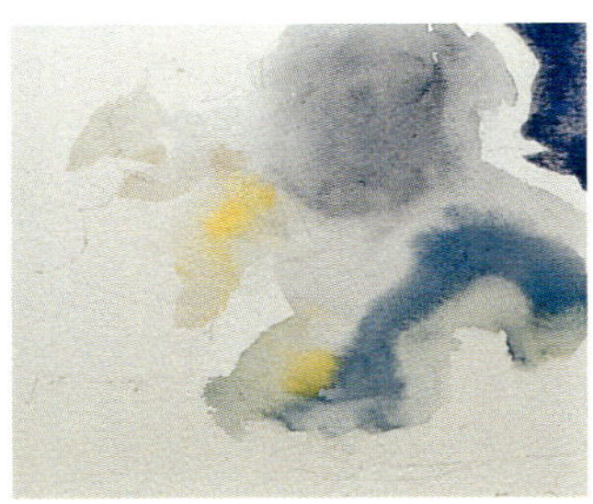

1. Tragen Sie den ersten grauen Farbfleck aus einer Mischung von Siena gebrannt und Kobaltblau auf. Legen Sie in der Nasstechnik einige Striche in Kobaltblau sowie ein paar Tupfer Lichter Ocker über die Lasur im unteren Bildbereich.

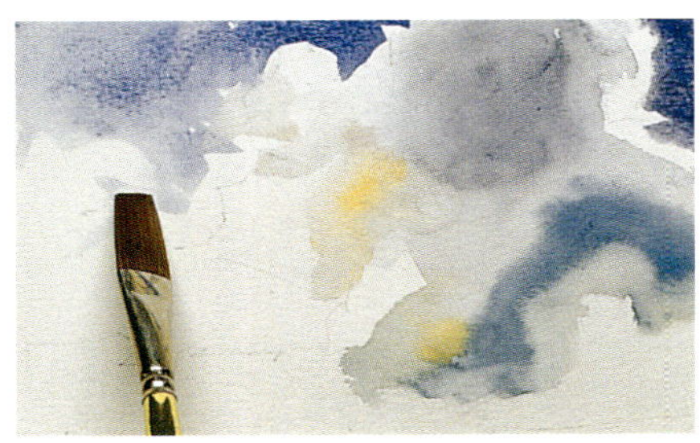

2. Kolorieren Sie die linke Seite mit einem Mischton aus Kobaltblau und Ultramarin. Farbe, die über die eingezeichnete Linie getragen wurde, saugen Sie mit einem sauberen, abgestreiften Pinsel teilweise wieder auf.

3. Vermischen Sie Kadmiumorange mit dem Ocker und Kobaltblau, um den zentralen Farbfleck anzulegen. An den Stellen, an denen die drei Farben ganz miteinander verschmelzen, entsteht ein fast schwarzer Ton während sie in anderen Flächen fast rein hervorleuchten und diese interessanten Kontraste erzeugen.

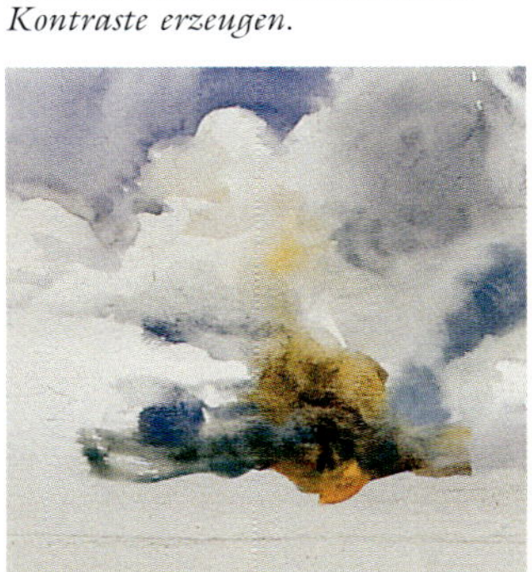

4. Vollenden Sie das Bild, indem Sie den bunten Farbfleck der dunkelsten Wolke zum linken Bildrand hin ausziehen und dadurch auch die zuvor weißen Flächen darüber tönen. Beachten Sie, wie das Weiß für die lichtintensivsten Stellen während des gesamten Malprozess ausgespart wurde. Ganz zum Schluss deuten Sie schließlich noch das Land an und kreieren ein mit stark verdünntem Gelb nuanciertes Weiß für die Lichtreflexe auf dem Wasser.

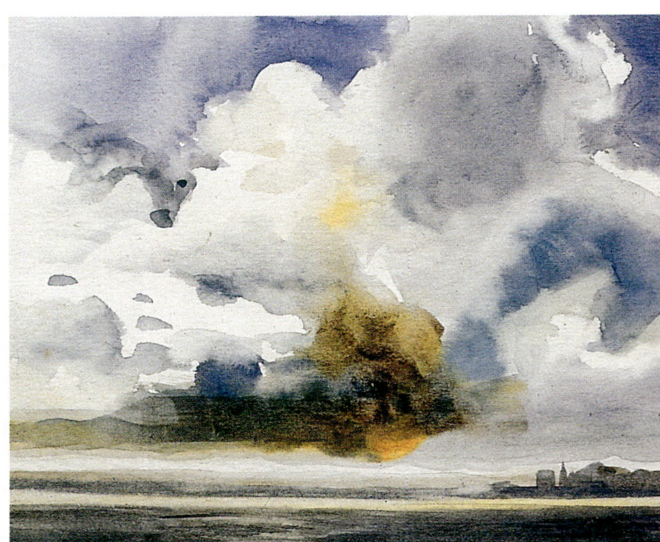

BEWÖLKTE HIMMEL

WOLKENBRÜCHE

In der Aquarellmalerei gelingt es wohl am besten, den Effekt einer regnerischen Atmosphäre und dunklen Gewitterwolken, die bedrohlich am Himmel hängen, einzufangen. Dieser Himmel wird in der Nasstechnik gestaltet und erfordert eine sehr zügige Malweise. Wir empfehlen daher, die einzelnen Schritte erst genau zu studieren, bevor Sie diese Studie selbst malen.

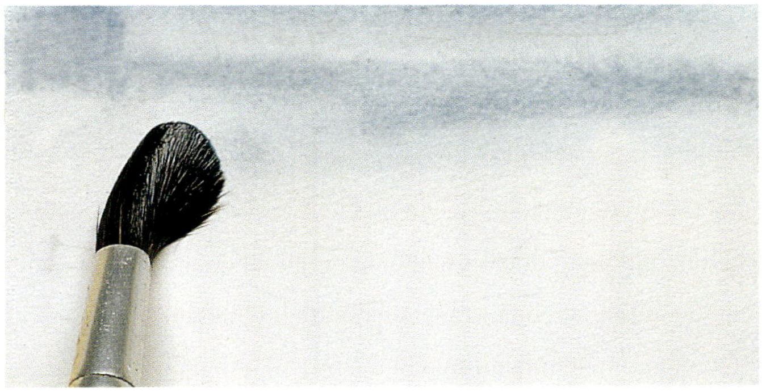

1. Tragen Sie zu Beginn eine Lasur aus stark verdünntem Cöelinblau über die gesamte Himmelsfläche. Auf diese Weise befeuchten Sie das Papier und können das Bild anschließend mit zügigen Pinselstrichen ausarbeiten.

ACHTUNG

Um einen solchen Himmel in der Nasstechnik zu gestalten, müssen Sie flott arbeiten und die Farbe gut unter Kontrolle haben.

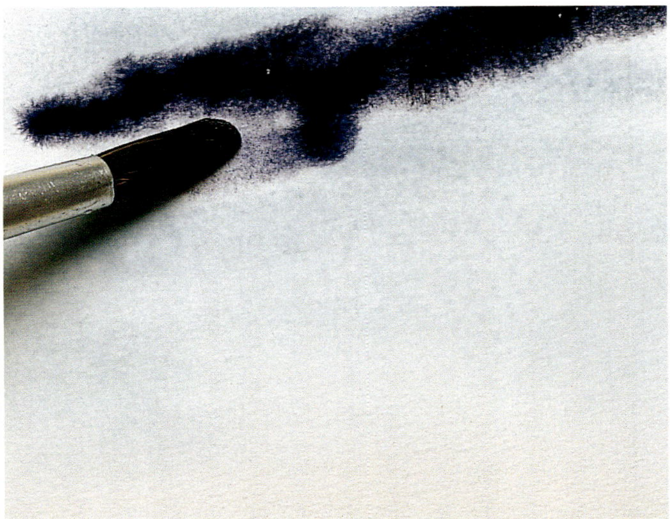

2. Mit einer Mischung aus Vandyckbraun und Ultramarin malen Sie die ersten Formen der schwarzen Gewitterwolke ein.

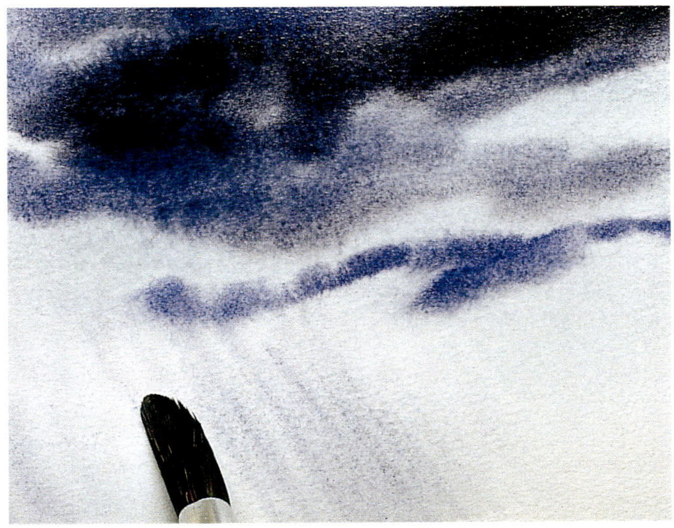

3. Geben Sie etwas Kobaltblau in die vorige Mischung, um den Farbton für die Umrisse der Wolke sowie den darunter liegenden Farbfleck zu variieren. Mit demselben, aber stark verdünnten Ton ziehen Sie anschließend schräge Striche über das Papier, die nach dem Verfließen den vom Himmel fallenden Regen suggerieren.

4. Für dieses Weiß absorbieren Sie nun einen Teil der sich ausdehnenden Farbe mit einem abgestreiften Pinsel.

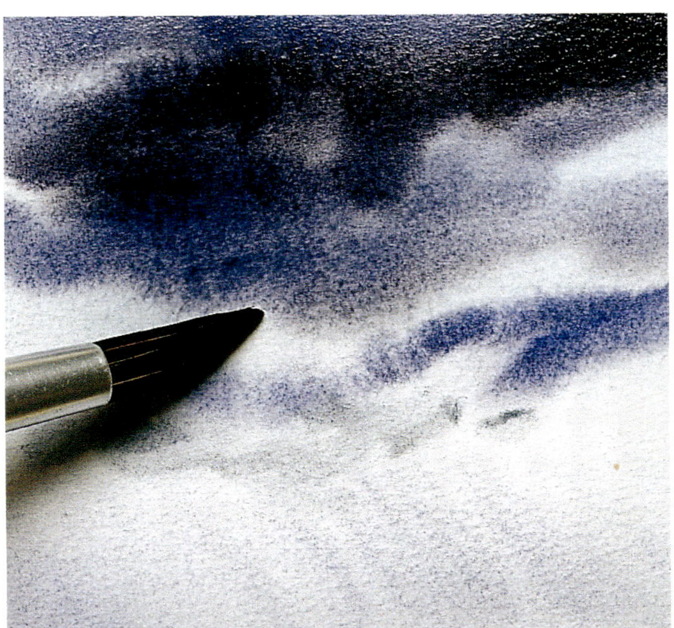

5. Setzen Sie die letzten kleinen Striche mit einer Mischung aus Cöelinblau mit dem Rest des vorigen Farbtons von der Palette, und malen Sie den Boden ein. Im fertigen Werk können Sie erkennen, wie die vertikalen Pinselstriche für den Regen beim Verfließen schwächer geworden sind und so den realistischen Eindruck eines Wolkenbruches erwecken.

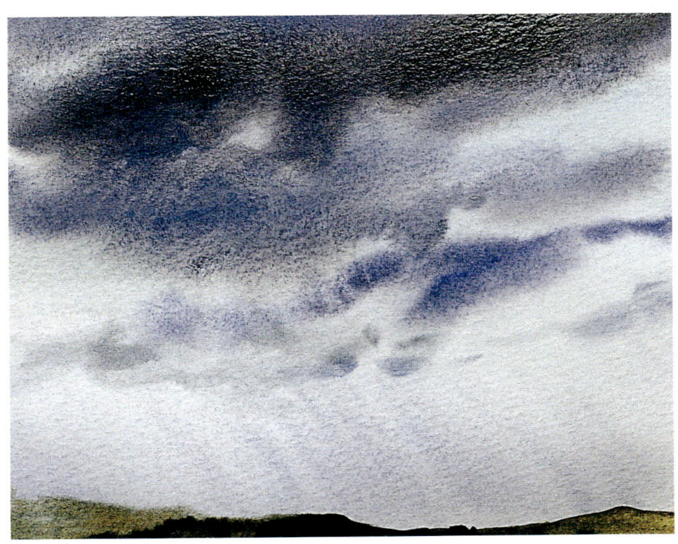

BEWÖLKTE HIMMEL

VORÜBERZIEHENDE WOLKEN

Das Phänomen von Wolken am Himmel bedeutet natürlich keineswegs, dass die Sonne nicht scheinen würde. Oftmals strahlt die Sonne an einem tiefblauen Himmel, auf dem Wolkenbänder vorüberziehen, die durch das grelle Licht stellenweise in intensivem Weiß leuchten. In dieser Studie illustrieren wir einen windigen Sommertag, an dem das Blau des Himmels einen starken Kontrast zum Weiß der Wolken erzeugt.

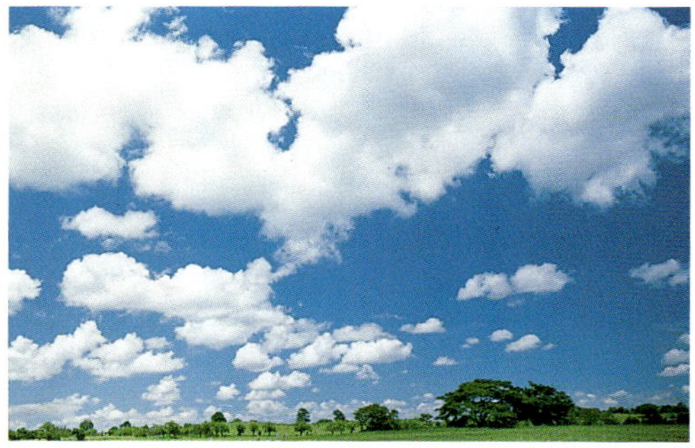

Dieses Foto wurde an einem sonnigen Tag aufgenommen, an dem ein kräftiger Wind blies und die Wolken am Himmel vorüberziehen ließ.

1. Vor dem Auftragen der Farbe hat der Künstler auch hier wie gewöhnlich einige Bleistiftlinien eingezeichnet, um die Wolken auf dem Papier anzuordnen. Dieses Grau, das den Eigenschatten der Wolke und damit ihr Volumen andeutet, gelingt mit einer Mischung von Siena gebrannt mit Kobaltblau. Für das satteste Blau auf der Himmelsfläche über der Wolke kreieren Sie einen Mischton aus Ultramarin und Indigo.

ACHTUNG

In der Aquarellmalerei werden die weißen Wolken an einem Himmel als sogenannte Negativflächen betrachtet, das heißt man verleiht ihnen Gestalt, indem man ihre Form nur durch die umliegenden farbigen Himmelsflächen begrenzt und so die reine Farbe des Papiers erhält.

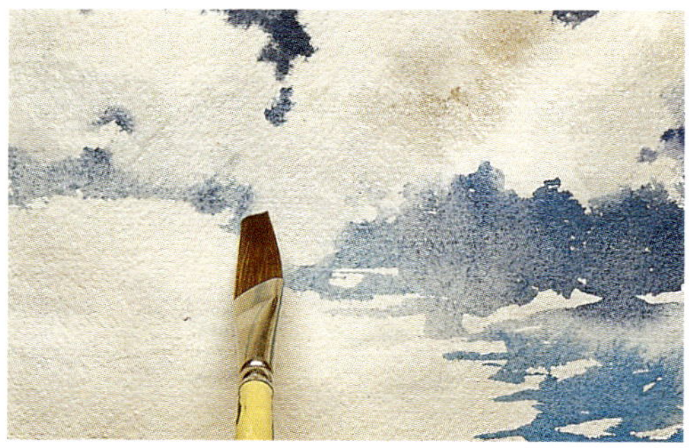

2. Gestalten Sie den Himmel in einem helleren, variierenden Blauton aus Cöelinblau gemischt mit Kobaltblau weiter aus. In dieser Studie sparen Sie die Flächen, die die Wolken darstellen, geschickt aus und definieren lediglich die Konturen dieser weißen Formen mit Farbe.

3. In diesem Stadium ist die gesamte Himmelsfläche bereits ausgearbeitet und benötigt nur noch ein paar Details.

4. Malen Sie schließlich noch die Landfläche ein und setzen hier und da ein paar Striche, um den Himmel zu vollenden.

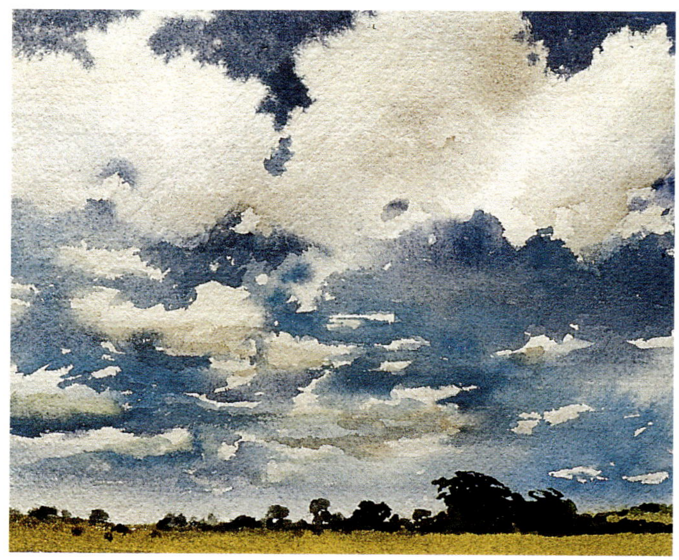

NACHTHIMMEL

Das Motiv eines nächtlichen Himmels ist in der Aquarellmalerei nie so populär geworden wie ein Himmel bei Tageslicht, da die Sichtverhältnisse in der Natur bei Nacht sehr schlecht sind und die gesamte Landschaft im Dunkeln liegt. Dadurch gewinnt ein Nachthimmel allerdings auch einen besonderen Reiz, sei es durch die immer faszinierende Präsenz des Mondes oder durch seinen schwachen Schein, der die Landschaft in ein geheimnisvolles, magisches Licht taucht.

Die Farben eines Nachthimmels können ganz anders wirken als im Tageslicht, und die Wolken in den vorderen Ebenen nehmen gewöhnlich dunkle Töne an, während das Firmament fast schwarz erscheint. Dennoch kann ein Himmel bei Nacht genauso wie am Tag unendlich vielfältige Nuancen präsentieren und die Atmosphäre gerade bei Vollmond in ein Licht aus zarten Blautönen hüllen, die der Künstler in denselben Farben wie einen Himmel bei Tageslicht darstellen kann. Bei Nacht lassen sich die Formen der Körper leicht erahnen und ihr Volumen kann durch die zahlreichen Schatten suggeriert werden. Im Gegensatz dazu wirkt der Himmel in einer mondlosen Nacht häufig wie eine kaum nuancierte Fläche in schmutzigem Grau, vor dem die Objekte wie dunkle Silhouetten stehen und kaum ein Gefühl von Tiefe vermitteln.

NACHTHIMMEL

DIE NACHT IN EINEM SUMPFGEBIET

Hier malen wir einen Nachthimmel bei Vollmond, der diesen Sumpf in sein helles Licht taucht und eine ruhige Atmosphäre verströmt.

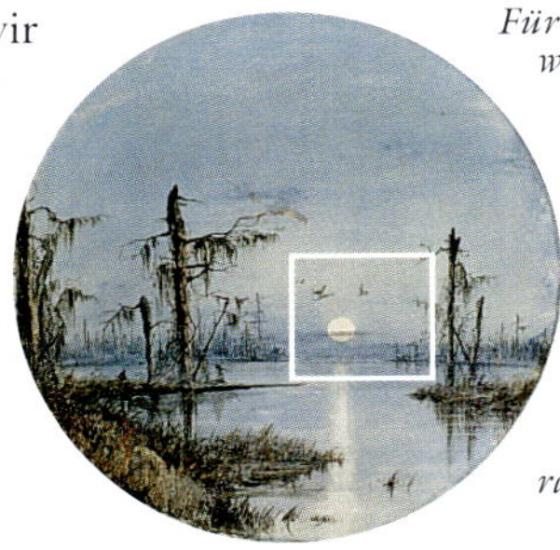

Für diese Studie geben wir einen Ausschnitt des Werkes Moonlight *(1864) von James Hamilton wieder, in dem der Nachthimmel durch den hellen Schein des Vollmondes und den leichten Nebel überraschend hell wirkt.*

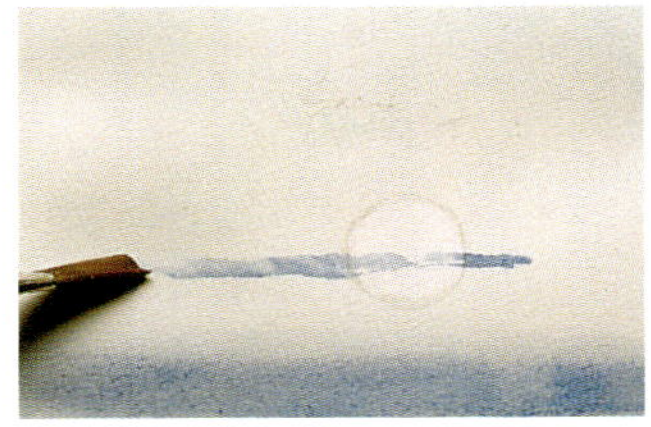

ACHTUNG

Die farbige Repräsentation einer Nacht ist viel schwieriger als die eines Himmels bei Tageslicht, da gewöhnlich dunkle Töne und schwächere Kontraste dominieren.

1. *Kolorieren Sie das Papier um den Mond herum mit einer Lasur aus Cöelinblau und einer Spur Gelb. Bevor diese erste Farbschicht trocknen kann, geben Sie etwas mehr Cöelinblau in die Mischung und intensivieren damit den Ton für den dichten Bodennebel am unteren Bildrand. Mit demselben Ton gestalten Sie anschließend auch die kleine Nebelschwade.*

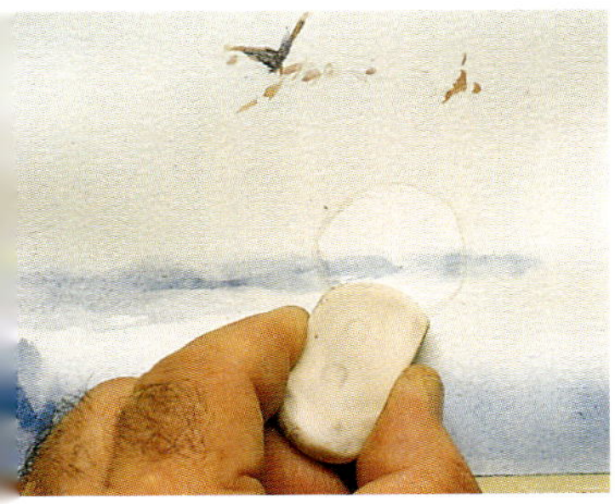

2. *Lösen Sie die Farbe auf dem Mond an, damit sie die dunstige Feuchte des Nebels wiedergibt. Mit demselben Blauton und einer zusätzlichen Spur Ultramarin deuten Sie die Gewächse des Sumpfes an. Malen Sie nun die Vögel mit Siena gebrannt und radieren Sie über die Bleistiftlinien des Mondes.*

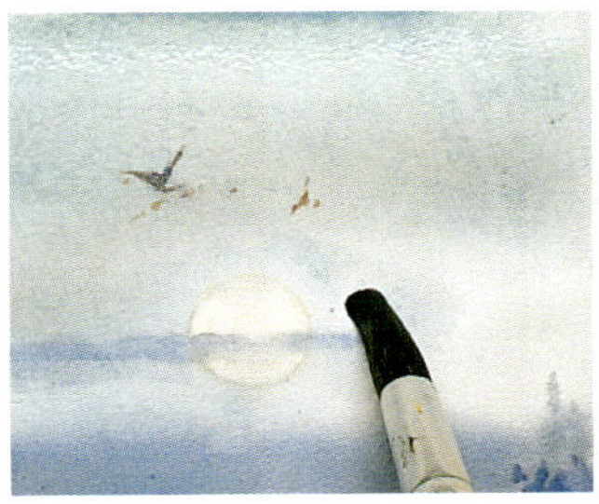

3. *Schwächen Sie das Weiß des Mondes mit einer zarten Lasur in stark verdünntem Gelb ab und tönen Sie den Himmel erneut mit einer Lasur in Kobaltblau.*

4. *Gehen Sie schließlich noch einmal über die Konturen des Mondes und fügen Sie den Vogel am rechten Bildrand ein.*

NACHTHIMMEL

BEI NACHTANBRUCH

Die letzten Sonnenstrahlen des Tages tauchen den Himmel während der anbrechenden Nacht in ein schillerndes Farbschauspiel, das beeindruckende Kontraste zwischen Licht und Schatten erzeugt.

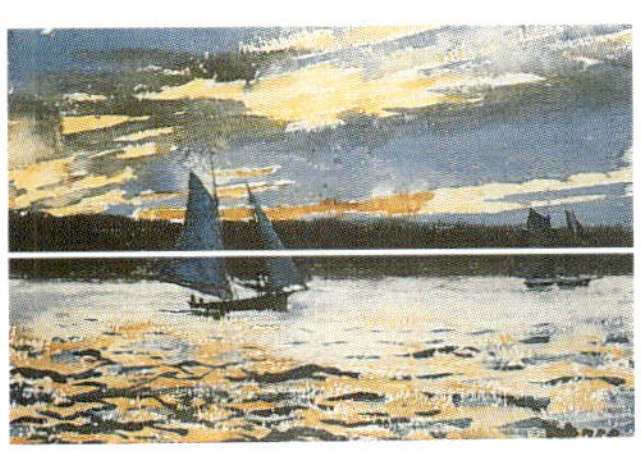

Dieses Aquarell von Winslow Homer mit dem Titel Gloucester Sunset *(1880) zeigt einen inspirierenden nächtlichen Himmel voller Farbe, Kraft und Dramatik. Dieses Motiv repräsentieren wir in der folgenden Studie.*

1. *Beginnen Sie mit einigen diagonalen Pinselstrichen in mittlerem Gelb mit einer Spur Zinnober.*

2. *Tönen Sie die hellen Himmelsflächen mit reinem Kobaltblau und mischen Sie für die dunklen Bereiche Siena gebrannt hinzu. Stellenweise kann man auch das Cöelinblau aus der Mischung wahrnehmen. Um den Mond darzustellen, öffnen Sie das Weiß mit dem sauberen Pinsel aus der noch feuchten Farbe.*

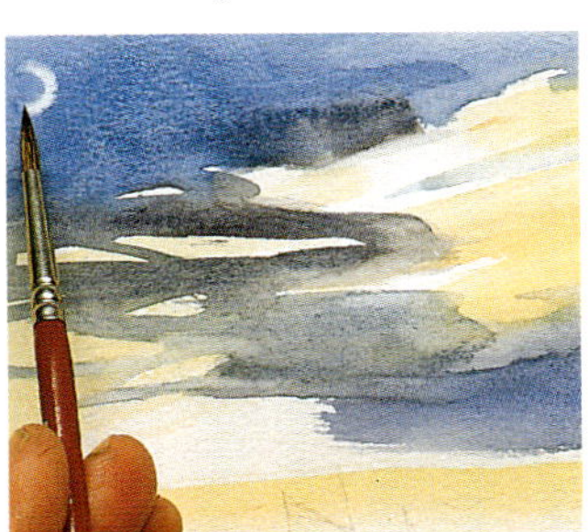

3. *Ziehen Sie die Farbe bis zum Horizont hin und malen Sie den dunklen Streifen für die Erde ein, wobei Sie die Bereiche um die Segel der Boote aussparen.*

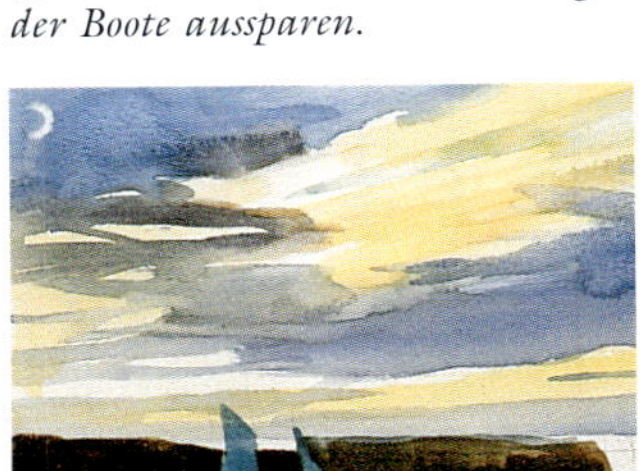

4. *Überarbeiten Sie im letzten Schritt noch einmal die Konturen des Mondes und fügen Sie über dem Horizont Striche in Zinnober ein.*

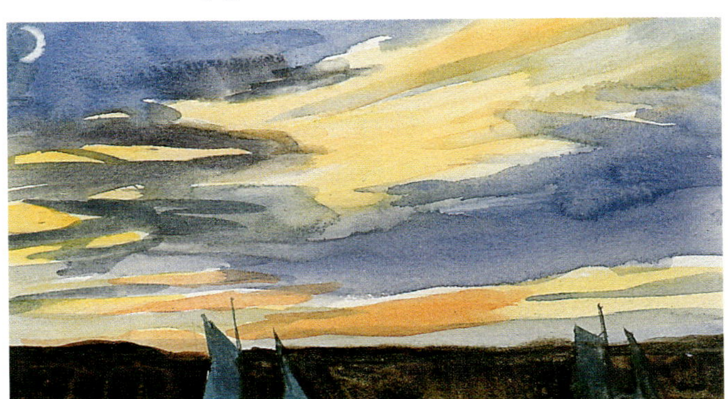

Wasser

Wasser ist ein äußerst komplexes Naturphänomen mit einer sehr wechselhaften Oberfläche, die keine bestimmte Farbe oder Form besitzt, an der man sich orientieren könnte.

Das Wasser ist ständig in Bewegung und verändert seine Form damit von einem Moment zum nächsten. Zudem reflektiert es das Licht und zeigt unzählige Glanzlichter auf seiner Oberfläche. Für den Maler bedeutet dies, dass er die wechselhafte Gestalt des Wassers zunächst entweder in seinem Gedächtnis oder in raschen Skizzen festhalten muss.

Zusätzlich reflektiert das Wasser die Formen und Farben der festen Körper, die sich über seiner Oberfläche befinden, und spiegelt ihr Abbild verzerrt wieder. Es kann sowohl vollkommen transparent als auch dicht und solide wirken oder beides zur gleichen Zeit sein.

TECHNIK

Anstatt sich vergeblich zu bemühen, die wechselhafte, spontane Oberfläche des Wassers detailgetreu zu kopieren sollte der Künstler die Impressionen wiedergeben, die es beim Betrachter erweckt. Durch seine stetig wechselnde Gestalt ist es wichtig, das Wasser vor dem Malen gründlich zu studieren und eventuell einige Skizzen anzufertigen. Die genaue Beobachtung der unruhigen Wasseroberfläche und ihrer Lichtreflexe sind für den Künstler der einzige Weg, um seine Eindrücke gelungen umzusetzen und das Wasser in seiner ganzen Frische darzustellen.

Bei Wassermotiven ist gerade die einzigartige Transparenz der Aquarellfarben wie geschaffen, um das nasse Element mit seinem durchsichtigen Charakter und der gleichzeitigen Festigkeit sowie seinen Glanzlichtern und Spiegelungen einzufangen.

Damit die besondere Frische des Motivs im Bild nicht verloren geht, empfiehlt es sich, mit den ersten intuitiv gewählten Farben zu arbeiten und nicht übertrieben viele Lasuren aufzutragen oder zu fest mit dem Pinsel aufzudrücken, denn das vollendete Aquarell soll die Spritzigkeit des Meeres, der Flüsse, Seen und Wasserfälle vermitteln.

RUHIGE GEWÄSSER

An bestimmten Tagen sowie im Morgengrauen und bei Nachtanbruch ist das Wasser weit draußen auf dem Meer meist ganz ruhig und fast ohne jede Bewegung.

Auf den Betrachter kann die stille See dann wie eine unendlich weite, dichte Wassermasse wirken, die fast wie ein Spiegel reflektiert.

Doch nicht nur das ruhige Meer ist unbewegt, auch eine Pfütze auf der Straße, ein See, oder das Wasser in einem Gefäß veranschaulichen den Aspekt einer Wasseroberfläche, die durch nichts aufgewühlt wird. Solch stille Gewässer reflektieren nicht nur das Licht, sondern spiegeln auch die Objekte, die sich über ihrer Oberfläche befinden; solche Körper können etwa die Felsen einer Steilküste sein, die Fassaden von Häusern, die vorüberziehenden Wolken am Himmel oder im Wasser liegende Schiffe bis hin zu den Passanten in einer Stadt.

Wenn Sie solche Spiegelungen auf der Wasseroberfläche darstellen sollten Sie bedenken, dass jede Spiegelung zu einem bestimmten Körper gehört und deshalb am besten erst gestaltet wird, wenn das jeweilige gespiegelte Objekt bereits konkretisiert ist.

Vor dem Malbeginn sollten Sie die Wasserspiegelungen unbedingt genau studieren; dabei werden Sie feststellen, dass die Spiegelbilder auf dem Wasser immer undeutlicher und verschwommener werden, je größer die Entfernung zu dem dazugehörigen Objekt ist. Dieses Phänomen ist für die gelungene Darstellung von Wasserspiegelungen von großer Bedeutung, zudem sollten Sie die Spiegelbilder vereinfacht darstellen und eher Ihre Impression wiedergeben anstatt sie übertrieben detailgetreu auszuarbeiten und das Werk dadurch um seine realistische Wirkung zu bringen. Bedenken Sie auch, das selbst das stillste Gewässer nie völlig regungslos ist.

Wenn Sie unseren vorigen Ratschlag beherzigen und die Spiegelungen ausgiebig beobachten, können Sie außerdem erkennen, dass die Farbtöne der Spiegelbilder immer etwas dunkler sind als die der Körper.

ACHTUNG

Am besten malen Sie das Wasser stets mit intuitiven Strichen und eher wenigen Lasuren, da sonst die Frische und Spontaneität, die das Motiv ausstrahlt, verloren geht.

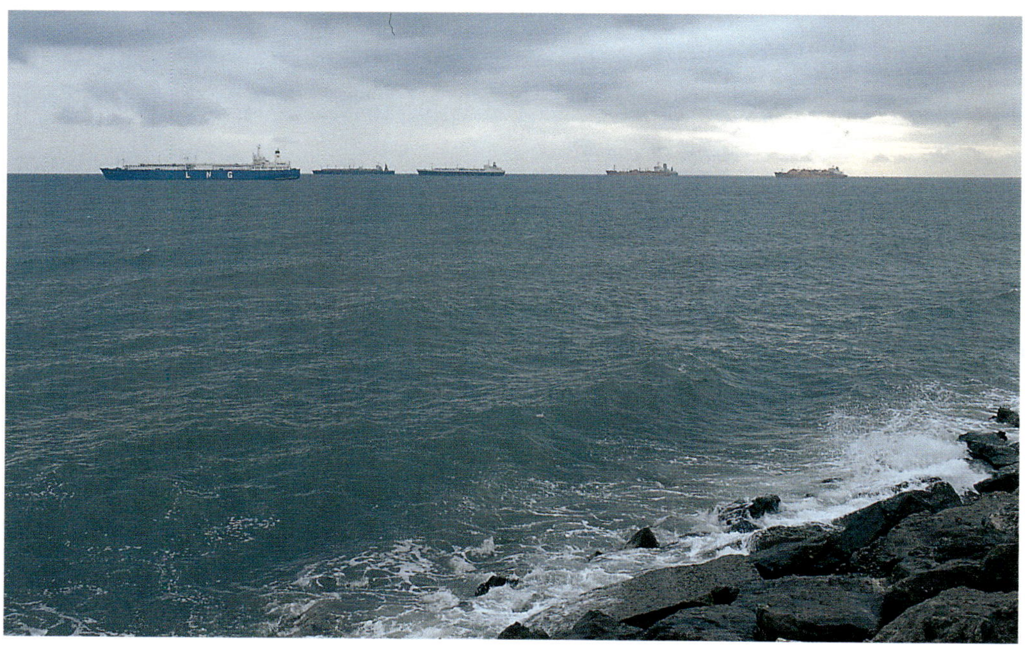

Der Aspekt des Wassers wird von den Lichtverhältnissen sowie der Farbe des Himmels bestimmt und davon, ob es ruhig oder bewegt ist.

RUHIGE GEWÄSSER

EINE STILLE SEE OHNE SPIEGELUNGEN

Die Darstellung von stillen Gewässern, die keine Spiegelungen zeigen, scheint einfach zu sein und ist es meist auch. Allerdings sollte der Künstler nicht vergessen, dass solche Gewässer zwar eine trübe und dichte, aber dennoch lebhafte Oberfläche besitzen, deren Nuancen und Aspekte das Bild gelungen suggerieren soll.

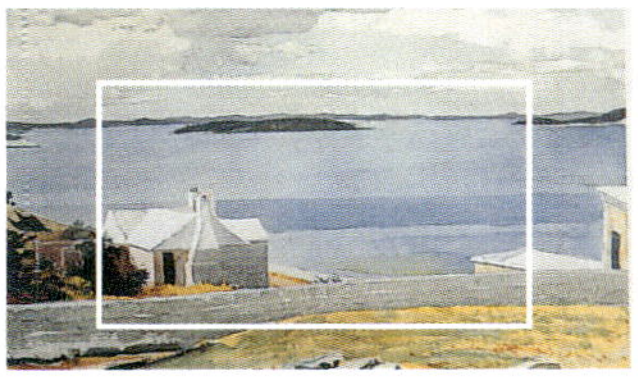

Wir werden einen Ausschnitt aus dem Aquarell Bermuda *(1901) von Winslow Homer reproduzieren, in dem das Wasser wie eine glatte Plane ohne jeden Lichtreflex wirkt.*

DIE FARBE DES MEERES

Die Farbe des Meeres wird durch die Tönung des Himmels bestimmt. Im strahlenden Sonnenlicht kann das Meer wie eine funkelnde, glitzernde Masse von intensivem Blau wirken, während es unter einem bedeckten Himmel oft trübe Grautöne annimmt und bleierne Schwere verströmt.

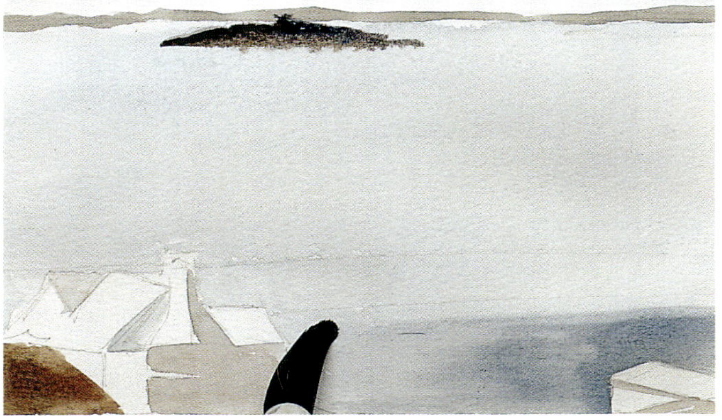

1. Kolorieren Sie die gesamte Wasserfläche zunächst in einer Lasur aus Cöelinblau mit Kobaltblau. Gestalten Sie in demselben, aber satteren Ton anschließend das Wasser am unteren Bildrand.

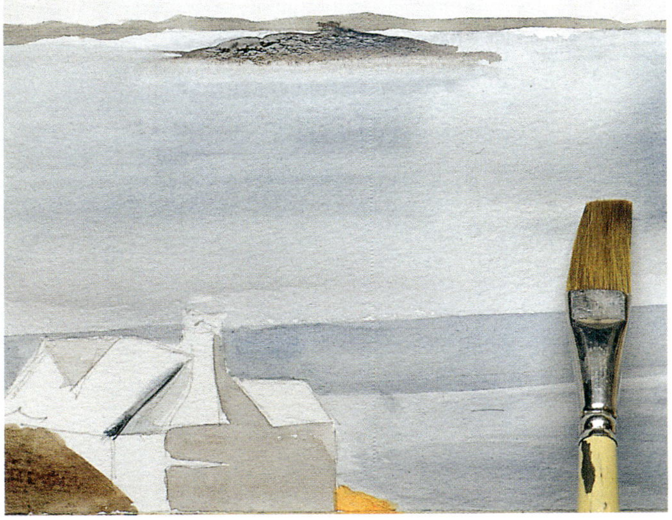

2. Geben Sie nun eine Spur Gelb in die vorige Mischung und malen Sie damit einen Streifen in die Wasserfläche, um die wechselnde Strömung anzudeuten. Das Meer im Mittel- und Hintergrund gestalten Sie in demselben Mischton, erhöhen aber etwas den Anteil an Cöelinblau. Um den Farbton dieses Bereichs wieder etwas aufzuhellen, saugen Sie die Farbe mit dem abgestreiften Haarkörper auf, bevor die letzten Pinselstriche trocknen können.

3. Verleihen Sie dem Farbstreifen auf der Meeresfläche noch einen intensiveren Ton, damit er mit den übrigen Tonwerten im Bild harmoniert.

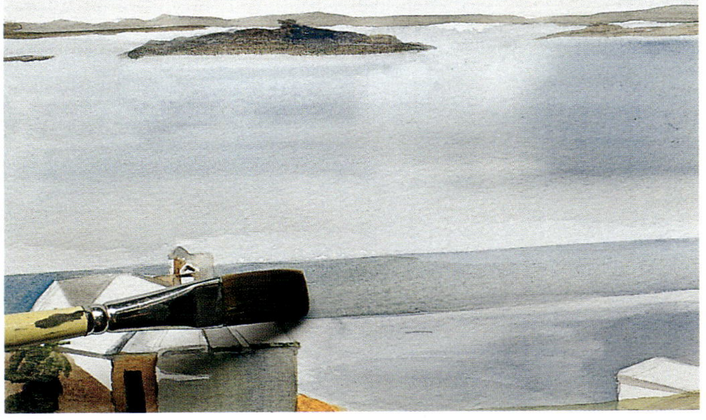

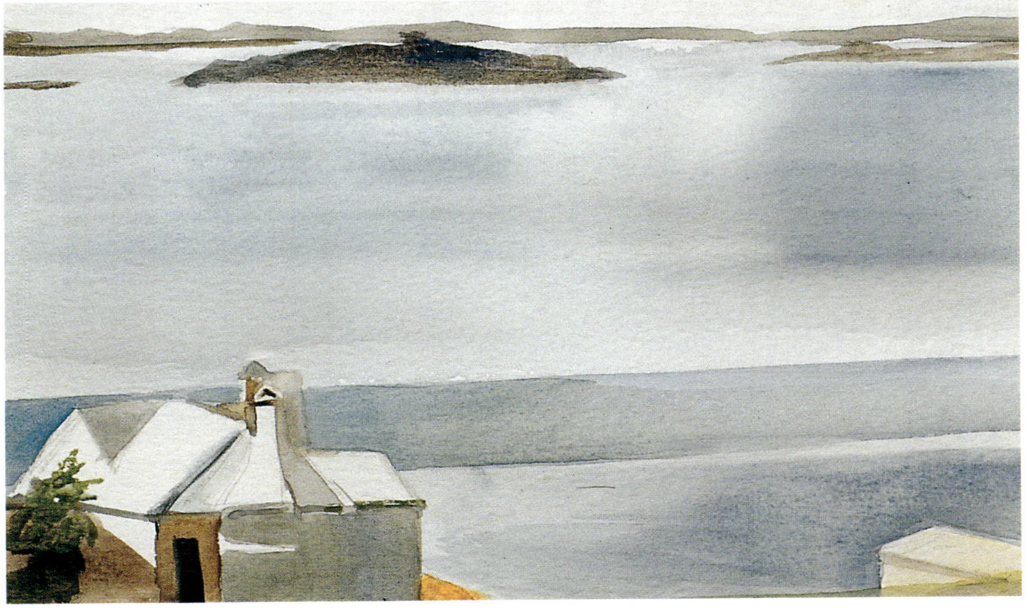

4. Die fertige Reproduktion dieses Bildausschnitts ist ein anschauliches Beispiel dafür, wie es mit nur zwei Blautönen sowie einer Spur Gelb gelingen kann, die unterschiedlichsten Farbtöne dieser trüben Wassermasse wiederzugeben.

RUHIGE GEWÄSSER

SPIEGELUNGEN AUF DER WASSEROBERFLÄCHE

Ein stilles, klares Gewässer verhält sich wie eine spiegelnde Oberfläche, auf der sich die jeweiligen Abbilder der Körper zeigen. Eine vollkommen unbewegte Wasseroberfläche kann die Objekte fast wie ein Spiegel reflektieren, doch meist wirft sie kleine Wellen und präsentiert die Spiegelbilder in kleinen, verzerrten Fragmenten.

Um dieses hübsche Naturschauspiel zu illustrieren, malen wir einen Ausschnitt des Werkes The Blue Boat *(1892) von Winslow Homer, in dem sich die Szene im Wasser spiegelt.*

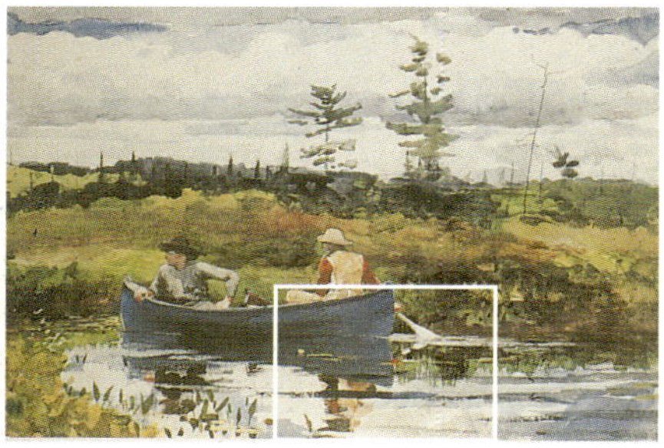

ACHTUNG

Eine Wasseroberfläche, die nicht vollkommen ruhig ist, verzerrt die Spiegelungen immer stärker, je weiter diese von dem reflektierten Objekt entfernt liegen. Dieses Phänomen können Sie auch in dieser Studie beobachten, in der die Bootseite ziemlich präzise gespiegelt wird, während das Abbild des Fischers eher verzerrt wirkt, weil seine Distanz zur Wasseroberfläche größer ist.

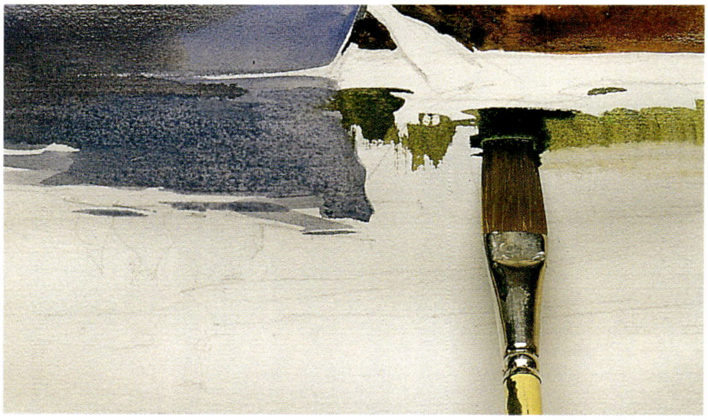

1. Zu Beginn nuancieren Sie das Weiß des Papiers für die Wasseroberfläche mit einer so schwachen Lasur in Cölinblau, dass diese kaum wahrnehmbar ist. Die Spiegelung des Bootes gestalten Sie mit einer Mischung aus Kobaltblau, Olivgrün und Siena gebrannt. Malen Sie die hellsten Spiegelungen der Gräser am Ufer mit Permanentgrün hell, in das Sie für die dunkelsten etwas Olivgrün mit einer kleinen Spur Kobaltblau geben.

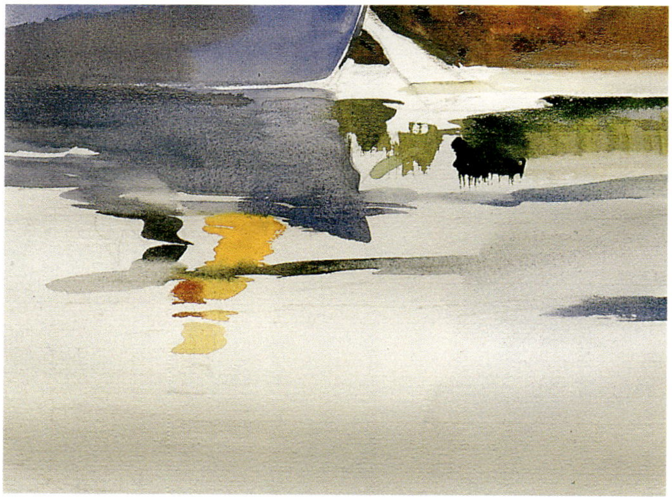

2. Lassen Sie die Stellen für die Lichtreflexe auf dem Wasser unbemalt und fügen Sie die Spiegelung der Figur mit einer Mischung aus Ocker und mittlerem Orange ein.

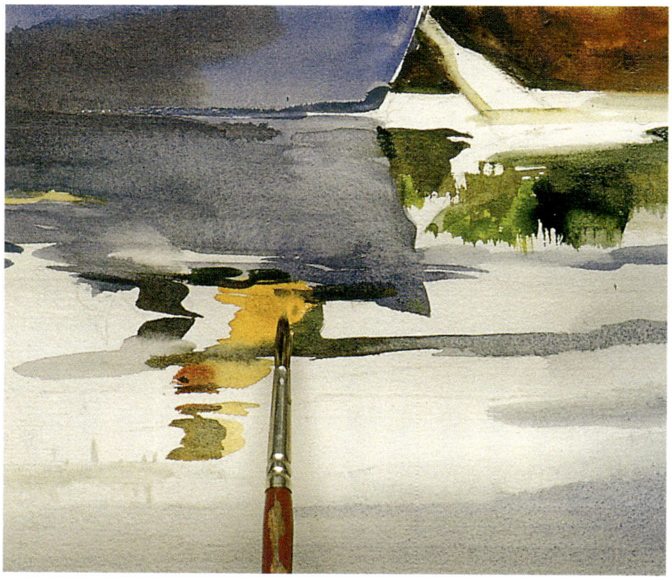

3. Abschließend kreieren Sie die grauesten Nuancen auf dem Wasser mit einem Mischton aus Kobaltblau mit Siena gebrannt und setzen die letzten Striche für die Details der Gräser sowie der Figur.

DIE FARBEN DER SPIEGELUNGEN

Spiegelbilder haben dieselben, aber stets etwas dunkleren Farbtöne wie die Körper, die sie erzeugen. Daher wirkt das Weiß nicht mehr absolut rein, sondern gewinnt eine leicht schmutzige Tönung, es sei denn dass sich Glanzlichter auf der Oberfläche zeigen, die durch das Weiß des Papiers kreiert werden weil sie die Stellen mit der stärksten Lichtintensität darstellen.

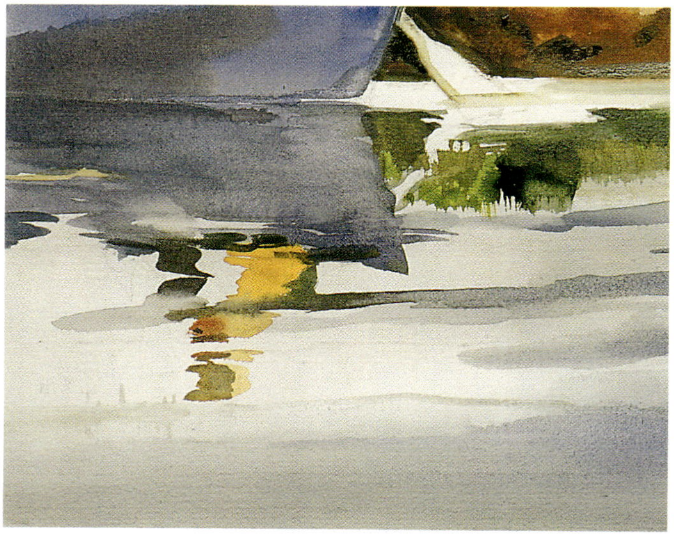

4. In der vollendeten Studie können Sie sehen, wie geschickt das Weiß ausgespart wurde, um die Lichtreflexe sowie das angedeutete Ruder zu suggerieren. Zudem können Sie in diesem Ausschnitt gut erkennen, wie sich die Spiegelbilder der Objekte immer mehr verzerren, je größer der Abstand zum gespiegelten Objekt ist.

Ruhige Gewässer — Die Lichtreflexe der Nacht

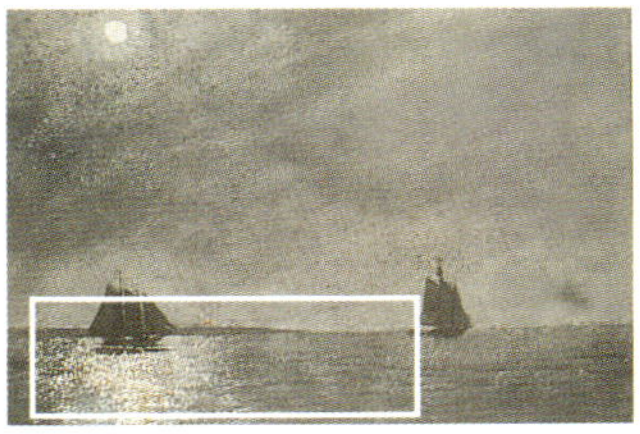

Als Vorlage für diese Studie dient uns das Werk Eastern Point Light *(1880) von Winslow Homer.*

***1.** Wir arbeiten auf grobkörnigem Papier, das das Weiß für die Lichtreflexe durchscheinen lässt, und gestalten fast nur die Fläche des Wassers mit Farbe. Tragen Sie für das Meer zunächst eine Lasur aus Ultramarin, Olivgrün und Siena gebrannt auf, und sparen Sie den Bereich für die Glanzlichter aus.*

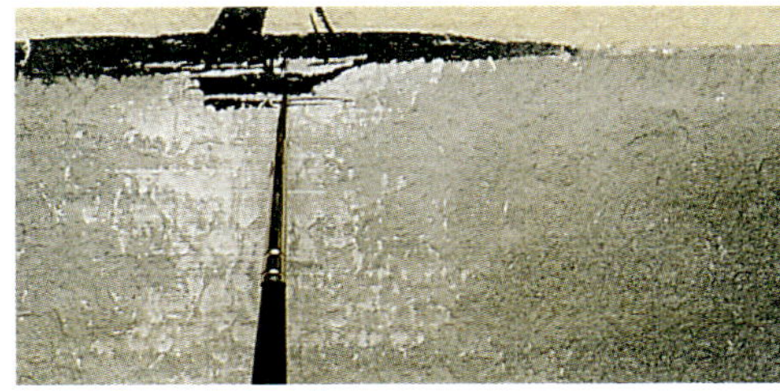

***2.** Legen Sie eine Lasur in unterschiedlicher Intensität über das Wasser und streifen Sie mit dem Pinsel stellenweise über die Lichtreflexe, damit sie durch die grobe Körnung zu schillern scheinen. Malen Sie danach das Segelschiff sowie seinen Schatten im Wasser mit einem dunklen Ton ein.*

Die Farbe von großen Wassermassen wird durch die Nuancierung des Himmels bestimmt. Bei Nacht wirkt das Wasser wie eine dunkle Fläche, auf der der Mond oder jedes andere Licht einen langen Schein aus Glanzlichtern zum Betrachter projiziert.

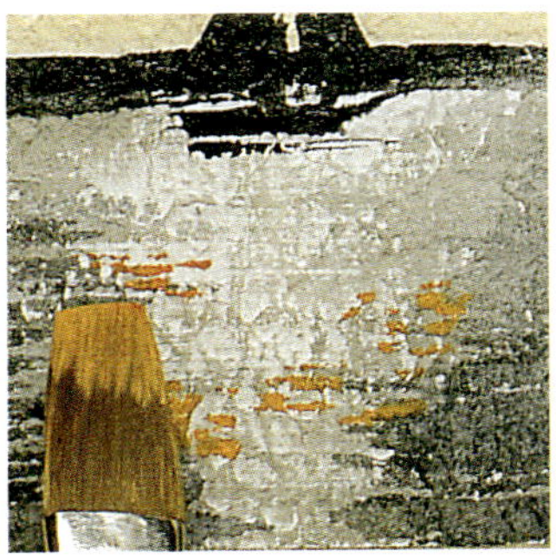

***3.** Ziehen Sie einige dunklere Striche über die Wasseroberfläche, um die Atmosphäre der Szenerie einzufangen. Mit einer Mischung aus Ocker und Kadmiumorange fügen Sie die kleinen Streifen auf den Lichtreflexen ein.*

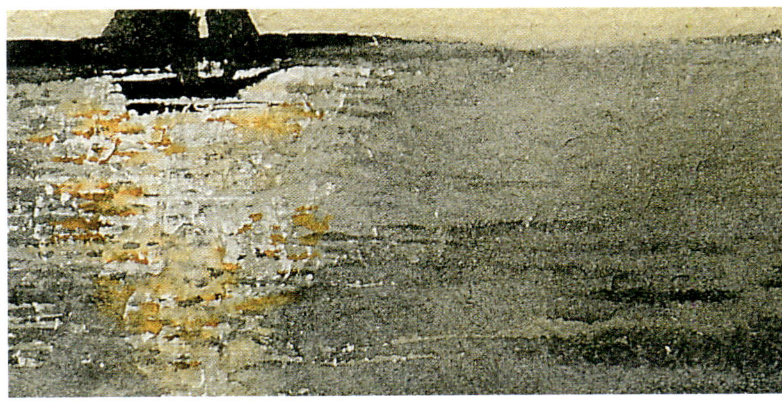

***4.** Durch die Wahl der Farbtöne, die sich ganz von denen eines Motivs bei Tageslicht unterscheiden, ist es uns gelungen, die Farbe des Wassers bei Nacht und die Nuancen der schillernden Lichtreflexe zu suggerieren.*

Ruhige Gewässer — Die Stille in der Abenddämmerung

In der Abenddämmerung liegt die Nuancierung der Farben und Lichtreflexe auf dem Wasser im Übergang zwischen dem Tag und der Nacht.

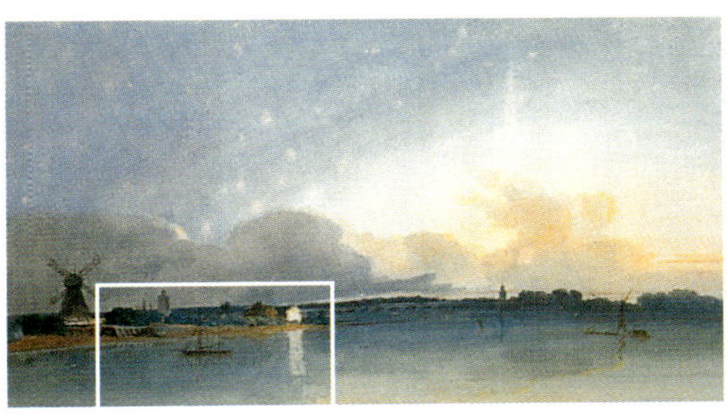

The White House at Chelsea *(1800) von Thomas Girtin macht die Atmosphäre dieser besonderen Tageszeit fast spürbar.*

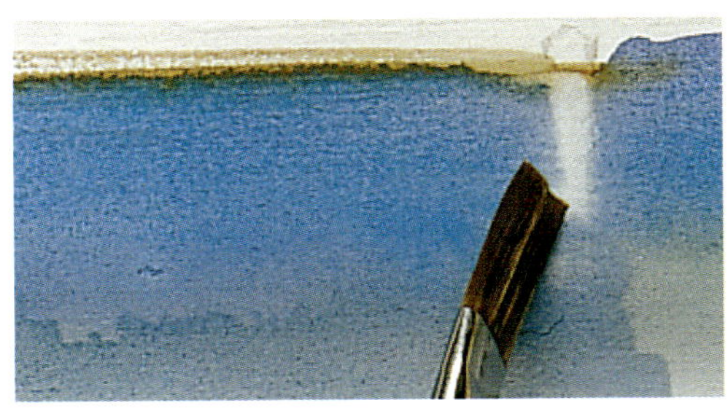

***1.** Kolorieren Sie den Bereich des Wassers mit einer ungleichmäßigen Lasur in Cöelinblau gemischt mit Kobaltblau und einer Spur Gelb. Bevor diese erste Farbschicht trocknen kann, öffnen Sie das Weiß für den Lichtschein mit dem abgestreiften Pinsel.*

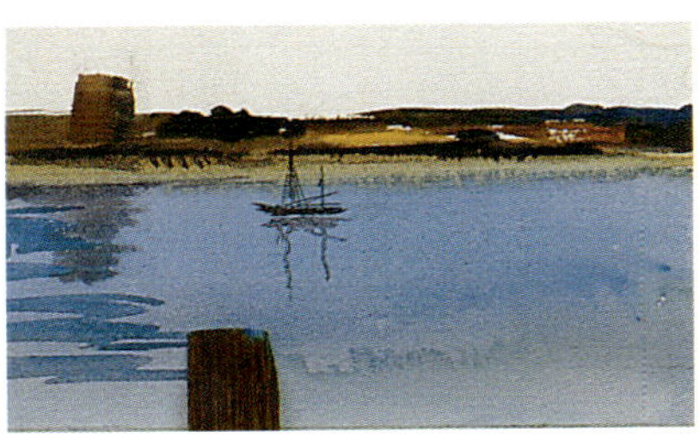

***2.** Malen Sie die dunkle Linie des Horizonts mit einer Mischung von Ultramarin mit Krappkarmin ein und lassen Sie dabei etwas Weiß für die Fassade des Hauses stehen. Mit demselben Ton gestalten Sie mit dem Pinsel auch das Segelschiff sowie sein Spiegelbild im Wasser. Geben Sie etwas mehr Kobaltblau in die Mischung der ersten Lasur und ziehen Sie damit die waagrechten Streifen auf der linken Seite.*

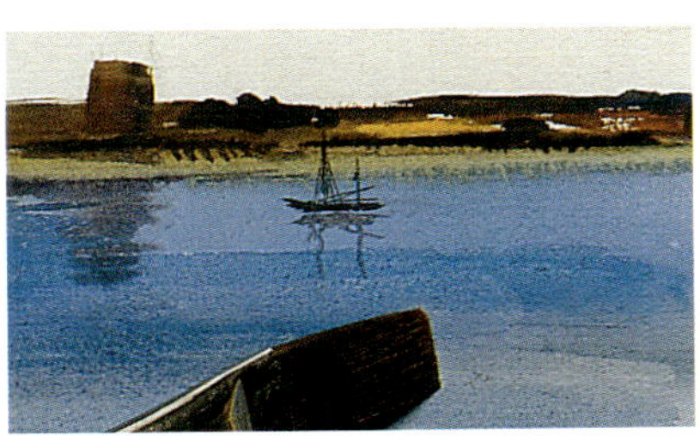

***3.** Ziehen Sie diese Farbstreifen unmittelbar danach in waagerechten Strichen über das Bild.*

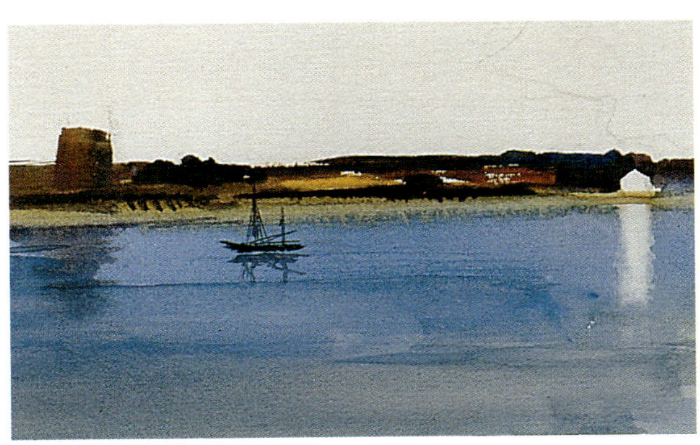

***4.** Sobald die letzte Farbschicht trocken ist können Sie in der vollendeten Studie gut erkennen, wie diese Streifen die unterschiedlichen Aspekte des Wassers zur Geltung bringen.*

WASSER IN BEWEGUNG

Fließendes, unruhiges Wasser besitzt durch die Flüchtigkeit seiner Impressionen eine faszinierende Frische und Spontaneität. Genau genommen ist es eben dieser flüchtige Aspekt, der es so schwierig macht, den Moment festzuhalten und mit all seiner Frische wiederzugeben. Ein Künstler, der in der Natur arbeitet, muss folglich aus seinem visuellen Gedächtnis malen, da sich die Formen, Farben und Lichtreflexe unaufhörlich verändern. Doch selbst wenn der Künstler ein Foto zu Hilfe nimmt, muss er das Motiv dennoch vereinfachen und seinen Eindruck von Bewegung umsetzen, denn der wechselhafte Charakter des Wassers lässt sich mit einer minutiösen Ausarbeitung nicht einfangen. Solch eine Darstellung würde ganz im Gegenteil unrealistisch und plump wirken.

Im strahlenden Sonnenlicht präsentiert ein aufgewühltes Gewässer fast immer starke Farbkontraste, da die stetig wechselnden Formen der Wellen grelle Glanzlichter hervorrufen, die abrupt in dunkle Schatten übergehen. An einem bewölkten Tag sind diese Kontraste dagegen viel schwächer ausgeprägt.

Unruhige Gewässer erzeugen oft Schaum und Gischt, etwa bei sich brechenden Wellen, einer stürmischen See oder beim Sturz eines Wasserfalls; dies sollten Sie bei der Planung der weißen Stellen im Bild berücksichtigen.

WASSER IN BEWEGUNG — Sich kräuselnde Wellen am Ufer

Sogar ein sonst stilles Wasser zeigt kleine Wellen und Kräuselungen, wenn es an das Ufer fließt. Sie erzeugen interessante Kontraste zwischen Licht und Schatten, durch die der Künstler ihre Form sowie ihr Volumen darstellen kann. Die Art, wie der Maler John Marin das Wasser in diesem Werk künstlerisch umsetzt, wirkt durch die Frische der Darstellung und die ganz unbefangen gesetzten Pinselstriche besonders attraktiv.

ACHTUNG

Denken Sie daran, dass die aufgewühlte Wasseroberfläche starke tonale Kontraste zeigt, da einige Stellen durch die unregelmäßige Form das Licht reflektieren, während andere Schatten werfen bzw. selbst im Schatten liegen.

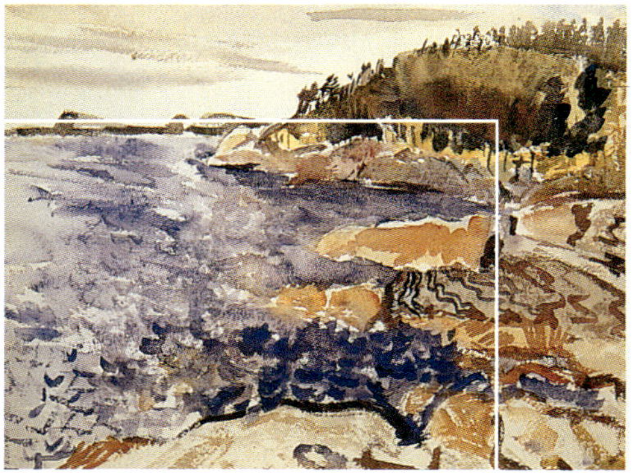

Das Werk Maine Coast *(1914) des Künstlers John Marin zeigt eine sehr interessante Interpretation der Farbe von Wasser und der Bewegung der kleinen, sich kräuselnden Wellen am Ufer.*

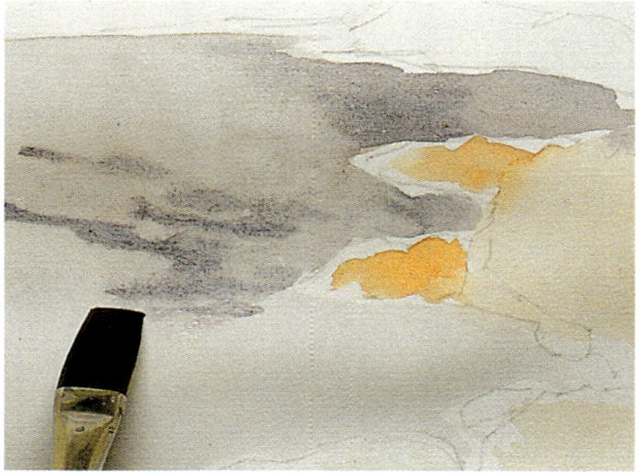

1. *Nuancieren Sie die weiße Fläche für das Wasser mit einer zarten Lasur von Siena gebrannt gemischt mit Kobaltblau und einer Spur Karmin. Kreieren Sie dann einen violetten Ton aus Kobaltblau mit Krappkarmin, und variieren Sie seine Intensität in der Lasur, um die Strömung zum Ufer hin anzudeuten.*

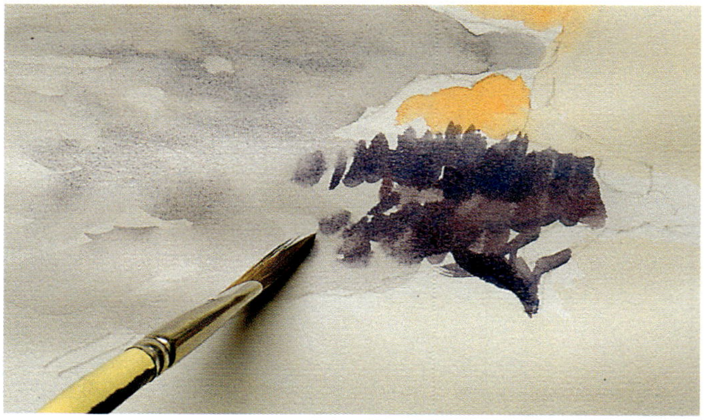

2. *Geben Sie das wechselhafte Schauspiel des Wassers, das durch die ständige Bewegung am Ufer unablässig kleine Wellen wirft, mit geschickten Strichen wieder.*

3. *Beginnen Sie, die kleinen Wellen in der Nähe des Ufers in demselben, satteren Ton mit einigen Strichen einzutupfen.*

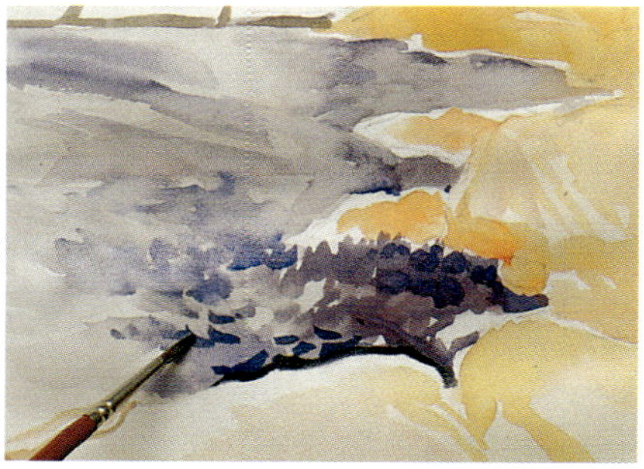

4. *Überarbeiten Sie die eingemalten Wellen und gestalten Sie diese bis zur linken Seite weiter aus.*

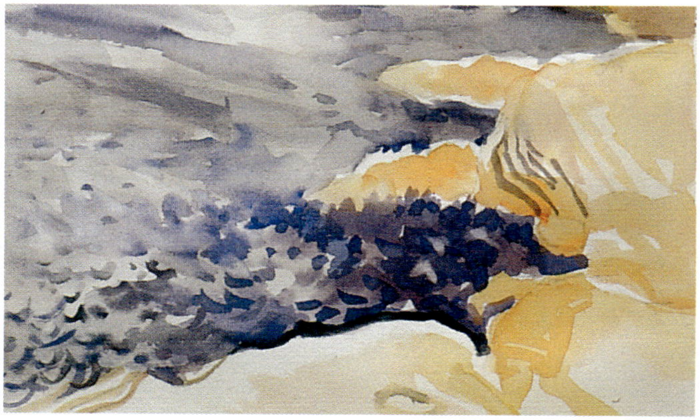

5. *Im letzten Stadium intensivieren Sie den Farbton für das Wasser im linken oberen Bildbereich und vollenden die Wellen am Ufer mit dem fast trockenen Pinsel.*

WASSER IN BEWEGUNG — DER WELLENGANG AUF HOHER SEE

Genauso wie das Wasser am Ufer wird auch die hohe See von kleinen Wellen aufgewühlt, die hübsche Kontraste von Licht und Schatten auf der Oberfläche erzeugen.

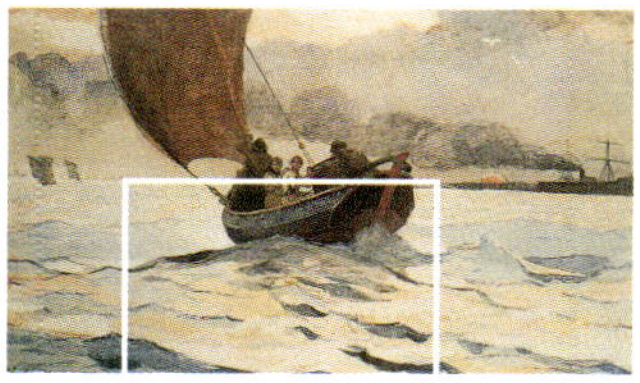

Die Art und Weise, wie der Künstler Winslow Homer den sanften Wellengang auf hoher See in seinem Aquarell Tynemouth Returning Fishing Boats *(1883) darstellt, wirkt durch die tonalen Kontraste der Farben, mit denen er das Licht und die Schatten auf der wogenden Oberfläche suggeriert, besonders attraktiv. Wir möchten einen Ausschnitt reproduzieren, der den Seegang unterhalb des Bootes zeigt.*

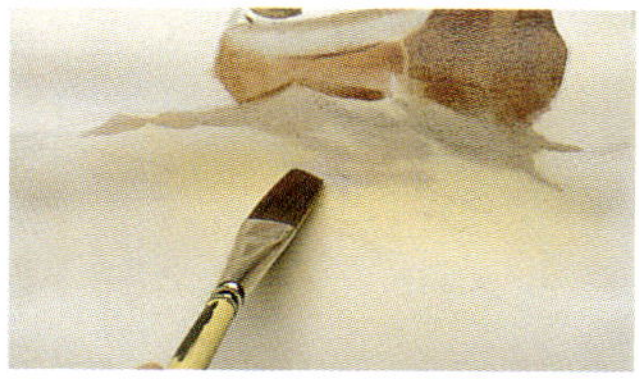

***1.** Nachdem Sie den Rumpf des Bootes als Anhaltspunkt für die Tonwerte des Wassers eingemalt haben, tönen Sie das Weiß des Papiers mit einer zarten Lasur in Gelb mit einer Spur Türkis. Legen Sie dann eine Lasur in Siena gemischt mit Krappkarmin und Türkisblau darüber, um den Schatten unter dem Boot zu kreieren.*

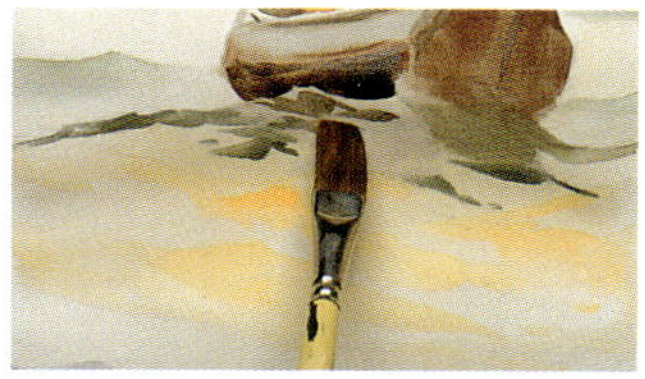

***2.** Malen Sie das Meer hinter dem Boot mit Türkis, das Sie mit einer Spur Gelb nuancieren. Deuten Sie einige Wellen in reinem Orange an, das Sie mit dem Pinsel leicht über das Papier ziehen. Legen Sie anschließend die große Woge im Vordergrund mit Indigoblau an und beginnen Sie, die Stellen in der Nähe des Bootes, die durch das fehlende Licht im Schatten liegen, in Flaschengrün zu gestalten.*

***3.** Arbeiten Sie die dunklen Bereiche der Wellen zum unteren Bildrand hin weiter mit Flaschengrün aus.*

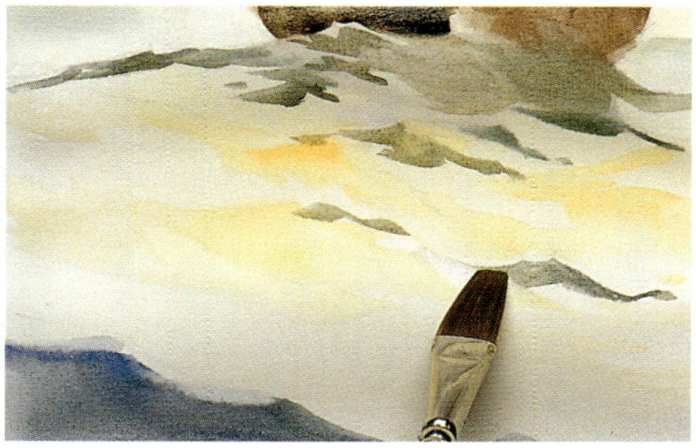

***4.** Um diesen Bildausschnitt zu vollenden, lasieren Sie die Wassermassen in der Mitte abschließend mit stark verdünntem, zartem Indigoblau und kreieren die Form der Wellen dabei durch geschickte Pinselstriche. Tönen Sie zudem die Welle in der vordersten Ebene dunkler und fügen Sie einige Details so in diesem Farbton ein, dass er sich mit dem Flaschengrün vermischt.*

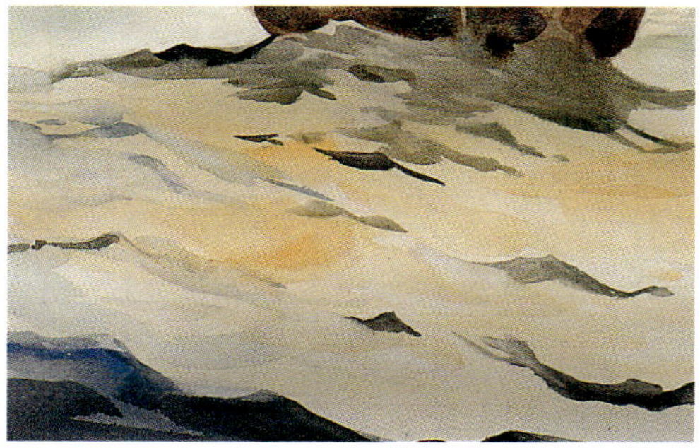

WASSER IN BEWEGUNG — EINE SICH BRECHENDE WELLE

Die beeindruckensten Wassermotive sind Wellen, die sich brechen und ihre leuchtend weiße Gischt versprühen. Da dies innerhalb von Sekundenbruchteilen passiert, ist dieser Moment nur sehr schwer festzuhalten und der Künstler muss oftmals auf Fotos zurückgreifen, um diesen dramatischen Augenblick einzufangen.

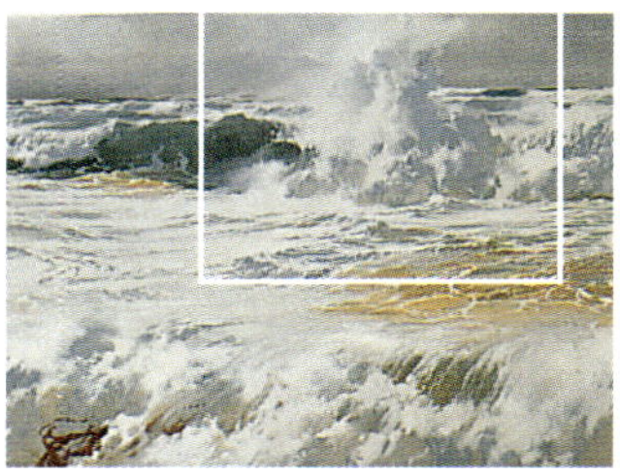

In dieser Studie interpretieren wir das Werk Caribbean Surf *von Karl G. Evers.*

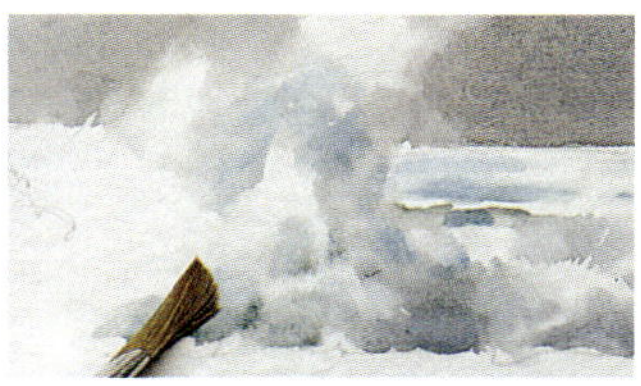

***1.** Sparen Sie das Weiß für die Konturen der Gischt aus und tragen Sie für den Himmel eine graue Lasur aus der Mischung von Kobaltblau, Siena gebrannt und Krappkarmin auf. Um die letzten Schattenpartien zu bestimmen und das Wasser hinter der Welle zu suggerieren, verwenden Sie mit Permanentgrün abgetöntes Cöelinblau und bringen mit Ultramarin und Vandyckbraun den dunkelsten Ton an der Unterseite der Welle ins Bild. Kreieren Sie die hellsten Flächen weiterhin durch Aussparungen und saugen Sie mit dem Pinsel nötigenfalls etwas Farbe ab, damit das Weiß des Papiers wieder zur Geltung kommt.*

***2.** Kolorieren Sie einen Teil der Brandung in einem Mischton aus Ocker mit Kadmiumorange und den dunklen Bereich der Welle links mit einem Hookergrün.*

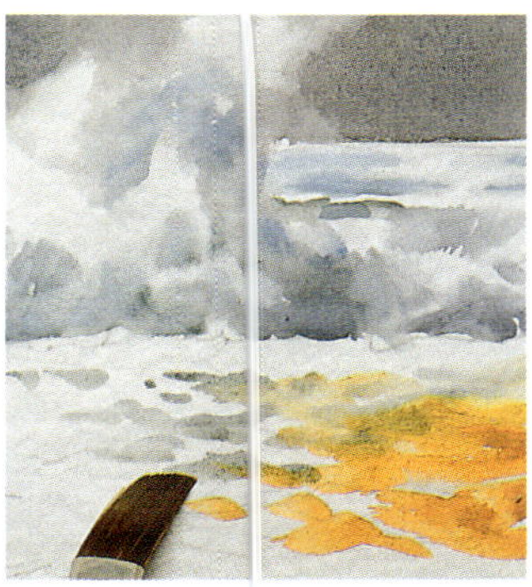

***3.** Ziehen Sie die orangen sowie grünlichen Töne zum linken Bildrand hin.*

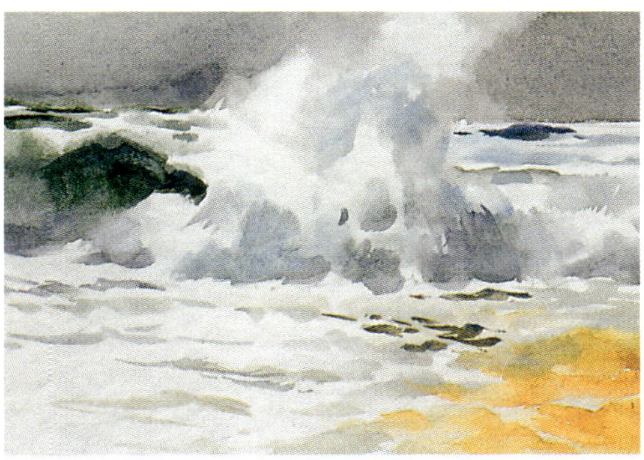

***4.** Für dieses attraktive Ergebnis öffnen Sie mit dem Pinsel behutsam das Weiß an einigen Stellen der ocker-orangen Fläche, nuancieren einige Details mit stark verdünntem Hookersgrün und setzen hier und da einen Tupfer Cöelinblau zwischen die Gischt.*

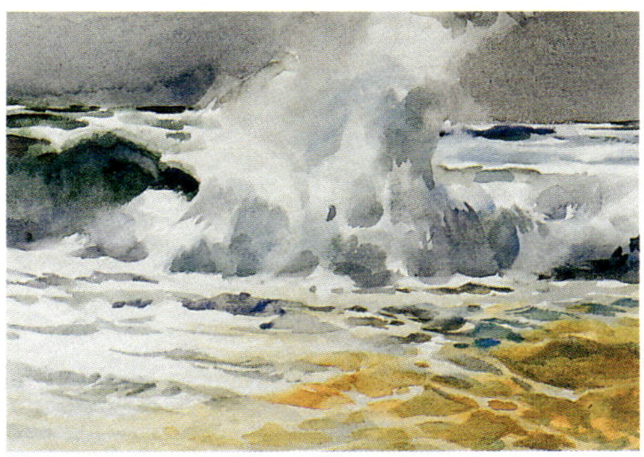

Pflanzen

Solange man nicht gerade ein Eismeer oder die Wüste darstellt, geht es in jedem Landschaftsbild auch um Gewächse. Die Vegetation der Natur ist unwahrscheinlich komplex und reizt den Maler mit einer unendlichen Vielfalt an Strukturen, Farben und Formen, angefangen von den trockenen Gräsern auf einem Feld über wuchernde Pflanzen und Sträucher bis hin zu einem dicht belaubten Baum. Pflanzliche Motive finden sich außerdem in den Straßen einer Stadt, in den Vorgärten der Häuser und selbst auf einem Tisch, der mit Blumen geschmückt ist.

VIELFALT DER PFLANZEN

Wie bei anderen Motiven ist das genaue Studium auch bei der Pflanzendarstellung der Schlüssel zum Erfolg.

Jede Art von Baum, jedes Gewächs und jede Blume besitzt eine bestimmte Gestalt, die sich von den anderen unterscheidet. Nur selten steht eine Pflanze einzeln und isoliert, denn gewöhnlich wachsen Pflanzen und Bäume wild durcheinander und bilden ein Geflecht aus den unterschiedlichsten Strukturen, Formen und Farben. Diese Pflanzengruppen müssen als Einheit betrachtet und auch so gemalt werden. Damit dies gelingt, muss man die Motive vereinfachen und ihre wichtigsten Formen und Farben zur Geltung bringen, anstatt sich in Details zu verlieren.

Der Aspekt einer Landschaft wird vor allem von der Jahreszeit bestimmt, insbesondere durch zwei Faktoren: den Wetterverhältnissen, die eine Landschaft im Winter etwa in Eis und Schnee hüllen sowie den Veränderungen in der Vegetation, wenn die Landschaft im Frühling saftig grün erscheint und leuchtend blüht, während im Herbst die warmen Rot- und Ockertöne überwiegen.

Grün spielt in der Natur die Hauptrolle und oft zeigt eine einzelne Pflanze die verschiedensten Nuancen, die der Künstler in seinen Werken wiedergeben muss.

TECHNIK

Seien es nun Bäume, Sträucher, Gräser oder Blumen: um Pflanzen gelungen zu malen, muss man zunächst ihre genaue Form definieren und die Proportionen der Äste, Zweige oder Blätter im Verhältnis zum Stamm bzw. Stiel der Pflanze bestimmen.

Da botanische Strukturen im Allgemeinen ziemlich komplex sind und vielfältigste Farbtöne aufweisen, muss der Künstler die Essenz seines Motivs einfangen und die Formen als eine zusammengehörige Einheit repräsentieren, anstatt detailversessen jede Kleinigkeit zu malen.

Denken Sie auch daran, dass ein Baum durch die perspektivische Wirkung im Vordergrund einen anderen Farbton besitzt als in den hinteren Ebenen. Das Phänomen der Perspektive kommt natürlich auch bei der Gestaltung des Blattwerks zum Tragen, denn die Details, die nahe zum Betrachter liegen, sind schärfer und deutlicher als die weiter entfernten.

Die meisten Maler bauen das Blattwerk der Bäume oder die unterschiedlichen Farbtöne von Blütenblättern auf, indem sie zuerst die hellsten Farben auftragen und dann die dunkleren darüber legen. Das durchscheinende Licht im lückenhaften Laub eines Baumes können Sie andeuten, indem Sie mit dem Pinsel wieder etwas Farbe entfernen. Die grobe Struktur eines Baumstamms können Sie gut in der Technik des trockenen Pinsels kreieren und die kleinen Zweige etwa mit Hilfe eines Zahnstochers gestalten.

Naturschwämme sind ideale Medien, um verschiedene Gewächse und vor Allem das Blattwerk darzustellen, da sie einen ähnlich fragmentarischen Effekt erzeugen wie das Spiel von Licht und Schatten zwischen den Blättern.

DIE FARBE DER VEGETATION

Der charakteristische Farbton in der Natur ist zweifellos das Grün. In diesem Zusammenhang ist der Begriff Grün sehr weit gefasst, da es im schier unerschöpflichen Farbreichtum der Natur quasi in allen Nuancen vorkommt, angefangen von den hellen und stechenden Grüntönen, die besonders viel Gelb enthalten, bis hin zu dem dunklen, fast schwarzen Grün an einem Baum oder in den Schatten. Weitere Farben, die in jeder Landschaft präsent sind, ist eine breite Skala an Gelb, Ocker und Brauntönen, die sich auf den Ästen und Zweigen oder im Blattwerk eines je nach Jahreszeit mehr oder weniger kahlen Baumes finden. Auf den Feldern und Wiesen können diese Farben in den heißen Monaten die Grüntöne verdrängen und so der Landschaft ein vollkommen anderes Gesicht verleihen. Neben dem Grün und Ocker mit ihren unzähligen Nuancen kann die Vegetation außerdem jede andere Farbe der Natur erhalten, denn zu den vielfältigen Pflanzenmotiven zählen auch die Blumen, die ihre Farben zusammen mit den blühenden Sträuchern des Frühlings in Szene setzen und die Wiesen und Gärten mit bunten Farbtupfern bereichern.

MEHR ZUM THEMA

Auf Seite 88 ist sowohl der Einsatz des Schwammes ausführlich beschrieben, sowie die Technik, vielfältige Gewächse mit Hilfe von Schwammabdrücken zu kreieren.

BÄUME UND STRÄUCHER

Bäume oder Sträucher darzustellen kann mit Farbflecken leicht gelingen oder aber etwas kniffeliger werden, falls man sie detaillierter ausarbeiten möchte, da Zweige und Blätter ein kompliziertes Geflecht bilden.

Jeder Baum setzt sich aus Stamm, Ästen und Blattwerk zusammen. Letzteres lässt die Anordnung der Zweige oftmals nicht erkennen und erschwert es, die allgemeine Struktur des Baumes zu erfassen. Daher ist es sehr hilfreich, unterschiedliche Bäume zu skizzieren und etwa an einem kahlen Winterbaum zu studieren, wie der Stamm und die Äste aufgebaut sind und die Zweige aus dem Baumstamm wachsen. Auf diese Weise werden Sie feststellen, dass die meisten Bäume nicht gerade hochwachsen, sondern gekrümmte und gebogene Stämme haben. Zudem können Sie das komplizierte Geflecht der Äste und Zweige, die sich zu allen Seiten hin erstrecken, vor dem Malbeginn beobachten.

Abgesehen von wenigen Bäumen, ist das Blattwerk nicht geschlossen und kompakt, sondern präsentiert kleine Lücken zwischen den Blättern und Zweigen, die andere Äste im Hintergrund erkennen oder das Sonnenlicht durchscheinen lassen.

Im Laub jedes Baumes ist ein höchst komplexes Spiel aus Licht und Schatten zu sehen. Die Anordnung sowie der Einfall des Lichts auf den Blättern führt dazu, dass einige Stellen sehr hell sind, während andere im Schatten liegen und vielfältigste Töne und Kontraste erzeugen.

Dies bedeutet für den Künstler, dass er die Formen erneut vereinfachen und die Tonwerte allgemeiner bestimmen muss, denn wenn er das Blattwerk präzise bis ins kleinste Detail ausarbeitet, wird das Ergebnis ziemlich sicher eine Aneinanderreihung von Farben werden, die das Blattwerk nicht mehr als Einheit zeigt.

Bäume und Sträucher — Eine Zypresse

Zypressen gehören zu den Bäumen, die sich relativ einfach darstellen lassen, da sie ein kompaktes Blattwerk besitzen, das die Struktur der Zweige verdeckt. Zudem präsentiert ihr immergrünes Laub einen relativ einheitlichen Ton mit wenigen Variationen.

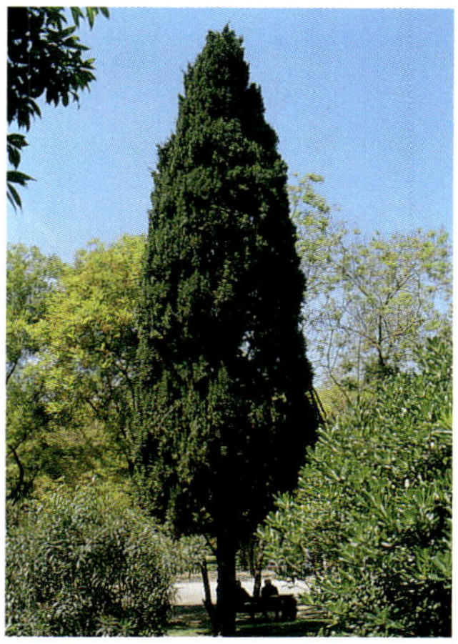

Zypressen sind Bäume mit einer vertikalen, ziemlich klar definierten Form, durch die ihre Darstellung relativ einfach ist.

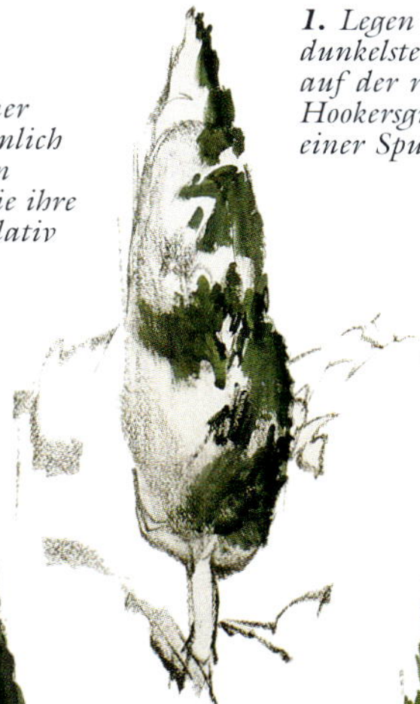

1. Legen Sie zuerst die dunkelsten Schattenflächen auf der rechten Seite mit Hookersgrün an, das Sie mit einer Spur Siena nuancieren.

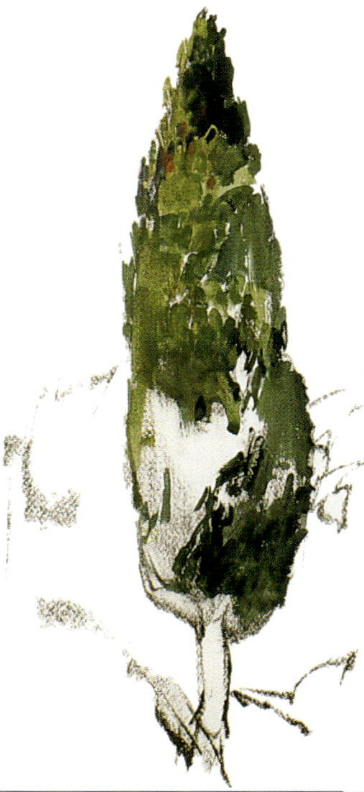

2. Hellen Sie den vorigen Mischton mit einem hellen Permanentgrün auf und arbeiten Sie damit die hellsten Bereiche in der oberen Hälfte der Baumkrone aus. Für den unteren, dunkelsten Abschnitt geben Sie etwas Kobaltblau in die Mischung, um den Schatten anzudeuten.

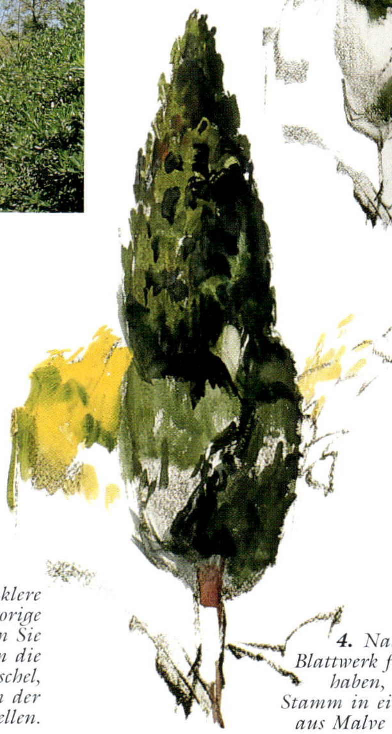

3. Legen Sie nun dunklere Lasuren über die vorige Aquarellfarbe und setzen Sie kleine Striche, um die Struktur der Nadelbüschel, sowie die gewölbte Form der Krone darzustellen.

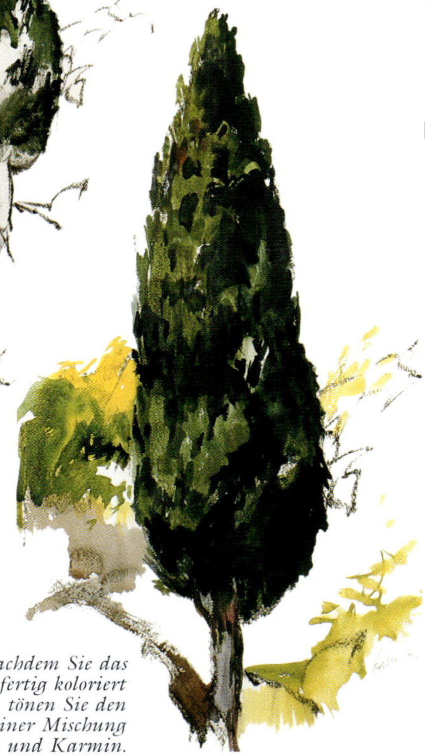

4. Nachdem Sie das Blattwerk fertig koloriert haben, tönen Sie den Stamm in einer Mischung aus Malve und Karmin.

Bäume und Sträucher — Ein Feigenbaum

Im Gegensatz zur Zypresse kommt das Geflecht der Äste und Zweige bei einem Feigenbaum voll zur Geltung und verleiht ihm somit eine völlig andere Gestalt.

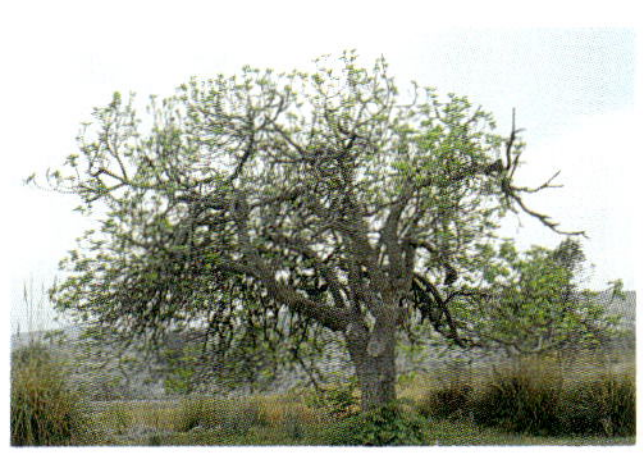

Wir möchten diesen Feigenbaum malen, dessen Astwerk zusammen mit dem Laub zum Blickfang dieses Bildes wird.

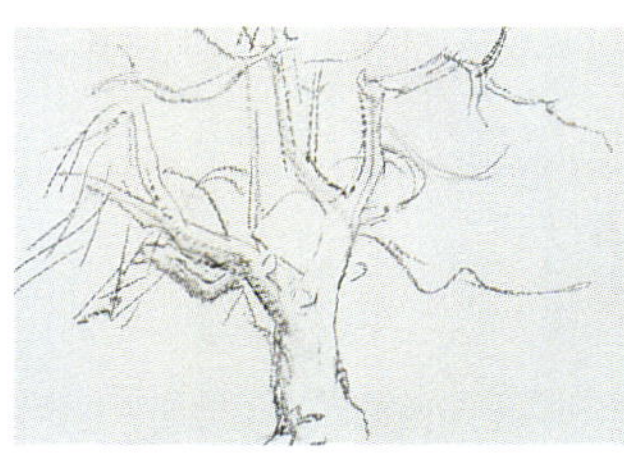

1. Wegen der verschlungenen Struktur des Astwerks, das sich zu allen Seiten hin erstreckt, ist eine Vorzeichnung für die naturgetreue Darstellung des Motivs hier unerlässlich. Wenn Sie mit einem dicken Bleistift zeichnen, können Sie sich dessen breite Striche zunutze machen, um bereits die dunkelsten Schatten im Astwerk anzudeuten.

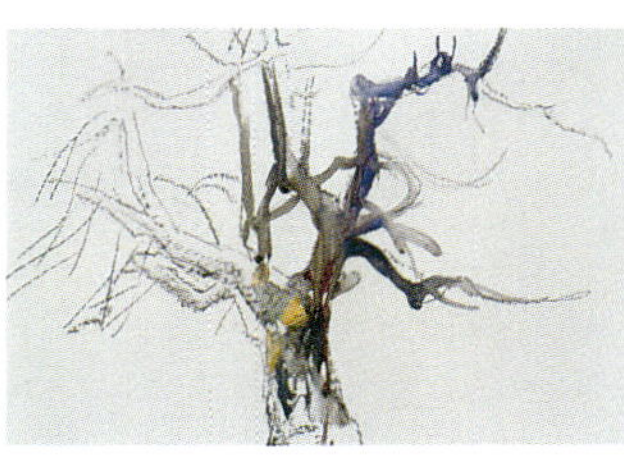

2. Mischen Sie den Malventon für den Stamm aus Kobaltblau mit Karmin und spielen Sie mit den Proportionen der beiden Farben, um unterschiedliche Nuancen zu erhalten. Auf den mittleren Teil des Stamms tragen Sie eine Spur Ocker.

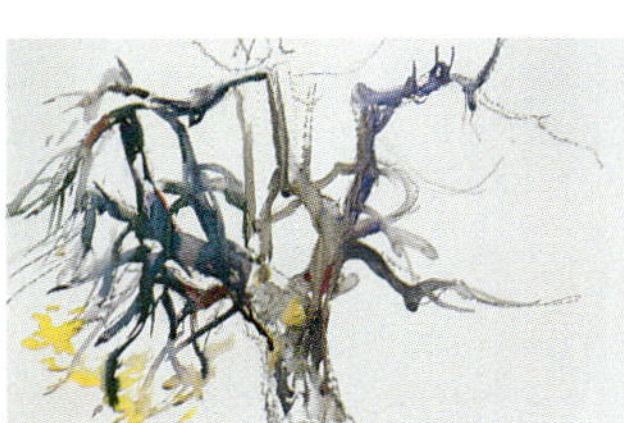

3. Um das Astwerk auf der linken Seite auszuarbeiten, fügen Sie etwas Ultramarin in die Mischung. Beginnen Sie auch die ersten Blätterbüschel in mittlerem Gelb, das Sie mit Permanentgrün abtönen.

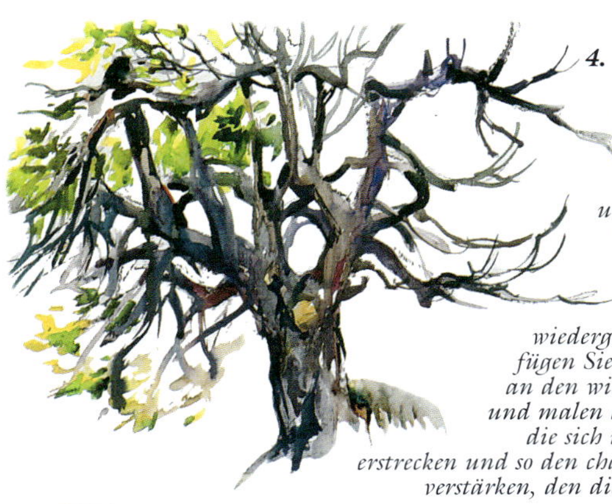

4. Um das Blattwerk weiter auszugestalten erhöhen Sie den Grünanteil in der vorigen Mischung und präzisieren den Stamm, indem Sie die Pinselstriche ausziehen und so dessen Struktur wiedergeben. Abschließend fügen Sie die letzten Details an den wichtigsten Ästen ein und malen die kleinen Zweige, die sich in alle Richtungen erstrecken und so den chaotischen Eindruck verstärken, den dieser Baum erweckt.

BÄUME UND STRÄUCHER — EINE MEDITERRANE PINIE

Eine Pinie ragt nur selten gerade in den Himmel, meist ist ihr Stamm durch den Wind schief und gekrümmt, und zeigt vielfältige Formen und Strukturen. Ist die Pinie dagegen keinem rauhen Klima ausgesetzt, wächst sie fast geradlinig nach oben und ihre kleinen Zweige bilden eine kuppelförmige Krone, die sich vereinfacht als Kugel darstellen lässt.

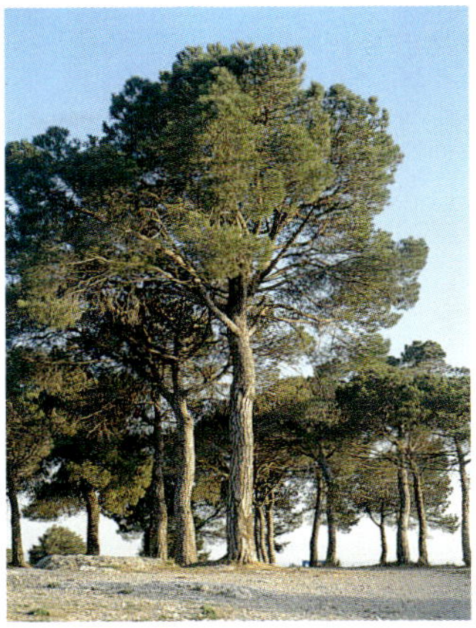

Für die folgende Studie dient uns diese hübsche Pinie als Modell, die durch das milde Klima und die großzügigen Platzverhältnisse gerade in den Himmel gewachsen ist.

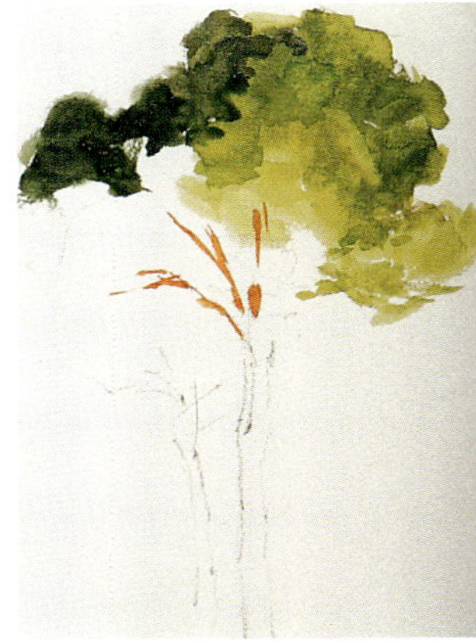

1. Beginnen Sie damit, das Blattwerk der rechten Seite mit einer Mischung aus Permanentgrün hell, Olivgrün und Lichter Ocker anzudeuten. Beachten Sie, wie der Künstler mit den jeweiligen Anteilen gespielt hat, um der Krone eine luftige Wirkung zu verleihen und das Licht mit unterschiedlich nuancierten Farbflecken darzustellen. Für den dunklen Bereich links fügen Sie Hookersgrün und Ultramarin in die Mischung. Legen Sie die ersten Zweige mit einem Kadmiumorange an.

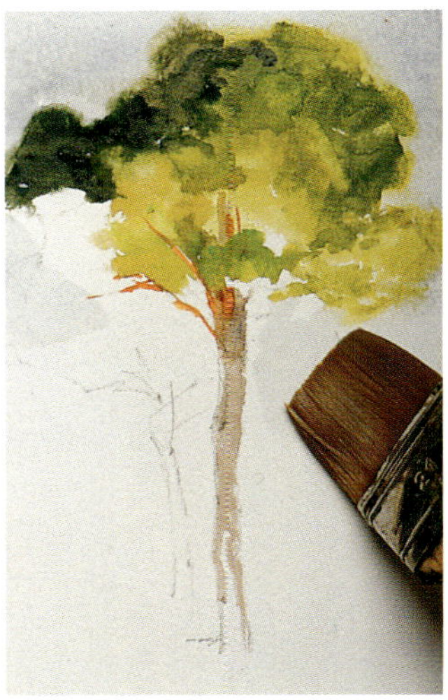

2. Gestalten Sie die Baumkrone aus, und malen Sie den Stamm in einem Mischton aus Kobaltblau mit Siena gebrannt ein. Um die hellsten Grautöne hervorzuheben, tragen Sie eine Lasur in demselben, aber mit Kobaltblau angereicherten Ton auf den Hintergrund und ziehen Sie über das Papier.

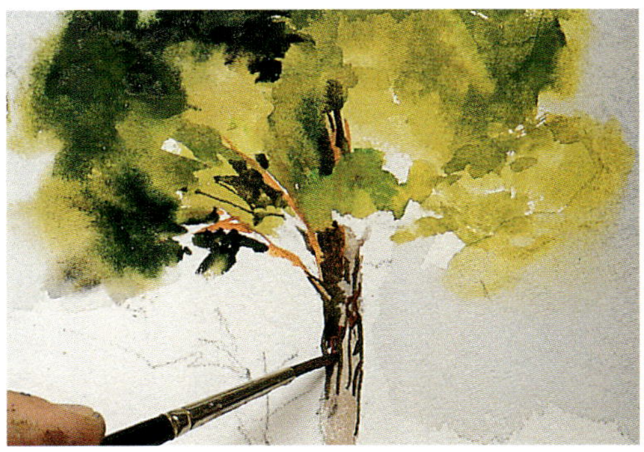

3. Nass-in-nass arbeiten Sie schließlich die dunkle Fläche auf der linken Seite aus und bringen die kleinen Schatten im Blattwerk ein. Geben Sie nun die raue Struktur der Baumrinde wieder, indem Sie einige Striche in Siena gebrannt, gemischt mit Karmin über die vorige Lasur ziehen.

4. Um die Studie zu vollenden, definieren Sie die endgültige Form des Blattwerks in der linken Hälfte und fügen einige grüne Striche auf die gesamte Baumkrone, um kleine Flecken von Licht und Schatten anzudeuten. Malen Sie außerdem den Stamm bis zum Boden, sowie die Äste in der rechten Bildhälfte ein. Hier können Sie Schritt für Schritt nachvollziehen, wie der Künstler das Blattwerk im gesamten Malprozess zusammen mit dem Stamm und dem Geäst aufgebaut hat, sodass beide Teile harmonieren und ein einheitliches Ganzes bilden.

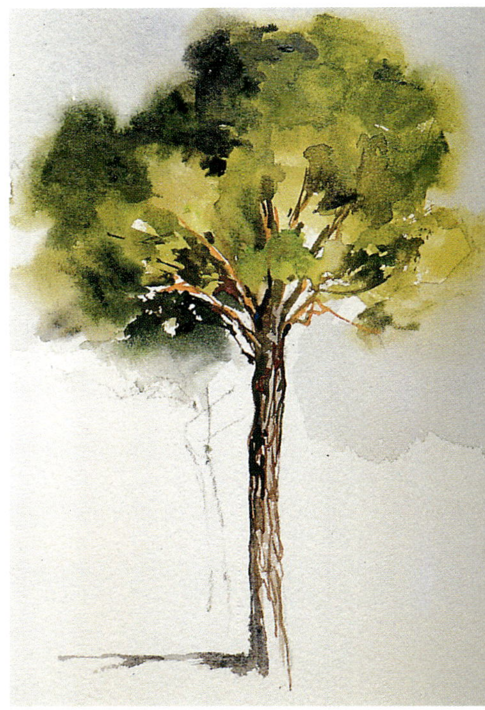

BÄUME UND STRÄUCHER — EINE MAGNOLIE

Magnolien besitzen einen kurzen, geteilten Stamm und öffnen ihre Zweige fächerartig zum Himmel, wodurch ihre Krone wie ein umgekehrter Kegel aussieht. Da das Blattwerk ziemlich ausladend ist, muss der Künstler seine Form stellenweise vereinfacht darstellen.

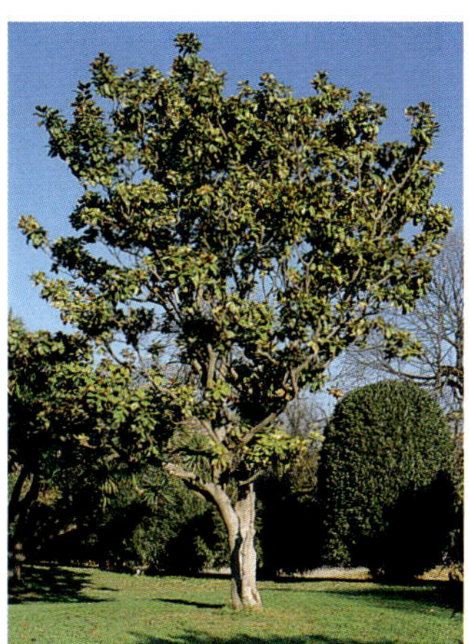

Eine Magnolie präsentiert an einem sonnigen Tag wie auf diesem Foto vielfältige Farbtöne und Tonwerte, die das Aquarell gelungen vermitteln soll.

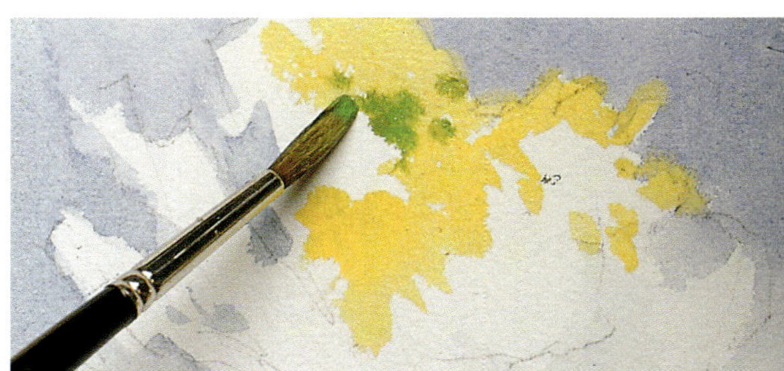

1. Nachdem Sie den Hintergrund für einen starken Kontrast zart lasiert haben, bringen Sie die ersten Farben ins Bild. Deuten Sie die hellsten Bereiche mit einer Mischung aus Permanentgrün mit Zitronengelb an und, legen Sie zunächst noch weitere Töne an, indem Sie die benachbarten Grüntöne aus Permanentgrün gemischt mit Cöelinblau einmalen.

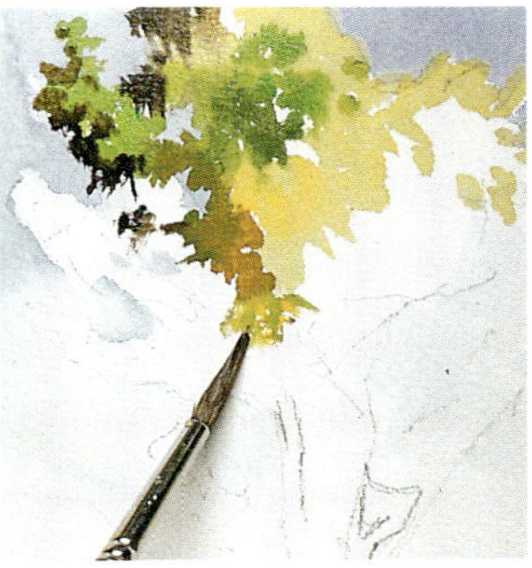

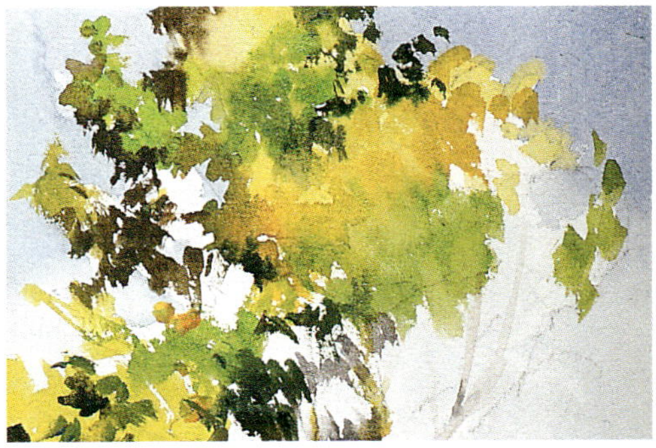

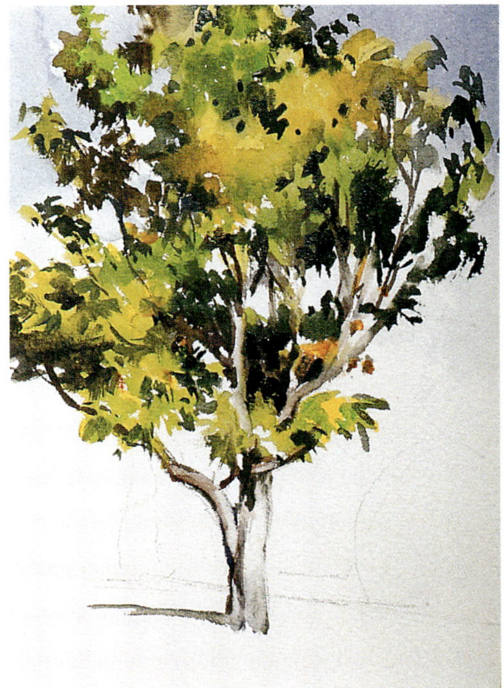

ACHTUNG

Bedenken Sie, dass jeder Baum eine ganz bestimmte Anatomie und Farbgebung besitzt, die ihn von allen anderen unterscheidet, daher ist die geschickte Farbwahl und Nuancierung des Motivs für eine gelungene Darstellung essentiell.

2. Für diesen Teil des Blattwerks geben Sie nun Kadmiumorange in die vorige Mischung und gestalten damit die von der Sonne ausgebleichten Blätter und Blätterbüschel, die Sie mit kleinen Strichen andeuten.

3. Auf diese Weise arbeiten Sie die restlichen Flächen des Blattwerks aus, und spielen Sie dabei mit unterschiedlichen Mischungsverhältnissen. Für die dunkelsten Flecken mischen Sie Hookersgrün mit Ultramarin. Tragen Sie anschließend Siena gebrannt mit Ultramarin für den Stamm und die Äste auf.

4. Kolorieren Sie die fehlenden Äste schließlich mit einem Mischton aus Vandyckbraun und Kobaltblau. Um die Darstellung zu vollenden, setzen Sie zuletzt noch die dunkelsten Striche im Blattwerk.

BÄUME UND STRÄUCHER

EINE WEIDE

Die Gestalt einer Trauerweide ist vollkommen gegensätzlich zu der einer Magnolie, denn während sich die Krone der Magnolie in den Himmel erstreckt, hängen die langen Zweige der Weide zur Erde hinunter und vermitteln so ein Gefühl von Tristesse und Melancholie.

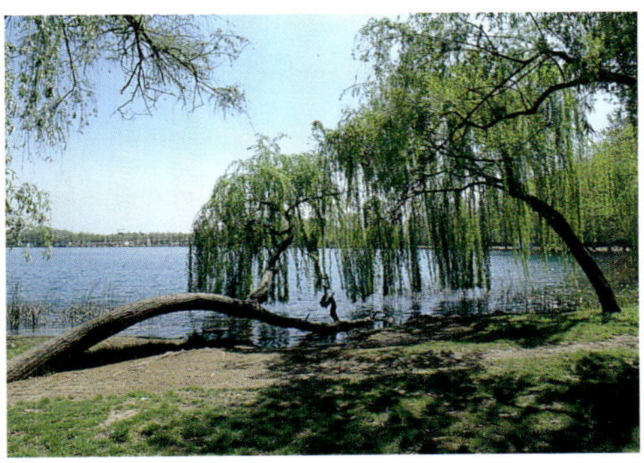

Das Blattwerk der Weide erinnert eher an lange, dichte Fäden als an einzelne Blätterbüschel.

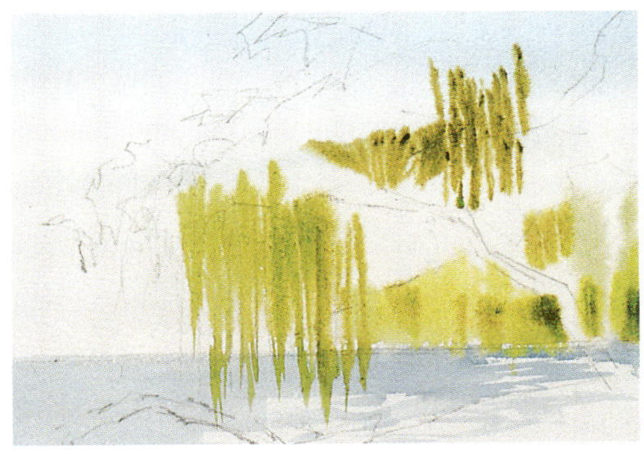

1. Um den Kontrast der herunterhängenden Zweige zu betonen, malen Sie zuerst das Wasser in Cöelinblau sowie die Pflanzen am gegenüberliegenden Ufer des Sees ein. Auf dieser Basis beginnen Sie nun, die ersten Weidenzweige mit einer variierenden Mischung aus Permanentgrün hell und Olivgrün darzustellen.

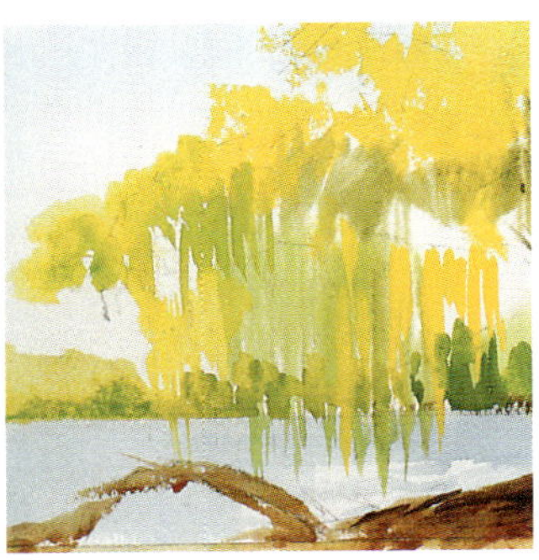

2. Tönen Sie den Stamm in Hookersgrün gemischt mit Vandyckbraun. Die hellsten Stellen sind das Ergebnis einer Mischung von Kadmium- und Zitronengelb mit hellem Permanentgrün.

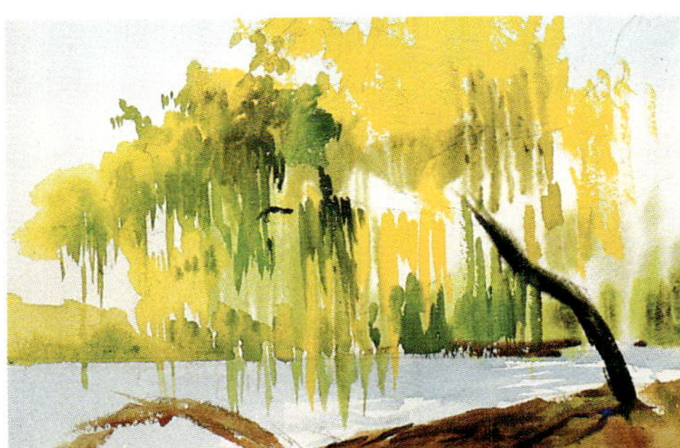

3. Arbeiten Sie nun die Form des Blattwerks aus, indem Sie immer sattere Farbtöne übereinander legen. Den Eindruck von herunterhängenden Zweigen erwecken Sie durch lange, senkrechte Striche.

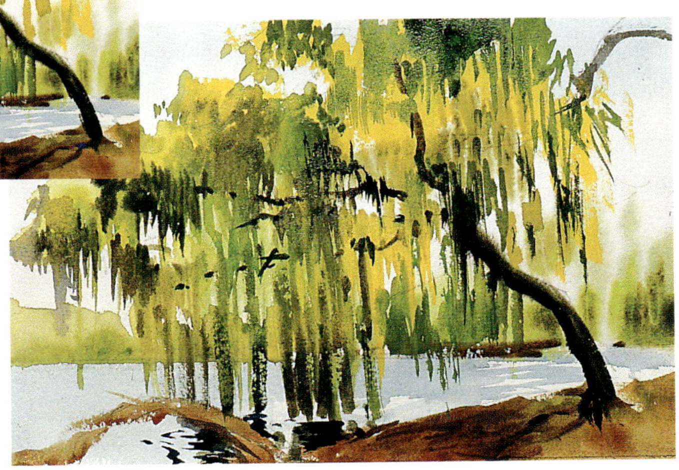

4. In der vollendeten Studie können Sie den Unterschied zum vorigen Schritt deutlich erkennen. Malen Sie hierfür die im Blattwerk sichtbaren Äste ein, und fügen Sie in der Technik des trockenen Pinsels die dunkleren Töne mit senkrechten Strichen in Hookersgrün hinzu, das Sie mit einer Spur Braun nuancieren. Die dunkelsten Schattenpartien gestalten Sie mit einer Spur Ultramarin in der vorigen Mischung.

BÄUME UND STRÄUCHER — EINE PALME

Palmen sind Bäume, die auf der ganzen Welt, in freier Natur, wie auch in Gärten und Straßen zu finden sind.

Da auch die Palme einen langen Stamm hat, aus dem sich das Blattwerk schließlich wie ein Fächer entfaltet, besteht eine gewisse Ähnlichkeit zur Pinie. Ihre Darstellung ist allerdings grundverschieden.

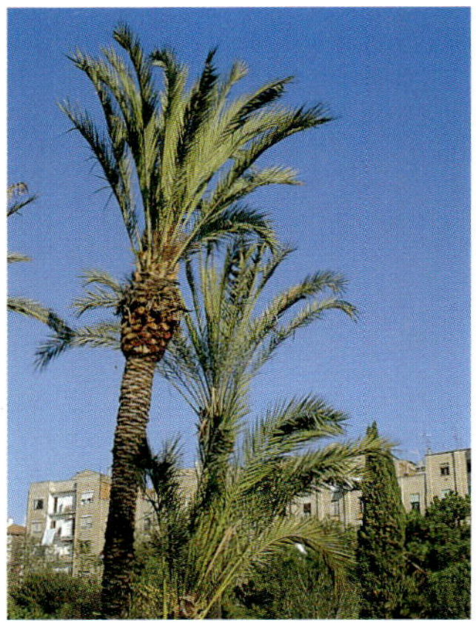

Diese Palme präsentiert eine recht kuriose Form, da sie bis auf die obersten Palmwedel vor kurzem zurechtgeschnitten wurde.

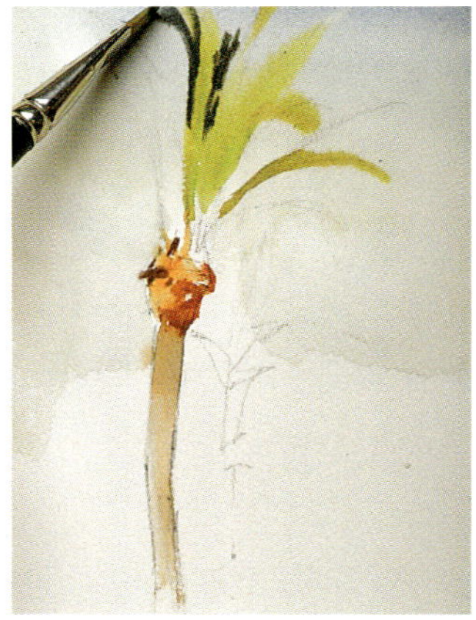

1. *Tragen Sie für den Stamm eine Mischung aus Kadmiumorange mit Siena gebrannt auf, und geben Sie für das obere, knorrige Ende des Stamms überwiegend Kadmiumorange in die Mischung. Kolorieren Sie die hellsten Palmblätter in Permanentgrün hell gemischt mit Cöelinblau, und legen Sie teilweise eine sattere Lasur darüber, die Sie aus dem vorigen Mischton mit etwas Kobaltblau kreieren.*

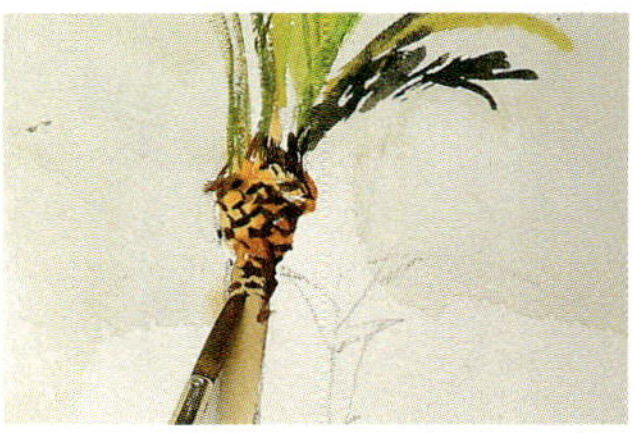

2. *Gestalten Sie die Krone weiter mit kleinen Pinselstrichen aus, die die natürliche ausgefranste Form der großen Blätter suggerieren. Mit einer Mischung von Vandyckbraun und Karmin deuten Sie nun die klaffende Struktur der Rinde an.*

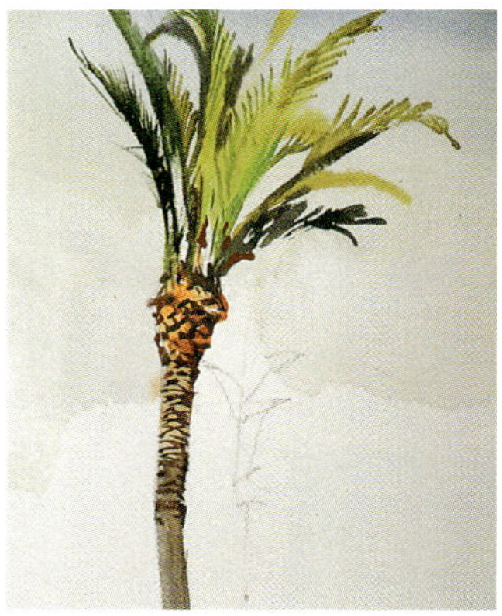

3. *Fügen Sie weitere Palmwedel ein, und tönen Sie die untere Hälfte des Stamms mit einer zarten Lasur aus Kobaltblau.*

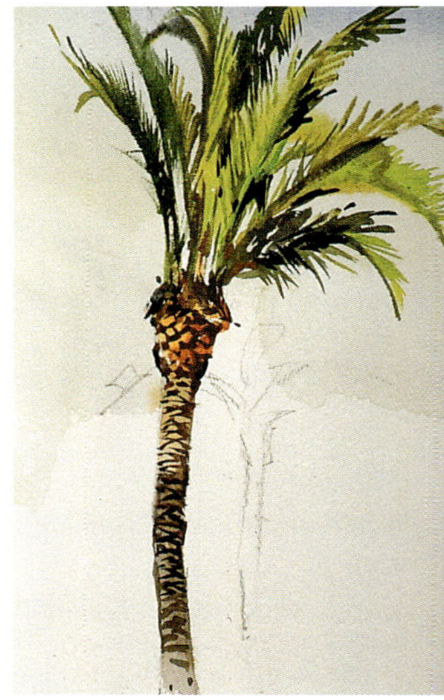

4. *Setzen Sie mit der Spitze des Pinsels die letzten Details am Stamm, und malen Sie die bisher fehlenden Blätter ein, mit denen Sie diese Studie vollenden. Auch wenn es scheint, dass solch eine Palme relativ einfach darzustellen ist, muss man die Anordnung der Palmblätter sowie die raue, zerklüftete Struktur des Stammes genau studieren, bevor man beginnt, das Papier mit Farbe zu füllen.*

BÄUME UND STRÄUCHER — EIN BLÜHENDER BAUM

Ein Baum oder Strauch, der wie dieser Mandelbaum in voller Blüte steht, zeigt einen ganz besonderen Aspekt.

Hier ist er fast gänzlich mit weißen Blüten bedeckt, die der Künstler durch das Weiß des Papiers kreiert und seine Form durch die Farbe des Hintergrundes aufbaut.

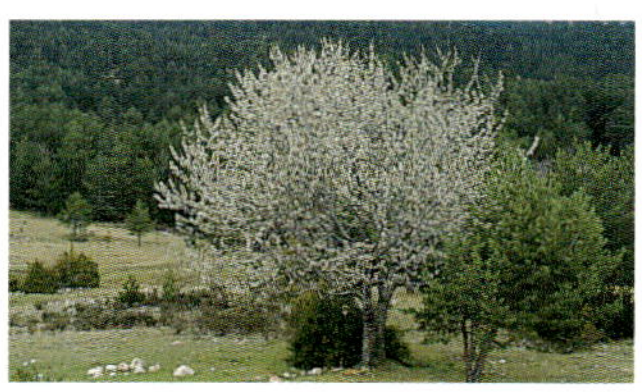

Das Weiß des blühenden Mandelbaums schafft einen hübschen Kontrast zum Grün der Landschaft.

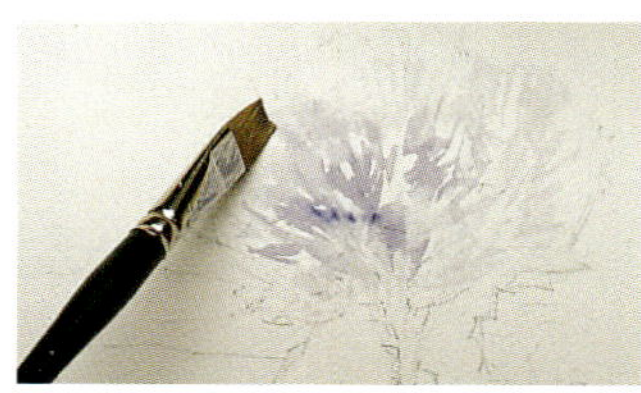

1. *Kreieren Sie für die ersten Zweige und Schatten diesen Malventon aus Krappkarmin, dem Sie eine Spur Kobaltblau zufügen.*

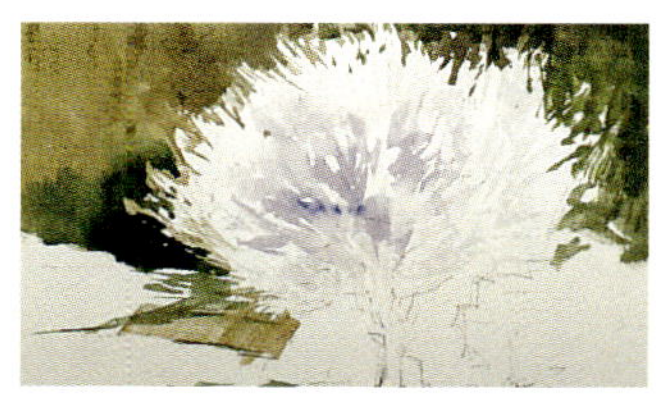

2. *Mit Olivgrün und Siena gebrannt kolorieren Sie den Hintergrund, der für die Farbgebung und Kontraste im Bild eine herausragende Rolle spielt.*

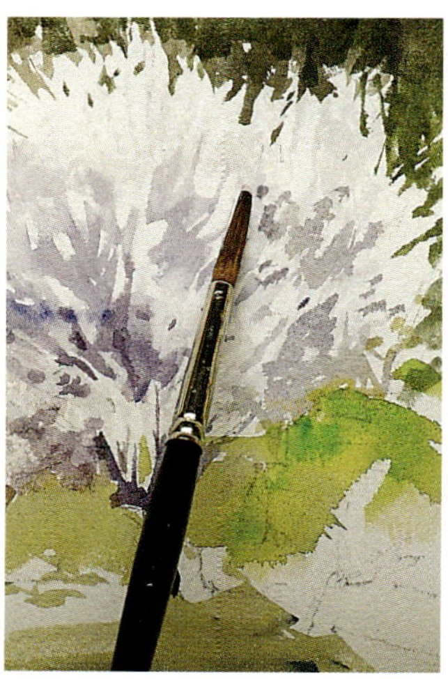

3. *Mit dem vorigen, etwas satteren Malventon arbeiten Sie die Baumkrone aus und fügen eine Spur Kobaltblau für den Stamm in die Mischung. Vollenden Sie nun die Form des Baumes, indem Sie die umliegende Vegetation einmalen.*

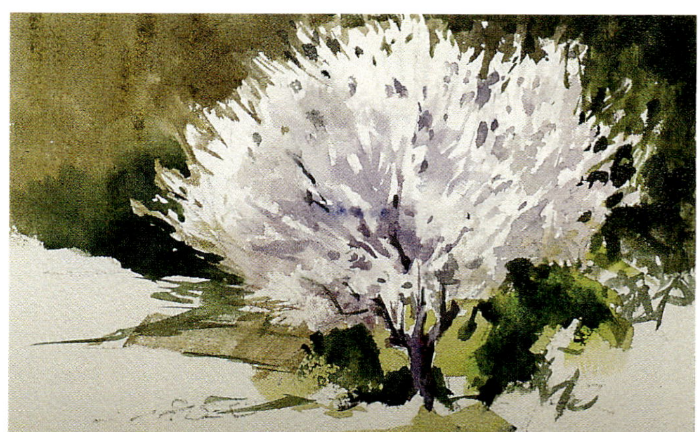

4. *Nachdem Sie letzte Details in einem intensiveren Ton gestaltet haben, kommt der blühende Baum zur Geltung. Mehr als seine eigene Fläche, bestimmt die Kolorierung des Hintergrundes die Form des Baumes. Hier können Sie Schritt für Schritt verfolgen, wie die Töne des Hintergrundes immer weiter zusammen mit denen des Modells angelegt wurden, und der zuletzt eingemalte Farbfleck in Hookersgrün auf der rechten unteren Seite einen wichtigen Kontrast erzeugt.*

FELDER UND WIESEN

Die Weite einer mit wogendem Gras bewachsenen Wiese lässt sich mit einer schlichten Lasur andeuten. Bewirtschaftete Felder stellen geordnete Flächen dar und präsentieren eine gewisse Symmetrie zwischen den Ackerfurchen oder Gewächsen, was sie als Motiv ebenso reizvoll macht wie natürliche Wiesen. Wilde Felder und Wiesen sind mit zahlreichen Pflanzenarten bewachsen und zeigen etwa kleine Graspflanzen neben hohen Gräsern oder ein Meer von Blumen. Solch eine vielfältige Vegetation ist viel schwieriger darzustellen, denn zusätzlich zum größeren Farbreichtum variieren auch die Strukturen und Formen, die der Künstler gelungen wiedergeben muss.

FELDER UND WIESEN — EIN BEWIRTSCHAFTETES FELD

Wenn der Mensch einen fruchtbaren Boden bearbeitet, hinterlässt er dabei ein geordnetes, paralleles Muster, das die Erde in perfekt abgegrenzte Flächen unterteilt.

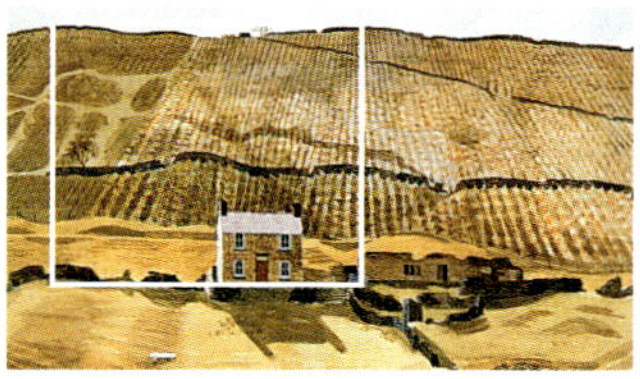

In seinem Werk Underbank Farm *(1940) fängt der Künstler Kenneth Rowntree die Schönheit ein, die die Symmetrie der Ackerfurchen auf einem bewirtschafteten Feld versprühen kann.*

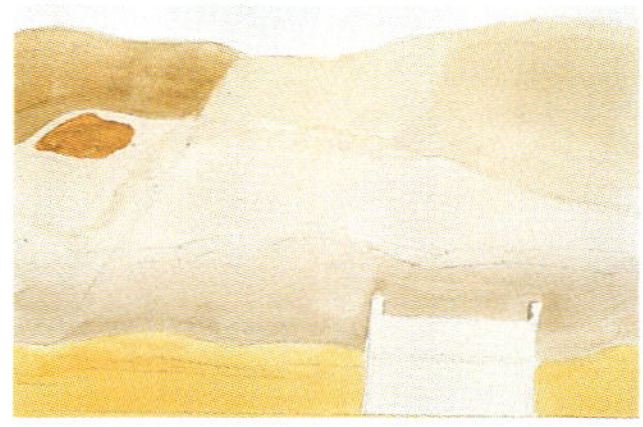

1. Um diesen Ausschnitt zu reproduzieren, tragen Sie nass-auf-trocken eine stark verdünnte Lasur in Vandyckbraun mit Siena gebrannt auf und lassen die Form des Hauses dabei ausgespart. Für das Feld auf der rechten Seite legen Sie eine Lasur in demselben, aber satteren Farbton über die erste Farbschicht. Die Fläche im Vordergrund kolorieren Sie mit Lichter Ocker.

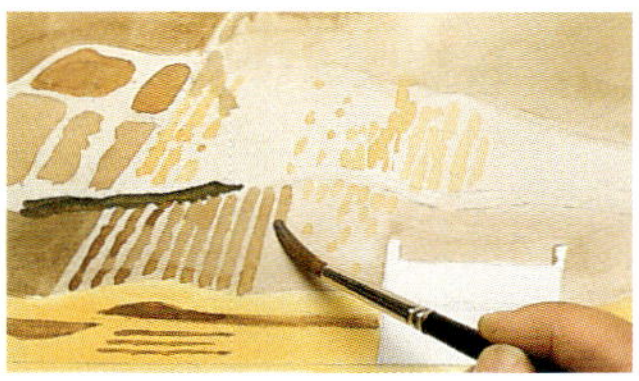

2. Malen Sie in den vorigen, mehr bzw. weniger verdünnten Tönen die kleinen Felder sowie einige andere Flächen ein. Beginnen Sie in Vandyckbraun anschließend mit den Pinselstrichen, die die Schatten der Furchen andeuten.

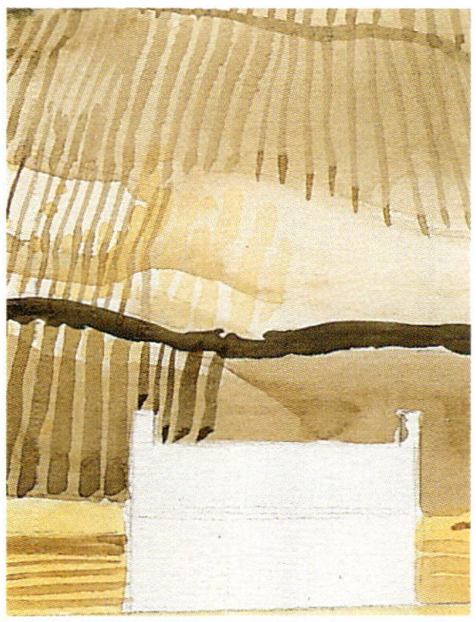

3. Gestalten Sie die Furchen der Felder weiter aus, und lassen Sie diese harmonischer wirken, indem Sie die Linien nur bis zur Hälfte einmalen und die Farbe anschließend ausziehen.

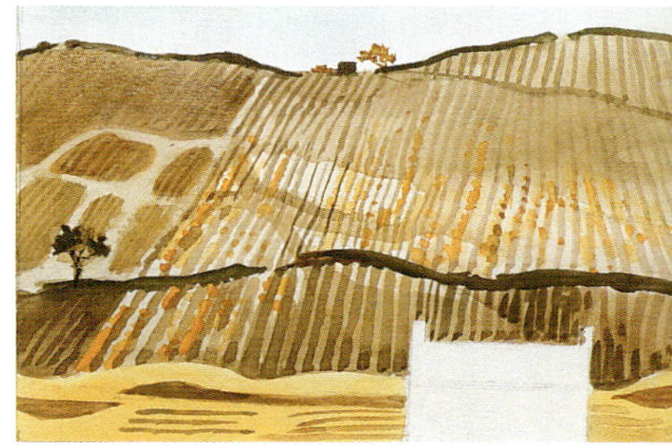

4. Im letzten Stadium vervollständigen Sie die zuvor halb eingemalten Linien; auf diese Weise gelingt es mühelos, die Unebenheiten und die wechselnden Töne durch die Farbe des Bodens darzustellen. Fügen Sie einige Tupfer in Kadmiumorange auf die Furchen, und bringen Sie abschließend die Silhouette des Baumes in Vandyckbraun ins Bild.

FELDER UND WIESEN — EIN BRACHLIEGENDES FELD

In einer unberührten Landschaft können Pflanzen ungehindert gedeihen und eine reizvolle Vielfalt an Strukturen und Farben präsentieren.

Hier reproduzieren wir einen Ausschnitt des Werkes Great Wheal Prosper *von Ruskin Spear.*

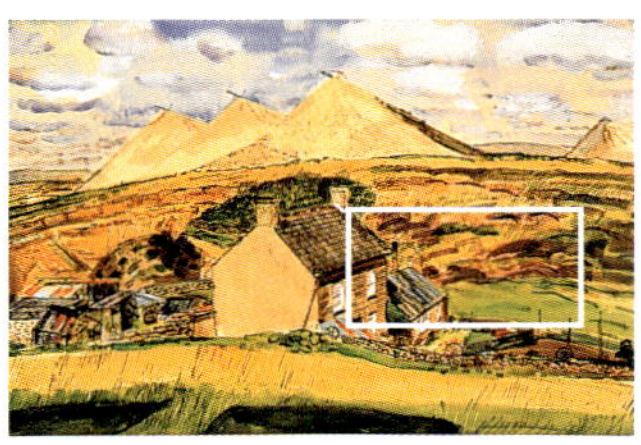

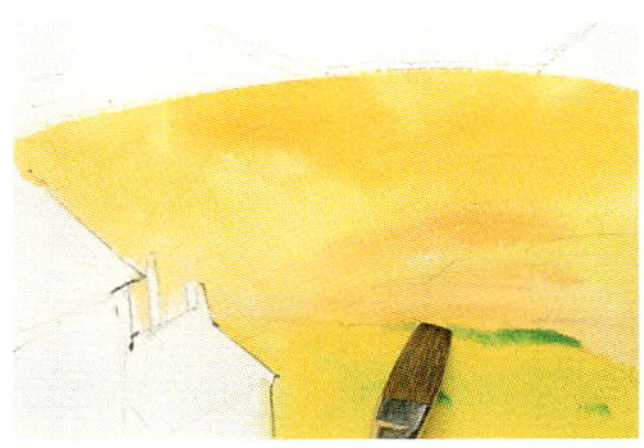

1. Tönen Sie die Fläche für das Feld in einer Lasur, die Sie für die obere Hälfte aus Kadmiumgelb mit Orange mischen, und im unteren Bereich schließlich mit Siena gebrannt und Permanentgrün hell verschmelzen.

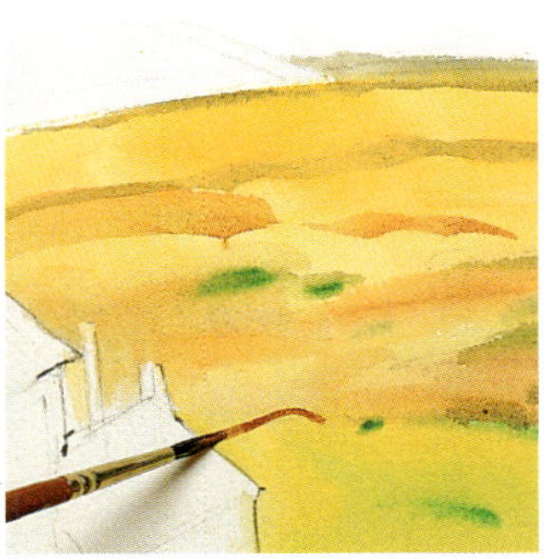

2. Auf diese Farbschicht tragen Sie die ersten Pinselstriche in Smaragdgrün. Gestalten Sie das Feld mit waagrechten, leicht geschwungenen Strichen in Olivgrün, Siena gebrannt sowie einer Mischung aus Siena gebrannt und Hookersgrün.

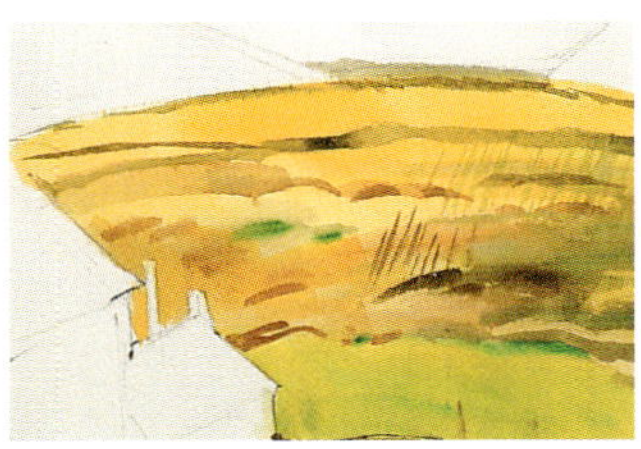

3. Fügen Sie einige Striche in einem dunkleren Ton aus Siena gebrannt mit Kobaltblau ein, und malen Sie mit einem feinen Pinsel kleine Linien über die trockene Farbschicht, um die hohen Gräser anzudeuten, die auf dem kargen Boden wachsen.

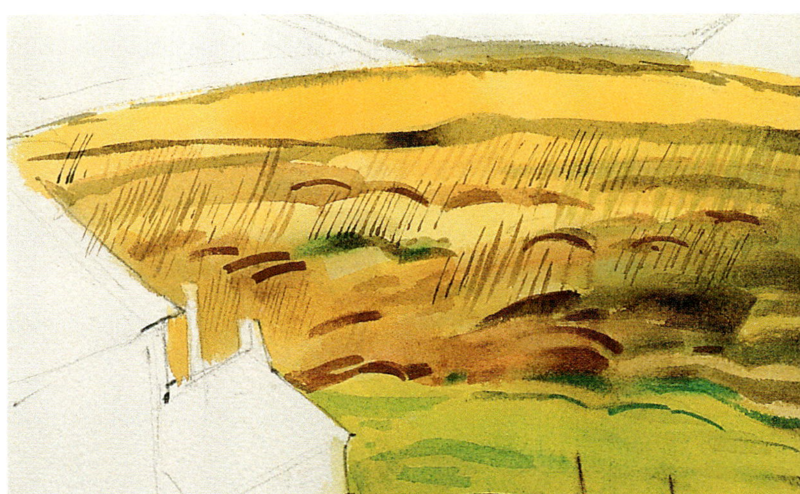

4. Deuten Sie zum Schluss die letzten Gräser an, und nuancieren Sie mit einigen Strichen die kleine Wiese im Vordergrund.

FELDER UND WIESEN

EINE WIESE MIT BLÜHENDEM MOHN

Auf einer Frühlingswiese sprießen die Blumen wie unzählige bunte Farbtupfer zwischen den Gräsern.

Diesen attraktiven Farbreichtum setzen wir mit geschickten Strichen auf verschiedenen grünen Lasuren in Szene.

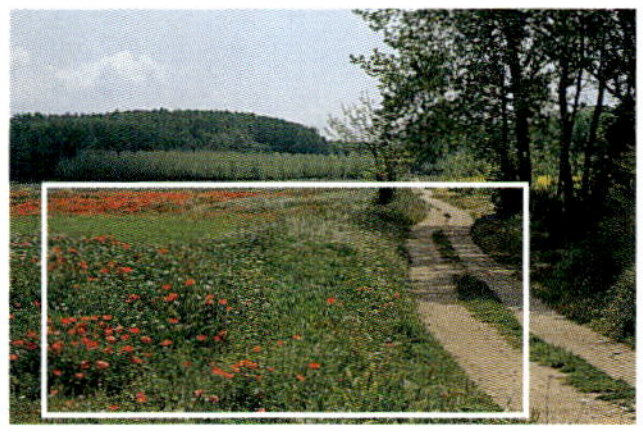

Diesen Ausschnitt einer Frühlingswiese mit blühendem Mohn gestalten wir Schritt für Schritt mit einer speziellen Technik.

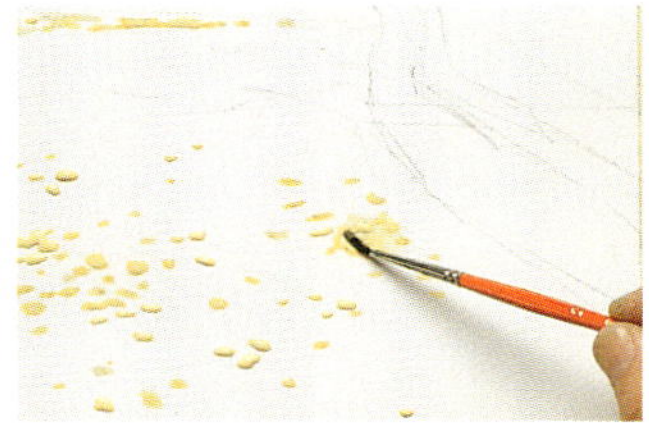

***1.** Bevor Sie die Farbe auftragen, sparen Sie zunächst die Tupfer für den Mohn mit Maskierflüssigkeit aus.*

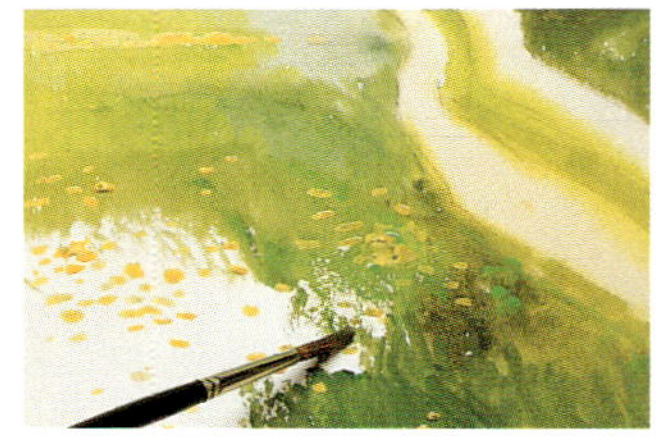

***2.** Sobald die Maskierung getrocknet ist, beginnen Sie mit dem Farbauftrag. Für die hellsten Flächen mischen Sie Permanentgrün mit Zitronengelb. Den Schattenbereich auf der anderen Seite des Weges gestalten Sie mit einem Mischton aus Permanentgrün und Kobaltblau, mit dem Sie in kleinen Strichen auch die Gräser im Vordergrund andeuten.*

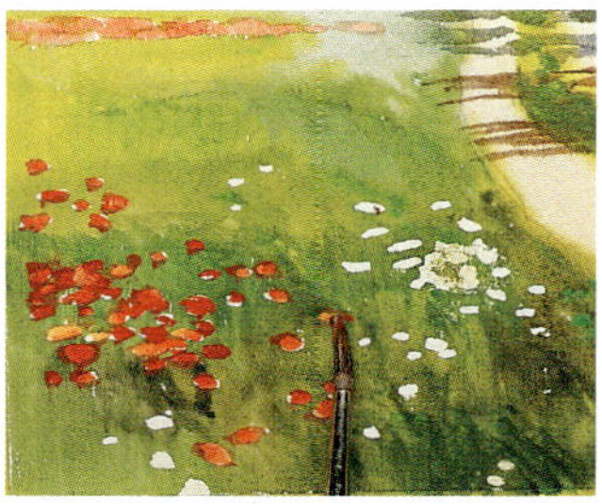

***3.** Die Wurfschatten der Bäume auf dem Weg malen Sie mit einer Mischung von Karmin und Kobaltblau ein. Für das Gras auf der linken Seite verwenden Sie Permanentgrün, das Sie mit Cöelinblau nuancieren. Sobald die Farbe trocken ist, entfernen Sie die Maskierung und kolorieren einige der Mohnblüten mit Zinnober, andere mit Kadmiumorange.*

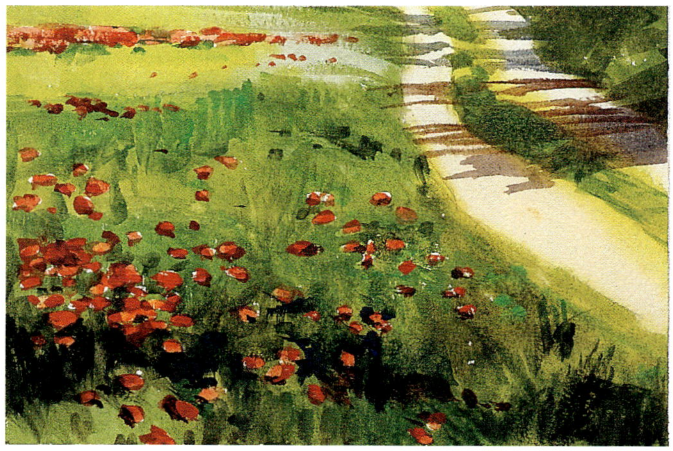

***4.** Um die Studie zu vollenden, bringen Sie hier und da einige lockere Tupfer in Karmin auf den Mohn und setzen ein paar Striche in dunklem Grün aus Hookersgrün gemischt mit Kobaltblau zwischen die Blumen, damit sich ihre klare Form harmonisch in die Darstellung der Wiese einfügt.*

GRÄSER

Auch wenn Gräser in einem Aquarellbild eher selten zum Blickfang werden, sind sie sie doch in unzähligen Motiven vorhanden. Eine große Wiese lässt sich schon mit einer simplen Lasur darstellen, doch die Graspflanzen oder Kräuter im Vordergrund sollte der Künstler mit einer gewissen Detailtreue wiedergeben, damit das Aquarellbild dem Betrachter nicht nur die reizvolle Struktur der Gewächse, sondern auch das Gefühl von räumlicher Tiefe vermittelt.

GRÄSER

HOHES GRAS

Saftig grüne, weite Wiesen sind in der Natur häufig zu sehen und können ein attraktives Motiv darstellen.

Diese saftige Wiese präsentiert ein einheitliches Grün und hohes Gras. Im ersten Moment erscheint das Malen vielleicht aufwändig.

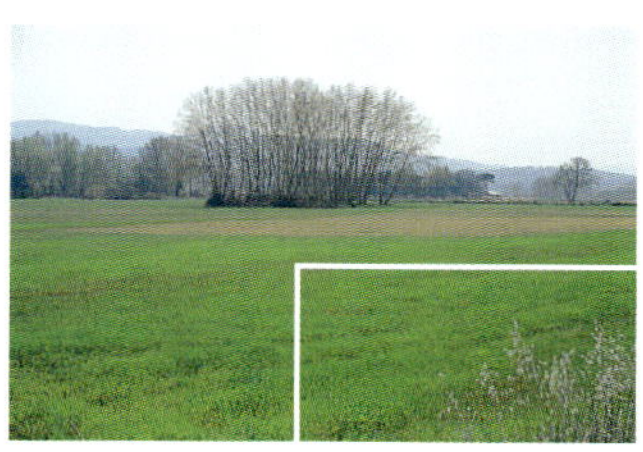

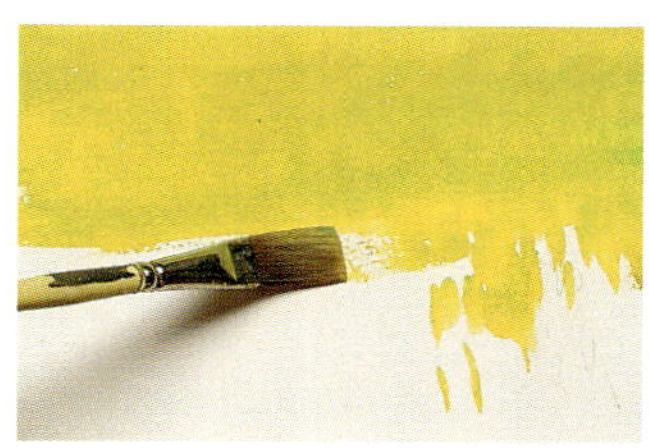

***1.** Den Ton für die hellsten Partien erhalten Sie aus der Mischung von Permanentgrün und Zitronengelb. Tragen Sie die Lasur über das Papier, aber sparen Sie im rechten unteren Bildbereich eine weiße Fläche für die Gräser aus, deren Form Sie durch geschickte, vertikale Pinselstriche suggerieren.*

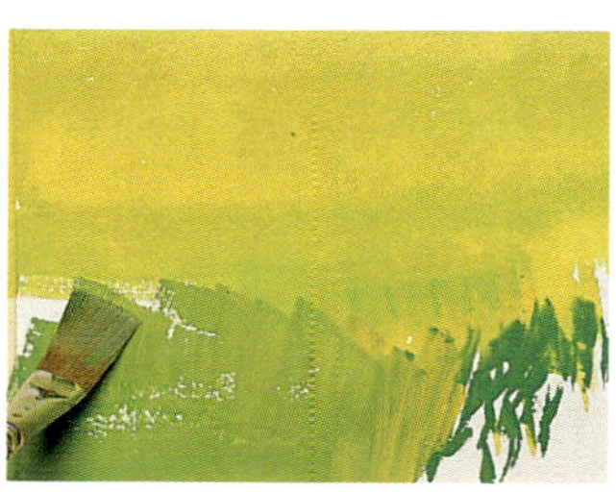

***2.** Geben Sie Kobaltblau in die Mischung und tönen Sie damit den linken unteren Bildbereich. In diesem Mischton mit einer Spur Karmin malen Sie mit lockeren Strichen um die weiße Aussparung für die hohen und blühenden Gräser.*

***3.** Auf diesem getönten Fond beginnen Sie nun, die Struktur der Gräser mit einem feinen Pinsel in den vorigen Farbtönen anzudeuten.*

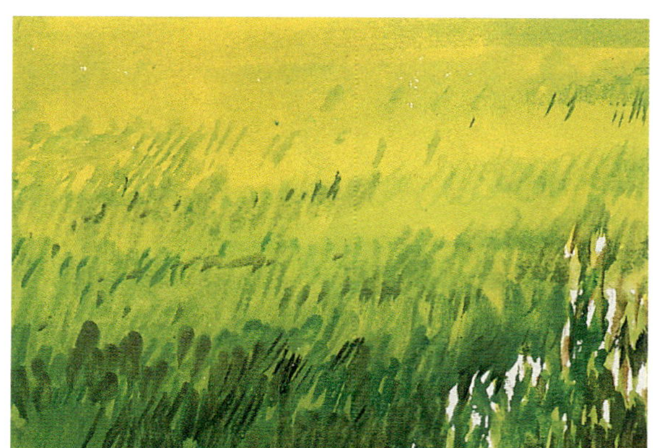

***4.** In der vollendeten Studie können Sie erkennen, wie geschickt die weißen Stellen ausgespart wurden, um die blühenden Gräser anzudeuten. Geben Sie zuletzt noch etwas Kobaltblau in die vorige Mischung, und deuten Sie mit diesem dunklen Ton die kleinen Schatten zwischen den Graspflanzen an.*

Gräser — Rasen

Der Rasen eines Gartens oder, wie in diesem Beispiel, eines Friedhofs zeigt ganz andere Aspekte als das wild wachsende Gras in der freien Natur; dies liegt unter anderem daran, dass er regelmäßig gepflegt wird und somit eine gleichmäßige Struktur besitzt.

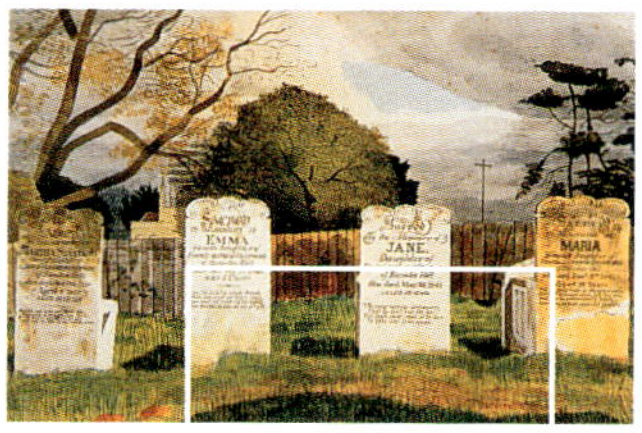

Wir geben einen Ausschnitt des Werkes The Livermore Tombs *von Kenneth Rowntree wieder, in dem die Erde mit Rasen bewachsen ist.*

1. Den Hintergrund tönen Sie mit einer Lasur aus Siena gebrannt für den Boden und Permanentgrün mit Gelb für die hellste Fläche des Rasens; die dunkle Partie tönen Sie in Permanentgrün gemischt mit Hookersgrün.

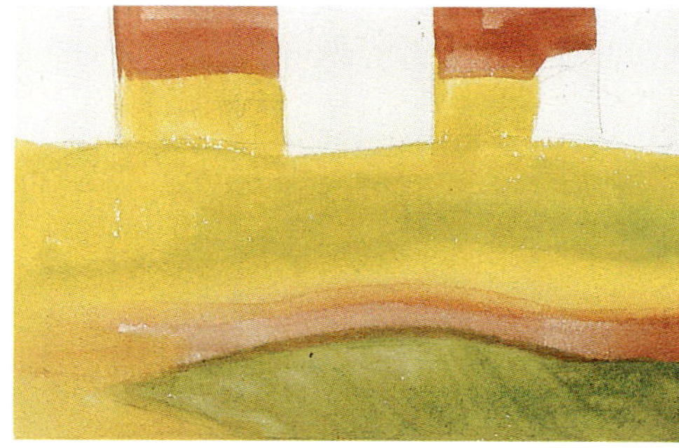

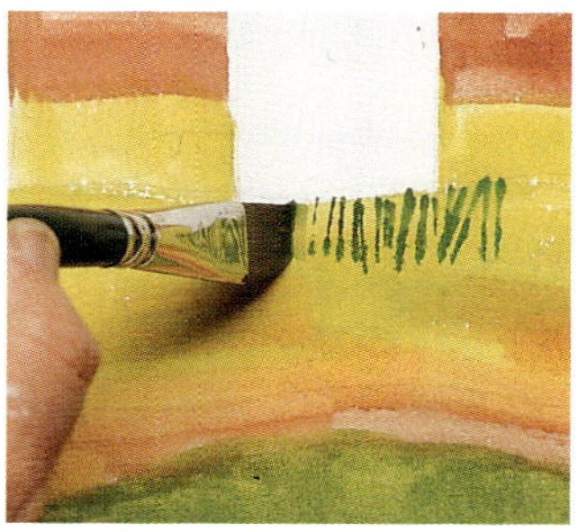

2. Sobald die ersten Lasuren getrocknet sind, kreieren Sie die kleinen Graspflanzen mit der Kante eines Flachpinsels, der gut mit Hookersgrün gefüllt ist.

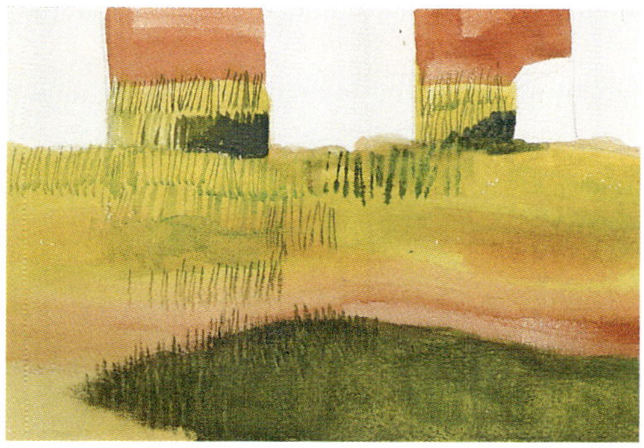

3. Gestalten Sie den Rasen weiter aus, malen Sie die Wurfschatten der Grabsteine ein, und nuancieren Sie die Fläche im Vordergrund etwas dunkler.

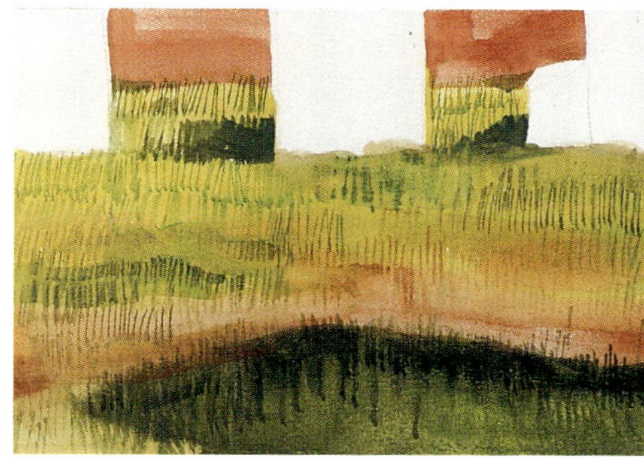

4. Um die Studie abzuschließen, sind bis auf die weiteren Graspflanzen, die Sie mit dem Flachpinsel ausarbeiten, kaum noch Veränderungen nötig.

Gräser — Dürres Gras

In den heißen Sommermonaten wirkt das Gras völlig anders als in den bisherigen Studien, da die Sonne es ausbleicht und das Gras gelbe, ockerfarbene Töne annimmt.

In diesem Beispiel reproduzieren wir einen Ausschnitt mit den hohen, dürren Gräsern eines heißen Sommers aus dem Werk SS Peter und Paul *des Künstlers Kenneth Rowntree.*

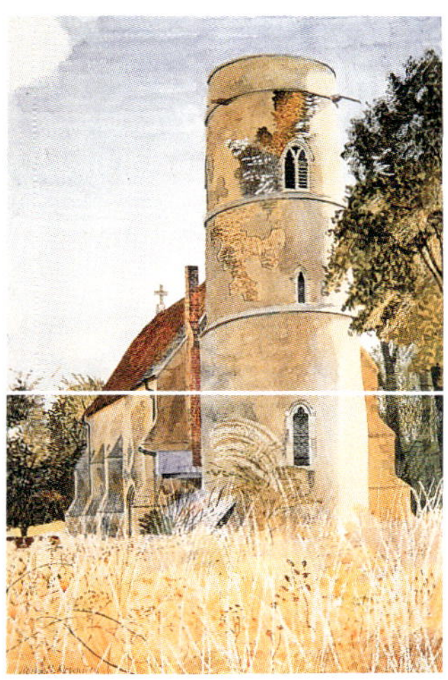

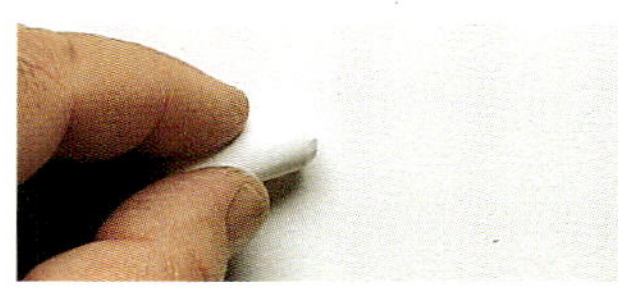

1. Legen Sie mit einem Wachsstift zunächst einige Aussparungen für die Gräser an, die in der Darstellung weiß wirken.

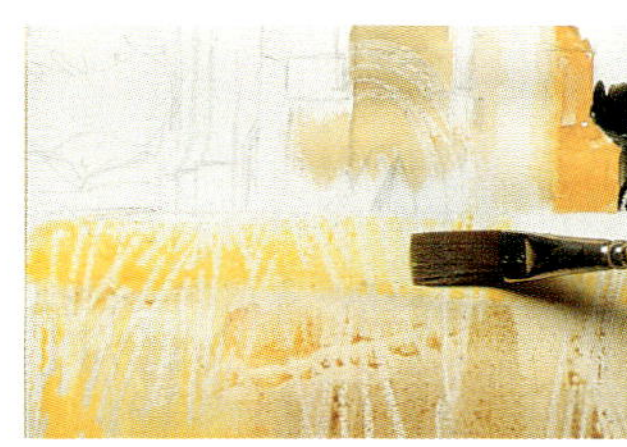

2. Für die Mauern der Kirche tragen Sie eine Lasur in Lichter Ocker mit etwas Orange auf, die Sie für dunkle Flächen mit Kobaltblau nuancieren. Für den Bereich der Gräser mischen Sie Siena gebrannt, Kadmiumorange und etwas Zitronengelb direkt auf dem Papier. Während Sie mit dem Pinsel über das Papier ziehen, treten die Aussparungen sichtbar hervor.

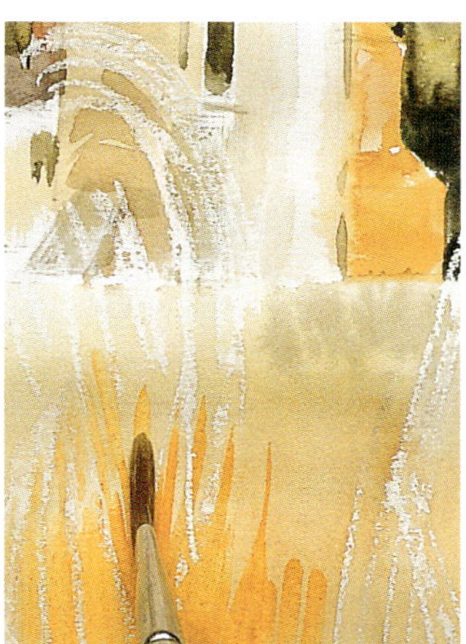

3. Deuten Sie die Bäume im Hintergrund an, damit die Tonwerte harmonieren, und gestalten Sie die hohen Gräser mit langen, senkrechten Strichen, für die Sie Zitronengelb mit Kadmiumorange verschmelzen.

4. Bringen Sie zum Schluss einige Details in dunkleren Tönen, wie etwa die Striche und Tupfer in Olivgrün ins Bild, und nuancieren Sie die Partien zwischen den Aussparungen dunkler, damit diese stärker zur Geltung kommen.

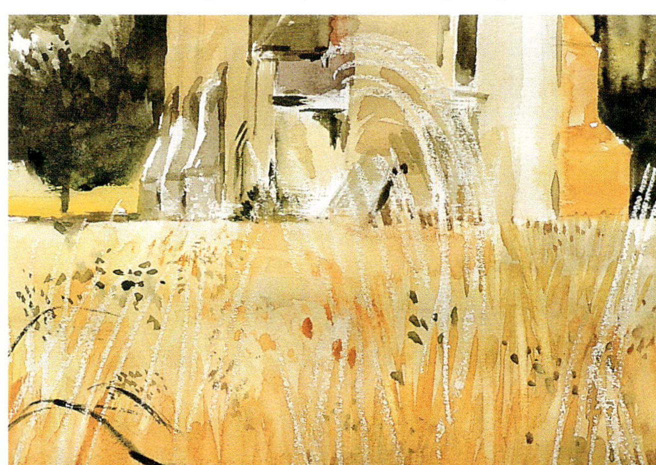

BLUMEN

Mit zarten, komplizierten und wunderschönen Farben und Formen haben Blumen Künstler seit jeher fasziniert.

Blumen stellen sowohl in ihrer natürlichen Umgebung, wie auch außerhalb davon, reizvolle Motive dar.

Viele Künstler begeistern sich für florale Motive nicht nur wegen ihrer unvergleichlichen Schönheit, sondern auch, weil sie diese Pflanzen im Atelier malen können.

Die Energie und Lebendigkeit, die frische Blumen versprühen zu Papier zu bringen, stellt für den Künstler eine ganz besondere Herausforderung dar. Die komplizierten Strukturen, die die verschiedenen Stiele, Blätter und Blüten formen, können ähnlich aufgebaut sein wie bestimmte Gewächse in der freien Natur. Es kann daher sehr lehrreich sein, den Eindruck ihrer Linien, Farben und Formen künstlerisch umzusetzen.

Wenn ein Künstler die Blumen nicht dort, wo sie wachsen, sondern in seinem Atelier malt, kann er wesentlich angenehmer arbeiten und zudem die Komposition seines Motivs selbst bestimmen. Die Art der Blumen, ihre Anzahl, die Anordnung sowie ihre Beleuchtung und der Hintergrund hängen allein von der Wahl des Künstlers ab.

Diese gestalterische Freiheit stellt allerdings auch zusätzliche Anforderungen an den Künstler und bedeutet, dass er sein Modell genau studieren muss. Je nachdem, wie geschickt er die Blumen anordnet, und wie gelungen er die Komposition aufbaut, kann die Darstellung einer einfachen Vase mit Blumen höchst attraktiv, oder aber langweilig wirken. In Bezug auf die Komposition sollte der Künstler daran denken, einige Kontraste in sein Bild zu bringen und hierfür etwa dunkle Blumen vor einen hellen Hintergrund setzen oder die hellsten Blütenblätter vor den dunklen Partien der Blätter und Stiele anordnen.

Genauso wie das Blattwerk der Bäume, sollten Sie die floralen Motive nicht übertrieben detailliert ausgestalten, da das Bild sonst überladen wirken könnte, und die Farben an Leuchtkraft und Transparenz verlieren. Geben Sie die Formen vereinfacht wieder, und bringen Sie ihre Impression der Pflanzen zu Papier, damit Ihr Aquarell an Frische und Natürlichkeit gewinnt.

BLUMEN | **EINE GLADIOLE**

Eine einzelne Gladiole wie diese präsentiert mit ihren Blütenblättern selbst ohne weitere schmückende Elemente vielfältigste Farbtöne, die einen starken Kontrast mit dem Grün des Stängels erzeugen.

Unser natürliches Motiv ist diese hübsche Gladiole auf einem weißen Hintergrund.

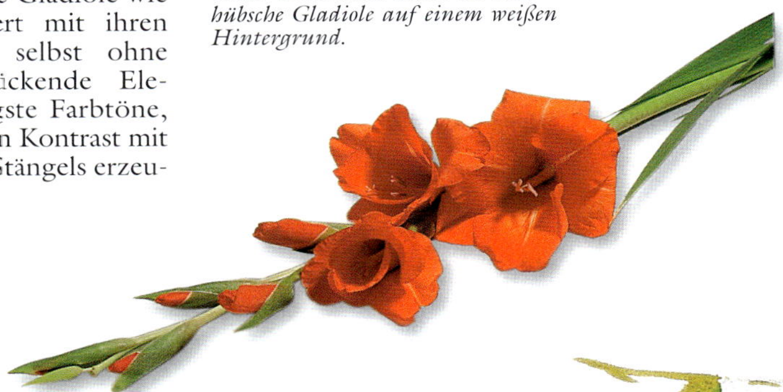

1. Kolorieren Sie auf der Vorzeichnung zunächst die hellsten Blütenblätter mit Kadmiumorange, und intensivieren Sie diesen Ton danach mit Zinnober. Sobald Sie die drei Blüten mit Farbe angelegt haben, deuten Sie den Stängel mit den drei unterschiedlichen Grüntönen Permanentgrün, Olivgrün sowie einer Mischung von beiden an.

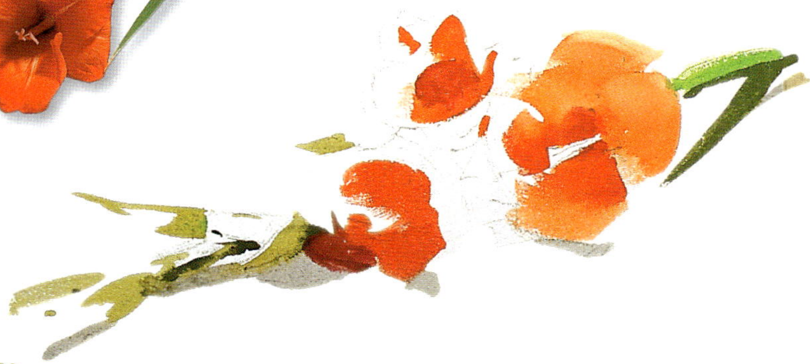

2. Gestalten Sie die drei Blüten weiter mit Farbe aus, und stellen Sie die kleinen Blütenknospen am Stielende dar.

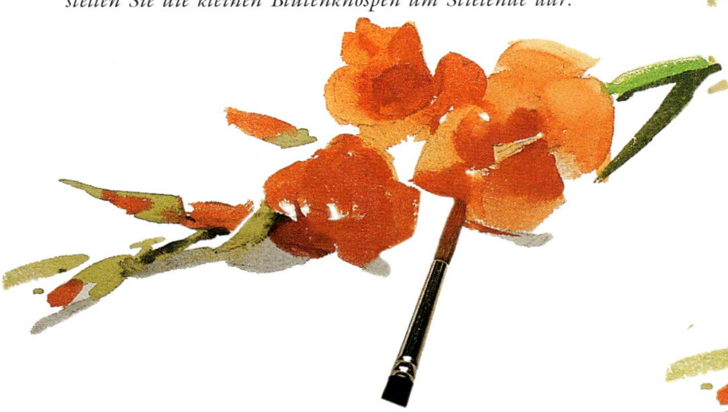

3. Beginnen Sie nun, die Details an den Blüten mit einer Spur Karmin auf dem Zinnoberton auszuarbeiten.

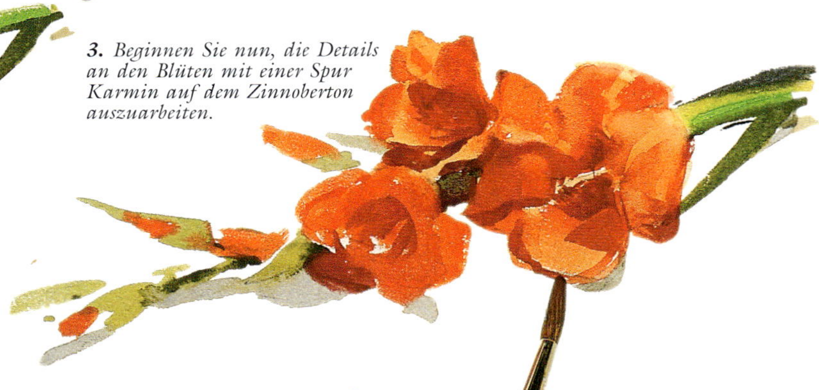

ACHTUNG

Blumen sind Lebewesen von besonderer Frische und Lebhaftigkeit, die auch das Aquarell versprühen soll; daher sollten Sie übertrieben viele Details oder Schichten, die die Farben schwer wirken lassen, unbedingt vermeiden.

4. Diese wirklichkeitsgetreue Abbildung des Modells gelingt Ihnen, indem Sie die Schatten auf den Blüten sowie den Stängel mit einer Spur Karmin einfügen, das Sie mit etwas Grün verschmelzen.

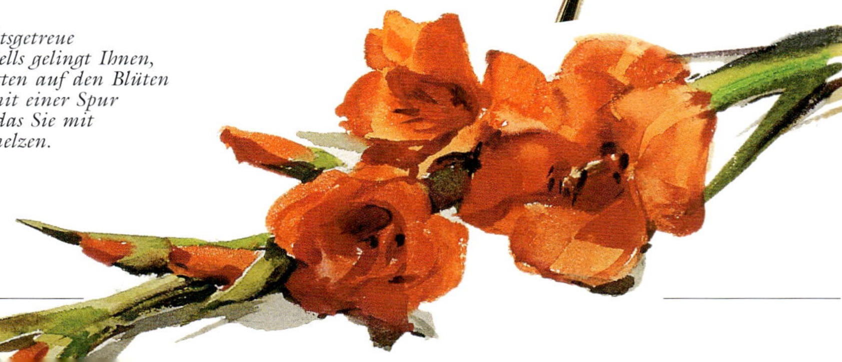

BLUMEN

EIN BLUMENSTRAUSS

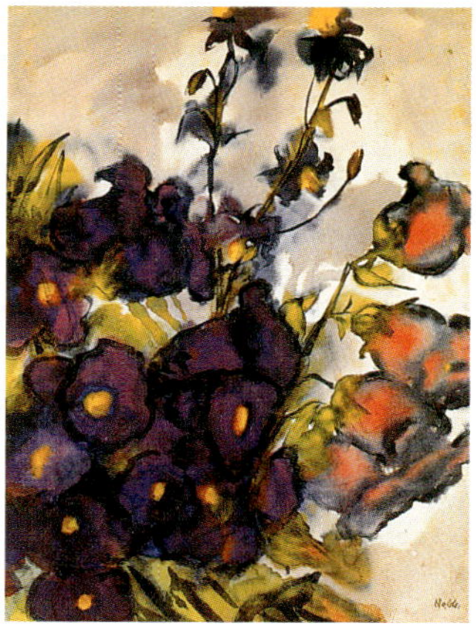

Hier möchten wir diesen schlichten, aber dennoch interessanten Blumenstrauß aus dem Werk Blue Bells *von Emil Nolde darstellen.*

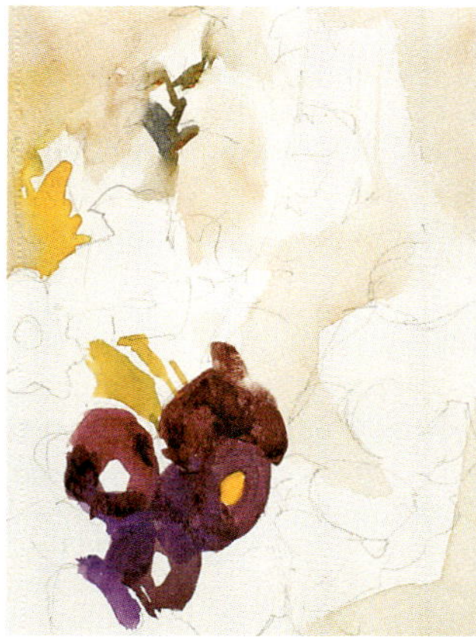

1. *Tönen Sie den Hintergrund mit einer Mischung aus Orange und Kobaltblau, und lassen Sie die Fläche für den Blumenstrauß dabei Weiß. Für die violetten Glockenblumen mischen Sie Karmin mit Türkisblau und tupfen an einigen Stellen etwas Chinachidonrosa ein. Die ersten grünen Pinselstriche kreieren Sie in Ultramarin gemischt mit Gelb.*

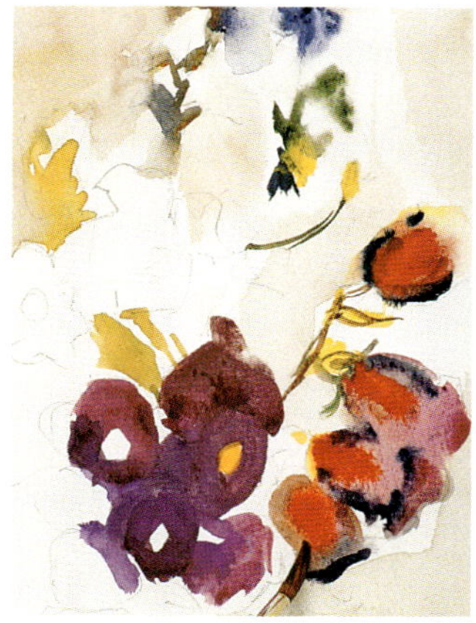

2. *Deuten Sie die kleinen Blumen im oberen Bildbereich nass-in-nass mit Ultramarin, Olivgrün und Gelb an. Die Glockenblumen auf der rechten Seite malen Sie ebenfalls in der Nasstechnik. Um einen verschwommenen, pastelligen Effekt zu schaffen, tragen Sie stark verdünntes Karmin auf und setzen Striche in Zinnober darüber; verwenden Sie Indigoblau, um ihre Form zu konturieren.*

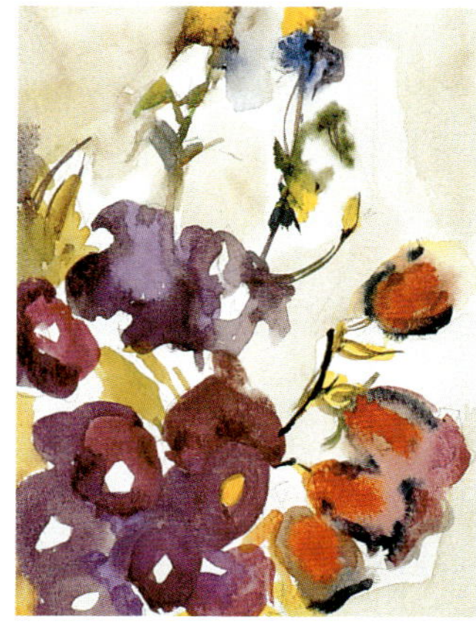

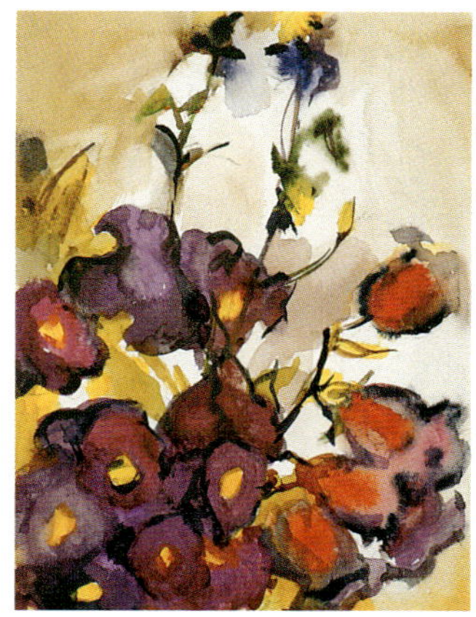

Da ein Blumenstrauß zahlreiche Blumen zueinander gruppiert, präsentiert er eine reiche Vielfalt an Farbtönen, Formen und floralen Strukturen, die ein komplexes Geflecht bilden und seine künstlerische Gestaltung dadurch recht kompliziert erscheinen lassen.

3. *Gestalten Sie den Blumenstrauß weiter aus, indem Sie sowohl die Blüten als auch die Stängel in den vorigen Tönen kolorieren.*

4. *Um dieses Motiv zu vollenden, fügen Sie einige Striche in Ocker auf den Hintergrund und präzisieren die Umrisse der Glockenblumen in der Mitte mit einer Mischung von Karmin und Malve.*

BLUMEN

EIN SONNENBLUMENFELD

Blumen sind in ihrer natürlichen Umgebung besonders hübsch anzusehen, allerdings müssen Sie beim Malen immer auch die Gegebenheiten der Natur berücksichtigen.

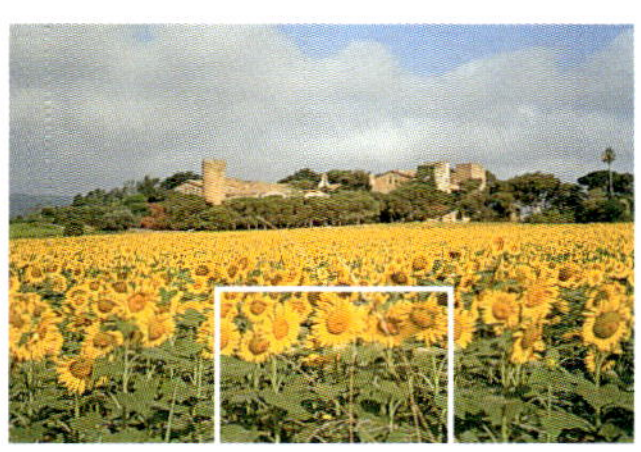

Für die folgende Studie malen wir dieses Feld mit blühenden Sonnenblumen, die sich gegenseitig verdecken und mit ihren Blättern ein dichtes Geflecht bilden.

1. *Deuten Sie die Sonnenblumen mit einer Lasur in mittlerem Gelb an. Fügen Sie für die entfernteste Ebene etwas Türkisblau zum Gelb, damit es eine graue Nuance gewinnt; für die sattesten Partien tönen Sie es dagegen mit Siena gebrannt ab. Legen Sie in diesem Stadium bereits die Anordnung der Sonnenblumen fest, indem Sie sie mit kleinen Punkten suggerieren. Den kompliziertesten Bildbereich stellen die Blumen im Vordergrund dar, weil die Konturen ihrer Blätter zugleich die Farbe der hinteren Ebenen bestimmen. Malen Sie die Köpfe der Sonnenblumen mit Zinnober, Malve und Gelb ein.*

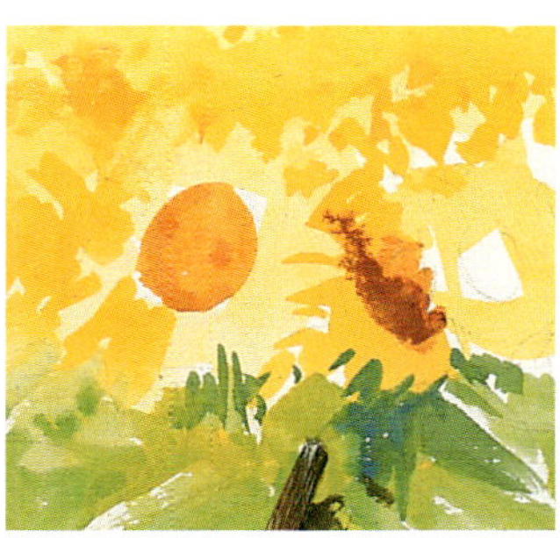

2. *Um die ersten Blumen zu gestalten, mischen Sie Permanentgrün mit Türkisblau und definieren damit die Konturen der unteren Blütenblätter. Mit sich kreuzenden Pinselstrichen kreieren Sie allmählich die Blätter an den Stängeln der Blumen.*

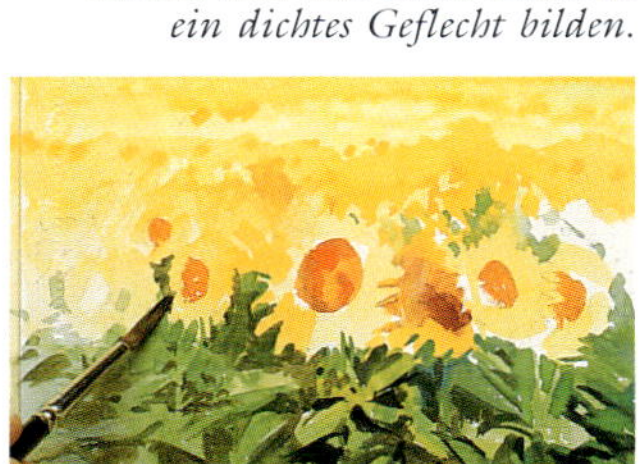

3. *Fahren Sie fort, und beginnen Sie damit, die oberen Seiten der Blumen mit demselben Grün zu konturieren. Nuancieren Sie diesen Ton nun dunkler, um die Form der Blätter und Stiele mit Hilfe von Schatten zu definieren.*

4. *Indem wir das Motiv ganz allmählich vom zentralen Bildbereich bis zu den entfernten Ebenen ausgearbeitet haben, in denen die Blumen nur noch durch farbige Punkte angedeutet werden, scheint dieses Bild dieselbe Dynamik zu versprühen wie das natürliche Modell. Diese Studie erscheint zunächst einfach, in der Praxis ist die Gestaltung jedoch ziemlich aufwändig.*

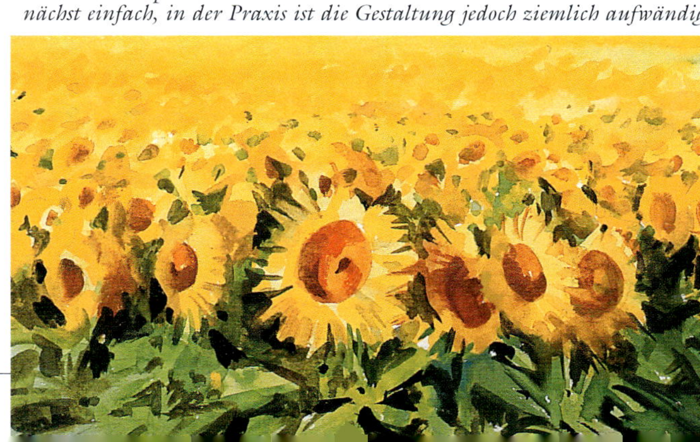

Menschliche Haut

Mit ihren vielfältigen Farben und Tönen, die auf der ganzen Welt variieren, ist die Darstellung von menschlicher Haut eine große Herausforderung. Aquarellfarbe ist ein ausgezeichnetes Medium, um die Formen der menschlichen Gestalt, die Zartheit und Frische der Haut sowie die Natürlichkeit einer Szene einzufangen. Fleischfarben können sich in jedem beliebigen Aquarell wiederfinden, selbst wenn die Gestalt nicht zum Blickfang der Komposition wird. Malen Sie am besten erst einen nackten Körper und machen Sie sich mit den verschiedenen Nuancen und der Beschaffenheit der Haut sowie den Körperbewegungen vertraut; um sich diesem faszinierenden Motiv zu nähern, können Sie etwa den Torso eines Ruderers oder die Badenden an einem See darstellen. Sie sollten auch daran denken, dass jeder Mensch eine enge Beziehung mit seiner Umgebung eingeht, die auch Ihr Werk vermitteln sollte.

AQUARELLFARBE UND DIE MENSCHLICHE GESTALT

Wenn wir von Hautfarben sprechen, beziehen wir auch die menschliche Gestalt mit ein. Die Aquarelltechnik ist zwar nicht unbedingt geeignet, um detaillierte Studien menschlicher Körper anzufertigen, dafür spielt sie wunderbar mit einer zügigen Malweise zusammen und bringt so die Frische und Natürlichkeit dieser Motive zur Geltung.

Da die Aquarellmalerei eine flotte Arbeitsweise erfordert, muss der Künstler die Essenz seines Modells einfangen und die Farben und Töne mit Entschiedenheit und Sicherheit ins Bild bringen.

Zwar ist eine gewisse anatomische Kenntnis für die Darstellung der menschlichen Gestalt von Vorteil, ein genaues Studium des Skeletts und der Muskulatur ist jedoch nicht unbedingt notwendig, um sich diesem Thema zu widmen. Wenn Sie eine Gestalt ausgiebig beobachten und ihre charakteristischen Züge dabei definieren können, haben Sie den Schlüssel zu einer erfolgreichen Darstellung bereits gefunden und können ihre Technik Bild für Bild immer mehr verfeinern.

DIE FARBE DER HAUT

Die Farbe der Haut ist nicht überall gleich, sondern variiert; angefangen von blassen, fast transparenten Tönen einer hellhäutigen Person bis zu den dunklen Hauttönen eines Farbigen gibt es unzählige Farbtöne, um menschliche Haut darzustellen.

Welche Farbe die Haut eines Menschen besitzt, hängt von den Farben seiner Umgebung, den Lichtverhältnissen sowie seiner Herkunft und seinem Alter ab. Babys haben eine weiche, rosige Haut.

Zwar werden im Handel einige Farben angeboten, die Hauttönen ähneln, jedoch sollte der Künstler wie bei jedem anderen Motiv, eigene Mischungen herstellen, um den jeweils passenden Farbton zu kreieren.

Selbst zwischen den Menschen gleicher Herkunft kann die Farbe der Haut mit unzähligen Nuancen variieren. Zudem präsentiert jeder menschliche Körper vielfältige Tonwerte, die manchmal stark kontrastieren; der Ton der Gesichtshaut ist beispielsweise fast immer dunkler als der restliche Körper oder die gebräunte Haut einer nackten Gestalt zeigt oftmals helle Partien, die vor der Sonne geschützt waren.

Um menschliche Haut darzustellen, muss der Künstler also unterschiedliche Farbtöne mischen, mit denen er die Formen definiert, die Schatten andeutet und sämtliche Tonwerte des Körpers gelungen interpretieret.

DIE TECHNIK

Die Technik für die Gestaltung von Hauttönen unterscheidet sich kaum von der Technik für andere Motive.

Auch hier sparen Sie das Weiß für die hellsten Flächen aus und bauen die Gestalt zunächst mit den hellsten Tönen auf, bis Sie durch die Überlagerung der Lasuren schließlich die dunkelsten Farben bzw. Schatten kreieren.

Sie sollten mit den Farbschichten allerdings nicht übertreiben, da die Aquarelle durch zu viele Lasuren matt wirken und die Frische und Lebhaftigkeit, die der Künstler vermitteln möchte, auf diese Weise verloren geht.

Sie sollten bedenken, dass sich die Formen oft nur durch zarte Tonwerte voneinander abheben, die kaum kontrastieren. Um diese subtilen Nuancen einzufangen, sollten Sie ihr Modell zunächst genau studieren und es immer wieder mit halb geschlossenen Augen betrachten, damit Sie sich nicht im Detail verlieren und Ihren Eindruck der verschwommenen, zarten Kontraste zu Papier bringen.

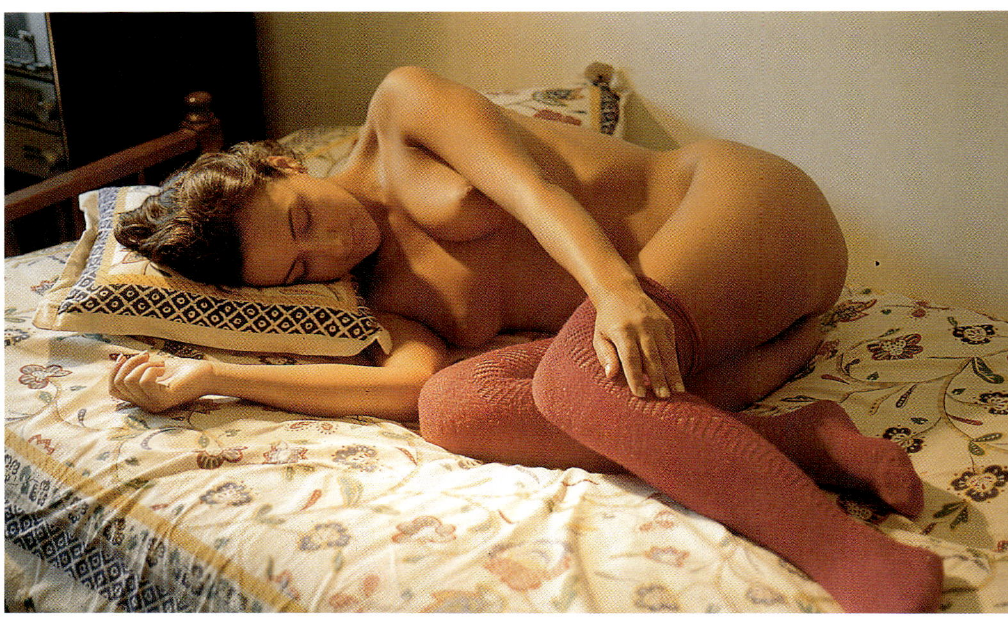

Die menschliche Haut und ihre zahlreichen Nuancen stellen ein attraktives Motiv dar, weil sich die Frische der Haut und die Natürlichkeit der Pose in dieser Technik besonders gelungen einfangen lässt.

MENSCHLICHE HAUT

EIN WEIBLICHER AKT IN UNGEWÖHNLICHEN FARBTÖNEN

Menschliche Haut zu malen bedeutet keineswegs, dass der Künstler unbedingt Farben wählen muss, die der Hautfarbe ähnlich sind; das Charakteristische einer Haut und die Formen eines Körpers lassen sich auch mit einer ganz anderen, ungewöhnlichen Farbpalette suggerieren.

Hier reproduzieren wir einen Ausschnitt des Werkes Girl *(1906) von Georges Roualt, in dem der Künstler die blasse Hautfarbe durch das nuancierte Weiß des Papiers kreiert, das mit den umliegenden Tönen kontrastiert.*

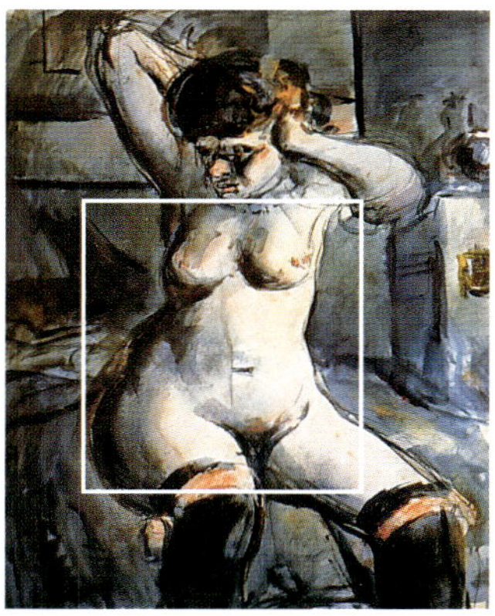

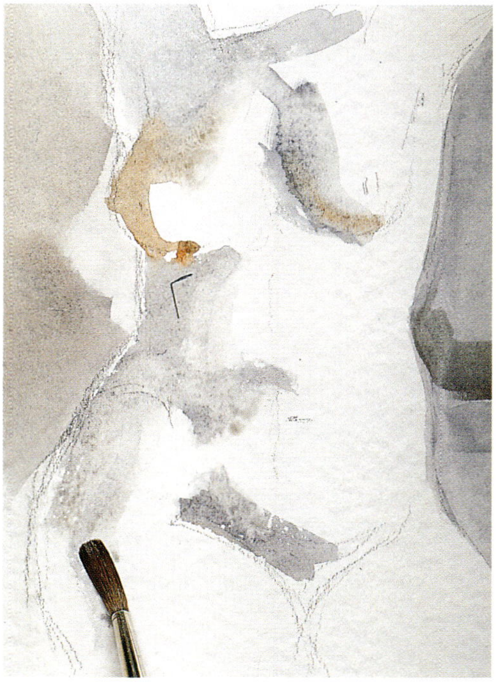

1. Um die Gestalt zu konturieren, tönen Sie den Hintergrund mit einer Mischung aus Kobaltblau und Siena gebrannt. Nuancieren Sie die Mischung leicht, indem Sie die Farbanteile verändern, und legen Sie mit flüchtigen Strichen die ersten Schattenpartien an. Die Rundungen des Busens deuten Sie mit etwas mehr Siena gebrannt in der vorigen Mischung an.

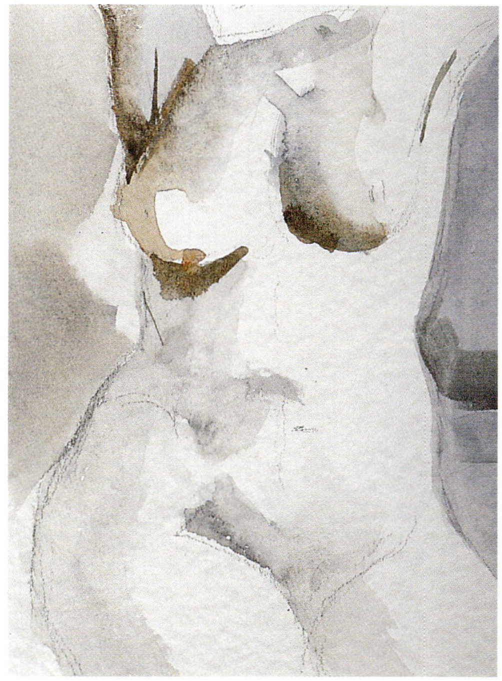

2. Mit dem Pinsel, der immer noch mit diesem Mischton gefüllt ist, nehmen Sie etwas Vandyckbraun auf und malen damit die diffusen Schattenlinien der Achselhöhle sowie unterhalb der Brüste. Tauchen Sie den Pinsel anschließend in klares Wasser und ziehen Sie die Ränder der Farbflecken leicht aus, damit diese weicher wirken.

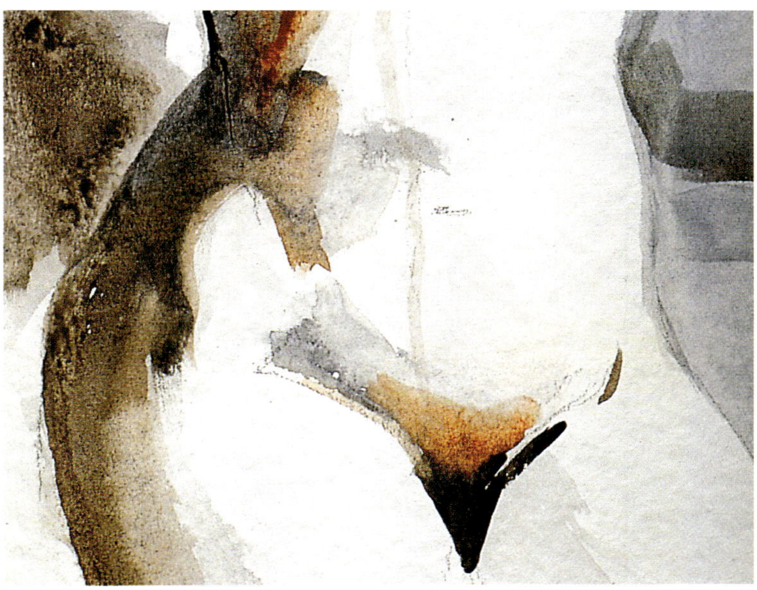

3. Gestalten Sie den Schatten auf der rechten Körperseite bis zum unteren Bildrand mit schwach verdünntem Vandyckbraun, und deuten Sie den Schambereich mit etwas kräftigeren Strichen an. Intensivieren Sie nach und nach den Farbton des Hintergrundes, damit die Tonwerte harmonieren. Die zarte Linie in der Mitte des Bauches ziehen Sie mit dem am Anfang kreierten Mischton.

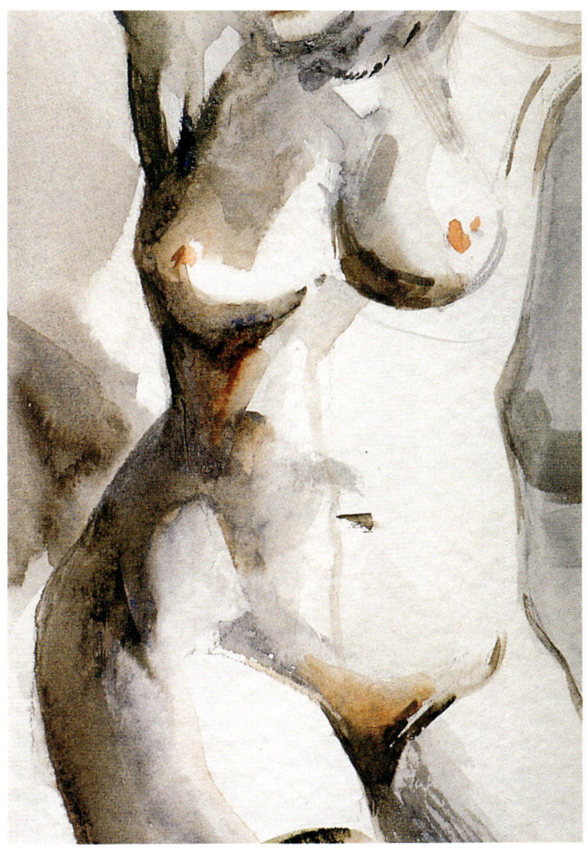

4. Malen Sie den Schatten auf dem linken Schenkel mit parallelen Strichen ein, schwächen die Ränder der Farbflecken mit dem abgestreiften Pinsel ab, und deuten Sie die Brustwarzen mit einem Tupfer Zinnober an. Wie Sie sehen können, scheinen die Weiß ausgesparten Flächen für die hellsten Partien leicht getönt zu sein. Diese Studie führt anschaulich vor Augen, wie sich die Farben gegenseitig beeinflussen und sogar die Wirkung der anderen, umliegenden Töne bestimmen können.

MENSCHLICHE HAUT – EINE GESTALT MIT ZARTER HAUT

Die Haut eines Menschen kann eine Vielzahl an Nuancen und variierenden Tonwerten zeigen. In diesem Beispiel stellen wir den Arm einer Dame mit ihrer weißen, zarten, fast transparent wirkenden Haut dar.

Wie es für die Frauen aus gutem Hause in dieser Epoche üblich war, hat das Modell aus dem Werk The New Nobel *(1877) von Winslow Homer eine ziemlich blasse, gepflegte Haut.*

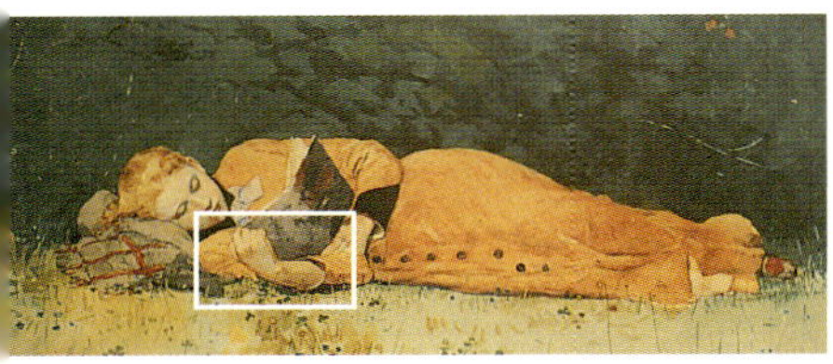

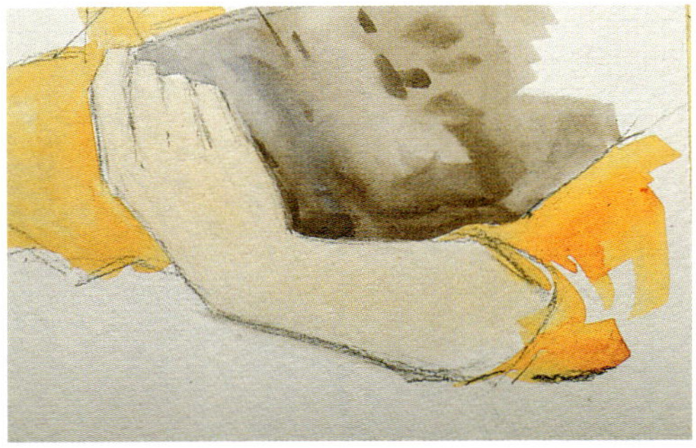

1. Kolorieren Sie die gesamte Fläche der Hand und des Unterarmes mit einer gleichförmigen Lasur in Zinnober, das Sie so stark wie möglich mit Wasser ausziehen. Da diese Körperpartie so hell ist, müssen Sie gleichzeitig auch den Hintergrund anlegen, damit Sie die wirklichen Tonwerte beurteilen und harmonisch einbringen können.

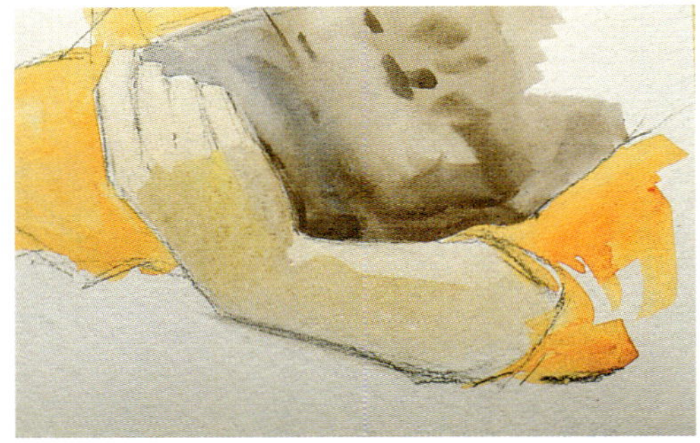

2. Tragen Sie in der Trockentechnik eine zweite Lasur in stark verdünntem Permanentgrün hell auf. Dieser Farbton gibt die Transparenz und Zartheit einer Haut, die stets vor der Sonne geschützt wird, gelungen wieder.

3. Mit einer dritten Lasur in Siena gebrannt, die Sie ziemlich weit ausziehen, deuten Sie die dunkelsten Hautpartien sowie die kleinen Schattenlinien zwischen den Fingern an. Malen Sie dann die Fingerknöchel mit einer Spur Karmin ein und nuancieren Sie den Hintergrund leicht, damit die Tonwerte stimmig wirken.

4. Der Unterarm und die Hand der Dame sind nun vollständig ausgearbeitet, doch die Darstellung benötigt noch ein paar stärkere Kontraste, damit die zarte Transparenz der Haut richtig zur Geltung kommt; hierfür intensivieren Sie noch einmal den Ton des Ärmels. Hier können Sie Schritt für Schritt verfolgen, wie wichtig die Harmonie der Tonwerte und die Beziehung der Farbtöne ist, damit Ihr Werk gelungen wirkt.

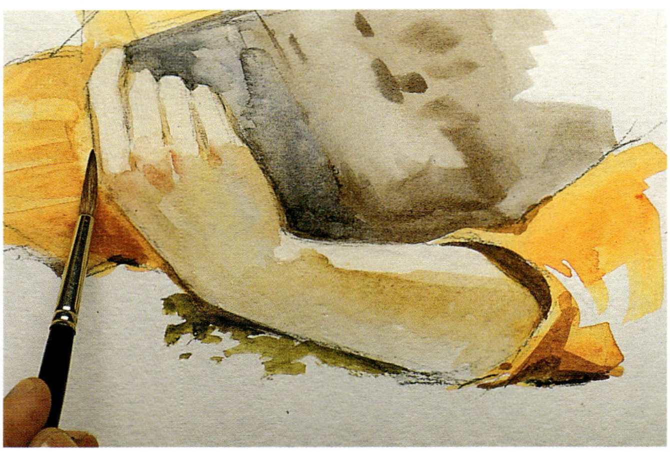

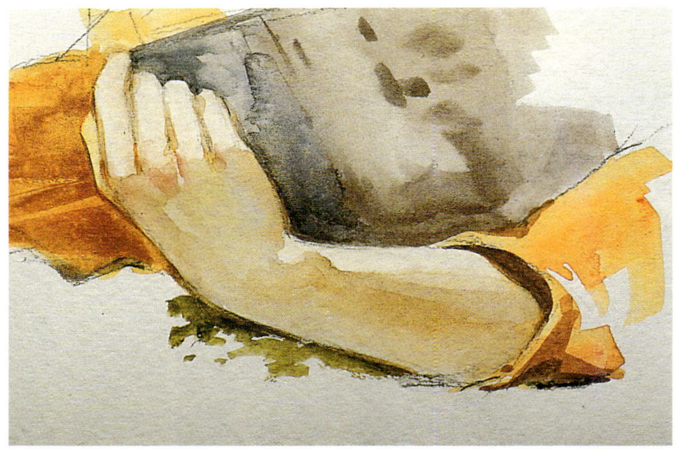

MENSCHLICHE HAUT – VOM WETTER GEGERBTE GESICHTSHAUT

Die Gesichtshaut eines Menschen, der sich jahrelang in der Sonne aufgehalten hat, ist dunkel getönt, zeigt besonders viele Falten und besitzt eine ledrige Struktur.

ACHTUNG

Die Darstellung der Haut ist in einem Porträt schwieriger als bei einer Gestalt, da Sie hier auch die Gesichtszüge und den Ausdruck des Modells vermitteln müssen. Jedoch präsentiert ein Gesicht interessante Falten, Härchen, diverse Farbnuancen und unzählige kleine Schatten.

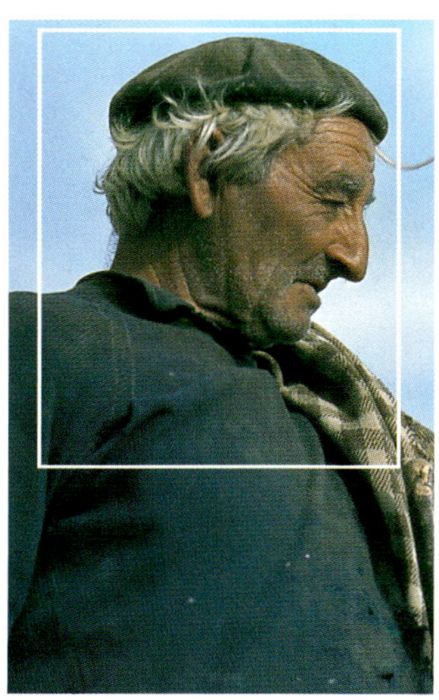

In dieser Studie stellen wir die vom Wetter gegerbte Gesichtshaut eines andalusischen Schäfers dar, der viel Zeit im Freien verbringt. Damit die Tonwerte zwischen den hellsten und dunkelsten Partien harmonieren, bauen wir dieses Porträt wie die vorigen Studien von Anfang an durch die Überlagerung von Farbschichten auf. Den Grundton der Haut kreieren Sie aus Karmin mit einer Spur Grün. Die Haare tönen Sie in Olivgrün. Nachdem Sie auf diese Weise eine farbige Basis für ihr Werk geschaffen haben, beginnen Sie damit, die Details zu gestalten, die die Haut dieses Gesichtes charakterisieren: seine ledrige Struktur.

1. Deuten Sie die ersten Falten auf der Stirn und die Krähenfüße mit einer Mischung von Karmin und Siena gebrannt an.

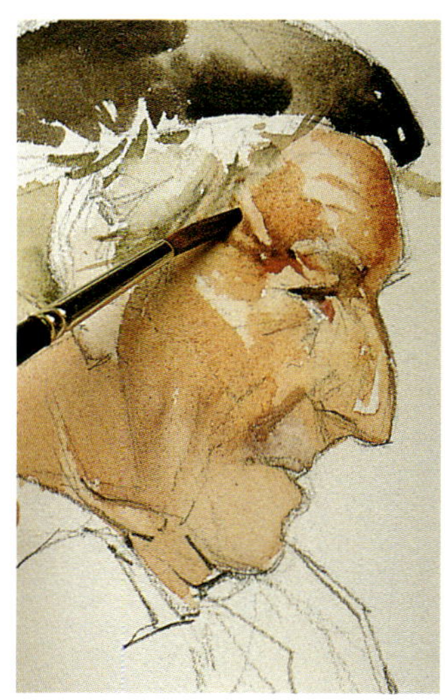

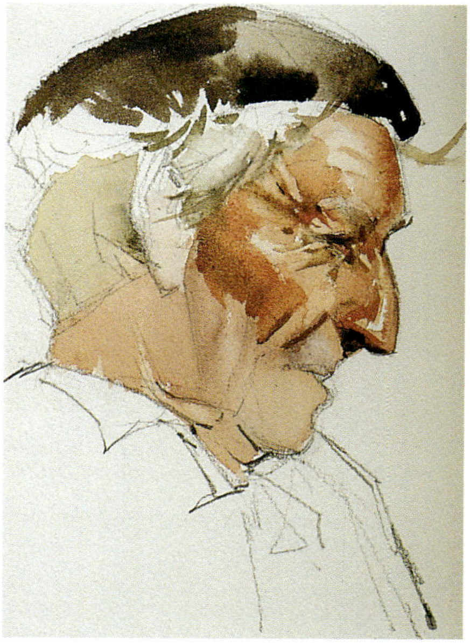

2. Arbeiten Sie in demselben Ton die Wange sowie die dunkelste Partie der Nase aus. Für die Falten um die Augen verwenden Sie Vandyckbraun mit einem Tupfer Karmin.

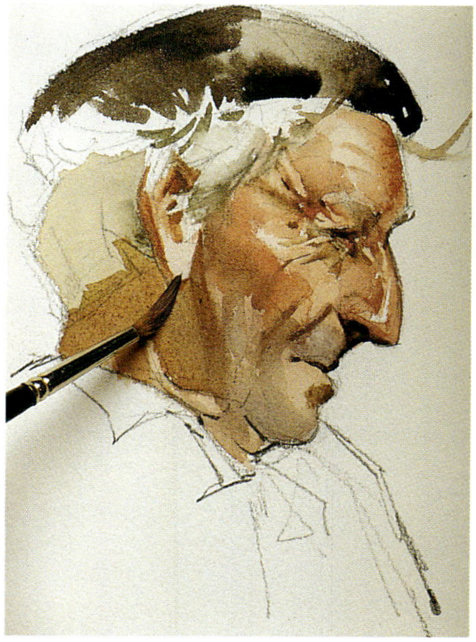

3. Mit der vorigen Mischung gestalten Sie anschließend die Form des Ohres und geben danach etwas Kobaltblau hinzu, um eine passende Nuance für den Bart zu kreieren.

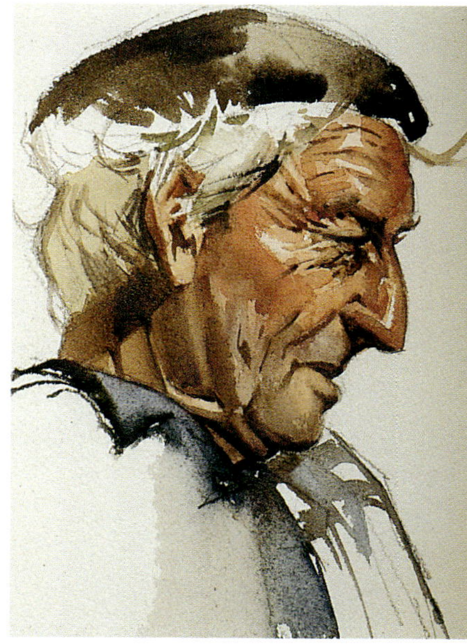

4. Im vollendeten Werk können Sie deutlich erkennen, wie der Künstler die Schatten immer wieder überarbeitet hat und mit der Pinselspitze allmählich die Gesichtsfalten konturierte. Solche Motive sind sehr schwierig zu gestalten und erfordern Zeit, Geduld sowie eine Menge Detailgetreue, denn für eine gelungene Darstellung muss der Künstler sehr präzise mit der Pinselspitze arbeiten können.

MENSCHLICHE HAUT

Feuchte Haut

Im Vergleich zu trockener Haut, zeigt sich auf feuchter Haut ein besonderer Effekt, da das Wasser Glanzlichter hervorruft, Farbtöne verstärkt und sich in kleinen Tröpfchen auf der Haut sammelt.

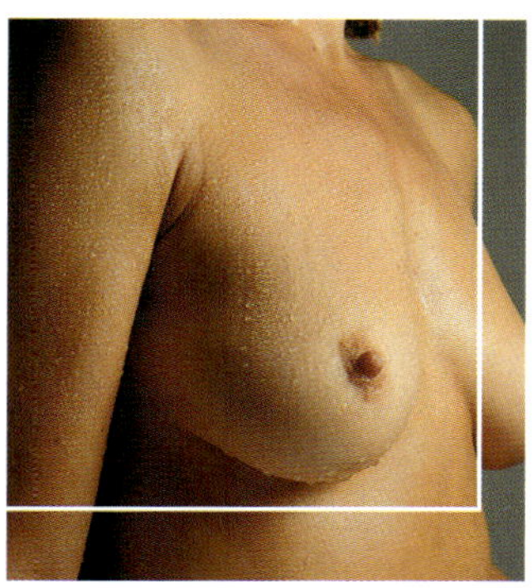

Dieses Foto eines weiblichen Torsos dient als Modell für die folgende Studie und veranschaulicht die attraktive Wirkung von kleinen Wassertröpfchen auf der seidenweichen Haut einer Frau.

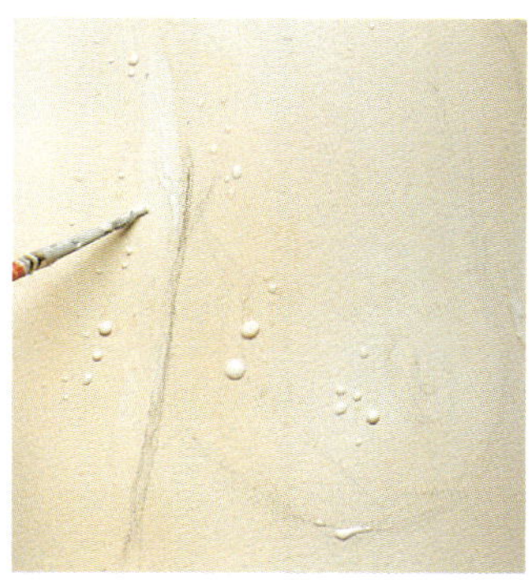

1. Kolorieren Sie die Bildfläche mit einer stark verdünnten Lasur aus mittlerem Gelb gemischt mit Zinnober sowie einer Spur Karmin, damit der Ton nicht Orange wirkt. Sobald diese Lasur getrocknet ist, sparen Sie die Punkte für die Wassertropfen und Glanzlichter mit Maskierflüssigkeit aus.

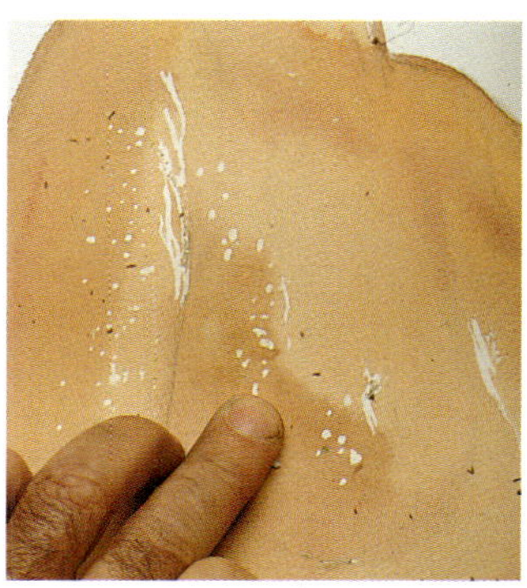

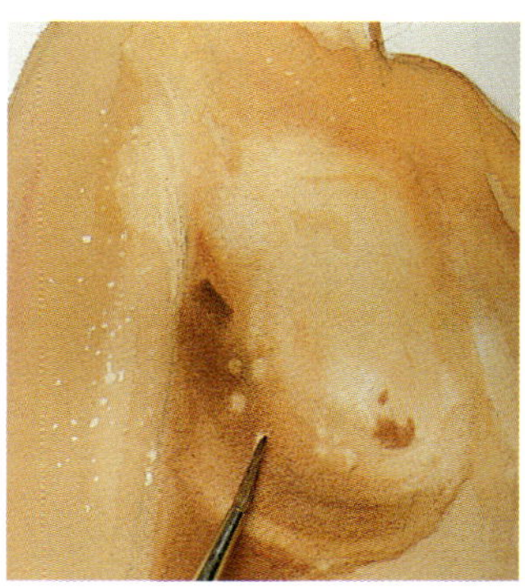

2. Sobald die Maskierung trocken ist, tragen Sie eine weitere Lasur in demselben, aber weniger stark verdünnten Ton auf. Für den Schatten auf der Brust geben Sie eine kleine Menge Siena gebrannt in die Mischung und fügen für das Dekolletee etwas Karmin mit einer Spur Zinnober hinzu. Wenn diese letzten Pinselstriche trocken sind, reiben Sie die Maskierung vorsichtig mit den Fingern ab. Wir entfernen die Maskierflüssigkeit bereits in diesem Stadium, weil die ausgesparten Stellen später einen zu scharfen Kontrast zu den restlichen Bildbereichen erzeugen würden und ihre Konturen außerdem zu abrupt und drastisch wirken könnten.

3. Beginnen Sie nun, die Form der Brüste in Zinnober gemischt mit Karmin zu gestalten, und verstärken Sie mit derselben, nötigenfalls schwächer verdünnten Mischung des vorigen Schritts noch den Ton einiger Hautpartien. Mit dieser letzten Farbschicht tönen Sie unweigerlich auch die zuvor ausgesparten Stellen. Um die glänzenden Wassertropfen wieder richtig in Szene zu setzen, saugen Sie mit dem abgestreiften Pinsel ein klein wenig Farbe aus der vorigen Farbschicht.

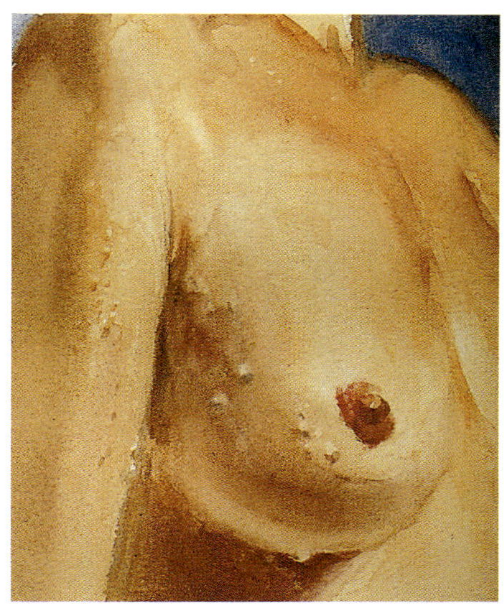

4. Zum Schluss detaillieren Sie die Brustwarze, ziehen die Farbe für den Schatten zwischen dem Arm und der Brust aus und malen den Schatten ein, den die Brust auf die Haut wirft. Für den Arm sowie die Oberseite der Brust tragen Sie noch etwas dunklere Töne auf, um die dunkelsten Hautpartien zu intensivieren und deuten die Formen der Knochen unter der Haut an. Um die Darstellung der kleinen Wassertropfen zu vollenden, setzen Sie an jedem noch kleine Farbtupfer, damit sie schön kontrastieren.

MENSCHLICHE HAUT — DUNKLE, FEUCHTE HAUT IM SONNENSCHEIN

Feuchte menschliche Haut präsentiert in so hellem Licht wie dem der Sonne unzählige Glanzlichter und scheint im Vergleich zu ihrer sonstigen Struktur, eine vollkommen glatte Oberfläche zu sein.

ACHTUNG

Dunkle Haut ist in der Aquarelltechnik schwieriger darzustellen als helle Haut, da die Farbtöne hier ganz allmählich mit dem restlichen Bild aufgebaut und nach und nach intensiviert werden müssen; zudem sind dunkle Töne aufwändiger zu kreieren und im Vergleich zu hellen Farben viel schwieriger zu nuancieren.

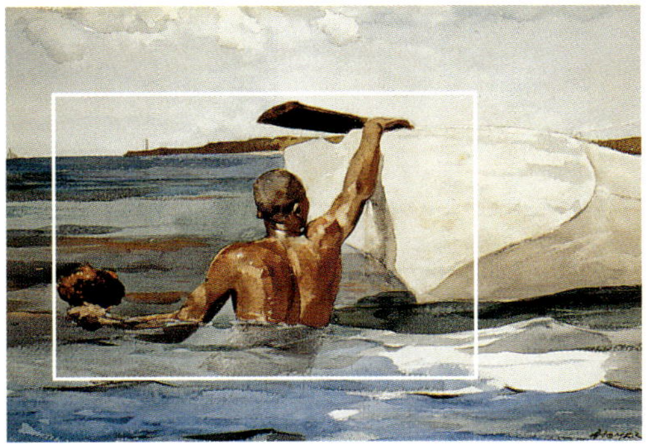

Wir möchten diesen Ausschnitt aus dem Werk The Sponge Diver *(1898-99) des Malers Winslow Homer reproduzieren, der eine männliche Gestalt mit dunkler, feuchter Haut im grellen Sonnenlicht zeigt. Den dunklen Farbton der Haut kreieren wir durch die allmähliche Überlagerung immer dunklerer Lasuren.*

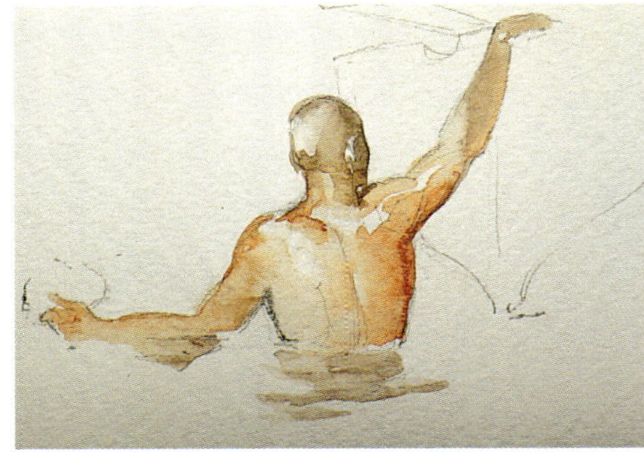

1. Zu Beginn konturieren Sie die Partien von Licht und Schatten auf dem Rücken sowie den linken Arm mit einer Mischung aus Siena gebrannt und Kadmiumorange. Für den Unterarm an der Bootsseite verwenden Sie dieselbe Mischung mit einer Spur Kobaltblau und deuten in diesem Ton auch die Spiegelung des Körpers auf dem Wasser an. Malen Sie den Kopf mit einem Tupfer Vandyckbraun, und sparen Sie die Stellen für die Glanzlichter Weiß aus.

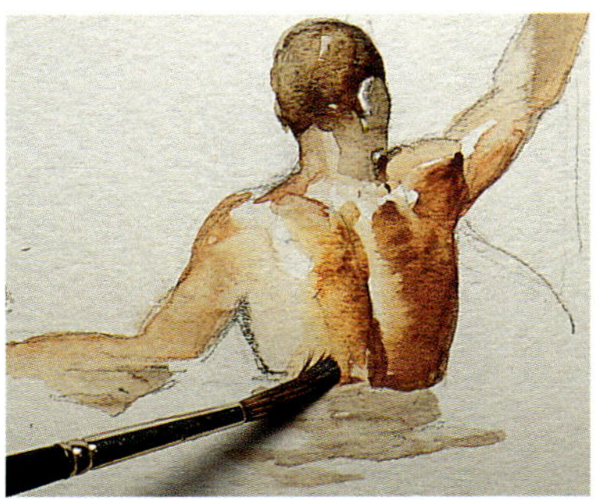

2. Im zweiten Schritt tönen Sie die Haare dunkler und beginnen damit, die Schattenpartien auf dem Rücken mit einem Mischton aus Vandyckbraun, Siena gebrannt und Karmin zu gestalten.

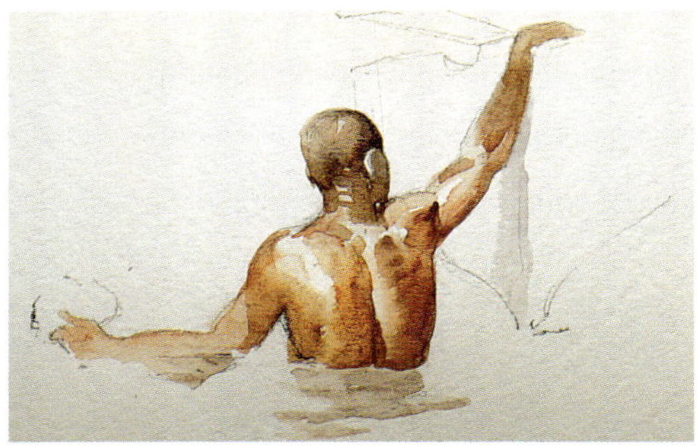

3. Arbeiten Sie nun den Rücken sowie einige Partien der Arme vollständig in diesem Mischton aus. Den Schatten, den der Schwammtaucher auf die Bootsfläche wirft, kreieren Sie mit Kobaltblau und einer Spur Siena.

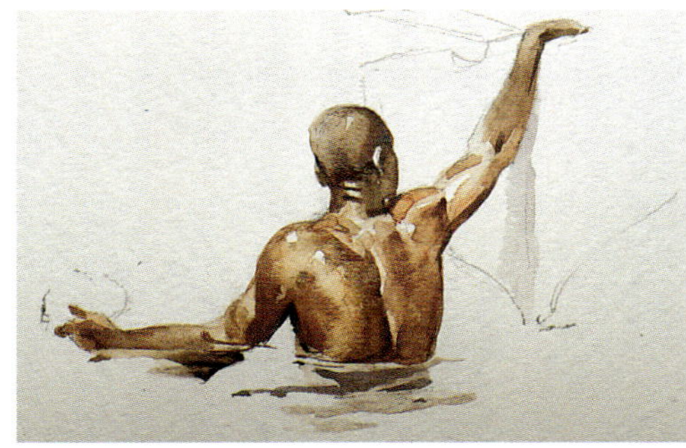

4. Im letzten Stadium tönen Sie die Haut bis auf die Glanzlichter mit einer Lasur in Siena gebrannt und Zinnober noch etwas dunkler und nuancieren einige Stellen. Für die dunkelsten Schatten sowie die Spiegelung auf dem Wasser fügen Sie abschließend etwas Vandyckbraun und Kobaltblau hinzu.

MENSCHLICHE HAUT — DIE KÖRPERBEHAARUNG

Menschliche Haut ist selten vollkommen glatt. Auf jedem Körper finden sich Details, die die Tönung oder die Struktur der Haut verändern. Diese Merkmale können etwa Sommersprossen, Leberflecke oder auch Narben und Muttermale sein, doch besonders charakteristisch ist vor allem bei männlichen Gestalten die Körperbehaarung.

ACHTUNG

Die menschliche Hautfarbe ist niemals gleichmäßig, sondern präsentiert an verschiedenen Körperstellen häufig sehr unterschiedliche Nuancen und Töne.

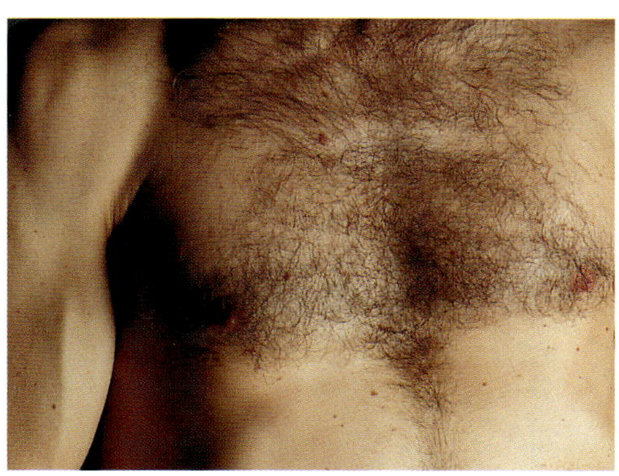

In der folgenden Studie stellen wir den Torso eines Mannes dar, der ziemlich stark behaart ist.

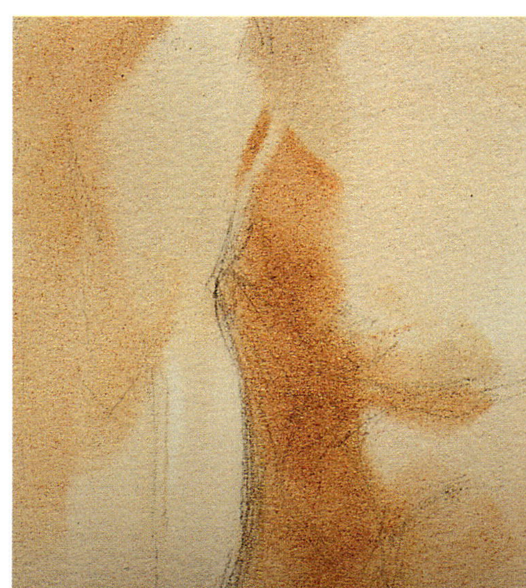

1. Tragen Sie zunächst eine stark verdünnte Lasur aus Karmin mit mittlerem Gelb auf, und legen Sie darauf mit Siena gebrannt die Bereiche von Licht und Schatten an.

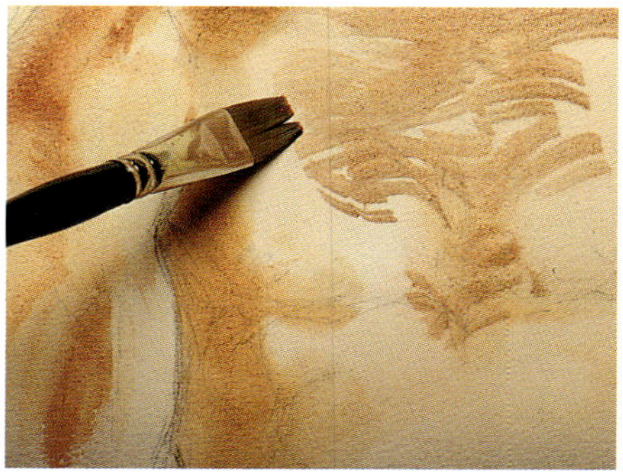

2. Geben Sie für die dunkelste Partie des Armes eine Spur Karmin in die Mischung, und deuten Sie in der Trockentechnik die allgemeine Struktur der Haare mit einer Mischung von Siena gebrannt und einer Spur Olivgrün an.

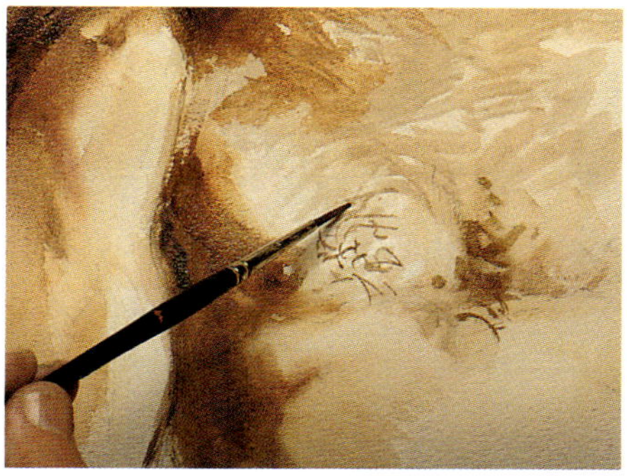

3. Bringen Sie weitere Töne harmonisch ins Bild und intensivieren Sie die Schatten etwas, indem Sie einen Tupfer Vandyckbraun in die Mischung geben. Malen Sie mit einem feinen Pinsel die kleinen Härchen ein, die Sie anschließend mit dem abgestreiften Haarkörper verschmelzen.

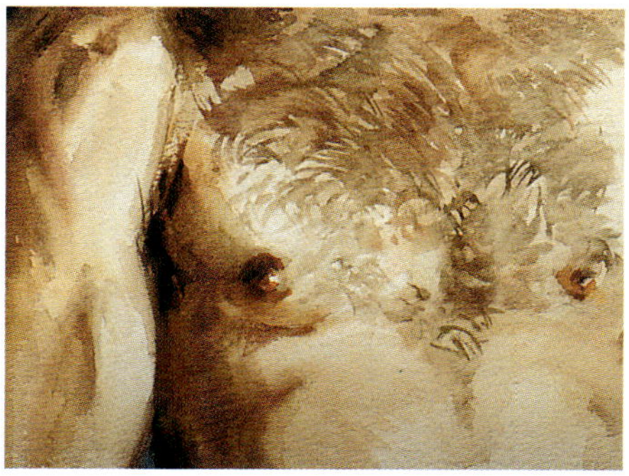

4. Fügen Sie die Brustwarzen mit einer Mischung aus Siena gebrannt, Kadmiumorange sowie einer Spur Karmin ein, und präzisieren Sie noch die Schatten auf dem Arm. Die Brustbehaarung wurde in aufwändiger Detailarbeit mit dem feinen Pinsel gestaltet, damit sie realistisch wirkt.

MENSCHLICHE HAUT

Eine Menschengruppe

Wenn Sie eine Gruppe von Personen malen, sollten Sie sie als ein zusammengehöriges Ganzes ausarbeiten und die Gesichtszüge der Figuren relativ undefiniert lassen, da das Hauptaugenmerk hier auf der harmonischen Komposition der Gestalten liegt. Wenn Sie die einzelnen Personen detailliert ausgestalten, würde die Komposition zerstückelt und das Werk irreal wirken. Zudem könnten Sie die Proportionen und räumlichen Verhältnisse, sowohl der Figuren als auch der Perspektive, verzerren. Denken Sie auch daran, dass sich die Menschen in einer Gruppe den Raum teilen und auf bestimmte Weise miteinander verbunden sind; diese besondere Beziehung sollten Sie in Ihrem Werk ausdrücken.

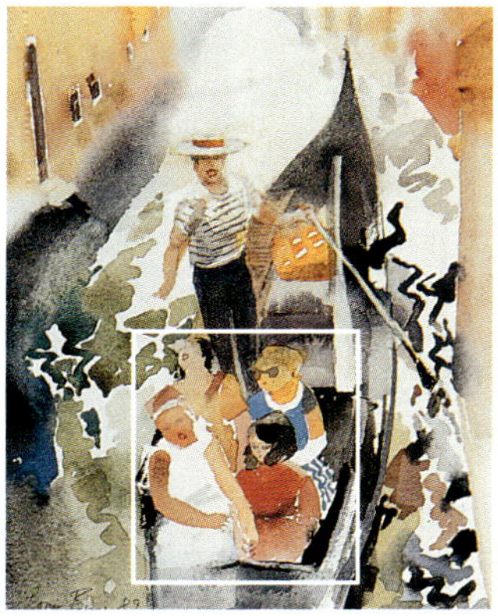

Wir arbeiten an einem Ausschnitt aus O Sole Mio! *von Lorna Binns.*

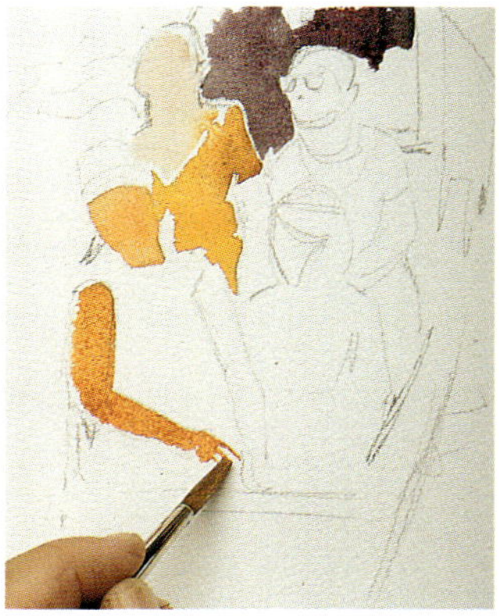

1. Die Haut der linken oberen Figur tönen Sie mit stark verdünntem Zinnober. Den Hautton der darunter stehenden Frau kreieren Sie mit einer Spur Orange in demselben, aber satteren Farbton.

2. Für den linken Arm der vorigen Figur sowie das Gesicht der Frau neben ihr tragen Sie stark verdünntes Karmin auf. Das Gesicht der Dame mit der Brille kolorieren Sie mit ziemlich schwachem Orange.

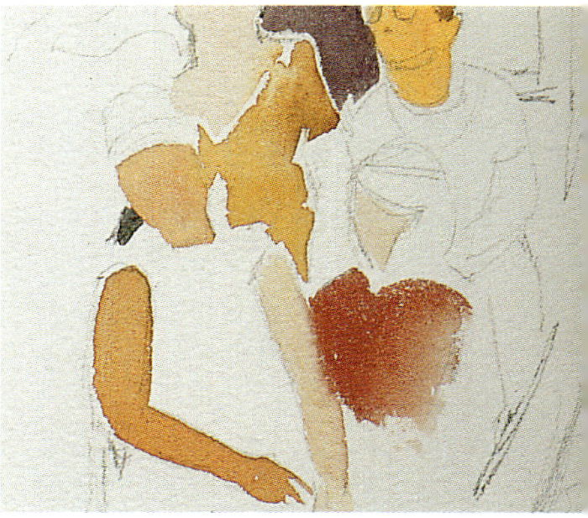

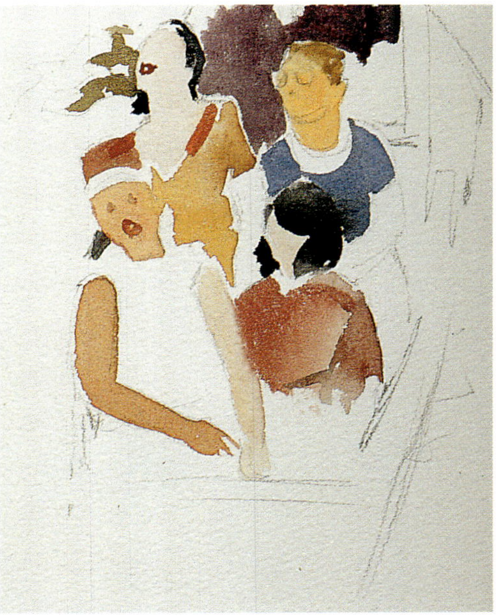

3. Malen Sie die Haare der Frauen mit sattem Indigo und legen Sie eine zarte Lasur in Karmin über den rechten Arm sowie das Gesicht der unteren linken Figur, um den zuvor kreierten orangen Ton zu nuancieren. Tupfen Sie für die Lippen etwas Karmin auf und beginnen Sie damit, die Kleidung zu gestalten. Die Töne sind hier recht zart, und die Hauttöne kommen vor allem durch die umliegenden Farben zur Geltung.

4. Tönen Sie nun den linken Arm sowie die Brille der einen Dame. Deuten Sie das Gesicht der Frau unter ihr mit zarten Tupfern an, und setzen Sie die letzten Striche für die Kleidung. Stellen Sie mit einem feinen Pinsel die Tätowierung auf dem Oberarm der Figur im weißen Kleid dar. Sie können nun gut erkennen, wie die Töne zwischen den Figuren variieren, und eine einzige Figur neben den dominierenden Orangetönen auf dem anderen Arm auch Nuancen von Karmin zeigt.

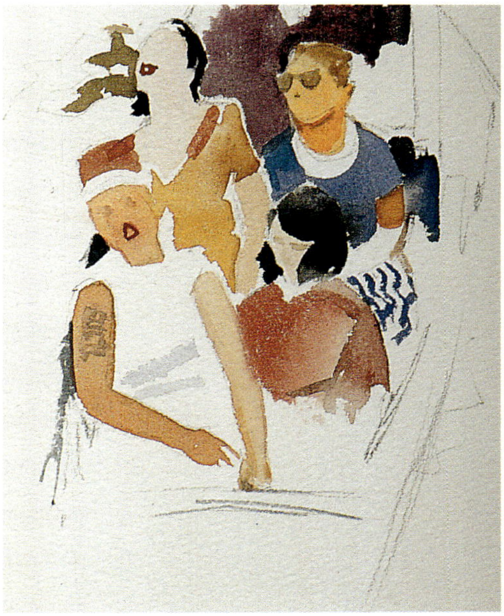

Tierische Texturen

Während menschliche Haut lediglich unterschiedliche Farbtöne und gewisse Variationen in ihrer Struktur präsentiert, findet sich in der Tierwelt ein unendlicher Reichtum an unterschiedlichen Farben und Texturen.

Für einen Künstler kann es eine sehr reizvolle Herausforderung sein, die vielfältigen Texturen der Tierarten, von den Haustieren bis hin zu exotischen Tieren des Dschungels, mit Aquarellfarben darzustellen. Dies bedeutet aber auch, dass er sich bei jedem Motiv Gedanken über die spezielle Technik der Aquarellmalerei machen muss. Selbst wenn die Tiere nicht zur Hauptattraktion eines Bildes werden, muss der Künstler in zahlreichen Motiven, angefangen von erlegten Jagdtieren wie Perlhühnern oder Kaninchen in einem Stillleben bis hin zu schwimmenden Fischen in einem Aquarium oder einer schlafenden Katze auf dem Boden, verschiedenste tierische Strukturen wie etwa das Fell eines Hundes, die Federn wilder Vögel oder die schuppige Haut von Fischen darstellen.

Oftmals gelingt die raue, faltige Haut eines Elefanten oder die zart glänzende Haut eines Frosches, das lange Fell von Lamas oder das Gefieder eines Wellensittichs sogar in derselben Technik. Die interessante Welt der Tiere können Sie sich am besten erschließen, indem Sie neugierig an Ihr Motiv herangehen.

ACHTUNG

Jedes Tier lässt unter seiner Körperhülle, sei sie nun mit Fell, Federn oder Haut bedeckt, auch die Struktur des Skeletts sowie die Formen und Volumen seines Körpers erkennen, die in einem Bild zur Geltung kommen müssen.

TIERHÄUTE

Während die menschliche Haut in erster Linie durch Farbtöne variiert, präsentiert die Haut von Tieren vielfältige Farben, Strukturen, Beschaffenheiten und Nuancen. Tierhaut kann, wie die eines Frosches, feucht glänzen, zart und mit grellen Farben besprenkelt sein oder, wie bei einem Dickhäuter, ledrig, rau, matt und dunkel wirken. Für jede dieser Hautarten kommt eine andere, spezielle Aquarelltechnik zum Einsatz.

TIERHÄUTE — Die Flügel einer Fledermaus

Die Haut, die die Flügelknochen der Fledermaus umspannt, wirkt besonders zart, glänzend und geschmeidig; diese Aspekte soll auch unsere Darstellung vermitteln.

Der Ausschnitt mit den Flügeln dieser Illustration dient uns als Modell für die folgende Studie.

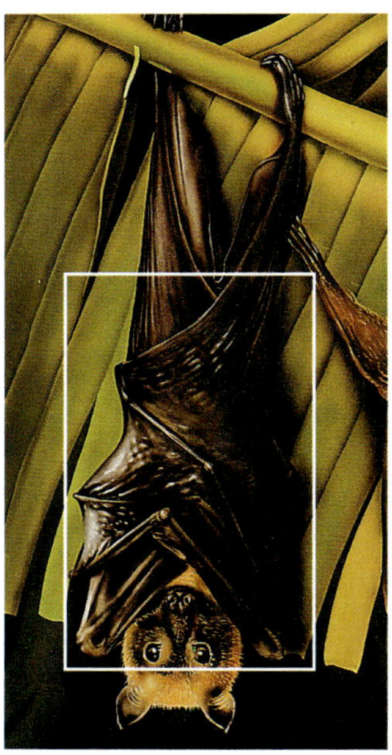

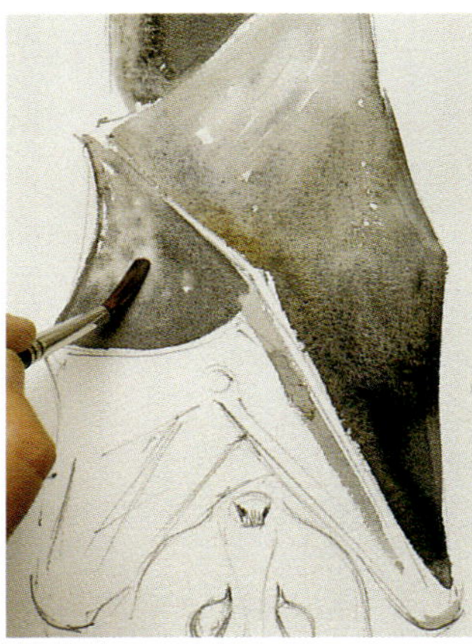

1. Kreieren Sie diesen dunklen Ton aus Indigo, Siena gebrannt und Vandyckbraun, und lasieren Sie damit die Fläche, die später die Flügel repräsentiert. Beachten Sie, dass der Ton dieser Lasur nicht gleichmäßig ist, sondern je nach Partie variiert. Nachdem die Farbe getrocknet ist, öffnen Sie das Weiß für die Glanzlichter mit dem abgestreiften Pinsel.

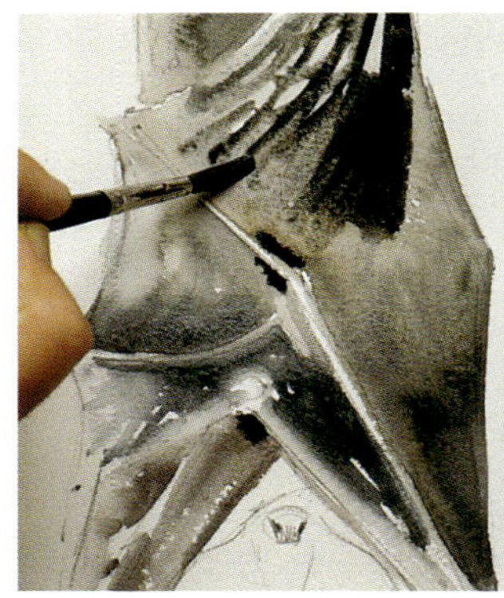

2. Kolorieren Sie die Flügel bis auf die Glanzlichter in dieser Mischung. Mit demselben, aber satteren Ton beginnen Sie nun damit, die Schatten einzumalen und deuten mit geschickten Pinselstrichen die Falten der Flügelhaut an.

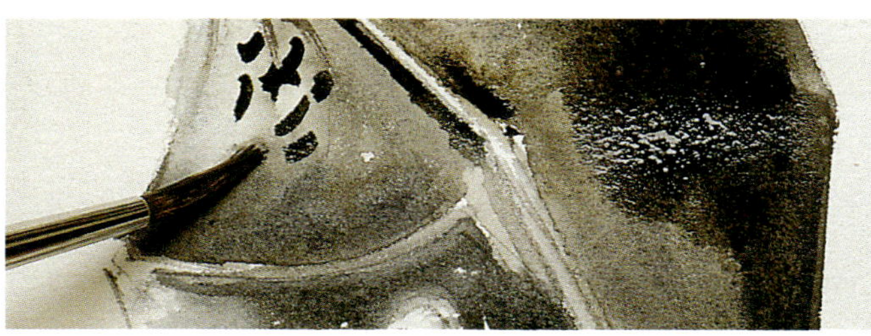

3. Gestalten Sie die ersten Linien mit dem feuchten Pinsel etwas weicher und tragen Sie für die dunklen Partien noch eine Lasur auf. Heben Sie die Glanzlichter anschließend mit kleinen dunklen Tupfern hervor.

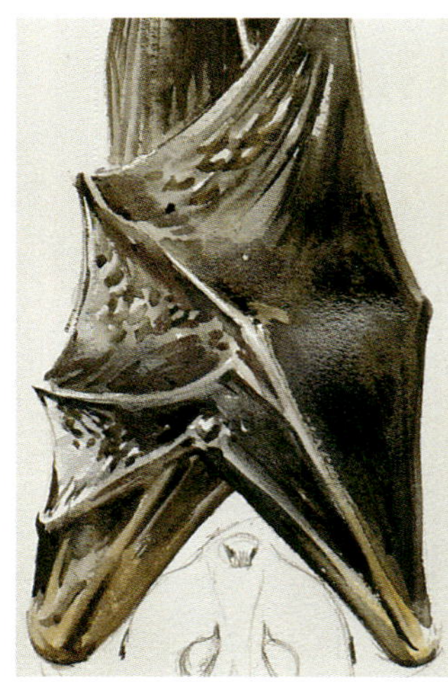

4. Um diese Studie zu vollenden, fügen Sie noch eine Spur Ocker für die untersten Knochen der Flügel ein und tönen die gesamte Fläche mit einem satteren Ton dunkler, damit sich die ausgesparten Glanzlichter durch den so kreierten Kontrast besser abheben.

TIERHÄUTE

DIE HAUT EINES ELEFANTEN

Die raue Haut eines Elefanten ist in einer ziemlich dunklen Farbe getönt, die graue, braune sowie erdfarbene Nuancen aufweist. Da diese Haut eine dicke, ledrige und faltenreiche Struktur besitzt, wirkt sie sehr interessant.

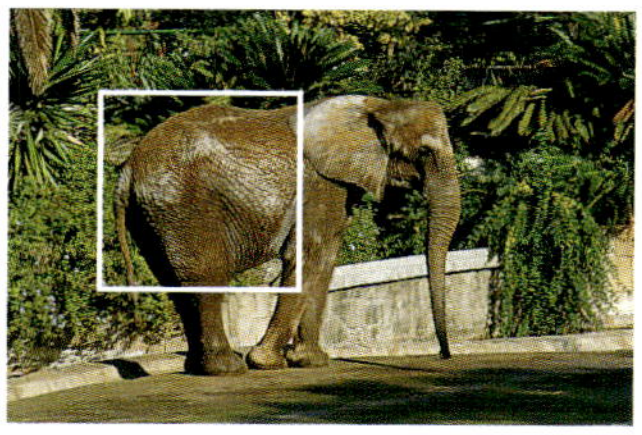

Hier stellen wir das Hinterteil eines Elefanten dar, dessen Haut durch die vielen Falten eine unebene, schroffe Struktur aufweist.

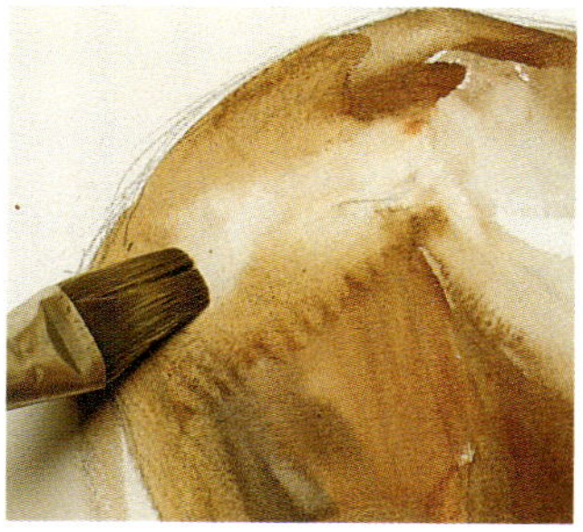

***1.** Tragen Sie eine Lasur in Siena gebrannt gemischt mit Zinnober auf und legen Sie dabei bereits die hellen und dunklen Partien an. Für die grau getönten Flächen ziehen Sie die Farbe weit aus und geben etwas Cöelinblau in die Mischung. Die Flanke gestalten Sie mit einem zusätzlichen kleinen Tupfer Kobaltblau. Bevor diese Lasur trocknen kann, öffnen Sie mit dem abgestreiften Pinsel nun das Weiß für die hellsten Partien.*

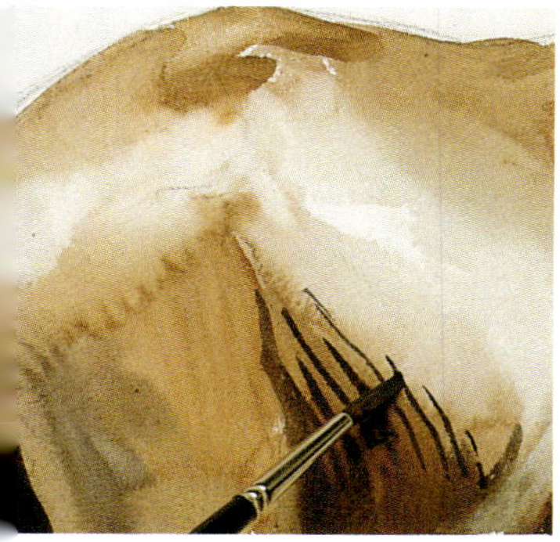

***2.** Deuten Sie die ersten Falten mit feinen Linien in Indigo an, das Sie mit Vandyckbraun nuancieren.*

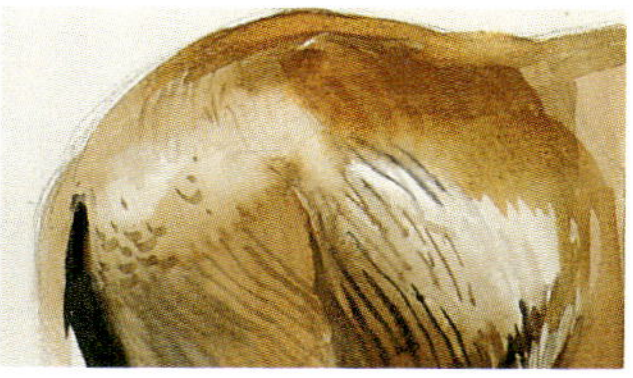

***3.** Arbeiten Sie die Falten des Modells je nach der Hautpartie mit demselben, mehr oder weniger satten Ton weiter aus.*

***4.** Abschließend fügen Sie einige unterschiedlich satte, mehr oder weniger klar definierte Linien in verschiedenen Richtungen ein, um die Darstellung der rauen Textur dieser Elefantenhaut zu vollenden.*

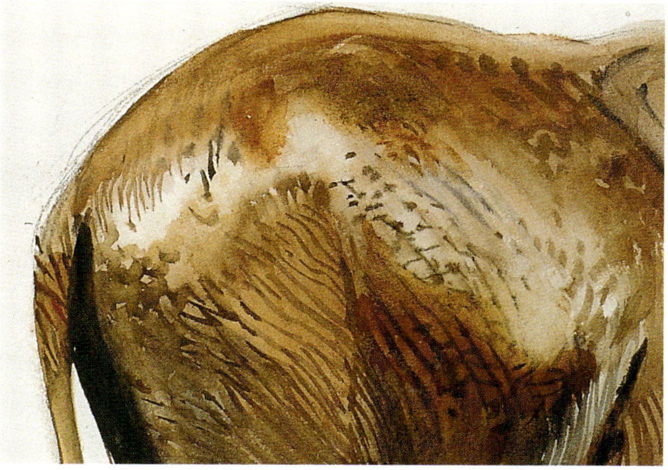

TIERHÄUTE

DER BAUCH EINES HAIFISCHS

Die Haut von Haifischen wirkt dick, rau und matt. Am Bauch dieser Tiere ist die Haut sehr hell während sie zum Rücken hin allmählich eine dunklere, graue und blaustichige Tönung gewinnt.

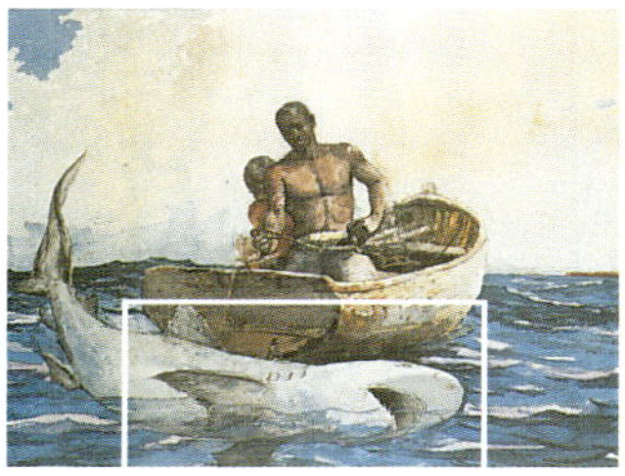

Für dieses Motiv wählen wir einen Ausschnitt aus dem Werk Shark Fishing *(1895) von Winslow Homer.*

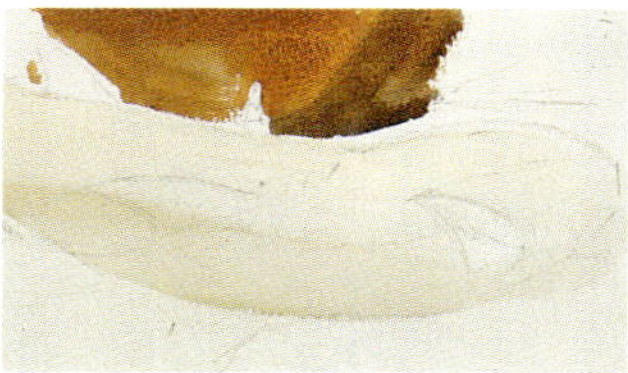

***1.** Um einen Kontrast zu kreieren, malen Sie zu Beginn das Boot in Siena gebrannt ein und kolorieren den Körper des Hais in einer stark verdünnten Lasur aus Cöelinblau mit einer Spur Siena und Gelb.*

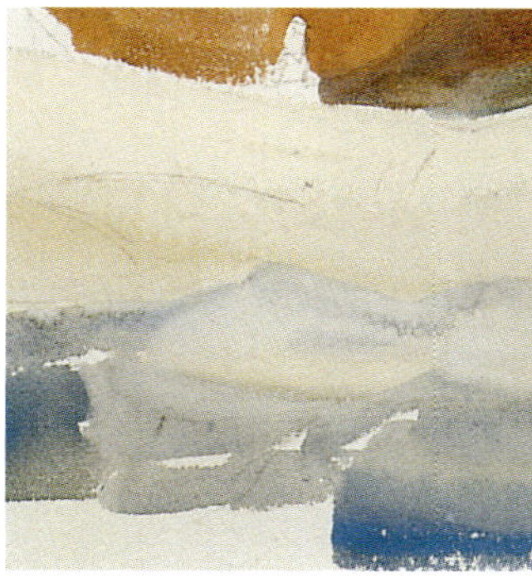

***2.** Sobald die vorige Lasur getrocknet ist, malen Sie das Wasser in Cöelinblau ein, das Sie mit Kobaltblau verschmutzen. Tönen Sie die Fläche vor dem Haikörper dabei allerdings nur schwach.*

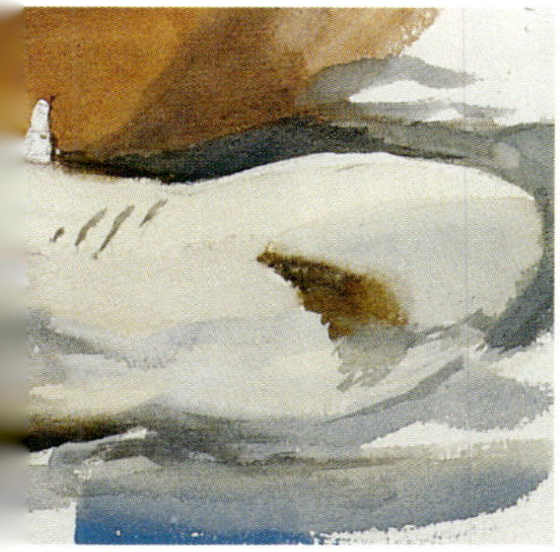

***3.** Mit stark verdünntem Indigo deuten Sie nun die Flosse sowie das Maul des Hais an und suggerieren die Kiemen mit Siena gebrannt.*

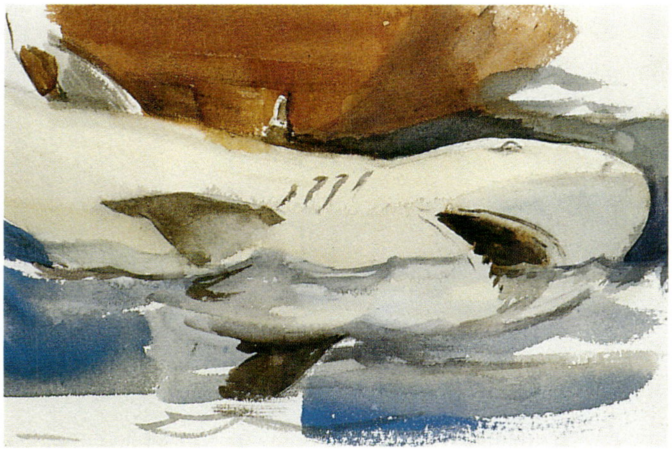

***4.** Nuancieren Sie abschließend die Flosse mit einer Lasur in Siena und malen Sie die Details für das Maul, das Auge sowie den Körper unter der Wasseroberfläche ein. Beachten Sie in dieser Studie, wie die Hautstruktur des Haies bereits durch die subtilen Töne der ersten Lasur dargestellt wurde und die nächsten Schritte hauptsächlich dazu dienten, die Form des Körpers sowie das ihn umgebende Wasser zu gestalten.*

FELL

In der Natur sind zahlreiche Tierarten mit schützendem Fell bedeckt, das jeweils ganz charakteristische Eigenschaften besitzt und sich von Tier zu Tier in seiner Farbe, der Länge, der Dichte sowie seiner Struktur unterscheidet. Beispielsweise können die Schweifhaare eines Pferdes so lang sein, dass sie sich an den Spitzen spalten. Dagegen besitzen viele Zebras ein so dichtes und kurzes Fell, dass sie wie lebensgroße Plüschtiere wirken.

Bei einigen Tieren kann das Haarkleid im Sonnenlicht glänzen, während es bei anderen immer stumpf und matt aussieht. Zudem spielt auch die Farbe des Fells eine große Rolle: bei einigen Tieren variiert die Tönung des Fells höchstens an bestimmten Körperstellen, während andere wie die Giraffe farbenfrohe Muster präsentieren. Aus diesem Grund gibt es für die Darstellung von Fell keine universelle Technik, sondern es muss dem Künstler gelingen, die jeweiligen Charakteristika des Haarkleides zu betonen.

FELL — EINE GIRAFFE

Die Giraffe besitzt ein extrem kurzes, dichtes Fell, dessen Struktur man erst erkennen kann, wenn man es genau betrachtet; außerdem zeigt es durch seine unregelmäßige Pigmentierung skurrile geometrische Muster auf dem Körper der Giraffe, die dadurch ein attraktives Motiv für die Aquarellmalerei darstellt.

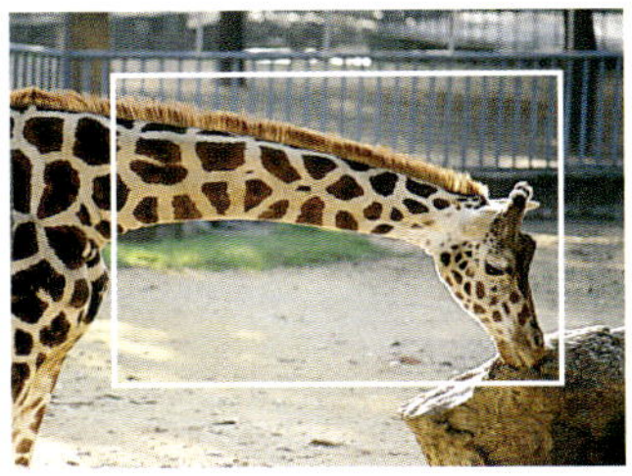

In der folgenden Studie möchten wir das reizvoll gemusterte Fell sowie die kurze Mähne auf dem Hals dieser Giraffe malen.

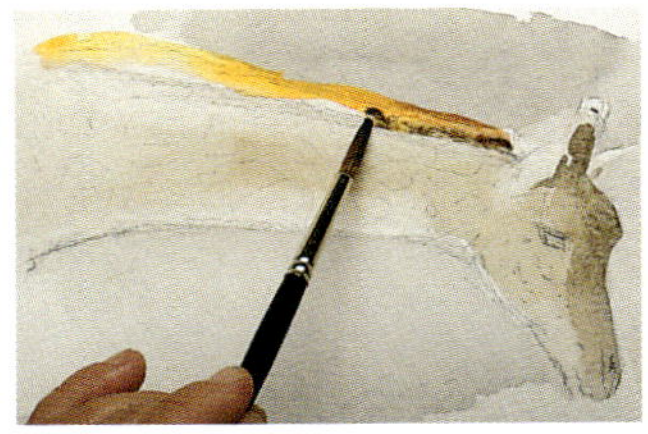

1. Für stärkeren Kontrast tragen Sie zunächst eine zarte Lasur auf den Hintergrund. Aus Kobaltblau, Siena gebrannt und einer Spur Ocker tönen Sie den Kopf sowie den Hals in einer ungleichmäßigen braunen Lasur, die die Grundfarbe darstellt und die Schatten andeutet. Für die Mähne verwenden Sie verdünntes Kadmiumorange mit Gelb, anschließend dunkeln Sie den Ton dieser Lasur weiter in der Nasstechnik ab.

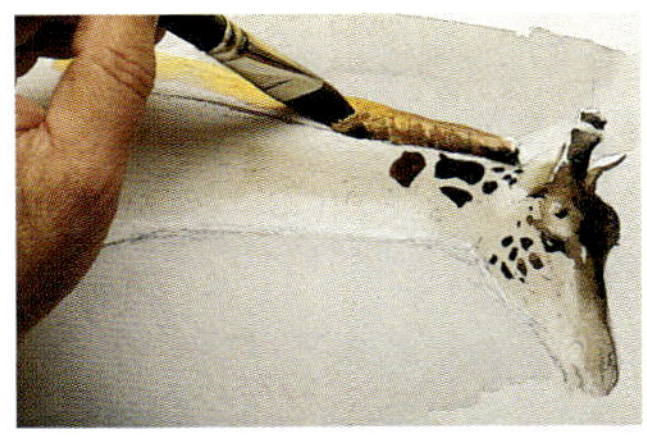

2. Malen Sie die ersten Flecken in Siena gebrannt mit Vandyckbraun ein. Sobald die vorige Lasur trocken ist, deuten Sie die Struktur der Mähne in satterer Mischung der Grundfarbe mit einem Flachpinsel in der Trockentechnik an.

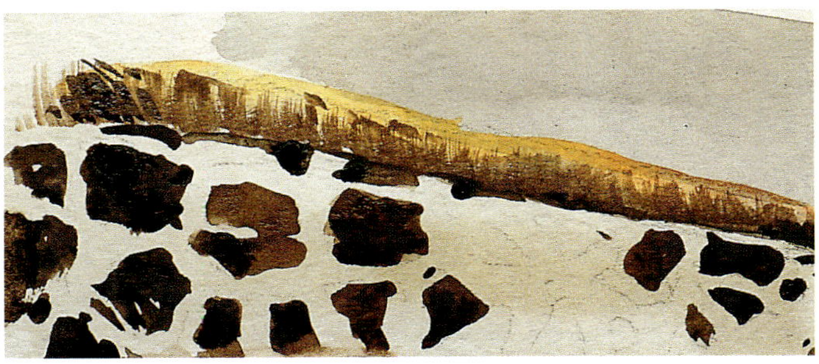

3. Arbeiten Sie die Mähne vollständig aus, und beginnen Sie damit, das Fellmuster von der anderen Bildseite her zu gestalten, damit es insgesamt einheitlich wirkt. Denken Sie daran, einige Flecken ebenso wie die darunter liegende Lasur heller zu kreieren, damit der Eindruck eines weichen, kurzen Haarkleides entsteht.

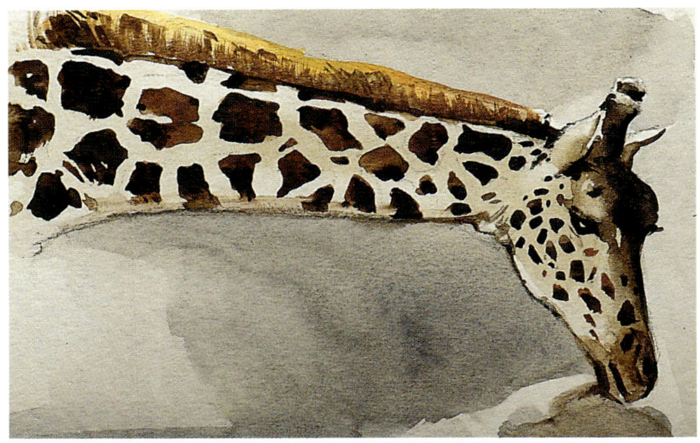

4. Wie Sie sehen können, kommt die Struktur der Mähne sowie das Gefühl von seidenweichem Fell auf dem Giraffenkörper gelungen zu Geltung.

FELL — EIN ZEBRA

Da das Fell dieses Zebras weich und dicht ist, vermittelt es einen flauschigen Eindruck; zudem gewinnt es durch sein hübsches Streifenmuster einen besonderen visuellen Reiz und trägt zusätzlich dazu bei, dass das ganze Zebra wie ein knuddeliges Plüschtier wirkt.

Wegen des starken Kontrasts seines gemusterten Fells, stellt das Zebra ein außerordentlich interessantes Motiv für den Aquarellmaler dar.

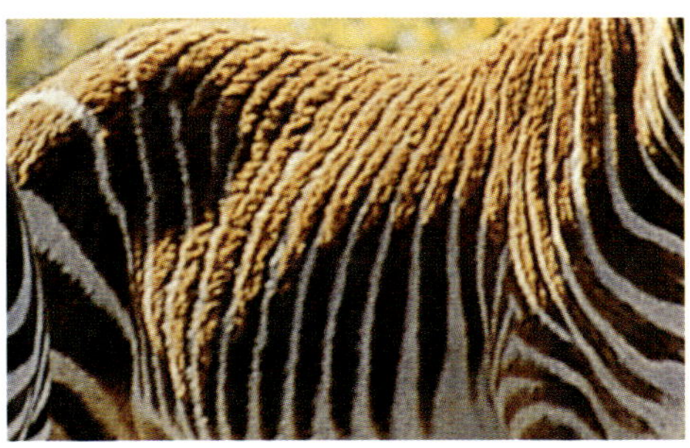

Für die folgende Studie stellen wir den Körper dieses Zebras dar, dessen Fellstruktur und verschiedene Farbnuancen durch das einfallende Licht schön akzentuiert werden.

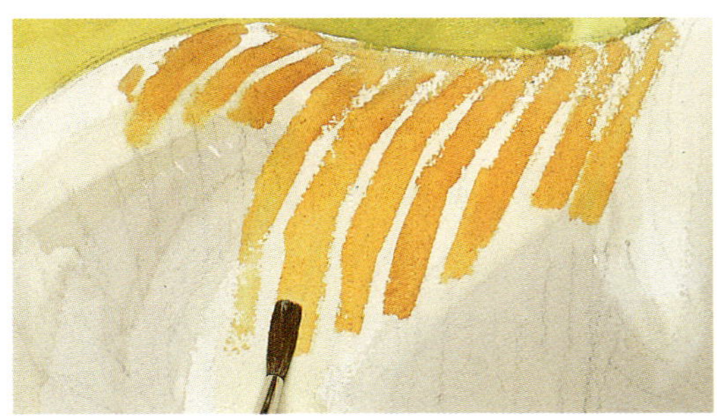

1. Zu Beginn kolorieren Sie den Hintergrund in Grün, damit sich die helle Fläche abhebt. Den Körper tönen Sie mit einer zarten grauen Lasur aus der Mischung von Siena gebrannt, Kobaltblau und Cölinblau, wobei Sie bereits die dunkelsten Flächen andeuten. In Ocker gemischt mit Orange malen Sie darauf die ersten Streifenmuster ein.

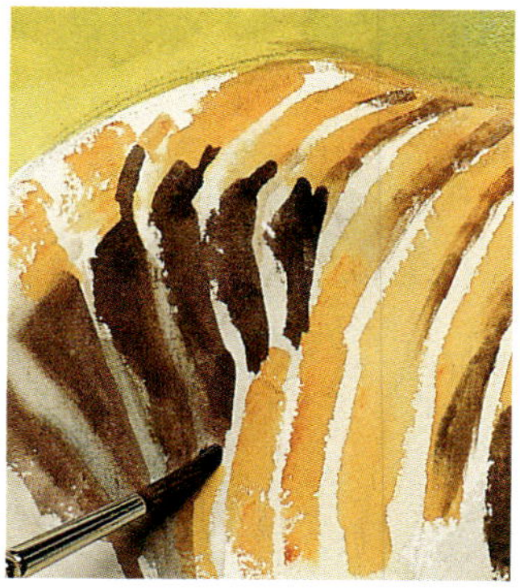

2. Für die Schattenpartien verwenden Sie Vandyckbraun, das Sie mit Karmin lebhafter nuancieren. Ziehen Sie die dunkle Farbe auch leicht in die weißen Flächen, damit Sie realistischer wirken.

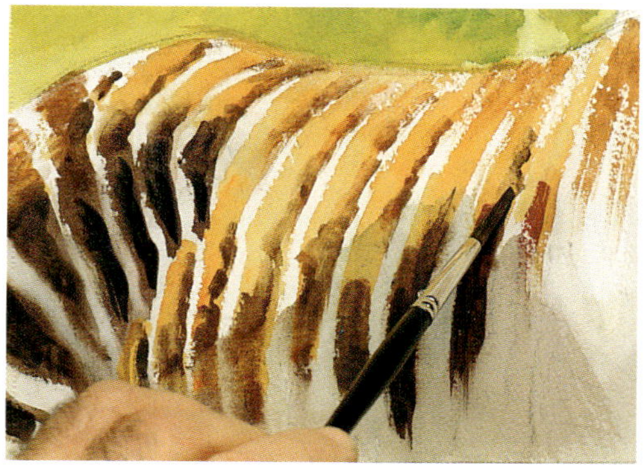

3. Gestalten Sie auf diese Weise die Schattenbereiche weiter aus und schwächen Sie die Farbränder nach jedem Pinselstrich ab.

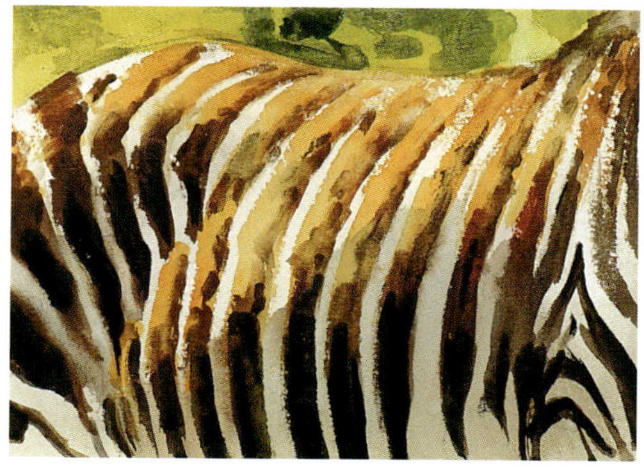

4. Indem Sie klar definierte Pinselstriche vermeiden und einige Schatten auf den Streifenmustern mit kleinen Tupfern suggerieren, können Sie den flauschigen Eindruck dieses Fells gekonnt einfangen. Die variierenden Tonwerte des Fells auf der rechten Seite kreieren Sie mit einer Spur Ultramarin in der Mischung.

FELL

Ein Braunbär

Bären besitzen ein relativ langes, dichtes Zottelfell. Ihr Haarkleid präsentiert zwar keine starken Farbkontraste, dafür aber vielfältige Tonwerte, denn neben den großen Licht- und Schattenpartien, erzeugen auch die kleinen Schatten zwischen den Zotteln Kontraste, durch die der Künstler die charakteristische Textur des Bärenfells wiedergeben kann.

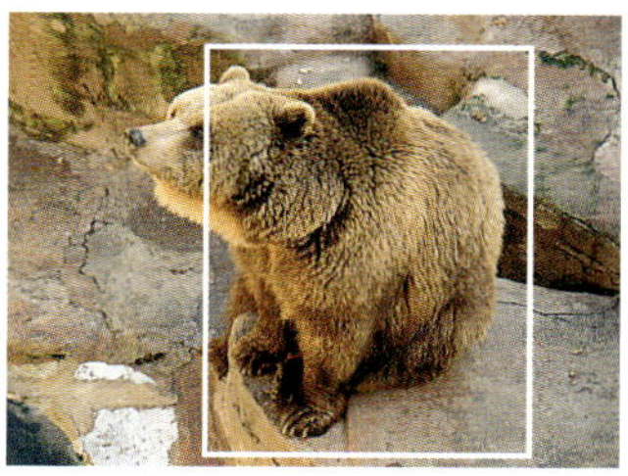

Diesen Braunbären malen wir ohne sein Gesicht und stellen lediglich seinen massigen Körper mit den großen Tatzen dar.

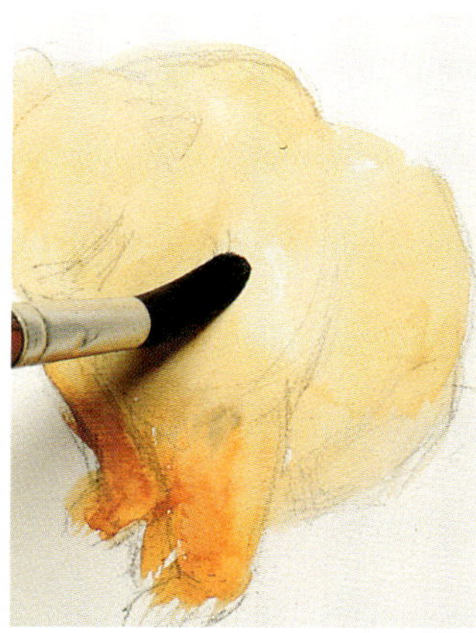

1. Mit einer Mischung von Kadmiumorange und Kobaltblau ziehen Sie eine Lasur über die gesamte Fläche des Bärenkörpers und geben für die Vorderbeine etwas mehr Orange hinzu.

ACHTUNG

Wenn Sie kurzes Fell malen, vermitteln Sie vor allem das Gefühl seiner flauschigen Weichheit; langes Fell müssen Sie zusätzlich durch zarte Pinselstriche gestalten, die seine Struktur, Länge und Dichte suggerieren.

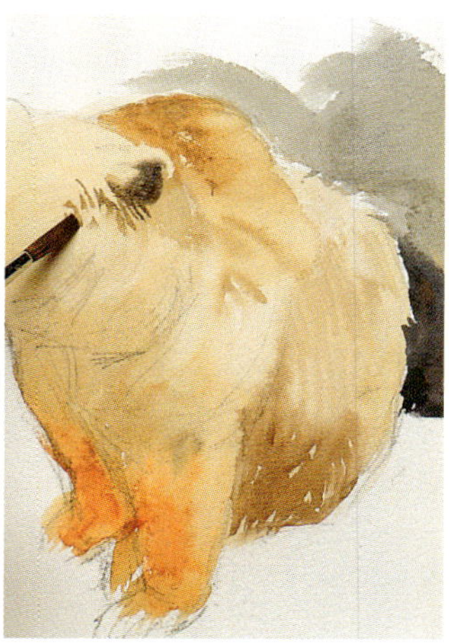

2. Tönen Sie den Hintergrund in Indigo, das mit Siena abgetönt wurde, um die unregelmäßigen Umrisse des Haarkleids zu konturieren und die hellen Partien zu betonen. Sparen Sie einige weiße Punkte aus, während Sie die dunkelsten Partien mit Siena gebrannt und einer Spur Kobaltblau malen. Das Fell am Ohr deuten Sie mit Vandyckbraun an.

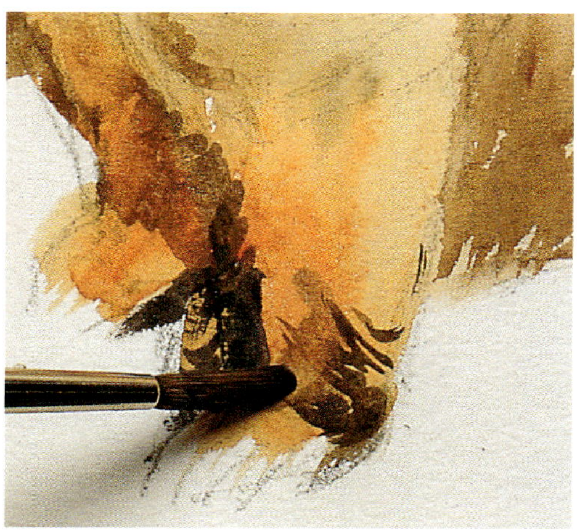

3. Kreieren Sie die Struktur des zotteligen Fells mit entsprechend gesetzten kleinen Strichen in Braun.

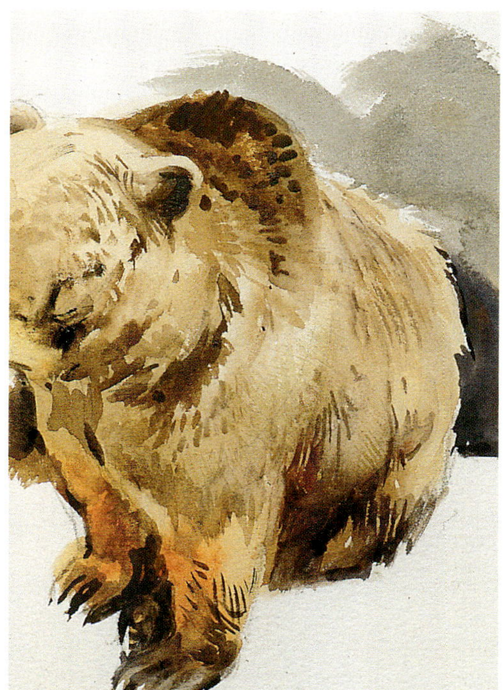

4. In der vollendeten Studie können Sie erkennen, wie das Fell abhängig vom Lichteinfall mit demselben Ton in unterschiedlichen Intensitäten ausgestaltet wurde und die Konturen der einzelnen Striche geschickt mit dem feuchten Pinsel verschmolzen wurden.

SCHUPPEN

Eine weitere Art von Textur, die unzählige Tierarten, sowohl auf dem Land wie auch im Wasser kleidet, sind Schuppen. Die schuppige Haut dieser Tiere wirkt gewöhnlich kühl und bruchstückhaft, darüber hinaus präsentiert sie zumeist einen großen Farbenreichtum.

Die Schuppen sind auf dem Körper dieser wechselwarmen Tiere häufig in den verschiedensten Größen und Formen angeordnet und versprühen ein mysteriöses Farbschauspiel auf ihrer Haut, die vor allem bei Wassertieren im Licht schillern oder aber im Gegenteil matt wirken kann.

Die Schuppen von Fischen scheinen transparent zu sein und können daher nur durch ihre Struktur sowie die Lichtreflexe suggeriert werden. Eine schuppige Tierhaut in der Aquarellmalerei darzustellen, ist genauso anspruchsvoll wie die Gestaltung von glatter Haut oder Haarstrukturen, daher kann ihr Gelingen ein bewegender und wichtiger Moment für den Künstler sein.

SCHUPPEN — EIN ALLIGATOR

Die Haut eines Alligators ist sehr attraktiv, da sie von unzähligen Schuppen bedeckt wird, die abhängig vom jeweiligen Körperteil die vielfältigsten Größen und Formen besitzen.

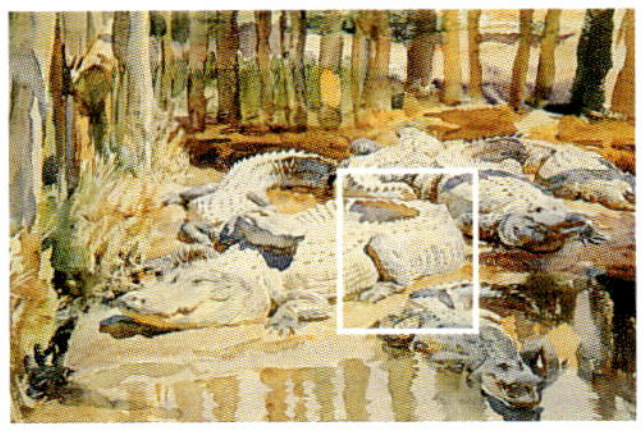

Wir werden einen Teil dieses Alligators malen, den John Singer Sargent in seinem Werk Muddy Alligators *(1917) porträtiert hat.*

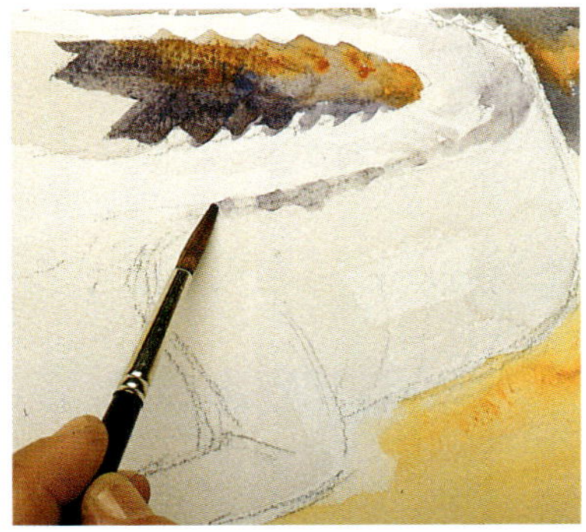

1. Mit einer Mischung aus Siena gebrannt und Kobaltblau kolorieren Sie zunächst die Umgebung des Tierkörpers, um dessen Weiß ausgesparte Form zu bestimmen. Geben Sie für einige Flächen wie vor allem den Boden eine Spur Orange hinzu, um den Farbton zu beleben.

2. Beginnen Sie, die nach oben ragenden Schuppen auf dem Rücken in einem Malventon aus Kobaltblau gemischt mit Karmin einzumalen. Danach legen Sie die Schatten an den Konturen des Beins an und gestalten mit kleinen Strichen die ersten Schuppen am Körper.

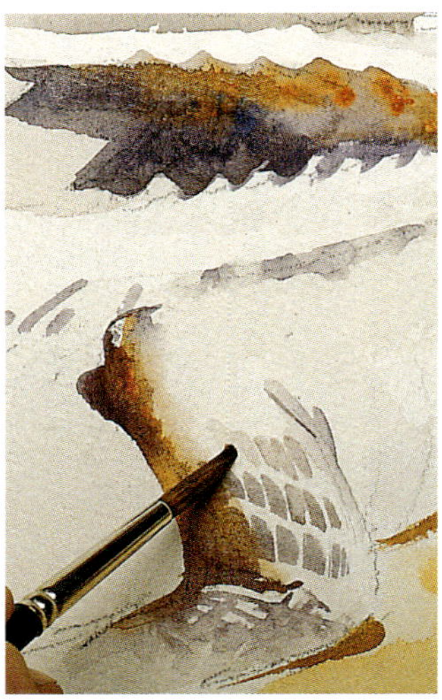

3. In demselben Malventon wie im vorigen Schritt arbeiten Sie die Struktur der Schuppen weiter aus.

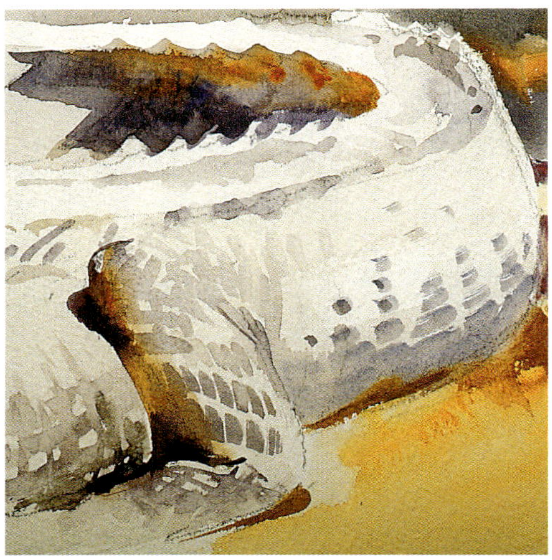

4. Zum Schluss fügen Sie noch die letzten Schatten auf dem Bein sowie der Seite des Alligators in demselben, satteren Malventon ins Bild.

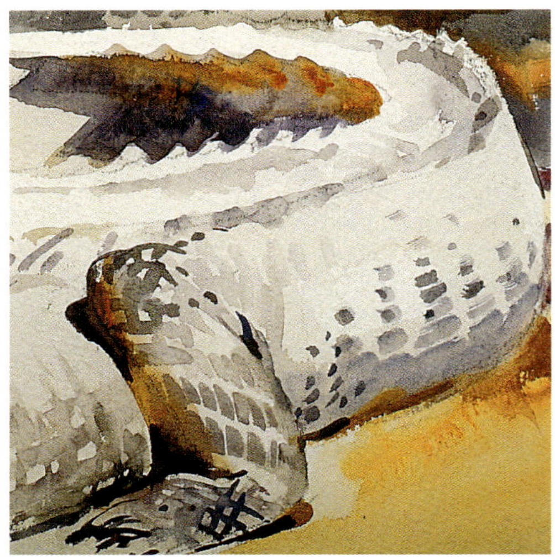

SCHUPPEN — EIN LEGUAN

Auch Leguane sind Reptilien mit schuppiger Haut, die eine faszinierende Struktur von unterschiedlichen Schuppen besitzen und das Interesse des Betrachters durch ihre prächtigen, schillernden Farben wecken.

Um einen Leguan darzustellen, greift der Maler auf seine Farben zurück und setzt die Muster zwischen den Schuppen um.

In dieser Studie geben wir die Details am Kopf eines Leguans wieder, dessen Schuppen eine interessante Vielfalt an Farben, Formen und Strukturen präsentieren.

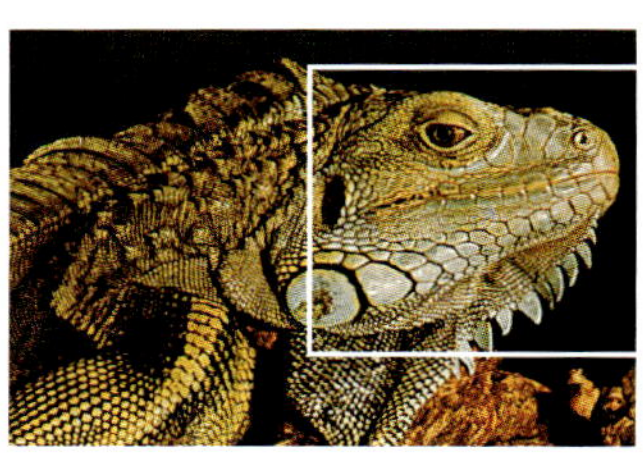

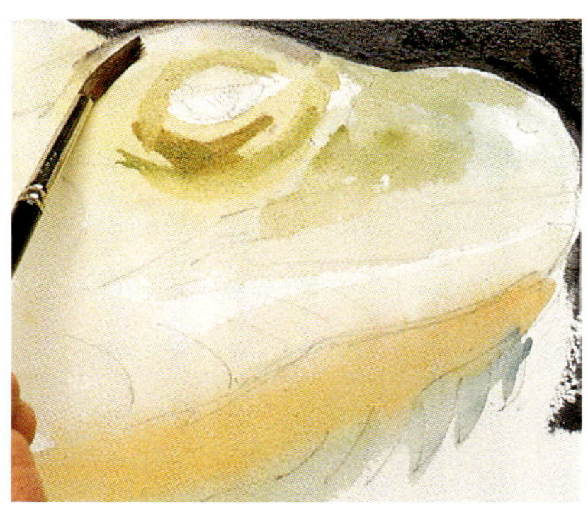

1. Legen Sie zuerst die Grundfarbe an, auf der Sie später die Linienmuster für die Schuppen aufbauen. Tragen Sie hierfür eine grünliche Lasur aus Türkisblau gemischt mit mittlerem Gelb auf, und kolorieren Sie die Kinnpartie mit Ocker und Gelb. Den gezackten Kamm tönen Sie, indem Sie Cölinblau weit über die Fläche ziehen.

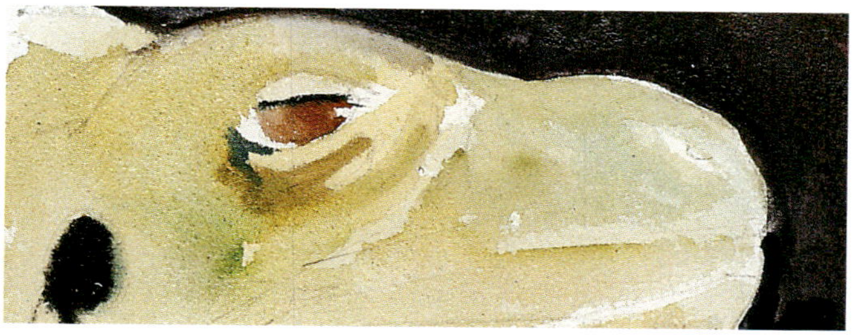

2. Gestalten Sie das Auge in Vandyckbraun mit Siena gebrannt, und malen Sie das Ohrloch in ziemlich sattem Indigo ein, das Sie für die Linien im Kinnbereich stark verdünnen.

3. Mit Olivgrün, das Sie mit Kobaltblau abtönen, arbeiten Sie die Partie über dem Auge aus und deuten einige Schuppen an, indem Sie einzelne Stellen unbemalt lassen, während Sie an anderen farbige Muster einmalen. Die Struktur der Hautfalte suggerieren Sie mit Linien in Indigoblau.

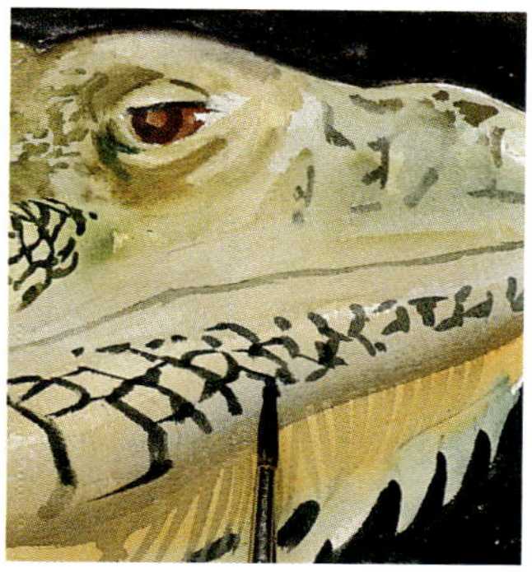

4. Um diesem Motiv den letzten Schliff zu geben, malen Sie für die Haut unter dem Kinn feine, schraffierte Linien ein und gestalten die restlichen Kopfpartien je nach ihrer Helligkeit weiter mit Olivgrün und Indigoblau aus. Beachten Sie, wie der kleine Tupfer in Orange auf der Nase des Tieres seinen Farbenreichtum zur Geltung bringt und einen subtilen Kontrast erzeugt.

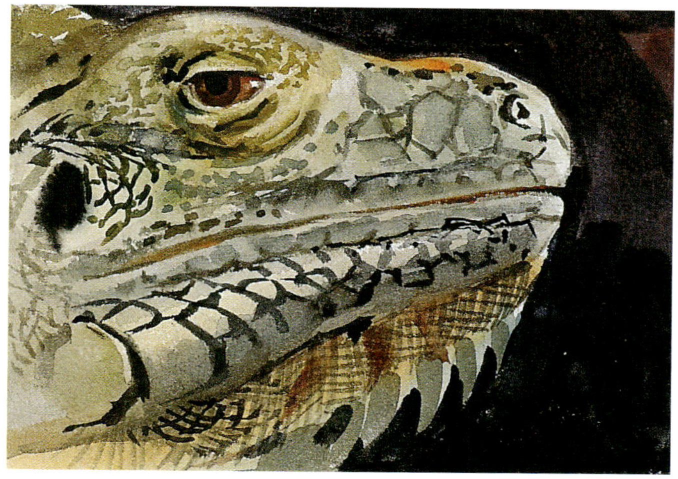

SCHUPPEN

Eine Meerbarbe

Auch innerhalb der heimischen Fauna trifft der Mensch gewöhnlich auf zahlreiche Schuppentiere wie beispielsweise die Fische; manchmal ist ein solches Motiv im täglichen Leben ständig präsent, wie das Beispiel dieser interessanten Meerbarbe zeigt, deren transparente Schuppen durch die hervorschimmernden Farben und die Glanzlichter dargestellt werden.

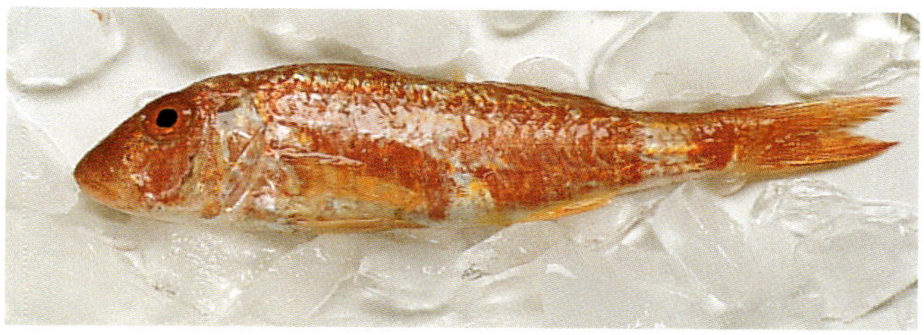

Die schuppige Haut dieser Meerbarbe glänzt von den unzähligen Lichtreflexen und besitzt so feine, transparente Schuppen, dass diese auf den ersten Blick kaum erkennbar sind.

1. Zu Beginn legen Sie mit den wichtigsten Farben des Tieres die Basis des Bildes an. Für den Rücken ziehen Sie hierfür Zinnober über die Fläche und tupfen etwas Gelb für die Glanzlichter ein. Die Form des Kopfes kreieren Sie mit kleinen Strichen in Rosa und tönen den Bauch in Türkisblau mit Gelb.

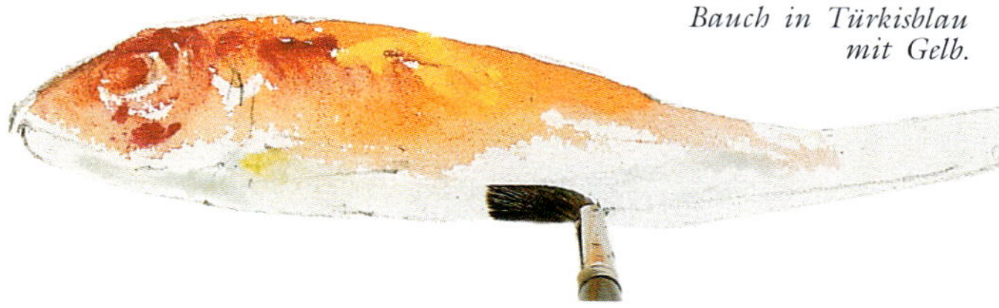

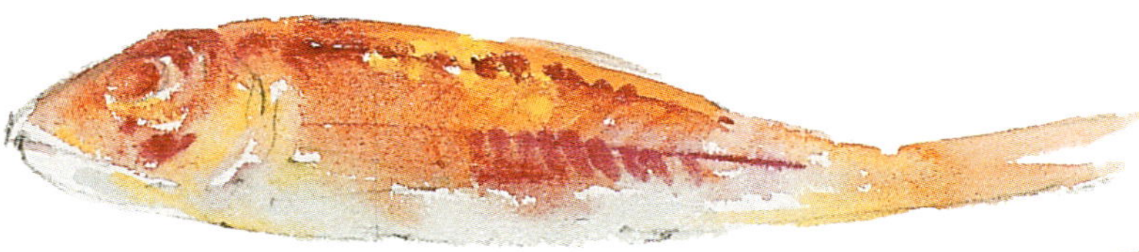

2. Mit kleinen Tupfern auf dem Rücken und kurzen Strichen auf der Längsseite gestalten Sie mit dem Rosa nun die Struktur der Schuppen aus.

3. Um einen Kontrast zu kreieren, der die Form definiert, fügen Sie einen Schatten ein und präzisieren mit kleinen Strichen allmählich die Strukturen der Schuppen sowie den Kopf.

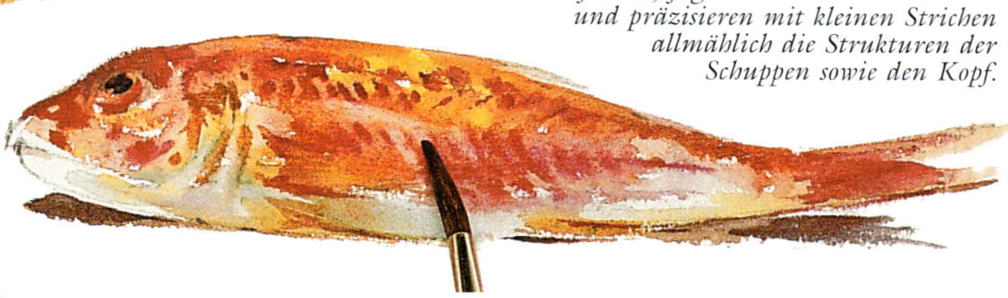

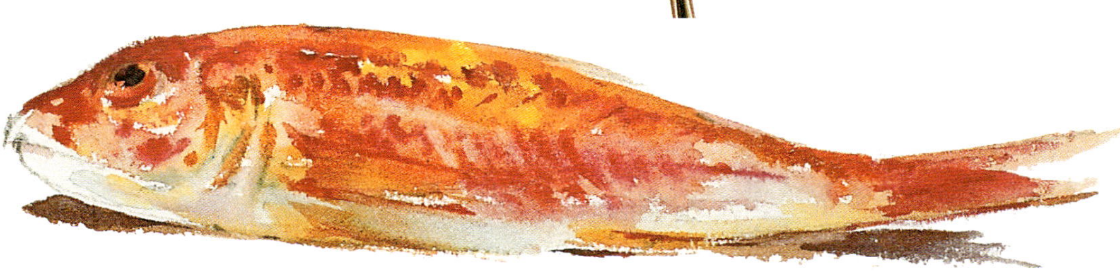

4. Diese Studie vollenden Sie mit einigen kontrastierenden Details in Karmin, das Sie mit Kobaltblau nuancieren. Dadurch wirken die Farbtöne im Vergleich zum vorigen Schritt etwas intensiver und harmonischer.

FEDERN

Ebenso wie das Fell variiert auch das Gefieder der Vögel von Art zu Art. Die Federkleider unterscheiden sich hierbei jedoch nicht nur durch ihre Größe oder ihre Farbe, sondern auch durch die Form der einzelnen Federn, die bei einigen Vögeln kurz und fast kreisförmig sein können, während andere lange, geschweifte Federn besitzen. Darüber hinaus präsentiert sogar der selbe Vogel gewöhnlich vielfältige Federn, die am Kopf kurz und dicht anliegen, während sie sich am Schwanz in lange Einzelfedern teilen.

In Bezug auf den Farbreichtum zeigen die meisten Gefieder zumindest unzählige Nuancen eines Farbtons oder beeindrucken mit leuchtenden, kontrastierenden Farben. Einige, wie das des hier illustrierten Hahns, können langem, zotteligem Fell ähneln; andere Vögel, wie etwa Papageien, haben ganz spezifische Federkleider. In jedem Fall müssen Sie das Gefieder eines Vogels als dichte Körperhülle betrachten, die die tatsächliche Gestalt des Tieres vollkommen verbergen kann.

FEDERN — EIN HAHN

Der Hahn gehört zum typischen Federvieh auf dem Land und besitzt ein prächtiges Gefieder mit zahlreichen, kontrastierenden Farben.

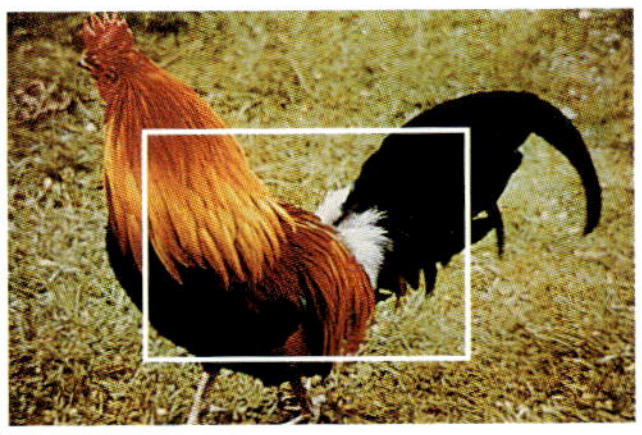

Wir malen einen Teil dieses Hahns, der eine Vielfalt von Farben und Federformen präsentiert.

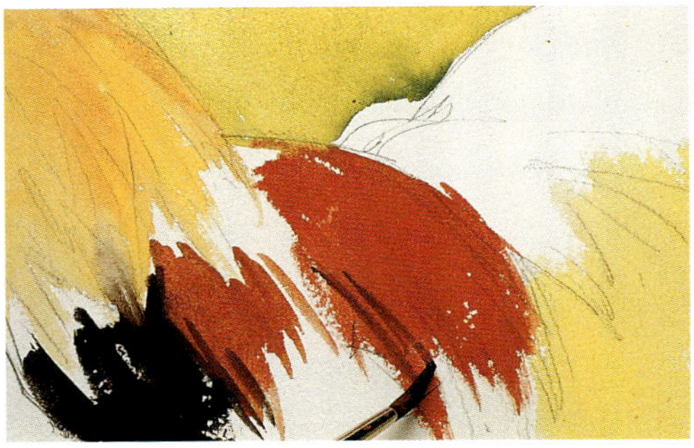

1. Legen Sie mit einigen Farbflecken zunächst die Grundtöne an, um darauf die Struktur der Federn aufzubauen. Hierfür tönen Sie den Hals mit Ocker und tragen für die dunkle Partie Indigo mit etwas Vandyckbraun auf; für die Flügel verwenden Sie Zinnober und kolorieren den Hintergrund mit einer Mischung von Türkisblau und Gelb, um das Tier zu konturieren. Anschließend malen Sie mit einer Mischung aus Braun und Karmin die ersten Linien ein, die die Federn andeuten.

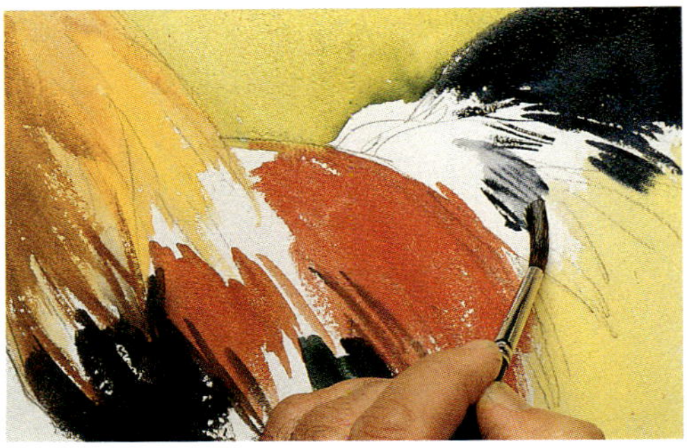

2. Malen Sie die Schwanzfedern mit Indigo ein und schwächen Sie die dunklen Striche in der weißen Fläche mit dem feuchten Pinsel ab. Beginnen Sie nun, das Gefieder im Halsbereich mit einigen Strichen in Siena gebrannt zu suggerieren.

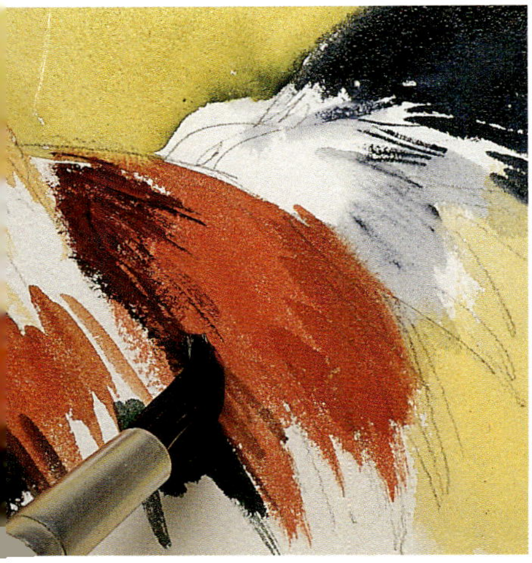

3. Fügen Sie allmählich immer weitere Konturen für die Federstrukturen auf den verschiedenen Farbflecken hinzu.

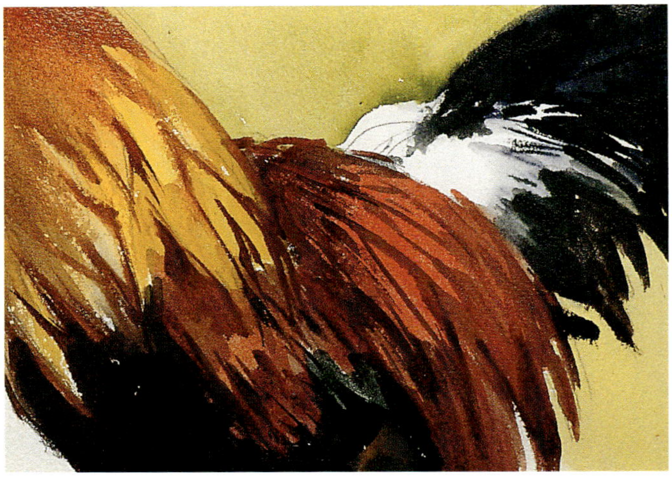

4. Die vollendete Studie zeigt anschaulich, wie Sie die Struktur des Federkleids mit langen, frischen Strichen in den satteren oder von den umliegenden Tönen abgetönten Grundtönen gelungen wiedergeben können.

FEDERN — EIN WELLENSITTICH

Wellensittiche sind kleine, hübsch anzusehende Ziervögel, die am Bauch mit kurzen, weichen Federn bedeckt sind, die einen schönen Kontrast zu den langen Schwanzfedern hervorrufen. Die winzigen Federn an ihrem Kopf darzustellen, wäre im Detail sehr anspruchsvoll; es genügt jedoch, sie einfach anzudeuten.

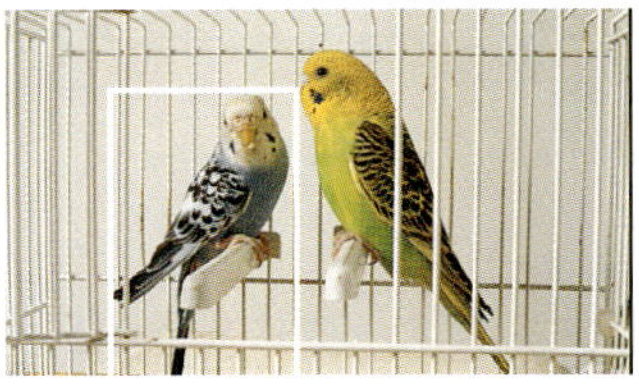

In der folgenden Studie malen wir den blauen Wellensittich, der trotz seiner geringen Größe ein attraktives Gefieder besitzt.

ACHTUNG

Die langen Schwanzfedern der Vögel müssen mit anderen Techniken kreiert werden als ihr feines Brustgefieder.

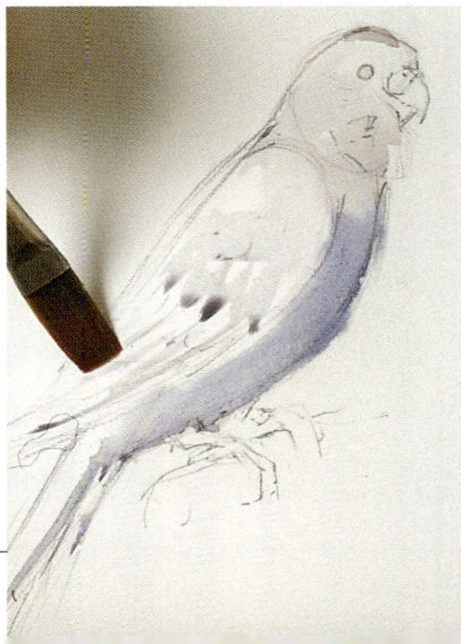

1. Die ersten Farbflecken bringen Sie mit einer Mischung aus Kobaltblau und Siena gebrannt ins Bild, wobei Kobaltblau für den Bauchbereich dominiert. Für die Flügel malen Sie kleine Farbflecken ein, die die Form der Federn suggerieren.

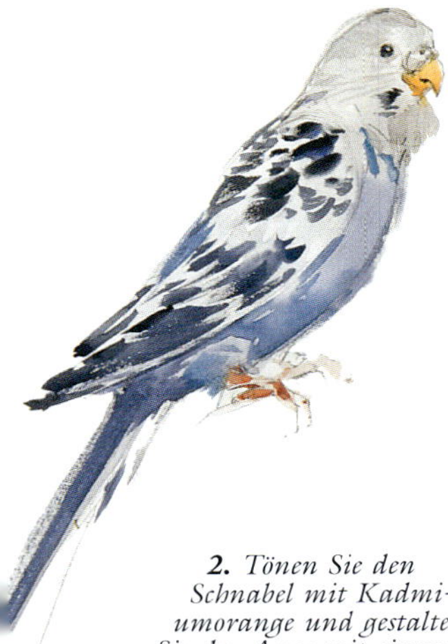

2. Tönen Sie den Schnabel mit Kadmiumorange und gestalten Sie das Auge mit einem kleinen, schwarzen Tupfer um die winzige weiße Aussparung für das Glanzlicht. Deuten Sie die Federn mit kurzen Strichen in verschiedenen Intensitäten von Indigo gemischt mit Kobaltblau und Siena gebrannt an. Danach nuancieren Sie die erste Lasur stellenweise mit etwas Cöelinblau.

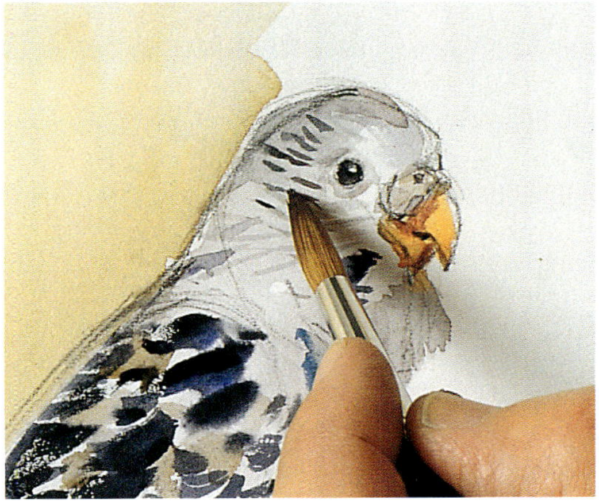

3. Um die Kontrastwirkung zu verstärken, kolorieren Sie nun den Hintergrund. In diesem Stadium fehlen nur noch die kleinen Details im Gefieder wie etwa am Kopf, den Sie mit Vandyckbraun und Indigoblau ausarbeiten.

4. Damit die vollendete Darstellung an tonaler Harmonie gewinnt, bringen Sie kleine Spuren des Farbtons für die zarten Federn am Kopf auch auf dem Flügel ein. Wie Sie sehen können, wurden die Schwanzfedern hier durch das geschickte Spiel mit blauen Tönen und langen, frischen Pinselstrichen kreiert.

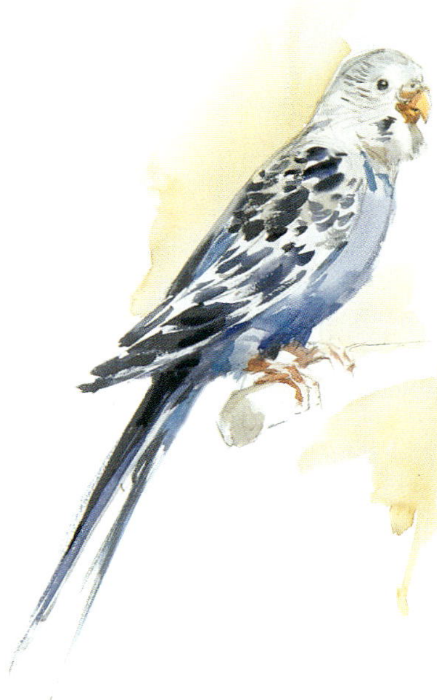

FEDERN — EIN PAPAGEI

Aras gehören zu den exotischen Papageien und haben ein reizvolles, farbenfrohes Federkleid, das von sehr weichen, dichten Partien bis hin zu den langen, geschweiften Schwanzfedern variiert.

Diesen Papagei stellen wir als ganzes Tier dar, um die zahlreichen Strukturen und die leuchtende Farbenvielfalt seines Gefieders zur Geltung zu bringen.

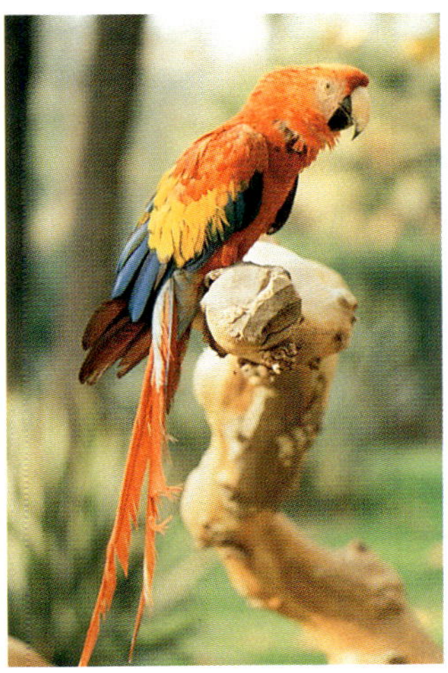

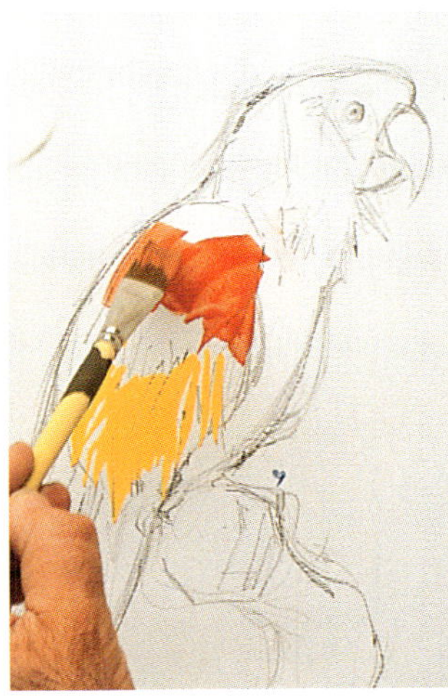

1. Malen Sie die ersten Farbflecken mit gezielt gesetzten Strichen ein. Legen Sie hier zuerst die hellste Fläche in Zitronengelb an, und fügen Sie anschließend einen Zinnoberton aus dem vorigen Gelb gemischt mit Krappkarmin ein.

ACHTUNG

Vögel sind recht unruhige Tiere und spreizen häufig die Flügel oder sträuben ihr Gefieder, daher sollten Sie sie zunächst ausgiebig skizzieren.

2. Auf dem Zinnober modellieren Sie nun das Gefieder mit reinem Karmin und nuancieren diesen Ton für einige dunklere Striche mit Ultramarin und Zitronengelb.

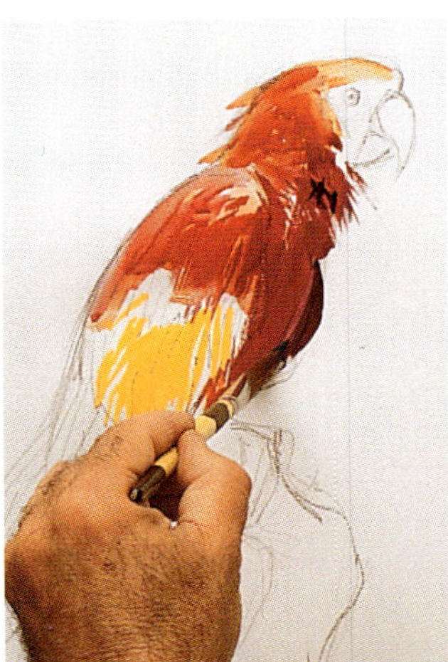

3. Gestalten Sie nun den Schwanz des Vogels mit Ultramarin, das Sie für manche Federn mit einer Spur Karmin abtönen, um die Farbtöne zu variieren.

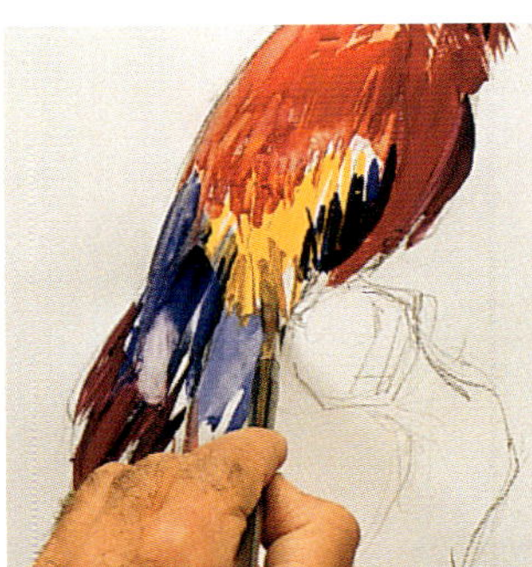

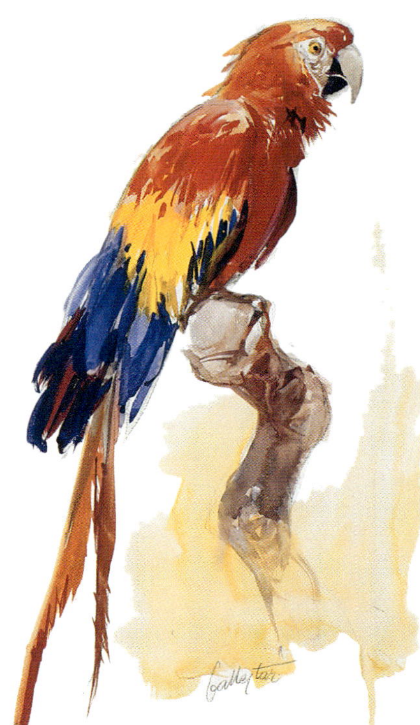

4. Zum Schluss kreieren Sie die langen Schwanzfedern in einem Zinnoberton. Beachten Sie die kleinen Details des Gelb getönten Gefieders: dort hat der Künstler versehentlich zuviel Rot eingemalt, das er dann entfernen und mit Gelb überlagern musste. Durch die Kombination von langen und kurzen Strichen in verschiedenen Nuancen ist dieses Federkleid gelungen in Szene gesetzt.

Glas

Durch seine Transparenz kann die Darstellung von Glas für einen Maler zu einer großen Herausforderung werden. Glas ist zwar nicht immer vollkommen transparent, aber dennoch durchsichtig: es lässt das Licht durchscheinen und die Objekte hinter ihm erkennen, zudem spiegelt es das Licht sowie die Körper seiner Umgebung und zeigt auf seiner Oberfläche deren perfekte oder aber verzerrte Abbilder.

EIGENSCHAFTEN

Ein Wasserglas, eine Vase mit Blumen, das Fenster eines Gebäudes, die Brille eines Menschen und Kirchenfenster oder das Glas einer Armbanduhr sind zahlreiche gläserne Objekte, denen wir im täglichen Leben begegnen. In der Malerei ist es daher wichtig, die Charakteristika von Glas zu kennen. Viele gläserne Objekte besitzen eine eigene Farbe, doch meist präsentiert sich Glas in seiner völlig transparenten Form. Da seine Substanz durch diese Transparenz kaum sichtbar ist, wird klares Glas allein durch seine Umgebung definiert und kann dementsprechend auch nur durch die umliegenden Gegebenheiten suggeriert werden. Farbiges Glas verhält sich im Vergleich dazu allerdings ganz anders, das heißt es spiegelt seine ganze Umgebung wider und muss somit auch in einer anderen Technik gestaltet werden.

GLAS — BUNTE GLASFLASCHEN

Farbiges Glas ist zwar nach wie vor durchsichtig, nuanciert aber die Farben der Objekte, die sich hinter ihm befinden; zudem projiziert es seine eigene Farbe auf die umliegenden Flächen und wirft getönte Schatten.

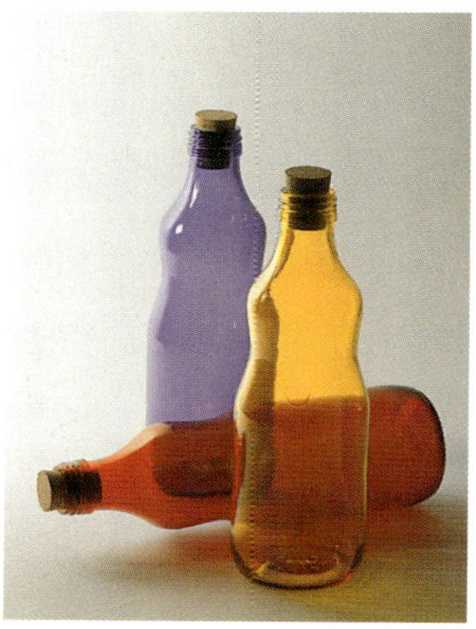

Unser Motiv sind diese farbigen Glasflaschen, die die oben beschriebenen Eigenschaften von Glas hübsch illustrieren.

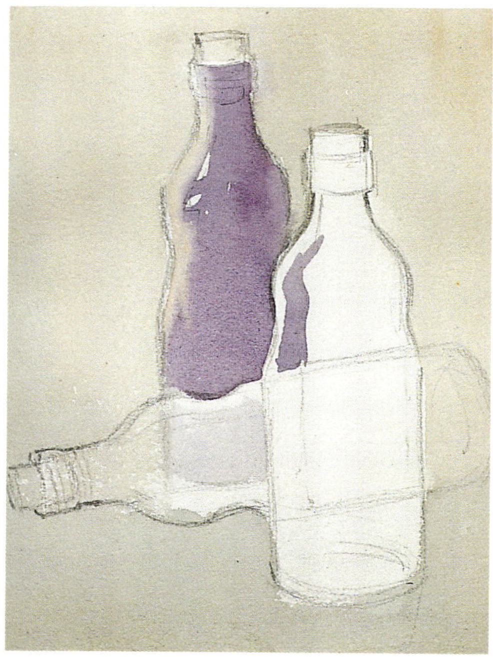

1. Tönen Sie den Hintergrund in zartem Grau aus der Mischung von Türkisblau mit Siena gebrannt, damit sich die Glanzlichter auf dem Glas abheben. Malen Sie die erste Flasche in einem Malventon ein, den Sie aus Türkisblau gemischt, mit Karmin kreieren.

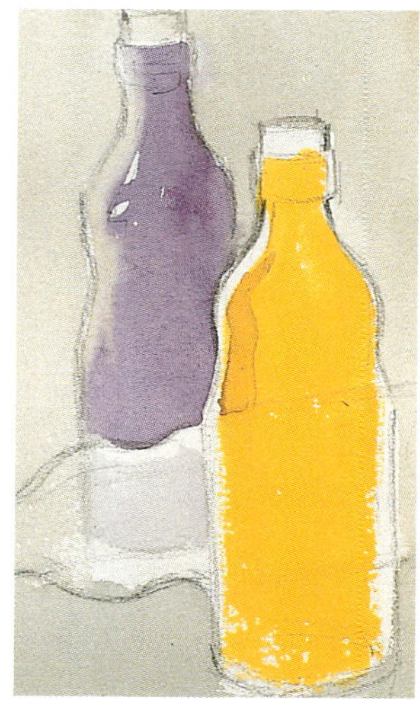

2. Kolorieren Sie die vorderste Flasche mit Zitronengelb und sparen Sie auch hier das Weiß für die Lichtreflexe aus. Beachten Sie, wie diese gelbe Lasur die malvenfarbene Spiegelung auf dieser Flasche nuanciert.

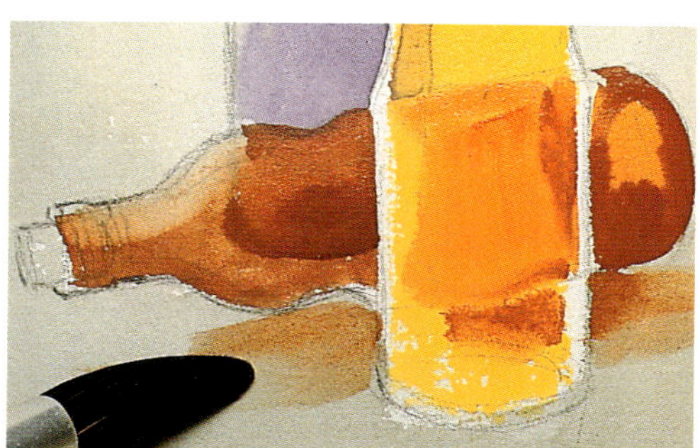

3. Mit Kadmiumrot gestalten Sie nun die dritte Flasche und fügen für den dunkleren Ton des Bodens eine Spur Karmin hinzu. Den Schatten malen Sie in demselben, aber stärker verdünnten Ton ein.

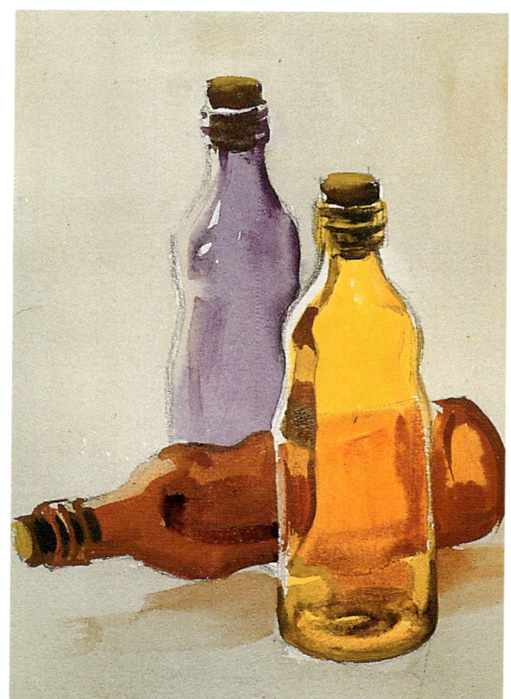

4. Abschließend arbeiten Sie die Details aus und tönen die Schattenpartien noch etwas dunkler, wobei Sie mit den Farbtönen der drei Flaschen spielen und so den Kontrast zu den Glanzlichtern verstärken.

ACHTUNG

Getöntes Glas beeinflusst die Farben der dahinter stehenden Körper und projiziert seine Farbe in die Wurfschatten sowie auf die umliegenden Objekte.

GLAS — EIN WASSERGLAS

Glas ist nicht immer völlig glatt und transparent, sondern kann in Fomen gegossen sein, die die Objekte hinter der Glaswand verzerren.

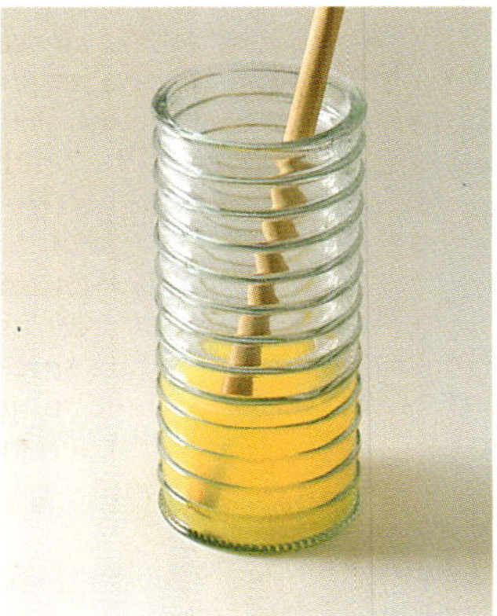

Durch seine gewölbte Struktur gibt dieses durchsichtige Wasserglas die Formen hinter seiner Oberfläche verzerrt wider.

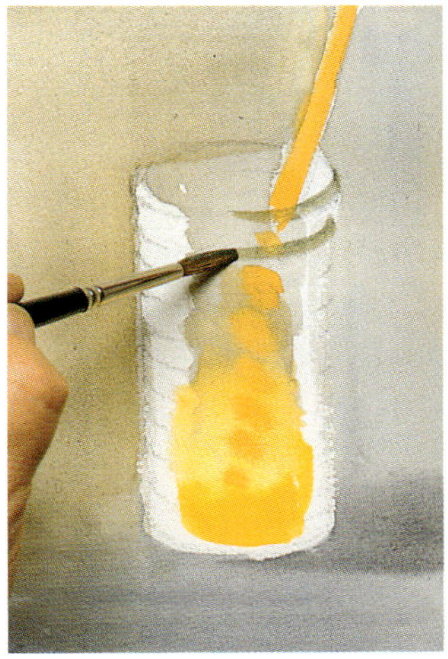

1. Mit einer Mischung aus Ultramarin und Siena gebrannt tönen Sie zunächst den Hintergrund, da seine Farbe mit dem durchsichtigen Glas zusammenspielt. Den Wurfschatten kreieren Sie mit stark ausgezogenem Indigo, den Saft in Zitronengelb gemischt mit Orange, und den Holzstab mit Ocker. Konturieren Sie mit diesen Farben bereits die gläserne Form und die Glanzlichter, und deuten Sie die Wölbungen mit Linien in Türkisblau mit Zitronengelb an.

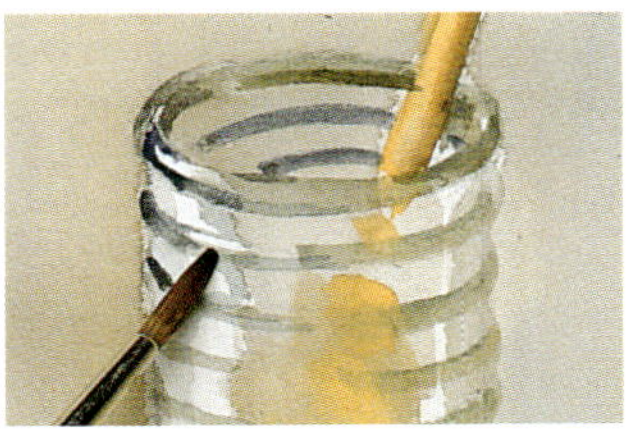

2. Den Schatten auf dem Stäbchen malen Sie mit Vandyckbraun und fügen die Schatten der Wölbungen mit einer Mischung aus Cöelinblau und Permanentgrün ein.

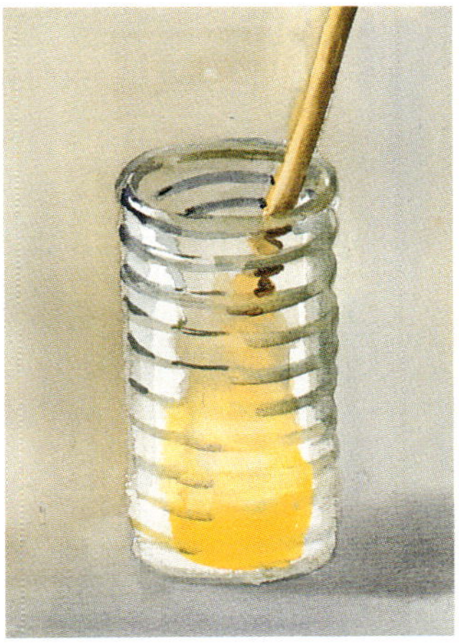

3. Nachdem Sie die Linien an der Oberseite ausgearbeitet haben, gestalten Sie mit verdünntem Braun nun die verzerrte Form des Holzstabs.

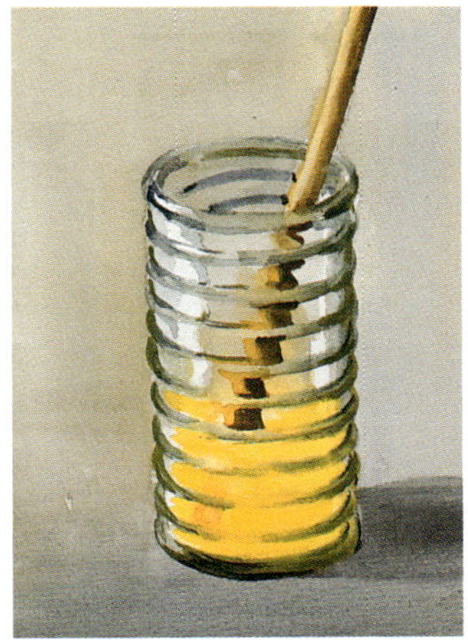

4. Indem Sie das Wasserglas von seiner Öffnung bis zum Boden ganz allmählich aufbauen, versprüht die vollendete Studie eine sehr realistische Wirkung.

GLAS — SPIEGELNDE FENSTER

Ein weiteres Charakteristikum von Glas ist, dass es die umliegenden Körper spiegeln kann. Manche gläserne Objekte reflektieren wie ein Spiegel oder können die Abbilder wie in diesem Beispiel verzerren; dies bedeutet für den Künstler, dass er die gläserne Oberfläche nur malen kann, indem er die Spiegelungen der Formen darstellt.

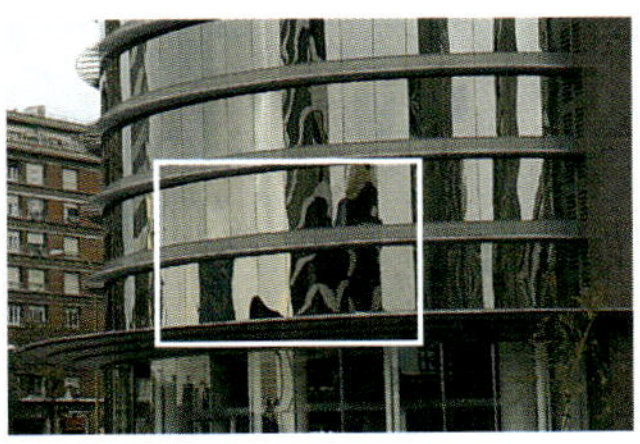

Für die folgende Studie dient uns ein Ausschnitt dieser Fassade als Motiv, deren Fenster die gesamte Umgebung in verzerrter Form widerspiegeln.

1. Tragen Sie zunächst eine graue Lasur aus der Mischung von Siena gebrannt mit Kobaltblau auf und deuten Sie darauf die ersten Spiegelungen mit Paynesgrau an.

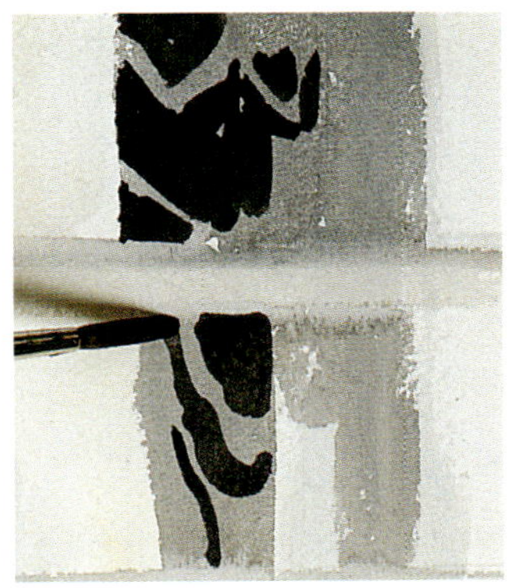

2. Beginnen Sie nun, das verzerrte Abbild des gegenüberliegenden Gebäudes mit einem Schwarz aus Paynesgrau gemischt mit Vandyckbraun einzumalen.

3. Fügen Sie die letzten Details in schmutzigem Orange ins Bild.

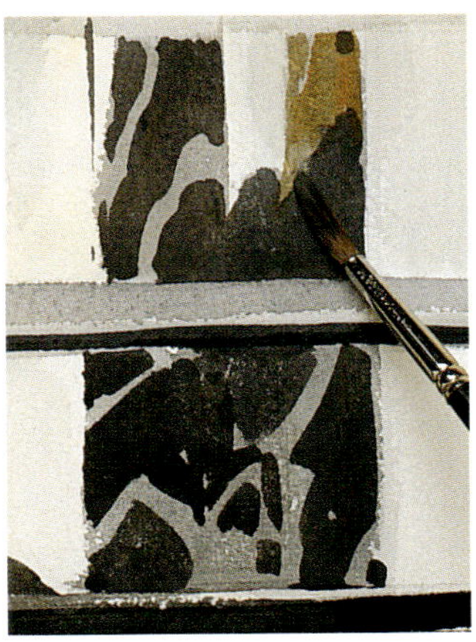

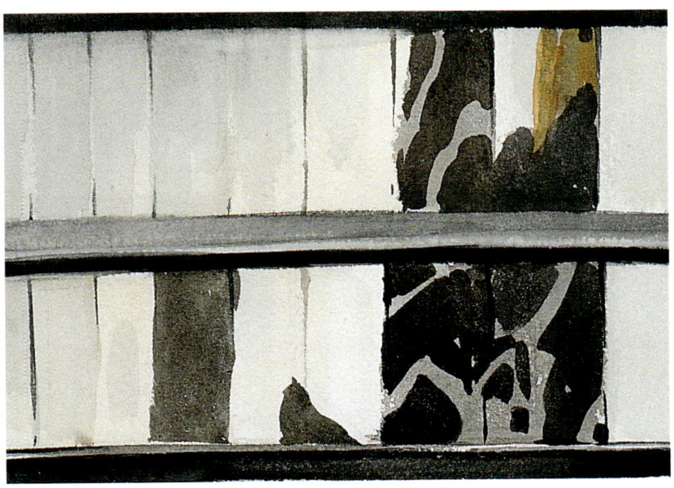

ACHTUNG

Spiegelndes Glas zu malen bedeutet, schlicht die Dinge darzustellen, die es spiegelt.

4. Wie Sie sehen können, ist die Darstellung dieser Spiegelungen bereits mit wenigen Farben gelungen und was im ersten Moment eine Herausforderung zu sein schien, entpuppte sich letztlich als eine der leichtesten Übungen.

Metall

Metall ist ein Material, das im täglichen Leben des Menschen ständig präsent ist. Die Kupferschale in einem Vanitas-Stillleben, Kochgeschirr, der Goldschmuck einer porträtierten Person oder die Lampe im Atelier des Künstlers sind nur einige der zahlreichen Metallgegenstände, die sich als Motiv anbieten können. Selbst bei der Malerei im Freien stößt der Künstler gewöhnlich auf vielfältige metallene Objekte, wie etwa die Zäune auf einer Wiese, die Tür eines Hauses, Fahrzeuge auf einer Strasse oder die Bullaugen an einem Schiff. Metall kann durch eine Politur glänzen oder verwittert sein und rosten.

Eigenschaften

Die charakteristischen Eigenschaften von Metall sind seine Stabilität sowie seine Kühle. Bei genauerer Betrachtung wird allerdings sofort deutlich, dass es große Unterschiede zwischen dem rostigen Bug eines Schiffes und der glatten, glänzenden Klinge eines Schwertes gibt; zudem kann das Metall wie etwa bei einem Auto lackiert sein und so zwar unzählige Lichtreflexe auf dieser Farbschicht, nicht aber seine Oberfläche präsentieren. Wie der Künstler Metall darstellen kann, hängt folglich vom jeweiligen Objekt und der Beschaffenheit seiner Oberfläche ab.

Auch hier ist die Beobachtung der Schlüssel zum Erfolg, denn der Maler sollte das repräsentieren, was er sieht und nicht das, was er vermutet. Zahlreiche Metallobjekte glänzen nicht, sei es weil kein Licht einfällt oder weil sie verwittert und mit Staub bedeckt sind; andere können dagegen spiegeln.

Glänzendes Metall

Die Darstellung von glänzendem, nicht lackiertem Metall kann aus zwei Gründen schwierig sein.

Einer davon ist seine Farbe. Bevor sich der Künstler daran macht, das Papier mit Farbe zu füllen, muss er sich zunächst fragen, mit welchen Aquarellen er die Farbe von Gold, Silber oder Kupfer repräsentieren kann. Jedes dieser Metalle besitzt eine ganz spezifische Farbe, doch keine der im Handel angebotenen Aquarelle gibt diese Töne exakt wieder. Versuchen Sie also nicht, die jeweilige Farbe des Metalls perfekt zu kopieren, sondern bringen Sie Ihren Eindruck zu Papier und bedenken Sie, dass sein Farbton von der Farbe des Lichts sowie der umliegenden Objekte beeinflusst wird.

Eine weitere Schwierigkeit beim Malen von glänzendem Metall ist die Repräsentation der Lichtreflexe und Spiegelungen auf seiner Oberfläche. Die Glanzlichter können Sie mit kleinen Aussparungen kreieren, doch bei den Spiegelungen müssen Sie auch die Farben, Formen und Proportionen der reflektierten Körper berücksichtigen. Denken Sie außerdem daran, dass die Spiegelungen auf metallenen Objekten meist unscharf und verzerrt sind.

Glänzendes Metall — Ein silberner Fingerring

Silber versprüht durch seine kalt nuancierten Farben eine außergewöhnlich kühle Wirkung.

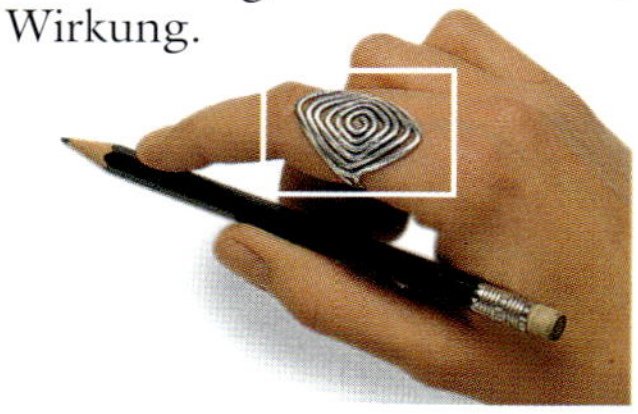

Dieser Ring gibt durch die glänzenden Lichtreflexe auf seinen Ornamenten ein interessantes metallenes Motiv ab.

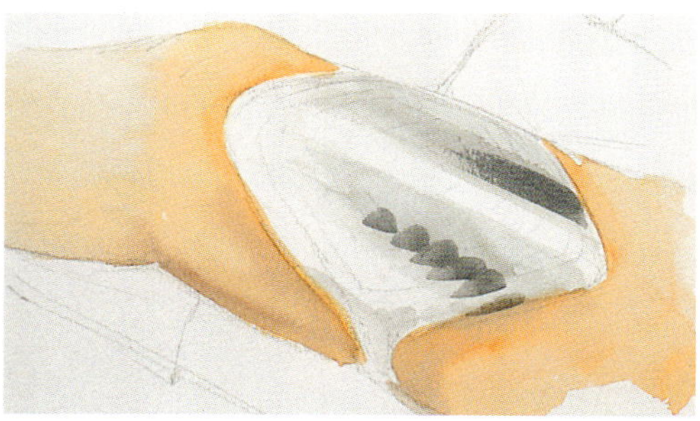

***1.** Kolorieren Sie die Flächen um die ausgesparten Glanzlichter in Siena gebrannt mit Kobaltblau, und legen Sie auf dieser Lasur anschließend die dunkelsten Stellen in demselben, aber satteren Ton an.*

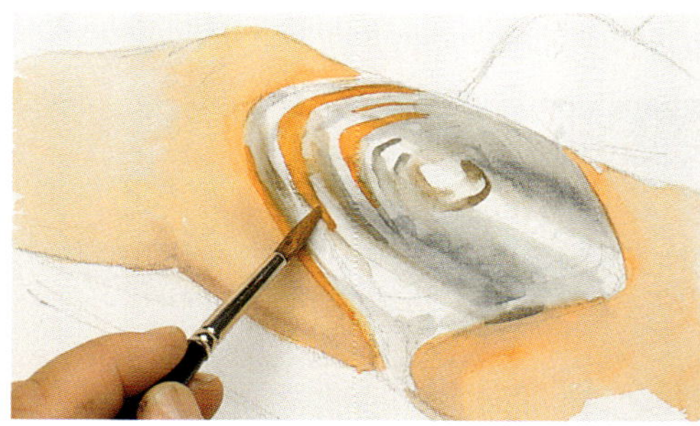

***2.** Deuten Sie mit dem Grau nun die Form der einzelnen Ornamente an und tönen Sie die Haut dazwischen in ziemlich sattem Orange, um einen Kontrast zu schaffen.*

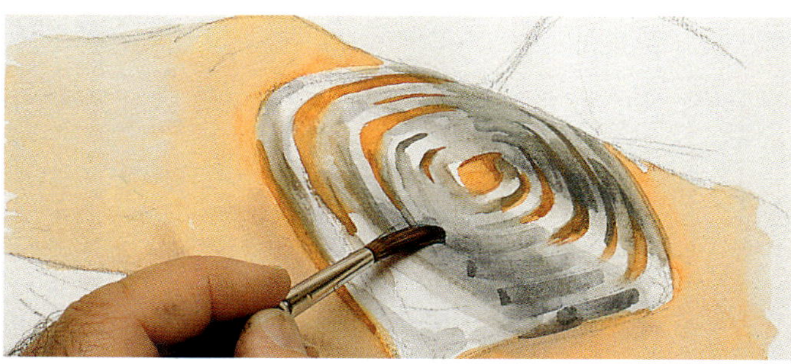

***3.** Arbeiten Sie die Struktur des Rings auf diese Weise immer weiter aus.*

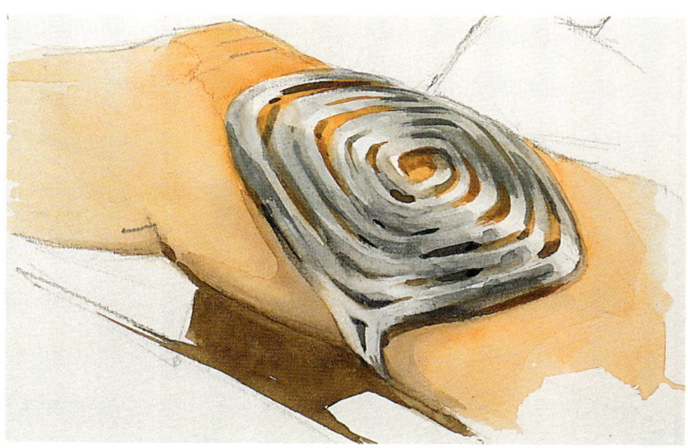

***4.** Nachdem Sie die Form ausgestaltet haben, heben Sie noch die Lichtreflexe hervor, indem Sie die Farbtöne für einen stärkeren Kontrast intensivieren.*

OXIDIERTES, STUMPFES METALL

Im Vergleich zu einem glänzenden Ring besitzt etwa Eisenblech, das der Witterung oder einer Säure ausgesetzt war, einen völlig anderen Aspekt. Bei der Darstellung von nicht poliertem, oxidiertem Metall, umgeht der Künstler zwar das Problem der Spiegelungen und Lichtreflexe, dafür steht er aber vor der anspruchsvollen Aufgabe, seine raue, oftmals unebene und außergewöhnliche Oberfläche zu repräsentieren.

Neben seiner Eigenfarbe oder der Farbe des Anstrichs, zeigt verwittertes Metall zudem eine unregelmäßige Oberfläche und rötliche Flecken, die der Rost im laufe der Zeit hinterlassen hat.

OXIDIERTES, STUMPFES METALL — VERWITTERTES MESSING

Diese alte Gießkanne aus Messing ist ein reizvolles Motiv, um die ungewöhnlichen Farbtöne auf verwittertem Metall zu illustrieren, das matt und stumpf geworden ist.

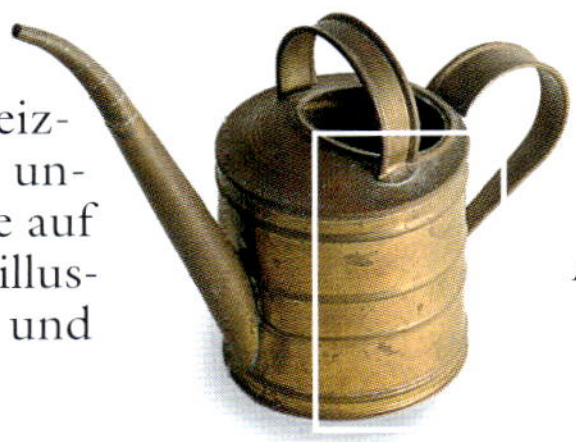

Hier möchten wir die Farbe und Struktur des verwitterten Messings dieser Gießkanne imitieren.

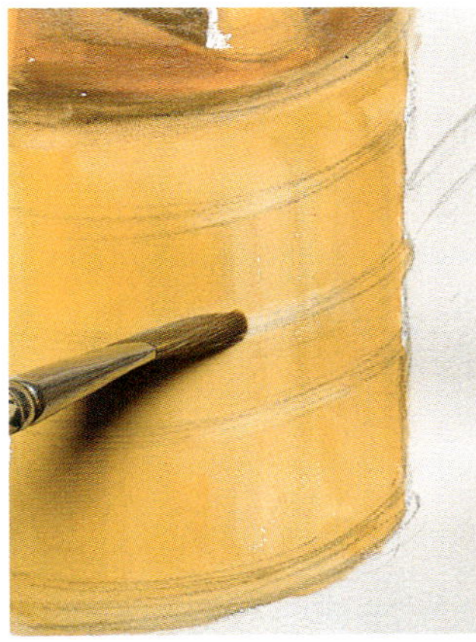

1. In Siena gebrannt und einer Spur Zinnober kolorieren Sie zuerst die Oberseite der Kanne. Mit einer Mischung aus Lichter Ocker und Permanentgrün malen Sie nun die Seite ein und öffnen mit dem abgestreiften Pinsel dann das Weiß für die zarten Lichtreflexe aus der noch feuchten Farbe.

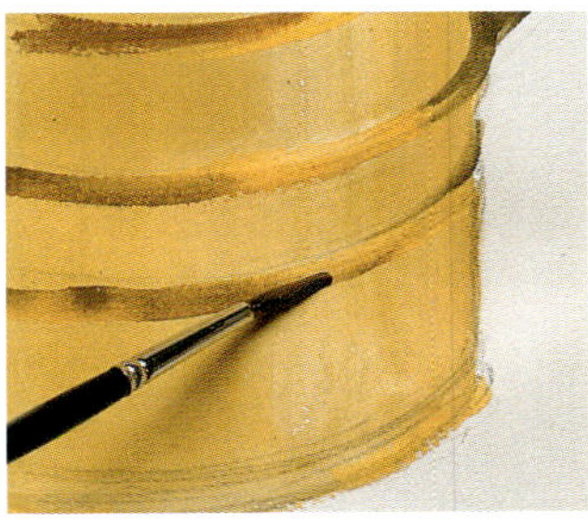

2. Den Henkel malen Sie in Vandyckbraun gemischt mit Smaragdgrün und setzen einige Striche in Zitronengelb, um das zarte Licht auf den Wölbungen anzudeuten. Für die Schatten mischen Sie Braun mit Siena gebrannt.

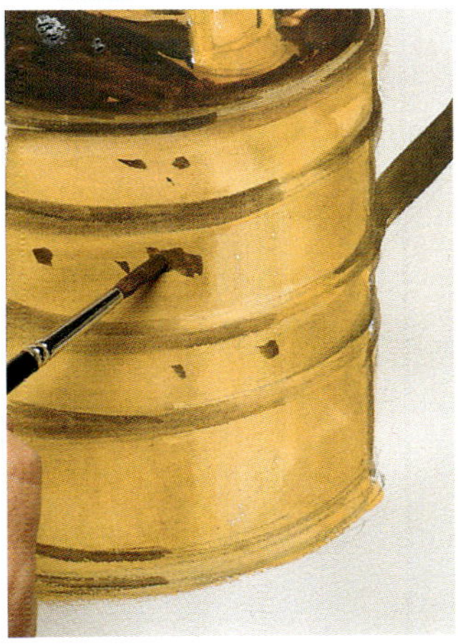

3. Tönen Sie die Oberseite dunkler und gestalten Sie die kleinen Rostflecken mit demselben Ton wie den Henkel der Gießkanne.

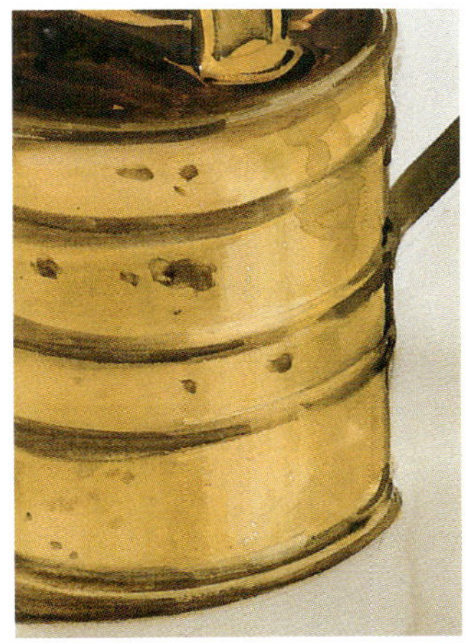

4. Zum Schluss bringen Sie die kleinen Details ins Bild und tupfen noch etwas Farbe für die dunkelsten Partien ein, damit die Tonwerte harmonieren.

OXIDIERTES, STUMPFES METALL — ROSTIGES EISENBLECH

Metalle, die der Witterung ausgesetzt sind, verändern im Lauf der Zeit ihre Farbe und Oberfläche, je weiter sich der Rost in das Material frisst.

In dieser Studie malen wir die Seite eines Containers, auf dem der Rost Spuren hinterlassen hat.

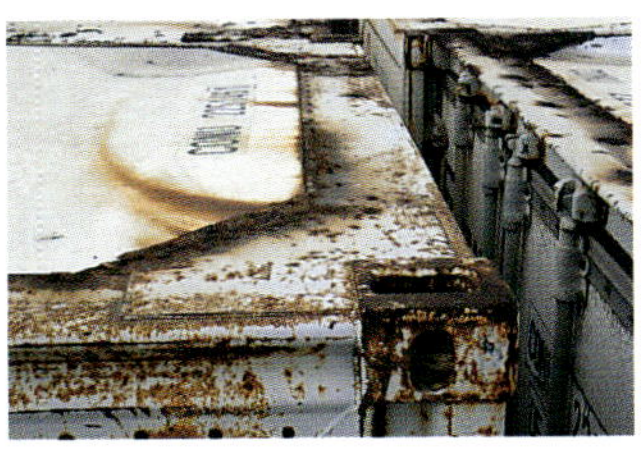

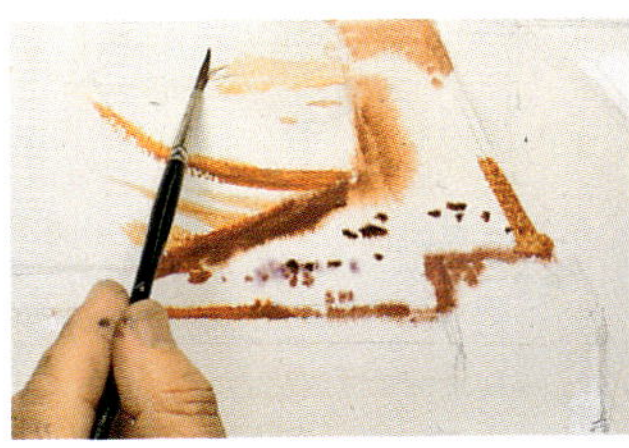

1. Auf einer zarten grauen Lasur über das gesamte Papier arbeiten Sie die Rostflecken mit einer Mischung von Cölinblau, Siena gebrannt und einer Spur Zinnober in der Nasstechnik aus, damit die Farbe verfließt. Die kleinen Tupfer und Linien kreieren Sie mit Siena gebrannt und Karmin.

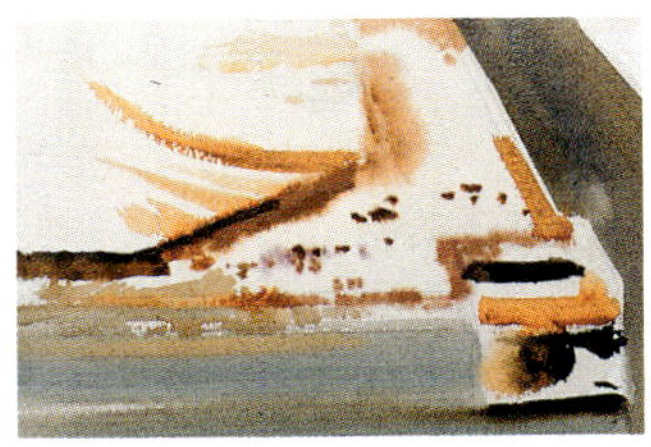

2. Gestalten Sie die vordere Kante des Containers in einem grauen Ton aus Türkisblau mit Siena gebrannt, und deuten Sie den Schatten auf der rechten Seite mit einer Spur Kobaltblau an.

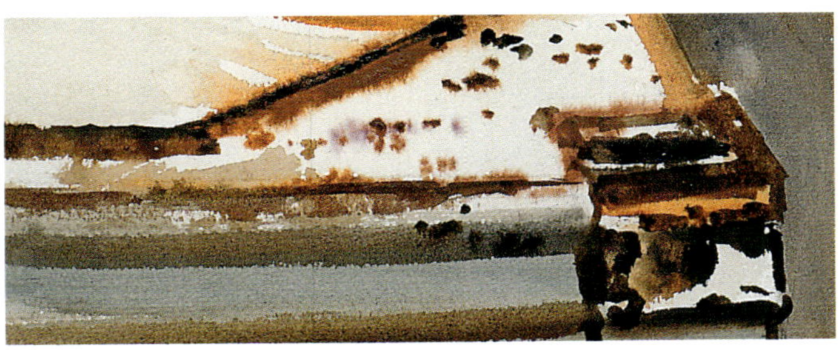

3. Die dunkelsten Flächen der Ecke tönen Sie mit einer Mischung aus Indigo und Vandyckbraun, und arbeiten die Rostflecken weiter mit transparentem Oxydrot aus.

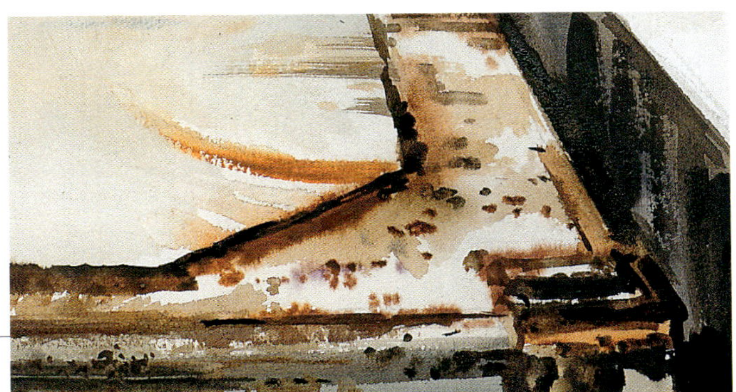

4. Im letzten Schritt überarbeiten Sie noch einige kleine Stellen und fügen die hellen, großen Flecken mit einer schwachen Lasur aus stark verdünntem Braun ins Bild.

Inhalt

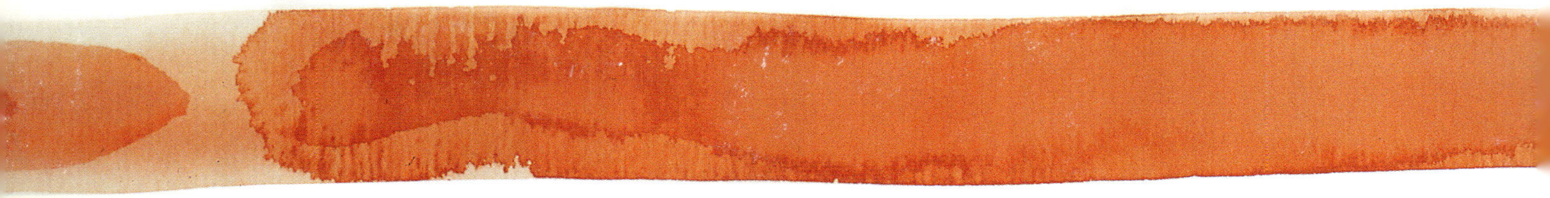